संघम् शरणम् गच्छामि

आरएसएस के सौ वर्षों का एक ईमानदार दस्तावेज़

सफ़र को ही ज़िंदगी का मूलमंत्र मानने वाले लेखक विजय त्रिवेदी आदतन और पेशे से पत्रकार हैं। देश के कोने-कोने की ख़ाक़ छानने और परदेस में भी जहां भी, जब भी मौक़ा मिला पहुंच जानेवाले इस पत्रकार ने मीडिया के कमोबेश सभी माध्यमों—रेडियो, प्रिंट, टेलीविजन, डिजिटल और अब पॉडकास्ट सिस्टम पर काम किया है और कर रहे हैं। आप *टाइम्स* समूह के *नवभारत टाइम्स, राजस्थान पत्रिका, आकाशवाणी*, फिर *एनडीटीवी, न्यूज़ नेशन, सहारा टीवी, फर्स्ट इंडिया टीवी* और *हिन्दुस्तान समाचार* के डिजिटल चैनल *एचएस न्यूज़* को शुरू करके अब *सत्यहिंदी.कॉम* के साथ जुड़े हैं। *धर्मयुग, साप्ताहिक हिन्दुस्तान, रविवार, दिनमान, चौथी दुनिया, इंडिया टुडे, आउटलुक, बीबीसी, लोकमत समाचार* और बहुत-सी पत्र-पत्रिकाओं के लिए लिखते रहे हैं।

पूर्व प्रधानमंत्री अटल बिहारी वाजपेयी पर *हार नहीं मानूंगा*, यूपी के मुख्यमंत्री योगी आदित्यनाथ पर *यदा यदा हि योगी* और दुनिया की सबसे बड़ी राजनीतिक पार्टी बीजेपी के सफ़र पर *बीजेपी: कल, आज और कल* क़िताबें न केवल प्रकाशित हुई हैं, बल्कि पाठकों के बेशुमार प्यार की वजह से अपने जॉनर में लम्बे समय तक बेस्टसेलर भी रही हैं।

ज़्यादातर राजनेता और सेलेब्रिटिज आपको इंटरव्यू देने से बचने की कोशिश करते हैं, लेकिन ज़्यादातर दर्शकों को आपके इंटरव्यू बेहद पसन्द आते हैं। राजनेताओं को आपकी 'दूर से ही राम-राम' भली लगती है।

अपनी ही मौज में रहने वाले बेपरवाह विजय त्रिवेदी मानते हैं—

जो बात कहते, डरते हैं सब, तू वह बात लिख...

ईमेल: vijaitrivedi007@gmail.com

संघम् शरणम् गच्छामि

आरएसएस के सौ वर्षों का एक ईमानदार दस्तावेज़

विजय त्रिवेदी

eka

First published in Hindi as *Sangham Sharanam Gachchhaami* in 2020 by Eka, an imprint of Westland Publications Private Limited

Published in 2022 by Eka, an imprint of Westland Books, a division of Nasadiya Technologies Private Limited

This revised edition published in 2024

No. 269/2B, First Floor, 'Irai Arul', Vimalraj Street, Nethaji Nagar, Alapakkam Main Road, Maduravoyal, Chennai 600095

Westland, the Westland logo, Eka and the Eka logo are the trademarks of Nasadiya Technologies Private Limited, or its affiliates.

ISBN: 9789360454906

10 9 8 7 6 5 4 3 2 1

The views and opinions expressed in this work are the author's own and the facts are as reported by him, and the publisher is in no way liable for the same.

Typeset by Neo Software Consultants, Prayagraj (Allahabad)
Printed at Manipal Technologies Limited, Manipal

प्रिय गरिमा,

प्रतिष्ठा, शुमैल और प्रत्यक्ष

के साथ

बिना शर्त प्यार करने वाले हर शख़्स को समर्पित

विषय-सूची

अग्रलेख

सत्तर-अस्सी सालों से राष्ट्रीय स्वयंसेवक संघ, उसके समर्थन या विरोध के मुद्दों को लेकर चर्चा का विषय बना हुआ है। संघ के स्वयंसेवकों ने सामाजिक, सांस्कृतिक, शैक्षणिक एवं आर्थिक क्षेत्रों के साथ वनवासी कल्याण के लिए जो कार्य किया, वह अपने-आप में एक मिसाल है। यह काम विश्वस्तरीय रिकॉर्ड के काबिल है। ऐसे संगठन के बारे में अलग-अलग दृष्टिकोण से अध्ययन होना ज़रूरी है, लेकिन केवल सतह पर आंखें घुमाने से वास्तविकता का पता नहीं चलता। सचाई की गहराई में उतरना पड़ता है।

संघ सतही तौर पर देखने से समझ नहीं आता। विचारों की विशालता, सार्थकता, मूल्यनिष्ठा, राष्ट्रभक्ति, सबके मंगल का भाव तथा विशालतम सेवा कार्य, इन सभी चीज़ों में संघ को देखा जा सकता है। संघ की लोकमान्यता अपार है, लेकिन संघ के बारे में जानबूझकर भ्रांतियां फैलाई गईं। इस पृष्ठभूमि के साथ मेरे मित्र और वरिष्ठ पत्रकार विजय त्रिवेदी ने संघ पर यह पुस्तक लिखी है। उन्होंने पुस्तक में कई बातें लिखी हैं। स्वयंसेवकों का संघर्ष, पाबंदियों के बाद भी संघ को जनाधार मिलना, संघ का विशाल सेवाकार्य, जाति-प्रथा तोड़ने के लिए किए गए प्रयास, समाज के विविध तबकों में किया गया संघ का काम और परिवर्तनशीलता के बारे में इस पुस्तक में लिखी सभी बातें संघ की वास्तविक छवि को प्रस्तुत करती हैं। इससे कई प्रकार की भ्रांतियों को दूर करने में मदद मिलेगी। लेकिन मैं स्पष्ट रूप से कहना चाहूंगा कि विजय जी की इस पुस्तक में मैं कुछ मुद्दों, घटनाओं या व्यक्तिगत टिप्पणियों से असहमत हूं।

वस्तुत:, ज़िन्दगी का कोई ऐसा क्षेत्र नहीं जिसमें संघ की गतिविधि नहीं चल रही हो। एक लाख 75 हज़ार से ज़्यादा प्रकल्प चल रहे हैं। क़रीब चालीस संगठन विभिन्न क्षेत्रों में दिन-रात काम कर रहे हैं। प्राकृतिक आपदा हो या कोई और संकट या फिर बाहरी ख़तरा हो, हमेशा बिना किसी भेदभाव के संघ के लाखों स्वयंसेवक सेवा के लिए तत्पर होते हैं। हर कोई सेवा भी करता है और यथासम्भव-यथायोग्य मदद भी करता है। इसलिए, संघ को समझना मुश्किल काम है, क्योंकि दूसरे किसी संगठन में ऐसी व्यवस्था ही नहीं है। कई बार प्रतिमा और वास्तविकता में बहुत अंतर होता है। संघ की प्रतिमा और वास्तविकता भी अलग है।

संघ के बारे में कुछ तत्त्वों ने हेतुतः भ्रांतियां फैलाई हैं। गाँव, ग़रीब, मज़दूर और किसानों के जीवन में सामाजिक और आर्थिक परिवर्तन लाने के लिए संघ ने काफी काम किया है। जातिवाद तथा सांप्रदायिकता को तोड़ने की कोशिश की है। फिर भी, संघ तथा हिन्दू, हिन्दू धर्म तथा हिन्दुत्व के बारे में तरह-तरह कि भ्रांतियां फैलाई गईं। असल में, हिन्दू जीवन जीने की एक शैली है और यही बात उच्चतम न्यायालय ने भी कही थी। मैं तो कहता हूँ कि हिन्दुत्व ही भारतीयत्व है। हम सबकी धरोहर, संस्कृति एक है।

संस्कृति सबकी एक चिरन्तन खून रगों में हिन्दू है,
विराट सागर समाज अपना हम सब इसके बिन्दु हैं।

वास्तव में, संघ की धारणा इतनी विशाल है।

स्वामी विवेकानन्द जी ने शिकागो के भाषण में हिन्दू जीवन-दर्शन का विशालतम परिचय विश्व को कराया तब सभी लोग बहुत अचम्भित हुए थे। ऐसे सर्वसमावेशक जीवन-दर्शन का आविष्कार करते हुए हमारे कई आध्यात्मिक गुरु आज भी विश्वभर में मान्यता प्राप्त कर रहे हैं। हिन्दुत्व की तरह संघ को भी संगठन की परिभाषा या सीमाओं में नहीं बाँधा जा सकता।

संघ एक जीवनशैली है। यह शैली सबके लिए है, जो खुद को राष्ट्रभक्त कहते हैं। संघ में सबको अपनी बात रखने का अधिकार है, सबकी सहमति की व्यवस्था है। मेरा सौभाग्य है कि बचपन से ही मुझे संघ की छाया मिल गई और गर्व है कि मैं उसकी संस्कृति और रास्ते पर चलने की कोशिश कर रहा हूँ।

संघ के स्वयंसेवक के नाते मतभिन्नता का सम्मान करना मेरी संस्कृति है। मैंने यह प्रस्तावना हमारी इस संस्कृति को ध्यान में रखकर ही लिखी है। संघ के संस्कार में लोकतंत्र इस तरह से समाहित है। यहाँ जो कुछ भी विजय जी ने लिखा है, वह उनका अपना आकलन है। यह पूरी किताब विजय जी की समझ एवं उनका नज़रिया है, किसी और का नहीं। एक-एक मुद्दे के बारे में विस्तारपूर्वक कुछ कहने की बजाय मैं यह चाहूँगा कि पाठक अपनी राय स्वयं तय करें, अनुसन्धानकर्ता, अध्ययनकर्ता अपना मत स्वतंत्र रूप से निश्चित करें।

विजय जी ने संघ के बारे में कुछ आलोचनात्मक टिप्पणियाँ ज़रूर की हैं, उतनी ही दिलदारी से उन्होंने संघ के सेवाभाव, विचारधारा तथा अन्य कार्यों की प्रशंसा भी की है। एक लेखक के लिए इस प्रकार का सन्तुलन आवश्यक गुण होता है। मुझे लगता है कि विजय त्रिवेदी को संघ को समझने में उनके परिवार के ही दीनानाथ मिश्र से बहुत मदद मिली होगी। दीनानाथ मिश्र जी ने पूरी ज़िंदगी संघ की विचारधारा को आगे बढ़ाने में लगा दी। पुस्तक के लिए विजय जी ने संघ और दूसरे संगठनों के बहुत से पदाधिकारियों के साथ लम्बी मुलाकातें की हैं। देश के

अनेक शहरों-कस्बों और गाँवों में संघ का काम देखा है। संघ के आलोचकों से भी उन्होंने बात की है।

यूँ तो राष्ट्रीय स्वयंसेवक संघ को लेकर बहुत-सी पुस्तकें लिखी गई हैं। कई सारी पुस्तकों में संघ के कार्य का गौरवगान किया गया है। बहुत-सी पुस्तकें संघ के विरोधी विचारधारा के लेखकों ने भी लिखी हैं तथा उनके माध्यम से संघ की छवि बिगाड़ने की नाकाम कोशिशें भी बार-बार की जाती रही हैं, लेकिन बात कुछ ऐसी है कि हस्ती मिटती नहीं हमारी। इसलिए कई मुद्दों पर अपनी असहमति पर कायम रहते हुए भी मैं यह कहना चाहूँगा कि विजय त्रिवेदी ने इस पुस्तक के माध्यम से एक अच्छा प्रयास किया है, जो भविष्य में संघ के अध्ययनकर्ताओं के लिए उपयोगी साबित होगा। जो संगठन विकसित होता रहता है, बात उसी की होती है। विश्लेषण, मूल्यांकन और आलोचना भी उसी की होती है। संघ का प्रभाव एवं विस्तार निरन्तर बढ़ रहा है तो उसकी चर्चा होगी, खरी-खोटी बातें कही और लिखी जाएंगी। जो सत्य होगा वही टिकेगा, जो असत्य है, वह समय के साथ समाप्त हो जाएगा।

बतौर स्वयंसेवक मैं पूरी तरह से इस विचार पर दृढ़ हूँ और मतभिन्नता का आदर भी करता हूं। मेरी ओर से विजय त्रिवेदी को बहुत शुभकामनाएँ और इस भागीरथ प्रयास के लिए बहुत बधाई।

आपका

नितिन गडकरी

केंद्रीय मंत्री,

भारत सरकार

1

संघे शक्ति...

नागपुर। अंग्रेज़ों के ज़माने में भौगोलिक पैमाने पर तब के भारत का केंद्र। ब्रिटिश शासन ने भारत के दूसरे हिस्सों की दूरी नापने के लिए नागपुर को 'ज़ीरो माइल पॉइंट' बनाया था। उस वक़्त नागपुर 'सेंट्रल प्रॉविन्स' की राजधानी था। 'ज़ीरो माइल' पर एक स्तम्भ और चार घोड़ों की प्रतिमाएं आज भी हैं। ब्रिटिश प्रशासन और ईस्ट इंडिया कम्पनी ने एक भौगोलिक सर्वेक्षण करवाया, जिसमें हिमालय और कंचनजंगा समेत कई चोटियों की ऊंचाई भी मापी गई। 1802 में शुरू हुआ यह सर्वेक्षण 1871 में पूरा हुआ। हालांकि आज़ाद भारत में नागपुर भारत का केंद्र नहीं रहा और 'ज़ीरो माइल पॉइंट' नागपुर से क़रीब 343 किलोमीटर दूर मध्य प्रदेश के कटनी शहर के एक गांव, करौंदी, में है जहां अशोक स्तम्भ बना हुआ है।

नागपुर अब भौगोलिक नज़रिए से भले ही देश का केंद्र नहीं रहा, लेकिन अब मौजूदा राजनीति में इसे 'रिमोट कंट्रोल' का शहर माना जाता है। भाजपा का 'रिमोट कंट्रोल' यानी राष्ट्रीय स्वयंसेवक संघ का हेडक्वार्टर और डॉ. भीमराव आंबेडकर की दीक्षा भूमि भी।

नागपुर दो धाराओं का प्रमुख केंद्र रहा है। पहली, हिन्दूवादी विचारधारा को आगे बढ़ाने वाली राष्ट्रीय स्वयंसेवक संघ की धारा। दूसरी, दलित और पिछड़ों को ताक़त देने की बात करने वाली 'दीक्षा भूमि'। एक और संयोग है कि 1925 में डॉ. हेडगेवार ने विजयादशमी के दिन आरएसएस की शुरुआत की और 1956 में 14 अक्टूबर को भी विजयादशमी का ही दिन था, जब डॉ. बाबासाहब आंबेडकर ने नागपुर में लाखों दलित और पिछड़े हिन्दुओं के साथ बौद्ध धर्म अपनाया था। उसी दिन 'धम्म चक्र प्रवर्तन दिवस' की शुरुआत दीक्षा भूमि पर हुई थी।

संघ का केंद्रीय कार्यालय और दीक्षा भूमि एक-दूसरे से ज़्यादा दूर नहीं। आरएसएस भी दलित और पिछड़ों को लेकर लगातार काम कर रहा है, लेकिन दोनों संगठनों के बीच न कोई सूत्र बंधा हुआ है, न कोई तालमेल है। हालांकि यह भी बात सही है कि गांधी और आंबेडकर संघ के शिविर में पहुंचे थे। अब संघ और भारतीय जनता पार्टी दोनों ने गांधी और आंबेडकर को अपना लिया है, जैसे

प्रधानमंत्री नरेन्द्र मोदी के नेतृत्व में गांधी की 150वीं जयन्ती मनाने और आंबेडकर सर्किट बनाने के फ़ैसले अहम हैं। आरक्षण को दस साल के लिए और बढ़ा दिया गया है। फिर भी लगता है कि दोनों धाराएं किसी रेलवे ट्रैक की तरह से हैं, जिनकी दोनों पटरियां साथ-साथ चलती तो हैं, लेकिन मिलती कभी नहीं। सरसंघचालक बालासाहब देवरस के छूआछूत के ख़िलाफ़ 1974 के भाषण के बाद भी 1980 तक संघ ने कोई आंदोलन खड़ा नहीं किया, जब तक कि मीनाक्षीपुरम की धर्म परिवर्तन की बड़ी घटना नहीं हो गई। फिर 1989 में मंडल कमीशन की रिपोर्ट के समर्थन में संघ सामने नहीं आया, पर मौजूदा सरसंघचालक मोहन भागवत लगातार पिछड़ों और दलितों के साथ सम्पर्क बढ़ाने और उन्हें जोड़ने पर ज़्यादा ज़ोर दे रहे हैं।

राष्ट्रीय स्वयंसेवक संघ के संस्थापक डॉ. केशव बलिराम हेडगेवार के रोल मॉडल स्वामी रामदास और स्वामी विद्यानन्द थे। इन दोनों को उस दौर का सर्वश्रेष्ठ मैनेजमेंट गुरु माना जाता है। संघ के दूसरे सरसंघचालक माधव सदाशिव गोलवलकर यानी 'गुरुजी' के रोल मॉडल विवेकानन्द और छत्रपति शिवाजी महाराज थे। इन दोनों का भी संघ पर बहुत असर रहा है।

संघ ने एक लम्बी यात्रा तय की है, जिसमें उतार-चढ़ाव भी कम नहीं रहे। एक ज़माने तक आरएसएस पर केंद्र की कांग्रेस सरकारों ने एक बार नहीं, बल्कि तीन-तीन बार पाबंदियां लगाईं। पहली बार महात्मा गांधी की हत्या के बाद नेहरू सरकार ने 4 फ़रवरी 1948 को संघ पर बैन लगा दिया। इससे पहले 1 फ़रवरी को गुरुजी गोलवलकर समेत संघ के कई बड़े पदाधिकारियों और स्वयंसेवकों को जेल में डाल दिया गया। शाखाओं और उनकी गतिविधियों पर पाबंदी लग गई। संघ का पूरा ढांचा लड़खड़ा गया, उसे आर्थिक संकट के दौर से भी गुज़रना पड़ा। बाद में सरकारी और न्यायिक जांच में कहा गया कि संघ का महात्मा गांधी की हत्या में कोई हाथ नहीं है। नाथूराम गोडसे संघ का सक्रिय स्वयंसेवक भी नहीं था, वह हिन्दू महासभा से जुड़ा हुआ था। दूसरी बार 1975 में तब की प्रधानमंत्री इंदिरा गांधी ने इमरजेंसी के दौरान 4 जुलाई 1975 को संघ पर प्रतिबंध का ऐलान किया और हज़ारों स्वयंसेवकों समेत बहुत से नेताओं को उन्नीस महीने तक जेल में रखा। उस दौरान संघ के लाखों कार्यकर्ता भूमिगत रहकर इस आंदोलन से जुड़े रहे और इमरजेंसी के ख़िलाफ़ न केवल लड़ाई लड़ी, बल्कि उसमें शामिल लोगों के परिवारों का भी ध्यान रखा। इमरजेंसी ख़त्म होने के बाद वह पाबंदी हटी। तीसरी बार 1992 में बाबरी मस्जिद का ढांचा गिराए जाने के बाद नरसिम्हा राव सरकार ने संघ पर पाबंदी लगाई। लेकिन इस बार भी संघ पर कोई आरोप साबित नहीं किया जा सका।

2014 में केंद्र में नरेन्द्र मोदी सरकार आने के बाद अब पहिया घूमा है, आज संघ के लोग रायसीना हिल पर काबिज़ हैं। इंडिया गेट से पुराने राजपथ (अब कर्तव्य पथ) होते हुए जब आप रायसीना हिल पर राष्ट्रपति भवन तक पहुंचते हैं, तो सड़क के दोनों ओर बनी आलीशान, लाल रंग के पत्थरों की भव्य सरकारी इमारतों के एयरकंडीशन कमरों में सरकार चलाते ज़्यादातर लोग आरएसएस से जुड़े हुए

मिलेंगे। प्रधानमंत्री के नए सेन्ट्रल विस्टा प्लान ने इतिहास को नए तरीक़े से दिखाने का काम भी किया है।

राष्ट्रपति, उपराष्ट्रपति, प्रधानमंत्री और दर्जनों मुख्यमंत्री, केंद्रीय मंत्री, राज्यपाल और कई महत्वपूर्ण पदों पर ऐसे लोग बैठे हैं जिनकी राजनीतिक और सामाजिक कार्यों की ट्रेनिंग संघ में हुई। बहुत से ऐसे लोग भी इस दरमियान ऊपर तक पहुंच गए, जिन्हें परिक्रमा दरबारी कह सकते हैं, यानी वे संघ और भाजपा के नियमित स्वयंसेवक या कार्यकर्ता नहीं हैं, लेकिन उन्होंने आलाकमान के सामने विश्वसनीयता कायम कर ली है। संघ का नेटवर्क भारत से बाहर चालीस से ज़्यादा देशों में फैल गया है। संघ के क़रीब सौ साल पूरे होने को हैं, लेकिन संघ के लोग मानते हैं कि यहां का रास्ता अब भी संस्कार, समाज सेवा और राष्ट्रवाद से होकर जाता है।

संघ की शाखाओं में सभी धाराओं के लोग आते हैं। लेकिन यह विचार मंथन चलता रहता है कि अलग-अलग सामाजिक धाराओं के साथ संघ कैसे खड़ा हो? संघ प्रमुख मोहन भागवत कहते हैं कि हम हाशिये पर खड़े आख़िरी आदमी तक पहुंचना चाहते हैं। औपचारिक तौर पर मुसलमानों का भरोसा जीतने का दिखावा शुरू हो गया है, लेकिन भीतर शायद कुछ और ही उबल रहा है जो कभी इतिहास बदलने के नाम पर, तो कभी लव जिहाद या किसी और बहाने से सामने आ ही जाता है।

संघ की विचारधारा का सार समझाते हुए राष्ट्रीय स्वयंसेवक संघ के सह-सरकार्यवाह डॉ. मनमोहन वैद्य कहते हैं, "भारत के व्यक्तित्व के चार पहलू हैं। पहला है, *एकम् सत् विप्राः बहुधा वदन्ति*। भारत ने अपने आचरण से यह सिद्ध किया है। इसलिए स्वामी विवेकानन्द ने अपने शिकागो व्याख्यान में कहा था कि हम सभी मार्गों को सत्य मानकर उनका सम्मान करते हैं। दूसरा है, विविधता के मूल में रही एकता की अनुभूति करना। रवीन्द्रनाथ टैगोर ने लिखा है: "अनेकता में एकता देखना और विविधता में ऐक्य प्रस्थापित करना ही भारत का अन्तर्निहित धर्म है। भारत विविधता को भेद नहीं मानता और पराए को दुश्मन नहीं समझता। इसीलिए नये मानव समूह के संघात से हम भयभीत नहीं होंगे। उनकी विशेषता को पहचान कर उसे सुरक्षित रखते हुए उन्हें अपने साथ लेने की विलक्षण क्षमता भारत रखता है। तीसरी विशेषता भारत की यह मान्यता है कि प्रत्येक व्यक्ति में ईश्वर का अंश है। चौथा लक्षण, यहां प्रत्येक व्यक्ति को अपना-अपना 'मुक्ति' का मार्ग चुनने की स्वतंत्रता होना है।"

सौ सालों की यात्रा

राष्ट्रीय स्वयंसेवक संघ 2025 में अपना शताब्दी वर्ष मना रहा होगा। लेकिन आरएसएस हाईकमान अभी से 2047 की योजना बना रहा है, जब देश की आज़ादी के सौ साल पूरे होंगे। इसलिए यह सवाल महत्वपूर्ण है कि 2047 में आरएसएस

का क्या स्वरूप होगा? उससे भी अहम है कि क्या संघ का यह अवतार बरकरार रहेगा? क्या उसकी उपयोगिता या ज़रूरत बनी रहेगी?

क्या संघ का वह मक़सद भी पूरा हो गया है जिस वजह से डॉ. हेडगेवार ने संघ की शुरुआत की थी? यही प्रश्न प्रचारक सुनील आम्बेकर के मन में भी उठा था इसलिए उन्होंने संघ पर एक अधिकृत किताब—द *आरएसएस रोडमैप फॉर द 21 सेंचुरी* लिखी।

आम्बेकर मानते हैं कि संघ का विस्तार हो रहा है। जीवन के सभी क्षेत्रों में स्वयंसेवक पहुंच रहे हैं। यह स्वाभाविक विकास है, लेकिन संगठन में अभी बहुत काम बाक़ी हैं। वे कहते हैं कि पच्चीस साल बाद भारत विश्व गुरु के रास्ते पर आगे बढ़ रहा होगा और आरएसएस समाज में ऐसे घुलमिल गया होगा कि वह अलग दिखाई नहीं देगा, दूध में शक्कर की तरह। वे आगे कहते हैं, "संघ समाज पर शासन करने वाले संगठन के तौर पर नहीं रहना चाहता, बल्कि समाज को ताक़तवर बनाना चाहता है ताकि समाज अपनी परेशानियों का रास्ता ख़ुद ढूंढ़ सके। जैसे पहाड़ों से गिरती नदी समुद्र में मिलकर अपनी पहचान खो देती है, वैसे ही संघ समाज में मिल जाए। इसके लिए नया नारा दिया गया—'संघ समाज बनेगा', यानी जब संघ और समाज एकाकार हो जाएं, एक हो जाएं।" लेकिन 'संघ समाज' बनने का मतलब यह नहीं है कि संघ ख़त्म हो जाएगा।

ताउम्र संघ से जुड़े रहे दिलीप देवधर मानते हैं कि संघ का मक़सद संगठन को ज़िन्दा रखना नहीं है। उन्हें लगता है कि आरएसएस के सौ साल पूरे होने पर वह देश में विलीन हो जाएगा। जब 2047 में भारत की आज़ादी के सौ साल पूरे होंगे, तब तक इस प्रक्रिया को पूरा किया जा चुका होगा।

डॉ. हेडगेवार भी संघ के कार्यकाल के बजाय संघ के लक्ष्य के पूरा होने पर ज़ोर देते रहे। संघ मानता है कि हिन्दू संस्कृति में भी कोई अवतार अपना लक्ष्य पूरा होने के बाद विलीन हो जाता है, चाहे वे राम हों या कृष्ण या फिर कोई और, क्योंकि लक्ष्य महत्वपूर्ण है, अवतार नहीं। संघ हाईकमान को लगता है कि 'संघ का अवतार कार्य' पूरा हो जाएगा और जब 'संघ पूरी तरह समाजमय' होगा तो फिर सिर्फ़ नाम के लिए उसे ज़िन्दा रखने का कोई औचित्य नहीं।

डिविज़न पर नहीं, एडिशन पर ज़ोर

संघ संस्कृति और परंपराओं को आगे बढ़ाने के साथ आधुनिक और मौजूदा वक़्त की ज़रूरतों के हिसाब से बदलने की बात करता है। संगठन के तौर पर भी उसमें ऐसे बदलाव होते रहते हैं। संघ यह मानता है कि परिवर्तन ही स्थायी है। बहुत से लोग संघ को हिन्दू संगठन मानते हैं, लेकिन संघ 'हिन्दू' को 'रिलीजन' के तौर पर नहीं देखता और भारत को एक सांस्कृतिक राष्ट्र मानता है, जिसे 'एकात्मता' कहता है।

आरएसएस भले ही हिन्दू धर्म और हिन्दू राष्ट्र की बात करता हो, लेकिन धार्मिक आज़ादी के ख़िलाफ़ नहीं है। मुस्लिमों और ईसाइयों के अपने मज़हब को मानने और उसकी पूजा पद्धति को अपनाने से उसका विरोध नहीं है, लेकिन धर्म परिवर्तन के ज़रूर ख़िलाफ़ है। संघ महात्मा गांधी के अहिंसा के सिद्धांत को पूरी तरह नहीं मानता।

मिसाल के तौर पर, किताब *हिन्दुत्व फॉर द चेंजिंग टाइम्स* के लेखक और प्रज्ञा प्रवाह के राष्ट्रीय संयोजक जे. नन्दकुमार केरल में वामपंथियों और संघ के बीच हुई हिंसा को जायज़ ठहराते हैं। उनका कहना था कि केरल की हिंसा के पीछे उसका इतिहास देखना होगा। आरएसएस पूरे देश में फैला हुआ है, लेकिन केरल में उसका संगठन कमज़ोर है और वहां वामपंथी मज़बूत हैं, वे वहां हिंसा कर रहे हैं। ख़ुद को ज़िन्दा रखने के लिए कभी-कभी संघ को उसका जवाब देना पड़ता है। उनकी दलील है कि संघ अगर वामपंथियों के ख़िलाफ़ है तो देश के दूसरे हिस्सों में जहां संघ मज़बूत है और वामपंथी कमज़ोर, वहां कभी हिंसा क्यों नहीं हुई।

संघ मानता है कि सामाजिक समरसता की वजह सिर्फ़ हिन्दू हैं, यानी जहां भी हिन्दू आबादी बहुसंख्यक है, वहां धार्मिक भेदभाव और हिंसा नहीं होती। हिन्दुस्तान अगर सेक्यूलर मुल्क है तो सिर्फ़ हिन्दुओं की वजह से। इससे उलट जहां मुस्लिम या ईसाई बहुसंख्यक हैं, वहां हिन्दू और हिन्दू धर्म ख़तरे में होता है। वहां हिंसा की घटनाएं और उत्पीड़न होता है। संघ मुसलमानों या ईसाइयों का धर्म परिवर्तन कराकर उन्हें हिन्दू बनाने के पक्ष में तो नहीं है, लेकिन लालच या दबाव में धर्म परिवर्तन करने वालों की 'घर वापसी' कराने का अभियान चलाता है। संघ से जुड़े बहुत से विचारक अब केंद्र के स्तर पर धर्म परिवर्तन के ख़िलाफ़ सख्त क़ानून बनाने की रणनीति पर काम कर रहे हैं। अभी दस से ज़्यादा राज्यों में इसको लेकर क़ानून हैं।

डॉ. भीमराव आंबेडकर ने अपनी किताब *पाकिस्तान और द पार्टिशन ऑफ़ इंडिया* में लिखा, "यदि हिन्दू राज सच में बन जाता है तो इसमें कोई सन्देह नहीं कि यह इस देश के लिए सबसे बड़ी आपदा होगी। इससे कोई फ़र्क नहीं पड़ता कि हिन्दू क्या कहते हैं। हिन्दू धर्म स्वतंत्रता, समानता और भाईचारे के लिए ख़तरा है। इसलिए यह लोकतंत्र के साथ भी नहीं चल सकता। किसी भी कीमत पर हिन्दू राज को रोका जाना चाहिए।"[1]

तो सावरकर और आरएसएस के हिन्दुत्व की परिभाषा में भेद क्यों है और संघ सावरकर की हिन्दू की परिभाषा को स्वीकार क्यों नहीं करता? इस प्रश्न के उत्तर में मुस्कुराते हुए आम्बेकर कहते हैं, "हिन्दुत्व को विवेकानन्द, रवीन्द्रनाथ

1. पाकिस्तान, और, द पार्टिशन ऑफ़ इंडिया, पृष्ठ संख्या 338

टैगोर, वीर सावरकर और महात्मा गांधी समेत बहुत से लोगों ने अपनी-अपनी तरह से परिभाषित किया है। उसके मूल रूप में अपनी दृष्टि को समाहित करने का प्रयास किया है। इसमें ग़लत क्या है? हिन्दुत्व का मतलब ही सबकी बातों को शामिल करना है। समय-समय पर परिस्थिति का विश्लेषण करना, सांस्कृतिक अवधारणा, देशभक्ति पर चिंतन, विचार-मंथन होना चाहिए। गांधी और सावरकर दोनों को समझना पड़ेगा। देश एक व्यक्ति से नहीं बनता है।"

समाज में हिन्दुत्व को लेकर हो रहे हमले और चर्चा पर आम्बेकर कहते हैं, "हिन्दुत्व भेद नहीं ढूंढ़ता है, वह एकत्व है। भारत के प्रति गौरव का भाव ही हिन्दुत्व है और यह हज़ारों साल से चल रहा है। संघ अपनी तरफ़ से कोई चीज़ नहीं थोपने जा रहा है। यह गौरव का भाव विलुप्त हो रहा है, बस उसे स्मरण करना है। याद रखना है, याद दिलाना है। संघ में संघर्ष का भाव नहीं है और न ही हिन्दुत्व में है, क्योंकि संघर्ष तो वर्चस्व के लिए किया जाता है। हिन्दू पद्धति से संघ काम कर रहा है, इसलिए इसमें वर्चस्व का भाव नहीं है। सामाजिक समरसता का प्रयास करना है और यह समरसता सिर्फ़ संघ में नहीं, समाज में भी आनी चाहिए। और यह आ भी रही है।"

मौजूदा सरसंघचालक मोहन भागवत ने तो हिन्दू समाज को एकजुट करने के लिए मानो एक तरह का आदेश जारी कर दिया है। हिन्दू समाज में मौजूद छूआछूत और भेदभाव को ख़त्म करने के लिए डॉ. भागवत ने कहा कि हर गांव में एक सार्वजनिक उपयोग के लिए पीने के पानी का स्थान, यानी तालाब या कुआं, मन्दिर और श्मशान होना चाहिए। अब संघ के लोग हर गांव तक पहुंचने और इस काम को आगे बढ़ाने में लग गए हैं।

संघ मानता है कि जो भी हिन्दू संस्कृति के साथ हैं, हम उनके साथ हैं। संघ का दिल्ली के मुख्यमंत्री अरविन्द केजरीवाल से विरोध नहीं है। बिहार के नीतीश कुमार पर आपत्ति नहीं है। पुराने लोगों को फिर से जोड़ने पर ज़ोर है, इसलिए झारखंड में बाबूलाल मरांडी की वापसी हो गई है। ओडिशा में नवीन पटनायक के साथ भी समरसता रखनी है। संघ को कांग्रेस नेता ज्योतिरादित्य सिन्धिया भी मंज़ूर है। अपने शताब्दी वर्ष में संघ का ज़ोर 'डिविज़न' पर नहीं, 'एडिशन' पर है। यानी, सबको जोड़ने की कोशिश करना। जो हिन्दू हैं, वह साथ हैं। संघ मुस्लिम विरोधी छवि को भी अपने साथ नहीं जोड़े रखना चाहता। याद रखिए सरसंघचालक मोहन भागवत का बयान कि "बिना मुसलमानों के हिन्दुत्व अधूरा है। और हिन्दू और मुसलमानों का डीएनए एक है, हमारे पूर्वज एक हैं।" वैसे यह रास्ता डॉ. हेडगेवार के रास्ते पर ही ले जाता है।

संघ के संस्थापक डॉ. हेडगेवार के लिए उस वक़्त स्टेट गज़ेटियर में उनकी क्रान्तिकारी गतिविधियों के साथ लिखा गया है कि हेडगेवार कट्टर हिन्दू सोच-समझ वाले नेता हैं जो हिन्दुत्व की विचारधारा और सिद्धांतों को मानते हैं। लेकिन उन्हें किसी धर्म का विरोधी नहीं कहा जा सकता। हेडगेवार मुस्लिम विरोधी नहीं थे। वे

कहते थे कि हिन्दू-मुस्लिम एकता में बड़ी बाधा हिन्दू समाज का कमज़ोर होना है। एक कमज़ोर और ताक़तवर समाज में बराबरी की दोस्ती नहीं हो सकती। कमोबेश यही तर्क प्रधानमंत्री अटल बिहारी वाजपेयी ने मई, 1998 में परमाणु परीक्षण के वक़्त दिया था कि मज़बूत राष्ट्र से ही सबके बराबरी से रिश्ते हो सकते हैं।

भले ही बहुत से लोग संघ और भाजपा को 'अपर क्लास' संगठन मानते हों, लेकिन आरएसएस-भाजपा की यात्रा की सबसे ख़ास बात है कि दोनों के नेता सामाजिक रूप से पिछड़े वर्गों, ख़ासतौर से अतिपिछड़ा वर्ग और अनुसूचित जाति-जनजातियों के विकास के लिए राजनीति को हथियार बनाने पर एक राय रहे हैं। संघ की हिन्दू राष्ट्र की परिकल्पना में हिन्दू समाज के हाशिए पर पड़े तबक़ों को मुख्यधारा में शामिल करना राष्ट्र निर्माण का अहम हिस्सा है।

संघ विचारक दिलीप देवधर कहते हैं, "संघ की प्रार्थना 1940 में बदली गई थी। अब सौ साल पूरे होने पर जब संघ भविष्य की तरफ़ देख रहा होगा, तब 'हिन्दू राष्ट्र' की यह प्रार्थना बदलेगी और तब संघ उपनिषद् के 'ब्रह्मांडवादी मानवतावादी स्वरूप' का प्रमुख संगठन होगा।" संघ बहुआयामी हिन्दू समाज का 'सिस्टम इंटीग्रेशन' है। सौ साल पूरे होने पर संघ हिन्दू आसक्ति से मुक्त हो जाएगा और नये नाम, नई प्रणाली के साथ, नये कार्यक्रम और नये रूप में भविष्य में दिखेगा।

संघ में लोकतंत्र

अब संघ अपनी इमेज को लेकर ज़्यादा सजग है। आईटी के माध्यम से इस पर काम हो रहा है। यह काम मोदी सरकार के आने से काफी पहले 2012-13 से ही शुरू हो गए थे। लेफ़्ट पार्टियों ने बुद्धिजीवियों पर ख़ास काम किया और उन वामपंथी बुद्धिजीवियों ने उनके पक्ष में न केवल माहौल बनाया बल्कि आरोप है कि कई ऐतिहासिक तथ्यों के साथ भी छेड़छाड़ की गई। साथ ही वे विचारधारा की लड़ाई लड़ते रहे, किताबों का प्रकाशन करते रहे। अब उसी तर्ज पर संघ ने एक नया संगठन शुरू किया है—वाहा (वर्ल्ड असोसिएशन ऑफ़ हिन्दू अकैडेमिशियंस)। इस संगठन की 2019 में ऋषिकेश में महत्वपूर्ण बैठक हुई थी।

'प्रज्ञा प्रवाह' के राष्ट्रीय संयोजक जे. नन्दकुमार कहते हैं कि जैसे-जैसे संघ का विस्तार हो रहा है, कुछ लोगों की परेशानियां बढ़ती जा रही हैं और वे संघ के ख़िलाफ़ दुष्प्रचार में लगे रहते हैं।

नन्दकुमार का मानना है कि आरएसएस को राजनीति से परहेज़ नहीं है। उसके बहुत से प्रचारक भाजपा में हैं, और राजनीति में भी। संघ ने राजनीति को ही सबकुछ नहीं माना। संघ बहुआयामी है और उसका काम सामाजिक परिवर्तन लाना है। समाज को दोष मुक्त करना है, संगठित करना है और राष्ट्र को परम वैभव तक पहुंचाना है। राजनीति तो इस बदलाव का एक छोटा सा हिस्सा है।

नन्दकुमार कहते हैं, "ये राजनीतिक बदलाव एक-दो दिन या कुछ सालों की कहानी नहीं है, बल्कि बरसों की तपस्या का नतीजा है। मिसाल के तौर पर, भारतीय

मज़दूर संघ अब दुनिया का सबसे बड़ा मज़दूर संगठन है। लेकिन ग़ैर-राजनीतिक है। विद्यार्थी परिषद है, और ग़ैर-राजनीतिक संगठन है। हम इसलिए इन संगठनों को विविध क्षेत्रों में संगठन कहते हैं। आप उसे संघ परिवार बोलते हैं। परिवार का मतलब है कि वो उससे निर्देश लेते हैं या आदेश मानते हैं। जैसे कांग्रेस परिवार का हिस्सा है सीटू, या ऐसे ही वामपंथी संगठन भी। लेकिन यहां ये संगठन संघ से आदेश नहीं लेते। संघ देता भी नहीं। ये संघ से प्रेरणा लेते हैं बस। सब अपने आप में स्वतंत्र संगठन हैं, अपना काम ख़ुद तय करते हैं और आर्थिक तौर पर भी सभी आत्मनिर्भर संगठन हैं।"

आरएसएस राजनीतिक पार्टी के तौर पर काम भले ही नहीं करता हो, लेकिन उसका मानना है कि देश को आगे बढ़ाने के लिए सिर्फ़ राजनीतिक दल में ही नहीं, सभी क्षेत्रों में नेतृत्व तैयार करने की ज़रूरत है। हर क्षेत्र के लिए योग्य लोगों की, युवाओं की तलाश करना, उन्हें पहचानना और फिर उन्हें इस तरह से तैयार करना कि वे राष्ट्र निर्माण में सहयोग कर सकें। एक और बड़ा बदलाव ये भी हुआ है कि पहले संघ परिवार कहा जाता था, लेकिन संघ के चौथे सरसंघचालक प्रोफेसर राजेन्द्र सिंह उर्फ़ रज्जू भैया इसके लिए 'संघ-सृष्टि' शब्द का इस्तेमाल करने लगे।

वैसे ये भी सच है कि संघ बेशक एक सामाजिक सांस्कृतिक संगठन है, लेकिन उसके कार्यक्रमों और गतिविधियों का असर देश की राजनीति पर भी पड़ता है। भाजपा संघ का राजनीतिक संगठन है और स्वयंसेवकों की सक्रियता, संघ के विविध क्षेत्रों में काम का फ़ायदा सब भाजपा को मिलता है, इससे इंकार नहीं किया जा सकता।

आरएसएस की लोकतान्त्रिक व्यवस्था को समझना अपने-आप में एक गहन अध्ययन का विषय है। संघ में सरसंघचालक सर्वोच्च पद और व्यवस्था है। उनकी बात को न नकारा जा सकता है, न नज़रअन्दाज़ किया जा सकता है। लेकिन क्या सरसंघचालक आरएसएस से जुड़ी कोई भी बात ख़ुद अपने विवेक या निर्णय के आधार पर नहीं कह सकते? क्या उसके लिए पूरी तरह से विचार-विमर्श और सहमति होती है?

संघ में जब मतभेद होते हैं तो उस पर चहारदीवारी के भीतर चर्चा होती है। वहां मतभेद व्यक्त किए जाते हैं, लेकिन निर्णय के बाद अनुशासन से चलना होता है। फिर अपनी राय को बाहर ज़ाहिर नहीं किया जा सकता।

वरिष्ठ पत्रकार दिलीप देवधर बताते हैं कि आरएसएस में बहुत से 'लेवल्स और लेयर्स' हैं लेकिन 'न्यूक्लियस' में संघ है। यहां पर नेटवर्क है, पिरामिड नहीं है। 36 संगठन हैं। इसमें 12 'मास ऑर्गेनाइजेशन' और 24 'क्लास ऑर्गेनाइजेशन' हैं। इनमें एक-दूसरे के कामों की ओवरलैपिंग भी होती है, लेकिन संघ ने सभी संगठनों को संगठन मंत्री दिए हैं। प्रचारकों के माध्यम से संघ इन संगठनों को नियन्त्रित करता है। प्रतिनिधि सभा और प्रचारकों की बैठक में इन पर चर्चा होती है, लेकिन

कोई भी संगठन दूसरे के काम में दख़ल नहीं देता और न ही कोई दूसरा संगठन दख़लअन्दाज़ी बर्दाश्त करता है।

इस वक़्त आरएसएस में 6 हज़ार से ज़्यादा प्रचारक हैं, जो संघ के अलावा विविध क्षेत्र संगठनों में भी ज़िम्मेदारी संभाल रहे हैं। संघ के संगठनों की संख्या और उनके कामकाज बढ़ने के साथ एक समन्वय की ज़रूरत पड़ने लगी तो संघ और संगठन के बीच समन्वय समिति बनाई जाने लगी। इसके साथ ही उसके संगठन मंत्री अपने स्तर पर संगठन को देखते हैं और नियन्त्रित भी करते हैं। आरएसएस में विचार-विमर्श और सामूहिक फ़ैसले का एक उदाहरण है संघ में हाल में बदली गई यूनीफ़ॉर्म—संघ गणवेश। इसका पहला विचार संघ के विभाग प्रचारकों की बैठक में आया था। फिर इस विषय पर अखिल भारतीय कार्यकारी मंडल की बैठक में चर्चा हुई। इस बैठक में सभी प्रान्तों और ज़ोन के पदाधिकारी हिस्सा लेते हैं। फिर संघ के सबसे प्रमुख निर्णायक मंडल यानी अखिल भारतीय प्रतिनिधि सभा में विस्तार से विचार-विमर्श हुआ। प्रतिनिधि सभा में शाखाओं और स्वयंसेवकों की संख्या के हिसाब से नुमाइन्दगी होती है। इसमें तीन बार चर्चा हुई, लेकिन आम सहमति नहीं बन पायी। तब सरसंघचालक मोहन भागवत ने कहा कि जब तक आम सहमति नहीं बन जाती, तब तक के लिए इसे टाल दिया जाए। इसके लिए पांच साल का वक़्त रखा गया कि उसके बाद फिर से चर्चा होगी। पांच साल का समय पूरा होने पर गणवेश बदलने के मसले पर फिर से चर्चाओं का दौर शुरू हुआ। इसमें कई दूसरी यूनीफ़ॉर्म के प्रस्ताव और सुझाव आए।

संघ में माना जाता है कि कोई भी ऐसा मुद्दा नहीं होता जिसे बातचीत से सुलझाया नहीं जा सकता, बशर्ते उसमें निर्णय करने वालों का अहं आड़े न आए और सलाह-मशविरा करनेवालों की नीयत में ईमानदारी हो।

आरएसएस में बदलाव को चुनौती की तरह लेने का हिम्मत भरा काम सबसे पहले तीसरे सरसंघचालक बालासाहब देवरस ने किया था। सुप्रीम ज़िम्मेदारी संभालने के क़रीब छह महीने बाद दिसम्बर 1973 में नागपुर में हेडगेवार भवन में चल रहे शीतकालीन शिविर में उन्होंने अपना दिल खोलकर रख दिया। देवरस ने अपने भाषण में कहा, 'इस समय चरित्र और विश्वसनीयता का संकट है। इस बात की ज़िम्मेदारी हम पर आ गई है कि क्या सबसे ज़रूरी है। उसे पूरा करना है। यह हमें स्वीकार करना पड़ेगा। बहुत-सी ज़िम्मेदारियों को अब तक हम टालते आए हैं। हम ज़िम्मेदारियों से बचने की कोशिश करते रहे, जो नहीं होना चाहिए था। आज संघ क्या है, किस स्थिति में है और कैसा होना चाहिए था, इस पर भी विचार करने की जरूरत है। मैं यह जोर देकर नहीं कह सकता कि हमारे स्वयंसेवक भी बहुत से आकर्षणों के लोभ में नहीं आते होंगे। बहुत सी परेशानियां हैं, बहुत से सवाल हैं। और यह हमारी ज़िम्मेदारी है कि हम उनके जवाब ढूंढ़ें।'

अपनी छवि से अलग आरएसएस समाज के सब वर्गों और धर्मों से जुड़ा हुआ है और उसका किसी से कोई 'मनभेद' नहीं हैं। आम्बेकर बताते हैं, "एक

बार विजयादशमी पर संघ के समारोह का आयोजन नागपुर रेलवे स्टेशन के पास कस्तूरचन्द पार्क में हुआ। उस वक़्त बालासाहब देवरस सरसंघचालक थे। समारोह में अपने भाषण में देवरस ने नागपुर के प्रसिद्ध कॉन्वेंट स्कूल सेंट जोसेफ़ हाई स्कूल और उसके प्रशासन का धन्यवाद किया क्योंकि उस कार्यक्रम के लिए फर्नीचर के साथ-साथ कुछ और चीज़ों का इन्तज़ाम स्कूल की ओर से किया गया था।" ज़ाहिर है, संघ के रिश्ते सभी से बेहतर और नज़दीकी के रहते हैं। माना जाता है कि आरएसएस के लगातार आगे बढ़ने और ताक़तवर होने की वजह उसके कामकाज का आसान तरीक़ा है। इसलिए संघ को स्वयंसेवक बनाने के लिए कोई विज्ञापन देने की ज़रूरत नहीं पड़ती। आम्बेकर के मुताबिक़ संघ की सबसे बड़ी ताक़त उसकी हर क्षेत्र में मौजूदगी और स्वयंसेवकों और संगठनों का एक मज़बूत नेटवर्क है। संघ के सहयोगी संगठनों की संख्या लगातार बढ़ती जा रही है, और साथ ही उनके काम का दायरा और कार्यक्रमों की संख्या भी। साथ ही संघ वक़्त के हिसाब से ग़ैर-ज़रूरी लगने वाले संगठनों को निष्क्रिय करने के लिए भी तैयार रहता है। कई बार ज़रूरत के हिसाब से किसी एक संगठन पर ज़्यादा ध्यान दिया जाता है, जैसे राम जन्मभूमि आंदोलन के दौरान विश्व हिन्दू परिषद पर फ़ोकस था, तो कभी विद्यार्थी परिषद को ज़्यादा सक्रिय करना होता है। संघ अपने संगठनों और कार्यक्रमों के लिए फ़ीडबैक का तरीक़ा भी अपनाता है और निचले स्तर तक इसकी व्यवस्था है। फ़ीडबैक के हिसाब से उसमें बदलाव के लिए भी संघ न केवल तैयार रहता है, बल्कि उसमें ज़रूरी बदलाव भी किए जाते हैं।

संघ से लम्बे समय तक जुड़े रहे लेखक संजीव केलकर इस बात पर ज़ोर देते हैं कि आरएसएस में 'सिम्बॉलिज़्म' यानी सिर्फ़ सन्देश या संकेत के तौर पर ज़्यादातर चीज़ों का इस्तेमाल होता है और उसके मंज़िल तक पहुंचने में ज़्यादा गम्भीरता नहीं दिखती। केलकर के मुताबिक़ 1952 में गौहत्या बंदी को लेकर चले अभियान में संघ प्रमुख भूमिका में था। 1969 तक संघ के कार्यक्रमों में इसकी चर्चा और गौहत्या का विरोध होता था, लेकिन देश में चार बार भाजपा की केंद्र में सरकार आने के बाद भी गौहत्या को लेकर संघ कुछ नहीं कर पाया। फिर अब तो यह भी कहा जाने लगा है कि गोमांस को लेकर भी संघ को कोई आपत्ति नहीं है, क्योंकि वह किसी के खानपान में दख़ल नहीं देना चाहता।

बड़े ही नहीं, छोटे-छोटे बदलावों में भी न केवल वक़्त लगता है, बल्कि उसका भी बड़े स्तर पर विरोध होता है। 1973 में बालासाहब देवरस ने संघ की शाखाओं में होने वाले खेलों में बदलाव की बात की। बालासाहब का मानना था कि कुछ ग़ैर-भारतीय खेलों को भी इसमें शामिल किया जाना चाहिए, ताकि शाखा में शामिल होने वाले बच्चों और युवाओं का आकर्षण बढ़े और तस्वीर भी बदले। लेकिन संघ में ऊपर बैठे पदाधिकारियों को यह सुझाव पसन्द नहीं आया, बल्कि इसका विरोध भी दिखाई दिया। नतीजतन आज भी वही खेल शाखा में खेले जाते हैं जो शुरुआती दौर में चल रहे थे, जबकि ज़माना बहुत बदल गया है।

छवि बदलने की कोशिश

संघ के वरिष्ठ पदाधिकारी अरुण कुमार कहते हैं, "संघ और समाज के बीच कोई दीवार नहीं है। दरअसल समाज का हिस्सा ही है संघ, इसमें अलग कुछ भी नहीं, न स्वयंसेवक, न प्रचारक, न संघ प्रमुख। सब समाज की बहती हवा का हिस्सा हैं।"

आरएसएस ने वक़्त के हिसाब से बहुत सारे बदलाव संगठन में किए हैं। डॉ. हेडगेवार ने शुरुआत में ही तय किया कि संघ और उसके लोग वक़्त और ज़रूरत के हिसाब से ख़ुद को बेहतर करने के लिए बदलाव करते रहेंगे।

आरएसएस पर हमेशा ब्राह्मणवादी या सवर्ण संगठन होने का आरोप भी लगता रहा है, और वह अब तक उस इमेज से ख़ुद को अलग नहीं कर पाया, जबकि तस्वीर थोड़ी अलग है। बालासाहब देवरस ने संघ के बड़े नेताओं की एक लिस्ट जारी करके बताया कि उनके संगठन के बहुत से नेता समाज के अलग-अलग तबकों और देश के अलग-अलग हिस्सों से आते हैं।

सत्तर के दशक में आरएसएस बड़े पैमाने पर सामाजिक और आर्थिक रूप से पिछड़े तबके के लोगों को अपने साथ जोड़ रहा था। यह सच है कि संघ के सर्वोच्च पद, यानी सरसंघचालक और सरकार्यवाह के पद पर अभी तक कोई पिछड़ी जाति का नेता नहीं पहुंच पाया है और आरएसएस जब 2025 में अपने सौ साल पूरे करेगा तब तक भी इन दोनों सर्वोच्च पदों पर किसी पिछड़ी जाति के नेता के पहुंचने की सम्भावना न के बराबर है।

आईआईटी खड़गपुर से इंजीनियरिंग की डिग्री लेने वाले स्वामी विज्ञानानन्द इस वक़्त विश्व हिन्दू परिषद के जॉइंट जनरल सेक्रेटरी हैं और विदेशों में परिषद का काम देख रहे हैं। संघ को समझाते हुए स्वामी विज्ञानानन्द कहते हैं, "संघ का निर्माण करने वालों ने जो विचार मन में रखा होगा, वह अद्‌भुत है क्योंकि संघ एक 'फेसलेस ऑर्गेनाइजेशन' है। 'लाइक माइडेंड' लोगों यानी समान विचार रखने वाले लोगों का संगठन। संघ की मूल इकाई है शाखा और शाखा को चलाने के लिए क्या चाहिए? 'एक डंडा और एक झंडा'।"

किसी संगठन को चलाने में पैसे की ज़रूरत होती है लेकिन शाखा को चलाने के लिए पैसा चाहिए ही नहीं। यही वजह है कि संघ को कभी आर्थिक संकट से नहीं जूझना पड़ा।

स्वामी विज्ञानानन्द आगे कहते हैं, "जो लोग कहते हैं कि संघ 'एक्स्ट्रा ऑर्डिनरी संस्कार' बनाने वाला संगठन है, वह बात पूरी तरह से ठीक नहीं है। संघ के लोगों में भी मानवीय कमज़ोरियां होती हैं, यह मानने से गुरेज़ नहीं करना चाहिए। इसको समझने के लिए पहले यह जानना पड़ेगा कि संघ का निर्माण करने की ज़रूरत क्यों पड़ी, क्योंकि आज़ादी के आंदोलन की लड़ाई तो पहले से ही चल रही थी। कांग्रेस एक बड़े संगठन के तौर पर काम कर रही थी, लेकिन अंग्रेजों को समझ आ गया था कि इस देश के सबसे मज़बूत इंस्टीट्यूशन का नाम है ब्राह्मण,

जो पूरे देश में कश्मीर से कन्याकुमारी तक और असम से गुजरात तक न केवल फैली हुई ताक़तवर संस्था है, बल्कि एक दूसरे से जुड़े हुए भी हैं। उनका देश के किसी भी आंदोलन में बड़ा असर रहा है, इसलिए उन्होंने इस इंस्टीट्यूशन को अपनी रणनीति से ख़त्म कर दिया।"

स्वामी विज्ञानानन्द कहते हैं, "ब्राह्मणों को एक जाति की तरह नहीं, एक इंस्टीट्यूशन की तरह देखिए। ज्यादातर आंदोलन और बदलाव ब्राह्मणों के नेतृत्व में हुए। इतिहास देखिए, भगवान बुद्ध के शुरुआती शिष्य ब्राह्मण रहे। फिर भगवान महावीर के आचार्य और गणधर ब्राह्मण थे। हिन्दुस्तान में सुधारवादी आंदोलन का नेतृत्व रामानन्दाचार्य, बसवेश्वर ने किया तो सामाजिक सुधार के लिए राजा राम मोहन राय, स्वामी दयानन्द सरस्वती, गोविन्द महादेव रानाडे ने ब्राह्मण होते हुए भी ब्राह्मणों के ख़िलाफ़ आंदोलन चलाए। देश में सेक्यूलर मूवमेंट चलाने वाले गोपाल कृष्ण गोखले, जवाहर लाल नेहरू, गोविन्द बल्लभ पन्त, राष्ट्रवादी आंदोलन में बासुदेव फड़के, वीर सावरकर, हेडगेवार, गोलवलकर और कम्युनिस्ट आंदोलन की अगुआई करने वाले बी. एल. जोशी, नम्बूदरीपाद, राय बहुत से नाम शामिल हैं। इसलिए संघ को ब्राह्मणवादी संगठन मत बोलिए। आज जीवन का कोई ऐसा क्षेत्र नहीं है जहां आरएसएस नहीं है—चाहे वह शिक्षा, चिकित्सा, मज़दूर, किसान, व्यापार धर्म, आदिवासी या वनवासी हो। हर जगह आरएसएस या उसके सहयोगी संगठन का कार्यकर्ता चुपचाप और निस्वार्थ भाव से काम कर रहा है।"

संघ में आने वालों से जाति नहीं पूछी जाती और न ही आमतौर पर इसकी चर्चा होती है। इससे उलट संघ के कई प्रमुख पदों पर रहे दलित पदाधिकारियों के बारे में भी संघ चर्चा नहीं करता।

वैसे पिछड़े वर्ग के बहुत से नेताओं का हिन्दुत्ववाद के प्रतीक के तौर पर उभरने का सिलसिला अचानक और अनायास नहीं था। प्रधानमंत्री नरेन्द्र मोदी आज हिन्दुत्व के सबसे बड़े नेता हैं। यह आरएसएस की उन कोशिशों और सोच-समझ का ही नतीजा है कि संघ के साथ अब सभी जातियां हिन्दुत्व के झंडे तले एकजुट होती दिखाई देती हैं। जिला स्तर और प्रान्त स्तर पर अलग-अलग जातियों की नुमाइन्दगी अब होने लगी है। हो सकता है कि भाजपा में नरेन्द्र मोदी की तरह संघ परिवार से कोई दलित हिन्दुत्ववादी नेता उभर कर सामने आए। इतना तय लगता है कि उसका विरोध संघ में नहीं हो पायेगा।

1951 में अमेरिकी विद्वान जीन ए. क्यूरन जूनियर ने राष्ट्रीय स्वयंसेवक संघ पर रिसर्च की। इस रिसर्च में क्यूरन ने कहा, "ऐसा माना जाता है कि सत्ता में आने पर संघ पूंजीपतियों, ज़मींदारों और समाज के ताक़तवर तबके के साथ खड़ा होगा। भले ही आज आरएसएस के ज़्यादातर समर्थक और कार्यकर्ता समाज के ऊंचे

तबके से आते हों, उन्हें ये लगता हो कि संघ उनके हितों की रक्षा करेगा। लेकिन मुझे संघ के स्वयंसेवकों में ऐसा भाव बिल्कुल नहीं दिखता। भले ही आज संघ के पास कोई ठोस आर्थिक नीति और योजना न हो, लेकिन स्वयंसेवकों में हिन्दूवादी समाजवाद के प्रति झुकाव साफ दिखता है।"[2]

क्यूरन ने आरएसएस पर अपनी रिसर्च भारतीय जनसंघ के गठन से पहले की थी। पर आरएसएस को लेकर क्यूरन का अन्दाज़ा सही साबित हुआ है। भारतीय जनसंघ ने खुलकर ज़मींदारी उन्मूलन और रियासतों के प्रिवीपर्स ख़त्म करने का समर्थन किया, जबकि माना जाता था कि जनसंघ उदारवादी अर्थव्यवस्था के हक़ में है।

अपने इसी रुख़ की वजह से जनसंघ को उस वक़्त चुनाव में नुक़सान भी उठाना पड़ा था। राजस्थान में तो ज़मींदारी के ख़िलाफ़ अभियान से जनसंघ के बहुत से विधायक पार्टी छोड़कर चले गए थे और भैरोंसिंह शेखावत जैसे कुछ लोग ही रह गए थे, जबकि शेखावत ख़ुद राजपूत समाज की नुमाइन्दगी करते थे। शेखावत ही उन नेताओं में से रहे जिन्होंने बाद में सती प्रथा का खुले तौर पर विरोध किया।

संघ के आर्थिक एजेंडे की बात करें तो पंडित दीनदयाल उपाध्याय का 'एकात्म मानववाद का सिद्धांत' संघ परिवार की अनमनी कोशिश थी। बल्कि दूसरे सरसंघचालक गुरुजी गोलवलकर ने तो कहा, "हम किसी 'इज़्म' या 'वाद' को नहीं मानते हैं।" बहुत समय तक संघ के शिक्षा वर्ग में एकात्म मानववाद पर इस वजह से चर्चा नहीं होती थी क्योंकि संघ मानता था कि वह किसी व्यक्ति विशेष या उसके सिद्धांत और मत को ज़रूरत से ज़्यादा महत्व नहीं दे सकता।

आरएसएस ने हमेशा परंपरागत हिन्दुत्ववादी सोच का विरोध किया, जिसका मायने था कि संघ ख़ुद को ब्राह्मणवादी संगठन नहीं बनाना चाहता था। यही बड़ी वजह थी कि सावरकर के साथ संघ नहीं चल पाया, क्योंकि सावरकर के हिन्दुत्व के सिद्धांत को संघ नहीं मानता।

जनसंघ के गठन के वक़्त भी गोलवलकर ने डॉ. श्यामा प्रसाद मुखर्जी के सामने स्पष्ट कर दिया कि वह उसे हिन्दू महासभा जैसा नहीं बनाएं और नई पार्टी के दरवाज़े सभी धर्मों के लिए खुले रहें। जनसंघ के एक राष्ट्रीय अधिवेशन में जब दीनदयाल उपाध्याय ने हिन्दुत्व पर भाषण दिया तो गोलवलकर ने उनसे कहा कि वे संविधान के रास्ते पर चलें, हिन्दुत्व को संघ के लिए छोड़ दें। यह लचीला रुख़ इसलिए था ताकि संघ परिवार तमाम सामाजिक समूहों को अपने साथ जोड़ सके। अलग रिवाज़ों और परंपराओं को मानने वाले हिन्दुओं के तमाम समुदायों को एकजुट कर सके। इनमें से बहुत समुदाय तो ऐसे भी थे, जिनमें परस्पर संघर्ष रहा है। संघ ने जातियों और उप जातियों के स्तर पर उनके त्योहारों, मेलों और देवी-देवताओं के पूजा कार्यक्रमों के आयोजन भी शुरू किए।

---

2. Far East Survey, American institute of pacific relations, 1950, Chapter - The RSS : Militant Hindusim, Page no. 93-98

संघ की कार्यशैली में बदलाव को लेकर सह-सरकार्यवाह मुकुन्द जी बताते हैं कि संघ में रचनात्मक दृष्टि से परिवर्तन किया गया है। इसमें संगठन श्रेणी, रचनात्मक श्रेणी और जागरण श्रेणी बनाई गई है। समाज परिवर्तन, व्यवस्था परिवर्तन और दूसरे बदलावों पर भी काम हो रहा है। समाज परिवर्तन के लिए दस साल की योजना बनाई गई है। इसमें ग्रामविकास, सामाजिक समरसता, धर्म जागरण, गौसेवा, हिन्दू समाज में वापस लेना, पारिवारिक मूल्यों को बचाने और समाज शक्ति जागरण का काम है।

संघ की छवि पर हो रहे हमलों को लेकर मुकुन्द जी कहते हैं, "दत्तोपन्त ठेंगड़ी कहते थे कि प्रचार की अतिवृष्टि भी नहीं होनी चाहिए और अनावृष्टि भी नहीं होनी चाहिए। यह ज़रूरी काम है कि छवि को ठीक करना है। दुष्प्रचार का जवाब देना है। वैसे इमेज बिल्डिंग से कार्यकर्ता या स्वयंसेवक भ्रमित होता है। यह काम राजनीतिक पार्टी के लिए आवश्यक होता है।" मुस्लिम समाज में संघ की छवि के सवाल पर वह स्पष्ट करते हैं कि संघ का जन्म ही हिन्दू समाज को ठीक करने और उसकी बेहतरी के प्रयास करने के लिए हुआ है, लेकिन हम सबके साथ मिल कर चलना चाहते हैं। इसमें दूसरे लोगों को भी कोशिश करनी होगी।

युवाओं के प्रश्न पर वह कहते हैं, "संघ का परिचय देने के साथ-साथ अहम ज़िम्मेदारी है समाज में परिवर्तन का काम उन्हें देना। आज का युवा संघ की विचारधारा से प्रभावित होकर तो आ ही रहा है, लेकिन दुनिया में जिस तरह के अतिवादी, आतंकवादी संगठन तेज़ी से बढ़ रहे हैं, वह उसके ख़िलाफ़ भी संघ में शामिल होकर काम करना चाहता है। ऐसे कार्यकर्ताओं के लिए नये तरीक़े से सोचना है। साथ ही उनके अनुभव का कैसे बेहतर इस्तेमाल किया जाए, इस पर भी विचार हो रहा है।"

संघ के अखिल भारतीय सम्पर्क प्रमुख रहे अनिरुद्ध देशपांडे के मुताबिक़ संघ में व्यक्ति निर्माण पर ध्यान दिया जाता है। इसी कारण मानव स्वभाव के बावजूद वहां ईर्ष्या का भाव नहीं दिखता।

देशपांडे बताते हैं, "सबसे पहले जब साधारण व्यक्ति शाखा में आता है और स्वयंसेवक बनता है तो उसके व्यक्तित्व का विस्तार किया जाता है यानी स्वीकार्यता, सबके साथ चलना, सबके साथ खाना-पीना, खेलना। इससे वह समाज में घुलने-मिलने लगता है। फिर प्रतिबद्धता पर ध्यान दिया जाता है कि जो काम उसे सौंपा गया है, उसके प्रति उसकी प्रतिबद्धता हो। वह संगठन और समाज से जुड़े कार्य के लिए प्राथमिकता समझने लगता है और इसके साथ ही परिवार में एडजस्टमेंट होने लगता है। परिवार के लोग भी धीरे-धीरे समझने लगते हैं कि उसे समाज और संगठन के लिए समय देना है, भले ही इसके लिए परिवार को कुछ परेशानी महसूस हो या उसके समय में कटौती हो। इसके साथ ही बंधु भावना आती है, यानी संघ का स्वयंसेवक सांप्रदायिक नहीं हो सकता। संघ व्यक्ति के गुणों और संस्कारों को पोषण देता है, व्यावहारिकता से आध्यात्मिकता की ओर।"

अनिरुद्ध देशपांडे मानते हैं कि संघ की आत्मा ही सम्पर्क है। यह काम ज़िला स्तर तक होता है। कार्यकर्ताओं की टोली अपने-अपने इलाक़ों में, शहर और समाज के विभिन्न क्षेत्रों के प्रभावशाली लोगों की पहचान करती है। लिस्ट बनाती है और उनसे सम्पर्क करती है। उन्हें संघ का प्रकाशन साहित्य देती है। चर्चा करती है, साथ ही उस इलाक़े में होने वाले संघ के महत्वपूर्ण कार्यक्रमों में शामिल होने का निमंत्रण देती है। लेकिन इसमें संघ में शामिल होने या संघ के किसी कार्यक्रम या गतिविधि में शामिल होने का आग्रह नहीं होता। वे चाहें तो अपने-अपने क्षेत्रों में समाज के लिए काम करते रहें, इसमें कोई दुविधा नहीं है और कभी-कभार यदि ऐसा भी हो कि वह व्यक्ति संघ के साथ या उसके कार्यक्रम से जुड़ने का इच्छुक नहीं है, या वह कहता है कि मेरा इस विचारधारा से विरोध है, तब भी कोई परेशानी नहीं है। संघ के स्वयंसेवक अपना काम करते रहते हैं। प्रांतीय और राष्ट्रीय स्तर पर पदाधिकारी समाज के ऐसे प्रभावशाली लोगों को सम्पर्क करके उन्हें जोड़ते हैं।

सर्वमान्यता के लिए 'इमेज बिल्डिंग एक्सरसाइज़' के आरोप को नकारते हुए वह कहते हैं, 'हमें इमेज बिल्डिंग एक्सरसाइज़ की ज़रूरत क्या है? समाज में संघ की जो छवि है, सब जानते हैं और यह कमज़ोर इमेज नहीं है। संघ समाज के हर क्षेत्र में अच्छा काम कर रहा है। बल्कि इसी वजह से अब वे लोग भी जुड़ना चाहते हैं जो संघ को नहीं जानते थे, या फिर दिमाग में कोई 'ख़ास फ्रेम' बनाकर बैठे थे। जब उन्हें समझ आता है तो वे आगे बढ़ते हैं। सम्पर्क व्यवस्था सिर्फ़ खिड़की खोलना नहीं है, यह बताना है कि दरवाज़े खुले हुए हैं और गले मिल सकते हैं।'

संघ: तब से अब तक

कहा जाता है कि आरएसएस की पहली पहचान गांधी की हत्या के वक़्त से शुरू होती है। उस वक़्त बहुत से लोगों को लगता था कि हिन्दू महासभा के बाद दूसरा हिन्दूवादी संगठन आरएसएस है। हिन्दू महासभा के नाथूराम गोडसे ने गांधी की हत्या कर दी। गृह मंत्री सरदार पटेल ने संघ पर तब पाबंदी लगा दी, लेकिन गांधी की हत्या के क़रीब एक सप्ताह बाद पटेल ने प्रधानमंत्री नेहरू को एक चिट्ठी लिखी जिसमें कहा गया कि गांधी की हत्या में आरएसएस का रोल नहीं है।[3]

एक और ख़त सरदार पटेल ने हिन्दू महासभा के सदस्य और नेहरू मंत्रिमंडल में कैबिनेट मंत्री डॉ. श्यामा प्रसाद मुखर्जी को 18 जुलाई 1948 को लिखा। इसमें पटेल ने कहा कि गांधी जी की हत्या का मामला अभी अदालत में है, फिलहाल आरएसएस और हिन्दू महासभा के इसमें शामिल होने पर कुछ नहीं कहूंगा। लेकिन गृह मंत्रालय की रिपोर्ट्स इस बात की पुष्टि करती हैं कि इन दोनों संगठनों, ख़ासतौर से पहले संगठन ने, ऐसा माहौल बनाया कि ऐसा दुखद हादसा मुमकिन हुआ। फिर क़रीब डेढ़ साल बाद 11 जुलाई 1949 में सरकार ने संघ पर से पाबंदी हटा दी।[4]

3. "R.S.S. Kaal, Aaj, Udyaa" 1983, Pub.
4. RSS, p. 71; From the letter addressed to Dr. Shyama Prasad Mukherjee. Sardar Patel's correspondence; Vol. VI, p.323, Navjivan-1973

संघ के शुरुआती वर्षों में डॉ. हेडगेवार के मुताबिक़ गोलवलकर ने (1940-73) चरित्र निर्माण पर ज़ोर दिया। लेकिन बाद में मधुकर दत्तात्रेय देवरस (1973-1994) ने 'एक्टिविस्ट' की भूमिका निभाई। उन्होंने गांवों के विकास, आदिवासियों के लिए शिक्षा और समाज सेवा के क्षेत्र में काम को बढ़ावा दिया। मुस्लिमों और ईसाइयों के लिए भी संघ के दरवाज़े खोले।

कांग्रेस में सक्रिय डॉ. श्यामा प्रसाद मुखर्जी का कांग्रेस की नीतियों से मोहभंग हो गया था। वह नये राजनीतिक संगठन के लिए संघ प्रमुख गोलवलकर से मिले और कुछ अच्छे कार्यकर्ताओं की मांग की, तब गोलवलकर ने उन्हें नानाजी देशमुख, दीनदयाल उपाध्याय, अटल बिहारी वाजपेयी, कुशाभाऊ ठाकरे और सुन्दर सिंह भंडारी जैसे नौजवान कार्यकर्ता दिए और उसके साथ जन्म हुआ जनसंघ का। अक्सर संघ के अनुशासन की तारीफ़ संघ के विरोधी भी करते हैं। संघ के विस्तार को लेकर कांग्रेसी नेताओं में काफी चिंता थी। कांग्रेस के दो बड़े नेताओं के बीच 1938 में संघ को लेकर लिखी गई चिट्ठियां इस चिंता को ज़ाहिर करती हैं। 30 अक्टूबर 1938 को कांग्रेस के तब के राष्ट्रीय अध्यक्ष सुभाष चन्द्र बोस ने महाराष्ट्र कांग्रेस के अध्यक्ष शंकर राव देव को एक चिट्ठी में इस बात की चिंता जताई कि कांग्रेस के मुकाबले में राष्ट्रीय स्वयंसेवक संघ के प्रति छात्रों-नौजवानों का आकर्षण दिनोदिन बढ़ता जा रहा है। उन्होंने देव से इसका कारण जानना चाहा। उनकी अपनी सोच यह थी कि इस आकर्षण का कारण संघ का अनुशासन, यूनीफ़ॉर्म और परेड है जो ऐसी सोच को ढंक देता है। शंकर राव देव ने 6 नवम्बर, 1938 को दो पेज के लिखे जवाब में उन वैचारिक कारणों पर फ़ोकस किया जिन कारणों से संघ के प्रति युवाओं का आकर्षण था।[5] आरएसएस में शुरुआत से ही कार्यपद्धति 'एकचालकानुवर्तिक' रखी गई, यानी शाखा में संघचालक और संघ में सरसंघचालक का आदेश ही सबसे ऊपर रहेगा और उसे ही माना जाएगा। कामकाज के इस तरीक़े पर भी संघ की पहली चिंतन बैठक में चर्चा हुई थी। वर्धा ज़िले के सिन्दी में 24 फरवरी 1939 से 5 मार्च 1939 तक दस दिन चली इस बैठक में संघ के हर मुद्दे पर विस्तार से चर्चा हुई थी। हर दिन नौ घंटे तीन दौर में बैठकें होती थीं। इस चिंतन बैठक में संघ की प्रार्थना, प्रतिज्ञा, शिक्षा वर्ग, संघ के पदाधिकारी, चुनाव और व्यवहार जैसे मुद्दों पर विस्तार से बातचीत हुई।

आरएसएस में सर्वोच्च पद सरसंघचालक की नियुक्ति अहम होती है। संघ प्रमुख के लिए चुनाव नहीं होता और मौजूदा संघ प्रमुख ही अपने उत्तराधिकारी को मनोनीत करते हैं। हालांकि वे इसके लिए संघ के वरिष्ठ पदाधिकारियों के साथ सलाह-मशविरा करते हैं। डॉ. हेडगेवार ने गुरुजी गोलवलकर को बहुत पहले ही अपना उत्तराधिकारी बना दिया था। ऐसे ही गोलवलकर कहा करते थे कि देवरस ही उनके उत्तराधिकारी होंगे, जबकि क़रीब 11 साल तक देवरस संघ से अलग रहे। 1950 से 1961 तक उन्होंने कोई उत्तरदायित्व नहीं लिया था, हालांकि वे संघ

5. The Rashtriya Swayamsevak Sangh: I: Early Concerns—Walter Andersen.

की गतिविधियों में शामिल होते थे। फिर 1961 में आकर वे संघ के काम में जुट गए। संघ की कमान थामने के लिए वरिष्ठता भी ज़रूरी नहीं होती, जैसे एच. वी. शेषाद्रि के वक़्त के. सी. सुदर्शन को संघ प्रमुख बनाया गया क्योंकि तब शेषाद्रि का स्वास्थ्य ठीक नहीं चल रहा था। सरसंघचालक रज्जू भैया ने तब सुदर्शन को संघ की कमान सौंपी, लेकिन इससे पहले जब रज्जू भैया ख़ुद सरकार्यवाह थे तो उन्होंने शेषाद्रि को अपनी जगह सरकार्यवाह बना दिया और ख़ुद उनके सहयोगी सह-सरकार्यवाह बन गए।

संघ के कामकाज के लिए बहुत से स्वयंसेवकों और प्रचारकों को दूसरे ज़िलों में भी भेजना पड़ता था। तो उनका ख़र्च और दूसरे ख़र्चों की व्यवस्था के लिए पैसों का इन्तज़ाम कैसे हो, इस पर सिन्दी बैठक में चर्चा हुई। बालासाहब ने बैठक में कहा कि अन्य प्रान्तों में भेजे गए कार्यकर्ताओं के आवश्यक ख़र्चे के लिए कुछ राशि हर महीने कार्यकर्ताओं को भेजना आवश्यक होता है। नागपुर शाखा पर यह बोझ बढ़ता जा रहा है। इस पर नानासाहब टालाटुले का सुझाव था कि इसके लिए हर शाखा अपनी गुरुदक्षिणा का कुछ अंश नागपुर भेजे, ऐसा निर्देश देना उचित होगा। इस बात पर अन्त में डॉ. हेडगेवार ने कहा कि फिलहाल नागपुर की गुरुदक्षिणा से हम यह ख़र्च उठा सकेंगे। बाद में ख़र्च बढ़ने पर दूसरी शाखाओं को कुछ हिस्सा नागपुर भेजने के लिए कहा जा सकेगा, और इसका विचार बाद में करेंगे। लेकिन गुरुदक्षिणा की पाई-पाई का उपयोग सिर्फ़ संघ कार्य में हो और एक भी कौड़ी व्यक्तिगत कार्य पर ख़र्च न हो, इस पर निगाह रखनी होगी। इसके लिए निधि प्रमुख को ज़िम्मेदारी दी गई।

संघ के कामकाज और संगठन की एक महत्वपूर्ण कड़ी है—प्रचारक, और संघ की व्यवस्था में ज़ोर है परिवार पर। प्रचारक आमतौर पर अविवाहित स्वयंसेवक ही बनते हैं। आम्बेकर कहते हैं, "दरअसल प्रचारक संघ में अपवाद व्यवस्था है। मूल व्यवस्था गृहस्थ है, युवा है। संघ में 99 फ़ीसदी से ज़्यादा लोग गृहस्थ हैं। प्रचारक के अविवाहित होने के दो कारण हैं—पहला स्वयंसेवक और समाज में प्रचारक प्रेरणा का काम करते हैं। दूसरा, वे पूर्णकालिक होते हैं ताकि संगठन के काम पर ज़्यादा समय दिया जा सके। लेकिन इसमें भी ऐसी व्यवस्था है कि बहुत से प्रचारक पांच साल या कुछ और ज़्यादा समय के बाद लौट जाते हैं। विस्तारक दो साल बाद लौट सकते हैं। दरअसल पांच साल संघ में पूर्णकालिक काम करने के बाद बहुत से प्रचारकों को यही सबसे महत्वपूर्ण कार्य लगता है, तो वे इससे जुड़े रहते हैं। इसमें न तो किसी तरह का दबाव है और न ही यह सबसे आवश्यक व्यवस्था है।"

आरएसएस में पद का बहुत महत्व है और पदों की ज़िम्मेदारी अक्सर पूर्णकालिक प्रचारकों को ही मिलती है। कई बार इन पदों पर औसत लोगों को भी ज़िम्मेदारी मिल जाती है। लेकिन संघ में उनका आदेश ही सुप्रीम होता है, जिससे न केवल संगठन को आगे बढ़ने में मुश्किल आती है, बल्कि संगठन के भीतर

विरोध भी बढ़ता है। लेकिन उन पदों पर बैठे लोगों को हटाना आसान नहीं होता। आरएसएस को आगे बढ़ाने में उन हज़ारों स्वयंसेवकों के योगदान को नज़रअन्दाज़ नहीं किया जा सकता जो भूखे-प्यासे रह कर या चना-मुरमुरा खाकर और लम्बी यात्राएं करके संघ कार्य को बढ़ाने में लगे रहे।

संजीव केलकर कहते हैं, "मैं तीन कारणों से संघ से अर्से तक जुड़ा रहा था। पहला कारण था संघ का व्यक्ति निर्माण मिशन। मुझे लगता था कि यह राष्ट्र निर्माण की सबसे अहम ज़रूरत है, जिसे संघ कर रहा है। दूसरा, संघ नेतृत्व अपने संगठन को दूसरा हिन्दू पंथ नहीं बनने देगा। तीसरा, आरएसएस अपने सिद्धांतों और विचारों को लेकर किसी हाल में समझौता नहीं करेगा। लेकिन जब बहुत समय तक तीनों पर ही संघ खरा उतरता नहीं दिखा तो मैंने संघ छोड़ दिया।"

संघ के एक वरिष्ठ पदाधिकारी और प्रचारक रहे नेता ने कहा, "राष्ट्रीय स्वयंसेवक संघ की शुरुआत दरअसल एक अखाड़े से हुई, इसलिए आजतक ज़ोर लाठी पर ही चल रहा है। स्वयंसेवक उससे आगे नहीं सोचते हैं।" दिल्ली के उदासीन आश्रम में बैठे संघ के एक वरिष्ठ पदाधिकारी का जवाब था, "इसकी ज़रूरत नहीं है। जवाब देने के लिए पदाधिकारी हैं। स्वयंसेवक को सिर्फ़ संघ के रास्ते पर चलना और राष्ट्र निर्माण के कार्य में लगे रहना है। इससे अधिक जानकारी की आवश्यकता उन्हें नहीं है।"

केलकर इस बात से सहमत नहीं दिखते कि संघ किसी पंथ या मठ की तरह काम नहीं करता। उनके मुताबिक़ यहां भी एक ही 'सुप्रीम' होता है। उसके आदेश को टालना मुमकिन नहीं। उसे चुनौती नहीं दी जा सकती। संघ किसी 'पंथ' की तरह 'एकचालुकानुवर्ती' है, और गुरुजी गोलवलकर के वक़्त तो यह व्यवहार बहुत ज़्यादा था क्योंकि गुरुजी का व्यक्तित्व आध्यात्मिक था और लोग इसका सम्मान करते थे।

केलकर संघ को एक 'बंद संगठन' मानते हैं, यानी उसमें बदलाव की सम्भावनाएं कम होती हैं।

वैसे सुनील आम्बेकर और कई दूसरे पदाधिकारी इस बात पर ज़ोर देते हैं कि संघ में बदलाव की प्रक्रिया हमेशा चलती रहती है। मिसाल के तौर पर, सिन्दी बैठक में ही प्रार्थना में बदलाव पर भी विचार हुआ। सबसे पहले प्रार्थना बदली गई। पहले प्रार्थना मराठी और हिन्दी में होती थी। फिर इसे संस्कृत में किया गया। प्रतिज्ञा को भी बदला गया। आज़ादी से पहले, और फिर आज़ादी के बाद प्रतिज्ञा में बदलाव किए गए। साथ ही संघ के संगठन स्तर में भी कई बदलाव किए गए। सिन्दी की इस बैठक में गोलवलकर और देवरस शामिल थे, लेकिन भैयाजी दाणी को इस चिंतन बैठक से दूर रखा गया, जबकि दाणी संघ के सबसे ताक़तवर अधिकारियों में थे। शायद उसकी वजह यह रही कि हैदराबाद के भागानगर सत्याग्रह का आयोजन हिन्दू महासभा ने किया था और दाणी ने घोषणा की थी कि 'मैं इस सत्याग्रह में

शामिल होऊंगा' और तब संघ की नीति थी कि उसके पदाधिकारी सत्याग्रह में हिस्सा नहीं लेंगे।

पूर्व प्रचारक रमेश शिलेदार मानते हैं कि अब तो सब एकाकार हो गया है। अब तो संघ की ही सत्ता है। डॉ. हेडगेवार कहते थे कि संघ और समाज एक हो जाए तो किसी संगठन को संगठित करने की आवश्यकता ही नहीं होगी। गुरुजी गोलवलकर कहते थे कि कोई भी विधा सदगुणों के साथ आती है, तो उसके दुर्गुण भी साथ आते हैं। कोई सामाजिक सांस्कृतिक संगठन राजनीति के साथ खड़ा होगा तो उसके दुर्गुण भी उसे स्वीकार करने होंगे। संघ में पहले कहा जाता था कि देश प्रथम, फिर संगठन और फिर व्यक्ति। लेकिन अब तो सब उल्टा चल रहा है। बालासाहब देवरस कहते थे कि सुन्दर घर बनायेंगे तो उसमें टॉयलेट भी होगा। उसे अलग नहीं किया जा सकता। और टॉयलेट में फिसलन की सम्भावना सबसे ज़्यादा रहती है। तो ज़रूरी है कि टॉयलेट रखिए, लेकिन फिसलन से बचिए।

आमतौर पर कहा जाता है कि संघ राजनीति से दूर रहता है। लेकिन संघ ने अपने स्वयंसेवकों को 2014 और 2019 के चुनावों में पूरी तरह सक्रिय होने का आदेश दिया।

इन चुनावों में संघ की विचारधारा का भी आकर्षण रहा। इस बात से इंकार नहीं किया जा सकता कि भाजपा और संघ भले ही दो अलग-अलग संगठन हों, लेकिन भाजपा का वैचारिक संरक्षक आरएसएस ही है, हां, 'रिमोट कंट्रोल' इसे बेशक न माना जाए। राजनीतिक दलों के विकास के इतिहास में इस तरह की कोई दूसरी मिसाल नहीं है। कम्युनिस्ट पार्टियों में वैचारिक और राजनीतिक संगठन दो अलग-अलग व्यवस्था नहीं हैं।

इमरजेंसी के बाद जनता पार्टी बनते वक़्त जिस तरह से आरएसएस ने भारतीय जनसंघ के जनता पार्टी में विलय की इजाज़त दी, उससे साफ था कि आरएसएस लीडरशिप को अपने स्वयंसेवकों पर पूरा भरोसा था। तीसरे सरसंघचालक बालासाहब देवरस ने जब चिट्ठी लिखी कि संघ के स्वयंसेवक अपनी इच्छा से अपनी पसन्द की राजनैतिक विचारधारा के रास्ते पर चल सकते हैं, तब उसकी कड़ी आलोचना हुई थी। लेकिन बालासाहब देवरस को अपने कार्यकर्ताओं पर भरोसा था और वे अपनी बात पर डटे रहे।

देवरस का कहना था कि उन्हें इस बात पर यकीन है कि वे केवल एक चिट्ठी से ही रास्ता नहीं बनायेंगे। और हुआ भी ऐसा ही। जब समाजवादी नेताओं ने जनता पार्टी के भीतर जनसंघ के नेताओं पर दोहरी सदस्यता छोड़ने का दबाव बनाया तो गिने-चुने लोगों को छोड़कर जनसंघ के ज़्यादातर नेताओं ने सत्ता को छोड़ना मंज़ूर किया, लेकिन संघ की विचारधारा नहीं छोड़ी। वाजपेयी ने कहा कि जनता पार्टी से उनका रिश्ता तो दो साल का है, संघ से उनके तार 25 साल से भी ज़्यादा वक़्त से जुड़े हुए हैं। नतीजतन जनता पार्टी से रिश्ता टूट गया और फिर नई पार्टी बनी भारतीय जनता पार्टी।

संघ हमेशा व्यक्ति के बजाय संगठन पर ज़ोर देता है और 'पर्सनैलिटी कल्ट' के ख़िलाफ़ रहता है। लेकिन अब तो सारा ज़ोर मानो नरेन्द्र मोदी के व्यक्तित्व को लेकर है। देशपांडे कहते हैं, "बहुत बार लीडर की पर्सनैलिटी पर भी निर्भर करता है। मोदी जी का व्यक्तित्व ज़्यादा आकर्षित करता है, मीडिया का फ़ोकस भी उन पर ही रहता है, तो लगता है कि पर्सनैलिटी कल्ट है। लेकिन संघ ऐसा नहीं करता। संघ राष्ट्रहित में काम करता है और अगर ऐसा है तो संघ इस पर फिर से विचार करेगा।"

संघ भले ही राजनीति से परहेज़ करने का दावा करता रहे, लेकिन उसकी कोशिश रही कि राज्यों और केंद्र में भाजपा की सरकारें बनें क्योंकि इससे उसे अपने सांस्कृतिक और दूसरे एजेंडे चलाने में मदद मिलती है। वैसे अब इस बात पर भी बहस होने लगी है कि देश में भाजपा की सरकार बनने से संघ की सदस्यता और ताक़त बढ़ने लगी है या फिर संघ की ताक़त से ही देशभर में भाजपा की सरकारें बन रही हैं। जो भी हो, दोनों एक दूसरे से जुड़ी बातें हैं। यह भी सच है कि संघ की बहुत सारी गतिविधियों में से एक हिस्सा भाजपा और उसकी राजनीति है। संघ भी यह मानता है कि समाज को बनाने में राजनीति भी महत्वपूर्ण है। ख़ासतौर से अपनी विचारधारा से जुड़ी राजनीति उसके सांस्कृतिक राष्ट्रवाद के एजेंडा को बढ़ाने में कारगर साबित हो सकती है।

संघ और राजनीति को लेकर बहस आरएसएस के शुरुआत में ही होने लगी थी। 1939 में सिन्दी चिंतन बैठक में इस पर लम्बी चर्चा हुई। उस वक़्त हिन्दू महासभा सक्रिय राजनीतिक संगठन था और महाराष्ट्र में संघ के ज़्यादातर स्वयंसेवकों का हिन्दू महासभा और सावरकर को लेकर बहुत आकर्षण था। बैठक में भी बालासाहब देवरस, ख़ुद डॉ. हेडगेवार और अप्पाजी जोशी समेत कई लोगों ने इसकी चर्चा की। यह भी कहा गया कि सावरकर के भाषण देने की कला से स्वयंसेवक आकर्षित होते हैं।

डॉ. हेडगेवार ने कहा कि चुनावों के दौरान स्वयंसेवक संघचालक से अनुमति लेकर राजनीतिक गतिविधियों में हिस्सा ले सकते हैं, फिर चुनाव के बाद वापस संघ के कार्य में लग जाएं। बैठक में नानासाहब टालाटुले ने कहा कि स्वयंसेवकों पर से राजनीतिक होली का रंग छुड़ाना मुश्किल होगा। बैठक में गुरुजी गोलवलकर का ख़ासतौर से आग्रह था कि स्वयंसेवकों को राजनीतिक गतिविधियों से दूर रहना चाहिए वरना उनमें भ्रम की स्थिति पैदा होगी। डॉ. हेडगेवार चाहते थे कि राजनीतिक कार्यों में हिस्सा लेने वाले और दूसरे संगठनों से जुड़े लोगों से भी हमें मधुर सम्बंध बनाए रखना चाहिए। डॉ. हेडगेवार और फिर गुरुजी गोलवलकर के ज़माने तक उच्च जाति संगठन को सबके लिए बदलने में बालासाहब देवरस ने अहम भूमिका निभाई और आरएसएस में दलितों और पिछड़ों को संगठन में अहम भूमिका भी मिलने लगी, ख़ासतौर से अयोध्या आंदोलन के दौरान यह सोशल इंजीनियरिंग का काम और विस्तार से हुआ। देवरस ने सरसंघचालक बनने के बाद 1974 के अपने

भाषण में छूआछूत के ख़िलाफ़ ज़ोर देकर कहा, "अगर छूआछूत पाप नहीं है तो फिर कोई भी काम पाप नहीं है।" इसके बाद ही संघ और भाजपा में सवर्ण जातियों के अलावा दूसरी जातियों की लीडरशिप भी सामने आयी।

संघ ने अब तक ख़ासतौर से दो आम चुनावों 1977 और 2014 में खुल कर हिस्सा लिया है। संघ आलाकमान ने अपने स्वयंसेवकों और कार्यकर्ताओं को इसमें सक्रिय तौर पर शामिल होने और समान विचारधारा की पार्टी यानी भाजपा को जीत दिलवाने की अपील की। यूपीए के दस साल के शासन के बाद तो 2014 के आम चुनाव को संघ ने मानो जीवन-मरण का प्रश्न बना लिया था। संघ ने नरेन्द्र मोदी को प्रधानमंत्री पद का उम्मीदवार बना कर साफ कर दिया था कि संघ हर हाल में इस चुनाव में जीत के लिए पूरी जान लगा देगा।

2014 के चुनावों में भाजपा को न केवल स्पष्ट बहुमत मिला बल्कि नरेन्द्र मोदी एक ताक़तवर और संघ की विचारधारा को आगे बढ़ाने वाले प्रधानमंत्री साबित हुए। इसका नतीजा यह रहा कि 2019 के चुनावों में भी संघ ने सक्रिय भूमिका इसलिए निभाई ताकि संघ के एजेंडे को आगे बढ़ाया जा सके और बचे हुए काम पूरे किए जा सकें। और मोदी सरकार ने संघ के एजेंडा पर काम भी किया। पचास बरसों से उलझा राम जन्मभूमि विवाद सुलझ गया। जम्मू और कश्मीर से अनुच्छेद 370 का रिश्ता ख़त्म हो गया। अब समान नागरिक संहिता यानी यूनीफ़ॉर्म सिविल कोड बनाने की तैयारी चल रही है।

यह वही संघ हाईकमान था, जिसने 2004 के चुनावों में कहा था कि वाजपेयी सरकार चुनाव जीते या हारे, संघ पर इससे कोई फ़र्क नहीं पड़ता। वाजपेयी सरकार के ख़िलाफ़ स्वदेशी जागरण मंच ने भी बड़ा अभियान चलाया था। 1977 के चुनाव में आरएसएस को लगा था कि यदि उस बार इंदिरा गांधी को नहीं हराया गया तो फिर संघ पर लगा प्रतिबंध शायद कभी नहीं हट पायेगा। उन्हें लगता था कि चुनावों में जीत के बाद श्रीमती गांधी आरएसएस को ख़त्म करने में कोई कसर नहीं छोड़ेंगी। 2014 से पहले भी संघ ने महसूस किया कि अगर यूपीए सरकार लगातार तीसरी बार चुनाव जीत गई तो फिर उसके हिन्दुत्व के एजेंडा को आगे बढ़ाने की सम्भावना ख़त्म हो जाएगी। उन चुनावों के लिए नरेन्द्र मोदी का नाम भी इसीलिए तय किया गया क्योंकि संघ को भाजपा में ऐसा कोई दूसरा नाम नज़र नहीं आ रहा था जो इतनी ताक़त के साथ हिन्दुत्व के एजेंडा की लड़ाई लड़ सके।

1977 में देवरस ने आरएसएस को राजनीतिक ताक़त की महत्ता समझाई। बताया कि इमरजेंसी के दौरान संघ पर पाबंदी लगी तो उसका हश्र 1948 जैसा भी हो सकता था। लेकिन देवरस के नेतृत्व में संघ ने इमरजेंसी के ख़िलाफ़ न केवल काम किया, बल्कि ख़ुद को मज़बूत संगठन बनाया। फिर जनता पार्टी बनाने में भी अहम भूमिका निभाई। जनसंघ का विलय भी कर दिया क्योंकि तब इंदिरा गांधी को हराने से ज़्यादा ज़रूरी और महत्वपूर्ण दूसरा कोई काम नहीं था। राम जन्मभूमि अभियान में भाजपा को सक्रिय भूमिका निभाने का निर्णय भी देवरस ने किया था।

इस मसले पर देवरस ने वाजपेयी और आडवाणी से सलाह-मशविरा किया और उसी का नतीजा रहा भाजपा का पालमपुर अधिवेशन का प्रस्ताव। इसका भाजपा को बहुत राजनीतिक फ़ायदा हुआ।

वरिष्ठ पत्रकार के. जी. सुरेश कहते हैं, "मोदी तो आजन्म स्वयंसेवक हैं। संघ उनकी नसों में बहता है। लेकिन जो लोग समझते हैं कि मोदी आरएसएस की परवाह नहीं करते या फिर जो लोग समझते हैं कि आरएसएस मोदी को आदेश देता है, वे लोग या तो आरएसएस को नहीं समझते या फिर मोदी को नहीं जानते। सच इन दोनों के बीच में कहीं पर है। संघ के बहुत से सुझावों पर मोदी सरकार ने काम किया है। फ़र्क यह आया है कि पहले भाजपा और संघ के बीच गर्भनाल जैसा रिश्ता था, अब यह दोतरफ़ा रिश्ते में बदल गया है। मोदी आरएसएस की ताक़त और ज़रूरत को समझते हैं और संघ को समझ आता है कि उनके मिशन को पूरा करने के लिए मोदी चाहिए। हो सकता है कि संघ में कुछ लोग नरेन्द्र मोदी को नापसन्द करते हों, लेकिन यह समझ आ गया है कि मोदी आज की ज़रूरत हैं। मोदी समझते हैं कि उन्हें बनाने में आरएसएस की क्या भूमिका रही है। संघ में माना जाता था कि व्यक्ति नहीं, संघ में संगठन और विचार सबसे पहले और अहम है। अब इस सोच में बदलाव आया है। मोदी संघ के डार्लिंग बन गए हैं।"

प्रधानमंत्री मोदी ने संघ के राष्ट्रवाद और हिन्दुत्व के नारे के साथ-साथ आर्थिक विकास के एजेंडा को आगे बढ़ाया। दलितों और पिछड़ों के बाद भाजपा ने मुस्लिमों और ईसाइयों को भी अपने साथ लेने की कोशिश की। मोदी सरकार के तीन तलाक़ पर क़ानून बनाने के फ़ैसले से मुस्लिम महिलाओं का साथ भाजपा को मिला है। लेकिन संघ में और भाजपा का भी एक बड़ा हिस्सा अब भी हिन्दुत्व और हिन्दू पहचान को ही अपना लक्ष्य मानता है। उसके लिए काम करता है, इससे कई बार मोदी सरकार को मुश्किलों का सामना भी करना पड़ा है।

हिन्दुत्व के एजेंडा को आगे बढ़ाते हुए मोदी सरकार ने एक और बड़ा काम किया, नागरिकता संशोधन क़ानून 2019 बनाकर। इस क़ानून के तहत पाकिस्तान, बांग्लादेश और अफ़ग़ानिस्तान से धार्मिक प्रताड़ना की वजह से भारत आए ग़ैर-मुस्लिम शरणार्थियों को भारत की नागरिकता देने का प्रावधान किया गया है। इसमें हिन्दुओं के अलावा सिख, बौद्ध, जैन और पारसी समुदायों को शामिल किया गया है। इन समुदायों के जो लोग 31 दिसम्बर, 2014 से पहले भारत आए हैं, उन्हें भारत में नागरिकता मिल जाएगी, लेकिन मुसलमानों को इसके लिए योग्य नहीं माना गया है।

केंद्रीय मंत्री नितिन गडकरी कहते हैं कि नागरिकता संशोधन क़ानून को लेकर देश में भ्रम फैलाने की कोशिश की जा रही है, जबकि यह क़ानून सिर्फ़ उन तीन देशों में रहने वाले लोगों के लिए है जिन्हें वहां धार्मिक आधार पर प्रताड़ित किया गया है। वे कहां जाएंगे? उनके लिए भारत के अलावा कौन सा देश है, जबकि मुसलमानों को जाने के लिए सौ से ज़्यादा इस्लामिक देश हैं? फिर भारत में रहने

वाले मुसलमानों का इस क़ानून से न तो कोई लेना-देना है और न ही उन्हें कोई ख़तरा है।

इसके साथ ही असम से बांग्लादेशी घुसपैठियों को बाहर करने की कोशिश में भाजपा सरकार ने नेशनल रजिस्टर ऑफ़ सिटीज़न्स पर काम किया और काफी हद तक इसमें कामयाबी भी मिल गई, लेकिन वह भी बड़े विरोध के बाद बीच में ही छोड़ना पड़ा। भाजपा सरकार देशभर में भी नेशनल रजिस्टर ऑफ़ पॉपुलेशन बनाने का रास्ता निकाल रही है, मगर अब सरकार ने कहा है कि उस पर फिलहाल कोई विचार नहीं किया जा रहा है।

नागरिकता संशोधन क़ानून के इतिहास को समझने के लिए थोड़ा पीछे जाना पड़ेगा कि यह मसला कहां से शुरू होता है। आज़ादी और देश के विभाजन के साथ ही नेहरू सरकार में मंत्री डॉ. श्यामा प्रसाद मुखर्जी ने हिन्दुओं के साथ धार्मिक उत्पीड़न का मामला उठाया था और इसको लेकर दोनों नेताओं के बीच मतभेद सामने आ गए थे। डॉ. मुखर्जी ने प्रधानमंत्री नेहरू से पाकिस्तान में हिन्दुओं के अधिकारों की रक्षा के लिए भारत के दख़ल देने की मांग की थी। उनका मानना था कि यह भारत की ज़िम्मेदारी है कि वह पूर्वी पाकिस्तान में हो रहे हिन्दुओं के उत्पीड़न को रोकने के लिए आगे आए। लेकिन नेहरू राजनयिक विवाद बढ़ाने के पक्ष में नहीं थे।

जब दोनों मुल्कों में रह रहे अल्पसंख्यकों और उनकी सम्पत्ति की सुरक्षा के लिए अप्रैल, 1950 में लियाकत-नेहरू समझौता हुआ, इस समझौते से पहले ही डॉ. मुखर्जी ने 1 अप्रैल, 1950 को नेहरू सरकार से इस्तीफ़ा दे दिया था। इस समझौते के बाद 19 अप्रैल, 1950 को डॉ. श्यामा प्रसाद मुखर्जी ने अपने ऐतिहासिक भाषण में कहा, 'हमने देखा है कि नॉर्थ वेस्टर्न फ्रंटियर प्रोविंस और बलूचिस्तान और बाद में सिन्ध से हिन्दुओं को किस तरह ख़त्म करने की कोशिश की गई है। पूर्वी बंगाल से क़रीब एक करोड़ तीस लाख हिन्दुओं को बाहर धकेल दिया गया है। पाकिस्तान सरकार ने उनके लिए कुछ नहीं किया और उन्हें शरण के लिए पश्चिम बंगाल आना पड़ा।'[6] इससे पहले भी डॉ. मुखर्जी बंगाल में हिन्दुओं के लिए अलग पश्चिम बंगाल की मांग करते रहे थे। बाबरी मस्जिद ढहाए जाने के एक साल बाद 6 दिसम्बर, 1993 को विश्व हिन्दू परिषद के मुखिया अशोक सिंहल ने हिन्दू धर्मगुरुओं के साथ बैठक की। इस बैठक में पहली बार संघ परिवार के लिए पूज्य लोगों में डॉ. भीमराव आंबेडकर का नाम शामिल किया गया। बीएसपी और समाजवादी पार्टी जैसे क्षेत्रीय राजनीतिक दलों की बढ़ती लोकप्रियता और जनाधार से संघ परिवार के हिन्दुत्ववादी प्रोजेक्ट को चुनौती थी। इसके मुक़ाबले के लिए आक्रामक पिछड़ी जातियों और दलितों को अपने पाले में लाने की कोशिश ही संघ परिवार के लिए एकमात्र रास्ता था। इस बैठक के बाद संघ और विश्व हिन्दू परिषद के बहुत से नेता वाराणसी के 'डोम राजा' के घर भोजन पर भी गए।

---

6. Ref: My Counrty, My life by L K Advani, page 85

वैसे जब आरएसएस ये कहता है कि हिन्दुस्तान में रहने वाले सब हिन्दू हैं, तो इतिहास में इसकी मिसाल मिलती है। एक दौर था जब भारत से बाहर जाने वाला हर शख़्स हिन्दू ही कहलाता था। इसमें अंग्रेज़ी हुकूमत का बड़ा हाथ रहा कि हिन्दू सिर्फ़ धर्म बन गया। पहले भारत के मुसलमानों को हिन्दुस्तानी मुसलमान नहीं कहा जाता था। यहां मुसलमानों को कभी ज़रूरत नहीं रही कि कोई उन्हें अलग से अपनाए क्योंकि वे इस मुल्क के ठीक वैसे ही हिस्से रहे जैसे कोई और रहा। ये वही हिन्दुस्तान है जहां अन्य संगीतकारों के साथ ध्रुपद की हिफाज़त डागर बंधुओं ने की है। जयपुर मेरा घर है और वहां उस्ताद बहराम खां डागर की चौखट पर ध्रुपद गायकी की गंगा बहती है। डागर परिवार के बेहद ख़ूबसूरत कलाकार गायक उस्ताद वासिफुद्दीन डागर आजकल दिल्ली में रहते हैं, लेकिन उनसे शास्त्रीय गायकी सीखने दुनिया भर से कलाकार आते हैं। मुसलमान होते हुए इनको संस्कृत की गहरी जानकारी रही। उन्होंने जो भी गाया उसमें ज़्यादातर रचना हिन्दू संस्कृति या देवी देवताओं के इर्द-गिर्द रही। उस्ताद बड़े गुलाम अली खान ने ऐसी कई रचनाएं गाईं जिनमें शिव का आह्वान किया गया। तबला वादक आमिर हुसैन काली पूजा पर बम्बई के रामकृष्ण मिशन में तबला बजाते थे। उस्ताद अली अकबर खान के पिता बाबा अलाउद्दीन खान मुसलमान होते हुए मैहर के शारदा मन्दिर के भक्त रहे।

यानी, जो इस्लाम हिन्दुस्तान का इस्लाम था, उसमें हिन्दुस्तानी संस्कृति ने बहुत कुछ जोड़ा। हिन्दुस्तानी मुसलमानों के त्योहार मनाने से लेकर रहन-सहन में स्वाभाविक तरीक़े से मिली-जुली इस तहज़ीब की महक है। हमारी भाषा हिन्दी, अरबी और फारसी के शब्दों से इतनी घुली-मिली है कि उसके बग़ैर उसे बोलना मुश्किल है। ऐसे ही जिसे भारत का इस्लाम कहते हैं, उसमें भारत की हिन्दू संस्कृति ने भी बहुत कुछ जोड़ा है। इस्लामी त्योहारों की जो रंगीनियत है, उसमें भारत की अपनी खुशबू और रंग शामिल हैं।

लेकिन संघ की हमेशा मुस्लिम विरोधी छवि बनाने की कोशिश की जाती है। केंद्रीय मंत्री नितिन गडकरी बताते हैं, "लोकसभा चुनावों के दौरान कुछ विरोधियों ने मेरी यूनीफ़ॉर्म पहन कर संघ की शाखा में जाने वाली फोटो को छाप कर प्रचार किया। मेरे इलाक़े में बहुत से मुस्लिम हैं, जो मेरे साथ हैं। मैंने कहा कि इसमें कुछ ग़लत नहीं है और न ही मैंने कभी छिपाया है। मैं बचपन से संघ का स्वयंसेवक हूं और शाखा जाता हूं। अब भी संघ के नागपुर में दशहरे के सालाना कार्यक्रम और गुरु दक्षिणा कार्यक्रम में हमेशा शामिल होता हूं। लेकिन इसका मतलब कतई नहीं है कि मैं मुसलमानों का विरोधी हूं। आप यह बतायेंगे कि मैं शाखा जाता हूं। लेकिन आप यह नहीं बतायेंगे कि मैं अपने इलाक़े में 1100 एकल विद्यालय चलाने में मदद करता हूं। जल संवर्धन पर काम कर रहा हूं। रिन्यूएबल एनर्जी पर बहुत काम किया है। हज़ारों लोगों को रोज़गार दिया है। हम स्वदेशी, स्वतंत्र और स्वावलम्बन पर काम करते हैं। हमारा सामाजिक और आर्थिक चिंतन राष्ट्रवाद का चिंतन है। इसकी चर्चा करेंगे तो आपका संघ विरोधी एजेंडा सफल नहीं होगा। इसलिए संघ को ठीक

से समझने के लिए अपने चश्मे की धूल को साफ करने की ज़रूरत है। संघ सबको साथ लेकर चलने वाला संगठन है। किसी का विरोधी नहीं, किसी का विरोध नहीं।"

लेकिन सवाल और भी हैं। संघ के दूसरे मुखिया रहे गोलवलकर की पुस्तक 'बंच ऑफ़ थॉट्स' को संघ विरोधी, संघ कार्यकर्ताओं के लिए भगवद्गीता की तरह बताते हैं। लेकिन क्या यह सच है कि सबसे लोकप्रिय रहे गुरुजी गोलवलकर की इस पुस्तक को अब संघ ने ही ख़ारिज कर दिया है? या वह इसे अपनी अधिकृत पुस्तक नहीं मानता? क्या इसलिए कि उसमें बहुत सारे मुस्लिम विरोधी विचार हैं?

चिंतक और विचारक रहे देवेन्द्र स्वरूप कहते हैं कि संघ उसे अधिकृत पुस्तक नहीं मानता। लेकिन इसकी वजह है कि इस पुस्तक में गुरुजी गोलवलकर के ऐसे भाषणों का संकलन है जो भाषण कहीं लिखे नहीं गए हैं, या लिखित तौर पर उपलब्ध नहीं हैं। पुस्तक का सम्पादन संघ के ही एक वरिष्ठ पदाधिकारी एच. वी. शेषाद्रि ने किया है। जब वे पुस्तक का सम्पादन कर रहे थे तब भी कई बार अपने सहयोगियों के साथ मज़ाक में कहा करते थे कि अब इस भाषण का चौथा या पांचवां ड्राफ्ट देख रहा हूं। मायने यह कि ज़रूरी नहीं कि जो कुछ गुरु गोलवलकर के नाम से कहा गया है, वह असल में उनके विचार हों। फिर संघ व्याख्यानमाला में सितम्बर, 2018 में सरसंघचालक मोहन भागवत ने भी स्पष्ट कर दिया कि उस पुस्तक में से कुछ विचार समय-सापेक्ष थे। गुरुजी के विचारों के लिए 'गुरुजी समग्र' को अधिकृत मानना चाहिए। देवेन्द्र स्वरूप का कहना था कि महात्मा गांधी को लेकर संघ परिवार में शुरू से ही कई तरह की आपत्तियां थीं और उन्हें स्वीकार नहीं किया जाता था। लेकिन पहली बार 1969 में गांधी की 100वीं जयन्ती के मौक़े पर 'पांचजन्य' ने एक विशेषांक गांधी पर निकाला।

प्रसार भारती के प्रमुख रहे ए. सूर्यप्रकाश कहते हैं, "संघ पर मुस्लिमों से घृणा करने का आरोप लगाया जाता है, लेकिन मैंने संघ के इतने वरिष्ठ नेताओं से मुलाक़ातें की हैं, बातचीत की है। यह विषय उनके विचार में है ही नहीं। मुस्लिमों के ख़िलाफ़ मैंने संघ परिवार में कभी नहीं सुना। वे हमेशा राष्ट्रहित की सोचते हैं। राष्ट्रीय सुरक्षा पर चिंता करते हैं। हां, देश में या कहीं और भी, जहां हिन्दू अल्पसंख्यक के तौर पर हैं, तो उनके मुद्दे, उनकी चिंताएं वे ज़रूर उठाते हैं।"

संगठन में वक़्त और ज़रूरत के साथ बदलावों के अलावा संघ का ख़ास चरित्र है विरोधी विचारों को सुनना और उन्हें जगह देना। लेकिन अपने विचारों और संस्कृति पर संघ आसानी से असर नहीं होने देता। पूर्व राष्ट्रपति प्रणव मुखर्जी जब 7 जून 2018 को नागपुर में संघ के समारोह में शामिल हुए थे, तब बहुत से लोगों ने सवालों के तीर छोड़े। कार्यक्रम शुरू हुआ। भगवा झंडा फहराया गया तो संघ के हज़ारों स्वयंसेवक और पदाधिकारी सफेद कमीज़, खाकी पैंट और चौड़े बेल्ट लगाए हुए बेहद सम्मान के साथ खड़े हुए और ध्वज को प्रणाम किया। गणवेशधारी स्वयंसेवकों की भीड़ में धोती और अचकन पहने पूर्व राष्ट्रपति प्रणव मुखर्जी भीड़ में अलग लग रहे थे।

कार्यक्रम में अपने भाषण में पूर्व राष्ट्रपति ने कहा, "जब मैं अपनी आंखें बंद करता हूं तो भारत के एक छोर से दूसरे छोर तक का सपना आता है। त्रिपुरा से लेकर द्वारिका, कश्मीर से लेकर कन्याकुमारी तक। इससे मैं बेहद खुश होता हूं। अनेक धर्म, भाषाएं, जाति और सब एक ही संविधान के दायरे में। इससे भारत बनता है। 122 भाषाएं, 1600 बोलियां, 7 बड़े धर्म, 3 बड़े एथनिक ग्रुप एक ही सिस्टम के दायरे में हैं। एक ही संविधान से सबकी पहचान है। सब भारतीय हैं। इन सबसे भारत बनता है। सार्वजनिक जीवन में बातचीत ज़रूरी है। हम लोगों के ओपीनियन से इंकार नहीं कर सकते हैं। हम सिर्फ़ बातचीत से जटिल समस्याओं का हल निकाल सकते हैं।"

प्रणव मुखर्जी ने अनेकता में एकता के मूल सिद्धांत को बेहतरीन तरीक़े से लोगों के सामने रखा। यही बात संघ हमेशा से करता रहा है। संघ का मूलमंत्र ही बातचीत है। संघ में अक्सर कहा जाता है कि ऐसा कोई मुद्दा नहीं, जो बातचीत से नहीं सुलझाया जा सके।

डॉ. मनमोहन वैद्य पूछते हैं कि आख़िर किसी स्वयंसेवक ने यह सवाल क्यों नहीं उठाया कि पूर्व राष्ट्रपति और एक वक़्त के कांग्रेस के वरिष्ठ नेता प्रणव मुखर्जी को संघ के कार्यक्रम में क्यों बुलाया गया? यही फ़र्क है संघ और उन लोगों की सोच में, जो दावा करते हैं कि वे अभिव्यक्ति की आज़ादी के चैम्पियन हैं। अलग-अलग सोच वाले लोगों के साथ बैठकर विचार-विमर्श करना भारतीय परंपरा रही है। इसका तिरस्कार या विरोध करना भारतीयता के ख़िलाफ़ तो है ही, दुनिया के सबसे बड़े लोकतंत्र, उसकी संस्कृति और हमारी लोकतान्त्रिक परंपराओं पर चोट भी है।

ऐसे भी सवाल उठे कि संघ के कार्यक्रम में जाने के सिर्फ़ छह महीने बाद पूर्व राष्ट्रपति और कांग्रेस के दिग्गज नेता रहे प्रणव मुखर्जी को देश का सर्वोच्च सम्मान भारत रत्न दिए जाने में कोई सम्बंध है? 25 जनवरी, 2015 की शाम प्रधानमंत्री नरेन्द्र मोदी ने फोन करके मुखर्जी को इस सम्मान के बारे में सूचना के साथ अनुमति मांगी थी। क्या भाजपा को याद होगा कि लालकृष्ण आडवाणी ने कांग्रेस सरकार के वक़्त डॉ. मनमोहन सिंह को पत्र लिख कर पूर्व प्रधानमंत्री और पार्टी के दिग्गज नेता अटल बिहारी वाजपेयी को भारत रत्न देने की मांग की थी, जिसे ठुकरा दिया गया था? इसके साथ ही जब मोदी सरकार के वक़्त अटल बिहारी वाजपेयी को भारत रत्न से सम्मानित करने की बात प्रधानमंत्री मोदी ने उस वक़्त राष्ट्रपति रहे प्रणव मुखर्जी से की तो उन्होंने वाजपेयी के साथ एक और नाम जोड़ने की सलाह दी और यह नाम था काशी विद्यापीठ के संस्थापक और कांग्रेस के दिग्गज नेता रहे महामना मदनमोहन मालवीय का। फिर ऐसी क्या बड़ी वजह रही कि नानाजी देशमुख और भूपेन हज़ारिका के साथ प्रणव मुखर्जी को सर्वोच्च सम्मान देने का फ़ैसला भाजपा सरकार ने किया?

1934 में राष्ट्रीय स्वयंसेवक संघ का शीत शिविर महाराष्ट्र के वर्धा में महात्मा गांधी के आश्रम के पास ही लगा था। गांधी ने शिविर को देखने की इच्छा प्रकट की

तो वर्धा के संघचालक अप्पाजी जोशी ने उनका स्वागत किया। महात्मा गांधी ने बड़ी बारीकी से शिविर का निरीक्षण करते हुए अप्पाजी जोशी से पूछा, "इस शिविर में कितने हरिजन हैं?" अप्पाजी ने कहा, "यह बताना कठिन है, क्योंकि हम सभी को हिन्दू के रूप में ही देखते हैं। हमारे लिए इतना ही काफी है।" इसके बाद महात्मा गांधी ने ख़ुद शिविर में भाग ले रहे स्वयंसेवकों से उनकी जाति पूछी तो उन्हें पता लगा कि तमाम जातियों के स्वयंसेवक शिविर में मौजूद हैं, लेकिन एक दूसरे की जाति को लेकर आपस में कोई भेद नहीं करता।

अगले दिन डॉ. हेडगेवार नागपुर से वहां आए तो महात्मा गांधी से मिलने गए। महात्मा गांधी ने उनसे जानना चाहा कि संघ में छूआछूत ख़त्म करने का काम किस तरह किया जाता है? इस पर डॉ. हेडगेवार ने कहा, "हम छूआछूत दूर करने की बात नहीं करते, बल्कि स्वयंसेवकों को इस प्रकार विचार करने के लिए प्रेरित करते हैं कि हम सभी हिन्दू हैं और एक ही परिवार के सदस्य हैं। इससे किसी भी स्वयंसेवक में इस तरह का विचार नहीं आता है कि कौन किस जाति का है।"

1959 में जनरल करिअप्पा मंगलौर की संघ शाखा के कार्यक्रम में गए थे। उन्होंने कहा, "संघ कार्य मुझे अपने हृदय से प्रिय कार्यों में से है। अगर कोई मुस्लिम इस्लाम की प्रशंसा कर सकता है, तो संघ के हिन्दुत्व का अभिमान रखने में क्या ग़लत है?"

इक्कीसवीं सदी का संघ

संघ ने समाज के बदलावों के साथ चलने की कोशिश की है। जो लोग संघ को पुरातनपंथी संगठन समझते हैं, उन्होंने उसकी यात्रा और बदलावों को गहराई से समझने की कोशिश नहीं की।

आरएसएस भारत की परिवार इकाई और गृहस्थ व्यवस्था को अच्छी तरह समझता है और उसकी ताक़त को काम में लाता है। परिवारों में होते बदलावों, तेज़ी से बढ़ती तलाक़ दर और टूटते परिवारों की समस्या को भी उसने समझा है। संघ औरत और पुरुष को परिवार में बराबरी का हक़ देने के पक्ष में है, और महिलाओं के योगदान को कम नहीं आंकता।

आरएसएस बुज़ुर्गों का ख़ास ध्यान रखने पर ज़ोर देता है। पारिवारिक हिंसा और महिला भ्रूण हत्या के ख़िलाफ़ है। संघ अन्तर्जातीय विवाहों के पक्ष में है, लेकिन फिलहाल 'लिव इन रिलेशनशिप' के विरोध में खड़ा दिखाई देता है। संघ का मानना है कि उन देशों या समाजों में, जहां मज़बूत परिवार व्यवस्था नहीं है, वहां तो 'लिव इन रिलेशनशिप' समझा जा सकता है। भारत में इसकी ज़रूरत नहीं, क्योंकि 'लिव इन रिलेशनशिप' में रिश्ते बंधने के बजाय टूटते हैं और इसका मानसिक और शारीरिक नुक़सान उठाना पड़ता है।

संघ 'लिव इन रिलेशनशिप' के भले ही ख़िलाफ़ हो लेकिन 'होमोसेक्सुएलिटी' के विरोध में नहीं है। आम्बेकर बताते हैं कि सुप्रीम कोर्ट ने 6 सितम्बर, 2018 को

होमोसेक्सुएलिटी को ग़ैर-अपराध घोषित किया था, लेकिन इससे दो साल पहले संघ के सह-सरकार्यवाह दत्तात्रेय होसबोले ने इंडिया टुडे कॉनक्लेव में 17 मार्च, 2016 को कहा था, "मैं नहीं समझता कि होमोसेक्सुएलिटी को आपराधिक कार्य माना जाए, जब तक कि इसका असर समाज के दूसरे लोगों पर न पड़े।"

हालांकि आम्बेकर जोड़ते हैं कि इसका मतलब 'गे मैरिज' को मान्यता देना नहीं समझा जाना चाहिए। फिर 18 सितम्बर, 2018 को दिल्ली में व्याख्यानमाला में सरसंघचालक मोहन भागवत ने इस सन्दर्भ में कहा, "हर कोई इस समाज का हिस्सा है। समाज बदल रहा है और हमें समाज में हरेक को जगह देनी चाहिए, ताकि कोई भी ख़ुद को अलग महसूस न करे।"

संघ ट्रांसजेंडर यानी किन्नरों के साथ सामाजिक भेदभाव के ख़िलाफ़ है और उन्हें समाज में सम्मान के साथ जीने का अधिकार देने के पक्ष में है। 2019 के प्रयागराज कुम्भ में जब पहली बार किन्नर अखाड़े को शामिल किया गया, तब मैं वहां मौजूद था और जूना अखाड़ा समेत बहुत से अखाड़ों ने उसे मान्यता दी।

इक्कीसवीं सदी के हिसाब से अब संघ ने नया कार्यक्रम पर्यावरण और जल संकट को लेकर शुरू किया है। इसके साथ ही ग्लोबल वॉर्मिंग और स्वस्थ जीवनचर्या पर भी काम किया जा रहा है।

इस वक़्त संघ का प्रमुख एजेंडा ग्राम विकास है। देश के आठ लाख से ज़्यादा गांवों के विकास कार्यक्रमों की कई योजनाएं चल रही हैं। संघ के प्रमुख नेता रहे नानाजी देशमुख ने ग्राम विकास का रोल मॉडल चित्रकूट में तैयार किया था, मगर उसे आगे नहीं बढ़ाया गया। केंद्र सरकार ने भी ग्राम विकास पर ध्यान दिया है। प्रधानमंत्री नरेन्द्र मोदी ने इसी क्रम में सांसद ग्राम योजना बनाई और लागू की, लेकिन उसके अपेक्षित परिणाम नहीं मिल पाये क्योंकि ज़्यादातर सांसदों ने उसमें विशेष रुचि नहीं दिखाई। इसके साथ ही संघ अभी गौशाला और गौसेवा पर काम कर रहा है। यहां भी कुछ लोगों ने गौरक्षा के नाम पर आतंक फैलाने की कोशिश की, जिसका नुक़सान इस कार्यक्रम को उठाना पड़ा।

अब आरएसएस को एक रहस्यमयी संगठन नहीं कहा जा सकता है। संघ ने दरवाज़े खोले हैं, अब ज़्यादा पारदर्शी हो गया है। संघ अब अपने विरोधियों को तो स्पष्ट तौर पर जवाब देता ही है, अपने कार्यक्रमों और विचारों को भी सार्वजनिक तौर पर रखने में हिचकिचाता नहीं। इसके साथ-साथ संघ ने अब उन क्षेत्रों में भी अपना दायरा बढ़ाया है जहां उसका असर पहले कमज़ोर था। इसमें किसान, दलित, आदिवासी और पिछड़े शामिल हैं। इससे संघ के चेहरे और नीतियों में भी अब बदलाव दिखता है।

सहयोगी संगठनों में ही नहीं, आरएसएस में भी स्वयंसेवकों और शाखाओं की तादाद लगातार तेज़ी से बढ़ रही है। संघ में शामिल होने वालों में अब हर व्यवसाय, उम्र, जाति, शहरी, कस्बाई और ग्रामीण से लेकर अलग-अलग आर्थिक

स्तर के लोग शामिल हैं। साथ ही अब सीधे ऑनलाइन सदस्य बन सकते हैं। ऐसे में शाखाओं और संघ के शिक्षा वर्ग में, प्रशिक्षण में बदलाव की ज़रूरत भी महसूस होने लगी है।

अभी तक संघ में ट्रेनिंग का फ़ोकस 'चरित्र निर्माण' ही होता रहा है, लेकिन अब संघ के मुख्य शिक्षक अपनी शाखा और सदस्यों की ज़रूरत के हिसाब से भी ट्रेनिंग में थोड़ा बदलाव करने लगे हैं। संघ के शिक्षा वर्ग में होने वाले बौद्धिकों के विषयों में भी बदलाव हुआ है और उसमें समसामयिक विषय भी जोड़े जाने लगे हैं। शाखाओं में मुख्य शिक्षक कम से कम प्रथम वर्ष शिक्षा वर्ग पास करने वाले लोग होते हैं, जबकि संघ के सहयोगी संगठनों में सिर्फ़ प्रचारकों को भेजा जाता है जिन्होंने तृतीय वर्ष शिक्षा वर्ग पास कर लिया होता है और प्रचारक का काम देख रहे होते हैं।

हालांकि अब आरएसएस के सहयोगी संगठनों ने अपनी ज़रूरत के हिसाब से ट्रेनिंग कार्यक्रम शुरू कर लिए हैं, लेकिन प्रभावी भूमिका में संघ की ओर से भेजे गए प्रचारक ही होते हैं जो 'संगठन महासचिव' की ज़िम्मेदारी निभाते हैं। ये प्रचारक अलग-अलग संगठनों में रहने के बावजूद आपस में बातचीत तो करते ही हैं, साथ ही प्रचारकों की बैठकों में अपनी रिपोर्ट और अनुभवों को साझा करते हैं।

एक और महत्वपूर्ण बदलाव आया है कि अब संघ के प्रमुख पदाधिकारी महत्वपूर्ण विषयों पर मीडिया के साथ बातचीत के लिए तैयार रहते हैं और देश में संघ के कई प्रमुख 'थिंक टैंक' संगठन महत्वपूर्ण विषयों पर रिपोर्ट तैयार करते हैं और उसके लिए ज़रूरी हो तो अभियान या आंदोलन की रूपरेखा बनाने और सहयोग करने के लिए तैयार रहते हैं।

इसके बावजूद आरएसएस और भाजपा में मतभेद होने की सम्भावना बनी रहती है, ख़ासतौर से जब भाजपा सरकार में हो, क्योंकि सरकार में रहकर भाजपा को देश की राजनीतिक, सांस्कृतिक और सामाजिक विविधता और ज़रूरतों का ध्यान रखना होता है। संघ अपनी विचारधारा के रास्ते पर ही आगे बढ़ने पर ज़ोर देता है।

लेकिन सरसंघचालक मोहन भागवत और प्रधानमंत्री नरेन्द्र मोदी की बेहतर आपसी समझ से यह तनाव कम होने लगा है, जो एक ज़माने में के. एस. सुदर्शन और अटल बिहारी वाजपेयी के बीच महसूस होने लगा था।

संघ के नेताओं की सबसे बड़ी ज़िम्मेदारी है अपने परिवारों को एकजुट रखना, और उनमें आपस में पैदा होने वाले मतभेदों को मनभेद में नहीं बदलने देना। आरएसएस भले ही कितना भी कहे कि वह एक अराजनैतिक संगठन है और भाजपा भी उसके परिवार के दूसरे सदस्यों की तरह ही एक सदस्य है, लेकिन मानना ही पड़ेगा कि भाजपा संघ की सबसे लाड़ली सन्तान है।

इस वक़्त संघ के एक लाख पचहत्तर हज़ार से ज़्यादा सेवा प्रकल्प चल रहे हैं और कमोबेश जीवन के हर क्षेत्र में वे काम कर रहे हैं। 1989 में पांच हज़ार सेवा

प्रकल्प चल रहे थे, जो 1998 में बढ़कर पचास हज़ार से ज़्यादा हो गए और 2012 में एक लाख चालीस हज़ार और 2020 में एक लाख पचहत्तर हज़ार से ज़्यादा सेवा प्रकल्प चल रहे हैं। पहले सिर्फ़ प्राकृतिक आपदा के वक़्त संघ के स्वयंसेवक काम करते थे। बालासाहब देवरस ने उसे व्यवस्थित कर दिया। एक बड़ा बदलाव 2015 में हुए 'भाजपा-आरएसएस कॉनक्लेव' के बाद हुआ, जिसमें प्रचार के लिए संघ ने ख़ुद को ज़्यादा पारदर्शी बनाने का फ़ैसला किया यानी नीतियों और कार्यक्रमों के बारे में उसने सामाजिक स्तर पर जानकारी को सार्वजनिक करना शुरू कर दिया।

अस्सी के दशक में कॉलेजों, विश्वविद्यालयों के साथ-साथ गांवों में संघ के स्वयंसेवकों की तादाद बढ़ाने और शाखाओं के विस्तार पर ध्यान दिया गया। एक ज़माने तक आरएसएस हिन्दी पर ही ज़ोर देता था, और उसका नारा 'हिन्दी-हिन्दू-हिन्दुस्तान'। लेकिन दक्षिण भारत और उत्तर-पूर्व में विस्तार के साथ संघ में अब अंग्रेज़ी भाषा का इस्तेमाल भी बढ़ा है।

इसी तरह भोजन को लेकर पहले संघ शाकाहारी व्यवस्था पर ही चलता था और संघ में पहले जो लोग मांसाहारी भोजन करते भी थे, वह भी सार्वजनिक तौर पर शाकाहारी दिखने की कोशिश करते थे। अब मांसाहार को लेकर तो कोई परहेज़ नहीं ही दिखता, बल्कि उत्तर-पूर्व की वजह से 'बीफ़' के ख़िलाफ़ भी संघ में कोई आग्रह अब नहीं है। सरसंघचालक मोहन भागवत ने कहा भी कि भोजन की आदतों से किसी व्यक्ति के धर्म या राष्ट्रीयता की पहचान नहीं की जा सकती। वैसे अब भी संघ के सार्वजनिक कार्यक्रमों में सिर्फ़ शाकाहारी भोजन ही मिलता है।

लेकिन संघ से जुड़े रहे लोग ही यह सवाल भी करते हैं कि क्या उन सेवा प्रकल्पों से समाज में कोई बड़ा बदलाव आया है? समाज को छोड़िए, क्या ख़ुद आरएसएस और उसके स्वयंसेवकों के व्यवहार और कामकाज में कोई निर्णायक बदलाव दिखता है?

भाजपा में कई दायित्वों पर रहे मेरे एक मित्र कहते हैं, संघ में पदाधिकारियों और प्रचारकों में ख़ुद को आदर्शवादी दिखाने का बड़ा चलन है और उनके नीचे काम करने वाले स्वयंसेवक और दूसरे पदाधिकारी उनका महिमामंडन करते रहते हैं, जबकि सच यह है कि आरएसएस के लोगों में भी कोई सुर्ख़ाब के पंख नहीं लगे। उनमें भी मानवीय दुर्गुण हो सकते हैं और इसमें कोई अपराध नहीं हैं। दूसरी अहम बात है कि संघ में बुद्धिजीवी या तीक्ष्ण बुद्धि और अपने दम पर काम करने वाले लोगों के लिए विशेष जगह नहीं बनती दिखाई देती। वहां भी अब 'मीडियोकर' यानी औसत दर्ज़े के लोगों के लिए ही जगह है।

संघ परिवार

संघ ने अपने सहयोगी संगठनों को अब 'विविध क्षेत्रों का संगठन' कहना शुरू कर दिया है। पहले ज़्यादातर लोग इसे 'संघ परिवार' कहते थे। इस बदलाव की वजह क्या ये है कि संघ उन संगठनों की ज़िम्मेदारी लेने से बचना चाहता है? सुनील

आम्बेकर स्पष्ट करते हैं कि संघ में परिवार का भाव, समन्वय का भाव रहता है। सभी संगठन सहयोग भी करते हैं। शुरू में परिवार शब्द का इस्तेमाल होता था, लेकिन उससे यह भाव निकलता है कि आरएसएस उस परिवार का मुखिया है, नियन्त्रण करता है और दूसरे सभी संगठन उसके आदेश पर चलते हैं, जबकि ऐसा नहीं है।

संघ के विविध क्षेत्र के संगठन स्वतंत्र कामकाज करते हैं। वे अपनी आर्थिक व्यवस्था भी ख़ुद देखते हैं, लेकिन सब मिलजुल कर राष्ट्र के गौरव के लिए काम करते हैं।

गुरुजी गोलवलकर के वक़्त बहुत से सहयोगी संगठन शुरू हुए—विद्यार्थी परिषद, जनसंघ, भारतीय मज़दूर संघ और वनवासी कल्याण आश्रम भी। लेकिन गुरुजी गोलवलकर को इन संगठनों में और उनके काम में ज्यादा भरोसा नहीं था, ख़ासतौर से राजनीतिक गतिविधियों में। वह कहते थे कि इन संगठनों के काम का कोई विशेष मतलब नहीं है, और यदि ये ठीक से काम नहीं करेंगे तो उन्हें बंद कर दिया जाएगा। इसलिए उस दौरान संघ के बाहर किए गए स्वयंसेवकों के अच्छे काम को भी महत्ता नहीं दी जाती थी और न ही इन संगठनों के काम को आरएसएस अपने साथ जोड़ना पसन्द करता था।

बहरहाल, विद्यार्थी परिषद आरएसएस का सबसे पुराना और पहला संगठन है, जिसे छात्रों की ताक़त को समाज निर्माण में लगाने के मक़सद से शुरू किया गया।

दरअसल 1948-49 में आरएसएस पर प्रतिबंध के दौरान संघ की गतिविधियां कॉलेज छात्रों के माध्यम से ही चल रही थीं। तब उन्हें एकजुट करने और संगठनबद्ध करने के लिए जुलाई, 1948 में विद्यार्थी परिषद को शुरू किया गया। आमतौर पर कहा जाता है कि आरएसएस की तरह विद्यार्थी परिषद भी ग़ैर-राजनीतिक छात्र संगठन है। विद्यार्थी परिषद के प्रतिनिधि संघ की अखिल भारतीय प्रतिनिधि सभा में भी नुमाइन्दगी करते हैं। भारतीय जनता पार्टी में बहुत से नेता विद्यार्थी परिषद की देन माने जाते हैं। इसमें मौजूदा उपराष्ट्रपति वेंकैया नायडू, वित्त और क़ानून मंत्री रहे दिवंगत अरुण जेटली, नितिन गडकरी, रविशंकर प्रसाद, पूर्व केंद्रीय मंत्री विजय गोयल जैसे लोग शामिल हैं।

2003 में विद्यार्थी परिषद के सदस्यों की तादाद क़रीब 11 लाख थी जो 2019 तक बढ़कर क़रीब 35 लाख हो गई है। विद्यार्थी परिषद के राष्ट्रीय संगठन सचिव रहे सुनील आम्बेकर आरएसएस में भविष्य में महत्वपूर्ण भूमिका पाने वाले नामों में से एक हैं।

डॉ. मनमोहन वैद्य बताते हैं कि संघ के कार्यकर्ताओं के प्रशिक्षण पर भी ज़ोर दिया जा रहा है। इसके लिए कार्यकर्ता विकास वर्ग आयोजित किये जा रहे हैं। इन वर्गों में प्रशिक्षण को कैसे बेहतर किया जा सकता है और इसमें कैसे 'वैल्यू एडिशन' किया जा सकता है, इस सम्बंध में भी बैठक में चर्चा होती है। वैद्य कहते

हैं कि संघ का मानना है कि सरकार सब कुछ नहीं करेगी। समाज को भी इकट्ठा होकर अपना काम करना होगा। इसी भावना को लेकर संघ के स्वयंसेवक समाज परिवर्तन के कार्य में सक्रिय हैं। ग्रामीण विकास के क्षेत्र में संघ के स्वयंसेवक 1998 से काम कर रहे हैं और इसका नतीजा बहुत से गांवों में देखने को मिल रहा है।

संघ और दलित राजनीति के बीच एक महत्वपूर्ण नाम है के. एन. गोविन्दाचार्य। गोविन्दाचार्य संघ को सोशल इंजीनियरिंग का पाठ पढ़ाना चाह रहे थे। आज भी संघ और भाजपा के पास कोई बड़ा और लोकप्रिय दलित और पिछड़ों का नेता नहीं है, इसलिए उसे एक ज़माने तक रामविलास पासवान और अब रामदास अठावले जैसे नेताओं के भरोसे रहना पड़ता है। मायावती की ताक़त उसे परेशान करती रहती है।

संघ को समझना जितना मुश्किल काम है, उससे ज़्यादा मुश्किल लगता है उसको राष्ट्रवादी मानना। लेकिन शायद कम लोग जानते होंगे कि 1962 के युद्ध में घायल सैनिकों के बीच संघ के स्वयंसेवकों ने जो राहत और सेवा का काम किया, उसके बाद 1963 में दिल्ली में 26 जनवरी की राजपथ पर परेड में मार्च पास्ट में शामिल होने के लिए प्रधानमंत्री नेहरू ने संघ को आमंत्रित किया और दो दिन के नोटिस पर तीन हज़ार से ज़्यादा स्वयंसेवकों ने मार्च पास्ट में हिस्सा लिया।

एक और सवाल है, संघ में महिलाओं के प्रवेश को लेकर। क्या सौ साल पूरे होने पर महिलाओं के लिए यह दरवाज़ा खुल जाएगा? सुनील आम्बेकर कहते हैं, "यह सवाल ही ग़लत है। सवाल अहम है महिलाओं के सशक्तिकरण का, उनके स्वावलम्बन का, उनके सम्मान का। समाज में उन्हें अवसर मिलना महत्वपूर्ण है। हम उस पर क्या काम कर रहे हैं? क्या उन्हें वह सम्मान दे पा रहे हैं जिसकी वह हक़दार हैं? महिलाओं को ताक़त देना और उन्हें सम्मान के साथ अवसर देना—यह काम है संघ का। यह ध्यान रखना चाहिए कि किसी संगठन की शक्ति किस चीज़ में लग रही है।"

संघ में अब इस पर गम्भीरता से चर्चा हो रही है कि संघ परिवार के दूसरे संगठनों की कार्यकारिणी में महिलाओं की भागीदारी को बढ़ाया जाना चाहिए। फ़िलहाल समस्या यह है कि उन्हें योग्य उम्मीदवार नहीं मिल रहे हैं। संघ विद्यार्थी परिषद की तरह दूसरे संगठनों में महिलाओं की हिस्सेदारी बढ़ाना चाहता है।

संघ के सह-सरकार्यवाह डॉ. मनमोहन वैद्य मानते हैं, "संघ का कार्य किसी की कृपा से नहीं, केवल संघ के कार्यकर्ताओं के परिश्रम, त्याग, बलिदान के आधार पर तथा समाज के लगातार बढ़ते समर्थन से और श्रीपरमेश्वर के आशीर्वाद से सतत बढ़ता आ रहा है। अनेक विरोध, अवरोध और संकटों को पार कर संघ का व्याप, शक्ति और प्रभाव लगातार बढ़ता रहा है। इसलिए संघ की चर्चा भी हर जगह होती दिखती है। संघ अपनी शताब्दी कैसे मनाएगा इसकी भी उत्सुकता लोगों में है।"

वैद्य कहते हैं, "संघ संस्थापक डॉ. हेडगेवार की दृष्टि बहुत स्पष्ट थी कि संघ समाज में एक संगठन के नाते नहीं, बल्कि सम्पूर्ण समाज का संगठन है। वरिष्ठ

चिंतक दत्तोपंत ठेंगड़ी कहते थे कि परिकल्पना की दृष्टि से संघ और हिन्दू समाज समव्याप्त है और मनोवैज्ञानिक दृष्टि से वह एकात्म है। इसलिए संघ की शताब्दी का उत्सव मनाने का विचार ही नहीं हो सकता है। संघ सम्पूर्ण समाज है। संघ की साधना को समाजव्यापी करना यही लक्ष्य होना चाहिए।"

तो क्या अपने शताब्दी वर्ष में संघ कोई आयोजन नहीं करेगा? जवाब में वैद्य कहते हैं, "डॉ. हेडगेवार तो कहते थे कि हमें संघ का रौप्य महोत्सव भी नहीं मनाना है। उसके पहले कार्य पूरा करना है। इसी लगन से वे संघ कार्य को बढ़ाने में पूर्ण शक्ति के साथ जुट गए थे। इसलिए शताब्दी वर्ष के पूर्व संघ कार्य पूर्ण करना, यही शताब्दी मनाने का निहितार्थ हो सकता है। 'कार्यमग्नता जीवन हो और कार्यपूर्ति ही विश्रांति' ऐसा एकसंघ गीत है।"

डॉ. वैद्य बताते हैं कि संस्थापक डॉ. हेडगेवार ने 1940 के शिक्षा वर्ग में कहा था कि संघ कार्य को शाखा तक ही सीमित नहीं रखना है, उसे समाज में जाकर पूरा करना है। अपने परिवार के लिए आवश्यक अर्थार्जन करना, परिवार का ध्यान रखना और शाखा में नियमित जाना सिर्फ़ इससे काम नहीं चलेगा। समाज परिवर्तन और जागरण के किसी भी कार्य में अपने समय का नियोजन कर सक्रिय होना, यह संघ कार्य है। स्वयंसेवकों का समाज में अभिसरण बढ़ना चाहिए जिससे समाज का नया वर्ग स्वयंसेवकों द्वारा संघ के सम्पर्क में आएगा, संघ को समझेगा, संघ के राष्ट्रीय विचारों को जानेगा और समाज के अंगभूत घटक के नाते हिन्दू धर्म, हिन्दू संस्कृति और हिन्दू समाज का संरक्षण कर इस राष्ट्र की सर्वांगीण उन्नति के लिए सक्रिय होगा।

डॉ. वैद्य इस बात पर ज़ोर देते हैं कि संगठन एवं व्यक्ति निर्माण का कार्य तो चलता ही रहेगा। समाज जागरण के कार्य भी साथ-साथ चलेंगे। व्यवस्था परिवर्तन की दृष्टि से समाज-जीवन के विविध क्षेत्रों में विविध संगठनों के माध्यम से स्वयंसेवक सक्रिय हैं। अब प्रत्येक स्वयंसेवक का समाज परिवर्तन के लिए स्वयं को सक्रिय बनाना और इन सभी के द्वारा संघ कार्यपूर्ति की ओर बढ़ते हुए संघ कार्य पूर्णत्व की ओर ले जाना, यही शताब्दी का पर्व मनाने का उत्तम उपाय है।

संघ कार्य के संबंध में आम्बेकर कहते हैं संघ सिर्फ़ एक संगठन नहीं है, यह लगातार चलने वाली यात्रा है इसलिए समय इसमें रुकावट नहीं है और सीमा भी नहीं। संघ का उद्देश्य स्वस्थ, संस्कारी और अनुशासित समाज का निर्माण करना है। वह नहीं हो पाया है और अब तो संघ अपने 'आइडेंटिटी क्राइसिस' यानी पहचान के संकट से जूझ रहा है। इस दुविधा में है कि वह सांस्कृतिक और सामाजिक संगठन रहे या फिर राजनीति में हिस्सा ले। संघ को तय करना चाहिए कि वह किस रास्ते पर चलना चाहता है। राजनीति में हिस्सेदार होना चाहता है तो डंके की चोट पर कहे या फिर ख़ुद को राजनीति से पूरी तरह से अलग कर ले। दुविधा से दोनों का नुक़सान होगा—संघ का भी और भाजपा का भी।

तो राष्ट्रीय स्वयंसेवक संघ है क्या? सामाजिक, राजनीतिक संगठन है या फिर सिर्फ़ सांस्कृतिक संगठन? दरअसल, संघ सांस्कृतिक संगठन है, सामाजिक भूमिका में है और राजनीतिक सक्रियता उसमें शामिल है। वैसे गुरुजी गोलवलकर का यह मंत्र संघ के लिए महत्वपूर्ण हो सकता है। अरसे पहले साप्ताहिक पत्रिका 'धर्मयुग' ने देश के कई प्रख्यात लोगों से उनके जीवन और चिंतन का ध्येय वाक्य मांगा था तो गुरुजी ने केवल इतना लिखकर भेजा: 'मैं नहीं, तू ही'। 'राष्ट्राय स्वाहा, इदं राष्ट्राय इदं न मम', अर्थात यह मेरा नहीं है, कुछ भी मेरा नहीं है। गुरुजी गोलवलकर का राष्ट्र को समर्पित यह मंत्र भारतीय दर्शन है और शायद संघ की प्रेरणा भी।

2

पुण्यभूमे त्वदर्थेः शाखा, सेवा, सहयोगी

नागपुर में डॉ. हेडगेवार स्मृति भवन के महर्षि व्यास सभागार में अनुशासित शांति इस बात का अहसास नहीं होने देती कि यहां सात सौ से ज़्यादा लोग हैं। राष्ट्रीय स्वयंसेवक संघ में तृतीय वर्ष प्रशिक्षण शिविर में हिस्सा लेने वाले सीनियर स्वयंसेवक यहां मौजूद हैं। तृतीय वर्ष, यानी अब इस शिविर के बाद इनको संघ के प्रचार-प्रसार की ही नहीं, समाज में काम करने और परिवर्तन लाने की ज़िम्मेदारियां संभालनी हैं। लेकिन यह काम उन्हें राजनेता की तरह अलग खड़े होकर नहीं, समाज का हिस्सा बन कर पूरा करना है। संघ का पूरा प्रशिक्षण ही उन्हें समाज का हिस्सा बनाता है। शायद यह एक बड़ी वजह है कि क़रीब सौ साल बाद भी संघ परिवार किसी पंथ के तौर पर स्थापित नहीं हुआ है। यह संघ की ताक़त भी है और ख़ूबसूरती भी।

संघ के शिक्षा वर्ग में बहुभाषी रंग दिखते हैं। अलग-अलग पहचान के बीच की रेखाएं मिट जाती हैं, भूगोल सिर्फ़ पहचान रह जाता है, या फिर संघ कार्यालय में उपस्थिति के रजिस्टर में दर्ज एक जानकारी। ज़िम्मेदारी पूरी करने के बाद भी श्रेय लेने की होड़ नहीं, दावेदारी नहीं। बिलकुल भक्ति मार्ग की तरह, अलग-अलग दिशाओं से आते रास्ते चौराहे पर आकर एक हो जाते हैं।

आरएसएस में काम करनेवाले लोगों, ख़ासतौर से राष्ट्रीय और प्रांत या ज़िला स्तर के अधिकारियों के बीच या पदाधिकारियों और स्वयंसेवकों के बीच उम्र का बड़ा फ़ासला दिखाई देता है। लेकिन सलाह-मशविरा या फ़ैसले करते वक़्त संघ में यह अंतर बेमानी हो जाता है। संघ में राय किसी भी उम्र या पद से ज़्यादा महत्वपूर्ण है। संघ में अच्छे निजी रिश्तों और टीम भावना पर ज़ोर दिया जाता है, पद या वरिष्ठता पर नहीं। काम और ज़िम्मेदारियों का यही विकेंद्रीकरण और विश्वास संघ को संगठन के तौर पर ताक़तवर बनाता है।

कहा जाता है कि आरएसएस का एक मात्र ध्येय 'परं वैभवं नेतुमेतत् स्व राष्ट्रं' यानी राष्ट्र को परम वैभव की ओर ले जाना है। संघ ने इस ध्येय के अनुरूप अपनी कार्यपद्धति भी बनाई है। यह तरीक़ा स्वयं अपना प्रचार करने का नहीं, बल्कि व्यक्तिगत संपर्क का है। व्यक्तिगत संपर्क से संबंधों में आत्मीयता आती है। संघ

शिविरों के इतर सहभोज भी संघ की कार्यपद्धति में से एक है। इसमें स्वयंसेवक किसी एक स्वयंसेवक के यहां बैठकर भोजन करते हैं। सभी अपने घरों से भोजन लेकर आते हैं और साथ में बैठकर मिल-बांटकर भोजन करते हैं।

कई लोग संघ को लोकतांत्रिक संगठन नहीं मानते क्योंकि जब एक बार सामूहिक सहमति से फ़ैसला हो जाए तो सबके लिए मान्य होता है। इसमें सरसंघचालक तक शामिल हैं। यानी संघ में किसी फ़ैसले के ले लिए जाने पर सरसंघचालक को भी उसे मानना ही होगा, भले ही वे उस फ़ैसले से असहमत रहे हों। संघ में सरसंघचालक सर्वोच्च पद है और उसके लिए चुनाव नहीं होता, बल्कि एक साझी प्रक्रिया और हाई कमान से सलाह के बाद सरसंघचालक अपना उत्तराधिकारी चुनते हैं। सरसंघचालक मार्गदर्शक की भूमिका में होता है जबकि सरकार्यवाह का आदेश सर्वोपरि माना जाता है जिसे सरसंघचालक को भी मानना होता है। सरकार्यवाह को आरएसएस का सीईओ कहा जाता है। आमतौर पर सरकार्यवाह सरसंघचालक की पसंद के होते हैं, यूं औपचारिक तौर पर उनका चुनाव होता है।

संघ में मतभेद और विरोध के स्वर ज़्यादा नहीं होने की एक बड़ी वजह तो शुरुआती दौर में यह रही कि डॉ. हेडगेवार ने संघ के गठन के वक़्त शामिल होने वाले लोगों की चयन प्रक्रिया पर ख़ास ध्यान दिया। उस वक़्त संघ में शामिल होने के लिए दो प्रतिष्ठित लोगों की सिफ़ारिश की ज़रूरत होती थी, लेकिन इस शर्त को 1948 में संघ पर लगे बैन के बाद हटा दिया गया क्योंकि तब तुरंत ही ज़्यादा कार्यकर्ताओं की ज़रूरत थी।

इसके साथ ही डॉ. हेडगेवार संघचालक पद पर हिन्दुत्व से जुड़े समाज के उन प्रतिष्ठित लोगों को दूसरे संगठनों से लाकर भी शामिल करते थे। इन संगठनों में हिन्दू महासभा, आर्य समाज और कांग्रेस जैसे संगठनों के लोग भी शामिल हैं। हेडगेवार नेतृत्व के लिए निष्ठा और प्रतिष्ठा दोनों पर ज़ोर देते थे ताकि शाखा में आने वाले युवा स्वयंसेवकों और कार्यकर्ताओं को अच्छे रोल मॉडल मिल सकें।

आरएसएस में हमेशा ही राजनीति से दूर रहने की बात होती रही है। गुरु गोलवलकर तो संघ की राजनीति में सक्रिय हिस्सेदारी के सख़्त ख़िलाफ़ थे। लेकिन इसके पहले डॉ. हेडगेवार के ज़माने में कई संघचालकों ने बिना पद की जिम्मेदारी छोड़े विधानसभा के चुनाव लड़े थे और उन्हें हेडगेवार ने ही इसके लिए प्रोत्साहित किया था। नीति को लेकर कई बार जनसंघ और भाजपा में भी कन्फ्यूजन होते रहे। डॉ. श्यामाप्रसाद मुखर्जी के वक़्त देशभक्ति और कश्मीर मुद्दा बना रहा, तो पंडित दीनदयाल उपाध्याय ने 'एकात्म मानववाद' का सिद्धांत दिया। वाजपेयी ने 'गांधीवादी समाजवाद' की बात की, तो आडवाणी ने 'सांस्कृतिक राष्ट्रवाद' की अवधारणा पर ज़ोर दिया। अब डॉ. मोहन भागवत और नरेन्द्र मोदी के ज़माने में 'राष्ट्रवाद' और 'हिन्दुत्व' पर ज़ोर है।

बचपन से संघ के स्वयंसेवक रहे नागपुर से लोकसभा सांसद केंद्रीय मंत्री नितिन गडकरी का चाहे नागपुर का निजी आवास हो या दिल्ली का सरकारी

आवास, देर रात तक मिलने वालों की भीड़ से भरा रहता है। इन मुलाक़ातियों में केंद्र सरकार के मंत्री, सांसद, महाराष्ट्र से आने वाले विधायक, किसान, उद्योगपति और, पत्रकार होते हैं। गडकरी सबसे समभाव से मिलते हैं। यह उनकी संघ की ट्रेनिंग का ही नतीजा है—लगातार लोगों से मिलना और उनकी समस्याओं को सुनना। गडकरी कहते हैं, "मैं जो कुछ हूं, संघ की वजह से। राजनीति में हूं, सरकार में भी हूं। लेकिन मन से सिर्फ़ समाज का व्यक्ति हूं।"

वे कहते हैं, "आरएसएस का हिन्दुत्व राष्ट्रीयता है। हमने सावरकर और डॉ. आंबेडकर के विचारों को दोहराया है। सबके साथ सम्मान से रहना, आर्थिक और सामाजिक समरसता देना ही विचार है। हिन्दुत्व को लेकर, या दूसरे मसलों पर भी, संघ की इमेज और सच्चाई में बहुत फ़र्क है। जो संघ को क़रीब से नहीं जानते, वे इस भुलावे में रहते हैं। महात्मा गांधी की हत्या के बाद से 1949 से संघ को बदनाम करने की कोशिशें लगातार की जाती रही हैं। पहले गांधी हत्या में संघ का नाम शामिल किया गया। जब कुछ नहीं मिला तो कहा गया कि संघ ब्राह्मणवादी है, जातिवादी है। हक़ीक़त में संघ में जाति को माना ही नहीं जाता। संघ में सबके सम्मान की परंपरा है। हां, मैं मानता हूं कि इन सब आरोपों के ख़िलाफ़ संघ को जितने प्रभावी तरीक़े से जवाब देना चाहिए था, उतने प्रभावी तरीक़े से काम नहीं हो पाया।"

यूं निकली थी पहली धारा

27 सितंबर, 1925। विजयादशमी का दिन। नागपुर में डॉ. केशव बलिराम हेडगेवार ने समाज को संगठित और मज़बूत करने के लिए संगठन बनाने का फ़ैसला किया। इसके कुछ दिनों बाद एक और बैठक में पहली बार रामनवमी के मौक़े पर वॉलंटियर सेवा यानी स्वयंसेवा करने का फ़ैसला लिया गया। नागपुर से क़रीब 60 किलोमीटर दूर रामटेक में उस वक़्त रामनवमी के मौक़े पर बड़े मेले का आयोजन होता था। तब तक काम भले ही शुरू कर दिया गया था, लेकिन संगठन का कोई नाम नहीं था।

रामनवमी के बाद 17 अप्रैल, 1926 को नागपुर में डॉ. हेडगेवार के घर पर हुई एक बैठक में संगठन के नाम को लेकर विस्तार से चर्चा हुई। डॉ. हेडगेवार पहले दिन से ही लोकतांत्रिक व्यवस्था और संगठन में विश्वास करते थे। इस बैठक में नाम को लेकर जिन पच्चीस लोगों ने वोट डाले, उनमें से बीस ने 'राष्ट्रीय स्वयंसेवक संघ' के नाम को मंज़ूर किया। पांच ने दूसरे नाम 'जारिपटका मंडल' का प्रस्ताव रखा जबकि 'भारतोद्धारक मंडल' और 'हिन्दू स्वयंसेवक संघ' के नाम के समर्थन में किसी का वोट नहीं पड़ा। संगठन को बनाते वक़्त डॉ. हेडगेवार ने नारा दिया, 'हिन्दुत्व ही राष्ट्रवाद'।

संघ के साथ लंबे समय तक जुड़े रहने वाले दिलीप देवधर बताते हैं कि डॉ. हेडगेवार संघ की स्थापना से पहले लंबे समय से स्वयंसेवकों का संगठन बनाने की

कोशिश कर रहे थे। संघ के गठन से पहले भी पांच बार हेडगेवार ने कोशिश की। सबसे पहले वर्धा में प्रयास हुआ। फिर 1920 में कांग्रेस के नागपुर में हुए राष्ट्रीय अधिवेशन में हेडगेवार ने 1200 गणवेशधारी स्वयंसेवक तैयार किए, और वही गणवेश 1942 तक संघ में चलता भी रहा।

ना. ह. पालकर की किताब 'डॉ. हेडगेवार चरित' (लोकहित प्रकाशन) के मुताबिक़, संघ की पहली शाखा डॉ. हेडगेवार के घर पर ही लगी थी। इसमें क़रीब बीस कार्यकर्ताओं ने हिस्सा लिया। तब इसे 'बैठक' कहा गया था। संगठन को नाम मिलने के बाद हेडगेवार के घर पर 9 मई, 1926 को पहली बैठक हुई। इस बैठक में शामिल होने वालों में भाऊजी कावरे, अन्ना सोनी, बालाजी हुद्दार, विश्वनाथ केलकर और बापूराव प्रमुख थे, जो लंबे समय तक संघ से जुड़े रहे। इस बैठक में हर पन्द्रह दिन में मिलने, बैठक करने, शारीरिक मज़बूती के लिए अखाड़े शुरू करने और स्वयंसेवकों के यूनीफ़ॉर्म को लेकर विस्तार से चर्चा हुई। इसके बाद 12 दिसंबर, 1926 की बैठक में स्वयंसेवकों को सैनिक-शिक्षा का प्रशिक्षण देने का फ़ैसला किया गया। इसके लिए हर रविवार सुबह 6 बजे का वक़्त तय किया गया। उस वक़्त अखाड़े क्रांतिकारी परंपरा का हिस्सा थे। डॉ. हेडगेवार स्वयंसेवक चुनने के लिए नागपुर व्यायामशाला और महाराष्ट्र व्यायामशाला जाया करते थे। संघ का पहला अंतरिम सचिव रघुनाथ राव को बनाया गया। इसके साथ ही दो संयुक्त सचिव बनाने की बात हुई। उस वक़्त संघ के लिए एक प्रमुख लीडर चुनने की ज़रूरत महसूस की गई, ताकि संगठन को दिशा दी जा सके और डॉ. हेडगेवार को यह ज़िम्मेदारी संभालने को कहा गया, लेकिन वह कोई पद लेने को तैयार नहीं हुए।

संगठन को स्वरूप देने, उसके कामकाज के तरीक़ों और दूसरी व्यवस्थाओं पर भी लगातार चर्चा होती रही। 19 दिसंबर, 1926 को हुई बैठक में इस बात की ज़रूरत महसूस की गई कि संगठन को अनुशासन और दिशा-निर्देश देने के लिए एक सर्वोच्च पद होना चाहिए। सर्वसम्मति से यह ज़िम्मेदारी डॉ. हेडगेवार को देना तय किया गया। तीन साल बाद 10 नवंबर, 1929 को सभी सदस्यों के आग्रह पर डॉ. हेडगेवार औपचारिक तौर पर सरसंघचालक बन गए। संघ की शाखाओं में 'भगवा-ध्वज' फहराया जाने लगा और 'भारत माता की जय' कहा जाने लगा। भगवा-ध्वज भारत की संस्कृति और उसके शौर्य, बलिदान का संवाहक माना गया है। आज़ादी के पहले संघ का स्वयंसेवक 'हिन्दू राष्ट्र की आज़ादी' की शपथ लेता था, जिसे आज़ादी के बाद बदलकर 'हिन्दू राष्ट्र का संपूर्ण विकास' कर दिया गया।

हेडगेवार ने इस बात पर ज़ोर दिया कि भारत में 'हिन्दू' का इस्तेमाल संगठन के नाम में नहीं करेंगे। इसलिए भारत में चलनेवाले संघ के संगठनों के नाम में 'भारत' और 'भारतीय' शब्द का इस्तेमाल किया गया, जबकि विदेशों में चलने वाले संगठन का नाम रखा गया 'हिन्दू स्वयंसेवक संघ'। दूसरे अंतरराष्ट्रीय संगठन का नाम है 'विश्व हिन्दू परिषद'। डॉ. हेडगेवार का मानना था कि भारत में हिन्दू के तौर पर पहचान नहीं होनी चाहिए। सरकार्यवाह और सरसेनापति पद भी बाद में बने।

पहले सरकार्यवाह रहे बालाजी हुद्दार और सरसेनापति थे मार्तंड राव जोज। पहले संघ की आज्ञाएं अंग्रेज़ी में होती थीं, फिर संस्कृत में हो गईं। प्रचारक पद्धति भी बाद में आई। संघ के प्रशिक्षण शिविर में 'बौद्धिक' की परंपरा है, लेकिन इसे पहले 'राजकीय भाषण' कहा जाता था। संघ में महिलाओं की हिस्सेदारी को लेकर बात हुई और 1936 में 'राष्ट्र सेविका समिति' बनी। यह नाम इसलिए तय हुआ क्योंकि हेडगेवार चाहते थे कि दोनों संगठनों के संक्षिप्ताक्षर एक जैसे हों—आरएसएस। तो 1936 में दो संगठन बन गए और संघ परिवार बन गया।

डॉ. हेडगेवार मानते थे कि संगठन को आर्थिक रूप से आत्मनिर्भर होना चाहिए। हेडगेवार ने गुरु दक्षिणा के तौर पर संगठन के लिए पैसा लेना तय किया और 1927 में सबसे पहले गुरु पूर्णिमा के मौक़े पर 'भगवा-ध्वज' के सामने गुरु दक्षिणा का कार्यक्रम हुआ। उस दिन 84 रुपए दक्षिणा में इकट्ठा हुए थे। तबसे अब तक संघ में गुरु दक्षिणा की परंपरा चल रही है। यह दक्षिणा गोपनीय होती है और इससे संगठन में आपकी हैसियत पर कोई असर नहीं पड़ता है।

अखिल भारतीय विद्यार्थी परिषद के राष्ट्रीय संगठन सचिव सुनील आम्बेकर बताते हैं कि जब संघ की 'इतवार द्वार प्राथमिक शाखा' शुरू हुई तो इसमें अन्ना सोनी ने लाठी प्रशिक्षण देना शुरू किया। 2 मई, 1926 के बाद शाखाएं नियमित होने लगीं और उनका विस्तार होने लगा। नागपुर के बाद वर्धा में शाखा शुरू हुई। इससे पहले 1920 में कांग्रेस के अधिवेशन में भारत सेवक समाज के वॉलंटियर्स ने जो यूनीफ़ॉर्म पहनी थी, उसी खाकी यूनीफ़ॉर्म को हेडगेवार ने स्वयंसेवकों के लिए इस्तेमाल किया।

संघ शुरू में राष्ट्रीय संगठन था क्योंकि डॉ. हेडगेवार का मानना था कि पहले संगठन का निर्माण करेंगे, उसे मज़बूत करेंगे। गुरु गोलवलकर ने इसे आगे बढ़ाने और फैलाने पर काम किया। 1956 में जब डॉ. बी. आर. आंबेडकर ने बौद्ध धर्म को फिर से खड़ा करने और आगे बढ़ाने का कार्यक्रम बनाया तो गुरु गोलवलकर ने कहा कि हम भी इसके साथ ही बौद्ध देशों में बंधुभाव बढ़ाने पर काम करेंगे और फिर अमेरिका और यूरोप के साथ बौद्ध देशों में भी काम किया। संघ ने भारत के बाहर 'हिन्दू स्वयंसेवक संघ' के नाम से संगठन शुरू किया। इनमें शाखाएं भारत की तरह नहीं होतीं, बल्कि पूरे परिवार के लिए होती हैं—'फैमिली गेट टूगेदर' की तरह। वे फुल पैंट शाखाएं होती हैं। भारत में फुल पैंट शाखा एक बार गुरुजी और देवरस के ज़माने में नागपुर में शुरू हुई थी, जिसको दिलीप देवधर देखते थे। यह शाखा क़रीब एक साल चली। उसके बाद देशभर में फुल पैंट शाखा 21वीं सदी में ही जाकर शुरू हुई, जब बदलाव की ज़रूरत महसूस होने लगी।

संघ में पूर्णकालिक कार्यकर्ता यानी प्रचारक की व्यवस्था 1942 से शुरू हुई। 1950 में संघ ने अपने काम के बंटवारे के हिसाब से संगठन के लिए प्रांत और क्षेत्र बनाए। आरएसएस के सबसे प्रमुख निर्णायक मंडल यानी अखिल भारतीय प्रतिनिधि सभा का गठन भी इसी दौरान हुआ। इस प्रतिनिधि सभा में सभी स्तर के

प्रतिनिधियों को शामिल किया गया। प्रतिनिधि सभा से पहले सभी क्षेत्रों के वरिष्ठ सदस्यों की कोर कमेटी बनाई गई थी जो महत्वपूर्ण फ़ैसले लेने का अधिकार रखती थी। 1939 में नागपुर के पास सिंदी में हुई सबसे महत्वपूर्ण चिंतन बैठक में संघ के स्वरूप, विभागों, पदाधिकारियों, पदनाम, प्रार्थना और एकात्मता स्तोत्र के बारे में निर्णय किए गए।

नमस्ते सदा वत्सले

संघ की प्रार्थना की रचना और प्रारूप सबसे पहले फरवरी 1939 में सिंदी में हुई बैठक में तैयार किया गया। प्रार्थना बैठक में संघ के सरसंघचालक डॉ. हेडगेवार, गुरुजी गोलवलकर, बाबा साहब आप्टे, बालासाहब देवरस, अप्पाजी जोशी व नाना साहब टालाटुले जैसे प्रमुख लोग शामिल थे। शुरुआती दौर में संघ की प्रार्थना और उसके कामकाज के तरीक़ों पर स्वामी समर्थ रामदास की प्रेरणा का बहुत प्रभाव दिखाई देता है। तब प्रार्थना 'भारत माता की जय' से शुरू होकर 'राष्ट्रगुरु स्वामी रामदास महाराज की जय' पर ख़त्म होती थी। इसमें हिन्दी और मराठी दोनों भाषाएं शामिल थीं। आरएसएस की शुरुआत महाराष्ट्र से हुई थी, इसलिए उसमें मराठी का असर ज़्यादा था। फिर संघ का विस्तार होने पर उसे राष्ट्रीय संगठन की छवि देने के लिए उसमें संस्कृत को शामिल किया गया। 1940 में प्रार्थना संस्कृत में हो गई, तब वह 'भारत माता की जय' के साथ ख़त्म होती थी।

नागपुर के नर हरि नारायण भिड़े ने प्रार्थना का संस्कृत में रूपान्तरण किया। संघ की प्रार्थना को सबसे पहले 23 अप्रैल, 1940 को पुणे के संघ शिक्षा वर्ग में यादव राव जोशी ने गाया। संघ की प्रार्थना में 3 श्लोक व 1 उद्घोष मिलाकर 13 पंक्तियां हैं। इस प्रार्थना को संघ की शाखा और संघ के अन्य कार्यक्रमों में अनिवार्य रूप से गाया व दोहराया जाता है। दोहराते समय पंक्तियों की संख्या 21 है।

एकात्मता स्तोत्र (ओम सच्चिदानंदरूपाय नमोस्तु परमात्मने...) में कुल 30 श्लोक हैं। इस स्तोत्र में उन सभी लोगों को श्रद्धांजलि दी गई है, जिन्होंने अपना जीवन देशसेवा में लगाया। इसमें राजा, रानियां, संत, योद्धा, वैज्ञानिक, दार्शनिक, विद्वान, कलाकार, संगीतकार, कवि और लेखक समेत अलग-अलग क्षेत्रों के लोग शामिल हैं। यह स्तोत्र संघ कार्यालयों और कार्यक्रमों में गाया जाता है। हर स्वयंसेवक एकात्मता स्तोत्र, संघ प्रार्थना और भोजन के समय की प्रार्थना को याद रखता है।

संघ प्रमुख तौर पर साल भर में 6 उत्सव मनाता है। इनमें हिन्दू नववर्ष यानी चैत्र प्रतिपदा पर वर्ष प्रतिपदा, शिवाजी महाराज के शासन संभालने के दिन हिन्दू साम्राज्य दिवस, गुरु पूर्णिमा पर गुरु दक्षिणा समारोह, रक्षाबंधन, संक्राति और विजयादशमी शामिल हैं।

हर शाखा की शुरुआत संघ प्रार्थना 'नमस्ते सदा वत्सले' से होती है। इस प्रार्थना में मातृभूमि और धर्म के लिए सेवा की बात की गई है, लेकिन इसमें न

किसी का विरोध है और न ही किसी धर्म या संस्था के ख़िलाफ़ कुछ कहा गया है। प्रार्थना में स्वयंसेवक कहता है कि मैंने समाज की सेवा का यह काम अपनी इच्छा से स्वीकार किया है और मैं जानता हूं कि यह कोई आसान काम नहीं है। संघ के प्रशिक्षण वर्गों और विशेष सत्रों में इस प्रार्थना को विस्तार से समझाया जाता है ताकि स्वयंसेवक इसे अपने जीवन में उतार सके।

संघ में शाखा की भूमिका

'शाखा' संघ की मूल इकाई है। हर स्वयंसेवक की पहचान उसकी शाखा से होती है। एक ही शहर में शाखाओं में भी प्रतिस्पर्धा रहती है। शाखा का वक़्त हर दिन एक घंटे का भले ही होता हो, लेकिन स्वयंसेवक संघ कार्य और समाज कार्य के लिए हमेशा उपलब्ध माना जाता है, ख़ासतौर से किसी प्राकृतिक आपदा या संकट के समय। अटल बिहारी वाजपेयी ने एक बार कहा था, "एक बार स्वयंसेवक तो आजीवन स्वयंसेवक।"

शाखा में अमूमन शारीरिक, बौद्धिक, खेल और सामाजिक मुद्दों पर चर्चा होती है। शाखाओं में खेल और चर्चा स्थानीय ज़रूरतों के हिसाब से होते हैं। संघ के बौद्धिक और शारीरिक विभाग इन पर लगातार सुझाव लेते हैं और ज़रूरत और वक़्त के हिसाब से प्रशिक्षण में बदलाव करते हैं। शाखाओं में प्रशिक्षण देने वाले शिक्षकों को ट्रेनिंग दी जाती है। इसके साथ ही संघ के प्रांतीय और राष्ट्रीय अधिकारी भी इनमें दौरा करते हैं ताकि बेहतर सामंजस्य और नतीजे मिल सकें।

एक ज़माने तक आमतौर पर प्रभात शाखाएं ही ज़्यादा होती थीं लेकिन अब स्वयंसेवकों की तादाद और ज़रूरतों के बढ़ने के साथ प्रभात शाखाओं के अलावा दोपहर और शाम को भी शाखाएं लगाई जाती हैं ताकि अलग-अलग व्यवसाय के लोग भी इसमें शामिल हो सकें। साप्ताहिक मिलन के आयोजन भी होते हैं। व्यस्त लोगों के लिए हर महीने 'संघ मंडली' या 'ग्रुप कार्यक्रम' होते हैं।

छात्रों के लिए शाखा का समय उनके टाइमटेबल के हिसाब से होता है, लेकिन हर शाखा को अपने नियत समय पर होना ज़रूरी है आरएसएस की वेबसाइट पर अब एक लिंक है—'ज्वॉइन आरएसएस'। इसके माध्यम से हर महीने क़रीब पचास हज़ार नए लोग संघ में शामिल हो रहे हैं। इन नए सदस्यों के बारे में स्थानीय स्वयंसेवकों को जानकारी दी जाती है। वे फिर उनके साथ संघ परिचय वर्ग करते हैं। डॉ. हेडगेवार के स्वयंसेवकों को चुनने और उनके लिए गणमान्य व्यक्ति की सिफ़ारिश से एकदम अलग व्यवस्था है आजकल।

विद्यार्थी परिषद के सुनील आम्बेकर के मुताबिक़, संघ की शाखाओं में पढ़ाया जाने वाला सबसे महत्वपूर्ण है, 'भारत एक हिन्दू राष्ट्र है और यह एकता में विश्वास करता है'। एक-दूसरे का सम्मान, सहयोग और शांति ही हिन्दुत्व का संदेश है। आम्बेकर कहते हैं कि संघ मॉडर्न है क्योंकि बदलाव के लिए तैयार रहता है। इससे वह नई जेनरेशन के साथ भी जुड़ाव रखता है।

आरएसएस शाखा को अपनी सबसे महत्वपूर्ण इकाई मानता है जहां से उसे अपने हज़ारों सेवा प्रकल्पों, संगठनों और कार्यक्रमों के लिए स्वयंसेवक मिलते हैं। स्वयंसेवक अपने इलाक़े, अपने मोहल्ले और समाज के साथ जुड़ाव रखते हैं और उसकी हर गतिविधि, सुख-दुख, उत्सव में शामिल होते हैं।

देशभर में इस वक़्त पचपन हज़ार से ज़्यादा दैनिक शाखाएं लगती हैं जिनमें औसतन क़रीब पचास लाख लोग रोज़ाना शामिल होते हैं। संघ की शाखाएं अब ज़िला, शहर और तहसील स्तर के साथ-साथ गांवों में भी लगती हैं। केरल में सबसे ज़्यादा क़रीब पांच हज़ार शाखाएं हैं। लाखों ऐसे लोग हैं जो दैनिक शाखा के बजाय साप्ताहिक शाखाओं और मिलन कार्यक्रम में शामिल होते हैं। इसके अलावा ऐसे लोगों की तादाद भी लाखों में मानी जा सकती है जो संघ की शाखा में तो नहीं जाते, लेकिन संघ के कार्यक्रमों और सेवा प्रकल्पों से जुड़े होते हैं। फिर 'विविध क्षेत्र संगठनों' में ऐसे लोगों की तादाद भी बड़ी है जो स्वयंसेवक नहीं हैं, लेकिन इन संगठनों में सक्रिय हैं, ख़ासतौर से विद्यार्थी परिषद और भारतीय मज़दूर संघ जैसे संगठनों से जुड़े लोग।

महत्वपूर्ण बात यह है कि संघ स्वयंसेवक के माध्यम से बड़े ही आत्मीय तरीक़े से घर में प्रवेश कर जाता है और आपको पता ही नहीं चलता कि पूरा परिवार कैसे अनजाने में संघ के रास्ते पर चलने लगा है। आमतौर पर रविवार को शाखा ख़त्म होने के बाद किसी न किसी स्वयंसेवक के घर पर चाय-नाश्ता करने की परंपरा है।

शाखाओं में शुरुआती दौर में बच्चों को सिर्फ़ खेल खिलाए जाते हैं ताकि वे आकर्षित हों। डॉ. हेडगेवार ने जब संघ की शुरुआत की, तब से ही नागपुर के उस मैदान में जहां अब संघ मुख्यालय है, खेलने वाले बच्चों के साथ ही शाखा लगाना शुरू किया था। जिस दिन केंद्र सरकार ने कश्मीर से धारा 370 को हटाने का फ़ैसला किया तो एक ज़माने में संघ के प्रचारक रहे मेरे पत्रकार मित्र ने कहा कि हम तो बचपन से ही शाखा में गोल-गोल चक्कर लगाते हुए गीत गाते थे, "जहां हुए बलिदान मुखर्जी, वह कश्मीर हमारा है। जो कश्मीर हमारा है, वह सारे का सारा है।" यानी खेल के साथ-साथ संघ के विचारों का पोषण भी होता चला जाता है।

संघ का स्वयंसेवक बनने के लिए किसी तरह का रजिस्ट्रेशन या फ़ीस देने की ज़रूरत नहीं पड़ती और न ही शाखा में उससे उसकी जाति, पेशा या सामाजिक स्तर पूछा जाता है। शाखा में आने वाले हर व्यक्ति को बराबरी का दर्जा और व्यवहार मिलता है। शाखा में अनुशासन और संस्कारों पर ज़ोर दिया जाता है। यहां शारीरिक व्यायाम के साथ ड्रिल, मार्च पास्ट और बैंड ट्रेनिंग भी मिलती है। पौराणिक और ऐतिहासिक कहानियों के माध्यम से संस्कारों की ट्रेनिंग के लिए शाखा से बेहतर शायद ही कोई दूसरी जगह आजकल हो। शाखाओं में बौद्धिक ट्रेनिंग का हिस्सा तो होता है, लेकिन कोई भारी-भरकम बौद्धिक प्रशिक्षण या भाषण नहीं दिया जाता।

संघ में सक्रिय लोग सबसे जल्दी टीम मैनेजमेंट सीखते हैं। शाखा में आने वाले युवाओं को थोड़े समय बाद 'गटनायक' बनाया जाता है, यानी अपने या कोई अलग ग्रुप बनाकर उसका लीडर। उस लीडर का काम होता है हर दिन अपनी टीम के लोगों को शाखा में लेकर आना, उनके अभिभावकों से बात करना, उनकी पढ़ाई के बारे में चर्चा करना और ज़रूरत पड़ने पर सहयोग करना। इससे उसमें नेतृत्व की भावना पनपने लगती है। शाखा में कोई स्वयंसेवक गीत गाने, बैंड बजाने में रुचि लेकर उसे सीखता है तो कोई किसी खेल में अपनी प्रतिभा का इस्तेमाल करता है। कई बार कोई सीनियर मेम्बर दूसरे जूनियर मेम्बर को किसी सामाजिक विषय पर भाषण देने के लिए कहता है। तो कभी उसे अपनी टीम के साथ कहीं आसपास पिकनिक पर जाने की तैयारी करने की ज़िम्मेदारी मिलती है। इससे अनजाने में उसमें नेतृत्व के गुण परिपक्व होने लगते हैं।

संघ शिक्षा वर्ग

आरएसएस में स्वयंसेवकों के लिए प्रशिक्षण वर्ग चलते हैं जिन्हें पहले ऑफ़िसर्स ट्रेनिंग कैंप (ओटीसी) या अधिकारी शिक्षण वर्ग कहा जाता था, लेकिन अब इन्हें संघ शिक्षा वर्ग कहा जाता है। 1925 में जब संघ प्रारम्भ हुआ तो डॉ. हेडगेवार स्वयंसेवकों को सैन्य प्रशिक्षण देना चाहते थे। उनकी सोच थी कि अनुशासन और समूह भावना के निर्माण में यह सहायक हो सकता है, लेकिन वे ख़ुद इस बारे में कुछ नहीं जानते थे। इसलिए उन्होंने अपने सम्पर्क के कुछ पूर्व सैनिकों को बुलाकर रविवार की परेड में यह प्रशिक्षण शुरू करवाया। शुरुआती सालों तक संघ में सेना की तरह अंग्रेज़ी आज्ञाएं, क्रॉस बेल्ट, कंधे पर आरएसएस के बैज प्रचलित थे। जून, 1927 में पहली बार 40 दिवसीय प्रशिक्षण की व्यवस्था की गई। इसमें सैन्य प्रशिक्षण के अलावा लाठी-काठी जैसी चीज़ें भी होती थीं। सुबह चार घंटे शारीरिक और दोपहर में बौद्धिक कार्यक्रम होते थे। इसी में से संघ शिक्षा वर्ग का स्वरूप बना।

हर साल गर्मियों, ख़ासतौर से मई और जून में, संघ शिक्षा वर्ग लगते हैं। संघ शिक्षा वर्ग तीन साल के होते हैं—प्रथम वर्ष, द्वितीय वर्ष और तृतीय वर्ष। तृतीय वर्ष पूरा करने के बाद ही स्वयंसेवक पूर्णकालिक प्रचारक बन सकता है। इनमें शामिल होने से पहले स्वयंसेवक को ज़िला स्तर पर होने वाले एक सप्ताह की कार्यशाला में शामिल होना पड़ता है। इसके साथ ही स्वयंसेवक के पास संघ की कोई ज़िम्मेदारी भी होनी चाहिए यानी वह पदाधिकारी होना चाहिए। यानी वह सिर्फ़ शाखा में ही नहीं जाता, बल्कि संघ की अन्य गतिविधियों में भी शामिल होता है। शिविर में शारीरिक प्रशिक्षण देने के लिए तृतीय वर्ष कर रहे या कर चुके कार्यकर्ता, और बौद्धिक के लिए आमतौर पर प्रचारक होते हैं।

सुनील आम्बेकर बताते हैं कि संघ शिक्षा वर्ग का महत्वपूर्ण हिस्सा होता है सवाल-जवाब। संघ के प्रथम और द्वितीय वर्ष के प्रशिक्षण वर्ग तो अलग-अलग

शहरों और इलाक़ों में होते हैं, लेकिन तृतीय वर्ष का प्रशिक्षण वर्ग पच्चीस दिनों के लिए सिर्फ़ नागपुर में होता है। परंपरा के तौर पर सरसंघचालक इस दौरान नागपुर में ही रहते हैं। सामान्य स्वयंसेवक भी प्रश्नकाल के दौरान सरसंघचालक से सवाल कर सकता है। ऐसे ही एक प्रशिक्षण वर्ग के दौरान एक स्वयंसेवक ने सरसंघचालक मोहन भागवत से पूछा कि संघ में सरसंघचालक कैसे बना जा सकता है और उसका क्या आधार या योग्यता होनी चाहिए? इस पर मोहन भागवत ने कहा कि सरसंघचालक संघ में बहुत सलाह मशविरा के बाद तय होता है और कोई भी स्वयंसेवक सरसंघचालक बन सकता है या नहीं, इसमें उसका संघ और समाज के लिए क्या योगदान रहा है—ये सबसे महत्वपूर्ण होता है।

संघ के प्रशिक्षण वर्ग का फ़ोकस होता है 'इंटिग्रेशन'। इस दौरान पच्चीस दिनों तक प्रशिक्षण लेने वाले स्वयंसेवक एक साथ रहते हैं। स्वयंसेवकों के ग्रुप बनाए जाते हैं, एक ग्रुप में अठारह लोग होते हैं।

शारीरिक प्रशिक्षण के वक़्त ग्रुप को 'गण' कहा जाता है, जबकि बौद्धिक के वक़्त इन्हें 'गुट' कहा जाता है। ग्रुप का नामकरण राष्ट्रीय हीरो या क्षेत्रीय समाज सुधारकों और प्रमुख लोगों के नाम पर रखा जाता है। ये ग्रुप एक साथ इकट्ठे होकर अलग-अलग क्षेत्रीय भाषाओं में राष्ट्रभक्ति के गीतों का अभ्यास करते हैं।

तृतीय वर्ष के प्रशिक्षण के एक ग्रुप में क़रीब दस राज्यों के प्रतिनिधियों को शामिल किया जाता है। इससे उन्हें दूसरे राज्यों की भाषा, संस्कृति और परंपरा के साथ एक राष्ट्रीय दृष्टि मिलती है। यानी 'एकात्मता स्तोत्र' को संघ अपने स्वयंसेवक के प्रशिक्षण और जीवन में उतारने में मदद करता है। इन प्रशिक्षण में व्यक्तिगत सम्पर्क और एक दूसरे से सीखने और जानने-समझने पर ज़ोर दिया जाता है।

संघ शिक्षा वर्ग के अलावा संघ में सर्दियों में सालाना दो या तीन दिन के शिविर लगाए जाते हैं। इन शिविरों में भी शारीरिक और बौद्धिक सत्र होते हैं। शिविर में हर उम्र के स्वयंसेवक हिस्सा लेते हैं। इन शिविरों में कड़े अनुशासन का पालन करना होता है, लेकिन ये उसे ताज़गी देते हैं। शिविर के बाद स्वयंसेवक ज़्यादा उत्साह से काम करता है। इनके अलावा युवा कार्यकर्ताओं और नए स्वयंसेवकों के लिए हर महीने वर्कशॉप होती हैं।

बौद्धिक प्रशिक्षण संघ के शिक्षा वर्ग का हिस्सा होते हैं। वे प्रथम वर्ष से तृतीय वर्ष तक पहुंचते-पहुंचते गंभीर होते जाते हैं। बहुत से प्रचारक अच्छे और गंभीर विचारक भी होते हैं, लेकिन वे कभी अपने विचारों से विरोधी को जीतने की कोशिश नहीं करते बल्कि अपनी बात रखते हैं। गुरुजी गोलवलकर कहते थे कि विरोधी विचारधारा के लोगों को भी खुले दिल से सुनिए और उनसे सीखने को तैयार रहिए। मैंने बहुत से प्रचारक देखे हैं और उनसे मुलाक़ात की है जो पहले आपको सुनना चाहते हैं और फिर अपनी बात रखते हैं, धीमी और मिठास भरी आवाज़ में लेकिन ठोस तरीक़े से। हालांकि आजकल संघ के ज़्यादातर प्रतिनिधियों में यह सोच-समझ

कम होती जा रही है। वे विरोधी को सुनने या स्वीकार करने के बजाय ख़ुद के विचार को दृढ़ता से रखने की कोशिश करते हैं।

संघ की संघीय व्यवस्था

संघ में जो महत्वपूर्ण बात सिखाई जाती है वह है सहमति बनाना और आम सहमति से काम करना।

आरएसएस पर कई किताबें लिख चुके दिलीप देवधर बताते हैं कि इस वक़्त संघ के 36 सहयोगी संगठन हैं। इनमें से 12 'मास बेस' वाले और बाक़ी 'क्लास बेस' वाले संगठन हैं। यानी 12 संगठनों का सीधा जनता से सम्पर्क रहता है। इस वक़्त क़रीब डेढ़ लाख प्रकल्प चल रहे हैं। हर संगठन तालुका स्तर तक पहुंच गया है और संघ दुनिया के ज़्यादातर देशों तक फैल गया है। हज़ारों संगठन इस नेटवर्क का हिस्सा हैं। ख़ास बात है कि सभी संगठन स्वायत हैं, उन्हें संघ से सीधा कोई आदेश नहीं मिलता। इनमें 'इंटरडिपेंडेस' की जगह 'इंटरेक्शन' है। हर संगठन के ध्येय तो अलग-अलग हैं, लेकिन जीवनमूल्य एक है।

संगठन के नज़रिये से इस वक़्त संघ में 44 क्षेत्र (प्रोविन्स) हैं। हर क्षेत्र में कुछ प्रांत शामिल किए गए हैं। हर प्रांत में कई ज़िले शामिल होते हैं। विभागों की दृष्टि से संघ में शारीरिक विभाग, बौद्धिक विभाग, प्रचारक विभाग, संपर्क विभाग, प्रचार विभाग, सेवा विभाग और व्यवस्था विभाग हैं। इनके अलावा कुटुम्ब प्रबोधन, गौसेवा, ग्राम विकास और धर्म जागरण विभाग हैं। इन सभी विभागों के पदाधिकारी सामंजस्य, सहयोग और योजनाओं के क्रियान्वयन पर तो काम करते ही हैं, साथ ही राष्ट्रीय, क्षेत्रीय और प्रांतीय अधिकारी लगातार प्रवास भी करते रहते हैं। प्रवास संघ की महत्वपूर्ण प्रक्रिया है जो उसे न केवल ज़िंदा रखती है बल्कि तरोताज़ा बनाए रखने में मदद करती है। प्रवास के दौरान हर पदाधिकारी स्वयंसेवकों और दूसरे अधिकारियों की बातों और सुझावों पर ध्यान देने का काम करता है। सलाह-मशविरा के बाद संघ के कार्यक्रमों और नीतियों में बदलाव होता है। यह एक लोकतांत्रिक प्रक्रिया का हिस्सा है।

आरएसएस के संविधान के मुताबिक़, यहां संघीय व्यवस्था है। नीतिगत निर्णय केंद्र करता है, लेकिन उन्हें लागू करने और सुझाव देने का काम प्रांतीय, क्षेत्रीय और ज़िला स्तर पर होता है। संघ की प्रतिनिधि सभा के लिए हर तीन साल में चुनाव होते हैं। इसके लिए सभी क्षेत्रों के प्रतिनिधि वोट देते हैं और फिर प्रतिनिधि सभा सरकार्यवाह का चुनाव करती है। यानी संघ के सबसे ताक़तवर पद सरकार्यवाह के लिए चुनाव होता है। सरकार्यवाह का पद किसी संगठन के महासचिव जैसा होता है। संघ में सरकार्यवाह ही सबसे शक्तिशाली होते हैं, उन्हीं के पास सब अधिकार होते हैं। इसलिए जो लोग यह सवाल उठाते हैं कि आरएसएस में सरसंघचालक का चुनाव नहीं होता और वह मनोनीत किए जाते हैं इसलिए संघ एक लोकतांत्रिक संगठन नहीं, यह सोच ठीक नहीं है। संघ के सरसंघचालक केवल गाइड और

फिलॉसफर के तौर पर काम करते हैं और उन्हें भी सरकार्यवाह की बात को मानना होता है। दिखने में भले ही लगता हो कि सरसंघचालक अपने उत्तराधिकारी यानी अगले सरसंघचालक को मनोनीत करते हैं, लेकिन उसमें भी वे सरकार्यवाह और संघ के हाईकमान केंद्रीय कार्यकारिणी से विस्तार से चर्चा के बाद यह निर्णय करते हैं। इसके साथ ही संघ के महत्वपूर्ण निर्णय और प्रस्तावों को प्रतिनिधि सभा और केंद्रीय कार्यकारिणी मंडल पास करते हैं।

आरएसएस के संविधान के मुताबिक़, संगठन में सरसंघचालक सर्वोच्च और मनोनीत पद होता है। इसके बाद सरकार्यवाह, जो किसी संगठन के महासचिव पद के बराबर होता है। फिर सह-सरकार्यवाह, प्रचारक, मुख्य शिक्षक, कार्यवाह, गटनायक और स्वयंसेवक होता है। संघ के विचार और उद्देश्यों को मानने वाला कोई भी 18 साल या उससे ज़्यादा की उम्र का पुरुष संघ की शाखा में शामिल होकर स्वयंसेवक बन सकता है। 18 साल से कम उम्र के बच्चों को बाल-स्वयंसेवक कहा जाता है।

संगठन की एक महत्वपूर्ण कड़ी है प्रचारक। प्रचारक फुलटाइम काम करने वाले और संघ में निष्ठा के साथ गतिविधियों से जुड़े रहने वाले होते हैं। उन्हें इसके लिए कोई पैसा नहीं मिलता, लेकिन उनका खर्च संघ उठाता है। अखिल भारतीय प्रचारक प्रमुख और क्षेत्र व प्रांत संघचालक की सलाह से सरकार्यवाह क्षेत्र और प्रांत प्रचारक की नियुक्ति करते हैं। प्रांत संघचालक प्रांत प्रचारक की सलाह पर प्रांत के अलग-अलग इलाक़ों के लिए प्रचारक नियुक्त करते हैं।

संघ के संविधान के अनुच्छेद 15 (ए) के मुताबिक़ अखिल भारतीय प्रतिनिधि सभा सरकार्यवाह का चुनाव करती है। सरकार्यवाह सरसंघचालक की सलाह पर काम करते हैं। सरकार्यवाह अखिल भारतीय कार्यकारी मंडल की सलाह पर नए प्रांत और नए क्षेत्र भी बना सकते हैं। साथ ही वे प्रांत और क्षेत्रीय कार्यकारी मंडल के बनने के बाद संविधान के मुताबिक़ कार्यकारी मंडल बनाते हैं।

शाखा में हर पचास स्वयंसेवकों पर एक शाखा प्रतिनिधि चुना जाता है। पचास से कम स्वयंसेवकों वाली शाखाएं मिलकर प्रतिनिधि का चुनाव करती हैं। फिर अखिल भारतीय प्रतिनिधि सभा क्षेत्र संघचालक का चुनाव करती है। ज़िला, विभाग और प्रांत के प्रतिनिधि अपने संघचालक का चुनाव करते हैं। संघचालक कार्यकारी मंडल बनाते हैं। इसमें कार्यवाह, शारीरिक शिक्षण प्रमुख, बौद्धिक शिक्षण प्रमुख, प्रचार प्रमुख, व्यवस्था प्रमुख, सेवा प्रमुख और निधि प्रमुख पदाधिकारी के तौर पर होते हैं और संघचालक उनका चेयरमैन होता है।

आमतौर पर एक प्रतिनिधि के नाम का प्रस्ताव होता है और फिर कोई उसके समर्थन का प्रस्ताव करता है। यानी संघ में लोकतांत्रिक व्यवस्था के आधार पर संगठन का काम चलता है।

रोल मॉडल या नायकपूजा की आदत वाले इस देश में आरएसएस का संगठन इस दृष्टि से ख़ास माना जा सकता है क्योंकि यहां औपचारिक तौर पर व्यक्ति की पूजा नहीं होती। संघ में सिर्फ़ 'भगवा-ध्वज' को ही प्रणाम किया जाता है। सभी काम भगवा-ध्वज को प्रणाम करके ही शुरू किए जाते हैं। संघ में गुरु दक्षिणा भी भगवा-ध्वज के सामने ही भेंट की जाती है। डॉ. हेडगेवार का मानना था कि व्यक्ति पतित हो सकता है, लेकिन विचार और पावन प्रतीक नहीं होते। उसका असर संगठन पर पड़ेगा। इन सब बातों को ध्यान में रखते हुए डॉ. हेडगेवार ने संघ के लिए भगवा-ध्वज को ही सबसे बड़ा गुरु माना। इस ध्वज में भारत की ऐतिहासिक, सांस्कृतिक परंपरा, शौर्य और बलिदान की भावना शामिल है।

संघ का एक महत्वपूर्ण चरित्र, जो शायद ही देश के किसी दूसरे सामाजिक, सांस्कृतिक और राजनीतिक संगठन में दिखाई देता है, वह है उसकी आत्मनिर्भरता। आरएसएस कभी चंदा नहीं लेता। डॉ. हेडगेवार इस बात को बेहतर तरीक़े से समझते थे कि ज़्यादातर संगठन इसीलिए बंद हो जाते हैं या फिर सरकारों के इशारे पर चलते हैं क्योंकि उनका ख़र्च दूसरे या बाहरी माध्यमों से होता है। इसलिए संघ में शुरुआत से ही इस बात की व्यवस्था की गई कि स्वयंसेवक ही संघ का ख़र्चा उठाए। अपने ख़र्च के लिए संघ में सिर्फ़ एक दिन तय है 'गुरु पूर्णिमा' का दिन, जो गुरु वेदव्यास की याद में मनाया जाता है। इस दिन स्वयंसेवक भगवा-ध्वज के सामने फूल चढ़ाते हैं और फिर बिना नाम वाले बंद लिफाफे में अपना योगदान 'गुरु दक्षिणा' अर्पित करते हैं। यहां सारा गुप्त दान होता है, तो किसी को पता नहीं चलता। यह पैसा संघ की शाखाओं, गतिविधियों को चलाने के काम आता है और इसके साथ ही इसी पैसे में से संघ के पूर्णकालिक प्रचारकों का ख़र्च भी चलता है। संघ के सहयोगी संगठन भी आर्थिक तौर पर आत्मनिर्भर होते हैं। वे अपनी गतिविधियों के लिए संघ या किसी दूसरे संगठन पर आमतौर पर निर्भर नहीं होते।

प्रचारक की भूमिका

जिस तरह स्वयंसेवक संघ की मूल इकाई है, वैसे ही प्रचारक उसकी आत्मा। संघ के तृतीय वर्ष का प्रशिक्षण पूरा करने वाले स्वयंसेवकों में से कुछ लोगों को चुना जाता है जो अपने जीवन का कुछ वक़्त पूरी तरह से समाज और संघ के लिए लगाने को तैयार हों।

आमतौर पर प्रचारक शादीशुदा नहीं होते, क्योंकि माना जाता है कि प्रचारक को पूरा वक़्त संघ के लिए देना होगा, इससे उसके पारिवारिक जीवन में मुश्किल आएगी। वैसे संघ के प्रचारक तीन से पांच साल के लिए बनाए जाते हैं, लेकिन बहुत से प्रचारक पूरी ज़िंदगी ही संघ में लगा देते हैं। प्रचारकों का जीवन संन्यासियों की तरह होता है। वे सादा जीवन गुज़ारते हैं और संघ जिस भी कार्य या इलाक़े की ज़िम्मेदारी देता है, वहां काम में लग जाते हैं।

संघ के लंबे समय तक प्रचारक रहे गोविन्दाचार्य कहते हैं, "वैसे संघ में प्रचारक बनने से स्वयंसेवक को हतोत्साहित किया जाता है और उसकी पूरी जांच परख होती है। साथ ही, पहले उसे अपनी शैक्षिक और पारिवारिक ज़िम्मेदारियों को भी पूरा करने के लिए कहा जाता है। पढ़ाई को अधूरा छोड़ने के बजाय पहले उसे बेहतर पढ़ाई करने और उसके बाद फ़ैसला करने के लिए कहा जाता है। यही वजह है कि ज़्यादातर प्रचारक शैक्षिक क्षेत्र में बेहतर प्रदर्शन करने वाले रहे हैं।"

डॉ. हेडगेवार ने बालासाहब देवरस को भी कहा कि तुम तो सिविल सर्वेन्ट या आईसीएस बनना चाहते थे, तो प्रचारक क्यों बन रहे हो? तुम आईसीएस की परीक्षा पास करो और अफ़सर बनो। लेकिन जब देवरस ने कहा कि वह प्रचारक ही बनना चाहते हैं, तब उन्हें यह ज़िम्मेदारी सौंपी गई। प्रचारकों को अलग-अलग क्षेत्रों में काम करने के लिए कहा जाता है। कई बार संघ के 'विविध क्षेत्र के संगठनों' में भी काम सौंपा जाता है। अलग-अलग इलाक़ों में काम करने की वजह से ज़्यादातर प्रचारक बहुभाषी होते हैं। वे उस इलाक़े में उसी तरह रहकर काम करते हैं, इसलिए उनकी पहचान भी कई बार मुश्किल होती है।

प्रचारकों के अलावा संघ में 'विस्तारक' की व्यवस्था भी है। विस्तारक भी प्रचारक की तरह होते हैं। उनको 6 महीने से साल भर तक काम की ज़िम्मेदारी मिलती है, उसके बाद भी यदि कोई विस्तारक काम करना चाहे तो वह प्रचारक बन जाता है। प्रचारकों के ख़र्च की ज़िम्मेदारी संघ उठाता है और आमतौर पर वे संघ कार्यालय या फिर किसी स्वयंसेवक के घर पर या उपलब्ध व्यवस्था में रहते हैं और जो मिलता है, वही खाते हैं। प्रचारकों को सक्रिय राजनीति में हिस्सा लेने की इजाज़त नहीं होती। यदि वे राजनीति में जाना चाहते हैं तो उन्हें प्रचारक की ज़िम्मेदारी छोड़नी पड़ती है।

गोविन्दाचार्य बताते हैं कि महाराष्ट्र में बाबू भिड़े प्रमुख पदाधिकारियों में से थे। उनका मानना था कि प्रचारक संस्था में संख्या पर ज़ोर नहीं दिया जाना चाहिए और साथ ही उनके लौटने का रास्ता यानी एक्ज़िट गेट खुला रखना चाहिए। इस पर भी विचार हो कि प्रचारक लौटने के बाद क्या करेगा। संघ में इस बात पर ज़ोर दिया जाता है कि प्रचारक होना कोई पराक्रम नहीं समझा जाए और न ही प्रचारक पद छोड़ना पतन की निशानी माना जाए। इसके साथ ही प्रचारक के काम के साल महत्वपूर्ण नहीं हैं। वह बताते हैं कि संघ का कार्य हमेशा से ही महाराष्ट्र में ज़्यादा रहा है, लेकिन एक ज़माने में वहां 90 प्रचारक थे और उत्तर प्रदेश में तब 300 प्रचारक हुआ करते थे। यूपी में हर ज़िले में प्रचारकों की संख्या को लेकर स्पर्धा चलती रहती थी। इसमें भी दस साल से प्रचारकों की तादाद महाराष्ट्र में 90 में से सिर्फ़ 12 थी तो यूपी में क़रीब आधे यानी 300 में से 150 से भी ज़्यादा प्रचारक दस साल से ज़्यादा वक़्त से थे। लेकिन जब इमरजेंसी के दौरान मीसा यानी आंतरिक सुरक्षा व्यवस्था अधिनियम से प्रभावित होनेवाले के परिवारों की मदद के लिए पैसा

इकट्ठा करने की ज़िम्मेदारी दोनों राज्यों के प्रचारकों को दी गई तो महाराष्ट्र ने यूपी से कई गुना ज़्यादा काम करके दिया।

डॉ. हेडगेवार ने एक पदाधिकारी के प्रश्न के जवाब में कहा था कि वे चाहते हैं कि गृहस्थ ही संघ के प्रचारक बनें ताकि समाज और संघ में सामंजस्य बना रहे। जब कुछ लोग उनसे मिलने आते थे तो वे उनसे कहते भी थे कि किसी प्रचारक के लिए कोई सुयोग्य कन्या हो तो बताइए। लेकिन दूसरे संघ प्रमुख गुरुजी गोलवलकर का मत था कि शादीशुदा प्रचारक नहीं चाहिए। वह पूर्णकालिक प्रचारक चाहते थे और संघ में वह परंपरा अब भी चल रही है।

ख़ुद प्रचारक बनने के सवाल पर गोविन्दाचार्य हंसते हुए कहते हैं, "मैं 1960 में स्वयंसेवक बना। फिर 1964 तक तृतीय वर्ष कर लिया था। प्रचारक बनने से पहले बहुत से सवाल थे मन में। क्या कर पाऊंगा? अगर प्रचारक नहीं बना या बीच में छोड़ दिया तो क्या करूंगा? क्या कोई नौकरी मिलेगी? नौकरी नहीं मिलेगी तो क्या सड़क पर भीख मांगूंगा? कुछ एक्सीडेंट हो गया तो क्या होगा? ऐसे बहुत से सवालों के बाद मन में आया कि यह सब तो प्रचारक नहीं बनने पर भी हो सकता है, तो फिर राष्ट्रसेवा में लगने में क्या परेशानी है? फिर यह भी तय किया कि इस प्रारब्ध की ज़िम्मेदारी मेरी है, इसका दोष किसी को नहीं दूंगा, कभी भी नहीं। तब गुरुजी का एक संबोधन हुआ था। उसमें गुरुजी ने कहा कि जीवन एक दांव है, तो पासा फेंको। यह बात मन में बैठ गई कि फिर दांव लगाने में क्या हर्ज़ है और लगा दिया। आज कोई मन में पश्चाताप या दुख नहीं है। संतोष है, जितना हो सका उतना काम किया है।"

लेखक रतन शारदा बताते हैं कि हेडगेवार और गुरुजी के वक़्त ज़्यादातर प्रचारक तो महाराष्ट्र से ही निकले, लेकिन अलग-अलग इलाक़ों में जाकर वह वहीं के हो गए। इसलिए कोई तमिल बोलने वाला मराठी, कोई ठेठ पंजाबी बोलने वाला और कोई गुजराती हो गया। शुरुआती दौर में दादा राव परमार्थ को तब के मद्रास प्रोविन्स में भेजा गया। उसके बाद दत्ताजी दिदोलकर और शिवराम जोगलेकर वहां गए। तीनों ने दक्षिण भारत में संघ की जड़ें जमाने का काम किया। माधवराव मुले पंजाब और लक्ष्मण राव इनामदार गुजरात भेजे गए। के. सुदर्शन ने बंगाल और उड़ीसा में काम किया। मौजूदा राजनीति में आए लोगों में प्रधानमंत्री नरेन्द्र मोदी लंबे समय तक प्रचारक रहे। इससे पहले अटल बिहारी वाजपेयी और लालकृष्ण आडवाणी का नाम आता है। देश के किसी दूसरे संगठन में इस तरह की प्रचारक की व्यवस्था नहीं है।

आपातकाल के दौरान विद्यार्थी परिषद ने 14 नवंबर, 1975 से 26 जनवरी, 1976 तक जेल भरो आंदोलन चलाया। इस दौरान 65 हज़ार लोग जेल गए। क़रीब इतने ही लोग पहले से जेल में थे। गोविन्दाचार्य बताते हैं कि अटल जी ने कहा था कि अब लोक संघर्ष समिति को ख़त्म कर देना चाहिए। उस दौरान इतने लोग सक्रिय कार्यकर्ता और नेतृत्व की क्षमता वाले तैयार हो गए थे, तब सवाल आया कि

इनकी ऊर्जा का इस्तेमाल कैसे किया जाए? तब शेषाद्रि, दत्तोपंत ठेंगड़ी और रवीन्द्र जी ने मिलकर इसके क्रियान्वयन पर काम किया। यह तय किया गया कि कुछ प्रचारकों को दूसरे संगठनों में भी ज़िम्मेदारी दी जानी चाहिए। उसी के तहत अशोक सिंहल, भानुप्रताप शुक्ल, चन्द्रशेखरण और गोविन्दाचार्य को अलग-अलग इलाक़ों की ज़िम्मेदारी सौंपी गई। उस वक़्त यह भी तय किया गया कि संघ अपने प्रचारकों को इन संगठनों के लिए भेजेगा तो सही, लेकिन उन्हें क्या ज़िम्मेदारी और पद दिया जाए, इसे वह संगठन ही तय करेगा। उस वक़्त गोविन्दाचार्य को पूरब की ज़िम्मेदारी मिली, बाद में 1981 से 1986 तक उन्हें दक्षिण भारत की जिम्मेदारी सौंपी गई। 1986 में दत्तात्रेय होसबोले को श्वास की परेशानी होने की वजह से गोविन्दाचार्य को उत्तर भारत की ज़िम्मेदारी के लिए दिल्ली बुला लिया गया। तभी 1987 में बोफोर्स मामले ने तूल पकड़ लिया था। गोविन्दाचार्य और उनके साथियों ने विश्वनाथ प्रताप सिंह के लिए कई कार्यक्रमों का आयोजन भी किया था। तब लालकृष्ण आडवाणी ने संघ को कहा कि गोविन्दाचार्य को हमें यानी भाजपा को दे दीजिए। इस पर मदन दास देवी से पूछा गया तो उन्होंने कहा कि अकेले गोविन्दाचार्य को भेजना ठीक नहीं होगा, आप चाहें तो पांच-सात लोगों को ले सकते हैं। तब तक 1988 में राजनीतिक गतिविधियां तेज़ होने लगी थीं, 1989 में आम चुनाव होने थे।

गोविन्दाचार्य मानते हैं कि भाजपा में अब भी प्रचारकों की भूमिका को लेकर, प्रदेश प्रभारियों की भूमिका को लेकर स्पष्टता नहीं है कि उनकी क्या ज़िम्मेदारी है और फिर वह संगठन के दूसरे पदाधिकारियों से कैसे अलग हैं। 1997 में मुंबई के विरार में संगठनों की कार्यपद्धति को लेकर चर्चा हुई थी, उस वक़्त कुशाभाऊ ठाकरे भाजपा अध्यक्ष थे। गोविन्दाचार्य ने उनसे बात की तो ठाकरे ने कहा कि पार्टियों में सब कुछ कहा नहीं जाता। सत्ता और संगठन में समन्वय को लेकर भी कोई नीति-निर्देश या रास्ता नहीं दिखाया गया है, जबकि पार्टी सरकार में हो तो संगठन की ज़िम्मेदारी बढ़ जाती है। गोविन्दाचार्य बताते हैं कि विरार बैठक के बाद जन कृष्णमूर्ति की अध्यक्षता में एक कमेटी बनाई गई। उस कमेटी ने अपनी रिपोर्ट दे दी, लेकिन तब तक वेंकैया नायडू अध्यक्ष बन गए। उस रिपोर्ट पर क्या हुआ, भगवान जाने।

गोविन्दाचार्य के संघ से भाजपा में आने की कहानी भी कम रोचक नहीं है। गोविन्दाचार्य बताते हैं, "25 सितंबर, 1988 को पहली बार मेरे भाजपा में जाने की बात हुई और 29 सितंबर को मुझे बताया गया कि मुझे अब भाजपा में काम करना है। मैंने कहा कि मैं तो विद्यार्थी परिषद में काम करता रहा हूं, मुझे भाजपा के बारे में जानकारी नहीं है। भाऊराव जी ने मुझे बताया कि भाजपा में काम करने के लिए क्या ध्यान रखना है, लेकिन साथ ही यह भी कहा कि अपनी यह अफलातून स्टाइल मत बदलना।"

3 अक्टूबर, 1988 को दिल्ली में एक शीर्षस्थ बैठक हुई। इसमें भाजपा अध्यक्ष लाल कृष्ण आडवाणी के अलावा संघ से रज्जू भैया, भाऊराव जी, अशोक

सिंहल, मुरली मनोहर जोशी, नानाजी देशमुख और रामनाथ गोयनका की तरफ़ से गुरुमूर्ति भी शामिल थे। इस बैठक में गोविन्दाचार्य को भी बुलाया गया। संघ की तरफ़ से कहा गया कि गोविन्दाचार्य को भाजपा में महामंत्री बनाना होगा। इस पर आडवाणी ने कहा कि यह कैसे संभव होगा, भाजपा में महामंत्री के चार पद हैं उन पर चार लोग पहले से ही हैं, उन्हें हटाना या बदलना संभव नहीं है। सलाह-मशविरा के बाद यह तय हुआ कि वे राष्ट्रीय कार्यकारिणी के सदस्य होंगे और उनकी अहमियत राष्ट्रीय महामंत्री के समकक्ष होगी। इस निर्णय के बाद गोविन्दाचार्य ने भाऊराव से कहा कि मैं फिलहाल विद्यार्थी परिषद से जुड़ा हूं, तो पहले आप उनसे बात तो कर लीजिए। भाऊराव ने कहा, फ़ोन मिलाओ। टेलीफ़ोन पर परिषद की तरफ़ से बाल आप्टे मिल गए तो उन्हें बताया गया। इस पर तीखे स्वर में आप्टे जी ने कहा कि आप निर्णय सुना रहे हैं या पूछ रहे हैं? भाऊराव ने कहा, "बता रहे हैं।" जवाब मिला, "सुन लिया। आप इस सिलसिले में मदन दास जी को बता दीजिए।" मदन दास जी से बात की तो उन्होंने कहा कि अकेले उन्हें भेजना निरापद नहीं होगा, कुछ लोगों को एक साथ भेजने का निर्णय किया जाए तो ठीक रहेगा। कहा गया, हमने सोच लिया है।

भाजपा में आ गए तो गोविन्दाचार्य हर सीनियर नेता से मिले। सुन्दर सिंह भंडारी से मिले, तो उन्होंने कहा कि छह महीने में सब ठीक हो जाएगा। संगठन में काम करने को लेकर सीख दी एक और दिग्गज नेता केदार नाथ साहनी ने। साहनी ने गोविन्दाचार्य को समझाया कि भाजपा को विद्यार्थी परिषद की तरह से मत समझना। परिषद में ज़्यादातर लोग आपके बराबर के या आपसे छोटी उम्र के थे, यहां ज़्यादातर लोग आपसे ज़्यादा उम्र और अनुभव के होंगे। ऐसे ही नहीं मान लेंगे हर बात, तो कोई कभी बात न भी सुने तो उस पर बुरा मानने की आवश्यकता नहीं है। नानाजी देशमुख और दत्तोपंत ठेंगड़ी से भी बात की। गोविन्दाचार्य को संगठन में पहला काम मिला राजस्थान में भाजपा अध्यक्ष ललित किशोर चतुर्वेदी से इस्तीफ़ा लेना। चतुर्वेदी उस वक़्त पार्टी के प्रदेश में दिग्गज नेता थे। दूसरे दिग्गज नेता भैरोंसिंह शेखावत से उनकी बनती नहीं थी। जयपुर पहुंचकर बड़ी मुश्किल से उन्होंने चतुर्वेदी को इस्तीफ़े के लिए तैयार किया।

संघ समन्वय

आरएसएस के नेता और संगठन भारतीय संविधान में जोड़े गए 'सेक्यूलर' और 'सोशलिज़्म' शब्द का विरोध करते हैं। संविधान की प्रस्तावना में यह दोनों शब्द प्रधानमंत्री इंदिरा गांधी ने इमरजेंसी के दौरान संसद से जोड़े थे। संघ का मानना है कि धर्मनिरपेक्ष यानी सेक्यूलर होने का मतलब है, अधर्मी या निधर्मी। वे इसे नकारात्मक शब्द मानते हैं जबकि संघ के हिसाब से धर्म को पंथ या रिलीजन से नहीं जोड़ा जाना चाहिए। इसे 'सर्वपंथ समभाव' कहा जा सकता है। संघ का मानना है कि संविधान सभा ने भी इसलिए संविधान में इन शब्दों को नहीं जोड़ा था। संघ

'हिन्दू' शब्द को भी 'रिलीजन' से नहीं जोड़ता, हालांकि 1925 में संघ के संस्थापक डॉ. हेडगेवार ने कहा था, "हां, मैं डॉ. केशव बलिराम हेडगेवार कहता हूं कि मैं हिन्दू हूं और यह हिन्दू राष्ट्र है।"

डॉ. हेडगेवार का मानना था कि संघ में शाखा का मक़सद व्यक्ति निर्माण है क्योंकि उससे ही बेहतर हिन्दू राष्ट्र का निर्माण होगा। शाखा भले ही संघ की मूल इकाई हो, लेकिन स्वयंसेवक का काम शाखा से बाहर समाज में होता है। हर स्वयंसेवक को 'हिन्दू राष्ट्र की सर्वांगीण उन्नति' की शपथ लेनी होती है और हिन्दू राष्ट्र का मतलब है हिन्दू धर्म, हिन्दू संस्कृति और हिन्दू समाज की रक्षा। संघ के विभिन्न संगठनों को मिलाकर उसे आमतौर पर 'संघ परिवार' कहा जाता है, डॉ. हेडगेवार के वक़्त तक भी इन्हें संघ परिवार ही माना जाता था, लेकिन आरएसएस अब 'संघ विविध क्षेत्र संगठन' कहता है।

कहा जाता है कि संघ के सभी संगठन ग़ैर-राजनीतिक तौर पर काम करते हैं। अपने क्षेत्र के काम के लिए ये संगठन स्थानीय सरकारों और केंद्र सरकार पर नीतिगत निर्णयों के लिए दबाव बनाते हैं, फिर चाहे किसी भी दल की सरकार हो। भाजपा की सरकार होने पर फ़ायदा यह रहता है कि उस सरकार में भी बहुत से स्वयंसेवक होते हैं तो उनकी मांगों को समझने और पूरा होने में आसानी होती है। आमतौर पर संघ के संगठन भाजपा सरकारों के ख़िलाफ़ काम करते नहीं दिखाई देते। सभी संगठन एक-दूसरे के सहयोग से राष्ट्र निर्माण का काम करें, इसके लिए 'संघ समन्वय' से काम होता है।

आरएसएस के सबसे पहले संगठन अखिल भारतीय विद्यार्थी परिषद, वनवासी कल्याण आश्रम, भारतीय मज़दूर संघ, विश्व हिन्दू परिषद, भारतीय किसान संघ, स्वदेशी जागरण मंच, विद्या भारती और सेवा भारती जैसे महत्वपूर्ण संगठन हैं जिनका विस्तार और काम पूरे देश में फैला हुआ है। इसके अलावा हर क्षेत्र और व्यवसाय से जुड़े संगठन भी हैं। इनमें जैसे वकीलों के लिए अधिवक्ता परिषद, डॉक्टरों के लिए नेशनल मेडिकोज़ ऑर्गेनाइजेशन और आरोग्य भारती, पूर्व सैनिकों के लिए पूर्व सैनिक परिषद, सीमा क्षेत्र के लिए सीमा जागरण मंच और दूसरे बहुत से संगठन हैं। 1958 में उत्तर प्रदेश में बनी शिशु शिक्षा प्रबंध समिति आज पूरे देश में काम कर रही है और उसके लिए विद्या भारती इस वक़्त 13 हज़ार से ज़्यादा स्कूल चला रही है।

यह सभी संगठन राष्ट्रीय स्तर पर काम करते हैं और उनमें ज़्यादातर चुने हुए पदाधिकारी होते हैं। संगठन न केवल अपने निर्णय ख़ुद लेते हैं, बल्कि अपने हिसाब से कार्यक्रम बनाते हैं और आर्थिक स्तर पर ख़ुद को मज़बूत करते हैं। ज़रूरत पड़ने पर संघ के पदाधिकारियों से सलाह-मशविरा किया जाता है, लेकिन अंतिम निर्णय संगठन ख़ुद करता है। इसी को लेकर संघ से बाहर के लोगों में भ्रम बना रहता है और माना जाता है कि संघ 'रिमोट कन्ट्रोल' की तरह काम करता है।

भाजपा में भी संघ की यही व्यवस्था रहती है। टिकटों के बंटवारे के वक़्त संघ अपने स्वयंसेवकों की राय भाजपा के सामने रख देता है, लेकिन अंतिम निर्णय भाजपा लीडरशिप करती है। संघ और भाजपा से बहुत लंबे समय से जुड़े एक वरिष्ठ नेता ने बताया कि सैद्धांतिक रूप से यह बात ठीक है, लेकिन आजकल संघ के पदाधिकारी, ख़ासतौर से क्षेत्रीय पदाधिकारी भाजपा-शासित राज्यों में सरकारों के कामकाज और बोर्ड, निगमों और अन्य संस्थानों में नियुक्तियों के लिए न केवल दख़ल या सिफ़ारिश भेजते हैं, बल्कि दबाव भी डालते हैं। टिकटों के बंटवारे में आजकल उम्मीदवार संघ कार्यालय और संघ के पदाधिकारियों के यहां परिक्रमा ज़्यादा करते हैं। राष्ट्रीय स्तर पर सहयोग और सलाह से काम होता है। संघ के बहुत से पदाधिकारी राज्यपालों और विश्वविद्यालयों के कुलपति की नियुक्ति में बहुत रुचि लेते हैं। सरसंघचालक मोहन भागवत ने कहा कि आजकल बहुत से लोग संघ के पदाधिकारियों के साथ फ़ोटो खिंचा कर उसका इस्तेमाल अपना प्रभाव डालने या काम कराने के लिए करते हैं लेकिन उसका कोई फ़ायदा नहीं होता क्योंकि भाजपा और संघ के लोग समझते हैं कि फ़ोटो खिंचाने वाले लोग संघ के असली स्वयंसेवक नहीं हैं।

संघ में महिलाएं

एक सामान्य सोच यह है कि आरएसएस न केवल हिन्दुओं का बल्कि सिर्फ़ पुरुषों का संगठन है। सच है कि संघ में महिलाओं की सदस्यता नहीं है। लेकिन डॉ. हेडगेवार ने 1936 में 27 साल की एक विधवा लक्ष्मीबाई केलकर को 'राष्ट्र सेविका समिति' बनाने के लिए कहा था जो संघ की भावना और कार्यपद्धति पर ही काम करे। समिति का स्वरूप और कार्यपद्धति भी संघ जैसी ही थी। उसमें भी पूर्णकालिक प्रचारक की तरह प्रचारिका रखी गईं। लक्ष्मीबाई केलकर को जब अपनी बेटी की पढ़ाई को लेकर परेशानी हुई तो उन्होंने ख़ुद लड़कियों का एक स्कूल शुरू किया—केसरीमल कन्या विद्यालय। वर्धा में यह स्कूल आज भी चल रहा है। उस वक़्त हेडगेवार का मानना था कि संघ की शाखा व्यवस्था में खुले मैदान में शारीरिक प्रशिक्षण के हिसाब से महिलाओं को शामिल करना ठीक नहीं होगा, लेकिन अलग से संगठन बनाने की हामी दे दी। लक्ष्मीबाई केलकर का मानना था कि महिलाएं न केवल परिवार का केंद्रबिंदु हैं, बल्कि देश की आधारशक्ति भी हैं। उनकी शारीरिक, मानसिक, बौद्धिक और आध्यात्मिक शक्तियों को जागृत करके एक मज़बूत राष्ट्र के निर्माण की दिशा में काम किया जा सकता है।

आज महिलाएं संघ में बहुत से विभागों, जैसे सेवा विभाग, संपर्क विभाग और प्रचार विभाग में काम कर रही हैं। इसके साथ ही ग्राम विकास, गौरक्षा, धार्मिक कार्यक्रम और कुटुम्ब गतिविधियों में भी महिलाएं शामिल हैं। महिलाओं से जुड़ा एक और संगठन है—स्त्री-शक्ति। विद्यार्थी परिषद में भी बहुत-सी सक्रिय महिला

कार्यकर्ता हैं। कहा जाता है कि संघ इन गतिविधियों में मदद करता है और ख़ुद सरसंघचालक और सरकार्यवाह महिलाओं की सक्रिय हिस्सेदारी में रुचि लेते हैं।

लेकिन 'राष्ट्र सेविका समिति' में अरसे तक सक्रिय रही एक वरिष्ठ महिला सदस्य कहती हैं कि संघ में महिलाओं की स्थिति ठीक हिन्दू परिवारों जैसी है, जिसे कहा तो लक्ष्मी जाता है, लेकिन खाना वह घर में सबसे बाद में खाती है। उसकी राय या इच्छा निर्णायक नहीं मानी जाती। यह बदलाव जब तक संघ में नहीं होगा, हिस्सेदारी में संख्या बताने से काम नहीं चलेगा। उनका मानना है कि आमतौर पर संघ को महिला विरोधी न भी कहें, लेकिन महिला निर्णायक भूमिका में नहीं होती। संघ के सौ साल पूरे होने तक यह हालात बदले तो संघ की तस्वीर और इमेज दोनों बदल जाएंगी। राहुल गांधी ने भी एक बार यह सवाल उठाया कि संघ के किसी कार्यक्रम में महिलाओं को नहीं देखा जाता। उनका इशारा था कि संघ महिला विरोधी संगठन है।

राष्ट्र सेविका समिति का मुख्यालय नागपुर के धंतौली में है, जिसे अहिल्या मंदिर कहा जाता है। इस मुख्यालय में समिति के दफ़्तर के अलावा प्रचारिका और अन्य पदाधिकारियों के रहने की व्यवस्था है। देश के अन्य इलाक़ों में भी कमोबेश ऐसी ही व्यवस्था की गई है। संघ की तरह ही देशभर में समिति का काम फैला हुआ है। देशभर में सेविका समिति की 4,900 शाखाएं हैं और हर राज्य की ज़िम्मेदारी एक प्रचारिका के पास है। समिति का ध्यान महिलाओं से जुड़े मुद्दों पर ज़्यादा होता है। इसके साथ ही समाज के विभिन्न क्षेत्रों में शोहरत हासिल करने वाली महिलाओं के साथ संवाद के कार्यक्रम भी होते हैं ताकि लड़कियों और महिलाओं को प्रेरणा मिल सके।

राष्ट्र सेविका समिति के अलावा अखिल विद्यार्थी परिषद में भी महिला कार्यकर्ता और पदाधिकारियों की संख्या काफी है और वे सक्रिय रूप से काम में लगी हुई हैं। सुनील आम्बेकर कहते हैं कि आम सोच से उलट संघ से जुड़ी महिलाओं ने अलग-अलग क्षेत्रों में काम किया है, जैसे विद्यार्थी परिषद ने महिलाओं में माहवारी को लेकर चल रहे अंधविश्वासों और पुरानी सोच के ख़िलाफ़ अभियान चलाया और सैनेटरी पैड के इस्तेमाल को लेकर कॉलेजों में जागृति पैदा की। ऐसे अभियानों में लड़के और लड़कियां दोनों शामिल रहे।

देवेन्द्र स्वरूप बताते हैं कि संघ में महिलाओं के प्रवेश को लेकर शुरू से ही हिचक रही। हालांकि, 1936 में ही राष्ट्र सेविका समिति का गठन हो गया था, लेकिन संघ में ज़्यादातर लोगों को लगता था कि नारी-पुरुष संबंधों को लेकर गड़बड़ हो सकती है। इस मसले पर गोवा में संघ के प्रभारी रहे एकनाथ रानाडे जी के मतभेद रहे। उन्होंने विवेकानन्द आश्रम में लड़कियों को प्रवेश दिया। उनके सामने उस वक़्त कई समस्याएं आईं। संघ के एक वरिष्ठ पदाधिकारी की भतीजी ने संघ के काम में हिस्सा लेना शुरू किया और फिर वहीं प्रेम-विवाह किया तो इससे भी विवाद हुआ।

संघ के राष्ट्रीय सम्पर्क प्रमुख रहे अनिरुद्ध देशपांडे कहते हैं कि कोई भी बदलाव एक दिन में नहीं होता। महिलाओं को लेकर भी धीरे-धीरे बदलाव होगा। इवोल्यूशन हो रहा है, इवॉल्व होने में थोड़ा समय लगता है।

अखिल भारतीय विद्यार्थी परिषद

देश और आरएसएस के सबसे पुराने छात्र संगठनों में से एक है विद्यार्थी परिषद। राष्ट्रीय स्तर पर फैले इस संगठन के कार्यकर्ता कॉलेजों और विश्वविद्यालयों के विद्यार्थी हैं। विद्यार्थी परिषद भले ही ग़ैर-राजनीतिक संगठन हो, लेकिन इससे निकले बहुत से कार्यकर्ता सक्रिय राजनीति में रहे हैं। बल्कि भाजपा की नई पीढ़ी की तैयारी में विद्यार्थी परिषद की अहम भूमिका है। राष्ट्रवादी संगठन के तौर पर विद्यार्थी परिषद शिक्षा के अलावा राष्ट्रीय सुरक्षा से जुड़े मसलों पर काम करता है।

राज्य स्तर पर विश्वविद्यालयों में कामकाज सुधारने के साथ नीति को लेकर परिषद ने काफी काम किया है। आम्बेकर कहते हैं, "परिषद ग़ैर-राजनीतिक संगठन है और वह अपने आंदोलन यह देखकर नहीं चलाता कि इसका असर किस पार्टी की सरकार पर पड़ेगा। हम सकारात्मक सोच और सहयोग के साथ चलने वाले संगठन हैं।" भाजपा सरकार में केंद्रीय मंत्री रहे अरुण जेटली विद्यार्थी परिषद के सबसे अहम नेताओं में से एक रहे। संघ का पहला संगठन है विद्यार्थी परिषद, जिसे 1948 में प्रोफेसर यशवंत राव केलकर ने दत्तोपंत ठेंगड़ी और संघ के दूसरे प्रचारकों के साथ मिलकर शुरू किया था। प्रोफेसर केलकर संघ के प्रचारक रहे।

विद्यार्थी परिषद ने देश में सबसे पहले अवैध बांग्लादेशियों को बाहर निकालने का अभियान चलाया था। 2019 में एबीवीपी के कार्यकर्ताओं ने नागरिकता संशोधन क़ानून के समर्थन में भी बहुत काम किया। विद्यार्थी परिषद ने एक महत्वपूर्ण कार्यक्रम चलाया जिसमें पूर्वोत्तर के स्कूली बच्चों को देश के दूसरे इलाक़ों के शहरों में लाकर उन्हें मध्यमवर्गीय परिवारों के साथ न केवल रखा, बल्कि वहीं रह कर उनकी पढ़ाई पूरी करवाने का इंतज़ाम किया। नब्बे के दशक में जब कश्मीर में आतंकवादी हिंसा ज़ोरों पर थी और कश्मीरी पंडितों को अपने घर-बार छोड़कर भागना पड़ा था तब भी परिषद ने इसके ख़िलाफ़ देशभर के कॉलेजों में अभियान चलाया।

संघ से अखिल भारतीय विद्यार्थी परिषद की अरसे तक ज़िम्मेदारी संभालने वाले गोविन्दाचार्य बताते हैं कि विद्यार्थी परिषद में नीति निर्धारण के समय तीन बातों पर ज़ोर दिया गया, 1) स्वावलंबन, 2) अर्थव्यवस्था और 3) किसे, क्या ज़िम्मेदारी दी जाए। परिषद में समय-समय पर अमूमन हर तीन साल पर एक लंबी बैठक समीक्षा और योजना के लिए होती है। संघ परिवार के दो सबसे बड़े संगठन भाजपा और विश्व हिन्दू परिषद में इसका घोर अभाव है। यहां का कार्य और नीति निर्धारण नेतृत्व के हिसाब से होता है। यानी जो नेतृत्व ने तय कर लिया, वही कार्यक्रम और नीति हो जाती है।

एबीवीपी विद्यार्थियों का संगठन था तो सवाल हुआ कि लड़कियों को प्रवेश मिले या न मिले। लड़के-लड़कियां साथ काम करेंगे तो क्या करना होगा, संघ ने इस पर असहमति दिखाई। फिर बाद में तय हुआ कि लड़के-लड़कियां एक साथ किसी बंद कमरे में काम नहीं करेंगे। लड़कियां रात दस बजे के बाद किसी काम पर नहीं रहेंगी। 24 वर्ष की उम्र तक या फिर चार साल से ज़्यादा फुलटाइम वर्कर नहीं होंगी। रात को कार्यालय में नहीं ठहरेंगी और कहीं बाहर जाएंगी तो किसी सीनियर कार्यकर्ता के घर पर ही रुकेंगी। लेकिन उम्र को ध्यान में रखते हुए यह भी निर्णय किया गया कि किसी लड़के और लड़की में साथ काम करने की वजह से अगर कोमल भावनाएं पैदा हो जाती हैं तो उसका 'स्कैंडल' नहीं बनाया जाएगा और उनकी शादी करा दी जाएगी। ऐसे ही शादी हुई बाल आप्टे की निर्मला जी से। शादी के बाद निर्मला जी ने संगठन का काम छोड़ दिया जब तक कि उनकी बेटी बड़ी होकर मेडिकल कॉलेज में पढ़ने नहीं चली गई। फिर वह नारी शक्ति के लिए काम करने लगीं।

भारतीय जनसंघ

राष्ट्रीय स्वयंसेवक संघ के दूसरे सरसंघचालक गुरुजी गोलवलकर संघ के राजनीति में सक्रिय तौर पर शामिल होने के ख़िलाफ़ थे, लेकिन महात्मा गांधी की हत्या के बाद जब संघ पर 1948-49 में बैन लगा रहा और संसद में और राजनीतिक प्लेटफॉर्म पर संघ के समर्थन में कोई बोलने वाला नहीं रहा तो संघ में भी इस बात पर चर्चा होने लगी कि उसे अपना एक अलग राजनीतिक मंच या दल बनाना चाहिए। बालासाहब देवरस इस मत पर ज़्यादा ज़ोर देने वाले लोगों में से थे। इसी दौरान नेहरू-लियाक़त पैक्ट के ख़िलाफ़ सरकार से इस्तीफ़ा देने वाले मंत्री डॉ. श्यामा प्रसाद मुखर्जी नया राजनीतिक दल बनाने पर विचार कर रहे थे। वे उस समय तक हिन्दू महासभा के सदस्य थे। डॉ. मुखर्जी उस वक़्त पाकिस्तान से शरणार्थी बन कर लौटे हिन्दुओं के हालात के लिए सीधे पाकिस्तान को ज़िम्मेदार ठहरा रहे थे। मुखर्जी ने कश्मीर को विशेष राज्य का दर्जा देने, उनका अलग से झंडा और प्रधानमंत्री होने का विरोध भी किया था। तब मुखर्जी ने नारा दिया, "एक देश में दो विधान, दो प्रधान और दो निशान नहीं चलेंगे।"

डॉ. मुखर्जी ने इस सिलसिले में गोलवलकर से बात की। गुरुजी ने कहा कि संघ राजनीतिक पार्टी बनाने में इच्छुक नहीं है, यदि आप कोई पार्टी बनाएंगे तो संघ उसमें मदद करेगा। फिर गोलवलकर ने संघ के कई बड़े नेताओं को जनसंघ का काम करने के लिए भेजा। यह पहला मौक़ा था जब संघ ने अपने चुनिंदा लोगों को कहीं बाहर, यानी किसी दूसरे संगठन के लिए काम करने भेजा। उस वक़्त भी गोलवलकर ने डॉ. मुखर्जी को स्पष्ट कर दिया कि जनसंघ हिन्दू राष्ट्र बनाने के एजेंडा पर काम नहीं करेगा और सभी के लिए उसके दरवाज़े खुले होंगे। जनसंघ बनने के बाद 1953 में मुखर्जी ने कश्मीर में बिना परमिट घुसने की कोशिश की।

उन्हें गिरफ़्तार कर लिया गया। बाद में उसी दौरान ठीक इलाज नहीं होने की वजह से उनकी मृत्यु हो गई। उस वक़्त शेख अब्दुल्ला कश्मीर के मुख्यमंत्री थे। इससे पहले जनसंघ ने 1952 के आम चुनाव में हिस्सा लिया, लेकिन उसे सिर्फ़ तीन सीटें मिल पाईं।

डॉ. मुखर्जी की मृत्यु के बाद जनसंघ के अध्यक्ष पद की ज़िम्मेदारी बहुत से लोगों ने संभाली, लेकिन असली नेता रहे महासचिव दीनदयाल उपाध्याय, फिर 1967 में अध्यक्ष बने। उपाध्याय ने एक महत्वपूर्ण सिद्धांत दिया—एकात्म मानववाद का सिद्धांत, जिस पर चलने का दावा भाजपा आज भी करती है। कुछ दिनों बाद उनकी भी मुगलसराय रेलवे स्टेशन पर लाश पाई गई। दोनों ही नेताओं की मृत्यु का रहस्य अभी तक नहीं खुल पाया। 1975 में इमरजेंसी के दौरान जनसंघ के नेताओं और विद्यार्थी परिषद के नेताओं ने सक्रिय भूमिका निभाई, बाद में जनता पार्टी के गठन के वक़्त जनसंघ का उसमें विलय कर दिया गया। तब जनसंघ के नेता अटल बिहारी वाजपेयी ने कहा कि अब दीपक बुझाने का वक़्त आ गया है। दीपक जनसंघ का चुनाव चिह्न था। और फिर जनता पार्टी टूटने के बाद बनी—भारतीय जनता पार्टी, जिसके लिए 1980 के बम्बई अधिवेशन में अटल बिहारी वाजपेयी ने कहा, "अंधेरा छटेगा, सूरज निकलेगा और कमल खिलेगा।"

भारतीय मज़दूर संघ

आरएसएस का एक महत्वपूर्ण संगठन है भारतीय मज़दूर संघ। यह देश का सबसे बड़ा श्रमिक संगठन है, जो आर्थिक प्रगति के हर क्षेत्र में मौजूद है। संघ के वरिष्ठ नेता दत्तोपंत ठेंगड़ी ने 1955 में भारतीय मज़दूर संघ की स्थापना की, लेकिन यह दूसरे श्रमिक संगठनों के मुक़ाबले अलग तरह से काम करने के लिए शुरू हुआ। इससे पहले गुरुजी गोलवलकर ने मज़दूर संगठनों और मज़दूरों की स्थिति समझने के लिए ठेंगड़ी को कांग्रेस के संगठन इंटक में काम करने के लिए भेजा। इंटक के अध्यक्ष पी. वाई. देशपांडे के आमंत्रण पर ठेगंड़ी ने इंटक में काम किया। मज़दूरों के साथ-साथ देश के औद्योगीकरण को भी समझा। उस समय ज्यादातर श्रमिक संगठन राजनीतिक दलों से जुड़े हुए थे, कम्युनिस्ट पार्टी या कांग्रेस से जुड़े श्रमिक संगठनों की अगुआई में हड़तालों के लंबे दौर चलते और तोड़-फोड़ कर नुक़सान पहुंचाया जाता। भारतीय मज़दूर संघ ने इस सोच से अलग काम किया और कहा कि मज़दूर भी किसी कंपनी के साझेदार ही हैं, इसलिए वे हड़ताल और प्रदर्शनों के दौरान भी कंपनी को या उसकी मशीनों को नुक़सान नहीं पहुंचाएंगे। उस वक़्त कम्युनिस्ट मज़दूर संगठनों की ताक़त बहुत थी। हर फ़ैक्टरी या कंपनी के बाहर लाल झंडे लगे रहते थे। भारतीय मज़दूर संघ को खड़ा करने में बहुत मेहनत और वक़्त लगा। उसका पहला राष्ट्रीय अधिवेशन संगठन शुरू होने के बारह साल बाद 1967 में हुआ। उस समय तक उसके सदस्यों की तादाद क़रीब ढाई लाख हो गई थी और पांच सौ से ज़्यादा छोटे-बड़े श्रमिक संगठन उससे जुड़ गए थे।

वनवासी कल्याण आश्रम

ज़्यादातर सामाजिक, सांस्कृतिक और राजनीतिक संगठन आमतौर पर राजधानी और बड़े शहरों में काम करना चाहते हैं ताकि उनके काम को पूरा प्रचार-प्रसार मिल सके। लेकिन देश के दूर-दराज़ इलाक़ों और जंगलों में काम करना सबके बस की बात नहीं लगती। वनवासी कल्याण आश्रम देश की आदिवासी आबादी के लिए काम करने वाला सबसे बड़ा संगठन है, जो चुपचाप बिना प्रचार-प्रसार और शोर के काम करता रहता है। इस वक़्त देश में दस करोड़ आबादी आदिवासियों की है और उनके हालात पर ध्यान देने वाला कोई नहीं है। वनवासी कल्याण आश्रम ने इस दिशा में बहुत काम किया है। इस संगठन के काम से इन इलाक़ों में ईसाई मिशनरियों के धर्म परिवर्तन के काम पर भी लगाम लगी है। संगठन ने भले ही राजनीतिक मक़सद से काम नहीं किया हो, लेकिन भाजपा को राजनीतिक तौर पर इसका बड़ा फ़ायदा मिला है। एक ज़माने से आदिवासियों को कांग्रेस का कोर वोटर माना जाता रहा है। अब उसमें से ज़्यादातर भाजपा के साथ खड़े दिखाई देते हैं। वनवासी कल्याण आश्रम की स्थापना 1952 में रमाकांत केशव देशपांडे ने की थी। उन्होंने आदिवासियों के बच्चों के लिए सबसे पहला छात्रावास मध्य प्रदेश के जशपुर में शुरू किया। इसके बाद संगठन ने आदिवासी इलाक़ों में सैकड़ों स्कूल ही नहीं खोले, बल्कि आदिवासियों को आत्मनिर्भर बनाने का काम भी किया। वनवासी कल्याण आश्रम को शुरुआती दिनों में चर्च और ईसाई मिशनरियों का बहुत विरोध झेलना पड़ा।

विश्व हिन्दू परिषद

हिन्दू धर्म के तहत या साथ माने जाने वाले धर्मों के साधु-संतों और मठों, मंदिरों, आश्रमों और ट्रस्टों के प्रमुखों को एक साथ एक मंच पर लाने के लिए संघ ने 1964 में विश्व हिन्दू परिषद की शुरुआत की। यह अंतरराष्ट्रीय संगठन है और अकेला संगठन है, जिसमें संघ प्रमुख यानी सरसंघचालक ट्रस्टी होते हैं। गुरुजी गोलवलकर की इस संगठन में बहुत रुचि थी। वे इसे शुरू करने के बाद इसे ताक़तवर बनाने और विस्तार करने में लगे रहे। ख़ुद परिषद के ट्रस्टी भी बने। यहां तक कि गुजरात में हो रही परिषद की प्रांतीय बैठक में हिस्सा लेने के लिए उन्होंने कैंसर के इलाज के लिए होने वाली रेडिएशन थेरेपी को भी कुछ दिनों के लिए टाल दिया।

परिषद ने मंदिरों की हालत सुधारने के साथ ही उन्हें सामाजिक परिवर्तन का हिस्सा बनाने का प्रयास भी किया। लेकिन सिर्फ़ मंदिरों को ठीक करने के अलावा ज़्यादा काम नहीं हो पाया। इस पर गुरुजी गोलवलकर ख़ुद सक्रिय हुए और इस काम के लिए उन्होंने कई संतों, गुरुओं और धार्मिक नेताओं से मुलाक़ात की। इसमें चिन्मय मिशन के संस्थापक स्वामी चिन्मयानंद और पेजावर पीठ के विश्वेश तीर्थ ने अहम भूमिका निभाई। गुरुजी ने इस काम में संघ के वरिष्ठ प्रचारक दादा साहब आप्टे को भी लगाया। 1964 में जन्माष्टमी के मौक़े पर बम्बई में चिन्मय मिशन

के मुख्यालय संदीपनी आश्रम में विश्व हिन्दू परिषद की औपचारिक स्थापना हुई। स्वामी चिन्मयानंद ने परिषद की पहली बैठक की अध्यक्षता की। इसमें विभिन्न धर्मों के साधु-संतों और मुखियाओं ने हिस्सा लिया। स्वामी चिन्मयानंद परिषद के पहले अध्यक्ष चुने गए और परिषद का सूत्र बना 'धर्मो रक्षति रक्षितः', यानी धर्म उनकी रक्षा करता है जो धर्म की रक्षा करते हैं।

गोविन्दाचार्य बताते हैं कि विश्व हिन्दू परिषद में 1964 के आसपास दादा साहब आप्टे थे तो उनका विदेशों में हिन्दू धर्म को फैलाने पर ज़ोर रहा। उस दौरान ज़्यादातर देशों में इस पर काम हुआ। फिर उनकी जगह राजाभाऊ देवलकर आए। वे महाकौशल के थे और उनका आकर्षण पूजा-पद्धति को लेकर रहा। पूजा-पद्धतियों के सरलीकरण के साथ-साथ संस्कृत से भी उन्हें बड़ा प्रेम था, इसलिए पुदुच्चेरि में संस्कृत संस्थान बना। जब द्वारिका प्रसाद आए तो उन्होंने ईसाई मिशनरी की तरह सेवा और रचनात्मक संस्थाओं का जाल फैलाना शुरू किया यानी अस्पताल, स्कूल और दूसरे सेवा केंद्र, इसके लिए देश के बहुत से धनवान लोगों को भी जोड़ा। लेकिन जब इमरजेंसी लगी तो बहुत से धनवान लोग 20 सूत्री कार्यक्रम पर दस्तख़त करके बाहर आ गए। मोरोपंत पिंगले के ज़माने में संस्कृति की रक्षा के लिए निधि इकट्ठा करने का कार्यक्रम चला। संगठन को आर्थिक संकट से उबारा भी गया। फिर जब अशोक सिंहल ने नेतृत्व संभाला, वे कार्यक्रम चलाने, लोगों को इकट्ठा करने और जोड़ने में माहिर थे। तब एकात्मकता यात्रा हुई और उसके बाद राम जन्मभूमि आंदोलन की रणनीति और कार सेवा की योजना बनी। सुप्रीम कोर्ट के फ़ैसले के बाद राम मंदिर निर्माण के काम में भी परिषद ने अहम ज़िम्मेदारी निभाई।

एकल विद्यालय

संघ का एक और महत्वपूर्ण प्रोजेक्ट है एकल विद्यालय फ़ाउंडेशन। ख़ासतौर से आदिवासियों और ग्रामीण इलाक़ों में चलने वाला यह अनूठा कार्यक्रम माना जा सकता है। इसका सिद्धांत है 'एक शिक्षक, एक विद्यालय'। इस समय देश में 76 हज़ार से ज़्यादा एकल विद्यालय हैं जिनमें 20 लाख से ज़्यादा बच्चे पढ़ रहे हैं। ऐसे दूरस्थ इलाक़ों में जहां सरकार आमतौर पर नहीं पहुंचती, ये एकल विद्यालय बहुत अच्छा काम कर रहे हैं। इन विद्यालयों में स्थानीय शिक्षक स्थानीय भाषा और बोली में लोक संगीत, नाटक और कहानियों के माध्यम से पढ़ाई कराते हैं।

एकल विद्यालय फ़ाउंडेशन अमेरिका से लौटे भारतीय न्यूक्लियर साइंटिस्ट राकेश पोपली और उनकी पत्नी ने शुरू किया था, जिसमें बच्चों की शिक्षा के विशेषज्ञों और दूसरे विद्वानों की मदद प्रोजेक्ट के लिए ली गई। इस प्रोजेक्ट की शुरुआत विश्व हिन्दू परिषद के सहयोग से की गई। आदिवासी इलाक़ों में अशिक्षा को दूर करने के लिए एकल विद्यालय अभियान झारखंड के गुमला से शुरू हुआ था। फिर भाऊराव देवरस और उनकी टीम ने इसे आगे बढ़ाने और सुनियोजित करने की योजना बनाई। इसमें राकेश पोपली ने पूरा कॉन्सेप्ट तैयार किया और एक

किताब लिखी—'खेले कूदे, नाचे गाए'। 2008 में एकल अभियान के लिए रिसर्च और विकास के लिए एकल संस्थान की शुरुआत की गई। एकल विद्यालयों को मॉनिटर करने और चलाने की ज़िम्मेदारी ग्राम समितियों को सौंपी जाती है। ये स्कूल सप्ताह में 6 दिन और हर दिन तीन घंटे के लिए चलते हैं। इसमें पढ़ाई के अलावा बच्चों के स्वास्थ्य और सफाई पर भी ध्यान रखने पर ज़ोर दिया जाता है। एकल विद्यालय फ़ाउंडेशन पर हिन्दू धर्म और विचारधारा को आगे बढ़ाने के आरोप भी कई बार लगे हैं।

विरोध के स्वर

आरएसएस लोकतांत्रिक संगठन तो है, लेकिन सामूहिक निर्णय नहीं मानने वालों के ख़िलाफ़ कार्रवाई करने में भी नहीं हिचकता। कई मौक़े ऐसे आए जब संघ लीडरशिप ने बाग़ी नेताओं या पदाधिकारियों के ख़िलाफ़ कठोर कार्रवाई करने का फ़ैसला किया। उन्हें तुरंत पद से हटाया गया और संघ से बाहर कर दिया गया। 1954 में पुणे के प्रचारक वी. वी. पेंडसे को इसलिए निकाल दिया गया क्योंकि वे संघ लीडरशिप की सीधी आलोचना कर रहे थे। संघ ने उनके ख़िलाफ़ तुरंत कार्रवाई की। 1955 में दिल्ली के महत्वपूर्ण प्रांत प्रचारक वसंत राव ओक के ख़िलाफ़ कड़ी कार्रवाई की गई। संघ के वरिष्ठ नेता और दीनदयाल शोध संस्थान से जुड़े रहे डॉ. महेश शर्मा के मुताबिक़, ओक उस वक़्त जनसंघ की राजनीतिक गतिविधियों में ज़रूरत से ज़्यादा सक्रिय हो रहे थे, जबकि उनके पास संघ की प्रांत प्रचारक जैसी महत्वपूर्ण भूमिका और पद था।

हेडगेवार ने अंग्रेज़ी शासन के वक़्त हुए प्रांतीय असेंबली के चुनावों में कई संघचालकों को हिस्सा लेने की इजाज़त दे दी थी, लेकिन 1952 के चुनावों में पूर्णकालिक प्रचारकों को राजनीति से दूर रहने के स्पष्ट निर्देश दिए गए। जनसंघ के संस्थापक अध्यक्ष डॉ. श्यामा प्रसाद मुखर्जी की मृत्यु के बाद मौलिचन्द्र शर्मा जनसंघ के अध्यक्ष बने। 1954 में उन्हें अपनी वर्किंग कमेटी बनानी थी। इसमें दोनों तरह के लोगों को शामिल करना था, पहले डॉ. मुखर्जी से जुड़े रहे हिन्दू राष्ट्रवादी नेता और दूसरे वे प्रचारक जो संघ से जनसंघ में काम करने के लिए भेजे गए थे। जनसंघ के गठन के वक़्त ही गोलवलकर ने हर प्रांत से संघ के दूसरे नंबर के पदाधिकारियों को जनसंघ में काम करने के लिए भेजा था। कांग्रेस से संघ में आए मौलिचन्द्र शर्मा का व्यक्तित्व ऐसा नहीं था कि वे जनसंघ को मज़बूती दे सकें और उसे खड़ा कर सकें, इसलिए वे संघ के प्रचारकों पर निर्भर थे। संघ के प्रांत प्रचारक होने के बावजूद वसंत राव ओक का मानना था कि जनसंघ को अपनी राजनीतिक पहचान बनाने के लिए संघ के दायरे से बाहर निकलना होगा। संघ ने ओक को जनसंघ की वर्किंग कमेटी में शामिल करने का विरोध किया, लेकिन ओक की राजनीतिक इच्छाएं बढ़ती जा रही थीं। संघ नेतृत्व के ख़िलाफ़ उनके बाग़ी स्वर सुनाई दे रहे थे। संघ नेतृत्व ने 1955 में उन्हें प्रांत प्रचारक के पद से हटाकर

शारीरिक शिक्षण प्रमुख बना दिया, लेकिन उन्होंने इस ज़िम्मेदारी को स्वीकार करने से इंकार कर दिया। इसकी वजह थी कि नई ज़िम्मेदारी के लिए उन्हें दिल्ली से दूर मद्रास जाना पड़ता। ऐसे में 1956 में ओक एक नई पार्टी नेशनल डेमोक्रेटिक फ्रंट में शामिल हो गए। उन्होंने आरोप लगाया कि आरएसएस नेतृत्व जनसंघ के कामकाज में दख़ल दे रहा है। इस नए फ्रंट में जनसंघ से आए ऐसे लोग शामिल थे, जो पार्टी लीडरशिप के रास्ते पर नहीं चलना चाहते थे। लेकिन यह ज़्यादा दिन नहीं चल पाया और ओक फिर से जनसंघ में आ गए। लेकिन उन्हें संघ में वह पद और प्रतिष्ठा फिर से नहीं मिल पाई। भाजपा के कुछ लोगों ने मुझे बताया कि जब वाजपेयी सरकार के दौरान एनडीए बनाया गया तो उस नाम का आइडिया लालकृष्ण आडवाणी को इस नेशनल डेमोक्रेटिक फ्रंट से आया था।

लगभग सौ सालों की अपनी यात्रा में संघ तमाम झटके खाने के बावजूद मज़बूती से चल रहा है, लेकिन कुछ मौक़े ऐसे आए जब संघ में असहमति के स्वर न केवल दिखाई दिए, बल्कि उन लोगों को संघ छोड़कर भी जाना पड़ा। यह विरोध सबसे ऊंचे पदों तक भी दिखाई दिया। पचास के दशक में बालासाहब देवरस का नाराज़ होकर संघ छोड़कर जाना आरएसएस के अब तक के इतिहास की सबसे बड़ी घटना मानी जानी चाहिए। संघ में इस पर ज़्यादा चर्चा नहीं होती कि बालासाहब किस वजह से संघ से बाहर गए और फिर कैसे वापस आए। बालासाहब साल 1953 से 1960 तक संघ छोड़कर बाहर रहे थे। फिर 1973 में संघ के सरसंघचालक भी बने। उनकी नियुक्ति भी गुरुजी गोलवलकर ने ख़ुद की। यह भी अपने-आप में अनोखी घटना कही जा सकती है। किसी दूसरे संगठन में ऐसा होना मुमकिन नहीं लगता। 1964 में गांधी हत्या से जुड़े कुछ लोगों की रिहाई हुई थी। उनके स्वागत में आयोजित एक कार्यक्रम में पुणे ज़िले के संघचालक एन. जी. अभ्यंकर के शामिल होने पर उन्हें संघ से निकाल दिया गया।

ऐसे मामले बहुत कम हैं जब किसी ने विरोध में जाकर संघ को न केवल छोड़ दिया हो, बल्कि संघ के मुक़ाबले दूसरा संगठन खड़ा किया हो। ऐसा हुआ भी तो वे संगठन आरएसएस को चुनौती नहीं दे पाए और बहुत कम समय में या तो ख़त्म हो गए या फिर से संघ में आकर मिल गए। जैसा 2017 में गोवा में हुआ, जब गोवा के संघचालक ने अंग्रेज़ी माध्यमों के प्राइमरी स्कूलों को सरकारी मदद देने के फ़ैसले के ख़िलाफ़ मोर्चा खोला। आरएसएस के इस मसले पर भाजपा सरकार का साथ देने पर संघ छोड़कर अलग संगठन बना लिया, लेकिन एक साल बाद वह फिर से संघ में शामिल हो गए।

आरएसएस में विरोध का सबसे पहला स्वर 1929 में दिखाई दिया था। तब संघ का शुरुआती दौर था। ज़्यादातर लोग डॉ. हेडगेवार के सहयोगी और विश्वस्त थे। उनमें से एक विश्वस्त गणेश सोहनी ने उस वक़्त नाराज़ होकर संघ छोड़ दिया, जब डॉ. हेडगेवार ने उनके इस प्रस्ताव को स्वीकार नहीं किया कि हर शाखा में एक

अखाड़ा होना चाहिए। इसके बाद सोहनी ने नागपुर में एक हिन्दू राष्ट्रवादी अखाड़ा शुरू किया जिसमें पारम्परिक मार्शल आर्ट सिखाया जाता था।

संघ में सबसे बड़ा विरोध 1938-39 में दिखाई दिया जब हैदराबाद के निज़ाम ने स्कूल और कॉलेजों में वंदेमातरम गाने पर पाबंदी लगा दी थी। देशभर में यह गीत अंग्रेज़ी शासन के ख़िलाफ़ विरोध के तौर पर गाया जाने लगा था। इस गीत में देश को माता की तरह और पूजनीय कहा गया था, इसलिए आरएसएस जैसे कई हिन्दू संगठन इस पर पाबंदी को लेकर नाराज़ थे। वह इसे हिन्दू और भारत के लिए अपमान की बात मानते थे। संघ के भीतर इस मसले पर विरोध तब शुरू हुआ जब स्कूल और कॉलेज जाने वाले स्वयंसेवकों ने इस आंदोलन में हिस्सा लेने की मांग की और डॉ. हेडगेवार ने उनकी इस मांग को खारिज कर दिया, जबकि आर्यसमाज और हिन्दू महासभा जैसे दूसरे हिन्दू संगठन इस आंदोलन में शामिल हो रहे थे। वैसे आंदोलन में निजी तौर पर स्वयंसेवक हिस्सा ले सकते थे, लेकिन पश्चिमी महाराष्ट्र और हिन्दू महासभा और आर्यसमाज जैसे संगठनों से भी जुड़े रहे स्वयंसेवकों ने आरएसएस के अलग ग्रुप बना लिए और आंदोलन में शामिल हो गए। इन ग्रुपों के पास कोई बड़ा या सशक्त नेतृत्व नहीं था तो थोड़े समय में ही ख़त्म या बंद हो गए।

इसी आंदोलन के दौरान 1938 में नाराज़ होकर आरएसएस को छोड़ने वाले नाथूराम गोडसे, नारायण आप्टे और जे. डी. जोगलेकर ने कुछ युवा स्वयंसेवकों के साथ 1943 में कट्टर हिन्दू राष्ट्र दल का गठन किया। गोडसे और उनके साथी गुरुजी गोलवलकर से इसलिए ज़्यादा नाराज़ हो गए क्योंकि 1943 में सरसंघचालक बनने के बाद गुरुजी ने आरएसएस को कट्टर आंदोलनकारी स्वरूप देने के बजाय संगठन और व्यक्ति निर्माण के साथ अध्यात्म पर ज़ोर दिया।

एक साल बाद विरोध का स्वर तब फिर दिखाई दिया जब 1944 में बम्बई प्रेसीडेंसी के इलाक़े में कन्नड़ बोलने वाले कुछ लिंगायत स्वयंसेवकों ने अलग से अपनी शाखा लगाना इसलिए शुरू कर दिया, क्योंकि वहां महाराष्ट्र के ब्राह्मणों का वर्चस्व था। महाराष्ट्र के ब्राह्मणों के वर्चस्व की शिकायत और इमेज से तो संघ हमेशा ही जूझता रहा है। इस परेशानी का सामना अटल बिहारी वाजपेयी को भी करना पड़ा था। 1940 से वाजपेयी का आरएसएस से संबंध बना। तब वे हाईस्कूल में थे। नागपुर से ग्वालियर आए आजीवन प्रचारक नारायण राव तर्टे उस वक़्त अटल बिहारी को संघ की शाखा में लाए। वे ग्वालियर की लक्ष्मीगंज शाखा में जाने लगे। तब वहां हिन्दी भाषियों का मराठियों से मुक़ाबला रहता था। मराठी लोगों को 'कढ़ीखाऊ' और उन्हें 'रांगड़े' कहा जाता था। फिर अटल बिहारी वाजपेयी ने मराठी सीख ली। गांधी हत्या के बाद जब संघ फिर से संगठन निर्माण के काम में जुट गया, उस वक़्त भी नागपुर में ही कुछ स्वयंसेवकों का एक ग्रुप इसलिए बाग़ी हो गया क्योंकि उनका मानना था आरएसएस समाज सेवा के काम में हिस्सा लेने के बजाय सिर्फ़ संगठन निर्माण के काम में ही लगा है।

सक्रिय राजनीति में संघ

संघ में सक्रिय राजनीति को लेकर हमेशा दुविधा बनी रहती है। यह सच है कि संघ चुनावों में अहम भूमिका निभाता है। उसके स्वयंसेवक वोटिंग बूथ तक जाकर वोटर की मदद करते हैं, लेकिन संघ ख़ुद को राजनीति से दूर रखने की बात करता है। इस विरोधाभास पर गोविन्दाचार्य कहते हैं, "जनसंघ के समय से ही इस बात पर बहस होती रही कि संघ का प्रचारक क्या चुनाव लड़ेगा? क्या सक्रिय राजनीति में हिस्सा लेगा? संघ के इतिहास पर नज़र डालिए। डॉ. हेडगेवार को आज़ादी के आंदोलन को लेकर बहुत छटपटाहट थी, लेकिन गुरुजी के संघ को संभालने के बाद उसमें वैचारिक तेज़ रहा। गुरुजी के आग्रह के कारण ही संघ के प्रचारकों और स्वयंसेवकों के राजनीतिक क्षेत्र में सहयोग की सीमाएं तय थीं।"

1962-67 तक कठोरता से इस परहेज़ का पालन भी किया गया। यह भी तय हुआ कि प्रचारक राजनीतिक सभाओं में नहीं जाएंगे। संघ में शाखा के मुख्य शिक्षक किसी राजनीतिक संगठन के बैनर तले कोई बैठक नहीं करेंगे। पोस्टर नहीं लगाएंगे यानी प्रचार नहीं करेंगे, लेकिन बूथ मैनेजमेंट में हिस्सा ले सकते हैं। संघ के प्रचारकों के चुनाव लड़ने पर भी मनाही थी, हालांकि कोई लिखित आदेश नहीं था। प्रचारक रहे गोविन्दाचार्य बताते हैं, "यह यक्ष प्रश्न अब भी अनुत्तरित है, संघ में इसका जवाब नहीं मिला।" गोविन्दाचार्य ने यह सवाल एक ज़माने में सुंदर सिंह भंडारी और भाऊराव देवरस से किया था। फिर कुशाभाऊ ठाकरे से भी किया था, लेकिन जवाब मिला, तुम अपना काम करो। उन्होंने कहा कि मैं मानता हूं कि प्रचारक को चुनाव नहीं लड़ना चाहिए, तो कहा गया कि तुम अपने को दीनदयाल जी से बड़ा प्रचारक मानते हो क्या? फिर गोविन्दाचार्य ने ख़ुद ही तय किया कि वे कभी चुनाव नहीं लड़ेंगे। भाऊराव देवरस ने इस पर उनसे कहा कि तुम ठीक सोच रहे हो।

1972 तक इसका कमोबेश पालन किया गया, लेकिन इसमें भी दीनदयाल उपाध्याय को चुनाव लड़ने का आदेश दिया गया। बाद में संघ के कुछ नेताओं ने माना कि यह सही निर्णय नहीं था। इमरजेंसी के बाद 1977 में इस प्रतिबंध को खोला गया क्योंकि उस वक़्त इस बात की ज़रूरत महसूस हुई कि राजनीति में बहुत से सक्रिय और गंभीर लोगों की ज़रूरत है।

डॉ. हेडगेवार शताब्दी के मौक़े पर 1989 में देश भर से ज़िला प्रचारकों तक को इकट्ठा किया गया और इस पर विस्तार से चर्चा हुई कि क्या प्रचारकों को राजनीति में आना चाहिए या उन्हें चुनाव लड़ने की इजाज़त दी जानी चाहिए? ज़्यादातर लोग प्रचारकों के सक्रिय राजनीति में आने के पक्ष में नहीं थे। उस वक़्त भाजपा के वरिष्ठ नेता प्यारेलाल खंडेलवाल ने इस बात का विरोध किया कि कम से कम भाजपा में इसकी पाबंदी नहीं होनी चाहिए। यानी जो प्रचारक भाजपा में आ गए हैं, उनके चुनाव लड़ने पर पाबंदी न हो। खंडेलवाल ने कहा, "मेरा ऐसा अपना अनुभव है, अगर पाबंदी लगाई गई तो द्वन्द्व बना रहेगा।"

गोविन्दाचार्य एक महत्वपूर्ण बात कहते हैं कि संघ गूढ़ परंपरा पर चलता है, यानी ये आदेशानुमुखी व्यवस्था है। इसका मतलब जो आदेश दे दिया जाए, वह उसे पूरा करने के लिए तैयार रहते हैं। वे कहते हैं कि निष्ठा संगठन में बांधे रखने के लिए तो उपयोगी होती है, लेकिन इससे साहस और पहल करने का उत्साह नहीं मिलता। इसकी मिसाल भी हाल के दिनों में ही देखने को मिली। हरियाणा के 2019 के विधानसभा चुनाव में जब भाजपा को बहुमत नहीं मिला और भाजपा हत्या के एक आरोपी से भी समर्थन लेने को तैयार हो गई तो संघ और भाजपा में से किसी ने भी इस पर नैतिकता का सवाल नहीं उठाया। जब उमा भारती ने इस पर प्रश्न किया, तो कुछ लोगों ने उन्हें सलाह दी कि तुम इन पचड़ों में क्यों पड़ती हो, नहीं पड़ना चाहिए।

हिन्दुस्तान जैसे लोकतांत्रिक देश में राजनीति से परहेज़ तो कोई अच्छी बात नहीं फिर यह भी दिखाई देता है कि राजनीति पर, सरकार पर संघ का नियंत्रण भी रहे और ज़िम्मेदारी ना हो। 'पावर विदाउट अकाउंटेबिलिटी?' इस सवाल के जवाब में गोविन्दाचार्य कहते हैं, "नहीं, इसे कहते हैं 'मॉरल अथॉरिटी', और इसका फ़ायदा है कि फिर किसी निर्णय के वक़्त प्रचारक या संघ का पदाधिकारी अपनी लाभ-हानि नहीं देखेगा और निष्पक्ष और तटस्थ होकर निर्णय कर सकेगा।"

रग-रग संघ, पग-पग संघ

नागपुर में राष्ट्रीय स्वयंसेवक संघ की ज़्यादातर गतिविधियां डॉ. हेडगेवार स्मृति भवन से ही होती हैं। संघ की पहली शाखा इसी मैदान में लगी थी। संघ का पूरा विस्तार भी यहां आकर समझा जा सकता है।

इस पूरे आंदोलन और विचारधारा को समझने के लिए संघ से जुड़ी किताबों से बेहतर कुछ नहीं हो सकता। यहां किताबों के अलावा संघ का गणवेश, बैंड, ड्रम और ध्वज भी मिल जाते हैं। ज़्यादातर पुस्तकें हिन्दी, अंग्रेज़ी और मराठी भाषाओं में हैं। इस संग्रहालय की ज़िम्मेदारी फिलहाल गंगाधर परधीकर के पास है। परधीकर 1983 से प्रचारक हैं और भारतीय किसान संघ से जुड़े रहे हैं। परधीकर बताते हैं कि देश भर से आने वाले स्वयंसेवकों की इच्छा होती है कि वे यहां मुख्यालय ज़रूर आएं।

किसान संघ की चर्चा करते हुए परधीकर बताते हैं कि किसान संघ की देश भर में छोटी-छोटी इकाइयां हैं, जिनके साल भर नियमित कार्यक्रम ज़िला स्तर पर चलते रहते हैं। राष्ट्रीय अधिवेशन तीन साल में एक बार होता है। परधीकर कहते हैं कि हम न तो भाजपा के, और न ही सरकार के दबाव में आते हैं। हम किसान से जुड़ी नीतियों के लिए दबाव बनाते हैं, लेकिन इस पर राजकीय प्रभुत्व नहीं होता।

"अब तुमने मुझे कुछ दिया है, तो मुझे भी कुछ देना पड़ेगा ना," अपने दस्तख़त करके उन्होंने मुझे बहुत ही स्नेह के साथ वह पुस्तक भेंट में दी, एक ख़ास

उपहार—'मैं संघ में और मुझ में संघ'। उस वक़्त 95 साल के रहे माधव गोविन्द वैद्य की पुस्तक का नाम इससे बेहतर कुछ हो ही नहीं सकता। अब वैद्य नहीं रहे।

माधव गोविन्द वैद्य से प्रचारकों को लेकर चर्चा शुरू हुई तो कहा, "मैं कभी प्रचारक नहीं रहा, लेकिन प्रचारकों का बाप हूं।" सच भी है। उनके दो पुत्र डॉ. मनमोहन वैद्य और डॉ. राम वैद्य प्रचारक रहे हैं। मनमोहन वैद्य लंबे समय तक संघ के अखिल भारतीय प्रचार प्रमुख भी रहे और अब सह-सरकार्यवाह हो गए हैं, जबकि डॉ. राम वैद्य अमेरिका और दूसरे देशों में संघ के कामकाज को देख रहे हैं। माधव गोविन्द वैद्य संघ के पहले प्रवक्ता रहे हैं। वैद्य जी संघ के औपचारिक तौर पर प्रचारक भले ही नहीं रहे हों, लेकिन पूरी ज़िंदगी संघ के कामकाज में ही खपा दी। लंबे समय तक 'तरुण भारत' में संपादक भी रहे, फिर एमडी और चैयरमेन भी। 'पांचजन्य' में रहे।" किसी ने उनसे कहा कि आपने दो-दो बेटों का करियर संघ का प्रचारक बना कर ख़राब कर दिया तो जवाब में वे कहते हैं कि बाक़ी तीन बेटों को क्यों नहीं बना पाया, यह आश्चर्य होता है।

संघ और सेवा

संघ में 'सेवा कार्य' को चैरिटी नहीं माना जाता, बल्कि समाज से जो कुछ मिला है, उसे चुकाने का प्रयास कहा जाता है। आरएसएस के सेवा कार्य को सरकार्यवाह रहे एच. वी. शेषाद्रि ने स्वरूप दिया। केंद्रीय नेतृत्व हर शाखा को समाज सेवा का कोई न कोई काम सौंपता है और किसी सीनियर प्रचारक को इस काम में सहयोग देने और नज़र रखने की ज़िम्मेदारी दी जाती है, ताकि वह सही अंजाम तक पहुंच सके।

इसके साथ ही संघ राष्ट्र निर्माण के लिए दूसरे संगठनों को साथ लेने या उनके साथ काम करने में नहीं हिचकता और बहुत से धार्मिक, सामाजिक और दूसरे संगठनों के साथ काम करने के लिए तैयार रहता है। संघ और भाजपा से जुड़े रहे वरिष्ठ नेता सुधांशु मित्तल कहते हैं कि संघ में शुरू से ही समाज की सेवा की बात होती थी। लेकिन 1965 में बालासाहब देवरस के सरकार्यवाह बनने के बाद सेवा कार्यों पर संघ का फ़ोकस बढ़ा। इससे पहले गुरुजी गोलवलकर के वक़्त संघ के संगठन के विस्तार पर ज़ोर दिया जा रहा था। बालासाहब का मानना था कि स्वयंसेवक को संगठन से आगे बढ़कर समाज की सेवा में योगदान देना चाहिए और जब देवरस सरसंघचालक बन गए तो यह काम तेज़ी से बढ़ा।

संघ के सेवा से जुड़े कार्य सेवा भारती के माध्यम से किए जाते हैं। सेवा भारती को साल 2003 में पब्लिक ट्रस्ट राष्ट्रीय सेवा भारती के रूप में रजिस्टर्ड कराया गया, ताकि राज्यों की इकाइयों और दूसरे संगठनों के साथ सेवा के काम को ज़्यादा सुचारू रूप से किया जा सके। राष्ट्रीय सेवा भारती के साथ नौ सौ से ज़्यादा संगठन जुड़े हैं, जो ज़िंदगी के हर क्षेत्र में सेवा कार्य में लगे हुए हैं। फिलहाल सेवा भारती के 90 हज़ार प्रोजेक्ट स्वास्थ्य के क्षेत्र में, 39 हज़ार प्रोजेक्ट समाज सेवा में, 25 हज़ार से ज़्यादा प्रोजेक्ट शिक्षा के क्षेत्र में और 22 हज़ार प्रोजेक्ट महिला

सशक्तिकरण के चल रहे हैं। संघ के अखिल भारतीय सह सेवा प्रमुख सेवा भारती के काम को देखते हैं।

एक बार किसी ने डॉ. हेडगेवार से सवाल किया कि आरएसएस अपने संगठन के निर्माण के बाद क्या करेगा? हेडगेवार ने जवाब दिया, "संघ कुछ नहीं करेगा, स्वयंसेवक सबकुछ करेंगे।" संघ उसी नीति पर चल रहा है। वहां स्वयंसेवक अपनी इच्छा, मन और भावना के हिसाब से किसी प्रकल्प में जुड़ता है और फिर उसे आगे बढ़ाने में लग जाता है। इसके लिए उसे कोई पैसा नहीं मिलता, बल्कि ज़्यादातर बार वह अपनी जेब से ही पैसा ख़र्च करता है।

किसी भी प्राकृतिक आपदा के वक़्त संघ के स्वयंसेवक सबसे पहले आगे आते हैं और उससे निबटने में जुट जाते हैं। चाहे 1966 में बिहार का अकाल रहा हो, 1977 का आंध्र प्रदेश में समुद्री तूफान, 1993 में महाराष्ट्र में आया भूकंप और 2002 का गुजरात का भयावह भूकंप, 2004 में दक्षिण भारत में सूनामी, 2013 में उत्तराखंड में बाढ़, 2017 में बिहार में आई बाढ़ और फिर कोविड महामारी के दौरान—हर जगह संघ के कार्यकर्ता मदद के लिए जी जान से जुट गए। आपदा कार्यों में संघ मज़हब या जाति के आधार पर कोई भेदभाव नहीं करता। गुजरात के भूकंप के वक़्त तो राहत शिविरों में नमाज़ के लिए विशेष स्थान बनाए गए थे। संघ मानता है कि प्राकृतिक आपदाएं ज़िंदगी का हिस्सा हैं और आती रहती हैं। इसलिए उनसे निबटने के लिए हमेशा तैयार रहना चाहिए और उसकी तैयारी भी होनी चाहिए। अब संघ के शिक्षा वर्ग में आपदा प्रबंधन पर अलग से प्रशिक्षण दिया जाता है।

दीनदयाल शोध संस्थान आत्मनिर्भर बनाने के लिए बहुत से प्रोजेक्ट चलाता है। उसने ग्राम विकास पर ख़ास काम किया है। सेवा भारती ने 'स्वास्थ्य मित्र' योजना चलाई है, जिसमें डॉक्टर गांवों में प्राइमरी हेल्थ प्रोजेक्ट चलाते हैं। संघ की एक महत्वपूर्ण योजना है धर्म परिवर्तन को रोकना। आरोप है कि ईसाई मिशनरी और कुछ दूसरे संगठन लालच या दबाव से धर्म परिवर्तन कराते हैं। उसे रोकने में संघ के सहयोगी संगठन लगे रहते हैं। संघ का कहना है कि वह ईसाई या इस्लाम के ख़िलाफ़ नहीं है, सिर्फ़ जबरन या लालच से धर्म परिवर्तन का विरोध करता है।

आईआईएमसी के महानिदेशक रहे के. जी. सुरेश ने लंबे समय तक पत्रकारिता की है। पत्रकारिता के दौरान के अपने अनुभव को साझा करते हुए एक क़िस्सा सुनाते हैं, "12 नवंबर 1996, दिल्ली से क़रीब सौ किलोमीटर दूर हरियाणा के एक गांव के ऊपर अचानक आसमान में आग का गोला फैल गया और कुछ पलों में ही ज़मीन पर आग लाशों के ढेर में बदल गई। जगह-जगह शरीर के जले हुए क्षत-विक्षत टुकड़े पड़े थे। दुनिया की अब तक की सबसे भीषण विमान दुर्घटना। बीच आसमान में टकराए दो जहाज़ों ने एक क्षण में 349 लोगों को लाशों में तब्दील कर दिया। इसमें 200 से ज़्यादा भारतीय थे। सऊदी अरेबिया एयरलाइंस की फ़्लाइट ने कुछ देर पहले ही दिल्ली से उड़ान भरी थी, जिसमें दो सौ से ज़्यादा हिन्दुस्तानी

नौकरी हासिल करने के लिए अपने नए सपनों को लेकर सऊदी अरब जा रहे थे। दूसरी तरफ़ कज़ाख़िस्तान एयरलाइंस का जहाज़ दिल्ली उतरने के लिए आसमान में नीचे उतर रहा था। एयर ट्रैफिक कंट्रोल के आदेशों को कज़ाख़िस्तान एयरलाइंस के पायलट ने ठीक से नहीं समझा और वह सऊदी अरब के जहाज़ से टकरा गया जिसमें कुल 312 लोग सवार थे। कज़ाख़िस्तान एयरलाइंस की चार्टेड फ़्लाइट में 37 यात्री थे। दोनों जहाज़ों के सारे लोग मारे गए। यात्रियों में ज़्यादातर मुस्लिम थे।

राहत के लिए कुछ बचा नहीं था। हरियाणा के चरखी दादरी गांव के खेतों में सिर्फ़ लाशों के टुकड़े बचे थे। गांव के लोग वहां सबसे पहले पहुंचे और उसके साथ ही पहुंचे 'राष्ट्रीय स्वयंसेवक संघ के कार्यकर्ता'। अगले दिन 'टाइम्स ऑफ़ इंडिया' के फ्रंट पेज पर पीटीआई न्यूज़ एजेंसी की एक बड़ी ख़बर छपी थी, जिसमें विस्तार से बताया गया था कि आरएसएस के स्वयंसेवकों ने किस तरह उन क्षत-विक्षत लाशों को इकट्ठा करने, उन्हें ससम्मान ताबूत में रखने का काम किया, जो बहुत मुश्किल था।" इस ख़बर से संघ के कामकाज की तो बहुत चर्चा हुई ही, लेकिन ख़बर देने वाले पीटीआई के रिपोर्टर के. जी. सुरेश को कड़ी आलोचना झेलनी पड़ी। उस वक़्त तक 'भक्त' शब्द प्रचलन में नहीं था, लेकिन मीडिया के बहुत से लोगों ने सुरेश को 'संघी पत्रकार' करार दे दिया।

हाल में ही आईआईएमसी के महानिदेशक पद छोड़ने वाले के. जी. सुरेश बताते हैं, "घटनास्थल पर मैंने देखा कि किस तरह संघ के स्वयंसेवक वहां बिना भूख-प्यास की परवाह किए लगे हुए थे। जलने की बदबू चारों तरफ़ फैली हुई थी। मरने वालों में ज़्यादातर मुस्लिम यात्री थे, लेकिन स्वयंसेवकों ने जिस शिद्दत से काम किया, उससे मुझे लगा कि यह एक महत्वपूर्ण स्टोरी है और वह कहानी बताती है कि संघ कैसे काम करता है। वह कहानी है उन लोगों के लिए जो संघ को मुसलमान विरोधी बताते हैं और जो समझते हैं कि बिना स्वार्थ कोई कुछ काम नहीं करता।"

एक और घटना का ज़िक्र के. जी. सुरेश करते हैं। 2001 में 26 जनवरी की सुबह गुजरात में तबाही लेकर आई जब भुज और अंजार के इलाक़े में भयंकर भूकंप आया। हज़ारों घर देखते-देखते मलबे में बदल गए और उनके नीचे दब गई ज़िंदगियां। कई दिनों तक राहत और बचाव का काम चल रहा था। मलबे के नीचे से लाशें निकालना आसान नहीं था। लाशें सड़ने लगीं, बदबू हवा में पसर गई थी। सगे रिश्तेदार भी लाश को निकालने के लिए उसके पास तक पहुंचने की हिम्मत नहीं कर पा रहे थे। तब वहां भी संघ के स्वयंसेवक कई दिनों तक ये काम करते रहे और न केवल लाशें निकालीं बल्कि उनका अंतिम संस्कार भी किया, क्योंकि कई घरों में तो परिवार में कोई बचा ही नहीं था। सुरेश कहते हैं, "संघ के स्वयंसेवकों का देश के लिए काम करने का ये कमिटमेंट है और मैं समझता हूं कि उसका डिविडेंड 2014 में भाजपा को मिला। इसमें नरेन्द्र मोदी का व्यक्तित्व, लीडरशिप और अमित शाह का हार्ड वर्क भी शामिल है। लेकिन बड़ी वजह है संघ के कमिटमेंट का

डिविडेंड। जो विश्वसनीयता उसने दी है, उसका फ़ायदा मिला। इसे आप साइलेंट रिवॉल्यूशन कह सकते हैं।"

के. जी. सुरेश आगे कहते हैं, "आलोचना करने वाले क्या यह जानते हैं कि संघ देहदान और अंगदान पर काम कर रहा है। दधीचि देहदान संस्था सिर्फ़ दूसरों को ही प्रेरित नहीं करती, संघ से जुड़े लोग ख़ुद प्रेरणा बनते हैं। बहुत कम लोगों को याद होगा कि जिस दिन दिल्ली में पूर्व मुख्यमंत्री शीला दीक्षित का निधन हुआ, उसी दिन भाजपा के दिल्ली प्रदेश के अध्यक्ष रहे उद्योगपति मांगेराम गर्ग का निधन हुआ था। उनका अंतिम संस्कार नहीं किया गया, उनका देहदान हुआ।" विश्व हिन्दू परिषद के कार्यकारी अध्यक्ष आलोक कुमार अभी उस दधीचि समिति के अध्यक्ष हैं। आलोक कुमार तो इस महत्वपूर्ण कार्य में ज़माने से लगे हुए हैं। लेकिन बहुत से लोगों को शायद इसका अहसास ही नहीं होगा कि एक ज़माने पहले विश्व हिन्दू परिषद के सबसे चर्चित और सक्रिय महासचिव आचार्य गिरिराज किशोर का भी उनकी इच्छा के अनुसार देहदान किया गया था।

लेखक रतन शारदा बताते हैं कि संघ के सेवा कार्यों के बारे में तो अब लोग जानने लगे हैं, लेकिन संघ ने देश के मुश्किल वक़्त में भी ऐसा काम किया है जिसकी जानकारी आमतौर पर नहीं मिलती। आज़ादी से पहले जब देश में विभाजन की आग जल रही थी, तब भी संघ के सरसंघचालक गुरुजी गोलवलकर पंजाब और सिंध क्षेत्र का दौरा कर रहे थे। देश में गड़बड़ी की आशंका को देखते हुए ही ब्रिटिश शासन ने आज़ादी दस महीने पहले देने का निर्णय कर लिया। पहले आज़ादी की घोषणा जून, 1948 में होनी थी, लेकिन फिर उसे 15 अगस्त, 1947 कर दिया गया।

शारदा आरोप लगाते हैं कि उस वक़्त मुस्लिम लीग के समर्थकों ने सरकार और हिन्दू नेताओं के साथ-साथ हज़ारों लोगों को मारने का प्लान बना लिया था और तारीख तय की गई 10 सितंबर, 1947। उस दिन लाल किले पर पाकिस्तानी झंडा फहराने की योजना भी थी। इस पूरे प्लान को विफल करने में संघ के कार्यकर्ताओं ने अहम भूमिका निभाई थी। फिर विभाजन के वक़्त हिन्दुओं को बचाने और पाकिस्तान से आनेवाले शरणार्थियों को हिन्दुस्तान तक पहुंचाने में सैकड़ों संघ कार्यकर्ताओं ने अपनी जान गंवाई और अपने परिवार भी खो दिए, लेकिन काम करते रहे। इसके साथ ही जुलाई-अक्टूबर 1947 तक पाकिस्तानी कबीलाइयों को कश्मीर में घुसने से रोकने में संघ कार्यकर्ताओं ने अपनी जान की बाज़ी लगा दी। उस वक़्त बलराज मधोक कश्मीर में संघ के मुख्य संयोजक थे। तब जम्मू में भी दंगे हो गए थे। संघ के स्वयंसेवकों ने उस पर काबू पाने में मदद दी। उस वक़्त तक महाराजा हरि सिंह जम्मू-कश्मीर के भारत में विलय के बारे में फ़ैसला नहीं कर पाए थे। भारतीय सेना के वहां पहुंचने तक संघ के कार्यकर्ता मैदान में डटे रहे। संघ के कार्यकर्ताओं और समर्थकों ने बाद में एक राजनीतिक दल 'प्रजा परिषद' का गठन किया, जो जम्मू-कश्मीर के भारत में पूरे विलय होने तक लड़ाई लड़ता रहा।

दादरा, नगर और हवेली को आज़ाद कराने के लिए भी संघ के सैकड़ों स्वयंसेवकों ने सत्याग्रह किया और 2 अगस्त, 1955 को सरकारी भवनों पर तिरंगा फहराया। गोवा की आज़ादी में भी स्वयंसेवकों ने अहम भूमिका निभाई। 1962, 1965 और 1971 की जंग के दौरान संघ ने फौजियों के लिए मुफ़्त कैंटीन चलाई। संघ की इस तरह की भूमिका के बाद ही प्रधानमंत्री नेहरू ने संघ को 1963 में 26 जनवरी की परेड में आमंत्रित किया और सिर्फ़ तीन दिन की सूचना पर संघ के तीन हज़ार स्वयंसेवकों ने गणवेश में उस परेड में हिस्सा लिया। पंजाब में आतंकवाद के दौरान संघ की सहयोगी संस्था 'राष्ट्रीय सिख संगत' ने सिख-हिन्दू एकता के लिए काम किया। ऐसी बहुत सी घटनाएं हैं जब संघ के कार्यकर्ताओं ने आगे बढ़कर देश की रक्षा के लिए काम किया है।

संघ और कांग्रेस

आमतौर पर यह माना जाता है कि संघ और कांग्रेस एक दूसरे से उलट विचारधारा है, लेकिन इतिहास पर नज़र डालें तो ऐसे बहुत से मौक़े आए जब आरएसएस ने कांग्रेस के साथ दोस्ती करने की कोशिश की। कई बार कांग्रेस भी संघ के क़रीब होती नज़र आई। ऐसे भी कई मौक़े हैं जब कांग्रेस ने संघ की तरह हिन्दूवादी राजनीति के रास्ते पर चलने की कोशिश की।

संघ संस्थापक डॉ. हेडगेवार संघ शुरू करने से पहले कांग्रेस के ही नेता थे। अपनी मेडिकल की पढ़ाई के दौरान वे कलकत्ता में अनुशीलन समिति में सक्रिय रहे और फिर कांग्रेस के सुभाष चन्द्र बोस के साथ उनके रिश्ते रहे। कांग्रेस के 1920 में नागपुर में हुए अधिवेशन की व्यवस्था का ज़िम्मा भी डॉ. हेडगेवार के पास ही था, जिसके लिए उन्होंने 1200 स्वयंसेवक तैयार किए थे। संघ शुरू होने के बाद भी वे न केवल कांग्रेस के स्वतंत्रता आंदोलन से जुड़े रहे, बल्कि 1937 तक संघ कांग्रेस के साथ रहा।

महात्मा गांधी की हत्या के बाद संघ पर प्रतिबंध लगा था। इसके बाद 1949-50 में सरसंघचालक गोलवलकर के रहते हुए संघ ने प्रतिबंध हटाने के लिए सरदार पटेल से संपर्क रखा। सरकार्यवाह भैयाजी दाणी और एकनाथ रानाडे, सरदार पटेल और कांग्रेस के कुछ दूसरे नेताओं के साथ संपर्क में थे। तब सरदार पटेल ने संघ को कांग्रेस में शामिल होने का आमंत्रण दिया। बाद में नेहरू ने इससे इंकार कर दिया।

सत्तर के दशक की शुरुआत में पाकिस्तान के साथ युद्ध में भारत की जीत और बांग्लादेश बनने के वक़्त संघ ने प्रधानमंत्री इंदिरा गांधी की सार्वजनिक तौर पर प्रशंसा की थी। इसके बाद 1971 के चुनावों में भी कांग्रेस की भारी जीत पर भी उन्हें संघ ने बधाई दी। जनसंघ के अधिवेशन में एक नेता ने इंदिरा गांधी को दुर्गा कहा था, माना गया कि वह नेता वाजपेयी थे। लेकिन वाजपेयी ने ख़ुद मुझे बताया कि उन्होंने इंदिरा गांधी के लिए कभी दुर्गा शब्द का इस्तेमाल नहीं किया।

इमरजेंसी के दौरान भी एकनाथ रानाडे लगातार कांग्रेस सरकार से संपर्क में रहे। ख़ुद सरसंघचालक बालासाहब देवरस ने प्रधानमंत्री को तीन पत्र लिखे, जिसकी संघ के भीतर भी आलोचना हुई। 1984 में बालासाहब देवरस का भाषण, हिन्दुत्व के वोटों को एकजुट करने की बात, नानाजी देशमुख का राजीव गांधी के लिए राष्ट्रवादी वोटों का एकजुट होने का बयान—सब कांग्रेस के रास्ते की ओर जाते हैं। राजीव गांधी के प्रधानमंत्री बनने के बाद बालासाहब ने उनके सामने असम से घुसपैठियों को खदेड़ने, धर्म परिवर्तन कराने वाली ईसाई मिशनरियों को देश से बाहर करने, अल्पसंख्यक आयोग के बजाय मानवाधिकार आयोग बनाने और अनुच्छेद 370 को ख़त्म करने की मांग रखी थी। राजीव गांधी सरकार ने इनमें से किसी मांग को नहीं माना, बल्कि 1985-1986 में राजीव गांधी कट्टरपंथी मुसलमानों के दबाव में आ गए और शाहबानो के मामले में उन्होंने सुप्रीम कोर्ट के फ़ैसले को ही उलट कर क़ानून बना दिया। सुप्रीम कोर्ट ने 23 अप्रैल, 1985 को शाहबानो प्रकरण पर फ़ैसला सुनाया था। फिर अपने सलाहकारों के समझाने पर राजीव गांधी ने हिन्दू वोटरों को खुश करने के लिए राम जन्मभूमि का ताला खुलवाने का काम किया।

संघ की भाषा

इलाहाबाद में प्रोफेसर बद्रीनारायण के मुताबिक़, आरएसएस की सबसे बड़ी ताक़त उसकी भाषा है। उसकी इस ताक़त को समझते हुए कांग्रेस के एक विचारक नेता का कहना था, "संघ की भाषा में पांच हज़ार वर्षों की अनुगूंज सुनाई पड़ती है। वह भारतीय परंपरा की अनेक अनुगूंजों को अपने में जज़्ब किए है। अगर कांग्रेस को भाजपा की तुलना में अपने संघर्ष को सक्षम बनाना है तो उसे संघ की भाषा के जवाब में अपनी एक ऐसी भाषा विकसित करनी होगी, जिसमें भारतीय समाज के अतीत, वर्तमान और भविष्य की छवि हो।"

सचमुच संघ के पास एक ऐसी भाषा है जिसमें आम आदमी के जन्म से लेकर मृत्यु तक की भाषा की छवि मौजूद है। अगर आप संघ के अभ्यास वर्गों में चल रहे बौद्धिकों का विश्लेषणात्मक अध्ययन करें तो आपको इस भाषा के स्रोत और उसके निर्माण की रणनीति के साथ उसका रूप भी समझ में आएगा। संघ के बौद्धिकों में, संगठन में ऊपर से नीचे तक स्वयंसेवक अपने-अपने समूहों में जो प्रभावी भाषण देते हैं, वे उनकी संस्कृति का हिस्सा हैं। उनमें कथावाचन का असरदार तत्व शामिल होता है। इसके माध्यम से संघ के संघर्ष, उसकी प्रेरणा एवं लक्ष्य पर ज़ोर दिया जाता है। कथा कहने का यह तत्व कई बार हमें भारतीय कथावाचन की उस परंपरा की याद दिलाता है जिसमें भागवतपुराण, महाभारत, सत्यनारायण की कथा कही और सुनी जाती है। ऐसी कथाओं के ज़रिये संघ के कार्यकर्ता जो कुछ कहते हैं, उसका संदर्भ नया होता है।

भारतीय मन 'कथा' में जीता है। शायद इसी सामाजिक मन को समझते हुए संघ के सबसे ज़्यादा प्रभावी सरसंघचालक गोलवलकर ने भारतीय गांवों का जो

स्वरूप दिखाया, उसमें मदन मोहन मालवीय की इस सोच का प्रभाव दिखता है कि 'गांव-गांव सभा हो, प्रत्येक सभा में कथा हो, प्रत्येक गांव में विद्याशाला हो, साथ में मल्लशाला भी हो।' गोलवलकर की इस परिकल्पना में कथा महत्वपूर्ण है। राष्ट्रीय स्वयंसेवक संघ के विमर्श में आमतौर पर जिन आधुनिक या प्राचीन कविताओं का इस्तेमाल होता है उनके मूल में कथाएं ही होती हैं।

गुरुजी गोलवलकर के सरसंघचालक बनने के बाद किसी विद्वान ने उनसे पूछा कि आप संघ के बारे में और उसकी विचारधारा को लेकर साहित्य का प्रकाशन क्यों नहीं करते। तब जवाब में गोलवलकर ने कहा, "हमारी परंपरा श्रुति की है, यानी हम कथाओं को सुनकर ही अपने को आगे बढ़ाते रहे हैं, लेकिन जब श्रुति को स्मृति में बदलने की ज़रूरत होगी तब हम उसका प्रकाशन भी कर लेंगे।" आमतौर पर कहा जाता है कि स्वयंसेवकों को शिक्षक और प्रचारक अपने व्यवहार से सिखाएं। संघ शिक्षण वर्ग में भी व्यवहार शिक्षा महत्वपूर्ण होती है और एक कोशिश होती है दिल से दिल को जोड़ने की। संघ के स्वयंसेवकों को सिखाया जाता है कि वे सिर्फ़ दूसरे स्वयंसेवक से ही नहीं, बल्कि उसके परिवार से भी जुड़ें।

यह किसी से छिपा नहीं कि आज संघ अनेक प्रतिरोधी दिखने वाली धाराओं को अपने साथ लाने की कोशिश कर रहा है। नागपुर में संघ के कार्यक्रमों में अक्सर अलग-अलग विचारधाराओं के प्रमुख लोगों को आमंत्रित किया जाता रहा है। प्रतिरोधी धाराओं से मिलने-जुड़ने और उन्हें अपने साथ लेकर चलने की कोशिश से ही संघ के चिंतन में आंबेडकर की हिन्दू धर्म की आलोचना नज़र नहीं आती। संघ के पदाधिकारी हर मौक़े पर आंबेडकर की किसी न किसी बात का इस्तेमाल करते दिखते हैं। दरअसल संघ सदैव हिन्दू और बौद्ध धर्म के बीच एक सहज संबंध दिखाने की कोशिश करता है।

पिछले दिनों दलित समूहों ने हिन्दू कथा परंपराओं के बीच के कई छोटे माने जाने वाले चरित्रों को अपने-अपने नायक के रूप में विकसित कर उन्हें अतीत में हुए 'अन्याय' के प्रतीक के रूप में पेश किया। संघ के विमर्श में अब ऐसे चरित्रों को महत्व देने की कोशिश हो रही है ताकि दलितों की अस्मिता को सम्मान दिया जा सके। शबरी के मंदिर, हनुमान के वनवासी संबंधों की कथाओं, वनवासी गांवों में शिक्षा, सफाई के साथ मंदिर निर्माण के काम में आप एक ऐसी कथा विकसित होते देख सकते हैं जिसमें कई तरह के सूत्र एवं संबंध हैं। यह भी सच है कि मिलने-जुड़ने की यह प्रक्रिया आसान नहीं है। यह अंतर्विरोधों एवं जटिलताओं से भरी है।

संघ के विमर्श उसकी शाखाओं में भी बनते हैं, लेकिन उनमें संघ के ऊपरी स्तर पर व्याप्त चिंतन का प्रभाव साफ़ दिखता है। संघ के विमर्श अचानक नहीं होते। वे उसके लक्ष्य और उद्देश्य के अनुरूप और तात्कालिक ज़रूरत के हिसाब से भी होते हैं। 2017 में राष्ट्रीय स्वयंसेवक संघ के अखिल भारतीय कार्यकारी मंडल की बैठक भोपाल में हुई। इस बैठक में सरसंघचालक मोहन भागवत ने प्रचारकों को 'मातृभाषा अभियान' चलाने की प्रेरणा दी। यानी बच्चों की प्राथमिक शिक्षा

मातृभाषाओं में हो, इस पर प्रचारक ज़ोर देंगे। दरअसल प्रचारक क्या और कैसे ज़ोर देंगे? वे क्या करेंगे? उनका कहना कौन सुनेगा? लोग अपने बच्चों को अंग्रेज़ी माध्यम के ख़र्चीले स्कूलों में क्यों भेजते हैं, यह सवाल संघ परिवार को पहले ख़ुद से पूछना चाहिए। आज देश का ग़रीब से ग़रीब आदमी चाहता है कि उसके बच्चे पढ़-लिखकर बड़ी-बड़ी नौकरियां करें। हमारे देश में सरकारी नौकरियों के लिए सबसे बड़ी और अनिवार्य योग्यता क्या है? अंग्रेज़ी भाषा! आपको अपनी नौकरी का हर गुर अच्छी तरह मालूम है, लेकिन अगर आप अंग्रेज़ी नहीं जानते तो वह नौकरी आपको नहीं मिलेगी।

राष्ट्रीय स्वयंसेवक संघ देश के महत्वपूर्ण संगठनों में से एक है, फिर भी ख़ुद आरएसएस के लिए यह सवाल तो बनता है कि क्यों देश की एक बड़ी आबादी उनके संगठन पर भरोसा नहीं करती या फिर उसे शक के दायरे में रखती है। संघ परिवार को कोई राष्ट्र विरोधी संगठन नहीं कह सकता, लेकिन राष्ट्र की मुख्यधारा में साथ-साथ और मिलजुल कर बहने के लिए अभी बहुत कुछ करने की ज़रूरत महसूस होती है और इसकी दिशा ख़ुद संघ परिवार को तय करनी होगी।

आर्थिक उदारीकरण के दौर के बाद एक बड़ा बदलाव देश में आया, ख़ासतौर से मध्य वर्ग भारतीयों में। वह अब अपने बच्चों को समाज सेवा या दूसरे काम में प्रोत्साहित करने के बजाय सिर्फ़ पढ़ाई और नौकरी पर फ़ोकस करना चाहता है। मैं आमतौर पर इसे 'प्लेसमेंट जेनरेशन' कहता हूं, जो पढ़ाई और बेहतर कॉलेज सिर्फ़ इसलिए ढूंढ़ते हैं कि उनका प्लेसमेंट किसी अच्छी कंपनी में हो जाए। एक ज़माने में हमारी पीढ़ी कॉलेज और स्कूल के वक़्त स्काउट, गाइड, एनसीसी, एनएसएस की गतिविधियों में शामिल होती थी। लेकिन अब ऐसा करने वालों की तादाद बहुत कम हो गई है, ख़ासतौर से मिडिल क्लास में। आर्थिक रूप से कमज़ोर तबके के लोग और युवा अब अपने समाज के बदलाव के काम में लगे रहते हैं। यही वह तबका है जो अब संघ की शाखाओं में दिखाई देता है। इसलिए कई शहरों के महत्वपूर्ण और पॉश इलाक़ों में हो सकता है कि आपको संघ की शाखाएं नहीं दिखाई देती हों, लेकिन गांवों और पिछड़ी बस्तियों में उनकी तादाद बढ़ने लगी है। मिडिल क्लास और अपर क्लास के लिए संघ ने अब नया रास्ता निकाला है। वह उनके लिए प्रोफ़ेशन के हिसाब से शाखाओं और कार्यक्रमों के आयोजन करने लगा है। संघ में युवाओं के लिए अब आईटी शाखा भी शुरू की है, जिसमें युवा इंटरनेट के माध्यम से संघ की गतिविधियों से जुड़े रहते हैं। वे इंटरनेट पर ही शाखा के कार्यक्रमों और मुद्दों पर चर्चा करते हैं और फिर महीने में एक बार या हर पखवाड़े मिलते हैं और शिविर में हिस्सा लेते हैं। विदर्भ में शुरू किए गए 'वन वीक फॉर द नेशन' कार्यक्रम को भी अच्छा रेस्पॉन्स मिला। इसके अलावा भी बहुत नए आइडियाज़ पर संघ के लोग काम करते रहते हैं और उन्हें अमल में लाते हैं।

लेखक रतन शारदा की दलील है कि संघ में लोगों की भागीदारी कम हुई है, ये मानना बिल्कुल सही नहीं है। वे बताते हैं कि हर साल संघ शिक्षण वर्ग में बीस

हज़ार से ज़्यादा स्वयंसेवक शामिल होते हैं। ये सभी लोग नए स्वयंसेवक होते हैं क्योंकि शिक्षण वर्ग रिपीट नहीं किया जाता। ये कार्यकर्ता पहले एक सप्ताह की ट्रेनिंग लेते हैं। माना जाता है कि आमतौर पर हर पांच में से एक कार्यकर्ता ट्रेनिंग पास करने के बाद प्रथम वर्ग शिक्षण वर्ग में जाता है, यानी हर साल क़रीब एक लाख कार्यकर्ता संघ में ज़िम्मेदारी लेते हैं। ये कार्यकर्ता समाज और संगठन की सेवा करना तय करते हैं, उसके बाद ही संघ के प्रशिक्षण में हिस्सा लेते हैं। आज के वक़्त में शायद ही कोई दूसरा संगठन हो, जिसमें इतनी बड़ी तादाद में लोग समाज की निशुल्क सेवा के लिए शामिल होते हों।

गोविन्दाचार्य से अपनी बातचीत के दौरान चलते-चलते पूछता हूं, "गुरुजी गोलवलकर से किसी पदाधिकारी ने कहा कि अब संघ बढ़ रहा है तो संघ को निधि निर्माण करना चाहिए, कार्यालय भवन बनाना चाहिए। गुरुजी ने मुस्कराते हुए जवाब दिया, निधि की ज़रूरत नहीं और संगठन के लिए भवन नहीं, कार्यकर्ता चाहिए। दिल्ली के झंडेवालान में संघ कार्यालय के पुराने भवन को तोड़कर नए शानदार भवन का काम पूरा होने को है। इसके मायने?" गोविन्दाचार्य ज़ोर से हंसते हैं। फिर मेरे क़िस्से के जवाब में एक क़िस्सा सुनाते हैं। "एक ज़माने पहले एस गुरुमूर्ति जी ने नई कार खरीदी थी दिल्ली में। उस समय गुरुजी गोलवलकर दिल्ली पहुंच रहे थे, तो गुरुमूर्ति की इच्छा थी कि गुरुजी उनकी कार में बैठकर आएं। गुरुजी उनकी कार में बैठकर सूर्य नारायण राव के घर पहुंचे। वहां पुराने भवन में निर्माण का काम चल रहा था। कार पोर्टिको में रुकी तो गुरुमूर्ति और राव पीछे-पीछे चल रहे थे। गुरुजी ने कहा कि पोर्टिको और घर के दरवाज़े के आगे ऐसा बहुत चमकदार निर्माण मत कराना कि सामान्य स्वयंसेवक अंदर आने में ही घबराहट महसूस करे।" गोविन्दाचार्य आगे कहते हैं, "संघ का तो पता नहीं, लेकिन इतना जानता हूं कि गुरुमूर्ति ने वह बात गांठ बांध ली।"

सायरन बजाती गाड़ियों से आम आदमी को डराते राजनेताओं की चर्चा करते हुए गोविन्दाचार्य एक और क़िस्सा सुनाते हैं। महात्मा गांधी की हत्या के बाद गुरुजी नागपुर में थे। लोगों में संघ को लेकर गुस्सा दिख रहा था। नाराज़ भीड़ नागपुर में संघ मुख्यालय की तरफ़ बढ़ रही थी तो संघ के कुछ हट्टे-कट्टे स्वयंसेवकों के साथ-साथ भैयाजी दाणी, मोरोपंत पिंगले जैसे पदाधिकारियों ने भी हाथ में दंड लेकर गुरुजी की सुरक्षा के लिए घेरा बना लिया। गुरुजी ने उन सबको हटने के लिए कहा और बोले कि मेरी सुरक्षा की ज़रूरत नहीं है, भीड़ को वाकई ऐसा लगता होगा तो मुझे अपना जीवन देने में कोई भय नहीं है। गुरुजी शांत मुद्रा में बैठ गए। थोड़ी देर में भीड़ पिघल गई।

ये क़िस्सा सुनने के ठीक बाद मैं दिल्ली में जनपथ पर बने आंबेडकर भवन में संघ के एक बड़े कार्यक्रम में शामिल होने के लिए पहुंचा। मैं एक स्वयंसेवक से कार्यक्रम के बारे जानकारी लेने की कोशिश कर ही रहा था कि तभी दूसरे स्वयंसेवक ने ज़ोर से धक्का देते हुए हमें एक तरफ़ कर दिया, क्योंकि सायरन

बजाती गाड़ियों का एक काफ़िला आंबेडकर भवन में प्रवेश कर रहा था। ब्लैक कमांडो गाड़ियों से तेज़ी से कूदते हुए निकलकर घेरा बना रहे थे। अंदर हॉल में समाज में बराबरी और सबको साथ लेकर चलने पर चर्चा शुरू होनी थी।

3

डॉ. केशव बलिराम हेडगेवार: मातृभूमि को समर्पित

संघ के संस्थापक डॉ. केशव बलिराम हेडगेवार 21 जून, 1940 को आरएसएस की सामाजिक-सांस्कृतिक विरासत देश को सौंपकर चले गए थे।

उस वक़्त देशभर में आज़ादी हासिल करने के लिए आंदोलनों का दौर था, जिसके लिए ज़रूरी था, स्वस्थ और ताक़तवर होना। इसलिए ज़्यादातर नौजवान अखाड़ों में जाया करते थे तो हेडगेवार की देशभक्ति की यात्रा भी अखाड़े से ही शुरू हुई। नागपुर में शिवराम गुरु का अखाड़ा राष्ट्रवादी सोच वालों के बीच ख़ासा लोकप्रिय था। अपने मित्रों के साथ हेडगेवार इस अखाड़े में नियमित तौर पर जाते थे, जब 1904 में डॉ. बालाकृष्णा शिवराम मुंजे की नज़र उन पर पड़ी। उस समय केशव ने डॉ. मुंजे के साथ उनके घर पर बम बनाना सीखा। डॉ. मुंजे बाल गंगाधर तिलक के प्रमुख अनुयायियों में से थे। वह मध्य प्रांत में तिलक युग का शुरुआती दौर था।

शुरू में इन अखाड़ों में युवकों को सिखाया जाता कि वे जो कसरत कर रहे हैं वह एक तरह से हनुमान यानी मारुति की पूजा है। महाराष्ट्र में शिवाजी के गुरु स्वामी रामदास भी मारुति के भक्त थे और उन्होंने अपने मठों में मारुति की मूर्तियां स्थापित की थीं। उस दौरान संघ के स्वयंसेवक भगवा ध्वज, मारुति और स्वामी रामदास के चित्रों के सामने शपथ लेते थे। डॉ. हेडगेवार इससे पहले बंगाल की अनुशीलन समिति से जुड़े रहे थे। अनुशीलन समिति में भी क्रांतिकारी, काली की मूर्ति के सामने एक हाथ में भगवद् गीता और दूसरे हाथ में रिवॉल्वर लेकर शपथ लेते थे। संघ में शारीरिक शक्ति के साथ वैचारिक ताक़त को भी जगह दी गई थी, इसलिए गुरु-शिष्य परपंरा और अखाड़े से लगाव रखते हुए भी शाखा में बौद्धिक तत्त्व शामिल किया गया। 1927 से डॉ. हेडगेवार अपने नए स्वयंसेवकों का साप्ताहिक बौद्धिक लेते थे, इसमें हिन्दू राष्ट्र, उसके इतिहास और नायकों से जुड़े सवालों पर चर्चा होती थी। आज भी संघ के प्रशिक्षण शिविर में बौद्धिक अहम है, और न केवल प्रशिक्षण शिविर में बल्कि अलग-अलग मौक़ों पर ज़िला स्तर पर भी बौद्धिक किए जाते हैं। डॉ. हेडगेवार शुरुआत में गुरु नहीं बनना चाहते थे, 1927 में ही उन्होंने सरसंघचालक बनना स्वीकार किया लेकिन वे स्वयंसेवकों से सच्ची

श्रद्धा भगवा ध्वज के लिए ही चाहते थे। आज भी स्वयंसेवक रोज़ाना लगने वाली शाखा की शुरुआत भगवा ध्वज को प्रणाम करके ही करते हैं। गुरु दक्षिणा भी इसी ध्वज के सामने होती है।

आरएसएस के गठन और विस्तार को लेकर वरिष्ठ पत्रकार और संघ से क़रीब से जुड़े नागपुर के दिलीप देवधर बताते हैं कि अपनी मृत्यु से तीन-चार साल पहले डॉ. हेडगेवार ने संघ के कुछ वरिष्ठ नेताओं के साथ कहा कि हमें अखिल भारतीय स्तर पर संगठन के निर्माण की ज़रूरत है और जब तक यह नहीं होगा, हम कुछ नहीं कर पाएंगे। डॉ. हेडगेवार का मानना था कि जब भारत की आबादी का एक फीसद हम संघ का स्वयंसेवक बना लेंगे तो भारत में हम जैसा चाहेंगे, वैसा ही होगा। उनका कहना था कि हमने हज़ार साल से जुल्म सहे हैं लेकिन अंग्रेज़ों के सद्गुणों से कुछ संस्कार सीखकर हिन्दुओं को आगे बढ़ना है। हेडगेवार कहते थे कि भगवान ने अंग्रेज़ों जैसा दुश्मन हमें दिया है। जो एक फीसद अंग्रेज़ दुनिया भर पर साम्राज्य करते हैं तो हम उनसे सीख ले सकते हैं।

दिलीप देवधर संघ प्रमुख हेडगेवार के एक फीसद स्वयंसेवक के बयान को आगे बढ़ाते हुए बताते हैं, "मैंने एक बार नागपुर में एक बड़े स्ट्रक्चरल इंजीनियर मसई साहब से पूछा कि भवन निर्माण में कितनी आरसीसी का इस्तेमाल होता है और आरसीसी पिलर बनाने के लिए कितनी स्टील और सीमेंट की ज़रूरत पड़ती है। उस वक़्त वहां संघ के चार-पांच प्रचारक भी बैठे थे। मसई ने बताया कि भवन निर्माण में आरसीसी में एक फीसद स्टील का इस्तेमाल होता है और यह स्टील जंगरहित होना चाहिए, कार्बन इम्प्योरिटी नहीं हो और उसमें फ्लेक्सिबिलिटी होनी चाहिए।" देवधर तर्क देते हैं कि हेडगेवार ने भी राष्ट्र-निर्माण के लिए इंजीनियरिंग की इस तकनीक का इस्तेमाल किया यानी एक फीसद स्वयंसेवक तैयार किए जाएं और वे स्वयंसेवक ईमानदार हों यानी उनमें कार्बन इम्प्योरिटी नहीं हो ताकि जंग न लग सके यानी भ्रष्ट न हों और दूसरी बात स्टील की तरह मज़बूत तो हों, लेकिन फ्लेक्सिबल हों मतलब वक़्त और ज़रूरत के साथ उनमें बदलावों को स्वीकार करने की आदत हो। मतलब यह कि हेडगेवार शुरू से ही चाहते थे कि संघ में स्वीकार्यता का भाव रहना चाहिए और वह बदलाव के लिए तैयार रहे।

आज़ादी के आंदोलन के वक़्त लोकमान्य तिलक के सबसे बड़े शिष्यों में से एक हेडगेवार ने कांग्रेस में काफी काम किया और 1916 से 1926 तक कार्यकर्ताओं की एक बड़ी फौज तैयार कर दी। 1920 में नागपुर में होने वाले कांग्रेस के अधिवेशन की अध्यक्षता लोकमान्य तिलक को करनी थी। इस अधिवेशन की वालंटियर फोर्स की अगुआई हेडगेवार कर रहे थे, उन्होंने 1,200 वालंटियर अधिवेशन के लिए तैयार किए, लेकिन उसी साल तिलक का निधन हो गया और तब गांधी ने कांग्रेस की कमान संभाली और कांग्रेस में शुरू हुआ गांधी युग। हेडगेवार और उनके साथियों ने गांधी को अपना नेता मान लिया और उनके साथ काम करने लगे।

हेडगेवार ने 1925 में अपनी इस वालंटियर फोर्स को संघ के रूप में बदल दिया, जिसे 1926 में आरएसएस यानी राष्ट्रीय स्वयंसेवक संघ का नाम मिला। गांधी ने अपना आश्रम, सेवाग्राम, वर्धा के पास बनाया था और वर्धा में ही 1936 में शुरू हुई राष्ट्र सेविका समिति। हेडगेवार ने अपने स्वयंसेवकों के लिए उसी यूनीफ़ॉर्म को रखा जो 1920 के कांग्रेस अधिवेशन में वालंटियर के लिए बनाई गई थी। यह यूनीफ़ॉर्म 1942 में तब तक चली, जब तक कि अंग्रेज़ सरकार ने इस पर पाबंदी नहीं लगा दी।

डॉ. हेडगेवार चुनावों में हिस्सा लेने के लिए तैयार नहीं थे जबकि मोतीलाल नेहरू चुनावों से सत्ता हासिल करना चाहते थे। महात्मा गांधी ने जवाहर लाल नेहरू को प्रधानमंत्री के लिए चुना। उस वक़्त ब्रिटेन, अमेरिका और सोवियत यूनियन भी नेहरू को ज़्यादा पसंद करते थे और यह बात शायद गांधी को भी समझ आ रही थी।

चुनावों के बाद महात्मा गांधी कांग्रेस को भंग करने की बात कर चुके थे। 30 जनवरी, 1948 की सुबह गांधी ने लोक सेवक संघ शुरू किया, इसका औपचारिक ऐलान 2 फरवरी, 1948 को वर्धा के सेवाग्राम में किया जाना था, लेकिन 30 जनवरी की शाम 5 बजकर 17 मिनट पर गांधी की हत्या कर दी गई। नाथूराम गोडसे ने गांधी के शरीर को मौन कर दिया, लेकिन सत्ता के लालच में कांग्रेसी नेताओं ने गांधी के लोक सेवक संघ के विचार को ही दफन कर दिया। हैरानी की बात है कि गांधी की हत्या करने वाला नाथूराम गोडसे हिन्दू महासभा का सदस्य था और हिन्दू महासभा नेहरू सरकार में शामिल थी, लेकिन 4 फरवरी, 1948 को नेहरू सरकार ने राष्ट्रीय स्वयंसेवक संघ पर प्रतिबंध लगा दिया और इसी के साथ संघ और हिन्दूवादी नेताओं पर सांप्रदायिक होने का ठप्पा लगा दिया गया।

संघ के प्रचारक रहे गोविन्दाचार्य कहते हैं कि अब संघ पर नज़र डालिए, डॉ. हेडगेवार को आज़ादी के आंदोलन को लेकर बहुत छटपटाहट थी लेकिन गुरुजी गोलवलकर के संघ को संभालने के बाद उसमें वैचारिक तेज़ रहा। गुरुजी के आग्रह के कारण ही संघ के प्रचारकों और स्वयंसेवकों के राजनीतिक क्षेत्र में सहयोग की सीमाएं तय थीं। 1962-67 तक कठोरता से इस परहेज़ का पालन किया गया। यह भी तय हुआ कि प्रचारक राजनीतिक सभाओं में नहीं जाएंगे। संघ में शाखा के मुख्य शिक्षक किसी राजनीतिक संगठन के बैनर तले कोई बैठक नहीं करेंगे। बैठक के लिए शाखा छोड़कर नहीं जाएंगे, लेकिन बूथ मैनेजमेंट में हिस्सा ले सकते हैं। 1972 तक इसका कमोबेश पालन किया गया, लेकिन इसमें भी दीनदयाल उपाध्याय को चुनाव लड़ने का आदेश दिया गया, बाद में संघ के कुछ नेताओं ने माना कि यह सही निर्णय नहीं था।

डॉ. हेडगेवार लोकतंत्रीय व्यवस्था के साथ चलनेवाले लोगों में से थे, इसलिए आरएसएस का नाम भी उसी तरह सबसे सलाह-मशविरा के बाद रखा गया। संघ शुरू करने के क़रीब 6 महीने बाद 1926 में 7 अप्रैल को डॉ. हेडगेवार के घर पर एक बैठक हुई, इस बैठक में 26 लोगों ने हिस्सा लिया और संगठन

के नाम पर विस्तार से सलाह-मशविरा किया गया। इस बैठक में तीन नामों (1) राष्ट्रीय स्वयंसेवक संघ, (2) जारीपटका मंडल और (3) भारतोद्धारक मंडल पर चर्चा हुई, लेकिन संघ के नाम को ही अंतिम तौर पर मंजूर कर लिया गया। डॉ. हेडगेवार इससे पहले हिन्दुस्तान रिपब्लिक एसोसिएशन से जुड़े रहे थे तो उन्होंने उसी के संविधान को आरएसएस पर भी लागू किया। आरएसएस ने तब यूरोप के दक्षिणपंथी संगठनों से प्रेरणा ली और वैसी ही ट्रेनिंग की शुरुआत वहां की गई। पहले तो मिलिट्री ट्रेनिंग इस संगठन के कार्यकर्ताओं को दी जाती थी। माना जाता है कि तब संघ के लोग एडॉल्फ हिटलर के बड़े प्रशसंक थे। डॉ. हेडगेवार के बाद बने संघ प्रमुख माधव सदाशिव गोलवलकर ने हिटलर की 'रेस प्योरिटी' यानी जातीय शुद्धता पर ज़ोर दिया।

लोकमान्य तिलक पहली बार 1891 में नागपुर आए थे और उनके दो अख़बार 'केसरी' और 'मराठा' नागपुर समेत मध्य प्रांत में खूब पढ़े जाते थे। तिलक दूसरी बार जब 1902 में नागपुर आए तब उनका भाषण सुनने केशव हेडगेवार भी पहुंचे थे। 1905 में बंगाल विभाजन की गूंज नागपुर में भी सुनाई दी। इसी साल डॉ. मुंजे ने 'विद्यार्थी समाज' बनाया और इसके लिए स्कूली छात्रों को संगठित करने की ज़िम्मेदारी केशव हेडगेवार को दी। इसके साथ आंदोलन की गतिविधियों के लिए पैसा चाहिए था तो 'तिलक पैसा फंड' बनाया गया और केशव ने इसके लिए काफी पैसा इकट्ठा किया।

स्वदेशी वस्तुओं के प्रचार का काम भी केशव ने उस दौरान संभाला। इसके लिए 'आर्य बांधव वीथिका' बनाई गई, इसके संस्थापकों में प्रसिद्ध क्रांतिकारी पी. एस. खानखोजे थे। फिर केशव ने एक चर्चा मंडल 'देशबंधु समाज' बनाया। उस वक़्त खानखोजे की एक संस्था 'बांधव समाज' वर्धा में चल रही थी। जब वह नागपुर के नीलसिटी स्कूल में पढ़ने आए तो 'बांधव समाज' की एक शाखा यहां भी खुली, केशव इससे जुड़ गए। इसकी दो शाखाएं थीं, एक सबके लिए खुली हुई और दूसरी गोपनीय। खानखोजे और केशव गोपनीय शाखा के नेता थे। इस शाखा को 'समर्थ शिवाजी समाज' कहा जाता था। इस शाखा का काम शस्त्र इकट्ठे करना और क्रांतिकारी विचारों वाले नौजवानों को साथ लाना था। इसके सदस्यों को मराठी में प्रतिज्ञा दिलाई जाती थी:

'करित्रो सन्मित्र को निश्चये
आपल्या पुढ़े या पणा।
अर्पणी देहास देशकार्यी मी
जे रुचे आपणा।'

(हे मेरे मित्र! मैं आपको गवाह मानकर यह प्रतिज्ञा करता हूं कि अपनी प्रिय मातृभूमि की सेवा में मैं अपने शरीर और आत्मा को अर्पित करता हूं।)

संघ से लंबे समय तक जुड़े रहने वाले दिलीप देवधर बताते हैं कि बंग-विभाजन के बाद सरकार ज़्यादा दमन करने लगी थी और क्रांतिकारियों का जोश बढ़ने लगा था। सरकार ने विद्यार्थियों के ऐसे आंदोलनों में हिस्सा लेने पर रोक लगा दी थी। 'वंदे मातरम्' और 'तिलक महाराज की जय' जैसे नारे लगाना दंडनीय अपराध माना गया था। इस नोटिस को 'रिस्ले सर्कुलर' कहा गया। इस सर्कुलर का मध्य प्रांत में नागपुर से विरोध शुरू हुआ। 1907 में नागपुर के नीलसिटी स्कूल में इंस्पेक्टर दौरे पर आए। जैसे ही वह इंस्पेक्टर हेडगेवार की क्लास में आए तो सब छात्रों ने ज़ोर से वंदे मातरम् का नारा लगाया और फिर उस नारे की गूंज एक के बाद एक क्लास में सुनाई देने लगी। इससे इंस्पेक्टर नाराज़ हो गए और दौरा अधूरा छोड़कर चले गए। फिर स्कूल मैनेजमेंट कमेटी के चेयरमैन सर विपिन कृष्ण बोस को चिट्ठी लिखकर सभी दोषी छात्रों को अनुशासनहीनता के लिए सज़ा देने की मांग की। इससे पूरे नागपुर में हंगामा-सा हो गया। बोस ने अगले दिन स्कूल में सभी छात्रों को माफी मांगने की हिदायत दी और कहा कि वह ख़ुद भी घर पर वंदे मातरम् गाते हैं लेकिन स्कूल में इसे नहीं गाया जा सकता। उनकी बात खत्म हुई कि केशव की अगुआई में सभी छात्रों ने वंदे मातरम् का ज़ोर से उद्घोष किया। इससे नाराज़ होकर विपिन बोस ने सभी छात्रों को निष्कासित कर दिया। मैनेजमेंट कमेटी के फ़ैसले के ख़िलाफ़ पूरे स्कूल के छात्र अनिश्चितकालीन हड़ताल पर चले गए। हड़ताल दो महीने तक चलती रही। नागपुर का मारिस कॉलेज भी इस हड़ताल में शामिल हो गया। फिर बीच-बचाव और समझाने-बुझाने के बाद हेडगेवार के अलावा सभी छात्रों ने माफी मांग ली। हेडगेवार ने माफी मांगने से इंकार करते हुए कहा, "अगर मातृभूमि की आराधना अपराध है तो मैं यह अपराध एक बार नहीं, हर बार करूंगा और इसके लिए मिलने वाली सज़ा को भी सहर्ष स्वीकार करूंगा।" केशव को स्कूल से निकाल दिया गया। एक साल तक उनकी पढ़ाई नहीं हो पाई।

उस वक़्त केशव अपने चाचा आबाजी हेडगेवार के पास रामपायली जाया करते थे। रामपायली में भी उन्होंने अपने सहयोगियों का एक दल बना लिया था। उन्हीं दिनों केशव ने पुलिस चौकी के पास एक बम फेंका, जो पास के तालाब के पास जाकर फटा। यह घटना 1908 की है। कोई ठोस सबूत नहीं मिलने से उन पर कोई मुकदमा नहीं चलाया गया। फिर दो महीने बाद वहां दशहरे का कार्यक्रम था। रावण जलाने के मौक़े पर मेले में गांव के सब लोग इकट्ठा होते थे, यहां उन्होंने क्रांतिकारी भाषण दिया। उन्होंने आख़िर में कहा कि रावण वध का आज मतलब अंग्रेज़ों के राज को ख़त्म करना है। पूरा समारोह वंदे मातरम् से गूंजने लगा। इसके ख़िलाफ़ केशव के दो साथियों को स्कूल से निकाल दिया गया और केशव पर धारा 108 के तहत 'राजद्रोही भाषण' देने के लिए मुकदमा चलाया गया और नवंबर में उनको गिरफ़्तार कर लिया गया। बाद में उन पर से मुकदमा तो वापस ले लिया गया, लेकिन रामपायली में भाषण देने पर उन पर एक साल के लिए रोक लगा दी गई।

फिर केशव को पूना के समर्थ विद्यालय भेजा गया जहां 1909 में उन्होंने अमरावती के राष्ट्रीय विद्यालय से परीक्षा पास की।

ब्रिटिश सरकार के उस वक़्त के आंकड़ों के मुताबिक़, 1921 में नागपुर डिवीजन में 230 अखाड़े थे जो 1931 की जनगणना के वक़्त दोगुने से भी ज़्यादा 570 हो गए। नागपुर के आसपास भी हर गली-मौहल्ले में छोटे-बड़े अखाड़े मौजूद थे। हेडगेवार ने इन्हीं अखाड़ों को अपनी प्रयोगशाला बनाया। लेकिन संघ की शाखा और ट्रेनिंग के लिए हेडगेवार ने अखाड़ों की ट्रेनिंग में क्रांतिकारी आंदोलन की घुट्टी भी मिलाई। आरएसएस शुरू करने से पहले डॉ. हेडगेवार कलकत्ता में अनुशीलन समिति के सदस्य रहे थे। उन्होंने समिति के ट्रेनिंग के तरीक़ों को भी संघ में इस्तेमाल किया। समिति में ड्रिल और लाठी प्रशिक्षण अहम थे। समिति में अलग-अलग श्रेणियों में अधिकारियों को बांटा गया था, इन्हें 'परिदर्शक', 'संपादक' और 'दलपति' कहा जाता था जिसे बाद में संघ में 'मंडल प्रमुख', 'मुख्य शिक्षक' और 'गटनायक' कहा गया। संघ के हर सदस्य को तब लाठी की व्यवस्था ख़ुद करनी होती थी। लाठी प्रशिक्षण तीन हिस्सों में होता था—छुरिका, छोटी लाठी और बड़ी लाठी। छोटी लाठी का इस्तेमाल खड्ग का प्रशिक्षण देने के लिए किया जाता था, जो क़रीब 38 इंच लंबी होती थी। अनुशीलन समिति में योग और लाठी के प्रशिक्षण को इतनी अहमियत दी जाती थी कि पुलिस को समिति के ढाका दफ्तर में इस विषय पर डेढ़ सौ से ज़्यादा किताबें मिलीं।

आमतौर पर बच्चे पढ़ने के लिए कोई दूसरे शहर जाते हैं और वहां कोई और काम मिलता है या कोई और गतिविधि में शामिल हो जाते हैं लेकिन यहां उलट था, पढ़ाई तो एक बहाना था। असली मक़सद था क्रांतिकारियों के साथ मेल-जोल बढ़ाना और आज़ादी की लड़ाई के लिए तैयार होना। उस वक़्त कलकत्ता तो क्रांतिकारियों के लिए काशी जैसा था। डॉ. मुंजे और उनके सहयोगियों ने केशव का दाखिला कलकत्ता के नेशनल मेडिकल कॉलेज में और वहां रहने का इंतज़ाम लॉज में करवा दिया। लेकिन असली मक़सद था क्रांतिकारी पुलिन बिहारी दास की छाया में क्रांति और संगठन तैयार करना। राष्ट्रवादी नेताओं की मदद से शुरू हुए नेशनल मेडिकल कॉलेज में उन छात्रों को दाखिला मिलता था जिन्होंने नेशनल काउंसिल ऑफ़ एजूकेशन से पढ़ाई की थी क्योंकि उन्हें सरकारी मेडिकल कॉलेज में एडमिशन नहीं दिया जाता था। केशव कलकत्ता पहुंचते ही अनुशीलन समिति से जुड़ गए। अनुशीलन समिति की स्थापना 1901 में हुई थी और यह बंगाल की सबसे संगठित क्रांतिकारी संस्था थी। इसमें त्रैलोक्यनाथ चक्रवर्ती, अरविंद घोष, विपिन चन्द्र पाल और जोगेश चटर्जी जैसे क्रांतिकारी जुड़े हुए थे। केशव हेडगेवार ने जल्दी ही इस समिति में अपनी जगह बना ली, लोग उन पर भरोसा करते थे।

अपने कॉलेज के दौरान हेडगेवार बंगाल और मध्य प्रांत की क्रांतिकारी गतिविधियों के बीच कड़ी के तौर पर काम कर रहे थे। हेडगेवार नागपुर आते वक़्त अपने साथ शस्त्र छिपाकर लाते थे। इसके साथ ही वह 1911 में दिल्ली दरबार के

बहिष्कार आंदोलन में शरीक हुए और फिर 1914 में सरकार के राष्ट्रीय मेडिकल कॉलेजों की डिग्री को मान्यता नहीं देने के ख़िलाफ़ आंदोलन चलाया। सरकार को 1916 में आंदोलन के दबाव की वजह से आदेश वापस लेना पड़ा।

पहला विश्वयुद्ध शुरू होने के बाद 1915 में हेडगेवार ने ब्रिटिश सेना की चिकित्सा सेवा के लिए जब आवेदन किया तो उसे बिना कारण बताए लौटा दिया गया। डॉ. हेडगेवार ने योजना बनाई थी कि सेना में घुसकर 1857 की तरह विद्रोह किया जाए। हेडगेवार को सेना में शामिल नहीं करने के दो कारण थे पहला, जनवरी 1914 में भारत सरकार के क्रिमिनल इंटेलिजेंस आफिस ने भारत के राजनीतिक अपराधियों की लिस्ट बनाकर एक पुस्तिका छापी थी। इसमें सिर्फ़ उन लोगों के नाम शामिल किए गए थे जिन्हें बम और दूसरे विस्फोटक बनाने आते थे और क्रांतिकारी संगठनों की गतिविधियों से जुड़े हुए थे। इसमें मध्य प्रांत से केशव हेडगेवार का नाम था और उनके नीलसिटी से अनुशीलन समिति तक जुड़े होने की सारी जानकारी दी गई थी। दूसरा कारण था कि ब्रिटिश प्रशासन ने इंडियन मेडिकल कॉलेजों की डिग्री को मान्यता नहीं दे रखी थी। सरकार के इस निर्णय के ख़िलाफ़ भी हेडगेवार ने आंदोलन चलाया तो सरकार ने एक बदलाव किया कि इंडियन मेडिकल कॉलेज की डिग्री वाले लोग प्रवेश परीक्षा देकर शामिल हो सकते हैं। हेडगेवार ने उसके भी ख़िलाफ़ लंबी लड़ाई लड़ी।

विश्वयुद्ध के वक़्त ज़्यादातर क्रांतिकारी नेता ब्रिटेन की सफलता के लिए हरसंभव कोशिश में लगे थे। महात्मा गांधी और बाल गंगाधर तिलक और उनके समर्थक भी मदद कर रहे थे। इसकी वजह शायद यह थी कि लग रहा था कि ब्रिटेन विश्वयुद्ध जीतने के बाद भारत को 'डोमेनियम स्टेटस' प्रदान करेगा। लेकिन हेडगेवार 1916 से क्रांतिकारियों को जुटाने में लग गए और मध्यप्रांत में उन्होंने क़रीब 150 क्रांतिकारियों का 'क्रांति दल' तैयार कर लिया। इनमें नानासाहब टालाटुले और भाऊसाहब टालाटुले ट्रेनिंग देते थे। क्रांति दल के लिए पैसा जुटाने के लिए उन्होंने नायाब तरीक़ा इस्तेमाल किया कि वे नागपुर शहर के बड़े, धनी और गणमान्य लोगों के साथ लंच और डिनर का आयोजन करते थे और उससे चंदा जुटाते थे। हेडगेवार तिलक का बहुत सम्मान करते थे। उन्होंने तिलक से पूना में मुलाक़ात की और दो दिन तक उनके साथ रहे। डॉ. हेडगेवार की उस वक़्त सशस्त्र क्रांति की योजना भले ही असफल रही हो, लेकिन वह राष्ट्रवाद के आधार पर किसी भी तरह के समझौतों को हमेशा नकारते रहे। इस दौरान उन्हें समझ आया कि छोटे संगठनों की अपनी सीमित शक्ति होती है और उससे बड़ी लड़ाई नहीं जीती जा सकती। तब उन्होंने कांग्रेस के कुछ चुनिंदा नुमाइंदों के साथ मिलकर 1918 में 'राष्ट्रीय मंडल' का गठन किया। इस मंडल ने पूर्ण स्वराज्य के लिए आंदोलन शुरू किया और एक पत्रिका 'संकल्प' भी निकाली। बाल गंगाधर तिलक के गणेश उत्सव की तरह उन्होंने 'राष्ट्रीय मंडल उत्सव' की स्थापना की। इसके माध्यम से शिवाजी महाराज की जयंती, शस्त्र पूजा, दशहरा, गणेश चतुर्थी, संक्राति आदि

त्योहारों पर सार्वजनिक आयोजन करने लगे। इन समारोहों में हिन्दू एकता पर भाषण और कार्यक्रम होते थे।

जलियांवाला बाग नरसंहार के बाद 1919 में हेडगेवार कांग्रेस के विशेष अधिवेशन के लिए अमृतसर भी गए। इस गोलीकांड में हज़ारों निर्दोष लोग मारे गए थे। यहां से लौटकर वे 1920 में नागपुर में होने वाले कांग्रेस के अधिवेशन की तैयारियों में जुट गए। इस अधिवेशन की व्यवस्था का जिम्मा तो हेडगेवार के पास था ही, लेकिन गांधी से असहमत हेडगेवार तब चाहते थे कि बाल गंगाधर तिलक इस अधिवेशन की अध्यक्षता करें। गांधी से उनकी असहमति की बड़ी वजह थी कि गांधी ने 'ऑल इंडिया खिलाफ़त कान्फ्रेंस' में मुसलमानों की मांगें पूरी नहीं होने पर 'असहयोग आंदोलन' शुरू करने का ऐलान किया था। गांधी को लगता था कि इससे मुसलमान आज़ादी के आंदोलन में कांग्रेस के साथ जुड़ जाएंगे। तिलक ने भी गांधी के इस प्रस्ताव का विरोध किया था, उनका मानना था कि आज़ादी के आंदोलन में मुसलमानों को स्वराज की मांग के लिए कांग्रेस के साथ जुड़ना चाहिए, न कि इसका आधार धर्म हो। हेडगेवार मानते थे कि इससे मजहब के आधार पर सांप्रदायिकता बढ़ेगी। वरिष्ठ पत्रकार नीलांजन मुखोपाध्याय कहते हैं, "उस वक़्त हालांकि हेडगेवार गांधी के तरीक़ों से प्रभावित थे क्योंकि वे तपस्या और सत्याग्रह की बात करते थे, लेकिन बाद में हेडगेवार को लगा कि ब्रिटिश शासन को उखाड़ फेंकने के लिए सिर्फ़ अहिंसा के रास्ते से नहीं चला जा सकता।"

उस वक़्त कांग्रेस के साथ बहुत से लोग तब हिन्दू महासभा के सदस्य भी थे। इनमें पंडित मदन मोहन मालवीय, डॉ. बी. एस. मुंजे और डॉ. हेडगेवार का नाम शामिल है। इसकी शायद एक वजह यह भी थी कि उस वक़्त कांग्रेस और हिन्दू महासभा या कुछ और संगठन इतने बड़े नहीं हुए थे और हर संगठन को दूसरे संगठन की मदद की ज़रूरत पड़ती थी।

डॉ. मुंजे और डॉ. हेडगेवार के बीच गुरु-शिष्य जैसा रिश्ता था और वह एक-दूसरे की मदद करते रहते थे। जनवरी, 1934 में फासीवाद पर हुए एक सेमिनार का मुख्य भाषण डॉ. मुंजे ने दिया। इस सेमिनार की अध्यक्षता डॉ. हेडगेवार ने की थी। दोनों ही नेताओं को लगता था कि हिन्दुओं को स्वराज तभी मिल सकता है जब उनके पास शिवाजी महाराज जैसा या फिर हिटलर और मुसोलिनी जैसा नेतृत्व हो। डॉ. मुंजे ने एक मिलिट्री जैसा स्कूल खोलने की योजना भी बनाई, वह सफल नहीं हो पाई। बाद में उन्होंने 'सेन्ट्रल हिन्दू मिलिट्री एजूकेशन सोसायटी' के तहत नासिक में 'भोंसला मिलिट्री स्कूल' शुरू किया, हेडगेवार इस सोसायटी के बोर्ड के सदस्य थे। बहुत से मुद्दों पर मुंजे के साथ चलने के बावजूद कई बार हेडगेवार ने अलग रास्ते पर चलने का फ़ैसला भी किया। जैसे हेडगेवार ने 1938-39 में हिन्दू महासभा के सविनय अवज्ञा आंदोलन का साथ देने से इंकार कर दिया। यह आंदोलन महासभा ने हैदराबाद के निज़ाम के शासन के ख़िलाफ़ किया था। तब तक सावरकर भी जेल से बाहर आ गए थे और उन्होंने हिन्दू महासभा की कमान संभाल

ली। 1937 में सावरकर ने 'हिन्दू स्वयंसेवक दल' और 'हिन्दू वीमन प्रोटेक्शन' ग्रुप शुरू किए, जबकि 1940 में 'राम सेना' की शुरुआत की।

1915 में कलकत्ता से पढ़ाई के बाद जब हेडगेवार नागपुर लौटे तो उनके परिवार को लगा कि अब उनके हालात सुधर जाएंगे, क्योंकि तब नागपुर में डॉक्टरों की बहुत ज़रूरत थी। परिवार और मित्रों के दबाव के बावजूद उन्होंने शादी नहीं करने का फ़ैसला किया। उन्होंने अपने चाचा आबाजी हेडगेवार को चिट्ठी में लिखा, "विवाह न करने का निर्णय मैंने सोच-समझकर लिया है। घर-गृहस्थी बसाकर मैं पारिवारिक दायरे में सिमटना और पैसा कमाने की चिंता में उलझना नहीं चाहता हूं। मेरे मन में राष्ट्र-सेवा की इच्छा है।" उन्होंने लिखा कि यह सही है कि विवाहित रहकर भी विनायकराव सावरकर, लोकमान्य तिलक, नारायण राव सावरकर और महात्मा गांधी जैसे देशभक्तों ने राष्ट्र के लिए बहुत काम किया है, लेकिन मेरे मन की बुनावट थोड़ी अलग है। आज मेरे मन में किसी तरह का अंतर्द्वन्द्व नहीं है। मैं अपने निर्णय पर अटल हूं। यह निर्णय मेरी प्रकृति के अनुकूल है। आख़िरकार परिवार ने उनके फ़ैसले को मान लिया, डॉ. हेडगेवार संन्यासी तो बने, लेकिन सामाजिक संन्यासी, समाज के लिए लड़ने वाला संन्यासी।

एक बार बालासाहब देवरस ने डॉ. हेडगेवार से पूछा कि आप धार्मिक संन्यासी हो, फिर भगवा कपड़े क्यों नहीं पहनते? हेडगेवार ने कहा, "भारत में समाज का एक दोष है भक्तिमार्गी होने से हम हर चीज़ भगवान पर छोड़ देते हैं कि ईश्वर करेगा। मैंने संघ का कार्य शुरू किया और मैं अगर भगवा कपड़े पहनूंगा तो लोग समझेंगे कि यह ईश्वरीय कार्य है, वह करेगा, यानी अब वह इस काम को ख़ुद नहीं करेगा। मैं समझता हूं कि संघ का काम स्वयंसेवक ख़ुद करे। कांग्रेस नेता आदेश देता है, ख़ुद कुछ नहीं करता।"

फिर देवरस ने पूछा कि तब आप शादी क्यों नहीं करते? हेडगेवार थोड़ा मुस्कराए और कहा कि मेरी ब्रह्मचारी संन्यास पर श्रद्धा है, लेकिन संन्यासी नहीं हूं। कुटुम्ब बनाकर भी संघ कार्य कर पाऊं तो इससे बेहतर कुछ नहीं होगा। इसका असर ज़्यादा पड़ेगा। संन्यासी हूं—यह आडम्बर बढ़ाना नहीं है। दिमागी तौर पर फ़्री हो गया तो ज़रूर शादी करूंगा।"

फिर 1936 में वे महिलाओं के लिए संघ से एक अलग संगठन राष्ट्र सेविका समिति शुरू करने के लिए तैयार हो गए। समिति की ज़िम्मेदारी संस्थापक लक्ष्मी बाई केलकर को मिली। समिति को संघ के आदर्शों के रास्ते पर चलना था, लेकिन उसमें संघ की तरह शारीरिक प्रशिक्षण पर ज़ोर नहीं दिया गया। आज भी समिति सक्रिय है और तेज़ी से बढ़ भी रही है।

हेडगेवार के पास बहुत से लोग दूसरे स्वयंसेवकों या प्रचारकों की शादी के लिए रिश्ते लेकर आते थे। नाम लिखाते थे, ख़ुद का नाम भी दे देते थे और कहते कि कुछ कार्य से मुक्त हो जाएंगे तब करेंगे तो इनके लिए अच्छी लड़की ढूंढ़कर रखो। हेडगेवार को आजीवन अविवाहित प्रचारक का विचार नहीं था। फिर गुरु

गोलवलकर आ गए। तो देवरस ने गुरुजी के सामने यह विचार रखा कि संघ कार्य के लिए पांच साल के लिए प्रचारक के तौर पर भेजेंगे, फिर बाद में शादीशुदा जोड़ा संघ का कार्य करेगा, इससे निजी परेशानियां सामने नहीं आएंगी। इसकी पूरी भूमिका रखी कि यह काम कैसे किया जा सकेगा। गुरु गोलवलकर ने जवाब दिया, "मैं सरसंघचालक हूं, मैं राष्ट्र और संघ हित में काम करूं, यह मेरी ज़िम्मेदारी है। मुझे शादीशुदा लोग नहीं चाहिए। परिवार का आदमी होगा तो वह पार्टटाइम काम करेगा, पूरा कार्य नहीं करेगा। यह संघ हित में नहीं है। मैं शादी का विषय स्वीकार नहीं करता।" लेकिन गोलवलकर के वक़्त ही भैयाजी दाणी शादीशुदा प्रचारक बने। गोलवलकर ने उन्हें 'एक्सेप्शन' के तौर पर शादीशुदा ही स्वीकार किया।

अखिल भारतीय सम्पर्क प्रमुख रहे अनिरुद्ध देशपांडे कहते हैं, "डॉ. हेडगेवार इस बात का ज़िक्र करते थे कि हिन्दू समाज के पास सब कुछ था, लेकिन वह असंगठित था, इसलिए भारत गुलाम बना रहा। डॉ. हेडगेवार कहते थे कि इसका सूत्र है हिन्दू संस्कृति, इस अहम विषय को पकड़ो और संस्कृति के आधार पर संगठन खड़ा करो। जब हेडगेवार और पंडित मदन मोहन मालवीय की चर्चा हुई तो मालवीय जी ने कहा कि इस देश में सबसे बड़ी तादाद में हिन्दू हैं, इसलिए यह हिन्दू राष्ट्र है, लेकिन डॉ. हेडगेवार ने कहा कि संख्या नहीं, जब तक एक भी हिन्दू है, यह हिन्दू राष्ट्र है, क्योंकि यहां संस्कृति चिंतन है, इसी आधार पर चलता है वरना यहां तो वेशभूषा, भाषा और भोजन समेत सभी चीज़ों में इतनी विविधता है, सब अलग-अलग हैं, लेकिन यहां सांस्कृतिक राष्ट्रवाद की कल्पना है।"

डॉ. हेडगेवार कहते थे कि हिन्दू समाज को संगठित करने के लिए विचार पद्धति के साथ-साथ कार्यपद्धति की भी आवश्यकता है, इसके लिए दैनिक शाखा का मॉडल तैयार हुआ। सब एक साथ, एक जगह और एक विचार के लिए इकट्ठा हों, फिर इस पर गुरुजी गोलवलकर ने विस्तार से चर्चा की। गुरुजी ने इस विचार को आगे बढ़ाने के लिए संघ के साथ विविध क्षेत्रों में संगठन शुरू किए, खड़े किए और आगे बढ़ाए, चाहे वह छात्रों के लिए विद्यार्थी परिषद हो या फिर भारतीय मज़दूर संघ, विश्व हिन्दू परिषद हो या वनवासी कल्याण परिषद और फिर राजनीतिक पटल पर शुरू हुआ जनसंघ। क़रीब दस साल के भीतर ये सभी संगठन शुरू हुए और ख़ास बात यह कि सभी संगठनों को राष्ट्रीय स्तर पर शुरू किया गया। डॉ. हेडगेवार ने जब नागपुर में कांग्रेस के अधिवेशन में दो प्रस्ताव रखे थे, उनमें इस बात पर भी ज़ोर दिया गया था कि स्वतंत्रता तो मिलनी ही चाहिए, लेकिन अंग्रेज़ों के साथ अंग्रेज़ीयत भी जानी चाहिए, उनका स्वदेशी पर ज़ोर रहा। वैसे भी इससे पहले भी देश में जितने आंदोलन शुरू हुए, वो हिन्दू समाज को ध्यान में रखकर ही हुए चाहे वो आर्य समाज की बात हो या फिर ब्रह्म समाज या फिर योगी अरविन्द का विचार। देशपांडे कहते हैं, "विविध क्षेत्रों में काम कर रहे ये संगठन ही संघ की ताक़त हैं, शक्ति हैं, कुछ लोग इसे संघ परिवार का नाम देते हैं। संघ में अब यह शब्द चलन में नहीं हैं। वह इन संगठनों को आनुषांगिक संगठन कहने के बजाय विविध क्षेत्रों

में काम करनेवाले संगठन कहना ज़्यादा उपयुक्त मानता है। इन संगठनों को अपने कार्य और लक्ष्य को पूरा करने की आज़ादी तो है ही, उन्हें आर्थिक तौर पर भी स्वावलंबन मिला हुआ है, लेकिन सबके बीच एक तार जुड़ा हुआ है, समन्वय है।"

डॉ. हेडगेवार ने जब संघ की शुरुआत की तो उसमें व्यक्ति नहीं, संस्था को महत्वपूर्ण माना गया। इसलिए जब ख़ुद उन्होंने भी जंगल सत्याग्रह में शामिल होने का फ़ैसला किया तो सरसंघचालक के पद से इस्तीफ़ा दे दिया और ज़िम्मेदारी अपने मित्र डॉ. परांजपे को सौंपकर जेल चले गए। फिर सत्याग्रह ख़त्म होने पर लौटकर सरसंघचालक की ज़िम्मेदारी संभाल ली। डॉ. हेडगेवार ने हमेशा ही व्यक्तिनिरपेक्ष कार्य को अहमियत दी।

1923 में सावरकर की किताब 'हिदुत्व' अंग्रेज़ी में प्रकाशित हुई थी। इस पुस्तक को भैयाजी दाणी और विश्वनाथ केलकर ने 'मराठा' नाम से प्रकाशित किया था। गुरुजी गोलवलकर ने बाबाराव सावरकर की किताब 'वी' का मराठी संस्करण निकाला था, इसे भी भैयाजी दाणी ने ही प्रकाशित किया था। सावरकर की हिदुत्व पर किताब न केवल नागपुर में छपी थी, बल्कि उसमें डॉ. हेडगेवार की सक्रिय भूमिका रही थी, लेकिन डॉ. हेडगेवार को सावरकर की हिदुत्व की परिभाषा स्वीकार नहीं थी। सावरकर कहते थे कि हिन्दू वह है जो मुसलमान नहीं है, ईसाई नहीं है या यहूदी नहीं है, या फिर पारसी और दूसरे धर्म को मानने वाला नहीं है जबकि हेडगेवार के हिसाब से हिन्दुस्तान में रहनेवाला हर व्यक्ति हिन्दू है जैसे अमेरिका में अमेरिकन, जर्मनी में जर्मन होता है। वह हिन्दू शब्द से आसक्ति नहीं रखते थे, लेकिन दस हज़ार साल पुरानी हिन्दू परंपरा और विचार के साथ चलते थे।

कलकत्ता से नागपुर लौटने के बाद हेडगेवार कांग्रेस के सदस्य बने। जब दादाजी भाई नौरोजी ने तिलक को कांग्रेस में आने का न्यौता दिया तो हेडगेवार भी उनके साथ ही आ गए। 1917 में तुर्की के ख़लीफा की कुर्सी छीने जाने के विरोध में भारत में भी ख़िलाफ़त आंदोलन की गतिविधियां बढ़ गई थीं, वहीं गांधी की अगुआई में ख़िलाफ़त आंदोलन का संघर्ष और तेज़ हो गया।

डॉ. हेडगेवार को यह बात पसंद नहीं आई और उन्होंने इसे मुस्लिम तुष्टिकरण बताया, लेकिन कांग्रेस नहीं छोड़ी। उस समय मध्य प्रांत कांग्रेस पर तिलक के अनुयायियों का बोलबाला था और वे 'राष्ट्रीय मंडल' नाम की संस्था के मार्फत काम करते थे। इसमें तिलक समर्थकों में डॉ. मुंजे, डॉ. परांजपे, डॉ. एन. बी. खरे, विश्वनाथराव केलकर आदि शामिल थे। लेकिन डॉ. हेडगेवार मंडल के महात्मा गांधी को लेकर नज़रिए और राजनीतिक व्यवहार से सहमत नहीं थे। इसलिए 1919 में उन्होंने 'नागपुर नेशनल यूनियन' नाम से एक अलग संस्था बना ली। राष्ट्रीय मंडल के बहुत से सदस्य इस यूनियन में शामिल हो गए। यूनियन का लक्ष्य था पूर्ण स्वराज का प्रचार करना। वह कांग्रेस नेताओं को लेकर बहुत उत्साही नहीं दिखते थे। डॉ. मुंजे को लिखे एक पत्र में हेडगेवार ने कहा, "कांग्रेस के नेता बहुत अच्छे वक्ता हैं और वे पहले ही भाषण में लोगों को मोहित कर लेते हैं, लेकिन दो-तीन दिन

के बाद लोगों के मन में उनके भाषण का असर खत्म हो जाता है क्योंकि कांग्रेसी नेता पैसा कमाने में व्यस्त रहते हैं।"[1]

कांग्रेस और हेडगेवार के रिश्तों में 1920 महत्वपूर्ण है। दिसम्बर में नागपुर में कांग्रेस का अधिवेशन होना था, उसमें हेडगेवार 'वालंटियर फोर्स' के प्रमुख थे। यह कांग्रेस का बीसवां अधिवेशन था। इससे पहले जब 1907 में यहां अधिवेशन होना तय हुआ था तो तिलक समर्थकों और उदारवादियों के बीच टकराव की आशंका को देखते हुए उसे टाल दिया गया था। कांग्रेस संघर्ष के लिए तैयार थी। इससे पहले सितम्बर में कलकत्ता में हुए विशेष अधिवेशन में असहयोग आंदोलन का प्रस्ताव पारित किया गया था।

अधिवेशन से पहले 1 अगस्त, 1920 को बालगंगाधर तिलक के निधन से समर्थकों में निराशा का भाव था। वे उन्हें कांग्रेस का अध्यक्ष बनाना चाहते थे। नागपुर कांग्रेस के सामने बड़ा सवाल यह था कि कांग्रेस का अगला अध्यक्ष कौन हो? गांधी तब तक देश की राजनीति में स्थापित हो चुके थे। हेडगेवार भी तिलक समर्थकों में थे। तिलक के निधन के तुरंत बाद डॉ. हेडगेवार ने महर्षि अरविंद को नया अध्यक्ष बनाने का प्रस्ताव नागपुर नेशनल यूनियन के सामने रखा, जिसे यूनियन ने पारित कर दिया। प्रांतीय कांग्रेस ने भी इस पर अपनी मुहर लगा दी। हेडगेवार उस वक़्त नागपुर शहर कांग्रेस के जॉइन्ट सेक्रेटरी थे। डॉ. हेडगेवार और डॉ. मुंजे इस प्रस्ताव को लेकर महर्षि अरविंद से मिलने पांडिचेरी पहुंचे, जहां महर्षि 1910 से संन्यासी जीवन बिता रहे थे। दोनों नेताओं ने उनसे सक्रिय राजनीति में लौटने और कांग्रेस का अध्यक्ष बनने का आग्रह किया, लेकिन महर्षि अरविंद ने इंकार कर दिया। वहां से लौटने के बाद हेडगेवार ने लोगों से महर्षि को पत्र और टेलिग्राम भेजकर अपने फ़ैसले पर पुनर्विचार करने का आग्रह किया और दबाव बनाया तो उन्होंने 20 सितम्बर, 1920 को टेलिग्राम से जवाब भेजा—'पुनर्विचार असंभव है।'

इसके बाद कांग्रेस के प्रांतीय अध्यक्ष विजय राघवाचार्य बनाए गए, जिनके नाम को लेकर हेडगवार सहमत नहीं थे। उन्होंने श्यामसुंदर चक्रवर्ती के नाम का प्रस्ताव रखा, लेकिन विजय राघवाचार्य ही अध्यक्ष बने। इसके बाद हेडगेवार अधिवेशन की तैयारी में जुट गए। वे समितियों में शामिल थे, लेकिन बड़ी ज़िम्मेदारी थी अधिवशेन के लिए 1200 स्वयंसेवकों की भर्ती कर उन्हें प्रशिक्षण देकर तैयार करना। नागपुर अधिवेशन कांग्रेस का अब तक का सबसे बड़ा अधिवेशन था, जिसमें तीस हज़ार लोगों ने हिस्सा लिया, इनमें बीस हज़ार प्रतिनिधि थे। अधिवेशन के सफल आयोजन से डॉ. हेडगेवार एक संगठनकर्ता के तौर पर निकलकर उभरे। कांग्रेस अधिवेशन में डॉ. हेडगेवार ने विषय समिति की बैठक में एक समानांतर प्रस्ताव रखा कि—'इसका उद्‌देश्य भारतीय गणतंत्र की स्थापना करना और पूंजीवादी अत्याचार से राष्ट्रों को मुक्त कराना है।' लेकिन यह प्रस्ताव नामंजूर हो गया। इस अधिवेशन के बाद डॉ. हेडगेवार का राजनीतिक ग्राफ तेज़ी से ऊपर

1. मुंजे पेपर्स, डॉ. हेडगेवार द्वारा मुंजे को पत्र, 24 फरवरी 1919

चढ़ा। वह अप्रैल, 1921 में मध्य प्रांत के 'तिलक स्वराज्य फंड' के सदस्य चुने गए और फिर मई में नागपुर ज़िला कांग्रेस के लिए चुने गए। उनकी लोकप्रियता बढ़ने लगी थी।

इस अधिवेशन में डॉ. हेडगेवार ने दो महत्वपूर्ण प्रस्ताव रखे—पहला प्रजातंत्र को लेकर और दूसरा गोहत्या के ख़िलाफ़, लेकिन दोनों ही प्रस्तावों को विचार के लिए शामिल नहीं किया गया। डॉ. हेडगेवार उस वक़्त चल रहे ख़िलाफ़त आंदोलन को 'अखिल आफत मूवमेंट' कहते थे। हेडगेवार के बचपन से ही हीरो थे शिवाजी महाराज, क्योंकि उन्होंने मुगलों के ख़िलाफ़ लड़ाई लड़ी थी। हेडगेवार को भी बचपन में मुगल शासन की वजह से अपना निज़ामाबाद का गांव छोड़ना पड़ा और पूरा परिवार नागपुर के पास आकर बस गया था, शायद यह एक वजह रही हो कि वे मुस्लिमों को लेकर 'कम्फर्ट ज़ोन' में नहीं रह पाते हों।

गांधी का असहयोग आंदोलन शुरू हो चुका था, लेकिन मध्य प्रांत में स्वराज्य पार्टी का दबदबा था और वहां असहयोग आंदोलन को लेकर तरह-तरह के सवाल और आपत्तियां की जा रही थीं। डॉ. मुंजे ने भी अपनी आपत्तियां ज़ाहिर की थीं, ज़्यादातर लोगों का मानना था कि गांधी मुस्लिम तुष्टिकरण की नीति अपनाकर आंदोलन का विस्तार करना चाहते हैं। इससे पहले गांधी ने ख़िलाफ़त मूवमेंट का समर्थन किया था। हेडगेवार ख़िलाफ़त मूवमेंट के ख़िलाफ़ थे, लेकिन इसके बावजूद गांधी के असहयोग आंदोलन का समर्थन किया।

मराठी मध्य प्रांत की तरफ़ से हेडगेवार की अगुआई में एक असहयोग आंदोलन समिति बनाई गई। इसका मक़सद था कि आंदोलन के लिए कार्यकर्ताओं को हर तरह से तैयार करना। इसमें सैकड़ों युवा शामिल हुए और समिति ने बहुत से प्रदर्शनों और कार्यक्रमों का आयोजन कर असहयोग आंदोलन को रफ्तार दी। हेडगेवार ने इस दौरान वहां नशाबंदी आंदोलन भी चलाया।

मध्य प्रांत और नागपुर में असहयोग आंदोलन की सफलता को इस बात से आंका जा सकता है कि सरकार ने जनवरी, 1921 से जून, 1922 के बीच 25 लोगों पर राजद्रोह का मुकदमा चलाया। इसमें 11 लोगों को कठोर कारावास, दो लोगों को सामान्य कारावास और दो लोगों को विशेष कारावास की सज़ा सुनाई गई। डॉ. हेडगेवार पर मई, 1921 में राजद्रोही भाषण को आधार बनाकर मुकदमा चलाया गया।

हेडगेवार के लिए राष्ट्र और उसकी स्वतंत्रता सबसे महत्वपूर्ण थी। इसीलिए 1921 में जब लोकमान्य बापूजी अणे की अध्यक्षता में प्रांत की कांग्रेस कार्यसमिति आज़ादी के लिए चल रहे क्रांतिकारी आंदोलन की निंदा का प्रस्ताव लाने वाली थी तो डॉ. हेडगेवार ने उसे रोकने में अहम भूमिका निभाई। समिति को वह प्रस्ताव वापस लेना पड़ा। डॉ. हेडगेवार क्रांतिकारियों की निंदा किसी हाल में बर्दाश्त नहीं करते थे और कहते थे कि क्रांतिकारियों के तरीक़ों से आपका विरोध हो सकता है, लेकिन उनकी देशभक्ति पर शक करना अपराध है।

राजद्रोही भाषण का मुकदमा नागपुर के न्यायालय में न्यायाधीश सिराज अहमद की अदालत में शुरू हुआ, अगली तारीख 13 जून दे दी गई और फिर उसे न्यायाधीश स्मेली के कोर्ट में ट्रांसफर कर दिया गया। डॉ. हेडगेवार की तरफ़ से नागपुर के मशहूर वकील पैरवी कर रहे थे, लेकिन जब न्यायाधीश ने उनके वकील के हर सवाल पर आपत्ति उठाना शुरू किया और वकील ने ख़ुद को मुकदमे से अलग कर लिया तब डॉ. हेडगेवार ने मुकदमे की जिरह ख़ुद करने का फ़ैसला किया। हेडगेवार क़ानून के विद्यार्थी कभी नहीं रहे, लेकिन उन्होंने अपने मुकदमे की शुरुआत न्यायाधीश को अयोग्य और अपात्र कहकर की और न्यायाधीश को बदलने की अपील ज़िला सत्र न्यायाधीश इरविन के पास की। यह अनोखा मामला था जब किसी ब्रिटिश न्यायाधीश को किसी भारतीय का मुकदमा सुनने के लिए अयोग्य घोषित करने की फरियाद की गई थी। डॉ. हेडगेवार की तमाम बहस के बाद मुकदमे पर 19 अगस्त को फ़ैसला आना था। अदालत के अंदर और बाहर भारी भीड़ जमा हो गई। न्यायाधीश स्मेली ने डॉ. हेडगेवार के बयान पर टिप्पणी की, 'उनके मूल भाषण की अपेक्षा यह बयान कहीं ज़्यादा राजद्रोहपूर्ण है।' अपने फ़ैसले में न्यायाधीश ने कहा, "आपके भाषण राजद्रोहपूर्ण हैं। इसलिए एक साल तक आप इस तरह का भाषण नहीं करेंगे। इसका आश्वासन देते हुए एक-एक हज़ार रुपए की दो ज़मानतें और एक हज़ार रुपए का एक मुचलका दें।"

डॉ. हेडगेवार ने उस फ़ैसले पर कहा, "आपको जो भी निर्णय देना है, दें। मैं दोषी नहीं हूं। मेरी अंतरआत्मा की आवाज़ है कि मैं निर्दोष हूं... मुझे विश्वास है कि जल्दी ही विदेशी सत्ता को अपने किए पर प्रायश्चित करने का समय आएगा।" न्यायाधीश ने हेडगेवार को एक वर्ष के सश्रम कारावास की सज़ा का ऐलान किया। जब हेडगेवार अदालत से बाहर आए तो नागपुर कांग्रेस के बड़े नेताओं ने उनका स्वागत किया। यहां मौजूद लोगों के सामने भाषण देने के बाद हेडगेवार को नागपुर की अजनी जेल ले जाया गया। जेल में उनके साथ चार और क्रांतिकारी रघुनाथ रामचन्द्र पाठक, पंडित राधामोहन गोकुल, वीर हरकरे और इनामुल्ला खां भी सश्रम कारावास की सज़ा भुगत रहे थे। हेडगेवार ने 13 अप्रैल, 1922 को जेल में ही 'जलियांवाला बाग दिवस' मनाया।

डॉ. हेडगेवार जब 11 जुलाई, 1922 को अपनी सज़ा पूरी करके नागपुर जेल से बाहर निकले तो उस दिन तेज़ बारिश हो रही थी। लेकिन वहां उनके स्वागत के लिए कांग्रेस के नेताओं के साथ सैकड़ों लोगों की भीड़ मौजूद थी। इसके अगले दिन चिटणीस पार्क में विशेष स्वागत कार्यक्रम का आयोजन किया गया था, लेकिन उस दिन भी तेज़ बारिश की वजह से कार्यक्रम फिर वेंकटेश थियेटर में किया गया। इस समारोह में पंडित मोतीलाल नेहरू, राजगोपालाचारी, हकीम अजमल खां और विट्ठल भाई पटेल जैसे नेता मौजूद थे।

डॉ. हेडगेवार के एक साल जेल में रहने के दौरान बाहर देश में राजनैतिक हालात बदल गए थे। संयुक्त प्रांत के चौरी-चौरा में 5 फरवरी, 1922 को जब

आंदोलनकारियों ने हिंसा का रास्ता अख़्तियार कर लिया तो महात्मा गांधी ने इसके विरोध में 12 फरवरी, 1922 को असहयोग आंदोलन को वापस ले लिया। इससे आंदोलनकारियों में भी निराशा हुई, लेकिन गांधी अपना फ़ैसला बदलने को तैयार नहीं थे। दूसरी तरफ़ कांग्रेस में विधान परिषदों के चुनावों में हिस्सा लेने पर बहस हो रही थी। कांग्रेस का एक गुट—जिसमें चितरजंनदास, डॉ. मुंजे, वामनराव जोशी और मोतीलाल नेहरू थे—गांधी की नीतियों को अव्यावहारिक मानता था और वे चुनाव लड़ने के पक्षधर थे। लेकिन डॉ. हेडगेवार सहकारी सहयोग के पक्ष में नहीं थे।

देश में बदलते राजनैतिक हालात में आरएसएस की भूमिका तय करने के लिए नवम्बर, 1929 में नागपुर में सभी संघचालकों की एक बैठक बुलाई गई। तीन दिन तक चली इस बैठक में संघ ने कांग्रेस के आंदोलन को बिना शर्त पूरा समर्थन देने का फ़ैसला किया। उस समय तक संघ के क़रीब दो हज़ार स्वयंसेवक बन गए थे, इनमें सात सौ युवा स्वयंसेवक थे। शाखाओं की तादाद 37 थी। उस समय बहुत से स्वयंसेवकों का मानना था कि भगवा ध्वज और संघ गणवेश में हिस्सेदारी से संघ की पहचान बनेगी और उसकी भूमिका स्पष्ट हो पाएगी, लेकिन डॉ. हेडगेवार ने कहा, "स्वयंसेवक संघचालक की अनुमति से आंदोलन में व्यक्तिगत तौर पर हिस्सा लें, इसमें कोई बाधा नहीं है।"

डॉ. हेडगेवार चाहते थे कि स्वतंत्रता आंदोलन एक मंच, एक झंडे, एक बैनर और एक कार्यक्रम के तौर पर चले। डॉ. हेडगेवार का कहना था कि आंदोलन में पूरी तरह से समरस होने की कोशिश करनी चाहिए।

कांग्रेस के लाहौर अधिवेशन में अखिल भारतीय कांग्रेस समिति को आंदोलन शुरू करने का अधिकार दिया गया था। फिर फरवरी, 1930 में साबरमती बैठक में महात्मा गांधी को आंदोलन का नेतृत्व करने का अधिकार दिया गया। महात्मा गांधी ने 6 अप्रैल, 1930 को गुजरात के दांडी में नमक क़ानून तोड़कर सविनय अवज्ञा आंदोलन शुरू कर दिया। इसके बाद देश भर में क़ानूनों के उल्लंघन करने का सत्याग्रह आंदोलन शुरू हो गया।

12 जुलाई, 1930 को नागपुर में गुरु दक्षिणा महोत्सव की विशेष सभा में बड़ी तादाद में स्वयंसेवक मौजूद थे। इस सभा में डॉ. एल. वी. परांजपे ने बताया कि डॉ. हेडगेवार जंगल सत्याग्रह में हिस्सा लेने जा रहे हैं। जिन लोगों को इसमें शामिल होना है, वे हो सकते हैं, बाक़ी लोग संगठन के लिए काम करें। इस सभा के आख़िर में डॉ. हेडगेवार ने कहा, "धन्यवाद देकर बैठने के बाद मैं सरसंघचालक नहीं रहूंगा। डॉ. परांजपे ने संघ का चालकत्व अपने ऊपर लेने की स्वीकृति दी है। इसके लिए संघ की ओर से हम उनका धन्यवाद करते हैं। हम लोग व्यक्तिगत स्तर पर इस आंदोलन में हिस्सा ले रहे हैं। संघ की विचारधारा और कार्यपद्धति में किसी तरह का बदलाव नहीं हुआ है। देश में जितने भी आंदोलन चलें, उनका उपयोग अपने कार्य के लिए करना, देश की स्वतंत्रता प्राप्ति के ध्येय से कार्यरत किसी भी

संस्था का कर्तव्य है।" इस तरह उन्होंने न तो संघ को आंदोलन के नाम पर बंद होने दिया और न ही आंदोलन के भीतर बांटने की मानसिकता पैदा होने दी। उनके भाषण के बाद संघ के सरसेनापति मार्तंड राव जोग ने उनका और उनके साथ जाने वाले स्वयंसेवकों को स्वागत किया। 14 जुलाई को डॉ. हेडगेवार की अगुआई में सत्याग्रह की एक टुकड़ी नागपुर से रवाना हुई। उस वक़्त नागपुर स्टेशन पर सैकड़ों लोग मौजूद थे।

1930 में जब नमक सत्याग्रह हुआ, विदर्भ में समुद्र तो है नहीं, इसलिए वहां 'जंगल सत्याग्रह' किया गया। तब हेडगेवार कांग्रेस नेता के तौर पर एक साल तक जेल में रहे, राष्ट्रद्रोह का मुकदमा भी चला, लेकिन तब तक उन्होंने शायद अलग हिन्दू संगठन बनाने का मन बना लिया था। यवतमाल के पास 21 जुलाई को जब डॉ. हेडगेवार ने अपने ग्रुप के साथ जंगल क़ानून तोड़ा तो उन्हें गिरफ़्तार कर लिया गया। उन पर मुकदमा चलाया गया। उन्हें नौ महीने का सश्रम कारावास और तीन महीने के सामान्य कारावास की सज़ा मिली। उनके साथ के 11 सत्याग्रहियों को चार महीने की साधारण कैद की सज़ा सुनाई गई। जंगल क़ानून तोड़ने के लिए डॉ. हेडगेवार ने जो घास काटी थी, उसे फिर नागपुर लाया गया और शाखाओं में इस पर रिपोर्ट पढ़ने के बाद उस घास को ध्वज पर चढ़ाया गया।

यह उनकी दूसरी जेल यात्रा थी। उन्हें 'बी' श्रेणी और उनके सहयोगी सत्याग्रहियों को 'सी' श्रेणी में जेल में रख गया। उन्हें सौ फुट लंबे और तीस फुट चौड़े कमरे में सात दिनों तक अकेला रखा गया।

1930 में दशहरे के मौक़े पर संघ की सभी शाखाओं में 'रे मन! तुझे सुख का अधिकार नहीं।' निबंध पढ़ा गया, जिसका भाव था कि जब तक मातृभूमि आज़ाद नहीं हो जाती, हमें सुख की लालसा का अधिकार नहीं है।

जेल में जब डॉ. हेडगेवार को लंदन में गोलमेज सम्मेलन में डॉ. मुंजे के जाने के निर्णय की जानकारी लगी तो उन्हें अच्छा नहीं लगा। इसी सम्मेलन में मुस्लिम पृथकतावाद की बात भी उन्हें ठीक नहीं लगी।

दिलीप देवधर बताते हैं कि हेडगेवार को एक घटना से ज़्यादा तकलीफ़ हुई कि संघ के वरिष्ठ नेता बालासाहब हुद्दार जब जेल की सज़ा काटकर बाहर आए तब वह बालाघाट में 'राजनीतिक डकैती' में शामिल हुए और उन्हें जनवरी, 1931 में गिरफ़्तार कर लिया गया। डॉ. हेडगेवार ने उन्हें संघ से पदमुक्त करने के लिए डॉ. परांजपे को कहा। डॉ. हेडगेवार को 14 फरवरी, 1931 को जेल से रिहा किया गया। 17 फरवरी को वे नागपुर पहुंचे और एक बड़ा जुलूस उनके स्वागत में निकाला गया। डॉ. परांजपे ने सरसंघचालक की ज़िम्मेदारी उन्हें फिर से सौंप दी।

इसके बाद हेडगेवार बम्बई गए और फिर वाराणसी। यहां उन्होंने पं. मालवीय समेत कई बड़े नेताओं से मुलाक़ात की। यहां शहर में उन्होंने संघ की दो शाखाओं की शुरुआत भी की। मालवीय जी ने उन्हें बनारस हिन्दू विश्वविद्यालय में भी संघ

के लिए जगह दे दी, लेकिन इस यात्रा में सबसे महत्वपूर्ण मुलाक़ात रही, बनारस हिन्दू विश्वविद्यालय में पढ़ा रहे माधव सदाशिव गोलवलकर से, जिसने बाद में संघ को तैयार किया, आगे बढ़ाया और संघ के लिए अपना पूरा जीवन लगा दिया।

आरएसएस के काम और प्रदर्शन का असर हुआ वीर सावरकर के छोटे भाई गणेश दामोदर सावरकर पर, जिन्हें बाबाराव कहा जाता था। बाबाराव 1922 से तरुण हिन्दू महासभा चलाते थे। 1931 में उन्होंने अपने इस संगठन का विलय आरएसएस में कर दिया। हिन्दू महासभा के ज़्यादातर नेता संघ को अपना सहयोगी संगठन समझते थे, इसका फायदा भी संघ को हुआ। उसे विदर्भ और छत्तीसगढ़ के इलाक़े में अपना संगठन आगे बढ़ाने में मदद मिली।

आर्यसमाज आंदोलन के नेता भाई परमानंद ने 1932 में कराची में 'ऑल इंडिया हिन्दू यूथ कान्फ्रेंस' का आयोजन किया और इसमें हेडगेवार को लाने के लिए बाबाराव सावरकर कहा गया। हेडगेवार ने इस कान्फ्रेंस में हिस्सा लिया और इससे संघ को राष्ट्रीय स्तर पर एक अहम पहचान मिली। बाबाराव ने इसके बाद दिल्ली में संघ की शाखा खोलने में मदद की और साथ ही बम्बई और महाराष्ट्र के दूसरे इलाक़ों में आने का निमंत्रण दिया। महाराष्ट्र की इसी यात्रा के दौरान हेडगेवार के साथ जो नौजवान रहा, उसका नाम था नाथूराम गोडसे।

1931 से 1933 के बीच संघ की शाखाओं की संख्या 125 हो गई और स्वयंसवेकों की तादाद 12 हज़ार तक पहुंच गई। हेडगेवार के निधन होने तक 1940 में शाखाओं की संख्या बढ़कर क़रीब 700 हो गई थी और स्वयंसेवक 60 हज़ार हो गए थे। ब्रिटिश शासन की निगाहें तेज़ रफ्तार से बढ़ते आरएसएस पर थीं। उसे लगता था कि यह आज़ादी के आंदोलन में शामिल है, लेकिन उसके ख़िलाफ़ सबूत नहीं मिल पाने से कोई कार्रवाई नहीं कर पा रहा था। तब ब्रिटिश शासन ने सरकारी कर्मचारियों के संघ में शामिल होने पर प्रतिबंध लगा दिया। हेडगेवार ने जब इसका विरोध किया, तो सरकार ने अपने आदेश को वापस ले लिया।

उन दिनों हेडगेवार का स्वास्थ्य खराब रहने लगा था और उसमें दिनोंदिन गिरावट आने लगी। तब भी हेडगेवार संघ के विस्तार की कोशिश में लगे थे। उन्होंने संघ का कार्यक्षेत्र और संगठन महाराष्ट्र से बाहर तक बढ़ाने के प्रयास किए। हेडगेवार के कार्यकाल में संघ की शाखाएं दिल्ली, लखनऊ, पटना, पंजाब के रावलपिंडी, सियालकोट और लाहौर, पूर्व में कलकत्ता तो दक्षिण में मद्रास और कर्नाटक में भी खोली गईं। देश के जिन इलाक़ों में हिन्दू-मुस्लिम तनाव रहता था, ख़ासतौर से वहां शाखाएं शुरू की गईं। डॉ. हेडगेवार ने संघ को जब राजनीतिक मंच में बदलने या 1935 के बाद के चुनावों में हिस्सा लेने से इंकार कर दिया तो बहुत से स्वयंसेवकों को निराशा हुई, लेकिन वजह थी कि संघ के पास उस वक़्त कोई बहुत लोकप्रिय या करिश्माई लीडर नहीं था।

सावरकर के जेल से बाहर आने से भी संघ पर असर पड़ा था क्योंकि सावरकर का व्यक्तित्व करिश्माई था। जब हैदराबाद के निज़ाम के ख़िलाफ़ आंदोलन में संघ

के शामिल होने के लिए स्वयंसेवकों का दबाव हुआ तो हेडगेवार ने साफ कर दिया कि संघ किसी भी तरह के राजनीतिक आंदोलन या गतिविधियों में शामिल नहीं होगा। इसके बाद भी जब सरकार्यवाह भैयाजी दाणी ने निज़ाम के ख़िलाफ़ आंदोलन को समर्थन दिया तो हेडगेवार ने न केवल नाराज़गी ज़ाहिर की, बल्कि भैयाजी दाणी को सिंदी चिंतन बैठक में शामिल नहीं किया गया।

लगातार खराब स्वास्थ्य की वजह से डॉ. हेडगेवार ने अपना उत्तराधिकारी चुनने का मन बना लिया था। 1939 में नागपुर के पास सिंदी गांव में हुई चिंतन बैठक में संघ के कार्यकलापों और उसके विस्तार पर तो चर्चा हुई ही, लेकिन ख़ास मक़सद था उत्तराधिकारी की तलाश पर विचार करना। शायद यह आख़िरी बैठक रही होगी जब हेडगेवार, गोलवलकर और देवरस तीनों नेताओं ने कई दिनों तक बैठकर संघ के मौजूदा हाल और भविष्य निर्माण पर चर्चा की। सिंदी बैठक में तय हुआ कि संघ राजनीतिक गतिविधियों में हिस्सा नहीं लेगा, लेकिन स्वयंसेवक चाहें तो वे निजी स्तर पर शामिल हो सकते हैं। लेकिन संघ के नेताओं को उनमें हिस्सा लेने से रोका गया और कहा गया कि वे स्वयंसेवकों को दैनिक शाखाओं में शामिल होने पर ज़ोर दें और इस पर ध्यान दिया जाना चाहिए। इस बैठक में संघ की प्रार्थना और निर्देशों को लेकर, भाषा के इस्तेमाल पर भी विचार मंथन हुआ क्योंकि तब तक प्रार्थना मराठी में होती थी जो देश के दूसरे हिस्सों में मुमकिन नहीं था। फिर कहा गया कि प्रार्थना का पहला हिस्सा स्थानीय भाषा में गाया जा सकता है। स्थानीय संतों से भी चर्चा होनी चाहिए। डॉ. हेडगेवार ने बैठक में तय किया कि प्रार्थना संस्कृत में होगी और खत्म होगी, 'भारत माता की जय' के साथ।

राष्ट्रीय स्वयंसेवक संघ

हिन्दुस्तान में राजनीतिक आंदोलनों से पहले सामाजिक और सांस्कृतिक आंदोलन ने जन-जागरण की शुरुआत की। उन्नीसवीं शताब्दी में सामाजिक-सांस्कृतिक सुधारों से हिन्दू धर्म और समाज को संगठित करने की कई कोशिशें हुईं। इनमें राजा राममोहन राय का 1828 में ब्रह्म समाज, 1875 में स्वामी दयानंद सरस्वती का आर्य समाज और फिर रामकृष्ण मिशन के साथ स्वामी विवेकानंद समेत बहुत से संगठन थे, जिन्होंने इस ओर काफी काम किया। सामाजिक संगठनों ने धर्म और संस्कृति के साथ राष्ट्रीय चेतना का काम भी किया, साथ ही इन सभी ने राष्ट्र धर्म को श्रेष्ठ माना। व्यक्तिगत धर्म और राष्ट्रधर्म में कोई विरोधाभास नहीं था।

1906 में मुस्लिम लीग बनने के बाद इसे ब्रिटिश शासन का संरक्षण और कांग्रेस की तुष्टिकरण की नीति के बाद लगातार हिन्दू संगठन की ज़रूरत महसूस होने लगी थी। नागपुर में हिन्दू-मुस्लिम दंगों का इतिहास पुराना रहा था। 1903-04 और फिर 1914 में भी वहां बड़े पैमाने पर दंगे हुए। जब डॉ. हेडगेवार जेल से छूटकर आए तब तक स्वतंत्रता आंदोलन के साथ हिन्दू-मुस्लिम मसला भी चर्चा का प्रमुख विषय हो गया था। देश के दूसरे हिस्सों से भी दंगों और तनाव की ख़बरें

आने लगी थीं, ख़ासतौर से केरल के मालाबार इलाक़े में हिन्दू ज़मींदारों और खेतिहर मुस्लिमों के बीच तनाव बढ़ गया था और ब्रिटिश सेना मुस्लिमों का साथ दे रही थी। इसे मोपला विद्रोह का नाम दिया गया था। हेडगेवार को इसकी जानकारी जेल में मिली थी। इसी दौरान केरल के मोपला दंगों के बाद नागपुर से डॉ. मुंजे के नेतृत्व में एक जांच समिति केरल के मालाबार गई थी। इस समिति ने अपनी जांच रिपोर्ट में वहां हिन्दुओं पर हुए अत्याचारों को लेकर एक रिपोर्ट रखी। मोपला दंगों पर बने नागपुर कमीशन रिपोर्ट ने भी धार्मिक आधार पर हिन्दुओं में एकता स्थापित करने की बात कही। असहयोग आंदोलन के बाद मुस्लिम लीग की गतिविधियां और गुस्सा बढ़ गया था, तब 1922 में गया अधिवेशन में हिन्दू महासभा की भूमिका सामने आई।

नागपुर कमीशन की रिपोर्ट सार्वजनिक होने से पहले ही डॉ. मुंजे ने डॉ. हेडगेवार को बताया कि यह मामला खेती या जमीन का नहीं, बल्कि दबाव में किए जा रहे धर्म-परिवर्तन का है। उन्होंने मोपला विद्रोह को मुगल शासन के बाद मुसलमानों का हिन्दुओं पर सबसे बड़ा हमला कहा था। इसी के जवाब में आर्य समाज ने 'शुद्धि और संगठन' की घोषणा की थी। स्वामी श्रद्धानंद ने 'भारतीय हिन्दू शुद्धि सभा' की स्थापना की। उस वक़्त हेडगेवार को लगा कि इसका कारण हिन्दुओं का सामाजिक तौर पर बंटा होना है और उसका इलाज यही है कि हिन्दू समाज की एकता को लेकर काम किया जाए। स्वामी श्रद्धानंद के घर वापसी कार्यक्रम से पहले हेडगेवार ने ईसाई मिशनरियों में रहने वाले उन अनाथ बच्चों का धर्म-परिवर्तन कराया, जो पहले हिन्दू थे। हेडगेवार का मानना था कि मुस्लिम और ईसाई बने हिन्दुओं का धर्म-परिवर्तन कुछ और नहीं है सिवाय हिन्दू धर्म की पहचान फिर से देना। वे कहते थे कि हम सबका राष्ट्र-धर्म एक है और व्यक्तिगत धर्म यानी पूजा पद्धति अलग-अलग, लेकिन ये सब लोग एक ही मातृभूमि के बेटे हैं। इसी मसले पर सावरकर और हेडगेवार में विरोध था, क्योंकि सावरकर मुस्लिमों और ईसाइयों को हिन्दू मानने के लिए तैयार नहीं थे।

1915 में 'अखिल भारतीय हिन्दू महासभा' की स्थापना की गई। नागपुर के पूर्व शासक राजा लक्ष्मणराव भोंसले महासभा के अध्यक्ष बने, डॉ. मुंजे उपाध्यक्ष और हेडगेवार सचिव बनाए गए। 1924 में नागपुर में एक बार फिर सांप्रदायिक दंगे हुए, लेकिन इस बार हेडगेवार आगे रहे और मुस्लिम बस्तियों से हिन्दुओं को निकालने का काम उनकी अगुआई में किया गया। इसके बाद डॉ. हेडगेवार को लगा कि हिन्दुओं की एकता के लिए कुछ और भी करना पड़ेगा। तब सबसे पहले एक व्यायामशाला, महाराष्ट्र व्यायामशाला, एक शिक्षा प्रसारक मंडल और फिर कार्यकर्ताओं की एक टोली राष्ट्रीय स्वयंसेवक मंडल बनाया गया। कुछ साल पहले डॉ. मुंजे ने हिन्दुओं को शस्त्रों का प्रशिक्षण देने के लिए एक क्लब राइफल एसोसिएशन बनाया था, उसे भी हेडगेवार ने फिर से सक्रिय कर दिया। इस समय तक डॉ. हेडगेवार को लगने लगा था कि जब तक हिन्दू राष्ट्र के विचार को ताक़त

नहीं दी जाएगी, भारतीयता का विचार आगे नहीं बढ़ पाएगा। लेकिन उनके इस आइडिया से डॉ. मुंजे सहमत नहीं दिखते थे। इसी दौरान हिन्दुत्व के मैदान में विनायक दामोदर सावरकर की एंट्री हुई।

सावरकर राष्ट्रीय नेता के तौर पर माने जाते थे और सरदार बल्लभ भाई पटेल समेत कांग्रेस के कई नेताओं ने बम्बई विद्वान परिषद में उन्हें जेल से छोड़े जाने की मांग की थी। नागपुर कांग्रेस की तरफ़ से 14 अक्टूबर, 1923 को हुई एक सभा में हेडगेवार ने सावरकर के समर्थन में ज़ोरदार तरीक़े से आवाज़ उठाई थी। इसके कुछ दिनों बाद हेडगेवार ने एक दैनिक समाचार पत्र 'स्वतंत्र' भी शुरू किया और पूर्ण स्वतंत्रता की मांग की।

1923 में सावरकर की किताब 'हिन्दुत्वः हू इज़ ए हिन्दू' ने इस सोच को सैद्धान्तिक तौर पर धरातल पर उतारने का नक्शा बनाया। हिन्दुओं की एकता को लेकर पंडित मदन मोहन मालवीय, भाई परमानंद, डॉ. मुंजे, सावरकर, स्वामी श्रद्धानंद और लाला लाजपत राय जैसे नेता जुट गए थे। सब अपने-अपने स्तर पर काम कर रहे थे। डॉ. हेडगेवार का संघ की स्थापना के वक़्त से ही हिन्दुओं के बीच राष्ट्रीयता की भावना से संगठन को खड़ा करना और उसे मज़बूती देने पर ज़ोर था।

इसके साथ ही डॉ. हेडगेवार के दिमाग में आरएसएस का नक्शा बनने लगा था लेकिन वे ऐसा हिन्दू संगठन बनाना चाहते थे जो हिन्दू महासभा जैसा न हो और कांग्रेस के रास्ते पर भी न चलता दिखाई दे। मार्च, 1925 में जब सावरकर पैरोल पर रिहा किए गए, तो हेडगेवार उनसे मिलने रत्नागिरि पहुंचे और उनसे इस सिलसिले में सलाह-मशविरा किया।

संघ की स्थापना के वक़्त डॉ. हेडगेवार ने कहा, "आज हमारे हिन्दुस्तान में हिन्दू 25 करोड़ हैं। इस देश की कुल आबादी फिर 35 करोड़ आई कहां से? यह दस करोड़ किसी समय हम ही में थे।" डॉ. हेडगेवार ने सवाल किया, "उन्हें हमने क्यों खो दिया? हम गहरी नींद में सो रहे थे। इसीलिए तो वे हममें से चले गए?"

उन्होंने हिन्दू राष्ट्रवादियों की हिन्दू की परिभाषा और हिन्दू राष्ट्र की व्याख्या को संघ के सिद्धांत का आधार नहीं बनाया। डॉ. हेडगेवार ने कहा, "यह ठीक तरह से समझ लो कि संघ न तो व्यायामशाला है, न क्लब है, न मिलिट्री स्कूल। संघ हिन्दुओं का राष्ट्रवादी संगठन है, जिसे फौलाद से भी अधिक मज़बूत होना चाहिए।"

संघ में डॉ. हेडगेवार समेत ज़्यादातर नेताओं ने भले ही वीर सावरकर से दूरी बनाए रखी हो और सावरकर भी कभी संघ में शामिल नहीं हुए, न ही संघ ने हिन्दू महासभा का विलय संघ में किया। सावरकर के हिन्दुत्व की परिभाषा से दूरी बनाए रखी, लेकिन भाजपा के वरिष्ठ नेता और प्रधानमंत्री रहे अटल बिहारी वाजपेयी सावरकर के बारे में क्या सोचते थे, यह जानना दिलचस्प होगा। वाजपेयी ने ही अपनी सरकार के वक़्त सावरकर को भारत रत्न देने की सिफ़ारिश भी की थी,

जिसे तब के राष्ट्रपति ने स्वीकार नहीं किया था। महाराष्ट्र में वीर सावरकर दर्शन प्रतिष्ठान के एक कार्यक्रम में वाजपेयी का भाषण यह समझने के लिए काफी हो सकता है कि वाजपेयी के मन में हिन्दुत्व की विचारधारा बहती रही। वीर सावरकर के लिए वाजपेयी कहते हैं:

"सावरकर माने तेज, सावरकर माने त्याग, सावरकर माने तप, सावरकर माने तत्व, सावरकर माने तर्क, सावरकर माने तारुण्य, तीर, तलवार, तिलमिलाहट, सागर प्राण तडमला, तिलमिलाती हुई आत्मा। तितिक्षा, तीखापन, तिखट। कैसा बहुरंगी व्यक्तित्व है सावरकर का। कविता और क्रान्ति। मेरा सावरकर से पहला परिचय कवि के रूप में ही हुआ था, लेकिन कविता और भ्रान्ति तो मैंने सुना था, कविता और क्रान्ति...?

कविता माने कल्पना, शब्दों के संसार का सृजन, ऊंची उड़ान, कभी धरातल से पांव उठ जाए, वास्तविकता से नाता टूट जाए तो शिकायत नहीं होती। लेकिन सावरकर ने यथार्थ की धरती से कभी नाता नहीं तोड़ा। उनमें ऊंचाई भी थी और गहराई भी।"[2]

वाजपेयी ने कहा, "अंडमान द्वीप की वह सेल्यूलर जेल की कोठरी मैंने देखी है। कोठरी के बाहर कोठरी में भी पहरा होता था। सावरकर जी को अपने जीवन का महत्वपूर्ण अंश तिल-तिलकर, जलकर बिताना पड़ा, लेकिन उन्होंने कहा कि पराधीनता स्वीकार नहीं करूंगा।" वाजपेयी ने बताया कि उन्होंने सावरकर की कुछ कविताओं का हिन्दी अनुवाद किया है। उन्होंने कहा कि उन्हें आश्चर्य होता है कि वीर सावरकर ने किस तरह कल्पना और यथार्थ की सृष्टि का समन्वय किया।

संघ जब शुरू हुआ तब विचारधारा के नाम पर सिर्फ़ एक शब्द था, 'राष्ट्र', एक ही श्रेणी 'स्वयंसेवक' और एक ही आदर्श 'भगवा झंडा'। फिर बनी 'शाखा'। संघ में लिखित सदस्यता या कोई शुल्क जैसा कुछ नहीं था, सब कुछ स्वेच्छा से। शाखा भी सिर्फ़ व्यायामशाला नहीं, वैचारिक आंदोलन का केंद्र है और विचार पर चर्चा भी रोजाना। इसके बाद प्रशिक्षण के लिए 1929 में अधिकारी प्रशिक्षण शिविर (ओटीसी) शुरू किए गए, जिन्हें अब 'संघ शिक्षा वर्ग' कहा जाता है। इसके साथ ही जो स्वयंसेवक अपना पूरा समय यानी फुल टाईम वक़्त देना चाहते हैं, उनके लिए बनी व्यवस्था 'प्रचारक'। यह व्यवस्था आज तक भी शायद ही किसी संगठन में हो, जहां सब कुछ छोड़कर सिर्फ़ समाज के लिए काम करने की इच्छा हो। संघ के गठन के चार साल बाद 'सरसंघचालक', 'सरकार्यवाह' और 'सरसेनापति' जैसे पद बनाए गए।

आरएसएस के विस्तार, संगठन, विचारधारा, कार्यपद्धति सब विषयों को लेकर एक महत्वपूर्ण बैठक हुई 1939 में नागपुर के पास सिंदी गांव में। संघ बनने के चौदह साल बाद हुई इस बैठक में दस दिन तक विचार-मंथन हुआ। बैठक में

2. https://www.youtube.com/watch?v=9cEsh04UM2Y

संघ की प्रार्थना, प्रतिज्ञा, शाखा की नियमावली, सब कुछ तय किया गया और उनमें कई अहम बदलाव भी किए गए। डॉ. राकेश सिन्हा बताते हैं कि संघ औपचारिक और अनौपचारिक दो स्तरों पर काम करता है। औपचारिक स्तर पर संगठन की संरचना होती है जो सरसंघचालक तक चलती है और अनौपचारिक स्तर पर पदों से बाहर रहकर संगठन कार्यों में महत्वपूर्ण भूमिका निभाने वाले स्वयंसेवक होते हैं। इस व्यवस्था की खूबी है कि संघ में कोई भी व्यक्ति ऊंचे पद पर काम करने के बाद अपने से छोटे पद के अधीन रहकर भी या फिर पद छोड़कर भी ज़िम्मेदारी उठाता है। इसमें सिर्फ़ सरसंघचालक के पद को छोड़ा गया है। इसकी वजह संघ में सामूहिक नेतृत्व, सामूहिक उत्तरदायित्व और आम सहमति के आधार पर निर्णय लेने की परपंरा है। संघ का प्रत्येक सदस्य बुनियादी तौर पर स्वयंसेवक होता है और सरसंघचालक 'पथ-प्रदर्शक, दार्शनिक और मित्र' की भूमिका में होते हैं। इस बैठक में गुरुजी गोलवलकर, आप्पाजी जोशी, नानासाहब टालाटुले, बाबाजी सालोडकर, तात्या तैलंग, कृष्णराव मोहरीर, विट्ठलराव पतकी और बालासाहब देवरस शामिल हुए थे। इस तरह की विचार बैठक संघ में हर दस साल पर होती है।

देश के बदलते राजनीतिक हालात पर चर्चा करने के बाद संघ के सभी प्रमुख स्वयंसेवकों की दो दिन की बैठक 9 और 10 नवम्बर, 1929 को नागपुर में हुई। बैठक में कांग्रेस के भविष्य के कार्यक्रमों पर संघ के रुख, नीतियों और संगठन पर विस्तार से चर्चा हुई। इसी बैठक में एक महत्वपूर्ण निर्णय संगठन का आधार एकचालकानुवर्ती रखने का हुआ। इसका मतलब था कि संघ एक कुटुम्ब यानी परिवार के समान है और सभी सदस्य एक उद्देश्य को हासिल करने के लिए समान भाव से स्वैच्छिक समर्पण से योग्य नेतृत्व के निर्देशन में काम करते हैं। इस विचार-विमर्श के बाद सरसंघचालक पद गठित किया गया। इस बैठक में डॉ. हेडगेवार शामिल नहीं थे। इसमें विश्वनाथ राव केलकर, तात्याजी कालीकर, आप्पाजी जोशी, बापूराव मुठाल, बाबासाहब कोलते, बालाजी हुद्दार, कृष्णराव मोहरीर, मार्तंडराव जोग और देवइकर ने हिस्सा लिया था।

बैठक के आख़िरी दिन जब स्वयंसेवकों की एक बड़ी सभा हुई तो आप्पाजी जोशी ने बैठक के निर्णय सुनाने से पहले आदेश दिया 'सरसंघचालक प्रणाम—एक, दो, तीन' और स्वयंसेवकों ने डॉ. हेडगेवार को सरसंघचालक के तौर पर प्रणाम किया। डॉ. हेडगेवार एकदम सकते में आ गए। कार्यक्रम के बाद डॉ. हेडगेवार ने आप्पाजी जोशी से कहा, "यह मुझे पसंद नहीं है कि अपने से बड़े आदरणीय त्यागी पुरुषों का प्रणाम ग्रहण करूं।" तब आप्पाजी जोशी ने कहा कि यह संघ का सामूहिक निर्णय है और इसे आपके अप्रसन्न रहने पर भी स्वीकार करना होगा।

सरसंघचालक पद के बाद दो और महत्वपूर्ण पद सरकार्यवाह (महासचिव) और सरसेनापति भी बनाए गए। संघ की नीतियों और कार्यक्रमों के निर्धारण के लिए दो उच्चस्तरीय संस्थाएं 'अखिल भारतीय प्रतिनिधि सभा' और 'अखिल भारतीय कार्यकारी मंडल' हैं। डॉ. हेडगेवार ने संगठन के प्रमुख लोगों से सलाह-मशविरा

के बाद 1940 में गोलवलकर को अपना उत्तराधिकारी नियुक्त किया। तब से ही निवर्तमान सरसंघचालक इसी परपंरा से अपने उत्तराधिकारी की नियुक्ति करते हैं। संघ में धन सिर्फ़ संगठन के स्तर पर ही इकट्ठा किया जाता है। 1928 से ही साल में एक बार स्वयंसेवक गुरु पूर्णिमा के मौक़े पर संघस्थान पर भगवा ध्वज को दक्षिणा के रूप में स्वेच्छा से धन अर्पित करते हैं। इसे गुरु दक्षिणा कहा जाता है।

डॉ. हेडगेवार बंगाल में क्रांतिकारियों के साथ रह चुके थे और कांग्रेस में रहते हुए सत्याग्रह और संवैधानिक सुधारों को देख चुके थे। उन्हें लगा था कि इनसे न तो आज़ादी मिल पाई है और न ही राष्ट्रीय पुर्नजागरण हुआ है। विदेशी हमलावरों का सामना करने में भारत की विफलता के कारण वे बचपन से ढूंढ़ते रहे थे। उन्हें लगता था कि भारत की कमज़ोरी का मूल कारण जब तक ढूंढ़ नहीं लिया जाएगा, देश के पुर्नजागरण और स्वतंत्रता का रास्ता नहीं निकलेगा। डॉ. हेडगेवार को समझ आया कि मूल समस्या वैज्ञानिक है। ज़रूरी है कि राष्ट्रीय चेतना और सामाजिक एकता का बोध जगाने के लिए आंतरिक परिवर्तन किया जाए। राष्ट्रीय पुनर्निर्माण को समर्पित कार्यकर्ताओं का संगठन एक बार खड़ा हो जाए तो राष्ट्र में नए प्राण फूंकने के आंदोलन को चलाए रखने में कोई मुश्किल नहीं होगी। सितम्बर, 1925 में विजयादशमी के दिन उन्होंने हिन्दुओं में फिर से प्राण फूंकने के आंदोलन की शुरुआत की। विजयादशमी का दिन अधर्म पर धर्म और असत्य पर सत्य की विजय का उत्सव तो है ही, लेकिन कम लोगों को याद होगा कि रामपयाली में पहली बार विजयादशमी पर ही वंदे मातरम् गाने के ख़िलाफ़ ब्रिटिश प्रशासन ने हेडगेवार पर कार्रवाई की थी। नागपुर में उस दिन विशेष रूप से निमंत्रित 25 लोगों के साथ सलाह-मशविरा करके डॉ. हेडगेवार ने एक नए संगठन और नई कार्यपद्धति की शुरुआत की। उस दिन की बैठक में बालाजी हुद्दार, भाऊजी कावरे, अण्णा सोहोनी, विश्वनाथराव केलकर, बापूराव भेदी शामिल होने वाले प्रमुख लोगों में से थे। इनमें से ज़्यादातर लोग हेडगेवार के बचपन के साथी या क्रांतिकारी रहे थे। बैठक में भले ही संघ के उद्देश्य और काम करने के तरीक़े पर बातचीत हो गई हो, लेकिन उस दिन उसके नाम को लेकर कोई निर्णय नहीं हुआ और न ही कोई नाम रखा गया।

संगठन में पदों और संरचना का काम भी संगठन की गतिविधियां बढ़ने और उसके विस्तार के साथ हुआ और फिर 17 अप्रैल, 1926 को नामकरण हुआ राष्ट्रीय स्वयंसेवक संघ। संघ की शुरुआत करने से पहले डॉ. हेडगेवार विनायक दामोदर सावरकर के अलावा कई हिन्दू राष्ट्रवादी नेताओं से मिले थे।

प्रारंभिक दिनों में नागपुर की ब्राह्मण बस्तियों के स्वयंसेवक आए। इस प्रारंभिक वर्ग का न तो कोई नाम था और न ही गतिविधियों का कोई विकसित कार्यक्रम। सप्ताह में पांच दिन स्वयंसेवकों को एक अखाड़े में जाना होता था और गुरुवार और रविवार को राजनीतिक कक्षाओं में हिस्सा लेना होता था।

संघ को अपनी संगठन क्षमता दिखाने और ख़ुद को तौलने का मौक़ा तब मिला जब नागपुर में सितम्बर, 1927 में फिर से हिन्दू-मुस्लिम दंगे हुए। इससे पहले दिसम्बर, 1926 में स्वामी श्रद्धानंद की हत्या की गई थी। उस समय संघ के स्वयंसेवक लाठी, खड्ग और छुरी चलाने की ट्रेनिंग भी लेते थे। 'इमरजेंसी' की स्थिति में संघ की ताक़त पहचानने के लिए हेडगेवार ने अपने सहयोगियों को निर्देश दिए कि वे तुरंत 16 टोलियां बनाएं और उन्हें उन कालोनियों में भेजें, जहां हिन्दुओं की तादाद कम है। यह 'ऑपरेशन' पूरी तरह सफल रहा और इन टोलियों ने हिन्दू परिवारों की हिफाजत की। इस सफलता के बाद हिन्दू महासभा ने अहमदाबाद में दिसम्बर, 1927 में होने वाले अपने राष्ट्रीय अधिवेशन के लिए पूरे गणवेश में आरएसएस के कार्यकर्ताओं को आमंत्रित किया और उस सभा में डॉ. मुंजे ने संघ के कामकाज की प्रशंसा की।

डॉ. हेडगेवार उस वक़्त तक कांग्रेस और हिन्दू महासभा दोनों के सदस्य थे। कांग्रेस कार्यसमिति के सदस्य के तौर पर कांग्रेस के राष्ट्रीय अधिवेशन में हिस्सा लेने के लिए हेडगेवार 1928 में कलकत्ता गए थे। वहां उन्होंने सुभाष चन्द्र बोस से मुलाक़ात की, जो तब कलकत्ता शहर के मेयर थे। हेडगेवार ने बोस से आरएसएस को समर्थन देने की अपील की, लेकिन बोस ने अपनी दूसरी ज़िम्मेदारियों का वास्ता देकर इंकार कर दिया।

वरिष्ठ पत्रकार रामबहादुर राय कहते हैं, "डॉ. हेडगेवार स्वाधीनता आंदोलन की श्रेष्ठतम उपज थे। उसी आंदोलन के एक मोड़ पर उन्हें राष्ट्रीय स्वयंसेवक संघ बनाने की सूझी। उन्होंने कांग्रेस की रीति-नीति को पारखी नज़रों से देखा और पाया कि वह भयावह है। डॉ. हेडगेवार जिस कांग्रेस से आए थे, वह मुस्लिम तुष्टिकरण की राह पर थी, जिसका नतीजा था भारत का बंटवारा। ऐसे मोड़ पर कम ही लोग होते हैं जो नए प्रयोग के लिए अपने जीवन की बाजी लगा देते हैं। वह बड़े पुरुषार्थ की मांग करता है। वह निर्णय उनके व्यक्तित्व के मुताबिक़ ही था।"

डॉ. हेडगेवार और उद्योगपति जुगल किशोर बिड़ला के बीच अच्छे सम्बंध थे। बिड़ला संघ का कैम्प ग्राउंड खरीदकर संघ को देने वाले थे, तब तक हेडगेवार का निधन हो गया। कुछ समय बाद बिड़ला का एक अधिकारी गुरुजी से मिलने आया। गुरुजी ने बताया कि हेडगेवार जी की मृत्यु हो गई है। जब उस अधिकारी ने बिड़ला जी की इच्छा बताई तो गुरुजी ने कहा कि हेडगेवार जी और बिड़ला जी में बातचीत हुई होगी। अब आप कहें कि बिड़ला जी आएं और भगवा ध्वज के आगे वह जमीन दे दें। इसके बाद न तो बिड़ला आए और न ही वह आदमी।

कांग्रेस और संघ की बैठकें हेडगेवार के घर पर होती थीं। नागपुर में हेडगेवार के घर पर बारामदे में एक झूला अब भी लगा है, जिस पर हेडगेवार बैठते थे और सामने अपनी टीम के साथ सलाह-मशविरा करते थे। मैंने उस घर में पहली मंजिल

पर बने उस छोटे कमरे को भी देखा है जिसमें कुछ अहम लोगों के साथ हेडगेवार गोपनीय और महत्वपूर्ण मंत्रणा करते थे और नीतिगत फ़ैसले लिए जाते थे। घर भले ही बड़ा नहीं हो, लेकिन उसने दुनिया का सबसे बड़ा परिवार बना दिया, ऐसा परिवार, जिसकी सोच है—वसुधैव कुटुम्बकम, जो भले ही हिन्दुओं को संगठित करने की बात करता हो, लेकिन उसका किसी के प्रति कोई वैरभाव नहीं लगता है।

शुरू में सिर्फ़ 12 लोग डॉ. साहब को सुनने पहुंचे, लेकिन संघ का रास्ता आगे बढ़ने लगा। डॉ. हेडगेवार के घर को जाने वाली गली भले ही संकरी हो, लेकिन उसने देश को एक नया और साफ रास्ता दिखाने में अहम भूमिका अदा की। शुरुआती दौर में हेडगेवार ने ख़ुद शाखा लगाना शुरू किया, फिर नागपुर में कुछ और शाखाएं शुरू हुईं। जल्द ही संघ का विस्तार पुणे, यवतमाल, नासिक और मध्य भारत में होता चला गया।

विस्तार का पहला बड़ा कदम तब आगे बढ़ा जब 1930 में हेडगेवार बनारस हिन्दू विश्वविद्यालय पहुंचे और पंडित मदन मोहन मालवीय ने उन्हें विश्वविद्यालय परिसर में संघ का कार्यालय खोलने के लिए जगह दी। संघ के बड़े जानकार और राज्यसभा सांसद राकेश सिन्हा बताते हैं कि इस मुलाक़ात के बाद मालवीय जी ने एक अहम बात कही जो सभी संगठनों के लिए महत्वपूर्ण संदेश हो सकता है। उन्होंने कहा कि दूसरे संगठनों के पास बड़े भवन और कार्यालय तो हैं, लेकिन बड़ी मानवशक्ति यानी कार्यकर्ता नहीं है जबकि आरएसएस के पास बड़ी मानवशक्ति तो है, लेकिन कार्यालय नहीं है और इसलिए उन्होंने बीएचयू में संघ को कार्यालय के लिए जगह दी। वहीं, डॉ. हेडगेवार की मुलाक़ात हुई माधव सदाशिव गोलवलकर से, जो एमएससी की पढ़ाई कर भी रहे थे और पढ़ा भी रहे थे।

रमेश शिलेदार कहते हैं, "डॉ. हेडगेवार किसी संगठन को लंबे समय तक चलाने की योजना को भलीभांति समझते थे, यही वजह है कि अब संघ सौ साल पूरे करने को है और उसका विस्तार हो रहा है।" डॉ. हेडगेवार ने इसके लिए तीन बातों पर ज़ोर दिया। पहला, संगठन को आत्मनिर्भर होना चाहिए, ख़ासतौर से आर्थिक रूप से, इसलिए उन्होंने गुरु दक्षिणा की व्यवस्था की। उस वक़्त मालवीय जी जैसे लोगों ने कई बार हेडगेवार को संघ के लिए आर्थिक मदद का प्रस्ताव रखा, लेकिन उन्होंने इससे इंकार कर दिया। डॉ. हेडगेवार ने इसके लिए गीता में भीष्म पितामह का उदाहरण दिया, जिसमें द्रौपदी के चीरहरण पर भीष्म और दूसरे लोगों की चुप्पी पर कहा गया कि—

अर्थस्य पुरुषो दासो दासस्त्वर्थोन कस्यचित्।
इति सत्यं महाराज बद्धोऽस्म्यर्थेन कौरवेः।।

अर्थात, यदि धर्म और न्याय को देखा जाए तो हमको कौरवों की सहायता नहीं करनी चाहिए, किंतु कौरवों ने हमको अर्थ से बांध रखा है, इस कारण हम लाचार और विवश हैं क्योंकि मनुष्य अर्थ का दास होता है, अर्थ किसी का दास नहीं होता।

माना जाता है कि महाभारत युद्ध द्वापर युग के अंत में हुआ था, उस समय तक धर्म के तीन चरण टूट चुके थे और धर्म और अध्यात्म के स्थान पर भौतिक अर्थवाद ने नींव जमाना शुरू कर दिया था और भीष्म, द्रोण, विदुर जैसे धर्मज्ञ और नीतिज्ञ सभी कौरव के दरबार पर आश्रित थे। द्रौपदी के चीरहरण के वक़्त द्रौपदी ने धर्म और नीतियुक्त तर्क प्रस्तुत किए, तब भी धर्म के सभी जानकार चुप बैठे रहे और आर्थिक दासता की वजह से दुर्योधन के अन्याय का विरोध करने की हिम्मत नहीं दिखा सके।

रमेश शिलेदार के मुताबिक़, डॉ. हेडगेवार की दूसरी अहम व्यवस्था थी संघ की दैनिक शाखा, जिसकी वजह से अब तक संघ में हर स्वयंसेवक का सम्पर्क बना रहता है और संघ की गतिविधियां बिना रुके चल रही हैं। डॉ. हेडगेवार की तीसरी अहम बात थी कि उन्होंने तय किया कि प्रचारक सामान्य जनों की तरह रहेंगे उनकी कोई ख़ास पोशाक या वेशभूषा नहीं होगी, वे साधु-संतों की तरह गेरुआ या कोई अन्य वस्त्र धारण नहीं करेंगे। इससे आम आदमी उनसे ख़ुद को अलग महसूस नहीं कर सके और इसका संघ को बहुत लाभ हुआ।

शिलेदार डॉ. हेडगेवार और गुरु गोलवलकर को युगपुरुष मानते हैं। वह कहते हैं कि जैसे रामकृष्ण परमहंस, स्वामी विवेकानन्द को जन्मजात योगी कहते थे, वैसे ही डॉ. हेडगेवार जन्मजात देशभक्त थे। शिलेदार बताते हैं कि उनके पिता उस वक़्त 23-24 साल के रहे होंगे, जब उनकी डॉ. हेडगेवार से मुलाक़ात हुई। उस वक़्त दूसरा विश्वयुद्ध चल रहा था। उनके पिता त्रिम्बक राव शिलेदार अपने एक मित्र के साथ मिलने गए, तब डॉ. हेडगेवार ने उनसे कहा कि इस समय अंग्रेज़ संकट में हैं, लेकिन हमारा यानी संघ का काम इतना बढ़ा नहीं है कि हम इस स्थिति का फायदा उठा सकें और अंग्रेज़ों को देश छोड़ने के लिए मजबूर कर सकें।

उस ज़माने में संघ में अलग-अलग ग्रुप को पथक कहा जाता था और हर पथक का नाम अलग होता था जैसे राम पथक, प्रह्लाद पथक आदि। उसमें कुश पथक ऐसा था जिसमें संघ के बेहतरीन लोग शामिल थे, इसमें गुरु गोलवलकर, बालासाहब देवरस, नानाजी देशमुख, एकनाथ रानाडे, बालासाहब आप्टे जैसे लोग थे और इसी पथक में त्रिम्बक राव शिलेदार भी थे।

डॉ. हेडगेवार ने कभी किसी को अपना गुरु या मार्गदर्शक नहीं बनाया लेकिन अलग-अलग क्षेत्रों और अलग-अलग विचारों के लोगों के साथ उनके बेहद अच्छे संबंध रहे। लेकिन लोकमान्य तिलक को लेकर उनके मन में बहुत सम्मान था। 1920 में तिलक के निधन के बाद डॉ. हेडगेवार अपने मित्र डॉ. मुंजे के साथ पुदुच्चेरि में योगी अरविंद से मिलने पहुंचे और उन्हें कांग्रेस की ज़िम्मेदारी संभालने का आग्रह किया। कहा जाता है कि डॉ. मुंजे, सावरकर और महात्मा गांधी के साथ उनके संबंध अच्छे थे। वह उन्हें कभी-कभी स्वयंसेवकों को संबोधित करने के लिए आंमत्रित तो करते थे, मगर इस बात का भी ध्यान रखते थे कि संघ के निर्णय उन नेताओं के विचारों से प्रभावित नहीं हों, बल्कि स्वयंसेवकों के बीच

चर्चा के बाद ही कोई फ़ैसला किया जाए। डॉ. मुंजे और सावरकर कभी संघ का हिस्सा नहीं रहे। 1925 नें आरएसएस की स्थापना के वक़्त की पहली बैठक में डॉ. मुंजे मौजूद नहीं थे। 1933 में विदर्भ में, वीर सावरकर के एक महीने के दौरे की योजना बनी। डॉ. हेडगेवार इस दौरे में पूरे समय उनके साथ रहे और दौरा सफल हो, इसका ध्यान रखा।

संघ को शुरू से महाराष्ट्रियन चितपावन ब्राह्मणों और सवर्णों का संगठन माना जाता है। ज़्यादातर लोग मानते हैं कि आरएसएस के सभी सरसंघचालक महाराष्ट्र के चितपावन ब्राह्मण रहे हैं। बेहतर होगा कि हम जान लें कि अब तक के सरसंघचालक कौन-कौन रहे। संघ के पहले सरसंघचालक डॉ. केशव बलिराम हेडगेवार और बालासाहेब देवरस दोनों ही तेलुगू ब्राह्मण थे। संघ के दूसरे सरसंघचालक माधव सदाशिव गोलवलकर और मौजूदा सरसंघचालक डॉ. मोहन भागवत कराड़े ब्राह्मण हैं। संघ के वैकल्पिक सरसंघचालक डॉ. लक्ष्मण वासुदेव परांजपे ही सिर्फ़ महाराष्ट्र के चितपावन कोंकणस्थ ब्राह्मण थे, उन्होंने डॉ. हेडगेवार के जेल रहने के दौरान सिर्फ़ दस महीने के लिए ही ज़िम्मेदारी निभाई थी। लोकमान्य तिलक और विनोबा भावे चितपावन ब्राह्मण थे। के. एस. सुदर्शन कन्नड ब्राह्मण थे।

संघ के संस्थापक डॉ. हेडगेवार के पूर्वज तेलंगाना के गांव में रहते थे और निजामाबाद ज़िले में पुजारी का काम करते थे। 19वीं सदी की शुरुआत में इन भूमिहीन ब्राह्मण परिवारों को मुगल शासन के दौरान अपना गांव छोड़कर महाराष्ट्र आना पड़ा और वे लोग नागपुर के पास आकर बस गए। उस समय वहां मराठा भोंसले राजाओं का शासन था, जो वैदिक शिक्षा को बढ़ावा देते थे। केशव अपने घर में सबसे छोटे थे। ब्राह्मण परिवारों में आमतौर पर वैदिक शिक्षा और पूजा पाठ पर ज़ोर दिया जाता था, लेकिन केशव के सबसे बड़े भाई महादेव का रुझान वेटलिफ्टिंग और बॉडी बिल्डिंग में रहा और उन्हीं को देखते हुए केशव की रुचि भी शायद उसमें बन गई। लेकिन केशव साथ में पढ़ाई में भी लगे रहते थे और उनका मन धार्मिक और आध्यात्मिक पुस्तकों के अलावा इतिहास के वीर पुरुषों के बारे में पढ़ने में लगता था। शिवाजी महाराज उनके हीरो थे और राष्ट्रभक्ति की धुन उन्हें बचपन से ही थी।

दिलीप देवधर बताते हैं कि जब डॉ. हेडगेवार ने संघ की शाखाएं शुरू कीं, तो बालासाहब और भाऊराव देवरस कम उम्र में ही शाखा में आने लगे थे। यह लोग उस वक़्त नागपुर के इतवारी इलाक़े में रहे थे, जो संघ कार्यालय से क़रीब एक किलोमीटर दूर था। डॉ. हेडगेवार शुरू से ही बालासाहेब पर विशेष स्नेह रखते थे, उन्हें ख़ासतौर से तैयार करने में हेडगेवार जुट गए।

बालासाहब जब शाखा में आते तो उस वक़्त होने वाली मिलिट्री ट्रेनिंग पर ख़ास ध्यान देते और जो युवा मार्चपास्ट या कदमताल में ग़लती करते तो उन्हें प्यार से मारते भी थे। जब गुरु गोलवलकर सरसंघचालक बन गए तब वे संघ

के कार्यक्रम और शाखाओं में अक्सर इस बात का ज़िक्र करते कि जिन लोगों ने हेडगेवार जी को नहीं देखा है, वह बालासाहब को देखें।

बालासाहब ने 1940 में हेडगेवार को कहा कि मैं प्रचारक बनकर कलकत्ता जाना चाहता हूं। डॉ. साहेब के लाड़ले बालासाहब को हेडगेवार ने कहा कि तुम्हारा सपना तो आईएएस अफ़सर बनने का था तो फिर क्यों प्रचारक बनना चाहता है, अगर प्रचारक बनेगा तो तेरा सपना खत्म हो जाएगा। बालासाहब ने कहा कि संघ में आने से पहले मेरा सपना आईएएस बनने का था, वह छोड़ दिया, अब मैं प्रचारक बनूंगा। इस पर हेडगेवार ने उन्हें सलाह देते हुए कहा कि तुम पहले आईएएस बनकर ब्रिटिश सिस्टम में बड़े अफ़सर बन जाओ, फिर संघ जो आदेश देगा, वह करना पड़ेगा। दो मिनट रुककर बालासाहेब ने कहा कि मुझे संघ से बाहर मत भेजो और अगर मैं आईएएस बन गया तो फिर वादा नहीं कर सकता कि मैं संघ का आदेश मानूंगा ही।

संघ में ज़्यादातर लोगों को लगता था कि डॉ. हेडगेवार के बाद सरसंघचालक की ज़िम्मेदारी बालासाहेब देवरस को मिलेगी क्योंकि वे बचपन से और साथ ही शुरुआत से संघ से जुड़ गए थे और डॉ. हेडगेवार के प्रिय भी थे, लेकिन हेडगेवार के बाद ज़िम्मेदारी मिली गुरुजी माधव सदाशिव गोलवलकर को और इसको लेकर बहुत तरह की चर्चाएं भी हुईं। देवधर बताते हैं कि 1940 में डॉ. हेडगेवार की तबीयत बहुत खराब थी, डॉक्टर ने बताया कि आपका 'लंबर पंक्चर' करना पड़ेगा, इससे आपकी लाइफ़ अच्छी हो जाएगी, लेकिन इसमें मौत भी हो सकती है, इसलिए आप इस पर सोच-समझकर फ़ैसला कीजिए। डॉ. हेडगेवार ने फिर गुरु गोलवलकर और देवरस को बुलाया, इसके अलावा नागपुर के संघचालक बालासाहब घटाटे समेत दो-तीन लोग और शामिल थे। घटाटे के पुत्र एन. एम. घटाटे याद करते हैं कि नए सरसंघचालक का फ़ैसला अकोला में हुआ था। डॉ. हेडगेवार ने कहा कि हालांकि मेरा स्नेह बालासाहब पर ज़्यादा है, लेकिन उसका अनुभव अभी कम है। गुरुजी सरकार्यवाह बन चुके हैं, इसलिए आप सरसंघचालक की ज़िम्मेदारी उठाएंगे।

इस बैठक के लिए बालासाहब को भी कलकत्ता से बुलाया गया और कहा गया कि आप अब नागपुर में ही रहेंगे। इसके साथ ही हेडगेवार ने गोलवलकर को कहा कि मैं आपको सरसंघचालक की ज़िम्मेदारी देता हूं, लेकिन आप मुझे गारंटी दीजिए कि आप बालासाहब को तैयार करेंगे, इसके साथ ही संघ के अखिल भारतीय नहीं बन जाने तक आपको संघ और शाखा पर ही ध्यान देना होगा, कोई और काम नहीं करेंगे।

इस पर गोलवलकर ने एक शर्त रखी कि यदि मेरा संन्यासी होने का मन हुआ तो मैं तो सबकुछ छोड़कर हिमालय चला जाऊंगा, फिर बालासाहब को यह

ज़िम्मेदारी संभालनी होगी। दोनों को इस बात की गारंटी देनी चाहिए, फिर दोनों ने 'हां' कहा। इसके बाद गोलवलकर ने कहा कि मेरी असली शर्त दूसरी है कि जब तक मैं सरसंघचालक रहूंगा, उन्हें मेरा आदेश मानना पड़ेगा। अगर उन्हें स्वीकार है तो मैं यह ज़िम्मेदारी लेता हूं। इससे कुछ देर के लिए वहां स्थिति में थोड़ा तनाव आ गया। थोड़ा रुककर बालासाहब ने कहा कि मैं वचन देता हूं कि मैं दूसरी शर्त मानूंगा। ऑपरेशन के बाद 21 जून, 1940 को डॉ. हेडगेवार का नागपुर में निधन हो गया। उनका अंतिम संस्कार रेशिमबाग में हुआ। यह 21 एकड़ की ज़मीन हेडगेवार ने संघ के लिए ली थी। फिर 22 साल बाद 1962 में वहां हेडगेवार स्मृति मंदिर बनकर तैयार हुआ।

डॉ. हेडगेवार के निधन के बाद देशभर के संघचालक नागपुर में जमा हो गए। उन संघचालकों की मौजूदगी में नागपुर के संघचालक बालासाहब घटाटे ने बताया कि अगले सरसंघचालक गुरुजी गोलवलकर होंगे। इस पर एक और संघचालक बाबासाहब पाध्ये ने कहा कि संघ की गतिविधि और कामकाज सामाजिक कार्य है, ऐसे में अभी नए सरसंघचालक की घोषणा करेंगे तो यह मिलिट्री जैसा कामकाज लगेगा, इसलिए हम हिन्दू पद्धति से सूतक मनाएंगे और फिर बाद में इसका ऐलान करेंगे। बालासाहब घटाटे इससे सहमत थे। फिर भोंसले वेदशाला में हेडगेवार की श्रद्धांजलि सभा का आयोजन किया गया। उसी समय बाहर एक ख़बर चल गई कि आरएसएस को हेडगेवार का कोई उत्तराधिकारी नहीं मिल रहा। दरअसल, उस वक़्त हिन्दू महासभा और संघ में आपस में नाराज़गी-सी चल रही थी तो महासभा की तरफ़ से यह ख़बर फैला दी गई थी।

इस श्रद्धांजलि सभा में लक्ष्मण परांजपे और डॉ. मुंजे का भाषण हुआ। डॉ. मुंजे ने कहा कि केशव से मैंने संघ शुरू करवाया, उन्होंने अच्छा काम किया। संगठन अच्छा आगे बढ़ गया। संघ दूसरे को ज़िम्मेदारी सौंप नहीं सकता। मैंने हेडगेवार के सहायक के तौर पर काम किया है, तो सबकी सहमति हो और सबको मान्यता हो तो मैं यह ज़िम्मेदारी उठाने को तैयार हूं। उसी समय डॉ. परांजपे खड़े हो गए और उन्होंने कहा कि आख़िरी वक़्त में डॉ. हेडगेवार के मन में क्या था, इसकी जानकारी मुझे है। डॉ. मुंजे और डॉ. परांजपे रिश्ते में समधी थे। डॉ. परांजपे की बेटी की शादी डॉ. मुंजे के बेटे से हुई थी।

डॉ. परांजपे ने कहा कि हम दोनों के बीच एक अजब रिश्ता रहा है। 1920 के कांग्रेस अधिवेशन में मैं मुखिया था और हेडगेवार मेरे सहायक। फिर 1925 में संघ की बैठक थी तो डॉ. हेडगेवार सरसंघचालक बने और मैं उनका सहायक हो गया। कोई परेशानी नहीं थी क्योंकि हम दोनों के बीच पद को लेकर संघर्ष नहीं था। फिर 1930 में जब जंगल सत्याग्रह में हेडगेवार गिरफ़्तार हुए और यह अंदाज़ा नहीं था कि वह कितने दिन जेल में रहेंगे तो उन्होंने मुझे सरसंघचालक नियुक्त किया। मैंने सरसंघचालक के तौर पर ध्वज प्रणाम भी लिया। हेडगेवार तब दस महीने जेल रहे और जब वह जेल से बाहर आए तो मैं दोबारा कार्यकर्ता बन गया।

उन्होंने कहा कि डॉ. हेडगेवार ने अपनी मृत्यु से पहले मुझसे बात की थी और कहा था कि आपको फिर से सरसंघचालक बनना पड़ेगा, तो मैंने इंकार किया और मैंने कहा कि किसी युवा को चुनो। हेडगेवार को यह बात पसंद आई, फिर अचानक हेडगेवार का निधन हो गया तो अब मैं यह ज़िम्मेदारी लेने को तैयार हूं। इससे श्रद्धांजलि सभा में सन्नाटा छा गया, सब स्तब्ध थे कि क्या किया जाए। इस पर भैयाजी दाणी उठे, गुरु गोलवलकर और देवरस भी वहां मौजूद थे। उन्होंने कहा, "देवरस जी आप हेडगेवार के वारिसदार हैं, आपके मन में क्या है, वह बताइए।" इसके बाद देवरस का भाषण हुआ। देवरस ने कहा कि मैंने संघ को जिंदगी दे दी है, मैं हेडगेवार के साथ छाया की तरह रहा। संघ अब बड़ा हो गया है, सात सौ शाखाएं हैं और जो भी संघ निर्माण का सपना देखता है, वह संघ के साथ खड़ा रहा है।

उन्होंने कहा कि डॉ. हेडगेवार ने गुरुजी गोलवलकर को सरसंघचालक नियुक्त किया है। मैंने हां कह दिया, मैंने मान्यता दे दी। मेरे सरसंघचालक गुरुजी हैं और यही उनके लिए श्रद्धांजलि होगी। अब इस पर चर्चा बंद करनी चाहिए।

इसके बाद हेडगेवार के मासिक श्राद्ध तक सरसंघचालक का पद खाली था। मासिक श्राद्ध के मौक़े पर फिर देशभर के संघचालक इकट्ठा हुए और तब गुरुजी गोलवलकर ने सरसंघचालक के तौर पर ध्वज प्रणाम स्वीकार किया।

हिन्दू महासभा, कांग्रेस और संघ

1923 में हिन्दू महासभा शुरू होने के साथ से ही डॉ. हेडगेवार इससे जुड़ गए थे। तब महासभा के अध्यक्ष राजा लक्ष्मण राव भोंसले और सचिव डॉ. मुंजे थे। हेडगेवार को इसकी प्रचार समिति में मनोनीत किया गया। फिर 1926 से 1927 तक वे नागपुर इकाई के सचिव रहे। डॉ. हेडगेवार महासभा के साथ कांग्रेस में भी थे और तमाम मतभेदों के बावजूद वह कांग्रेस के स्वतंत्रता संग्राम से जुड़े आंदोलनों में शामिल होते रहे। कई बार उन आंदोलनों में संघ शामिल नहीं था, लेकिन हेडगेवार संघ की ज़िम्मेदारी छोड़कर भी आंदोलनों में शरीक हुए।

हेडगेवार हिन्दुत्व के लिए हिन्दू महासभा की सीमित उपयोगिता मानते थे। जब हिन्दू महासभा मुस्लिम लीग की तरह राजनीतिक तौर पर ख़ुद को हिन्दुओं का नुमाइंदा बताने लगी, तो हेडगेवार महासभा से दूरी बनाने लगे और महासभा के नेताओं से निजी संबंधों की वजह से ही उनका जुड़ाव रहा। बहुत से लोगों को लगता है कि संघ और हिन्दू महासभा एक ही जैसे संगठन हैं, इसकी बड़ी वजह शुरुआती दौर में संघ को आगे बढ़ाने के लिए हिन्दू महासभा की मदद लेना रहा। संघ की शाखाओं के विस्तार के लिए हिन्दू महासभा के नेताओं को कई जगहों पर संघचालक भी बनाया गया। लेकिन हेडगेवार ने संघ की स्वायतता को बनाए रखने पर ज़ोर दिया। सविनय अवज्ञा आंदोलन के वक़्त भी महासभा उसके साथ नहीं थी, लेकिन संघ में इस आंदोलन में शामिल होने की आज़ादी दी गई थी।

फिर 1932 में हिन्दू महासभा ने प्रस्ताव पारित करके आरएसएस के अखिल भारतीय स्वरूप को स्वीकार किया था और डॉ. हेडगेवार के प्रयासों की तारीफ की गई। महासभा को संघ का कांग्रेस के कार्यक्रमों में हिस्सा लेना पसंद नहीं था, वह चाहती थी कि संघ हिन्दू राजनीति में कार्यक्रमों में उसकी मदद करे। लेकिन जब डॉ. हेडगेवार ने दोनों संस्थाओं को अलग-अलग तौर पर देखने की कोशिश की, तो महासभा के नेता उनसे नाराज़ हो गए। एक बार सावरकर ने भी संघ की महासभा के प्रति तटस्थता की आलोचना की थी। सावरकर ने कहा, "संघ के स्वयंसेवकों की कहानी होगी कि वह जन्मा, संघ में शामिल हुआ और बिना कुछ किए मर गया।" इसके बाद महासभा के नेताओं ने संघ पर हमले और तेज़ कर दिए।

अक्टूबर, 1938 में हिन्दू महासभा और आर्य समाज ने हैदराबाद के निजाम की हिन्दूविरोधी नीतियों के ख़िलाफ़ सावरकर के नेतृत्व में सत्याग्रह शुरू किया। महासभा के नेता चाहते थे कि जंगल सत्याग्रह की तरह ही हेडगेवार स्वयंसेवकों के साथ इस सत्याग्रह में शामिल हों, लेकिन हेडगेवार ने उस वक़्त आज़ादी की लड़ाई पर ज़ोर दिया। हेडगेवार ने तब भी कहा कि स्वयंसेवक व्यक्तिगत तौर पर इस आंदोलन में हिस्सा ले सकते हैं। भैयाजी दाणी समेत क़रीब एक सौ स्वयंसेवकों ने इस आंदोलन में हिस्सा लिया। इसके बाद तो महासभा के नेताओं का गुस्सा और बढ़ गया और तब हेडगेवार की व्यक्तिगत आलोचना सार्वजनिक तौर पर की जाने लगी, यानी दोनों के बीच दूरियां बढ़ गई थीं।

महासभा ने इसके बाद संघ के समानांतर 17 मार्च, 1940 को एक और संगठन 'राम सेना' शुरू किया, इसमें डॉ. हेडगेवार का नाम शामिल कर दिया तो संघ ने इसका खंडन किया। डॉ. हेडगेवार उस समय बिहार के राजगीर में प्राकृतिक चिकित्सा से इलाज करवा रहे थे तो उन्होंने गोलवलकर को इस पर खंडन जारी करने के निर्देश दिए। इसके अलावा भी 'हिन्दू राष्ट्र दल', 'हिन्दू सेवा दल', 'शक्ति दल' और नाथूराम गोडसे का 'हिन्दू राष्ट्र सेना' जैसे कई और संगठन महासभा ने खड़े कर दिए ताकि संघ का मुकाबला किया जा सके।

हिन्दू महासभा के डॉ. मुंजे और डॉ. हेडगेवार के बीच व्यक्तिगत संबंध हमेशा बने रहे। हेडगेवार उनका बहुत सम्मान करते थे, लेकिन दोनों के बीच सैद्धांतिक मतभेद बने रहे। डॉ. हेडगेवार को ब्रिटेन को लेकर डॉ. मुंजे का व्यवहार पसंद नहीं था। डॉ. हेडगेवार अंग्रेज़ों के साथ किसी तरह का संबंध नहीं रखना चाहते थे, सिवाय संघर्ष के।

डॉ. हेडगेवार जब 1930 में जेल गए तो उनकी जगह डॉ. परांजपे सरसंघचालक बने। डॉ. परांजपे विदर्भ के जाने-माने सर्जन थे और हेडगेवार एलोपैथी के डॉक्टर।

डॉ. परांजपे ने एक निजी बीमा कंपनी शुरू की तो इसमें डॉ. हेडगेवार रजिस्टर्ड डॉक्टर थे और कंपनी उन्हें एक हज़ार रुपए देती थी।

प्रोफेसर राजेन्द्र सिंह उर्फ रज्जू भैया कॉलेज में प्रोफेसर रहे। जब रज्जू भैया सरसंघचालक बने और इलाज कराने केरल गए तो वहां के खर्चे का बिल जब स्थानीय संघ का दफ्तर देने लगा तो उन्होंने मना कर दिया और कहा, "यह मेरा निजी बिल है। मेरे बैंक खाते में पैसे हैं।" उनके निजी खाते से इलाज का बिल चुकाया गया।

बालासाहब देवरस खेती करते थे। खेती उनकी चलती रही और उसकी कमाई उनकी निजी आय थी। इस पैसे को देवरस किसी की मदद के लिए खर्च करते थे। लेकिन के. एस. सुदर्शन और मोहन भागवत का कोई बैंक खाता नहीं बताया जाता।

मौजूदा सरसंघचालक मोहन भागवत वेटेनरी डॉक्टर हैं। भागवत ने एमएससी पार्ट-1 अकोला से पास किया। फिर पार्ट-2 में दाखिला लिया। नागपुर में भागवत अपने रिश्तेदार के घर रहते थे, फिर हॉस्टल में रहने गए। वह अपने हॉस्टल के प्रमुख थे और पत्रकार दिलीप देवधर कॉलेज हॉस्टल के प्रांत प्रमुख। देवधर उन दिनों फुलपैंट शाखा लगाते, जिसमें भागवत कभी-कभार आते थे। उस दौरान भागवत हिन्दी फ़िल्मी गाने गाते थे। लेकिन इमरजेंसी के दौरान पार्ट-2 में उन्हें डेजर्टेशन का वक़्त नहीं मिला और फिर वे संघ में प्रचारक बनकर चले गए।

गुरु गोलवलकर की किताब 'वी' प्रकाशित हुई तो इस किताब के विमोचन पर 'तरुण भारत' अख़बार के प्रधान संपादक और साहित्यकार माडखोलकर को बुलाया गया। इस समारोह में सरसंघचालक हेडगेवार भी मौजूद थे। समारोह के दौरान माडखोलकर ने गोलवलकर से पूछा कि क्या इस किताब की समीक्षा लिखनी है? लेकिन उससे पहले कुछ जानना चाहता हूं कि आप एमएससी थे, फिर एलएलबी हैं, फिर पीएचडी छोड़कर कोचिंग सेन्टर में चले गए। उसके बाद रामकृष्ण मिशन में गए, स्वामी अखाड़ानंद से दीक्षा ली और अब सरकार्यवाह हो, संन्यासी हो नहीं, प्राध्यापक हो नहीं, मिशन में नहीं हो, अब संघ में आ गए हो, आप हो कौन? क्या चाहते हो? किसके हो? भविष्य में क्या करोगे पता नहीं? संघ के हो नहीं?

गुरुजी ने कहा, "यह सवाल हेडगेवार जी की मौजूदगी में पूछा, अच्छा किया। मुझे विवेकानंद के आदर्शों पर हिन्दू संगठन खड़ा करना है। डॉ. हेडगेवार के संघ में आ चुका हूं, तो हेडगेवार से सवाल पूछ रहा हूं कि स्वामी विवेकानंद के सपनों और हेडगेवार के सपनों में भेद है या नहीं? समझा दें।" लेकिन हेडगेवार ने कोई जवाब नहीं दिया।

डॉ. हेडगेवार सब चीज़ों पर धीरे-धीरे प्रतिक्रिया देते थे और दूसरे को पूरा मौक़ा देते थे। जनसंघ के अध्यक्ष बच्छराज व्यास नागपुर के इतवारी इलाक़े में रहते थे। राजस्थानी, कट्टर ब्राह्मण। वे ओटीसी कैम्प में नहीं आते थे। बालासाहब उन्हें कैम्प में लाए, लेकिन एक शर्त के साथ कि मैं अपना भोजन ख़ुद बनाऊंगा और खाऊंगा, सबके साथ भोजन नहीं करूंगा। शाखा में आते थे लेकिन कैम्प में नहीं। बालासाहब देवरस ने हेडगेवार से पूछा कि क्या उनको कैम्प में लेकर आऊं? हेडगेवार ने कहा कि ले आओ और उनको अपने हिसाब से करने दो। देवरस ने कहा कि इससे संघ का अनुशासन टूट जाएगा। हेडगेवार बोले कि अनुशासन महत्वपूर्ण है या व्यक्ति? हमारे लिए व्यक्ति महत्वपूर्ण है। उनकी शर्त मानकर कैम्प में लाओ। बच्छराज कैम्प में आ गए। सुबह का भोजन ख़ुद पकाया, खाया। सब लोग उन्हें देखकर हंसने लगे। इससे बच्छराज परेशान हो गए और कहा कि शाम को साथ खाऊंगा। दूसरे दिन बालासाहब से बोले कि घरवालों को समझा दूंगा। बच्छराज फिर राजस्थान वापस गए और वहां संघ का संगठन खड़ा किया।

बचपन से अपने घर में आरएसएस की गतिविधियों, डॉ. हेडगेवार से लेकर बालासाहब देवरस का आना-जाना देखने और संघ को शुरुआती दौर से समझनेवाले चुनिंदा लोगों में से एक हैं सुप्रीम कोर्ट के वरिष्ठ वकील एन. एम. घटाटे, जिन्हें लोग प्यार से 'अप्पा' कहते हैं। अप्पा की एक और पहचान पूर्व प्रधानमंत्री अटल बिहारी वाजपेयी के सबसे क़रीबी और विश्वस्त मित्रों में से की जाती है। बरसों से मेरा उनसे परिचय रहा है, लेकिन उनका स्नेह, उनकी बालसुलभ खिलखिलाती हंसी यह अहसास ही नहीं होने देती कि आप किसी महत्वपूर्ण शख्सियत के साथ हैं। अप्पा के पिता बालासाहब घटाटे नागपुर के जमींदारों में से रहे हैं।

बाला साहब घटाटे और गुरु गोलवलकर दोनों एक साथ ही संघ में शामिल हुए थे। घटाटे को नागपुर के संघचालक और गोलवलकर को सरकार्यवाह की ज़िम्मेदारी मिली। बालासाहब घटाटे लंबे समय तक हिन्दू महासभा में भी रहे।

अप्पा घटाटे बताते हैं, "1939-40 में डॉ. हेडगेवार काफी बीमार थे। हम लोग गर्मियों की छुट्टियों में नासिक गए हुए थे। हेडगेवार वहां आए थे, उनके साथ गुरुजी गोलवलकर भी आए, क़रीब एक महीना रहे। तब गुरुजी के संन्यासी वस्त्रों, कमंडल और मृगछाला की खूब चर्चा होती थी। लेकिन गुरुजी को गुस्सा जल्दी आता था। सावरकर भी बालासाहब घटाटे के घर पर दो बार आए। घटाटे हिन्दू महासभा के खत्म होने के बाद जनसंघ में आए।"

घटाटे के मुताबिक़, "गोलवलकर को अगला सरसंघचालक बनाने का फ़ैसला अकोला में एक बैठक में किया गया। हेडगेवार ने इसकी चर्चा बालासाहब घटाटे, यादव राव जोशी और कृष्णराव से की। बैठक में गुरु गोलवलकर के अलावा,

देवरस और अप्पाजी जोशी थे। हेडगेवार के इस निर्णय पर गुरु गोलवलकर ने इंकार किया, वे तैयार नहीं थे। कुछ दूसरे लोग भी बहुत नाराज़ हो गए, क्योंकि तब गोलवलकर को संघ के बारे में ज़्यादा अनुभव नहीं था। आप्पा जोशी तो यह फ़ैसला सुनकर स्तब्ध रह गए। सब लोग सोच रहे थे कि बालासाहब देवरस को सरसंघचालक नियुक्त किया जाएगा। गुरुजी का तब अध्यात्म पर ज़्यादा ज़ोर था। लेकिन संघ में कई बार ऐसा हुआ। गुरु गोलवलकर ने भी जनसंघ के लिए अटल बिहारी वाजपेयी को चुना और राष्ट्रीय स्तर पर उन्हें आगे बढ़ाया।

4

द्रष्टा: गुरुजी गोलवलकर

6 जून 1973, सूर्यास्त का समय। डॉ. हेडगेवार की प्रतिमा के सामने गुरुजी गोलवलकर को रेशिमबाग में अग्नि को समर्पित कर दिया गया। एक युग का समापन हो गया, संघ के एक युग का समापन, फिर से कभी न लौटने वाले युग का समापन।

संघ प्रमुख गुरुजी गोलवलकर के निधन के बाद अटल बिहारी वाजपेयी ने श्रद्धांजलि देते हुए लिखा, "पूजनीय गुरुजी का पार्थिव शरीर दर्शन के लिए कार्यालय के कमरे में रखा था। आज उन्होंने मुझे चरणस्पर्श करने से नहीं रोका। अपने पांव पीछे नहीं हटाए। सिर पर प्रेम से हाथ नहीं फेरा। प्यार भरी मुस्कान से नहीं देखा। हालचाल नहीं पूछा। वे अनंत निद्रा में निमग्न थे। हंस उड़ चुका था, काया के पिंजड़े को तोड़कर पूर्ण में विलीन हो चुका था। लेकिन गुरुजी हमेशा रहेंगे। हमारे जीवन में, हमारे हृदयों में, कार्यों में। अग्नि उनके शरीर को जला सकती है, लेकिन हृदय, हृदय में उनके द्वारा प्रदीप्त प्रखर राष्ट्रप्रेम तथा निस्वार्थ समाजसेवा की चिंगारी को कोई नहीं बुझा सकता।"

संगठन विस्तार का निर्णय

डॉ. केशव बलिराम हेडगेवार ने जब संगठन का राष्ट्रीय स्तर पर विस्तार करने का निर्णय किया तो उनके दिमाग में सबसे पहला नाम आया—काशी। काशी भगवान शिव की नगरी है। भगवान बुद्ध का पहला उपदेश काशी में हुआ। शंकराचार्य का पहला व्याख्यान सत्र भी यहीं हुआ और स्वामी विवेकानंद ने भी अपने पहले विचार-प्रचार के लिए काशी को चुना था।

संघ प्रमुख ने अपने वरिष्ठ नेता प्रभाकर बलवंत दाणी उर्फ भैयाजी दाणी की अगुआई में एक टोली को शाखा खोलने के लिए काशी भेजा। उनके साथ तात्या तैलंग, बाबू तैलंग, तात्या लोखंडे, अण्णा पांढरीपांडे और अप्पा गुंडे जैसे स्वयंसेवक भी गए। उन्हें वहां पढ़ाई के साथ-साथ विश्वविद्यालय में शाखा खोलने की ज़िम्मेदारी भी दी गई। ख़ुद डॉ. हेडगेवार 11 मार्च से 1 अप्रैल, 1931 तक काशी में रुके और बाबा राव सावरकर के संपर्क से ब्रह्मा घाट के धनधानेश्वर

मंदिर में पहली शाखा शुरू की गई। फिर जुलाई में विश्वविद्यालय में शाखा शुरू हुई। इसी साल माधव सदाशिव गोलवलकर की यहां अध्यापक के तौर नियुक्ति हुई थी। गोलवलकर भी नागपुर से थे।

भैयाजी दाणी ने गोलवलकर से संपर्क किया और दोस्त बन गए, लेकिन उनकी रुचि तब शाखा में नहीं थी। वे हॉकी और टेनिस खेला करते थे। धीरे-धीरे गोलवलकर शाखा में जाने लगे। फिर जब दिसंबर में एक दिन काशी का वन विहार सारनाथ में हुआ, तो उसमें चालीस स्वयंसेवकों के साथ गोलवलकर ने भी हिस्सा लिया। तब लोग उन्हें विश्वविद्यालय में 'गुरुजी' कहकर संबोधित करते थे। फिर गुरुजी शाखा में सक्रिय रूप से शामिल हो गए।

गुरुजी का विश्वविद्यालय में मालवीय से अच्छा संपर्क था। एक शाम कहीं बाहर जाते समय मालवीय जी ने शाम की शाखा के बाद दंड, ध्वज स्तंभ और घोष आदि का सामान ले जाते हुए स्वयंसेवकों को देखा। बाद में शाखा के बारे में पूरी जानकारी लेने के बाद मालवीय जी ने भैयाजी दाणी को बुलाकर कहा कि मैं शाखा के लिए आपको विश्वविद्यालय में जगह देता हूं, आप वहां भवन बनवा लीजिए। थोड़े ही दिनों में वहां एक छोटा भवन तैयार हो गया, जिसके बाहर नियमित शाखा लगने लगी।

1932 की गर्मियों की छुट्टियों में जब गोलवलकर नागपुर आए तो उनकी मुलाक़ात डॉ. हेडगेवार से हुई। हेडगेवार ने संघ के विजयादशमी के समारोह के लिए गोलवलकर को आमंत्रित किया। 9 अक्टूबर, 1932 को संघ के विजयादशमी उत्सव के समारोह में गोलवलकर और डॉ. सदगोपाल विशेष अतिथि के तौर पर मौजूद थे।

नागपुर से लौटकर गोलवलकर पूरी तरह संघ के कार्य में जुट गए। 1933 में गुरुजी नागपुर लौट आए। 1934 में डॉ. हेडगेवार ने उन्हें नागपुर शाखा का कार्यवाह बनाया। डॉक्टर साहब ने कुछ दिनों के लिए गुरुजी को बम्बई भेजा और इसके बाद 1934 में ही अकोला में हुए अधिकारी प्रशिक्षण शिविर के सर्वाधिकारी पद की ज़िम्मेदारी सौंपी। उस वक़्त वे क़ानून की पढ़ाई भी कर रहे थे। इसी दौरान वे अपने एक मित्र रघुवीर धोंगड़ी से मिलने श्रीरामकृष्ण आश्रम छात्रावास भी जाते थे। उनका झुकाव अध्यात्म की तरफ़ था। धोगंड़ी ने जब रामकृष्ण आश्रम के सारगाछी में दीक्षा लेने का विचार बनाया और उसकी जानकारी गुरुजी को दी, तब उनकी इच्छा भी दीक्षा लेने की हुई। वे उस साल नवंबर में दीपावली से कुछ दिन पहले सारगाछी पहुंच गए, जहां उन्हें स्वामी अखंडानंद जी का सानिध्य मिला। आश्रम में गुरुजी को जो काम बताया गया, उसे पूरे मनोयोग से करते रहे।

स्वामी अखंडानंद ने गोलवलकर को 13 जनवरी, 1937 को मकर संक्रांति के दिन दीक्षा दी। दीक्षा के बाद गोलवलकर ने कहा, "मेरे लिए परमोत्तम दिन, स्वर्णिम शब्दों में लिखे जानेवाला दिन। गुरुदेव की दृष्टि, उनका प्रेम, उनका समग्र प्रभाव, जिस प्रकार उन्होंने अपनी कृपा से मुझे दिव्य आनंद प्रदान किया—मैं सोचता हूं, मैं

आशा करता हूं, मैं कभी भूल नहीं पाऊंगा। मेरे अंग-प्रत्यंग कांप रहे थे। मैंने स्वयं को परिवर्तित अनुभव किया। मैं वह नहीं हूं, जो कुछ क्षण पूर्व था।"[1]

गोलवलकर अपने गुरु स्वामी अखंडानंद की सेवा में लगे रहे, लेकिन जब 7 फरवरी को वे आनंद में विलीन हो गए तो गोलवलकर ने नागपुर लौटने का मन बना लिया। आश्रम के भंडार कमरे से उन्होंने अपना सामान उठाया जिसमें बाबा का पूर्णकाय चित्र था, जिस पर उनके दस्तखत थे, 'अखंडानंद'। गुरुदेव की ऊनी चादर, पूजा के लिए पीतांबर, पाद मुद्रा के दो सफेद तौलिये, दो गेरुए रूमाल, एक चम्मच और उनकी एक जेब-घड़ी। इसके साथ उनकी अस्थियों के कुछ टुकड़े, चिताभस्म और श्री रामकृष्ण परमहंस के बीस-पचीस केश। इन सबके साथ दीक्षित गुरुजी नागपुर लौट आए।

नागपुर लौटकर वे अपनी बीमार मां से मिलने सबसे पहले रामटेक पहुंचे। उनके स्वस्थ होने के बाद गुरुजी नागपुर लौट आए और नियमित तौर पर डॉक्टर साहब के घर और शाखा में जाने लगे। इसी दौरान उन्होंने स्वामी विवेकानंद के शिकागो में दिए भाषण का मराठी में अनुवाद भी किया।

1938 में हेडगेवार ने संघ के विस्तार की कार्ययोजना में गुरुजी को शामिल किया। उस साल के शिक्षा वर्ग में कर्नाटक, बंगाल, बिहार, उत्तर प्रदेश और पंजाब से स्वयंसेवक आने वाले थे तो उसमें बहुभाषी सर्वाधिकारी की ज़रूरत थी। तब हेडगेवार ने गुरुजी को सर्वाधिकारी बनाया। गुरुजी मराठी, हिन्दी, बांग्ला और अंग्रेज़ी के अच्छे जानकार थे। उन दिनों शिक्षा वर्ग चालीस दिनों का होता था। उन्होंने वह ज़िम्मेदारी बेहतर तरीक़े से पूरी की और इसके बाद गुरुजी उत्तर भारत में लाहौर के शिक्षा वर्ग के लिए गए।

संघ की शुरुआत

संघ के राष्ट्रीय सम्पर्क प्रमुख रहे अनिरुद्ध देशपांडे कहते हैं, "गुरुजी ने डॉ. हेडगेवार के निधन के बाद एक बड़ी चुनौती अपने कंधों पर ली। डॉ. हेडगेवार ने संघ की शुरुआत की थी। उसे आगे बढ़ाने की तैयारी गुरुजी ने की।"

गुरुजी यानी माधव सदाशिव गोलवलकर का जन्म 19 फरवरी, 1906 को नागपुर के पास रामटेक में हुआ था। उनके पिता सदाशिव राव गोलवलकर डाक-तार विभाग में कर्मचारी थे। फिर 1909 में सदाशिव ने डाक-तार विभाग की नौकरी से इस्तीफा दे दिया और छत्तीसगढ़ में अध्यापक बन गए। पिता के तबादलों के साथ-साथ माधव की शिक्षा अलग-अलग शहरों रायपुर, दुर्ग और खंडवा में हुई।

सदाशिव की इच्छा थी कि उनका बेटा डॉक्टर बने। 1922 में पुणे के फर्ग्यूसन कॉलेज में दाखिला मिल भी गया, लेकिन तब के कुछ नियमों की वजह से उन्हें कॉलेज छोड़ना पड़ा और वे नागपुर लौट आए। नागपुर से उन्होंने साइंस

1. स्रोत : गुरुजी गोलवलकर जीवन चरित्र में प्रकाशित, पृष्ठ-77

से इंटरमीडियट किया और 1926 में बनारस हिन्दू विश्वविद्यालय से बीएससी और इसके बाद प्राणिशास्त्र में एमएससी किया। इसके बाद गोलवलकर समुद्र जीवविज्ञान पर डॉक्टरेट करने मद्रास चले गए, लेकिन एक तो वहां के मौसम से उनके शरीर पर असर पड़ा, साथ ही पिता के रिटायर होने से पैसे की तंगी की वजह से माधव मद्रास छोड़कर बनारस आ गए और 1930 से बीएचयू में पढ़ाने लगे। 1931 में उनकी मुलाक़ात डॉ. हेडगेवार से हुई, लेकिन इससे पहले से ही माधव को लगता था कि वे गृहस्थ जीवन नहीं अपनाएंगे और संन्यास के लिए हिमालय चले जाएंगे। अध्यात्म के साथ-साथ माधव को मलखम्भ का भी अच्छा अभ्यास था।

संघ में शामिल होने के बाद भी 1936 में माधव एक दिन अचानक अपनी वकालत, संघ और घर बार छोड़कर मुर्शिदाबाद में स्वामी अखंडानंद के सारगाछी आश्रम के लिए चल दिए। स्वामी अखंडानंद, रामकृष्ण परमहंस के शिष्य और स्वामी विवेकानंद के गुरु भाई थे। माधव को स्वामी अखंडानंद के बारे में जानकारी स्वामी अमूर्तानंद उर्फ अमिताभ महाराज से मिली। अमिताभ महाराज ही फिर से माधव को संघ में लेकर आए। माधव की ज़िंदगी में उनकी अहम भूमिका रही।

1939 संघ के नज़रिए से काफी महत्वपूर्ण है। उस साल डॉ. हेडगेवार ने नागपुर के पास सिंदी में एक विशेष चिंतन बैठक बुलाई। बैठक में संघ के संगठन की कार्यपद्धति, रचना, प्रार्थना, प्रतिज्ञा और बहुत से बदलावों पर विस्तार से चर्चा हुई। दस दिनों तक चली यह बैठक संघ को नया स्वरूप देने के लिए थी। हर दिन बैठक में आठ घंटे विस्तार से चर्चा होती थी। बैठक में डॉ. हेडगेवार के साथ उनके सहयोगी अप्पाजी जोशी, नानासाहब टालाटुले, बालासाहब देवरस, तात्याराव तेलंग, कृष्णराव मोहरीर, विट्ठलराव पत्की, बाबाजी सालोडकर और माधव सदाशिव गोलवलकर मौजूद थे। मौजूदा समय में भी चलने वाली संस्कृत प्रार्थना, आज्ञाएं, प्रांतीय रचना और शिक्षा वर्ग का स्वरूप तभी तय हुआ था।

इसी बैठक के दौरान एक दिन डॉ. हेडगेवार ने अप्पाजी जोशी से पूछा कि यदि माधवराव गोलवलकर को सरसंघचालक बना दिया जाए तो? अप्पाजी जोशी का जवाब था—अति उत्तम। हालांकि, उस वक़्त अप्पाजी जोशी संघ में सबसे वरिष्ठ थे और उनके सरसंघचालक बनने की संभावना भी थी। इसके अलावा सबसे पुराने स्वयंसेवकों में से बालासाहब देवरस को भी तब संभावित सरसंघचालक माना जाता था। बहुत साल तक कई लोग गोलवलकर को सरसंघचालक बनाए जाने के तरीक़े पर सवाल उठाते रहे, लेकिन अप्पाजी जोशी और देवरस दोनों ने ही हेडगेवार के फ़ैसले को मानकर ही आगे बढ़ना तय किया और कभी कोई सार्वजनिक विरोध नहीं किया।

डॉ. हेडगेवार की तबीयत में लगातार गिरावट आ रही थी। तब नागपुर के बाबासाहब घटाटे ने हेडगेवार से आग्रह किया कि वे उनके साथ देवलाली में कुछ दिनों के लिए विश्राम करें, उनके साथ गुरुजी भी वहां गए। देवलाली में हेडगेवार को डबल न्यूमोनिया हो गया। उनका स्वास्थ्य बिगड़ने लगा। गुरुजी उनकी सेवा

में लगे रहते थे। स्वास्थ्य में आराम मिलने के बाद हेडगेवार 6 अगस्त को नागपुर लौट आए। 13 अगस्त को नागपुर शाखा में रक्षा बंधन का उत्सव और गुरु दक्षिणा समापन था। इस कार्यक्रम में हेडगेवार ने दो घोषणाएं कीं—पहली, बाबासाहब घटाटे नागपुर शहर के संघचालक बने और दूसरा, गोलवलकर संघ के सरकार्यवाह बनाए गए। इस घोषणा के बाद गुरुजी ने पूर्व सरकार्यवाह अप्पाजी जोशी के चरण स्पर्श किए। फिर गुरुजी देशभर के प्रवास पर रवाना हो गए।

औपचारिक घोषणा भले ही नहीं हुई हो, लेकिन 20 जून को डॉक्टर हेडगेवार ने यादवराव जोशी और कृष्णराव मोहरीर की मौजूदगी में जो बात की, वह संघ के नजदीकी लोगों तक पहुंच गई थी। गोलवलकर के संघ के नए सरसंघचालक होने की बात साफ हो गई। क़रीब एक दशक पहले जब 10 नवंबर, 1929 को डॉ. हेडगेवार को सरसंघचालक घोषित किया गया था, तब भी एक बैठक में इस पर चर्चा होकर निर्णय हुआ था। इस बार भी इसी तरह फ़ैसला करने के विचार से 30 जून, 1940 को अकोला में एक बैठक बुलाई गई। इस बैठक में नागपुर संघचालक बाबासाहब घटाटे, वर्धा ज़िला संघचालक अप्पाजी जोशी, विदर्भ प्रांत संघचालक बापूसाहब सोहनी और महाराष्ट्र प्रांत संघचालक काशीनाथ लिमये मौजूद थे। बैठक में यादवराव जोशी की बात को मानते हुए सबने गुरुजी गोलवलकर को सरसंघचालक स्वीकार किया। 3 जुलाई को हेडगेवार की तेरहवीं की सभा और 21 जुलाई को मासिक श्राद्ध के दिन सभा में इसकी औपचारिक घोषणा करने का तय किया गया।

डॉ. हेडगेवार के निधन के चौथे दिन 24 जून को गुरुजी गोलवलकर ने सभी शाखाओं को एक प्रपत्र भेजा। इसमें डॉ. हेडगेवार के निधन से जुड़ी जानकारी, दूसरे में सांत्वना और तीसरे में संगठन की सूचना थी। रंगाहरि ने 'गोलवलकर जीवन-चरित्र' में बताया है कि 3 जुलाई की शाम को नागपुर में रेशिमबाग मैदान में स्वयंसेवकों का सांघिक हुआ। ध्वजस्थान दाहस्थान के बिलकुल सामने था। नागपुर के तीन हज़ार से ज़्यादा गणवेशधारी स्वयंसेवक संरचना में खड़े थे। औपचारिकताओं के बाद बाबासाहब पाध्ये ने अपने संबोधन में कहा, "राष्ट्रीय स्वयंसेवक संघ एकचालकानुवर्ती संगठन होने के कारण उसके चालक की प्रत्येक इच्छा हम सभी के लिए शिरोधार्य है। अपनी मृत्यु से एक दिन पूर्व 20 जून को डॉक्टर जी ने संघ कार्य का सारा दायित्व अपने बाद गोलवलकर जी को सौंपा है। अतः आज मैं घोषणा करता हूं कि अपने आद्य सरसंघचालक की अंतिम इच्छा के अनुसार माधवराव जी गोलवलकर संघ के सरसंघचालक हुए हैं। मैं नए सरसंघचालक को अपना प्रथम प्रणाम समर्पित करता हूं।"

इसके तुरंत बाद हेडगेवार जी के चाचाजी आबा जी हेडगेवार का आशीर्वचन हुआ। उन्होंने कहा, "ध्यान रखिए, हमारे डॉक्टर जी हमें छोड़कर नहीं गए हैं। आज हम उन्हें गोलवलकर के रूप में देख सकते हैं। हमें उनके आदेशों को, डॉक्टर जी के आदेश मानकर पालन करना चाहिए।"

दोनों भाषणों के बाद किसी ने ताली नहीं बजाई। कोई जयघोष नहीं गुंजाया। उसके बाद हुआ गुरुजी गोलवलकर का भाषण। उन्होंने कहा, "परम पूजनीय डॉक्टर जी ने मुझ पर सरसंघचालकत्व के कल्पनातीत महत्व की ज़िम्मेदारी का कार्य सौंपा है। किंतु यह तो है विक्रमादित्य का सिंहासन। इस पर बैठने वाला गड़ेरिए का लड़का भी योग्य न्याय ही करेगा। आज इस सिंहासन पर बैठने का प्रसंग मुझ जैसे साधारण मनुष्य को प्राप्त हुआ है। किंतु डॉक्टर जी मेरे मुंह से योग्य बातें ही कहलाएंगे। इसमें कोई शंका नहीं कि हमारे महान नेता के पुण्य-प्रताप से, मेरे हाथ से योग्य बात ही होगी। यदि कुछ त्रुटियां हुईं तो दोषी मैं होऊंगा।"

21 जुलाई को मासिक श्राद्ध के कार्यक्रम में आद्य सरसंघचालक का हज़ारों स्वयंसेवकों ने सैनिक अभिवादन किया। इसकी वजह थी कि हेडगेवार के दाह-संस्कार के वक़्त दो मत सामने उभरकर आए। शारीरिक और सैनिक विभाग के प्रमुख अण्णा सोहनी और मार्तंड राव जोग सहित कुछ लोगों का मानना था कि संघ जैसे संगठन के सर्वोच्च नेता का दाह-संस्कार सैनिक अभिवादन समेत होना चाहिए जबकि अप्पाजी जोशी, बाबासाहब पाध्ये सहित कुछ और लोगों का कहना था कि दाह संस्कार सर्वसामान्य प्रथा से हो। अंतिम निर्णय की ज़िम्मेदारी गुरुजी पर सौंपी गई। उन्होंने सर्वसामान्य तरीक़े से दाह संस्कार का निर्णय किया। गुरुजी ने कहा, "संघ एक विशाल परिवार है, मर्यादित सैनिक संगठन नहीं। इसलिए परिवार के मुखिया की अंतिम क्रिया सामाजिक प्रथा के अनुसार हो।" लेकिन मासिक श्राद्ध के वक़्त माना गया कि इस विशाल सभा में संघ का अनोखापन प्रस्तुत करने की आवश्यकता है जिससे समाज में पौरुष और संगठन का बोध जगे। और उस दिन संघ को मिला दूसरा सरसंघचालक। उस दिन से लगातार तैंतीस साल तक वह संगठन को विस्तार देने और उसे मज़बूत करने में लगे रहे।

रमेश शिलेदार बताते हैं, "संघ के सबसे लंबे समय तक मुखिया रहे गुरु गोलवलकर ने संघ की कोई औपचारिक ट्रेनिंग नहीं ली थी। वह तीन साल के प्रशिक्षण शिविर 'ओटीसी' में कभी शामिल नहीं हुए। शारीरिक शिक्षा का कार्यक्रम, उन्होंने सिर्फ़ तीन दिनों में पूरा कर लिया।" 1942 में भारत छोड़ो आंदोलन के वक़्त, संघ के महाराष्ट्र प्रांत के पदाधिकारियों की एक अहम बैठक पुणे में हो रही थी। गुरु गोलवलकर ने बैठक में पूछा कि कितने हथियार हैं हमारे पास? उसी दौरान गोलवलकर के साथ दादा परमार्थ चर्चा कर रहे थे, दादा परमार्थ ने पूछा कि क्या आरएसएस के नेतृत्व में लड़ाई लड़ सकते हैं? लेकिन उस वक़्त संघ की ताक़त इतनी नहीं थी, तब केवल विदर्भ और मध्य भारत में ही संघ का प्रसार हो पाया था। हालांकि, कुछ लोगों की दलील यह भी है कि गोलवलकर 'सेल्फ़ इमेज' को मज़बूत करने और आगे बढ़ाने में माहिर थे। इसीलिए अक्सर पिछले जन्म में ख़ुद को शिवाजी महाराज और स्वामी विवेकानंद होने की बात करते थे।

गुरुजी गोलवलकर ने सरसंघचालक बनने के बाद अपने वर्चस्व को मज़बूती देने पर ज़ोर दिया और साफ कर दिया कि यदि किसी को उनके सरसंघचालक

बनने को लेकर आपत्ति है तो इसे अभी साफ कर दे। गोलवलकर ने यह भी स्पष्ट करने की कोशिश की कि सिर्फ़ सक्रिय राजनीति ही राष्ट्र के लिए महत्वपूर्ण नहीं होती। संघ की तरफ़ से भी हमेशा गोलवलकर की छवि में इस बात पर ज़ोर दिया गया कि वे राजनीति में संघ की सक्रिय भूमिका के पक्षधर नहीं थे। लेकिन विरोधाभास यह है कि राष्ट्र सेविका समिति बनने के बाद संघ ने जितने भी सहयोगी संगठन खड़े किए, उनका रुझान कमोबेश राजनीतिक ही रहा, चाहे वह अखिल भारतीय विद्यार्थी परिषद हो, भारतीय मज़दूर संघ, जनसंघ हो या फिर भारत प्रकाशन ट्रस्ट, सबका फोकस राजनीति ही रहा। भारत प्रकाशन ट्रस्ट ने पहले अंग्रेज़ी में 'ऑर्गनाइजर', फिर हिन्दी में 'पांचजन्य' और 'राष्ट्रधर्म' का प्रकाशन शुरू किया। गोलवलकर इन संगठनों से एक दूरी बनाए रहे और इस बात पर ज़ोर देते रहे कि संघ का मुख्य काम बिखरे हुए हिन्दू समाज को जोड़ना है, उसे ताक़त देना है। वे विश्व हिन्दू परिषद के ट्रस्टी भी रहे। परिषद अकेला संगठन है जिसमें गोलवलकर सरसंघचालक होने के साथ ट्रस्टी रहे, लेकिन इससे उलट उन्होंने कभी हिन्दू महासभा का साथ नहीं दिया। संघ के कार्यक्रमों में गोलवलकर के कार्यकाल में कांग्रेस के नेताओं को अतिथि के तौर पर आमंत्रित किया जाता रहा। इसकी एक वजह यह भी रही कि वे इस तरह हिन्दुओं के लिए सिर्फ़ आरएसएस को उनका संगठन और हितैषी दिखाना चाहते थे।

गोलवलकर का सरसंघचालक के तौर पर देश में बड़ी उथल-पुथल का समय था। राजनीतिक बदलाव ही नहीं, देश के लिए भी संक्रमण-काल था। आज़ादी की लड़ाई का दौर था। उस वक़्त गोलवलकर पर यह ज़िम्मेदारी थी कि वह तय करें कि संघ क्या करेगा? उन्होंने रास्ता निकाला। स्वयंसेवक एक नागरिक के तौर पर स्वतंत्रता संग्राम में हिस्सा ले सकते हैं, गिरफ़्तारी दे सकते हैं, जेल जा सकते हैं। लेकिन संघ के पदाधिकारी सिर्फ़ और सिर्फ़ संगठन का काम देखेंगे। उन्हें लगा कि उनके पास बड़ी ज़िम्मेदारी है, चुनौती है संघ को आगे बढ़ाने की, उसे मज़बूती देने की और इसके साथ व्यक्तित्व निर्माण की।

5 अगस्त, 1940 को केंद्र सरकार ने एक आदेश निकाला जिसमें निजी संस्थाओं और संगठनों पर सैनिक गणवेश और सैनिक प्रशिक्षण पर रोक लगाई गई थी और इससे संघ के लिए मुश्किल आ गई। तब तक संघ में सेना के तौर-तरीक़ों से प्रशिक्षण दिया जाता था। गुरुजी ने इसके बाद एक निर्देश जारी करते हुए कहा कि अगस्त 1940 से हमने 'सैनिक शिक्षा' के नाम से परिचित शिक्षा को स्थगित कर दिया है। अब इस विभाग को बंद करने का निश्चय किया गया है। इस विभाग के लिए हम लोग 'सेनापति' नाम से जो अधिकारी योजनाएं बनाते थे, उन्हें पूरी तरह बंद कर दिया जाए। अब यह 'अधिकारी योजना' भी अपने-आप समाप्त हो गई है।

बहरहाल, उस दौरान संघ का काम बढ़ रहा था। तब गुरुजी ने 1941-42 में स्वयंसेवकों से कहा कि संघ के लिए प्रचारक चाहिए, यानी फुलटाइम स्वयंसेवक। उन्होंने कहा कि काम बहुत है और समय कम। एक साल के लिए हम व्यक्तिगत

जीवन के सारे दरवाज़े बंद कर दें और यह व्रत लें कि एक साल के लिए हम संन्यासी हो जाएं। गोलवलकर के सरसंघचालक बनने के पहले चार साल में संघ में शाखाओं की तादाद में तेज़ी से बढ़ोतरी हुई। उस समय तक संघ का ज़्यादा असर नागपुर और मध्य प्रांत में था, इसके अलावा कुछ काम पंजाब और बम्बई क्षेत्र में रहा। तब संघ के स्वयंसेवकों की संख्या छिहत्तर हज़ार थी। फिर संघ ने पंजाब, सिंध, दिल्ली और दूसरे प्रांतों में अपने काम को बढ़ाया। स्वयंसेवकों की तादाद बढ़कर एक लाख तक पहुंच गई। उस वक़्त की खुफिया रिपोर्ट के मुताबिक़, 1938-43 तक शाखाओं में स्वयंसेवकों की संख्या हर दिन तेज़ी से बढ़ रही थी। इसी दौरान गोलवलकर ने संघ का भारतीयकरण शुरू किया था। सिंदी बैठक के बाद संघ के निर्देश अंग्रेज़ी से संस्कृत में हो गए थे। आरएसएस बैंड का नाम बदल कर 'घोष' कर दिया गया और संघ की शाखा इकाइयों के नाम भी बदले गए। 1945-47 तक देश में हिन्दू-मुस्लिम तनाव बढ़ने लगा। विभाजन की ख़बरों और मुस्लिम लीग के बाद संघ में शामिल होने वालों की संख्या और तेज़ी से बढ़ी।

इसी वक़्त शुरू हुई 'अगस्त क्रांति', संघ के कार्यकाल का दूसरा संग्राम। आंदोलन में संघ के शामिल होने का फ़ैसला गुरुजी गोलवलकर को करना था। गुरुजी ने प्रांतीय कार्यकर्ताओं की बैठक नागपुर में बुलाई और सलाह-मशविरा किया। इसके बाद क्रांतिकारी डॉ. पांडुरंगराव खानखोजे और बालासाहब देवरस को जयप्रकाश नारायण के पास आंदोलन को लेकर सात सवालों के जवाब जानने के लिए भेजा। जयप्रकाश नारायण से मुलाक़ात के बाद खानखोजे ने कहा कि उनके पास एक भी सवाल का संतोषजनक जवाब नहीं था। इसके अलावा गिरफ़्तार किए जाने वाले नेताओं के जेल जाने के बाद पीछे रहने वालों को क्या करना और क्या नहीं करना चाहिए, इस पर भी निर्देश साफ नहीं हैं।

गुरुजी के अगस्त क्रांति आंदोलन को लेकर सात सवाल थे[2]:

1. 'करो या मरो' वाले आह्वान में 'मरो' का अर्थ स्पष्ट है, किंतु 'करो' यानी क्या करो? इसके आदेश क्या कांग्रेस कार्यकारिणी ने दिए हैं?
2. आंदोलन का तात्कालिक और दीर्घकालिक उद्देश्य क्या है? यानी क्या साध्य करना है?
3. आंदोलन की कार्यशैली क्या और कैसी रहनेवाली है?
4. आंदोलन कितने समय तक चलाना है?
5. अपनी शक्ति का कुछ तो अनुमान लगाया ही होगा, वह शक्ति कितनी है?
6. आंदोलन की सफलता के बाद क्या करना है? और,
7. वह असफल रहा, तो आगे क्या करना है?

इन सवालों का ठीक से जवाब नहीं मिलने और संगठन में सलाह-मशविरे के बाद गोलवलकर ने तय किया कि आंदोलन देश की स्वतंत्रता के लिए हो रहा है,

2. स्रोतः 3 संदर्भ - गुरुजी गोलवलकर जीवन-चरित्र में प्रकाशित, पृष्ठ - 115

इसलिए कोई भी स्वयंसेवक नागरिक होने के नाते इस आंदोलन में व्यक्तिगत रूप से भाग ले सकता है। किंतु संगठन के नाते संघ आंदोलन में न उतरते हुए अपना निर्धारित नियमित राष्ट्रीय कार्य यानी समाज संगठन करता रहेगा।

संघ के इस फ़ैसले से बहुत से स्वयंसेवकों में निराशा और नाराज़गी का भाव भी था, क्योंकि उस वक़्त पूरे देश में आज़ादी के आंदोलन में कूदने की मानो लहर चल रही थी। स्वयंसेवकों को लग रहा था कि इस वक़्त संघ क्यों निष्क्रिय है। इन सब सवालों के साथ दत्तोपंत ठेंगड़ी ने 1942 के सितंबर में गुरुजी से मंगलौर में मुलाक़ात की। ठेंगड़ी तब केरल में कालीकट के प्रचारक थे। इस मुलाक़ात में गुरुजी ने कहा कि 1930 के आंदोलन में भी डॉ. हेडगेवार शामिल हुए, लेकिन संघ संगठन के तौर पर नहीं और यह हमारी रीति-नीति रही है। यदि संघ के शामिल होने से आज़ादी जल्दी मिल जाए तो रीति-नीति तोड़ने में भी कोई आपत्ति नहीं।

कांग्रेस ने आंदोलन शुरू करने से पहले सभी संगठनों को विश्वास में नहीं लिया था। गोलवलकर को उम्मीद थी कि गांधी आंदोलन शुरू करने से पहले उनसे सलाह-मशविरा करेंगे, लेकिन ऐसा हुआ नहीं। इससे भी गोलवलकर की नाराज़गी रही होगी। गोलवलकर ने कहा कि बिना दूसरे संगठनों को जोड़े आंदोलन चलाने से कोई फायदा नहीं मिल पाएगा। इसके साथ ही संघ भी अभी सब जगह पूरी ताक़त के साथ नहीं है। हम अभी केवल मध्य भारत में हैं। इसलिए मेरा विश्वास है कि संघ का आंदोलन में संगठन के नाते शामिल होना व्यर्थ है। इसका मतलब यह नहीं है कि हम अपनी चमड़ी बचाना चाहते हैं, लेकिन सच यह है कि अभी के आंदोलन से जनता में निराशा ज़रूर फैल जाएगी।

इससे पहले गोलवलकर ने ब्रिटिश सरकार के आदेश के बाद संघ में मिलिट्री ड्रिल और यूनीफ़ॉर्म का उपयोग बंद करवा दिया था। उन्होंने 29 अप्रैल, 1943 को एक आदेश जारी करके कहा, "हमें अपना काम क़ानून के दायरे में रहकर ही करना है।" ब्रिटिश सरकार की खुफिया एजेंसियों ने सरकार को बताया कि आरएसएस ने 'भारत छोड़ो आंदोलन' के दौरान ख़ुद को सरकार विरोधी गतिविधियों से दूर रखा है और सरकार को आरएसएस से कोई खतरा नहीं है। संघ के इस रुख पर गोलवलकर और देवरस के बीच मतभेद साफ दिखाई दे रहे थे। गोलवलकर मानते थे कि सभी राजनीतिक गतिविधियां अनैतिक होती हैं, जबकि देवरस समझते थे कि इस आंदोलन का इस्तेमाल राजनीतिक तौर पर ताक़त बढ़ाने के लिए किया जा सकता है। गोलवलकर ने इस वक़्त का उपयोग संघ की ताक़त और शाखाओं की संख्या बढ़ाने में किया। इसका असर भी दिखा। 1945 में हुए संघ शिक्षक वर्गों में देश भर में दस हज़ार से ज़्यादा स्वयंसेवकों ने हिस्सा लिया।

1942 के भारत छोड़ो आंदोलन में बहुत से युवा स्वयंसेवकों ने शामिल होने की इच्छा ज़ाहिर की तो गुरुजी ने कहा कि कोई स्वयंसेवक जाना चाहता है तो जाए, लेकिन मैं संघ के किसी पदाधिकारी को इसमें शामिल होने की इजाज़त नहीं दूंगा। बाला साहब देवरस ने गुरुजी से कहा कि 1930 में हेडगेवार जी जंगल सत्याग्रह में

ख़ुद जेल गए और परांजपे को ज़िम्मेदारी सौंप दी। अब मैं भारत छोड़ो आंदोलन में शामिल होना चाहता हूं। गुरुजी ने इसके लिए मंजूरी नहीं दी तो देवरस नाराज़ हो गए। गुरुजी ने उन्हें याद दिलाया कि आपने हेडगेवार के सामने मेरा आदेश मानने का वादा किया है, इसलिए आप संघ छोड़कर नहीं जा सकते।

गोलवलकर के इस फ़ैसले की आलोचना पचहत्तर साल बाद तक होती रहती है। गोलवलकर और संघ के विरोधी इस बात का आरोप लगाते हैं कि संघ ने स्वतंत्रता के आंदोलन में हिस्सा नहीं लिया। कुछ लोग यह सवाल भी करते रहे कि यदि हेडगेवार ही सरसंघचालक रहते तो क्या संघ स्वतंत्रता संग्राम में शामिल नहीं होता? हेडगेवार ख़ुद स्वतंत्रता सेनानी थे और दो बार जेल भी गए। कुछ आलोचक यह भी संभावना तलाशते हैं कि यदि गोलवलकर की जगह बालासाहब देवरस सरसंघचालक होते, तो संघ की क्या भूमिका होती?

बहरहाल, सरसंघचालक की ज़िम्मेदारी संभालने के तुरंत बाद गोलवलकर संघ के काम में ऐसे लगे कि आख़िरी दिन तक उसके अलावा कुछ नहीं सोचा। कई बार उन्होंने देवरस को कहा भी कि वह तो संन्यासी हैं, किसी भी दिन संघ को छोड़कर जंगल में चले जाएंगे। इसीलिए उन्होंने देवरस को कभी नागपुर से बाहर नहीं जाने दिया। उन्हें जनसंघ की ज़िम्मेदारी भी नहीं उठाने दी। कहते हैं कि गोलवलकर ने अपने तैंतीस साल के कार्यकाल में पूरे भारत की साठ से ज़्यादा बार परिक्रमा कर डाली। गुरुजी कहते थे कि गाड़ी का डिब्बा मेरा घर है।

गोलवलकर अपनी यात्राओं के दौरान स्वयंसेवकों या ज़िला कार्यालयों की व्यवस्था पर ही निर्भर रहते थे। भोजन के समय जिस स्टेशन पर स्वयंसेवक और उनके परिजन जो भोजन लाते, गोलवलकर वही खाते। रेलवे स्टेशन के भोजन पर वे निर्भर नहीं रहते थे। इन यात्राओं के लिए गोलवलकर ने हवाई जहाज से लेकर बैलगाड़ी तक का इस्तेमाल किया, लेकिन वे रिक्शे में नहीं चलते थे, क्योंकि उसे आदमी अपनी ताक़त से खींचता था।

संघ के साथ लंबे समय तक काम करने वाले दिलीप देवधर बताते हैं कि गोलवलकर को लेकर एक विवाद लंबे समय तक चलता रहा। कहा जाता था कि उन्होंने सावरकर की मराठी में एक किताब 'राष्ट्रीय मीमांसा' का अंग्रेज़ी अनुवाद किया और उसे अपने नाम से प्रकाशित कर लिया, जबकि हकीकत यह नहीं है। देवधर के मुताबिक़, जब गोलवलकर ने उसका सार्थक अंग्रेज़ी अनुवाद 'वी एंड आवर नेशनहुड डिफाइंड' किया तो उस किताब की प्रस्तावना में ही गोलवलकर ने इस बात का ज़िक्र किया था कि यह किताब सावरकर की मराठी किताब का अनुवाद है, इसमें मेरा कुछ नहीं, लेकिन बाद में जब इस पुस्तक का प्रकाशन हुआ तो उसमें से इस प्रस्तावना को निकाल दिया गया, और उससे यह भ्रम पैदा हुआ। देवधर ने इस पुस्तक की मूल प्रति नागपुर संघ कार्यालय को सौंप दी और उसकी बहुत-सी फोटोकॉपी कराकर बांटी भी। लेकिन गोलवलकर के ख़िलाफ़ बोलने और लिखने का अभियान तब भी थमा नहीं।

गोलवलकर ने डॉ. हेडगेवार के 'हिन्दुत्व ही राष्ट्रीयता है' के विचार को राजनीतिक तौर पर साम्यवाद का विरोध कर आगे बढ़ाया। गोलवलकर ने कहा 'समाजवाद नहीं, हिन्दुत्व'। संघ का मूल विचार हिन्दुत्व ही है। गोलवलकर ने उसे मार्क्सवाद के ख़िलाफ़ खड़ा करने की कोशिश की। आज़ादी के बाद हिन्दुस्तान में मार्क्सवाद और समाजवाद एक-दूसरे के पर्याय बन गए थे।

गुरुजी गोलवलकर हमेशा स्वयंसेवकों के बीच शिविरों में ही रहते। प्रवास के दौरान वे संघ के कार्यकर्ता, पदाधिकारी या संघ के हितैषी माने जाने वाले के घर पर ही रुकते और जब प्रवास पर नहीं होते तो नागपुर में हेडगेवार भवन, यानी संघ के केंद्रीय कार्यालय पर रहते। डॉ. हेडगेवार भी स्वयंसेवकों के घर पर ही रुका करते थे। आज भी संघ के ज़्यादातर पदाधिकारी यही तौर-तरीक़ा अपनाते हैं, लेकिन अब कई पदाधिकारी होटलों में या गेस्ट हाउस में रुकने और विमान यात्राओं को तरजीह देते हैं।

गुरुजी गोलवलकर शिविरों में, ख़ासतौर से शिक्षा वर्गों में सुबह और शाम के संघस्थान पर नियमित तौर पर होते। दोपहर का भोजन स्वयंसेवकों के साथ बैठकर पंगत में ही होता। गुरुजी की आदत में शुमार था, समय पर रहना। भोजन मंत्र से दस-पंद्रह मिनट पहले भोजनशाला में पहुंचते, एक छोर से पंगत में आगे बढ़ते हुए, स्वयंसेवकों से परिचय करते, बातचीत करते और ठीक समय पर अपने स्थान पर बैठते। अनुशासनहीनता उन्हें स्वीकार नहीं थी।

वरिष्ठ पत्रकार नीलांजन मुखोपाध्याय कहते हैं, "आज़ादी के बाद भी संघ ने राजनीतिक भूमिका नहीं अपनाई, ब्रिटिश के साथ समझौते के वक़्त भी, और फिर अंतरिम सरकार में शामिल नहीं हुआ। इसकी वजह थी कि गोलवलकर समझते थे कि अंग्रेज़ों का राज कभी खत्म नहीं होगा और वे भारत छोड़कर नहीं जाने वाले हैं। आज़ादी से पहले जब पंजाब के फगवाड़ा में एक संघ शिक्षा वर्ग में एक स्वयंसेवक ने गुरुजी से पूछा कि आज़ादी के बाद संघ की भूमिका क्या होगी? तब गोलवलकर ने जवाब दिया था कि क्या तुम्हें लगता है कि अंग्रेज़ देश छोड़कर जाएंगे? जिन लोगों को सत्ता सौंपी जा रही है, वे दो महीने भी सरकार नहीं चला सकते और फिर अंग्रेज़ों से कहेंगे कि आप लौट आइए और देश चलाएं। इसलिए संघ पहले की तरह ही काम करता रहेगा।"

देश विभाजन से पहले गुरुजी गोलवलकर लगातार प्रवास कर रहे थे। प्रांतों में मज़बूत और विश्वस्त नेता तैयार करने की कोशिश उन्होंने की। इसके लिए साल में दो बार वे पूरे देश का दौरा कर लेते थे। इस दौरान वे हिन्दुत्व से जुड़े मसलों पर ज़ोर देते। लेकिन वे संघ परिवार के 'अखंड भारत से मुस्लिम समस्या हल होगी'—इस विचार पर चर्चा करने से बचते रहे। पंजाब के बाद उन्होंने सिंध का दौरा शुरू किया। सिंध में उस समय अस्सी शाखाएं थीं। प्रचारकों में लालकृष्ण आडवाणी भी शामिल थे। कराची में गुरुजी की बड़ी सभा हुई। इसी दौरान पंडित नेहरू भी सिंध में हैदराबाद पहुंचे थे।

देश में माहौल गड़बड़ होने लगा था। उस समय गुरुजी ने पंजाब के संघ अधिकारियों से सलाह के बाद वहां संगरूर और फगवाड़ा में होने वाले प्रशिक्षण वर्ग बीच में ही रोक दिए थे। संघ के स्वयंसेवकों को अपने-अपने स्थान पर जाकर सुरक्षा की योजना बनाने के आदेश दिए गए। गृह मंत्री पटेल ने कहा, "प्रशासन के लिए सबकी रक्षा करना संभव नहीं होगा, आत्मरक्षा के उपाय प्रत्येक को स्वयं करने चाहिए।" उस दौरान गुरुजी गोलवलकर, बालासाहब देवरस, माधवराव मुले और बसंत राव ओक जैसे नेता सुरक्षा के निर्देश दे रहे थे।

जम्मू-कश्मीर में संघ से शुरुआत से जुड़े रहे एक वरिष्ठ पदाधिकारी के मुताबिक़, कश्मीर में हालात मुश्किल थे। महाराजा हरि सिंह परेशान थे। पंडित नेहरू ने शेख अब्दुल्ला को समर्थन दिया था। उस वक़्त वकील राय बहादुर बद्रीदास पंजाब प्रांत के संघचालक थे। वे महाराजा के महत्वपूर्ण मामलों की पैरवी अदालत में करते थे। सितंबर, 1947 में उन्होंने महाराजा से मुलाक़ात कर उन्हें भारत में कश्मीर विलय की सलाह दी। जम्मू-कश्मीर राज्य के संघ प्रचारक बलराज मधोक के भी महाराजा से अच्छे संबंध थे, उन्होंने भी वही सलाह दी। इसके बाद विचार-विमर्श कर महाराजा ने एक दूत, हरनाम सिंह पठानिया को, विलय का प्रस्ताव लेकर दिल्ली भेजा। लेकिन नेहरू के प्रतिकूल रुख से बात आगे नहीं बढ़ पाई। महाराजा ने दोबारा अपने दूत को अक्टूबर में भी दिल्ली भेजा, लेकिन तब भी कोई नतीजा नहीं निकला। गुरु गोलवलकर को ये सारी जानकारी मिल रही थी। फिर उन्होंने ख़ुद श्रीनगर जाने का निर्णय किया। 17 अक्टूबर, 1947 को गोलवलकर, दिल्ली के प्रांत प्रचारक वसंतराव ओक और बैरिस्टर नरेन्द्रजीत सिंह के साथ श्रीनगर पहुंचे। वहां प्रचारक माधवराव मुले एयरपोर्ट पर मौजूद थे। अगले दिन, यानी 18 अक्टूबर को गुरुजी महाराजा से मिलने कर्णमहल पहुंचे तो वहां महाराजा और महारानी उनके स्वागत के लिए महल के दरवाज़े पर उपस्थित थे। इस मुलाक़ात के बाद दिल्ली लौटने पर गोलवलकर, गृहमंत्री सरदार पटेल से मिले और महाराजा से बातचीत के बारे में जानकारी दी। आगे की कार्रवाई सरदार पटेल ने की और कश्मीर का भारत में विलय मुमकिन हो पाया।

विभाजन और आज़ादी के बाद सितंबर के महीने में गुरुजी दिल्ली में ही थे। हालात खराब चल रहे थे। 7 सितंबर को सुबह सात बजे उन्होंने गृहमंत्री पटेल से मुलाक़ात की और सिंध और पंजाब के हालात के बारे में जानकारी दी। वहां से लौटकर हवाई जहाज से कलकत्ता जाने के लिए रवाना होने ही वाले थे कि उन्हें महात्मा गांधी का संदेश मिला, 'मुझसे मिलकर जाने का कष्ट करें।' 'जो आज्ञा' कहकर वे बिड़ला भवन में गांधी से मिले। महात्मा गांधी ने गोलवलकर से पूछा, "आपके हाथ भी रक्त से सने हैं न?"

"बिल्कुल नहीं, वे हैं शुद्ध, स्वच्छ।"

फिर गुरुजी ने स्पष्ट किया, "संघ के प्रत्येक स्वयंसेवक के व्यवहार की शुद्धता का दावा तो मैं नहीं कर सकता, लेकिन संघ का उद्देश्य हिन्दू समाज और

हिन्दुत्व की सेवा करना है और चाहता है कि वह उद्देश्य किसी पर अन्याय किए बिना ही साध सके। संघ आत्मरक्षा करना सिखाता है, प्रतिशोध उसने भूल से भी नहीं सिखाया है।" गांधी ने फिर गुरुजी से जनता के नाम शांति की अपील जारी करने को कहा तो उन्होंने कहा, "देश में मेरी कौन सुनेगा? आपका सब आदर करते हैं, उचित होगा कि आप बयान जारी करें। चाहें तो उसमें मेरी सहमति का ज़िक्र कर सकते हैं।"

उस शाम की प्रार्थना सभा में गांधी ने इस बात का उल्लेख किया। सितंबर में ही गुरुजी की सरदार पटेल से मुलाक़ात हुई और इसके बाद अक्टूबर में नेहरू के साथ एक घंटे की मुलाक़ात, लेकिन उसमें गोलवलकर को समझ आ गया कि संघ को लेकर पटेल और नेहरू दोनों अलग तरह की सोच रखते हैं।

नवंबर, 1947 में पुणे के पास चिंचवाड़ में तरुण स्वयंसेवकों का शिविर लगाना तय हुआ। इसमें एक लाख स्वयंसेवक आने वाले थे। गुरुजी को भी रहना था। सरदार पटेल इसमें मुख्य अतिथि के तौर पर आने के लिए सहमत हो गए थे। वे सूचना-प्रसारण मंत्री भी थे, तो आकाशवाणी ने इस कार्यक्रम के बारे में ख़बर जारी कर दी। उस वक़्त मोरारजी देसाई बम्बई प्रांत के गृहमंत्री थे, उन्होंने समारोह की इजाज़त कैंसिल कर दी और पटेल वहां नहीं जा पाए।[3]

17 जनवरी, 1948 को दिल्ली में कांग्रेस का राष्ट्रीय अधिवेशन हुआ। अधिवेशन में संघ के ख़िलाफ़ प्रस्ताव पास किया गया। प्रांतीय सरकारों से संघ के विरोध में कदम उठाने की मांग की गई। केंद्र सरकार ने एक आदेश में कहा कि सरकारी कर्मचारी संघ के सदस्य नहीं हो सकते।

दिल्ली में 30 जनवरी की शाम जब गांधी जी की हत्या हुई, उस वक़्त गुरुजी गोलवलकर मद्रास के रामकृष्ण लंच होम में रिसेप्शन में हिस्सा ले रहे थे। इससे पहले दोपहर में राजगोपालाचारी और कुछ चुनिंदा वकीलों के साथ भोजन किया। जैसे ही गांधी हत्या की ख़बर मिली, गुरुजी एक कोने में जा बैठे। चाय का कप उन्होंने वैसे ही रख दिया। संघचालक राजगोपालाचारी ने सत्कार-सभा को विसर्जित कर दिया। इस कार्यक्रम के बाद गुरुजी को ट्रेन से विजयवाड़ा जाना था, लेकिन उसको रद्द करके गुरुजी ने प्रधानमंत्री, उप-प्रधानमंत्री, महात्मा के बेटे देवीदास गांधी को अलग-अलग शोक संदेश भेजे। उसी रात वहां से सरसंघचालक ने सभी शाखाओं के लिए निर्देश दिया कि आदरणीय महात्मा जी की दुखद मृत्यु के निमित्त शोक प्रकट करने के लिए तेरह दिनों तक शोक पालन किया जाए और दैनिक कार्यक्रम स्थगित रखे जाएं। दिल्ली में ख़बर मिलने के बाद प्रांत संघचालक हंसराज गुप्त, नगर संघचालक हरिश्चन्द्र गुप्त और प्रांत प्रचारक वसंत राव ओक तीनों ने बिड़ला भवन पहुंचकर शोक जाहिर किया। नागपुर में अगले दिन सवेरे मोहिते संघस्थान पर स्वयंसेवकों ने शोक-सभा में गांधी को श्रद्धांजलि दी और घटना की

---

3. किताब — RSS and Freedom Struggle, यहां उपलब्ध: https://www.newsbharati.com/Encyc/2018/11/13/RSS-fetish-of-Nehru-Family-and-Durbaris.amp.html

भर्त्सना की। दोपहर में गुरुजी विमान से नागपुर पहुंचे, लेकिन शाम होते-होते लोगों का विरोध और गुस्सा बढ़ने लगा था। शाम को गुरुजी के घर के बाहर नाराज़ भीड़ जुटने लगी, लगा कि हमला कर देंगे तो वहां मौजूद स्वयंसेवकों ने भी अपने तेवर दिखाए। थोड़ी देर में पुलिस भी पहुंच गई और मामले को शांत करने की कोशिश की।

नागपुर में संघ कार्यालय के पास चिटणिस पार्क में एक शोक-सभा का आयोजन हुआ। इस शोक-सभा में संत तुकड़ो जी महाराज, जनरल आवारी और कांग्रेस के समर्थ समेत कई नेता मौजूद थे। तुकड़ो जी महाराज ने अपने भाषण में गुस्से में कहा कि गांधी की हत्या संघ वालों ने की है। उन्होंने अपने भाषण में संघ पर हमले के लिए उत्तेजित किया तो सभा के बाद बहुत से लोग महाल में संघ कार्यालय पर हमला करने पहुंच गए। वहां ख़ासी तादाद में स्वयंसेवक मुकाबला करने के लिए मौजूद थे, तो भीड़ वहां से संघ के रेशिम बाग हेडगेवार स्मृति के लिए रवाना हो गई। इस पर गुरुजी ने रेशिम बाग तक संदेश पहुंचाया कि यदि भीड़ हमला करती है तो गुस्से में प्रतिक्रिया मत करना, जवाबी हमला मत करना, वरना देशभर में सिविल वॉर हो जाएगी। इसलिए हम शहीद होंगे, लाठी खाएंगे, लेकिन किसी को जवाब नहीं देंगे।

भीड़ ने डॉ. हेडगेवार की समाधि पर हमला किया और तोड़-फोड़ कर दी, कुछ नहीं बचा। लेकिन गुरुजी गोलवलकर ने फिर जवाबी हमला नहीं करने के लिए संदेश भेजा। बाद में संघ के बहुत से स्वयंसेवक नाराज़ भी हुए कि अगर हमले का जवाब नहीं देना तो फिर लाठी भांजना और तलवार चलाना सिखाया क्यों? लाठी खाते रहे, कुछ किया नहीं। डॉक्टर साहब की समाधि टूट गई, आपको शर्म नहीं आई? तब गुरुजी ने कहा, "शिवाजी महाराज महान इसलिए थे क्योंकि वो समझते थे और विचार करके तय करते थे कि कब क्या करना है, सोचकर करते थे, तुरंत प्रतिक्रिया में काम नहीं करते थे।" शिवाजी महाराज गुरुजी गोलवलकर के आदर्श ही नहीं थे, बल्कि वह यह भी मानते थे कि पिछले जन्म में वे ख़ुद शिवाजी महाराज रहे हैं।

गुरु गोलवलकर की गिरफ़्तारी

2 फरवरी, 1948 की रात को गोलवलकर की गिरफ़्तारी का आदेश केंद्रीय एजेंसियों को मिल चुका था। पुलिस ने गुरुजी के घर की नागोबा गली को घेर लिया था। गुरुजी को भी इसकी सूचना अपने सूत्रों से मिल गई थी, तो वह गिरफ़्तारी के लिए तैयार बैठे थे। पुलिस अधिकारी, बोबड़े, ने आकर गुरुजी को आदेश सुनाया। इसमें धारा 302, 307 और 120 के अंतर्गत गिरफ़्तारी का आदेश दिया गया था। दोनों तरफ़ स्वयंसेवक। ज़्यादातर पदाधिकारी मौन खड़े थे। गुरुजी ने जाते हुए कहा कि मुझे विश्वास है कि संघ के स्वयंसेवक इस कसौटी पर खरे उतरेंगे। पुलिस की गाड़ी आगे चल दी। उन्हें नागपुर जेल ले जाया गया। अगले दिन 3 फरवरी

को सरकार्यवाह एम. एन. काले ने सब जगह टेलीग्राम से संदेश भेजा, 'गुरुजी गिरफ़्तार, पूर्णतः शांत रहें।'

4 फरवरी को संघ को प्रतिबंधित करने के आदेश जारी किए गए। इस आदेश में संघ पर पाबंदी की वजह बताई गई थी कि आरएसएस अपने घोषित ध्येय के मुताबिक़ काम नहीं करता है। हिंसा का व्यवहार है और उसकी नवीनतम बलि गांधी जी हैं। इस तरह की हिंसा को रोकने के लिए संघ को अवैध घोषित किया जाता है। संघ पर बैन की जानकारी गुरुजी गोलवलकर को जेल में ही मिली, जहां से उन्होंने एक बयान लिखकर उनसे मिलने आए पुराने मित्र दत्तोपंत देशपांडे को दे दिया, जिसे प्रेस के लिए जारी किया गया। फिर 7 फरवरी को गोलवलकर पर से धारा 302 और 120 को रद्द करके सुरक्षा क़ानून के तहत छह महीने के लिए बंद किया गया। गोलवलकर 7 फरवरी से 6 अगस्त तक नागपुर जेल में रहे। गोलवलकर रिहा तो हुए, लेकिन कई सरकारी शर्तों के साथ, जिसमें उनके नागपुर से बाहर जाने पर भी पाबंदी शामिल थी।

कुछ समय बाद जब यह साफ हो गया कि गांधी हत्या में संघ का हाथ नहीं है तब जनरल आवारी और समर्थ ने संघ कार्यालय आकर गोलवलकर से माफ़ी मांगी और कहा कि हमसे ग़लती हो गई, माफ़ कर दीजिए। हम समाधि के पुनर्निमाण के लिए पैसा देना चाहते हैं। तब गुरुजी ने कहा कि आपका क्रोध गांधी के प्यार की वजह से था, आपका दोष नहीं है इसमें। समाधि के लिए गुरुजी ने संघ से कहा था कि पूरे देश से पैसा जमा करना है, सबसे एक-एक रुपया लीजिए, इस तरह पैसे इकट्ठा करके समाधि को फिर से बनाया गया। बाद में राष्ट्र संत तुकड़ो जी महाराज ने भी इस पर दुख जताया और माफ़ी मांगी। तब भी गुरुजी ने कहा कि आपका क्रोध गांधी से प्यार की वजह से था। आप बुरा मत मानिए, बस हमें आशीर्वाद देते रहिए। गुरुजी ने जब विश्व हिन्दू परिषद की स्थापना की तो उसमें तुकड़ो जी महाराज और स्वामी चिन्मयानंद महाराज को शामिल किया और वे परिषद के संस्थापक सदस्य बन गए। गुरुजी कहते थे कि सृजनशीलता काम आती है, विरोध से संघर्ष बढ़ता है।

जेल से रिहा होने के बाद गोलवलकर ने 11 अगस्त को गृहमंत्री सरदार पटेल को संघ से प्रतिबंध हटाने के लिए चिट्ठी लिखी। उसी दौरान ढाई महीने से दिल्ली के लाल किले में गांधी की हत्या मुकदमे की सुनवाई हो रही थी। ग्वालियर के दो ग़ायब अभियुक्तों को छोड़कर बाक़ी सभी पकड़े गए थे। उनमें से एक भी संघ का नहीं था। अभियोग के आरोप-पत्र में भी संघ का ज़िक्र नहीं था।

गांधी की हत्या के बाद सरदार पटेल ने एक जांच दल गठित कर दिया था। इस टीम ने दो सप्ताह तक जांच का काम किया। पुलिस अफ़सर संजीवी की अगुआई में इस टीम ने सिर्फ़ सत्रह दिनों में रिपोर्ट दी कि गांधी की हत्या से संघ का कोई लेना-देना नहीं है, यह उसे फंसाने की साज़िश है। संजीवी उस जमाने के प्रशिक्षित अनुभवी पुलिस अफ़सर माने जाते थे। संजीवी ने रिपोर्ट में कहा कि इस मामले में तो संघ पर केस भी नहीं हो सकता। संघ को तब इस रिपोर्ट के बारे में

जानकारी नहीं थी। जांच टीम ने यह रिपोर्ट पटेल को दी और पटेल ने इस रिपोर्ट के आधार पर प्रधानमंत्री नेहरू को 27 फरवरी, 1948 को एक पत्र लिखा। कहा जाता है कि नेहरू लॉबी और वामपंथियों ने तो पटेल को गांधी की हत्या का अपराधी माना। पटेल पर आरोप लगाए गए। फिर नेहरू ने संघ को बैन किया। पटेल से कहा गया कि गांधी हत्या में आरएसएस के साथ आप भी शामिल हैं। दूसरी तरफ़ आरएसएस के नेता रंगा हरि ने पटेल की आलोचना की, उन पर दोहरा चरित्र रखने का आरोप लगाया। नेहरू ने पटेल को किनारा करते हुए संघ को दबाया।

इसके बाद गोलवलकर ने 24 सितंबर को एक और पत्र प्रधानमंत्री नेहरू को लिखा। 13 अक्टूबर को गोलवलकर पर लगी सरकारी पाबंदियों और शर्तों को हटा दिया गया। इसके बाद तय हुआ कि अब गुरुजी को यह लड़ाई दिल्ली में रहकर लड़नी चाहिए। गुरुजी 16 अक्टूबर को दिल्ली के लिए रवाना हुए। स्टेशन पर सवेरे हज़ारों स्वयंसेवक गुरुजी के स्वागत के लिए खड़े थे। स्टेशन से गुरुजी संघचालक लाला हंसराज गुप्ता के घर गए और 12 नवंबर को दोबारा गिरफ़्तार होने तक वहीं रहे। गोलवलकर ने दिल्ली पहुंचने के बाद शाम को गृहमंत्री से मुलाक़ात की। फिर 23 अक्टूबर को मिले और कहा कि या तो संघ पर से प्रतिबंध हटाया जाए या सरकार आरोपों को अदालत में सिद्ध करे। उस बातचीत के दौरान भी पटेल का कहना था, "कांग्रेस में शामिल होकर काम करना ही व्यावहारिक है।" लेकिन गोलवलकर इससे सहमत नहीं थे। गोलवलकर ने अपने इस दिल्ली प्रवास के दौरान कई दूसरे नेताओं बाबासाहब आंबेडकर, एन. वी. गाडगिल, पुरुषोत्तम दास टंडन और श्यामाप्रसाद मुखर्जी से भी मुलाक़ात की।[4]

सरकार को लगने लगा कि गोलवलकर का दिल्ली रहना खतरनाक हो सकता है, इसलिए गुरुजी को संदेश दिया गया कि आप दिल्ली छोड़कर चले जाइए। 2 नवंबर को सरकारी दूत ने यह आदेश गुरुजी को सौंपा। इस आदेश पर 28 अक्टूबर की तारीख लिखी थी। गुरुजी ने उसे नामंजूर करते हुए कहा कि मैं इस असाधारण आज्ञा को स्वीकार नहीं कर सकता। संघ के स्वयंसेवकों को लगा था कि रात तक गुरुजी की गिरफ़्तारी हो जाएगी, लेकिन नहीं हुई। फिर 3 नवंबर को दिल्ली के मजिस्ट्रेट की तरफ़ से सूचना मिली की यदि वे प्रधानमंत्री से मिलना चाहते हैं, तभी दिल्ली में रह सकते हैं। तब गुरुजी ने 3 नवंबर को फिर से प्रधानमंत्री को पत्र लिखकर संघ पर से पाबंदी हटाने की बात की और मिलने की इच्छा जाहिर की। जवाब में प्रधानमंत्री के पत्र में संघ के कार्य को राष्ट्रविरोधी कहा गया, जिसका

4. एंडरसन और दामले ने लिखा है कि "एकनाथ रानाडे, जो संघ की केंद्रीय कार्यकारिणी के सदस्य थे और इस वक़्त वह सरकार के साथ गुप्त बातचीत में लगे हुए थे और उन्होंने (रानाडे) उन्हें (लेखकों को) बताया कि पटेल ने उन्हें कहा कि स्वयंसेवकों को कांग्रेस में शामिल हो जाना चाहिए और पार्टी का सांगठनिक आधार तैयार करना चाहिए।" लेखकों ने यह भी जोड़ा है कि 'इस बातचीत में निकट रहे' संघ के नेताओं ने दावा किया कि पटेल संघ के कैडर का इस्तेमाल नेहरू की कुछ नीतियों का विरोध करने के लिए करना चाहते थे। https://caravanmagazine.in/extract/gandhi-assassination-rss-vallabhbhai-golwalkar

गोलवलकर ने विरोध किया। 12 नवंबर तक यह सब चलता रहा। इसी दौरान गुरुजी ने स्वयंसेवकों के लिए एक पत्र लिखा, जिसमें विस्तार से बताया गया था कि संघ पर प्रतिबंध के ख़िलाफ़ अब तक क्या-क्या कोशिशें की गई हैं, और सरकार का क्या रुख रहा है। इसके साथ ही गुरुजी ने लिखा, "अतः 6 फरवरी, 1948 को संघ को विसर्जित करने का मैंने जो आदेश दिया था, वह पूर्ण विचार करने के बाद वापस ले रहा हूं और अपना काम नित्यानुसार प्रारंभ करने की आप लोगों से प्रार्थना करता हूं। इसके साथ शांति से रहें, वैमनस्य न बढ़े, इसके हमें भरसक प्रयत्न करने चाहिए। मैंने सरकार्यवाह भैयाजी दाणी को सूचित किया है कि वह इसे सभी स्वयंसेवकों को बता दें और काम शुरू करने का दिन तय करें।"

संघ से प्रतिबंध का हटना

संघ ने देशभर में अपनी गतिविधियां तेज़ कर दीं और ख़ुद को संगठित कर दिया। सरकार को इसकी ख़बरें मिल रही थीं और उसकी चिंता बढ़ने लगी। तब एक बार फिर सरदार पटेल ने मौलिचन्द्र शर्मा को मध्यस्थ बनाकर, दाणी और देवरस के पास भेजा, लेकिन अब वे सरकार पर भरोसा करने को तैयार नहीं थे। तब मौलिचन्द्र शर्मा ने दोबारा कहा कि इस बार संघ नेतृत्व सिर्फ़ उन्हें स्पष्टीकरण देगा और उसके बाद प्रतिबंध हट जाएगा। शर्मा ने आठ मुद्दों को लेकर एक लिस्ट संघ को सौंपी, जो उन्हें द्वारिका प्रसाद मिश्र ने भिजवाई थी। इसमें भारत के संविधान और ध्वज संबंधित संघ की आस्था, हिंसा और गुप्त कार्य संबंधित संघ का दृष्टिकोण, संघ में चुनाव प्रक्रिया, संघ की आजन्म प्रतिज्ञा का तात्पर्य, संघ में बालकों का प्रवेश, सरसंघचालक की नियुक्ति की प्रक्रिया, सदस्यों का संतुलित प्रतिनिधित्व और आय-व्यय व्यवस्था को शामिल किया गया था।

इनमें से ज़्यादातर बातों का जवाब पहले ही दे दिया गया था, इसलिए दाणी और देवरस को इस पर कोई आपत्ति नहीं थी। उन्होंने एक पत्र लिखकर मौलिचन्द्र शर्मा को गुरुजी को सौंपने के लिए दिया। शर्मा की 10 जुलाई को बेतूल जेल में गुरुजी से मुलाक़ात हुई, जहां गुरुजी ने उस पर दस्तखत कर दिए। शर्मा ने वह पत्र पहले देवरस और दाणी को दिखाया, फिर द्वारिका प्रसाद मिश्र को दिया। उन्होंने फ़ोन पर देहरादून में सरदार पटेल को सुनाया जो उस वक़्त हार्ट अटैक के बाद वहां आराम कर रहे थे। सरदार पटेल ने कहा कि इस पत्र को सीधे दिल्ली सचिवालय भेजा जाए। 11 जुलाई की आधी रात में देहरादून-नागपुर-दिल्ली में फ़ोन पर बात हुई और 12 जुलाई, 1949 को सवेरे संघ पर से प्रतिबंध हट गया। 13 जुलाई को सवेरे गुरुजी को बेतूल जेल से रिहा किया। वहां बहुत से स्वयंसेवक और उनके परिवार के सदस्यों ने उनका स्वागत किया और दोपहर को नागपुर के लिए रवाना हो गए। अगले दिन नागपुर स्टेशन पर गुरुजी के स्वागत के लिए गुरुजी के माता-पिता, बाबासाहब आप्टे, भैयाजी दाणी, बालासाहब देवरस और संघ के बहुत से नेता पहले से ही मौजूद थे। इस दौरान सरकारी कब्ज़े में रहा हेडगेवार भवन भी 17

जुलाई को फिर से संघ को मिल गया। अगले दिन वहां फिर से औपचारिक रूप से संघ शाखा शुरू हो गई। संघ से प्रतिबंध हटने के बाद गुरुजी गोलवलकर ने 16 अगस्त को बम्बई में सरदार पटेल से मुलाक़ात की।

संघ पर से प्रतिबंध हटाने को लेकर सरकार और संघ के नेताओं के बीच लंबी बातचीत चली। संघ को न केवल लिखित संविधान तैयार करना पड़ा, बल्कि सरकार के कई दबावों को मानते हुए उसमें कई बार बदलाव भी करने पड़े। प्रतिबंध हटने के बाद नागपुर में हुई एक सभा में गोलवलकर ने कहा कि संघ ने इसके लिए कोई समझौता नहीं किया है और न ही सरकार की किन्हीं शर्तों को माना गया है।

1950 में 15 दिसंबर को जब सरदार पटेल का निधन हुआ, तब गुरुजी नागपुर में थे। उनकी इच्छा थी कि वे पटेल के अंतिम संस्कार में शामिल हों, लेकिन रेल से वक़्त पर पहुंचना संभव नहीं था। इस पर वे मुख्यमंत्री रविशंकर शुक्ल के साथ विमान से बम्बई पहुंचे और अंतिम यात्रा में शामिल हुए। संघ के प्रचारक रहे रमेश शिलेदार बताते हैं कि गुरुजी और सरदार पटेल के रिश्ते बहुत अच्छे और आत्मीय थे। 1949 में कांग्रेस के लखनऊ अधिवेशन में यह प्रस्ताव लाने की कोशिश की गई थी कि संघ के स्वयंसेवकों को कांग्रेस का प्राथमिक सदस्य बनाया जाए। पटेल इससे सहमत थे, लेकिन नेहरू इस प्रस्ताव के विरोध में थे।

गांधी की हत्या के बाद लगे प्रतिबंध से संघ भी मुश्किल में आ गया था। संघ के रोजमर्रा के कामकाज के लिए भी पैसा नहीं था। क़र्ज़ लेने की ज़रूरत पड़ रही थी और संघ के समर्थन में संसद में बोलने के लिए कोई नहीं था। तब उसके नेतृत्व को राजनीतिक पार्टी बनाने की ज़रूरत महसूस हुई। इसके साथ ही हिन्दू महासभा के डॉ. श्यामाप्रसाद मुखर्जी भी नई पार्टी बनाना चाहते थे, वह गुरुजी के सम्पर्क में थे। इसी बीच 15 दिसंबर, 1950 को सरदार पटेल की मृत्यु हो गई। पंडित दीनदयाल उपाध्याय पर वांग्मय लिखने वाले संघ के वरिष्ठ पदाधिकारी रहे डॉ. महेश शर्मा बताते हैं, "देवरस नहीं, बल्कि उस वक़्त दिल्ली के प्रांत प्रचारक रहे बसंत राव ओक राजनीतिक पार्टी बनाने के पक्ष में थे और उनकी आकांक्षा थी उस पार्टी का अध्यक्ष बनने या राजनीतिक ज़िम्मेदारी संभालने की, जिसकी वजह से बाद में उनको लेकर संघ में मतभेद भी बढ़े।"

आज़ादी के बाद महात्मा गांधी कांग्रेस को भंग करके लोकसेवक संघ बनाने का विचार कर रहे थे। दूसरी तरफ़ संघ में भी नई राजनीतिक पार्टी बनाने पर विचार चल रहा था। सरदार पटेल आरएसएस को कांग्रेस में शामिल करना चाहते थे। कुछ हिन्दू कांग्रेसी नेताओं के साथ नई पार्टी बनाने की बात भी चल रही थी। देवरस ने गुरुजी को इस बारे में बताया, तो गोलवलकर ने कहा कि नई पार्टी बनाइए लेकिन मैं आपको संघ छोड़कर नहीं जाने दूंगा। आपको तो संघ में ही रहना है, यह आपने वादा किया है कि आप मेरी बात मानेंगे। इससे देवरस नाराज़ हो गए।

देवरस के राजनीतिक पार्टी बनाने को लेकर लगातार दबाव के साथ ही जन्म हुआ जनसंघ का, डॉ. श्यामा प्रसाद मुखर्जी इसके पहले अध्यक्ष बने। गुरुजी ने

तब भी देवरस को जनसंघ में नहीं जाने दिया। उन्होंने कहा कि तुम संघ में रहकर जनसंघ को चलाओ। दिलीप देवधर की बात माने तो दरअसल गुरुजी एक साथ सरदार पटेल और मुखर्जी से बात कर रहे थे।

संघ के एक वरिष्ठ पदाधिकारी के अनुसार, 1946 से सरदार पटेल और गुरुजी चाहते थे कि संघ और कांग्रेस मिलकर एक नई पार्टी बना लें। जब कई दौर की बातचीत से भी कोई नतीजा नहीं निकला तो मुखर्जी ने दुखी होकर बलराज मधोक को कहा कि 'गुरुजी के साथ बातचीत से वक़्त बर्बाद हो रहा है, कुछ होता नहीं दिख रहा'। मुखर्जी दुखी होकर बंगाल चले गए। तब देवरस ने गुरुजी से कहा कि सरदार पटेल भी नहीं रहे, अब तो मुझे राजनीतिक पार्टी बनाने दो। गुरुजी ने देवरस को बताया कि मैं डॉ. मुखर्जी से बात कर रहा हूं। डॉ. महेश शर्मा कहते हैं, "गुरु गोलवलकर और फिर रज्जू भैया के नजदीकी रहे संत प्रभुदत्त ब्रह्मचारी ने अपने आत्मचरित्र में लिखा था, 'नानाजी देशमुख और दीनदयाल उपाध्याय मेरे पास आए हैं। उनका मानना है कि संघ को बचाए रखने के लिए राजनीतिक पार्टी बनाने की ज़रूरत है, लेकिन गुरुजी इसको मानने को तैयार नहीं तो आप गुरुजी से कहिए। मैंने गुरुजी गोलवलकर से बात की'।"

डॉ. शर्मा के मुताबिक़, "गोलवलकर ने कहा कि संघ के बचाव के लिए राजनीतिक पार्टी की आवश्यकता को मैं सिद्धांतत: स्वीकार करता हूं, आप अध्यक्ष बन जाइए। प्रभुदत्त ब्रह्मचारी ने कहा कि मैं तो संन्यासी हूं, मैं मार्गदर्शन कर सकता हूं, आशीर्वाद दे सकता हूं। गोलवलकर ने कहा कि आपके मार्गदर्शन के अनुरूप पार्टी शुरू करेंगे। उस समय डॉ. मुखर्जी से बात हो रही थी। डॉ. मुखर्जी हिन्दू महासभा से थे। गुरुजी ने उनसे कहा कि आपको हिन्दू महासभा का बैकग्राउंड छोड़ना पड़ेगा और राजनीतिक पार्टी में मुस्लिमों को भी सदस्यता देनी होगी। मुखर्जी गुरुजी की बातों को स्वीकार करते गए और इस तरह जनसंघ बन गया।"

जनसंघ के गठन को लेकर अप्पा घटाटे बताते हैं कि जब महात्मा गांधी की हत्या के बाद संघ पर बैन हुआ और हज़ारों-हज़ार लोग सत्याग्रह कर रहे थे, तो पार्लियामेंट में संघ के समर्थन में बोलनेवाला कोई नहीं था। तब संघ को एक राजनीतिक पार्टी की सख़्त ज़रूरत महसूस हुई। उन्हें समझ आया कि संसदीय ताक़त की ज़रूरत बहुत है। इससे पहले गुरु गोलवलकर राजनीतिक पार्टी बनाने के पक्ष में नहीं थे। बाबासाहब आप्टे और भैयाजी दाणी भी इसके ख़िलाफ़ थे। लेकिन बालासाहब घटाटे का कहना था कि इसकी बहुत ज़रूरत है। अप्पा घटाटे बताते हैं, "जब डॉ. श्यामाप्रसाद मुखर्जी ने जनसंघ की शुरुआत की तो गुरु गोलवलकर ने हर राज्य में संघ के नंबर दो पदाधिकारी या नेता को जनसंघ का काम करने की ज़िम्मेदारी सौंप दी। इसके लिए यूपी में नानाजी देशमुख और दीनदयाल उपाध्याय, पंजाब में जगेन्द्र शर्मा, गुजरात में मधुकर भागवत, कर्नाटक में यादवराव जोशी, तमिलनाडु में जना कृष्णमूर्ति, बिहार में कैलाशपति मिश्र और मध्य प्रदेश में कुशाभाऊ ठाकरे को दायित्व दिया गया।" अप्पा घटाटे के मुताबिक़, अटल जी

थोड़ा बाद में जनसंघ में आए और वह संस्थापक सदस्यों में नहीं थे। उस वक़्त अटल जी 'पांचजन्य' और 'स्वदेश' देख रहे थे।

दिलीप देवधर बताते हैं कि जनसंघ शुरू करने के कुछ समय बाद 1953 में मुखर्जी की कश्मीर में मृत्यु हो गई। अब देवरस ने गुरुजी से कहा कि आप पॉलिटिक्स समझते नहीं हैं। यह सब मेरे लिए रुका हुआ है, मुझे जाने दो। गुरुजी ने देवरस से फिर कहा कि हम लोगों के बीच एग्रीमेंट हुआ है। मैंने आपको मना किया है। संघ के मुखिया की तरह जनसंघ का नियंत्रण करो। मैं चाहता हूं कि देवरस संघ के अध्यक्ष रहें। मैं तो सशर्त संघ प्रमुख हूं, कभी भी हिमालय चला जाऊंगा। देवरस चिढ़ गए, बोले, 'मैं आपका सम्मान करता हूं,' लेकिन फिर ख़ुद को अलग कर लिया संघ से। इसी बीच, 1951 के चुनावों से पहले गुरुजी ने प्रभुदत्त ब्रह्मचारी को कहा कि वह गौरक्षा को लेकर नेहरू के ख़िलाफ़ आंदोलन करें और फिर उन्हें 1951 के चुनाव में फूलपुर में नेहरू के ख़िलाफ़ मैदान में उतार दिया।

राष्ट्रीय सम्पर्क प्रमुख रहे अनिरुद्ध देशपांडे कहते हैं कि गुरुजी के कालखंड को दो हिस्सों में बांट सकते हैं—पहला 1940 से 1948 तक, और फिर 1973 तक। संघ ने इस दौरान बहुत से उतार-चढ़ाव देखे। आज़ादी के बाद गुरुजी ने संगठन को ज़्यादा महत्व दिया। उनके प्रयासों से प्रचारकों की नियुक्ति हुई, नए सहयोगी संगठन बने और भारतीय जनसंघ, अखिल भारतीय विद्यार्थी परिषद, विश्व हिन्दू परिषद और भारतीय मज़दूर संघ जैसे संगठन खड़े किए।

डॉ. हेडगेवार ने जो संकेत दिए, गुरु गोलवलकर ने संघ को उस रास्ते पर आगे बढ़ाया। 1972 में ठाणे में संघ की चिंतन बैठक में गुरुजी ने कहा, "हमने 1925 से 1972 तक काफी प्रयास किए हैं। गतिविधियां भी बहुत बढ़ी हैं, लेकिन हमें एक-एक प्रांत, जाति, उप-जाति, हर जगह कार्यकर्ता खड़ा करना चाहिए, अभी हमारी नुमाइंदगी लिमिटेड सेक्शन में है। पहाड़, नदियों, गांव—हर इलाक़े में हमारा प्रतिनिधित्व होगा। उस दिन सच्चे तौर पर कहा जा सकता है कि संघ अखिल भारतीय हो गया।"

सरसंघचालक डॉ. हेडगेवार हिन्दुओं और संघ के कार्य के लिए पैसा लेते थे। गांधी की तरह संगठन के या समाज के काम के लिए उद्योगपतियों से पैसा लेने में उन्हें कोई आपत्ति नहीं थी। लेकिन गुरुजी पैसा नहीं लेते थे। गुरुजी मानते थे कि संघ की कोई प्रॉपर्टी न हो और न ही कोई बैंक-बैलेंस हो। वे मानते थे कि इससे संगठन में झगड़े बढ़ते हैं। गुरुजी कहते थे कि मैं न तो एक रुपए का भ्रष्टाचार करूंगा और न ही करने दूंगा। 1952 तक उन्होंने कोई पैसा नहीं लेने दिया।

अप्पा घटाटे के मुताबिक़, "गुरुजी संपत्ति-जायदाद बनाने के ख़िलाफ़ थे। वह कहते कि संघ का कार्यालय, बिल्डिंग बनाने की ज़रूरत नहीं, कार्यकर्ता बनाइए। कार्यकर्ता रहेगा तो संगठन चलेगा, कार्यालय होगा तो प्रॉपर्टी के लिए झगड़े होंगे। नागपुर में अप्पा के पिताजी संघचालक बालासाहब घटाटे का एक घर था। गुरुजी वहां अपनी माताजी के साथ रहे, लेकिन कहा कि बिना पैसे के नहीं रहूंगा, तो सात

रुपए किराया देते थे। संघ की बैठकें भी वहीं होतीं। गुरुजी चौकी पर बैठते और चर्चा करते। माताजी के निधन के बाद गुरुजी संघ कार्यालय रहने चले गए।"

गुरुजी गोलवलकर न केवल सम्पत्ति और संग्रह के ख़िलाफ़ थे, बल्कि वह प्रतिनिधियों की शुचिता और ईमानदारी पर भी ज़ोर देते थे। उनका मानना था कि सत्ता से भ्रष्टाचार और बेईमानी जैसी विकृतियां आती हैं। शायद यह बड़ी वजह रही होगी कि वह संघ को बार-बार राजनीति से दूर रखने की बात करते थे। वरिष्ठ पत्रकार अच्युतानंद मिश्र बताते हैं, "लखनऊ में संघ के शिक्षा वर्ग में सभी सहयोगी संगठनों के प्रतिनिधि अपनी सालाना रिपोर्ट रख रहे थे। गुरुजी गोलवलकर सुन रहे थे। बाद में यूपी के कुछ दिनों के लिए मुख्यमंत्री बने राम प्रकाश गुप्त तब जनसंघ के इंचार्ज थे। गुप्त ने अपनी रिपोर्ट में कांग्रेस की काफी आलोचना की और कहा कि सरकार में सब गड़बड़ है। भ्रष्टाचार बढ़ रहा है। सरकारी नुमाइंदे भ्रष्ट हैं। गुप्त के रिपोर्ट रखने के बाद गुरुजी गोलवलकर ने कहा कि भ्रष्टाचार सत्ता का चरित्र है, किसी पार्टी विशेष का नहीं। जब आप सत्ता में आएंगे तब यह प्रमाणित होगा कि आप उससे कितने बचे हैं।"

गुरुजी को लेकर एक चर्चा अक्सर होती रही। उनके हिन्दू समाज में वर्ण व्यवस्था को मानने की। इस संदर्भ में एक घटना का जिक्र ज़रूरी है। 1961 में गोलवलकर रामराज्य परिषद के अध्यक्ष स्वामी करपात्री जी महाराज से मिलने दिल्ली में उनके निगम बोध घाट के निवास पर गए। करपात्री जी चातुर्वर्ण्य के कट्टर समर्थक थे। स्वामी जी ने चर्चा के दौरान कहा कि गोलवलकर जी आप एक काम करें, देशभर में आपके इतने स्वयंसेवक हैं, उन्हें बताएं कि वे अपने-अपने वर्ण के अनुसार व्यवहार करें, वे आपकी बात मानेंगे। इस पर गुरुजी ने कहा, "मैं संघ का प्रमुख हूं, पर ये सब मेरे शिष्य नहीं हैं, बंधु हैं। उन्हें मैं आज्ञा नहीं देता। फिर भी मैं उनसे पूछूंगा। उन्हें अच्छा लगा तो वे अवश्य वैसा व्यवहार करेंगे। लेकिन कोई उदाहरण सामने रखा जाए कि आपको ऐसा समाज बनाना है। आप यह काम अच्छी तरह कर सकते हैं क्योंकि आपके हज़ारों शिष्य हैं। आप उनके गुरु हैं। उन्हें आपकी आज्ञा माननी ही चाहिए।" यह सुनकर स्वामी जी नाराज़ हो गए। बोले, "आप तो सब मुझ पर ही लाद रहे हैं।" तब गुरुजी ने कहा, "आप नाराज़ न हों। मुझे बताएं कि आज वर्णाश्रम बचा है क्या? जाति स्वरूप बचा है क्या? अब तो उस सबको तोड़कर एक नए वर्ण-निर्माण का समय आ गया है। संघ यही काम कर रहा है। संघ का विचार है कि सबको समाज और राष्ट्र के चिरंतन आधार पर लाकर एक सुसूत्र संगठित समाज बनाना है, कोई भेद शेष नहीं रहना चाहिए।"[5]

1952 में पहले आम चुनाव हुए तो गुरुजी ने कहा कि मैं चुनावों में हिस्सा नहीं लूंगा और एक महीने के लिए वह सिंहगढ़ किले पर लोकमान्य तिलक के बंगले पर रहने चले गए और संघ को देवरस को सौंप दिया। जनसंघ ने चुनाव लड़ा, लेकिन बड़ी हार का सामना करना पड़ा। चुनाव के खर्चों से संघ पर क़र्ज़ भी चढ़

---

5. गुरुजी गोलवलकर जीवन चरित्र में प्रकाशित, पृष्ठ 303

गया। हुंडी वाले चुनाव में हार के बाद पैसा वापस मांगने लगे। देवरस ने गुरुजी को कहा कि पैसा इकट्ठा करते हैं। गुरुजी ने कहा कि संघ का पैसा जनसंघ पर खर्च करना ठीक नहीं। मैं पैसा इकट्ठा नहीं करूंगा। उस वक़्त नागपुर में संघ प्रमुख वसंत राव ओक के बड़े भाई मनोहर राव ओक और संघचालक बालासाहब घटाटे संघ के कोषाध्यक्ष थे। हुंडी वाले उनसे मिलने आते, पैसा मांगते। उन्होंने कहा कि जब क़र्ज़े पर दस्तखत देवरस के हैं तो हमारे पास पैसा मांगने क्यों आते हैं? संघ नहीं दे सकता।

1953 में मुखर्जी के निधन के बाद देवरस ने गुरुजी से पूछा कि अब मुझे जनसंघ में जाने दो। गुरुजी के इंकार से नाराज़ होकर देवरस बाला घाट चले गए और वहां जाकर खेती करने लगे। 1953-60 के बीच संघ से दूर रहे। कहते हैं कि सात साल तक गुरुजी से बातचीत भी बंद हो गई थी। गुरुजी ने भाऊराव देवरस को उत्तर प्रदेश भेजते वक़्त कहा था कि पूरी ज़िंदगी वहां लगा दो। नेहरू परिवार का यूपी में ख़ात्मा करना है। यह संघ को करना है और यह काम तेरे सिवाए कोई नहीं कर सकता।

अप्पा घटाटे बताते हैं कि 1954 में संघ का प्रथम वर्ष का ओटीसी नागपुर में हो रहा था। इसमें दीनदयाल उपाध्याय, अटल जी, नानाजी देशमुख के बौद्धिक होते थे। ओटीसी में बालासाहब देवरस रोजाना रहते थे, लेकिन उनका बौद्धिक नहीं हुआ। अप्पा ने गुरुजी से पूछा कि बालासाहब का बौद्धिक क्यों नहीं हुआ, तो गुरुजी ने जवाब दिया कि जो ख़ुद संघ में नहीं जाता, वह संघ को क्या बताएगा?

एक बार गुरुजी को ख़बर मिली कि देवरस शादी कर रहे हैं। उन्होंने भैयाजी दाणी को बुलाया क्योंकि दोनों के बीच बेहतर संबंध थे। गुरुजी ने दाणी से कहा कि अगर देवरस ने शादी की तो फिर कैसे चलेगा? मैं हिमालय चला गया तो उन्हें ज़िम्मेदारी लेनी पड़ेगी। भैयाजी दाणी का संघ में ख़ासा रुतबा था। वे केवल सरकार्यवाह ही नहीं थे। वे शादीशुदा प्रचारक थे। संघ में शायद वे अकेले शख़्स होंगे जो ओटीसी के दौरान भी खुलेआम सिगरेट पी सकते थे। दाणी उस वक़्त कैप्सटन सिगरेट पीते थे और उन्हें कोई रोक नहीं सकता था।

गुरुजी की बात सुनकर दाणी हंसने लगे। कहा, आप दोनों झगड़ा करते हैं तो मुझे बीच में क्यों लाते हैं? फिर दाणी ने बताया कि शादी बालासाहब नहीं, भाऊराव देवरस कर रहे हैं, प्रचारक का काम छोड़कर। लड़की भी देख ली है। आलू-पोहा खाया गया है। महाराष्ट्र में लड़की देखते वक़्त पसंद आने पर आलू-पोहा खाने की रस्म होती है। गुरुजी ने राहत की सांस लेते हुए कहा कि चलो, अच्छा है। वरिष्ठ पत्रकार दिलीप देवधर ने इस बारे में संघ के पहले शिशु स्वयंसेवक रहे डॉ. वरणेकर से भी इस बारे में पूछा क्योंकि वे भी लड़की देखने की रस्म में वहां गए थे। उन्होंने बताया कि भाऊराव के लिए लड़की देखी गई, लेकिन फिर उन्होंने भी शादी नहीं की।

गुरुजी का जन्म 1906 में हुआ था और 1957 में गुरुजी 51 साल के हो गए। एकनाथ रानाडे और भैयाजी दाणी गुरुजी के पास आए। बोले, "देवरस संघ से बाहर गए हैं। क़र्ज़ मांगनेवाले आ रहे हैं। जनसंघ को चुनावों के लिए पैसा चाहिए। जब तक पुराना पैसा नहीं चुकाएंगे, विश्वसनीयता कैसे मिलेगी? देवरस के बाहर जाने का मुख्य कारण भी यही है। इसलिए हमने तय किया है कि आपका जन्मदिन मनाएंगे और सत्कार करेंगे, इसमें सब लोग थैलियां चढ़ाएंगे, उससे क़र्ज़ चुकाएंगे। और नहीं तो हमें इजाज़त दे दो, कुछ बड़े लोग पैसा देने, मदद करने को तैयार हैं।"

गुरुजी ने मना कर दिया। कहा, "मैं संन्यासी हूं, आपका सत्कार स्वीकार नहीं कर सकता।" भैयाजी दाणी और एकनाथ रानाडे ने कहा, "हम आपका, यानी गुरुजी गोलवलकर का सत्कार नहीं कर रहे हैं। हम तो सरसंघचालक का सत्कार कर रहे हैं।" लेकिन गुरुजी मानने को तैयार नहीं थे। इस पर थोड़ी नाराज़गी दिखाते हुए भैयाजी दाणी ने कहा कि आप तो असल में संन्यासी हैं ही नहीं। आपका अहंकार जिंदा है और अहंकारी संन्यासी नहीं हो सकते। 'यू आर अ मैन ऑफ़ ईगो'। गुरुजी ने कहा कि बेकार की बातें मत करो, आत्मा को क्लेश होगा। दाणी बोले, आप तो अपने भाषण में कहते हैं कि आत्मा कुछ नहीं होती। तब गुरुजी ने कहा, "मैं सरसंघचालक का पद छोड़ देता हूं। तुम दूसरा सरसंघचालक बनाओ और क़र्ज़मुक्त हो जाओ।" दाणी ने कहा, "ठीक है, आपसे अच्छा कोई मिला, तो आपको छुट्टी दे देंगे।" गुरुजी बोले, "तुम लोग न तो तर्क मानते हो, और न ही मेरे प्रति श्रद्धा मानते हो, तो मैं क्या करूं?" दाणी ने कहा, "आप सरसंघचालक हैं, आप हमारे सिर्फ़ गाइड हैं, फिलॉसफर हैं। मैं सरकार्यवाह हूं, यानी संघ का सीईओ। मैं आपको आदेश दे रहा हूं कि आपको यह स्वीकार करना होगा।" फिर गुरुजी के स्वागत समारोह हुए और उनसे क़रीब इक्कीस लाख रुपए इकट्ठा हुए। माना जाता है कि उस वक़्त से गुरुजी और रानाडे के बीच रिश्तों में खटास आ गई। रानाडे को उसके बाद विवेकानंद स्मारक बनाने के लिए कन्याकुमारी भेज दिया गया। फिर वे तभी नागपुर लौट पाए जब बालासाहब देवरस सरसंघचालक बने।

हमेशा राजनीति से दूर रहने की बात करने वाले गोलवलकर ने जनसंघ बनाने के बावजूद 1952 के चुनाव में भले ही हिस्सा नहीं लिया हो, लेकिन 1957 में दूसरे चुनाव से पहले उन्होंने जो लेख लिखा, वह बेहद राजनीतिक संदेश लिए हुए था। गोलवलकर ने साफ लिखा, "केवल उन लोगों या पार्टियों को वोट दें जो हिन्दुओं और हिन्दुत्व के काम से जुड़े हों।" गोलवलकर ने लिखा, "हमारे यहां चुनाव के बाद जीते हुए प्रतिनिधियों को वापस बुलाने की व्यवस्था नहीं है और चुनाव युद्ध की तरह लड़े जाते हैं। कहा जाता है कि युद्ध और प्यार में सब जायज होता है। चुनावों में अक्सर सबसे ज़्यादा बेहतर तरीक़े से झूठ बोलने वाले लोग जीत जाते हैं। उन्हें सबसे ज़्यादा सीटें मिलती हैं और वे सत्ता हासिल कर लेते हैं। इसलिए वे अच्छे नुमाइंदों की ज़िम्मेदारी वोटर पर डालते हैं क्योंकि एक बार वोट डाले जाने के बाद उन्हें वापस बुलाने का कोई रास्ता नहीं है।"

गोलवलकर मानते थे कि राजनीतिक पार्टी भी विकास का एक रास्ता है। किसी भी पार्टी में व्यक्ति और संगठन दोनों ही महत्वपूर्ण है। कोई भी राजनीतिक पार्टी अच्छे लोगों के बिना ऐसे शरीर जैसी है जिसके अंग लाचार या अपंग हों। गोलवलकर साम्यवादियों और समाजवादियों का हमेशा विरोध करते रहे। उनका मानना था कि ये लोग ख़ुद को ग़ैर-हिन्दू मानने में गर्व करते हैं। ये लोग हिन्दू रीतियों और परंपराओं का विरोध करते हैं। गाय को पूज्य नहीं मानते और मुसलमानों के साथ उनकी तुष्टिकरण की नीति होती है। उनका राजनीतिक बर्ताव अक्सर हिन्दू-विरोधी होता है। इसलिए अब वक़्त आ गया है कि हिन्दू की तरह वोट करें और हिन्दू को वोट दें।

सख़्त राजनीतिक रुख की गोलवलकर की अपील का भी कोई फायदा जनसंघ को नहीं हुआ। जनसंघ को पहले आम चुनाव में सिर्फ़ तीन सीटें मिलीं, जबकि उसने चौरानवे उम्मीदवार मैदान में उतारे थे। इसमें भी दो उम्मीदवार पश्चिम बंगाल से जीते। पार्टी ने हिन्दू महासभा के साथ मिल कर चुनाव लड़ा था। उसे चार सीटें मिलीं। कांग्रेस को 489 सीटों में से 364 पर जीत मिली। दूसरे चुनाव में जनसंघ की सिर्फ़ एक सीट बढ़कर चार हो गई, हालांकि वोट दोगुने हो गए, उस चुनाव में जनसंघ को छह फीसद वोट मिले।

बरसों से संघ से जुड़े रहे वरिष्ठ पत्रकार अच्युतानंद मिश्र बताते हैं, "1957 के चुनाव में बनारस से कांग्रेस की तरफ़ से मुख्यमंत्री डॉ. सम्पूर्णानंद उम्मीदवार थे। उनके सामने सीपीआई के मज़बूत उम्मीदवार रुस्तम सेटिन थे। सेटिन का प्रचार का काम बहुत सुव्यवस्थित और मज़बूत था। डॉ. सम्पूर्णानंद ने कहा कि वे मुख्यमंत्री हैं और बनारस का हर आदमी उनके काम को जानता है, इसलिए वे चुनाव प्रचार में नहीं जाएंगे। उनके प्रचार का काम पंडित कमलापति त्रिपाठी देख रहे थे। त्रिपाठी तब शिक्षा मंत्री थे। जनसंघ की तरफ़ से सरयू प्रसाद द्विवेदी खड़े थे। वे बनारस के मेयर रह चुके थे।"

अच्युतानंद मिश्र और उनके विद्यार्थी परिषद के साथी द्विवेदी के चुनाव का काम देख रहे थे। वोटिंग का वक़्त नजदीक आते-आते लगा कि डॉ. सम्पूर्णानंद मुश्किल में हैं। उस समय यादवराव देशमुख बनारस में संघ के प्रचारक थे। वोटिंग से पहले संघ की ओर से यह संदेश गया कि सम्पूर्णानंद को वोट करें। नतीजों में डॉ. सम्पूर्णानंद जीत गए। सरयू प्रसाद हार गए, तो उन्होंने ख़ासा हंगामा किया। फिर जांच कमेटी बैठाई गई। फ़ैसला भी आया, लेकिन जनता ने तो अपना फ़ैसला सुना दिया था।

पहले आम चुनाव में कोई सफलता नहीं मिलने के बाद गोलवलकर ने तय किया कि ऐसे मुद्दों पर अभियान चलाना चाहिए जो हिन्दुओं और राष्ट्रीयता से जुड़े हों। चुनावों के बाद सितंबर, 1952 में हुई अखिल भारतीय प्रतिनिधि सभा में स्वदेशी और गोहत्या विरोध पर रणनीति बनाने और इसे आंदोलन के तौर पर शुरू करने का फ़ैसला किया गया। गोलवलकर ने गांधी के स्वदेशी प्रेम के मुद्दे को आगे बढ़ाते

हुए माना कि स्वदेशी प्रेम सिर्फ़ अंग्रेज़ों के विरोध भर के लिए ही नहीं, राष्ट्रप्रेम के लिए भी होना चाहिए और यह हर स्तर पर हो। गोलवलकर ने तो शादियों में दूल्हा-दुल्हन के पश्चिमी ढंगे के कपड़े पहनने और भारी-भरकम खर्च वाले शादी समारोहों का भी विरोध किया। उन्होंने पचास के दशक में शुरू हुई सौन्दर्य प्रतियोगिताओं का भी जमकर विरोध किया।

राष्ट्रीयता के लिए स्वदेशी की बात हुई तो हिन्दुओं को जोड़ने और जगाने के लिए गोलवलकर ने गोहत्या के विरोध का बड़ा कार्यक्रम बनाया। उन्होंने संविधान के नीति-निर्देशक तत्व के मुताबिक़ देश में गोहत्या पर पूर्ण प्रतिबंध की मांग की और इसके लिए राष्ट्रव्यापी हस्ताक्षर अभियान चलाया। इस अभियान के लिए देशभर में पचास हज़ार से ज़्यादा स्वयंसेवक लगाए गए। प्रयाग में जनवरी, 1954 में पहले आम चुनावों के बाद कुंभ मेला चल रहा था। इस मौक़े पर वहां गो-संवर्धन सम्मेलन का आयोजन किया गया। इस सम्मेलन में प्रभुदत्त ब्रह्माचारी और गुरुजी के निर्देश पर गोहत्या के विरोध में एक चिट्ठी नेहरू जी को भेजी गई। इस चिट्ठी पर क़रीब ढाई लाख लोगों के दस्तखत थे। संघ के मुताबिक़, इस अभियान में दो करोड़ से ज़्यादा लोगों ने दस्तखत किए, जिन्हें बैलगाड़ियों में भरकर राष्ट्रपति भवन ले जाया गया और राष्ट्रपति डॉ. एस. राधाकृष्णन को सौंपा गया। हिन्दुओं की धार्मिक भावनाओं को मज़बूती देने के लिए गोहत्या पर केंद्रीय क़ानून बनाने की मांग की गई।

गुरुजी के इक्यावनवें जन्मोत्सव के बाद संघ के केंद्रीय कार्यकारी मंडल ने नागपुर के रेशिमबाग में डॉ. हेडगेवार स्मृति मंदिर बनाना तय किया। वहां उस समय तक सिर्फ़ एक चबूतरा भर था। तब हेडगेवार स्मारक समिति बनाई गई। गुरुजी उस समिति के अध्यक्ष थे। यूं तो स्मारक बनाने के लिए जितना पैसा चाहिए था वह नागपुर और विदर्भ इलाक़े से ही जमा हो सकता था, लेकिन देश भर के स्वयंसेवकों का योगदान हो, इसके लिए 'एक स्वयंसेवक-एक रुपया' जमा करना था। इसके लिए प्रस्तावित स्मृति मंदिर का चित्र भी तैयार किया गया जो हर स्वयंसेवक को दिया जाना था। पैसा जमा होने के बाद 1959 में इसका निर्माण कार्य शुरू हुआ। स्मृति मंदिर के डिजाइन में पहले कमानों का आकार मुगल वास्तुकला के अनुसार था जिसे गुरुजी ने बाद में धनुष के आकार में बदलवाया। 5 अप्रैल, 1962 को प्रतिपदा की तिथि पर स्मृति मंदिर का उद्घाटन किया गया। यह संघ के संस्थापक डॉ. हेडगेवार का जन्मदिन भी था। देशभर से लोग इस समारोह में शामिल हुए।

6 अप्रैल को सवेरे स्वयंसेवकों के बीच गुरुजी ने 'स्मृति मंदिर बनाम हम' पर चर्चा करते हुए कहा, "एक पूजास्थान बनाकर हम उसके महंत बन जाएं, इस भूमिका से इस स्मृति मंदिर का निर्माण नहीं हुआ है। ईंट-पत्थर से बनी वस्तुओं में मेरी कोई रुचि नहीं है। ऐसा होते हुए भी मुझे यह स्मृति मंदिर चाहिए, क्योंकि यह स्थान अत्यंत पवित्र है। यह स्थान हमें डॉ. हेडगेवार के जीवन जैसा बनने की प्रेरणा दे, इस श्रद्धायुक्त भावना से हमें स्मृति मंदिर को देखना है।"

विश्व हिन्दू परिषद की स्थापना

1963 में अंतरराष्ट्रीय स्तर पर हिन्दुओं को संगठित करने को लेकर चर्चा चल रही थी। तब दुनियाभर में हिन्दू संगठन का काम निभाने वाले प्रचारक लक्ष्मणराव भिड़े और दीनदयाल उपाध्याय ने गुरुजी को दुनिया में हिन्दुओं की स्थिति पर जानकारी दी। इसी बीच नवंबर, 1963 में स्वामी चिन्मयानंद ने भी इसी तरह के विचार प्रकट किए। तब गुरुजी ने इसकी ज़िम्मेदारी दादा आप्टे को सौंपी। दादा आप्टे ने नौ महीनों में दो सौ से ज़्यादा धर्माचार्यों का दर्शन और चालीस से ज़्यादा धार्मिक संस्थाओं से सम्पर्क किया। फिर जन्माष्टमी के दिन 29 अगस्त, 1964 को स्वामी चिन्मयानंद के बम्बई में संदीपनी आश्रम में हुई बैठक में विश्व हिन्दू परिषद की स्थापना हुई।

परिषद की इस पहली बैठक में निर्णय किया गया कि प्रयाग में कुंभ मेले के अवसर पर 22 से 24 जनवरी, 1966 तक हिन्दू विश्व सम्मेलन हो; इसमें सभी पंथ-संप्रदायों की धर्म-संसद हो; अनेकता में एकता को लेकर कार्यक्रम किए जाएं और वेदकाल से आधुनिक काल तक हिन्दू धर्म की निरंतरता पर प्रदर्शनी लगाई जाए। अपनी बद्रीनाथ यात्रा के दौरान गुरुजी गोलवलकर ने 18 सितंबर, 1968 को ब्रह्माकपाल में आत्मपिंड दे दिया और उसके बाद गोलवलकर वह नहीं रहे, जो पहले थे।

अगस्त, 1964 में आरएसएस की दिल्ली में हुई भारत गौसेवक समाज की कांफ्रेंस का उद्घाटन गोलवलकर ने किया और गो-वध रोकने के लिए केंद्रीय क़ानून की मांग की। 1965 में गोलवलकर ने सरकार्यवाह बालासाहब देवरस को जनसंघ के अधिवेशन को संबोधित करने की इजाज़त दी।

1965 में भारत-पाकिस्तान युद्ध और फिर जनवरी, 1966 में प्रधानमंत्री लाल बहादुर शास्त्री के निधन से कुछ दिनों बाद तक इस आंदोलन की रफ्तार धीमी रही, लेकिन चौथे आम चुनावों से पहले इसने फिर रफ्तार पकड़ ली। सितंबर, 1966 में सर्वदलीय गोरक्षा महाभियान समिति बनाई गई, जिसकी संचालन समिति में ख़ुद गोलवलकर थे और इस पूरे आंदोलन को चला रहे थे। समिति के 7 नवंबर, 1966 को संसद भवन के सामने हुए प्रदर्शन ने हिंसक रूप ले लिया और इसमें एक पुलिस वाले समेत आठ लोगों की मौत हो गई। प्रधानमंत्री इंदिरा गांधी ने अपनी सेक्यूलर इमेज बनाए रखने के लिए गृहमंत्री गुलजारी लाल नंदा को सरकार से निकाल दिया। नंदा को हिन्दुत्व के प्रति नरमी बरतने वाला नेता माना जाता था। इसके ख़िलाफ़ गोलवलकर ने समिति के कुछ सदस्यों और साधु-संतों के साथ अनशन शुरू कर दिया। इसमें भी एक साधु की मौत हो गई। लेकिन अनशन जारी रखा गया और तेज़ी से गोहत्या के मामले पर ही एक नई राजनीतिक पार्टी बनाने की बात शुरू हो गई। इस राजनीतिक परेशानी को भांपते हुए गोलवलकर और दीनदयाल उपाध्याय ने साधु-संतों से बात की और जब सरकार ने इस मामले पर बातचीत शुरू कर दी तो आंदोलन को स्थगित करने का निर्णय किया गया।

इस आंदोलन से संघ और जनसंघ को राजनीतिक ताक़त तो मिली, लेकिन यह भी समझ आ गया कि साधु-संतों को अपने नियंत्रण में रखना आसान काम नहीं है। इसी दौरान गोलवलकर ने बर्मा और नेपाल में हिन्दुओं के सम्मेलनों को संबोधित किया। नेपाल के महाराजा महेन्द्र विक्रम शाह को भारत में संघ के कार्यक्रम में आने का निमंत्रण दिया, जिसे उन्होंने स्वीकार कर लिया, लेकिन केंद्र सरकार ने राजनयिक कारणों से इस पर आपत्ति जाहिर की तो वे समारोह में शामिल होने के लिए नहीं आए।

इन गतिविधियों का राजनीतिक फायदा 1967 के आम चुनाव में दिखाई दिया, जब जनसंघ ने पैंतीस सीटें जीत लीं और दूसरे दलों के साथ मिलकर कई राज्यों में सरकारें बना लीं। यह पहला मौक़ा था जब कई राज्यों में ग़ैर-कांग्रेसी सरकारें बनीं। इसके बाद संघ और जनसंघ के साथ-साथ सहयोगी संगठनों की ताक़त भी बढ़ी।

गुरुजी गोलवलकर ने संघ और जनसंघ के प्रतिनिधियों की 1971 में नागपुर में हुई बैठक में विचारधारा की ताक़त और उसके साथ जुड़े रहने की बात पर ज़ोर दिया था। उस समय जनसंघ में इस बात पर बहस चल रही थी कि क्या सत्ता हासिल करने के लिए विचारधारा छोड़ने की ज़रूरत है? बहुत से लोगों का मानना था कि जब विचारधारा छोड़ेंगे, तभी लोग हमारे साथ आएंगे। गुरुजी गोलवलकर इस विचार के ख़िलाफ़ थे। गुरुजी ने कहा, "...मैं इस बात से सहमत हूं कि विचारधारा में विश्वास रखनेवाली पार्टी जल्दी सत्ता में नहीं आ सकती। लेकिन मैं यह नहीं मान सकता कि वह कभी नहीं आ सकती। ब्रिटेन में लेबर पार्टी का जन्म 1900 में हुआ था। 29 साल तक वे विचारधारा पर अडिग रहते हुए मेहनत करते चले गए। 1929 में जाकर उन्होंने पहली बार गठबंधन सरकार बनाई। दस साल बाद 1939 में पहली बार वह अपने बल पर पूर्ण बहुमत ला सके।"

उस वक़्त अटल बिहारी वाजपेयी समेत बहुत से लोगों के मन में यह सवाल रहे होंगे कि क्या उनकी विचारधारा को देश में बहुमत के तौर पर स्वीकार किया जाएगा? गुरुजी ने कहा कि भारत में सत्ता में आने में कितना समय लगेगा, यह कई बातों पर निर्भर है। इस पर अटल जी ने पूछा भी कि हमें तो साफ बताइए कि हमें कौन-सी लाइन लेनी चाहिए? इस पर गुरुजी ने कहा कि मुझे जो कहना था, मैंने कह दिया।[6]

गोलवलकर के बोए हुए उस वैचारिक बीज के फल दिखाई दिए 26 मई, 2014 को। दिल्ली में राष्ट्रपति भवन परिसर में 'मोदी-मोदी' के नारे गूंज रहे थे। माहौल में गर्माहट थी, जोश था। समारोह में शामिल होने वालों का रेला थम ही नहीं रहा था, मानो हर कोई इस ऐतिहासिक क्षण का गवाह बनना चाहता हो। भारतीय जनता पार्टी की स्पष्ट बहुमत वाली पहली सरकार। एक जमाने तक आरएसएस के प्रचारक रहे नरेन्द्र मोदी का प्रधानमंत्री के तौर पर पहला शपथ-ग्रहण समारोह। देशभर से ही नहीं, दुनियाभर से अतिथि मौजूद थे। सार्क देशों के मुखिया भी

6. गुरुजी गोलवलकर जीवन चरित्र में प्रकाशित, पृष्ठ 101

ख़ासतौर से आमंत्रित थे। ऐसे में गुरुजी गोलवलकर की बात सच साबित होती नज़र आ रही थी।

अक्सर 'बंच ऑफ़ थॉट्स' किताब को लेकर गुरुजी गोलवलकर की आलोचना की जाती है। बहुत से लोग आरएसएस की आलोचना के लिए, या फिर गुरुजी गोलवलकर का विरोध जताने के लिए इस किताब का सहारा लेते हैं। दिल्ली में सितंबर, 2018 में हुई सरसंघचालक मोहन भागवत की व्याख्यानमाला में उन्होंने इस पर काफी स्पष्टता के साथ अपनी बात रखी और कहा कि उसे समय के सापेक्ष देखा जाना चाहिए।

संघ के सह-सरकार्यवाह डॉ. मनमोहन वैद्य कहते हैं, "'बंच ऑफ़ थॉट्स' को लेकर जो स्पष्टता सरसंघचालक मोहन भागवत जी ने दी, उसका एक अर्थ यह लगाया गया है कि संघ ने श्री गुरुजी की इस पुस्तक को नकार दिया या श्री गुरुजी को ही नकार दिया है। यह सही नहीं है। यह किताब गुरुजी गोलवलकर के सरसंघचालक बनने के बाद 1940 से विभिन्न विषयों पर उनके विचारों का संकलन है। इसका पहला संस्करण 1966 में प्रकाशित हुआ था। इसमें संकलित कई विचारों की पृष्ठभूमि उस समय का संदर्भ और स्थितियां थीं। यह कालखंड भारत के और संघ के इतिहास का विशिष्ट कालखंड रहा है। इसलिए उस समय ज़ाहिर किए गए विचारों को उस समय की घटनाओं के साथ जोड़कर ही समझना चाहिए।"

डॉ. वैद्य बताते हैं कि डॉ. हेडगेवार के निधन के बाद जब गुरुजी गोलवलकर के कंधों पर संघ कार्य को विस्तार एवं दिशा देने की ज़िम्मेदारी आई तब उनकी आयु महज 34 वर्ष थी। संघ कार्य को देशव्यापी बनाना था। पाकिस्तान की मांग ने ज़ोर पकड़ लिया था। 1942 के भारत छोड़ो आंदोलन में अलग-अलग जगहों पर स्वयंसेवक शामिल हुए थे। कई स्वयंसेवकों को सश्रम कारावास या कहीं मृत्युदंड की सज़ा भी हुई थी। पाकिस्तान की मांग को लेकर ही 1946 के चुनाव हुए थे। मुस्लिमबहुल क्षेत्रों में हिन्दू समाज पर आक्रमण हो रहे थे। 'डायरेक्ट एक्शन' के कारण बंगाल में हिन्दुओं का भीषण नरसंहार हुआ था। भारत को आज़ादी के साथ विभाजन भी झेलना पड़ा। उधर पाकिस्तान में हिन्दुओं का बड़े पैमाने पर कत्ल-ए-आम शुरू हो गया। हिन्दुओं को लाखों की तादाद में अपने ही देश में शरणार्थी होकर आना पड़ा। उनकी सुध लेने के लिए स्वयंसेवकों के अलावा और कोई सहारा न था। महात्मा गांधी की हत्या से पूरा देश स्तब्ध था। तब इसका झूठा आरोप गढ़कर संघ पर प्रतिबंध लगाया गया। यह आज़ाद भारत की द्वेषपूर्ण गंदी राजनीति की शुरुआत थी। सरकार आरोप सिद्ध भी नहीं कर रही थी। बातचीत के सभी रास्ते बंद होने पर स्वयंसेवकों ने इस अन्याय के ख़िलाफ़ शांतिपूर्ण सत्याग्रह किया। आख़िरकार प्रतिबंध हटाया गया। फिर 1962 में चीन के हमले और भारतीय सेना की पराजय से निराशा का माहौल था। कम्युनिस्टों ने खुलकर चीन का समर्थन किया। कन्वर्जन केंद्रित ईसाई गतिविधियां तेज़ हो गयी थीं। न्यायमूर्ति नियोगी आयोग ने अपनी जांच के बाद जो रिपोर्ट दी, उसके कारण ही मध्य प्रदेश और तत्कालीन उड़ीसा में कांग्रेस

सरकार ने 'एंटी कन्वर्जन' क़ानून बनाया। चर्च की शह पर इसका विरोध भी हुआ। इस कालखंड में श्री गुरुजी के समय-समय पर स्वयंसेवकों और नागरिकों के सामने रखे विचारों का संकलन 'बंच ऑफ़ थॉट्स' के रूप में सामने आया।"

डॉ. मनमोहन वैद्य कहते हैं कि इसके बाद भी गुरुजी अठारह साल तक विभिन्न विषयों पर मार्गदर्शन करते रहे। उस कालखंड में गुरुजी गोलवलकर के विचारों का संकलन इसमें नहीं है। इसीलिए उनके जन्म शताब्दी वर्ष में गुरुजी के विचारों का समग्र संकलन 12 खण्डों में साल 2006 में प्रकाशित हुआ। इसको किसी संघविरोधी ने पढ़ा हो, ऐसा लगता नहीं। इसके साथ ही समग्र के साररूप में एक पुस्तक प्रकाशित हुई है, 'श्री गुरुजी: दृष्टि और दर्शन'। सरसंघचालक जी ने इसी पुस्तक को पढ़ने की बात की है। इसमें श्री गुरुजी के विचारों को नकारने की बात कहां आती है?

डॉ. वैद्य कहते हैं कि 'बंच ऑफ़ थॉट्स' में इस मामले में जिन तीन संकटों का ज़िक्र किया गया है, उनमें से जिहादी मुस्लिम कट्टरवाद के आतंक से आज सारी दुनिया त्रस्त है। ये तत्व भारत में जो अलगाववादी गतिविधियां चला रहे हैं, उससे आज सारा देश चिंतित है। चर्च के छल-कपट से चल रहा कन्वर्जन, कई अराष्ट्रीय गतिविधियों को मिलता उनका छिपा समर्थन और अर्बन-माओवाद या नक्सलवाद के संकट की गंभीरता जैसी अभी की कुछ घटनाएं सभी के सामने हैं। भारत में रहने वाले ईसाई या मुसलमानों को साथ लेकर भारत का भविष्य गढ़ने के प्रयास के साथ ही उनकी आड़ में जो अतिवादी, जिहादी, अराष्ट्रीय तत्व भारत को तोड़ने की कोशिश में लगे हैं, उनसे सावधान रहना ज़रूरी है। गुरुजी का यह इशारा आज भी सामयिक और सार्थक है।

संघ के मुखपत्र 'राष्ट्रधर्म' में 1974 के फरवरी अंक में वाजपेयी ने गुरुजी गोलवलकर की याद में लिखे लेख में मुसलमानों पर संघ और गुरु गोलवलकर की राय पर राष्ट्रीय एकता परिषद की बैठक का ज़िक्र भी किया है। बैठक में प्रधानमंत्री इंदिरा गांधी अध्यक्ष थीं, वाजपेयी सदस्य थे। अलीगढ़ मुस्लिम यूनिवर्सिटी के चांसलर तब फखरुद्दीन अली अहमद थे। इस बैठक में गुरु गोलवलकर की विचार-दर्शन की किताब वहां मंगाई गई। इस किताब में से एक अंश निकालकर प्रधानमंत्री श्रीमती गांधी ने वाजपेयी जी से कहा कि इस अंश का अर्थ आप समझाइये।

वाजपेयी ने कहा, "अगर इसका सच्चा अर्थ समझना है तो पूजनीय गुरुजी को निमंत्रण देकर यहां बुलाइए।" श्रीमती गांधी कहने लगीं, "इसका मतलब है कि जो अंश है, इसमें मतभेद है।" वाजपेयी ने कहा, "नहीं, मेरा कोई मतभेद नहीं है, लेकिन मैं पूरी व्याख्या नहीं कर सकता। थोड़ी-सी कमी रह जाएगी। इतने बड़े-बड़े नेता यहां बैठे हैं, कमी रहना ठीक नहीं है। उनको बुला लिया जाए।"

प्रधानमंत्री कहने लगीं कि उनको बुलाना तो जरा मुश्किल है। इसका अर्थ आप समझाइये। इसका अर्थ यही है न कि हिन्दुस्तान में मुसलमानों की जगह नहीं होगी। वाजपेयी ने कहा, "यह कहां लिखा है?"

श्रीमती गांधी ने कहा, "लिखा हुआ है कि मुसलमानों को राष्ट्र-जीवन की मुख्यधारा के साथ अपने को विलीन करना चाहिए।"

वाजपेयी ने कहा, "ठीक लिखा है।" श्रीमती गांधी ने कहा, "राष्ट्र-जीवन की मुख्यधारा कौन-सी है?" वाजपेयी ने कहा, "अगर यहीं मतभेद है, तो कोई भेंट उपयोगी नहीं होगी।"

1969 में इस बात की आशंका सामने आई थी कि गुरुजी को कैंसर हो सकता है, लेकिन उन्होंने उस पर ज़्यादा ध्यान नहीं दिया। फिर मई, 1970 में एक स्वास्थ्य जांच में कैंसर रोग की पुष्टि हुई। बम्बई में कैंसर रोग विशेषज्ञ डॉ. प्रफुल्ल देसाई ने जांच के बाद ऑपरेशन की सलाह दी तो गुरुजी ने कहा कि संघ के शिक्षा वर्गों के बाद देखेंगे। वर्ग प्रवास खत्म होने पर 29 जून को टाटा कैंसर अस्पताल में गुरुजी की जांच के बाद 30 जून को वार्ड में भर्ती किया गया और एक जुलाई को ऑपरेशन हुआ। गुरुजी की तबीयत को ध्यान में रखते हुए ही नागपुर में होने वाली अखिल भारतीय बैठक उस साल बम्बई में की गई। 10 से 12 जुलाई तक हुई बैठक की सारी जानकारी बालासाहब देवरस हर दिन गुरुजी को अस्पताल में जाकर देते।

उस दौरान दिल्ली में बैठी सरकार संघ को घेरने में लगी रही। संघ विरोध बढ़ रहा था। दिल्ली प्रशासन ने सार्वजनिक उद्यानों में आरएसएस की शाखा लगाने से मना कर दिया था। ख़बर थी कि संघ पर प्रतिबंध लगाने का बिल सरकार ला सकती है। प्रांत कार्यालयों में आयकर विभाग के नोटिस आने लगे कि गुरु दक्षिणा पर आयकर लगाया गया है। बैठक के आख़िरी दिन गुरुजी ने थोड़ी देर के लिए संबोधित किया। तीन सप्ताह अस्पताल में रहने के बाद गुरुजी 4 अगस्त को नागपुर लौट आए।

गुरुजी एक बार फिर बम्बई से जांच कराकर नागपुर लौटे। उस समय ख़बरें चल रही थीं 'सरसंघचालक मरणासन्न, उस पद के लिए संघ में खींचतान'। 8 और 9 अक्टूबर को विजयादशमी उत्सव था। सरदार पटेल के सचिव रहे वी. शंकर समारोह की अध्यक्षता कर रहे थे। गुरुजी ने उस दिन अपने भाषण के दौरान कहा कि सरसंघचालक मरणासन्न भले ही हो, लेकिन उत्तराधिकारी के लिए कोई खींचतान नहीं है। कोई स्वार्थ हो, तो खींचतान हो! सरसंघचालक बनने से संपत्ति मिलती, पैसा मिलता, बड़े महल बना सकते तो थोड़ी-बहुत खींचतान होती, लेकिन यहां तो कुछ मिलता ही नहीं। ऐसे कुप्रचार चलते रहेंगे, लेकिन संघ को सिर्फ़ उस पर विचार करना है जिससे राष्ट्र का भला होगा। उसके बाद वे फिर संघ प्रवास पर निकल गए।

संघ प्रवास के लिए देशभर के सफर पर रहते गुरुजी गोलवलकर आख़िरी बार कलकत्ता से 14 मार्च, 1973 को विमान से नागपुर पहुंचे थे। इसके बाद वे हेडगेवार भवन छोड़कर कहीं नहीं गए। 26 मार्च तक वो भवन के आंगन में मोहिते संघस्थान पर शाखा में भाग लेने आते थे। 22 से 25 मार्च तक नागपुर में ही अखिल भारतीय प्रतिनिधि सभा का सम्मेलन केंद्रीय कार्यालय में ही था। गुरुजी कार्रवाई

बैठकर सुनते रहते थे। आख़िरी दिन 25 मार्च को बालासाहब देवरस ने उनसे कुछ बोलने की प्रार्थना की। तबीयत ठीक नहीं लग रही थी। बीच-बीच में सांस फूल रही थी, लेकिन गुरुजी चालीस मिनट बोले।

गुरुजी बोले, "ठाणे की बैठक में जब पहले दिन मैंने कहा कि संघ कार्य बाक़ी सब लोगों को करना है। मेरा तो उसमें अब कोई साथ नहीं। तब कुछ प्रमुख कार्यकर्ताओं ने मेरे पास आकर कहा कि ऐसा नहीं कहना चाहिए। मैंने कहा कि सच बात कह दी। यह आदमी रहे या न रहे, इससे संगठन का कोई बड़ा नुक़सान होने वाला नहीं है। हम लोग संगठन करने के लिए निकले हैं।"

वे हिन्दू समाज और राष्ट्र पर भी बोले। आख़िर में कहा, "संघ शाखा के कार्यक्रम, उसकी आचार-पद्धति, स्वयंसेवकों का व्यवहार, स्वभाव आदि बातों पर ध्यान दें और एकाग्रचित्त से प्रयास करें। इतना करेंगे तो सब क्षेत्रों में विजय प्राप्त करेंगे। मैं इस समय इतना ही कहता हूं। अगली बार बोलने के लिए भगवान समय देते हैं या नहीं, कौन जाने?"

दूसरे दिन से गुरुजी का स्वयं स्नान करना भी कठिन हो गया। संघस्थान तक चलना मुश्किल हो गया। खाना-पीना भी कठिनाई से हो पा रहा था। नागपुर और विदर्भ प्रांत की परंपरा है कि वर्ष प्रतिपदा के उत्सव पर संघ अधिकारियों की घोषणा होती है। उसी दिन से अगले साल की अन्य गतिविधियां शुरू होती हैं। गुरुजी ने उस साल के आख़िरी दिन, यानी अमावस्या 2 अप्रैल को औपचारिक लेटरहेड पर अपना मनोगत लिखा। उसको एक लिफाफे में चिपकाकर, कार्यालय प्रमुख पांडुरंगपंत क्षीरसागर को दे दिया। कहा, "मेरा शरीर शांत होने पर इसको खोल दें।" क्षीरसागर जी के हाथ कांप रहे थे और हृदय में बेचैनी थी। उसी रात कांची के शंकराचार्य जयेन्द्रतीर्थ सरस्वती गुरुजी से मिलने पहुंचे और उन्हें आशीर्वचन कहे।

गुरुजी गोलवलकर पंचतत्व में विलीन

19 अप्रैल को गुरुजी गोलवलकर ने वसीयत लिखकर रामटेक का अपना पैतृक मकान 'भारतीय उत्कर्ष' को दान में दिया। 20 अप्रैल को अपने चचेरे भाई वासुदेव रामचंद्र गोलवलकर के पास अपनी पूजा वस्तुओं को भेज दिया। उनके पास सिर्फ़ दो चीज़ें रही थीं—एक जेबघड़ी, जिस पर पीछे स्वामी अखंडानंद का नाम था, और दूसरा अनिकेत का परिचायक, कमंडलु। गुरुजी के स्वास्थ्य में लगातार गिरावट आ रही थी। 1 जून को अमावस्या थी। उस दिन उन्होंने अपने पारायण ग्रंथ अच्छी तरह डोरी से बांधकर कपाट में रख दिए। उसके नीचे के खाने में साफ करके अपनी खड़ाऊं भी रख दी। 3 जून को राष्ट्र सेविका समिति की संस्थापिका मौसी लक्ष्मीबाई केलकर दर्शन के लिए आईं। स्वास्थ्य के बारे में पूछा तो जवाब मिला, "जाने की तैयारी पूरी हो गई।" मौसी अवाक! नमस्कार कर लौट गईं।

5 जून को सवेरे गुरुजी उठे, नित्यकर्म पूरे किए और आराम-कुर्सी पर बैठकर जाप करने लगे। रोजाना की तरह पौने छह बजे चाय ली। सात बजे स्नान करके

कमरे में साधना शुरू की। आठ बजे बाहर आए तो उनकी प्रतीक्षा में अटल बिहारी वाजपेयी और चार-पांच लोग बैठे हुए मिले। क़रीब आधे घंटे की बातचीत में गुरुजी थक चुके थे। सांस लेना मुश्किल हो रहा था। तुरंत प्राण-वायु देनी पड़ी। फिर थोड़ा-सा मट्ठा-भात खाने के बाद ढाई बजे तक विश्राम किया। शाम को भी मुश्किल से थोड़ी-सी चाय पी। शाम छह बजे के बाद सांस लेना मुश्किल हो गया। डॉ. मुकुंद राव शास्त्री और डॉ. भागवत बुलाए गए, लेकिन कुछ फायदा होता नहीं दिख रहा था। सवा सात बजे प्रार्थना थी, पर उन्हें मुश्किल हो रही थी। परिचारक कुर्सी लाए, कहा 'आप बैठकर यहीं प्रार्थना कीजिए'। प्रार्थना की, इसके बाद रोजाना की तरह चाय नहीं पी उस दिन। आबा जी किसी काम से नीचे गए। वहां बाबू राव चौथाईवाले और विष्णु मुठावली रुक गए। गुरुजी ने पानी मांगा। दो घूंट पीकर खड़े हुए। स्वच्छ होने के लिए स्नान-घर गए। लेकिन जड़वत हो गए। वहां मौजूद बाबूराव चौथाईवाले ने पकड़ा। दोनों ने उनको कमरे में लाकर, आराम-कुर्सी पर लिटाया। विष्णु ने दो-तीन बार आवाज़ दी—'गुरुजी...गुरुजी...' जवाब नहीं मिला, पर सांस चल रही थी। डॉक्टरों की टीम आयी। इंजेक्शन दिया गया, प्राणवायु दी, थोड़ा इंतज़ार किया पर कोई नतीजा नहीं। नब्ज़ धीमी होती गई और नौ बज कर पांच मिनट पर दीपक बुझ गया। आत्मा चरमधाम में लीन हो गई।

अगले दिन 6 जून को केंद्रीय कार्यकारी आपात बैठक में पांडुरंगपंत क्षीरसागर ने गुरुजी द्वारा दिया गया वह लिफाफा रख दिया। लिफाफा खुला तो उसमें एक नहीं, तीन पत्र थे। पहला पत्र बाबासाहब भिड़े ने पढ़ा। सर्व स्वयंसेवक बंधुओं को—'संघ कार्य अपने संविधान के अनुसार सुचारू रूप से चलेगा ही। उसी संविधान के अनुसार नूतन सरसंघचालक की योजना करने का प्रश्न है। अखिल भारतीय कार्यकारी मंडल के जिन सदस्यों से मैं विचार कर सका, उन सबका सारभूत निर्णय प्रकट कर रहा हूं कि मेरे शरीर के शांत होने के पश्चात सरसंघचालक पद का भार, सबके परिचित मधुकर दत्तात्रेय बालासाहब देवरस करेंगे।'

दूसरा पत्र नियुक्त सरसंघचालक बालासाहब देवरस ने पढ़ा, 'अपना कार्य राष्ट्रपूजक है, ध्येयपूजक है, व्यक्ति-पूजा का उसमें स्थान नहीं। संघ का ध्येय और उसका दर्शन करने वाले संघ निर्माता, इनके अतिरिक्त और किसी व्यक्ति का इस नाते से महत्व बढ़ाना, उसके स्मारक बनाना आवश्यक नहीं।' तीसरा पत्र भी बालासाहब ने पढ़ा। यह व्यक्तिपरक पत्र था। 'परम प्रिय आदरणीय स्वयंसेवक बंधुगण। 21 जून, 1940 को परम पूजनीय डॉ. हेडगेवार का शरीर शांत हो गया और उनकी इच्छा के अनुसार सरसंघचालक पद का गुरु भार मुझ पर आ पड़ा। मैं तो कुछ भी जानता नहीं था। सबने मार्गदर्शन किया। मैं इस भार को वहन करता आया। इतने समय में मेरे स्वभाव या दूसरी न्यूनताओं के, दोषों के कारण अपने अनेक कार्यकर्ताओं को मानसिक दुख हुआ होगा। मैं सबसे करबद्ध क्षमायाचना करता हूं।'

5

प्रणेता: बालासाहब देवरस

बात 1943 की है, पुणे के संघ शिक्षा वर्ग में गुरुजी गोलवलकर ने बालासाहब देवरस का परिचय कराते हुए कहा, "आप में से बहुत से स्वयंसेवकों ने डॉ. हेडगेवार जी को नहीं देखा होगा। बालासाहब को देखो तो आपको डॉ. हेडगेवार जी दिखेंगे।"

वरिष्ठ पत्रकार और लेखक रामबहादुर राय कहते हैं, "बालासाहब के जीवन को दो हिस्सों में देख सकते हैं। पहले हिस्से में वे डॉ. हेडगेवार और गुरुजी के सहयोगी हैं, उनके पूरक हैं। दूसरे हिस्से में खिले हुए कमल हैं। तप:पूत जीवन का भरा-पूरा व्यक्तित्व। उस रूप में उनकी एक अलग पहचान है। संघ विचार में ही उनका विकास हुआ है। संघ के बीज का अंकुरण उन्होंने देखा। उसके पौधा बनने और सुरक्षित रखने के निमित्त बने। बालासाहब की ख़ासियत यह है कि वह अपने से पहले के दो सरसंघचालकों से अलग संघ में ही पले-बढ़े और उसके सरसंघचालक की मंज़िल तक पहुंचे। हालांकि, उनके लिए वह मंज़िल जैसा कुछ था नहीं। वह पद तो उनके पास टहलते हुए आया। देवरस में वैचारिक लक्ष्य की एकता का भाव था। उनमें पद की लालसा नहीं थी। अगर ऐसा नहीं होता तो नेतृत्व के स्तर पर तकरार हो सकती थी। इससे संघ में अनुशासन की जो रीति बनी, उसके विधाता देवरस ही माने जाएंगे।"

नागपुर, जून 1973 में पद की ज़िम्मेदारी लेने के बाद आरएसएस के तीसरे सरसंघचालक बालासाहब देवरस ने स्वयंसेवकों को अपने पहले भाषण में कहा, "सरसंघचालक के नाते मैं तीन बातें स्वयंसेवकों के लिए कह रहा हूं। पहली बात, संघ के किसी भी कार्यक्रम में अब दो ही सरसंघचालकों की तस्वीर लगाई जाएगी। दूसरी बात, किसी भी तरह का कोई भी स्मारक मेरे नाम से नागपुर में नहीं बनेगा। और तीसरी बात, मुझे 'परम पूजनीय सरसंघचालक' कहना हो तो कहें, लेकिन 'परम पूजनीय बालासाहब देवरस' न कहें, जैसा कि परम पूजनीय गुरुजी के लिए कहा करते थे। परम पूजनीय उनके लिए तो शोभा देता है, मेरे लिए नहीं। मुझे 'माननीय बालासाहब देवरस' कहना पर्याप्त है।"

देवरस ने तब कहा था कि संघ अब 'एकचालुकानुवर्तित' के बजाय टीम भावना से काम करेगा। सरसंघचालक बनने के क़रीब एक महीने बाद नागपुर में संघ के स्वयंसेवकों की सभा में देवरस ने आगे का रास्ता स्पष्ट तौर पर अभिव्यक्त कर दिया था। इस बैठक में उन्होंने गोलवलकर के सनातन दर्शन के बजाय संघ के स्वयंसेवकों की ताक़त पर भरोसा जताया। उनका मानना था कि विचारधारा और विचारों से ज़्यादा बड़ी ताक़त संगठन के कार्यकर्ताओं और उनमें भरोसे की होती है।

देवरस ने सरसंघचालक बनने के बाद संघ को पूरी तरह अपने नियंत्रण में ले लिया। पहले दिन से ही विचारधारा में बदलाव किए बिना संघ के चरित्र और अनुशासन को बदलने का फ़ैसला कर लिया था। लेकिन देवरस के लिए रास्ता आसान नहीं था। इससे पहले तक आरएसएस में 'सरसंघचालक' की बात ही पत्थर की लकीर होती थी और वह परम पूजनीय और सवालों से परे होता था। उनसे पहले दोनों सरसंघचालकों ने अपनी मृत्युशैया पर अपने पद की ज़िम्मेदारी दूसरे को सौंपी, और उनके गुज़रने के बाद ही उनके उत्तराधिकारी ने पद ग्रहण किया। लेकिन बालासाहब ने ख़ुद के रहते हुए रज्जू भैया उर्फ़ प्रोफ़ेसर राजेन्द्र सिंह को सरसंघचालक बनाया। टीम भावना में उनके यक़ीन की यह बड़ी मिसाल थी। बालासाहब देवरस के दौरान इस बात पर कई बार बहस हुई कि आरएसएस और भारतीय जनता पार्टी के लिए विचारधारा बड़ी है या सत्ता की राजनीति। बालासाहब के व्यक्तित्व का केंद्र राजनीतिक था, लेकिन वह इस अर्थ में राजनीतिक नहीं थे कि ख़ुद सत्ता के लिए दावेदारी करते हों।

सही मायने में आज संघ की जो तस्वीर दिखाई देती है, उससे बंद दीवारों का संगठन माने जाने वाले संघ में खिड़कियों से खुली हवा आने का अहसास होता है। 'महाराष्ट्र के उच्चकोटि ब्राह्मणों' के संगठन से परे सबका संगठन होने का जो दावा किया जाता है, उसके बीज बालासाहब देवरस ने ही डाले। वर्ण व्यवस्था की तारीफ़ करते पदाधिकारियों से आरक्षण की व्यवस्था का समर्थन करने वाला जातिविहीन संघ। शक की निगाहों से ही सही, लेकिन मुसलमानों के लिए दरवाज़े खोलता संगठन। सामाजिक-सांस्कृतिक संगठन के औपचारिक दावे से निकलकर राजनीतिक ज़रूरतों पर सक्रिय भूमिका निभाने और बदलावों के लिए तैयार संघ। सब कुछ तो बालासाहब देवरस की पहचान है।

बचपन में 'कुश पथक' बालासाहब की सेना थी और वह सेनापति। संघ के शुरुआती दिनों में उन्होंने कांग्रेस के गढ़ को कार्यक्षेत्र चुना—पुराने नागपुर का हिस्सा, जहां शहर की आधी आबादी रहती थी। वहीं उनका पुश्तैनी घर भी था।

बालासाहब यानी मधुकर दत्तात्रेय देवरस का जन्म 11 दिसंबर, 1915 को नागपुर के एक देशस्थ ऋग्वेदी ब्राह्मण परिवार में हुआ। बालासाहब के पूर्वज आंध्र प्रदेश से आकर यहां बसे थे। उनके पिता दत्तात्रेय कृष्णराव देवरस जूनियर रेवेन्यू अफ़सर थे। बालाघाट में उनके पास थोड़ी-सी खेती की ज़मीन भी थी। ग्यारह लोगों के उस परिवार में मधुकर दत्तात्रेय देवरस नौ भाई-बहन थे। उनके तीन बड़े भाई—

दिवाकर मेडिसिन में, भास्कर पुलिस में और तीसरे दिनकर वकील थे। परिवार को उम्मीद थी कि बालासाहब सिविल सेवाओं में जाएंगे, आईसीएस बनेंगे। लेकिन वे बचपन में ही संघ की शाखा में जाने लगे और वहीं के होकर रह गए। 1926 में वह ग्यारह साल के रहे होंगे, जब उन्होंने बाल स्वयंसेवक के तौर पर शाखा में जाना शुरू किया। उनके साथ उनके छोटे भाई मुरलीधर उर्फ भाऊराव भी संघ में आ गए और एक ज़माने में संघ में उन दोनों को 'देवरस ब्रदर्स' के तौर पर जाना जाता था।

उनका मूलपद नाम 'देवराजू' था, जो बदलते-बदलते 'देवरस' हो गया। विनोबा भावे उनके लिए कहा करते थे कि 'सभी देवताओं का रस निकालकर जो तैयार हुआ है, वह देवरस है'। बालासाहब मेधावी छात्र थे। उन्होंने नागपुर के न्यू इंग्लिश स्कूल से 1931 में हाईस्कूल पास किया। फिर 1935 में मॉरिस कॉलेज से बी.ए. किया। संस्कृत और फिलॉसफी उनके पसंदीदा विषय रहे। 1937 में उन्होंने क़ानून की पढ़ाई तो पूरी कर ली, लेकिन वकालत कभी नहीं की। बालासाहब हॉकी और क्रिकेट के अच्छे खिलाड़ी थे। वे संघ से बहुत जल्दी संपर्क में आ गए, उसने उनकी दिशा बदल दी। फिर देवरस ने लौट कर नहीं देखा।

संघ से आजीवन जुड़े रहे प्रो. देवेन्द्र स्वरूप के मुताबिक़, बालासाहब को डॉ. हेडगेवार ने बड़े मनोयोग से गढ़ा नहीं होता तो वह या तो क्रांतिकारी होते या फिर आईसीएस। 1937 में बालासाहब नागपुर की इतवारी शाखा के कार्यवाह हो गए थे। इससे पहले भी वे तरुण शाखा का काम देखने लगे थे।

संघ में रहते हुए बालासाहब को मिलिट्री और जंग से जुड़ी फ़िल्में देखने और युद्ध साहित्य पढ़ने का बड़ा शौक था। नागपुर में सीतामर्डी में रीजेन्ट सिनेमा हॉल था और सदर इलाक़े में लिबर्टी सिनेमा हॉल था, वे अक्सर वहां अंग्रेज़ी वॉर फ़िल्में देखने जाते थे। दिन में दो-दो घंटे अख़बार पढ़ते थे। कहते थे कि अगर मैंने अख़बार ठीक से नहीं पढ़ा तो मैं ख़ुद को बीमार महसूस करता हूं। सरसंघचालक बनने के बाद किसी ने उनसे पूछा कि अगर आप आईएएस नहीं बनते और सरसंघचालक भी नहीं बनते तो क्या करते? उन्होंने जवाब दिया कि मैं मिलिट्री में जाता और आर्मी चीफ़ बन जाता।

संघ के वरिष्ठ नेता रहे दत्तोपंत ठेंगड़ी ने लिखा है कि बालासाहब का घर पुराने नागपुर में होने की वजह से उनके आस-पास के मकानों में ज़्यादातर दलित और पिछड़ी जातियों के लोग रहते थे। उस शाखा में भी दलितों की संख्या ज़्यादा थी। ठेंगड़ी ने उनके चरित्र के एक और पक्ष का ज़िक्र किया है, "पुराने नागपुर में डॉ. चोलकर ने दलित और पिछड़ी जाति के छात्रों के लिए एक अनाथालय शुरू किया। एक दिन डॉ. चोलकर ने डॉ. हेडगेवार से उस अनाथालय को चलाने के लिए एक कार्यकर्ता मांगा। डॉ. हेडगेवार ने उनके पास बालासाहब को भेज दिया। अपनी पढ़ाई और संघ कार्य के अलावा बालासाहब ने उस अनाथालय को दो साल तक संभाला, जिसकी प्रशंसा वहां के प्रबंधन ने की।"

बालासाहब उनके साथ शाखा में काम में हाथ बंटाते, उनके साथ खेलते और खाना खाते। उनके घर में सभी स्वयंसेवकों का आना-जाना होता था और वे उन्हें घर पर ही खाना खिलाते थे। उनकी माता जी को दलितों को साथ में खाना खिलाना पसंद नहीं था, लेकिन बालासाहब ने ज़ोर देकर कहा कि उनके साथी स्वयंसेवक वहीं खाना खाएंगे, उन्हीं बर्तनों में खाएंगे और उन बर्तनों को धोकर अलग नहीं रखा जाएगा। उस ज़माने में यह सोचना भी मुश्किल काम था, लेकिन थोड़े दिनों बाद मां सबको प्यार से, और साथ में, भोजन कराने लगीं।

1937 में गोलवलकर स्वामी अखंडानंद के सारगाछी आश्रम से लौटे और संघ से जुड़े। उसी साल पहला संघ शिक्षा वर्ग पुणे में हुआ, जिसमें बालासाहब मुख्य शिक्षक थे। 1939 में हुई संघ की महत्वपूर्ण सिंदी बैठक में बालासाहब मौजूद थे। उसके बाद उन्हें गोलवलकर के साथ सहायक के तौर पर कलकत्ता भेजा गया। वहां संघ का काम शुरू किया जाना था।

दूसरे विश्वयुद्ध के बाद भारत में भी राजनीतिक उथल-पुथल का दौर था। उस वक़्त मुस्लिम लीग ने लाहौर प्रस्ताव में मुस्लिम बहुल इलाक़ों के लिए अलग मुल्क बनाने की मांग की थी। इसी दौरान आरएसएस में भी गोलवलकर और बालासाहब देवरस के बीच मतभेदों को लेकर चर्चा होने लगी थी। इसकी एक वजह शायद यह भी थी कि जब गोलवलकर संघ में आए, तब तक देवरस की गिनती संघ के वरिष्ठ अधिकारियों में ही नहीं होने लगी थी, बल्कि उन्हें अगले सरसंघचालक के तौर पर देखा जाने लगा था। डॉ. हेडगेवार का देवरस को लेकर स्नेह भी कुछ ज़्यादा ही था।

देवरस की नाराज़गी उस वक़्त ज़्यादा साफ दिखाई दी, जब गुरुजी ने सरसंघचालक बनने के बाद पहली बैठक बुलाई तो वे उससे दूर रहे। गुरुजी ने उन्हें बुलवाया तो देवरस ने कहा कि वे स्वयंसेवकों के लिए भोजन की व्यवस्था देख रहे हैं। लोगों को लगता था कि देवरस ही सरसंघचालक बनेंगे क्योंकि वे शुरुआती दौर से संघ में महत्वपूर्ण भूमिका निभाने लगे थे। लेकिन जब गोलवलकर को सरकार्यवाह बनाने के बाद हेडगेवार ने देवरस को कलकत्ता जाने का निर्देश दिया तब लगा कि अब हेडगेवार के दिमाग में गोलवलकर को उत्तरदायित्व सौंपने की बात चल रही है। बताया जाता है कि देवरस को बंगाल भेजने से पहले डॉ. हेडगेवार ने देवरस और गोलवलकर को बुलाया और कहा कि हालांकि वे देवरस को सरसंघचालक बनाना चाहते थे, लेकिन अभी वे इतने परिपक्व नहीं हुए हैं। हेडगेवार ने गोलवलकर को कहा कि उनके बाद बालासाहब ही सरसंघचालक बनाए जाएं। तब गोलवलकर ने यह ज़िम्मेदारी स्वीकार की।

गोलवलकर और देवरस के रिश्तों में विवादों को लेकर अक्सर चर्चा होती रहती है। लेकिन उन दोनों के बीच असल में कैसे संबंध थे, इस बारे में आरएसएस पर लंबे समय से काम करने वाले डॉ. श्रीरंग गोडबोले कहते हैं, "दिसंबर, 1946 में नागपुर के पास बरदावरी में विदर्भ प्रांत के 1300 स्वयंसेवकों के शिविर का समापन समारोह था। इसमें गुरुजी ने कहा कि बालासाहब, जिनकी वजह से लोग

सरसंघचालक के रूप में मुझे सम्मान देते हैं और जिनके अथक प्रयत्नों और मार्गदर्शन से यह शिविर इतना सफल रहा है, अब समापन भाषण करेंगे।"

देवरस ने अपने जीवनकाल में संघ के जीवनकाल की भी कई बड़ी राष्ट्रीय घटनाएं देखीं। आज़ादी आंदोलन, बिहार आंदोलन, इमरजेंसी, जनता पार्टी की जीत, भाजपा का गठन, ऑपरेशन ब्लूस्टार, राम जन्मभूमि आंदोलन और बाबरी मस्जिद के विध्वंस के न केवल गवाह रहे, बल्कि इन घटनाओं में उनका अहम योगदान भी रहा। कुछ लोग मानते हैं कि उनकी इन घटनाओं में विवादास्पद भूमिका भी रही और इस पर उनकी आलोचना भी हुई। लेकिन इसमें कोई संदेह नहीं कि अगर आरएसएस को नागपुर के मोहिते के बाड़े से निकालकर पूरे भारत में मज़बूती देने का श्रेय किसी को दिया जा सकता है तो वह नाम सिर्फ़ बालासाहब देवरस है।

समरसता के पैरोकार: देवरस

आरएसएस के राष्ट्रीय सम्पर्क प्रमुख रहे अविनाश देशपांडे मानते हैं कि संघ के तीसरे प्रमुख सरसंघचालक बालासाहब देवरस के व्यक्तित्व में सामाजिक दृष्टिकोण अधिक था। देवरस ने सामाजिक कुरीतियों और सामाजिक विषमता के ख़िलाफ़ प्रभावी रूप से स्टैंड लिया। देवरस के कालखंड में ही आपातकाल रहा और उस संकट से उबरने का ज़िम्मा भी उन पर ही आया। जनता पार्टी के पीछे उन्होंने अपने संगठन की ताक़त लगा दी। देवरस जनता पार्टी में शामिल होने पर ज़ोर देते हुए कहते थे कि यदि अभी सब लोग साथ नहीं हुए तो फिर जेल जाना पड़ेगा। यह सिर्फ़ पेरोल भर है।

एक बार शंकराचार्यों और धर्माचार्यों के बीच उन्होंने कहा कि मनुष्य में कोई भी दलित नहीं हो सकता। उनके सम्पर्क में सामाजिक विषमता के विरोध में आंदोलन करने वाले साथ आए।

सामाजिक समरसता के प्रति उनके समर्पण की एक और मिसाल मिलती है। वसंत व्याख्यानमाला, पुणे के महत्वपूर्ण कार्यक्रमों में से एक है, जिसमें हर साल देशभर के विद्वान, राजनेता और अलग-अलग क्षेत्र के विशेषज्ञ हिस्सा लेते हैं। हर बार अलग विषय पर व्याख्यान होता है। 1875 में बाल गंगाधर तिलक के साथ जस्टिस एम. जी. रानाडे ने इसकी शुरुआत की। क़रीब सौ साल बाद 1974 में सरसंघचालक बालासाहब देवरस का इस कार्यक्रम में व्याख्यान था। विषय था 'सामाजिक बराबरी और हिन्दू एकता'।

देशभर के विद्वानों और सामाजिक क्षेत्र में लगे लोगों की निगाहें इस व्याख्यान पर थीं। 8 मई, 1974 को हुए इस कार्यक्रम की शुरुआत देवरस ने इस बात से ही की कि उन्होंने यह विषय क्यों चुना? देवरस ने कहा कि देश की बेहतरी और कल्याण के लिए हिन्दू एकता ज़रूरी है, लेकिन इसमें सबसे महत्वपूर्ण है सामाजिक बराबरी का मसला, जो आज सामयिक भी है और नाज़ुक भी। देवरस ने ज़ोर देकर कहा, "मैं समझता हूं कि इस पर बात करने की ज़रूरत है। मैं इस विषय का विद्वान

या विचारक होने का दावा नहीं करता, लेकिन मैं अपने लोगों के बीच मिलता-जुलता हूं। उससे लोगों की भावनाओं और उनकी सोच का थोड़ा अनुभव मुझे है।"

बालासाहब ने पहला सवाल किया, "हिन्दू कौन है? बहुत से लोगों ने इस पर अपनी-अपनी बात की, लेकिन बालासाहब ने कहा कि इनमें से कोई भी पूरी परिभाषा नहीं है। या तो कोई बहुत छोटी या अधूरी है या किसी ने कुछ ज़्यादा ही विस्तार उसे दे दिया है।" उन्होंने हिन्दू कोड बिल का ज़िक्र करते हुए कहा, "1956 में लागू हुआ यह क़ानून मुसलमानों, ईसाइयों और यहूदियों के अलावा हिन्दुस्तान में रहनेवाले सभी लोगों पर लागू होता है। इस क़ानून से जिन लोगों के निजी मसले तय होते हैं, वे सब हिन्दू हैं। इनमें सनातनी, लिंगायत, आर्यसमाजी, जैन, सिख, बौद्ध और इसके अलावा भी बहुत से समुदाय शामिल हैं। हम उन सब लोगों को एक साथ लाना चाहते हैं, उनमें एकता का भाव लाना चाहते हैं और इसका मतलब कोई संगठन बनाने भर से नहीं है। न ही यह कोई आसान काम है।"

इसके बाद बालासाहब के तेवर थोड़े कड़े हो गए। उन्होंने कहा, "संघ परिवार अपने धर्म और संस्कृति पर गौरव करता है, लेकिन जातियों में बंटे इस समाज की समस्या इससे हल नहीं होगी। यह समझना चाहिए कि हम जो मानते हैं वही सब ठीक नहीं है और पुराना है इसलिए अच्छा है, यह सोचना भी ग़लत है। हमेशा ही 'ओल्ड इज गोल्ड' नहीं होता।" उन्होंने जातियों के आधार पर समाज को बांटने की आदत को ख़त्म करने पर ज़ोर दिया और कहा कि हिन्दू समाज में बड़े सुधार की ज़रूरत है।

बालासाहब ने अपने पूरे व्याख्यान में जाति व्यवस्था को ख़त्म करने पर ज़ोर दिया। बालासाहब ने इसके लिए अंतरजातीय विवाहों पर ज़ोर देने की बात करते हुए कहा, "हमें रोटी-बेटी व्यवहार की व्यवस्था को आगे बढ़ाना चाहिए।" दिल्ली में सितंबर, 2018 में हुई व्याख्यानमाला में मौजूदा सरसंघचालक मोहन भागवत ने भी इस रोटी-बेटी व्यवहार की वकालत की। बात यहां पर ख़त्म नहीं हो गई। इसके बाद हुए संघ शिक्षा वर्ग में और फिर अखिल भारतीय प्रतिनिधि सभा में इस पर चर्चा हुई। साथ ही आरक्षण के मुद्दे पर भी चर्चा हुई। इसी दौरान जब यह बात आई कि कई दलित नेता सवर्णों और दूसरे लोगों के लिए अपमानजनक भाषा का इस्तेमाल करते हैं तो बालासाहब ने चर्चा के बीच में दख़ल देते हुए कहा कि सदियों तक यदि सवर्णों के साथ भी इस तरह का बर्ताव होता तो उनकी ज़ुबान भी ऐसी ही होती। उन्होंने फिर जाति-व्यवस्था ख़त्म करने पर ज़ोर दिया।

दिलचस्प है कि इससे पहले सरसंघचालक गोलवलकर ने मराठी समाचार पत्र 'नवकाल' को दिए एक इंटरव्यू में हिन्दू वर्ण-व्यवस्था को सही ठहराया था और मनुस्मृति की प्रशंसा की थी। हालांकि दिलीप देवधर कहते हैं कि गुरुजी ने चातुर्वर्ण्य की बात कभी नहीं की। 1972 के एक इंटरव्यू में उनकी प्रतिक्रिया यह रही थी कि यह भारत की प्राचीन पद्धति है, लेकिन इसमें काफी बदलाव हुए हैं। वैसे भी महाराष्ट्र में मराठा बनाम ब्राह्मण, यानी शिवाजी बनाम पेशवा और बाजीराव-

देशपांडे के बीच यह विवाद चलता रहा। देशपांडे उत्तर भारतीयों में कायस्थ की तरह माने जाते हैं। फिर वहां पेशवा यानी ब्राह्मण ताक़तवर होते गए और भोंसले कमज़ोर होते गए। अंग्रेज़ों के समय संघर्ष बढ़ गया। तिलक उस समय तक सबसे बड़े नेताओं में से एक थे। फिर 1942 में मराठा समुदाय सक्रिय हुआ। विनोबा भावे और गांधी तक चातुर्वर्ण्य चलता रहा।

चातुर्वर्ण्य के विषय पर गुरुजी गोलवलकर के इंटरव्यू के क़रीब तीन साल बाद वरिष्ठ पत्रकार दिनकर विनायक गोखले ने डॉ. हेडगेवार भवन में बालासाहब का इंटरव्यू किया। यह इंटरव्यू अगस्त, 1973 के किर्लोस्कर मासिक में प्रकाशित हुआ था। सवाल था कि क्या सचमुच वर्ण व्यवस्था पर संघ का अलग नज़रिया है? बालासाहब ने इसके जवाब में कहा, "गुरुजी ने चातुर्वर्ण्य पर भाष्य किया, लेकिन हरेक की विषय प्रस्तुति की अलग पद्धति होती है। गुरुजी को हमारे प्राचीन साहित्य और धर्म का गहरा अध्ययन था। इसलिए वे प्राचीन काल के उदाहरण देते थे। मैं जर्मनी, इस्राइल और इंडोनेशिया के उदाहरण दूंगा। गुरुजी इस तरह से अपनी बातें कहते थे ताकि पुरानी परंपरा की शुभ और कल्याणकारी बातें टिकी रहें। लेकिन आज की व्यवस्था को वे समाज व्यवस्था न कहकर अव्यवस्था कहते थे।"

लेकिन चातुर्वर्ण्य के बारे में संघ का नज़रिया क्या है? बालासाहब ने कहा, "बिल्कुल स्पष्ट लिखिए कि संघ को किसी भी रूप में चातुर्वर्ण्य व्यवस्था मंज़ूर नहीं है। वर्ण-व्यवस्था से सबसे बड़ी समस्या हुई है छूआछूत और सामाजिक विषमता की। इस बात को सभी ने माना है कि संघ में छूआछूत और जात-पात नाम की चीज़ नहीं है। संघ के कार्यक्रमों में स्पृश्य और अस्पृश्य का भेद नहीं रहता। लेकिन यह ध्यान में रखिए, यह दो-चार हज़ार साल पुरानी समस्या है। केवल आक्रोश प्रकट करने और कोई स्टंट करने से वह हल नहीं होगी। मेरी मान्यता है कि अस्पृश्य बस्तियों में संघ की शाखाएं बढ़ें तो स्वाभाविक रूप से अस्पृश्यता खत्म होगी।"

वसंत व्याख्यानमाला के सालाना कार्यक्रम में देवरस ने चातुर्वर्ण्य को लेकर कहा, "यह हिन्दू समाज पर कलंक है। इसे हटाना चाहिए।" इसके बाद नागपुर में प्रमुख लोगों की एक बैठक हो रही थी। इसमें भी आरक्षण पर चर्चा हो रही थी। वहां महाराष्ट्र कांग्रेस में उस वक़्त ब्राह्मणों का बहुमत और असर था। चर्चा हुई कि रिज़र्वेशन हमेशा के लिए नहीं होना चाहिए। बैठक में देवरस चुपचाप सुन रहे थे। किसी ने कहा कि आपको इस विषय पर मार्गदर्शन करना होगा। तब देवरस बोले, "तुम लोग पढ़े-लिखे हो, तुम समझ नहीं सकते हो कि यह आर्थिक मामला नहीं है? तुमने कभी सोचा नहीं कि आंबेडकर को क्या-क्या चीज़ों का सामना करना पड़ा होगा। उनकी जगह ख़ुद को रखकर देखें।" लेकिन फिर सवाल आया कि कितने साल रिज़र्वेशन चलना चाहिए, कब ख़त्म हो? इस पर देवरस ने कहा, "एक बात समझिए कि रिज़र्वेशन से भले ही फ़ायदा होता हो, लेकिन किसी को भी ख़ुद को बैकवर्ड बोलने में शर्म आती है। मैं समझता हूं कि इस देश में जब तक एक भी

आदमी ख़ुद को बैकवर्ड कहे, तब तक रिज़र्वेशन चलना चाहिए।" बालासाहब के सरसंघचालक रहने के बाईस साल के दौरान संघ ने इस पर कभी फिर चर्चा नहीं की। देवरस के कार्यकाल के दौरान ख़ासतौर से महाराष्ट्र में संघ और जनसंघ दोनों में ग़ैर-ब्राह्मण लीडरशिप तैयार हो गई। लेकिन यह भी सच है कि संघ के नेतृत्व में बहुत ही कम लोग होंगे जो दलित या पिछड़े वर्ग से हों, उसमें सवर्णों का ही प्रतिनिधित्व है और सरसंघचालक स्तर पर तो रज्जू भैया के अलावा सभी ब्राह्मण रहे—डॉ. हेडगेवार से लेकर डॉ. मोहन भागवत तक।

देवरस का मानना था कि अगर हिन्दू समाज को ताक़तवर बनाना है तो उसके दोषों को दूर करना होगा। वरिष्ठ पत्रकार राम बहादुर राय कहते हैं, "आज़ादी के बाद बालासाहब देवरस और उस समय के सरसंघचालक गुरुजी गोलवलकर के सोचने की दिशा दूसरी थी। साल भर बाद ही उन दोनों के बीच दृष्टिकोण का ज़बरदस्त फ़र्क सामने आया। आज़ादी के बाद संघ को क्या करना चाहिए, इस विषय पर गुरुजी और देवरस जी के बीच गहरे मतभेद थे। लेकिन गांधी हत्या के बाद 1948 में जब संघ पर पहली बार प्रतिबंध लगा तो गोलवलकर की गिरफ़्तारी के बाद संघ के नेतृत्व की ज़िम्मेदारी भैयाजी दाणी के साथ बालासाहब देवरस ने उठाई थी।"

उस दौरान गोलवलकर सरसंघचालक थे, लेकिन 1953-60 तक देवरस पदमुक्त थे। वह संघ में नहीं रहे। कहा जाता है कि देवरस तब गोलवलकर की बात नहीं मानते थे। लेकिन बाद में वे फिर संघ में शामिल हो गए और संघप्रमुख भी बने। देवधर के मुताबिक़, इससे यह साबित होता है कि संघ में व्यक्तिविरोध नहीं है, वरना गोलवलकर उन्हें वापस लेते ही नहीं। संघ में सिर्फ़ संस्था के हित की बात होती है।

बसंत राव ओक संघ में दिल्ली और उत्तर भारत के मुखिया माने जाते थे। ओक सरदार पटेल के मित्र थे। पटेल उस वक़्त रिफ्यूजी मामलों के मंत्री थे। शरणार्थियों के कैम्प चलाने का काम तब संघ करता था। बसंत राव ओक और बालासाहब देवरस, सरदार पटेल के साथ मिलकर राजनीतिक पार्टी बनाना चाहते थे। हालांकि भाजपा के राज्यसभा सदस्य रहे डॉ. महेश शर्मा मानते हैं कि सिर्फ़ ओक ही पटेल के साथ पार्टी बनाने की बात कर रहे थे, देवरस इसमें शामिल नहीं थे।

फ़रवरी, 1967 में हुए आम चुनावों में जनसंघ ने अब तक की सबसे ज़्यादा पैंतीस सीटों पर जीत हासिल की थी। साथ ही राज्यों की विधानसभाओं में भी उसके 250 से ज़्यादा विधायक चुनकर आए थे। बालासाहब देवरस का दीनदयाल उपाध्याय को जनसंघ का अध्यक्ष बनाने का फ़ैसला सही साबित हुआ। इसके साथ ही पार्टी ने उत्तर प्रदेश, राजस्थान और मध्य प्रदेश में साझा सरकारों में शामिल होने का फ़ैसला किया। बालासाहब और दीनदयाल उपाध्याय इस फ़ैसले को अस्थायी व्यवस्था के तौर पर देख रहे थे, लेकिन वाजपेयी जैसे नेता इस राजनीतिक सफलता से बेहद खुश थे।

वैसे संविद सरकारों का यह प्रयोग ज़्यादा नहीं चल पाया। बालासाहब सारे राजनीतिक घटनाक्रम पर नज़र रखे हुए थे। वे भविष्य को देख रहे थे। इसके लिए उन्होंने जनसंघ के महासचिव नानाजी देशमुख को जयप्रकाश नारायण के साथ चलने के निर्देश दिए थे। जेपी कुछ शर्तों के साथ तैयार हो गए। फिर बहुत-सी कमेटियों में संघ के सदस्यों को शामिल कर लिया गया। उस वक़्त बालासाहब उन लोगों से मेल-मिलाप करने की कोशिश में लगे रहे, जो आरएसएस के आलोचक माने जाते थे। उनमें से एक बड़े नेता थे, विनोबा भावे। बालासाहब उनसे मिलने उनके आश्रम पवनार पहुंचे। इस मुलाक़ात के बाद विनोबा भावे ने कहा, "मैं संघ का अनऑफिशियल मेम्बर हूं।"

बालासाहब को सरसंघचालक बनाने का निर्णय

तमाम मतभेदों की चर्चाओं के बावजूद गोलवलकर ने बालासाहब को सरसंघचालक बनाने का निर्णय पहले कर लिया था। 5 जून, 1973 को गुरुजी के निधन के बाद उनका पत्र खोला गया जिसमें बालासाहब को सरसंघचालक बनाए जाने की सूचना थी। बालासाहब को इसका आभास भी नहीं था। उन्हें भी इसकी जानकारी 6 जून को उस चिट्ठी के खोले जाने के बाद ही मिली। वैसे गुरुजी ने इस बारे में पहले प्रांत संचालकों से चर्चा की थी। 58 साल की उम्र में जब बालासाहब को सरसंघचालक पद की ज़िम्मेदारी मिली, तब उन्हें संघ में शामिल हुए अरसा गुज़र गया था।

वैसे तब संघ के बड़े नेता दत्तोपंत ठेंगड़ी को लग रहा था कि गुरुजी उन्हें सरसंघचालक बनाएंगे। देवरस के सरसंघचालक बनने से उन्हें थोड़ी नाराज़गी हुई। उस वक़्त गुरुजी ने देवरस के छोटे भाई भाऊराव देवरस को यूपी की ज़िम्मेदारी देकर भेजा और आदेश दिया कि तुम्हें वहां नेहरू परिवार को हटाकर संघ खड़ा कर देना है।

इससे पहले 1971 में पाकिस्तान युद्ध के बाद बांग्लादेश बनने से प्रधानमंत्री इंदिरा गांधी की लोकप्रियता बहुत बढ़ चुकी थी। उसी साल मार्च में आम चुनावों में उन्हें शानदार बहुमत मिला था। लेकिन साथ ही केंद्र की सरकार के ख़िलाफ़ भ्रष्टाचार के मामलों और महंगाई को लेकर देशभर में नाराज़गी बढ़ने लगी थी।

देवरस ने इस राजनीतिक अवसर को समझते हुए जनसंघ के नेताओं को निर्देश दिए कि वे सरकार के ख़िलाफ़ नाराज़गी को राजनीतिक प्रदर्शनों में बदल दें और जन समर्थन के साथ देश भर में इसकी तैयारी करें। 1973 की फ़रवरी में कानपुर में हुए जनसंघ के अधिवेशन में पार्टी के अध्यक्ष लालकृष्ण आडवाणी ने इसका पूरा खाका तैयार कर लिया था। यह पहला मौक़ा रहा होगा जब आरएसएस अपने राजनीतिक सहयोगी जनसंघ के साथ मिलकर इस तरह काम करने के लिए जुट गया था। देवरस ने इंदिरा गांधी के ख़िलाफ़ नाराज़गी को गुस्से के तौर पर सामने लाने की हर मुमकिन कोशिश की और देखते-देखते ही इंदिरा गांधी के ख़िलाफ़ आवाज़ें सुनाई देने लगीं।

1942 के भारत छोड़ो आंदोलन में बालासाहब शामिल होना चाहते थे, लेकिन गुरुजी ने इजाज़त नहीं दी। हालांकि, इस दौरान बालासाहब और जयप्रकाश नारायण के बीच अच्छी दोस्ती हो गई थी। लेकिन 1948 में गांधी की हत्या के बाद जेपी उन नेताओं में से थे, जिन्होंने गांधी हत्या में संघ को शामिल मानकर संघ कार्यालयों पर प्रदर्शन किया था। जेपी ने दिल्ली में ऑर्गेनाइज़र के दफ़्तर के बाहर भी प्रदर्शन किया था। 1966-67 में बिहार में अकाल के दौरान संघ के स्वयंसेवकों के काम और मदद से जेपी बहुत प्रभावित हुए थे। 1973 में जब बालासाहब सरसंघचालक हो गए और जयप्रकाश नारायण, इंदिरा गांधी सरकार के ख़िलाफ़ आंदोलन चला रहे थे, तब देवरस ने नानाजी देशमुख को बुलाकर कहा कि तुम जेपी से मिलो और बताओ कि मैं तो सरसंघचालक होने की वजह से आंदोलन में उनके साथ नहीं आ सकता, लेकिन आप हमारे नेता हैं और संघ आपके पीछे रहेगा, एक शर्त के साथ कि आपको सार्वजनिक तौर पर मानना पड़ेगा कि आपमें और संघ में कोई भेद नहीं है। देवरस ने नानाजी के ज़रिए संदेश भिजवाया कि मैं आपके साथ लक्ष्मण की तरह रहूंगा, आपकी आज्ञा का पालन करूंगा। फिर जेपी और आरएसएस एकात्म हो गए।

इसी दौरान की एक घटना का ज़िक्र गोविन्दाचार्य करते हैं कि कैसे बालासाहब की वजह से वे बच गए, वरना संघ के बहुत से लोगों ने उन्हें अपने निशाने पर ले लिया था। गोविन्दाचार्य उस वक़्त बिहार में संघ के विभाग प्रचारक थे। 1974 में बिहार में जेपी का राजनीतिक आंदोलन चल रहा था। संघ में किसी विभाग प्रचारक से यह उम्मीद नहीं की जाती कि वह किसी राजनीतिक आंदोलन में सक्रिय भूमिका निभाएगा। गोविन्दाचार्य आंदोलन में सक्रिय थे, तो इससे नाराज़ संघ के लोग उन्हें सज़ा देने की तैयारी कर चुके थे। उसी दौरान बालासाहब पटना आए और उन्होंने वहां बयान दिया कि बिहार आंदोलन को केवल क़ानून-व्यवस्था का प्रश्न समझना उचित नहीं है। इसमें सत्य और अन्याय का पक्ष भी है। गोविन्दाचार्य को सलाह दी गई कि वे अपना पक्ष बालासाहब के सामने रखें। गोविन्दाचार्य भी मिलना चाहते थे, पर उस समय उनकी गिरफ़्तारी का डर था, तो वे मिल नहीं सके। फिर एक दिन उन्हें नागपुर बुलाया गया। उस बैठक में संघ के बहुत से बड़े नेता मौजूद थे। गोविन्दाचार्य कहते हैं, "वहां पहुंचकर मुझे लगा कि कटघरे में खड़ा हूं। बहुत से मत थे और ज़्यादातर मेरे ख़िलाफ़। लेकिन बालासाहब ने शुरू से पूरी बात बताने को प्रोत्साहित किया। क़रीब दो घंटे गोविन्दाचार्य ने बिहार आंदोलन में संघ की भूमिका के मुद्दे पर बात की। गोविन्दाचार्य की बात पूरी होने पर बालासाहब ने कहा, "बिना तैयारी के अखाड़े में उतर पड़े हो। इससे संकट आएगा। लेकिन घबराने की ज़रूरत नहीं है। रास्ता निकालेंगे।" गोविन्दाचार्य ने ये भी दलील दी कि यह आंदोलन परिवर्तन के लिए है। इसमें संघ एक संगठन के तौर पर शामिल नहीं है।

बालासाहब ने गोविन्दाचार्य से बैठक के बाद रुकने के लिए कहा। अलग से बातचीत में बालासाहब ने पूछा, "इस आंदोलन से क्या निकालना चाहते हो?" गोविन्दाचार्य अपनी चमकती आंखों से बताते हैं कि उस वक़्त तो जवानी का जोश भी था, सो कहा कि हम व्यवस्था परिवर्तन चाहते हैं। इस आंदोलन में संभावनाएं हैं। बालासाहब ने कहा, "देखो, इतना कुछ तो हो नहीं पाएगा। अगर इससे भ्रष्टाचार पर सामाजिक रोक लग पाए और सरकार में बैठे लोग इसके दबाव में ख़ुद को सुधारने का प्रयास करें तो इतना ही काफी होगा।"

बालासाहब बिहार आंदोलन को सामाजिक परिवर्तन के लिए एक अवसर समझ रहे थे, इसलिए संघ के जो स्वयंसेवक इस आंदोलन में शामिल हुए, उनका हौसला उन्होंने बढ़ाया। दिल्ली में बालासाहब और जेपी की मुलाक़ात भी हुई। इसके बाद 1 दिसंबर, 1974 को बालासाहब ने दिल्ली में एक बयान दिया कि "जयप्रकाश नारायण एक संत हैं जो हमारे समाज को बुरे और कठिन दौर से निकालने के लिए आगे आए हैं।" दिल्ली से पटना लौटने के बाद जेपी ने कहा, "मैं बालासाहब देवरस से बहुत प्रभावित हूं।"

कुछ समय बाद देवरस ने नागपुर में 'युगधर्म' हिन्दी अख़बार के सम्पादक मनोहर अंधारे और 'तरुण भारत' के मामा भोमरे को बिहार भेजा था। उन्हें कहा गया कि तुम लोग बिहार में संघ, संघ कार्यालयों और कार्यकर्ताओं का क्या हाल है, उस पर एक ग्राउंड रिपोर्ट बनाकर लाओ। दोनों लोगों ने बिहार घूमकर देवरस को आंखों-देखा हाल सुनाया और कहा कि बिहार में तो संघ का बुरा हाल है। शाखा कार्यालय दिखता नहीं, कार्यकर्ता जेपी आंदोलन के साथ जुड़ गए हैं। वे लोग जेपी के सैनिकों या जेपी भक्त की तरह काम कर रहे हैं। यह सुनकर देवरस हंसने लगे। तो उन्होंने देवरस को कहा कि हम संघ का हाल देखकर चिंतित हैं और आप आनंदित हो रहे हैं? इस पर देवरस ने कहा कि यह तो आपको हेडगेवार का संघ ज़िंदा दिखा। जेपी आंदोलन संघ का हिस्सा है। लेकिन संघ में बहुत से लोग इसके ख़िलाफ़ थे, कई नेता और संघ का डर बोलने लगा कि जेपी आंदोलन संघ के विपरीत है। इस पर ज्यादा भ्रम न बढ़े, इसके लिए देवरस ने सरसंघचालक के तौर पर जेपी का स्वागत किया और इंदिरा गांधी की आलोचना की। इसी सिलसिले में दिल्ली के रामलीला मैदान में एक रैली को देवरस ने संबोधित किया और सरकार की नीतियों और देश के हालात पर खुलकर बोले। आमतौर पर संघ के सरसंघचालक इस तरह के राजनीतिक भाषण नहीं देते हैं।

बिहार आंदोलन से प्रधानमंत्री इंदिरा गांधी घबरा गई थीं, ख़ासतौर से आरएसएस और जेपी के मेलजोल से। माना जाता है कि वह इलाहाबाद हाईकोर्ट में मुकदमा न भी हारतीं तो भी संघ पर पाबंदी लगाने की सोचने लगी थीं। इसका अंदाज़ा बालासाहब को भी हो गया था। देवरस ने शायद इसीलिए 16 जून, 1975 को रोहतक के संघ शिक्षा वर्ग में कहा, "जुलाई, 1949 में संघ से प्रतिबंध उठने के बाद से ही फिर से प्रतिबंध लगाए जाने की चर्चाएं शुरू हो गई थीं। वह अब भी चल

रही हैं। प्रारंभ में हमने इसे गंभीरता से नहीं लिया था, लेकिन बीते जनवरी-फ़रवरी में मैंने वक्तव्य दिया। मैंने कहा कि संघ के हज़ार-दो हज़ार स्वयंसेवकों को कारागृह में बंदी बना लेने से संघ को समाप्त नहीं किया जा सकता। हम अपना काम यह सोचकर नहीं करते कि संघ पर प्रतिबंध लगेगा या नहीं। हम संघ कार्य एक संकल्प और दृढ़निश्चय से चला रहे हैं। प्रतिबंध अगर लगा तो उसे भी हम एक अवसर में बदल देंगे।"

बालासाहब की आशंका सही साबित हुई। देश में 25-26 जून की दरमियानी रात इमरजेंसी लगा दी गई। जेपी, वाजपेयी, आडवाणी समेत तमाम विपक्षी नेता गिरफ़्तार कर लिए गए। बालासाहब भी जब 30 जून को नागपुर पहुंचे तो उन्हें गिरफ़्तार कर लिया गया और वहां से पुणे लाकर यरवदा जेल में बंदी रखा गया। 4 जुलाई को संघ समेत सताईस संगठनों पर सरकार ने पाबंदी लगा दी। बालासाहब ने इस पाबंदी को एक अवसर ही माना। जेल से ही उन्होंने संदेश दिया कि जो पहले हासिल नहीं किया जा सका, उसका अवसर आ गया है। देवरस बार-बार कहते रहे कि जीत हमारी होगी, सिर्फ़ धैर्य रखना है, साहसपूर्वक परिस्थितियों का सामना करना है। उसी में से रास्ता निकलेगा। बालासाहब जब जेल में थे, तो बाहर और भूमिगत नेताओं ने भविष्य की रणनीति बनाने के लिए जुलाई के आख़िरी सप्ताह में बम्बई में बैठक की। इस बैठक में माधवराव मुले को सरसंघचालक मनोनीत किया गया। इसके साथ ही कुछ ज़ोनल प्रभारी बनाए गए। इनमें यादव राव जोशी (दक्षिण), मोरोपंत पिंगले (पश्चिम), भाऊराव देवरस (पूर्व) और रज्जू भैया को उत्तर क्षेत्र की ज़िम्मेदारी दी गई। इसके अलावा रामभाऊ गोडबोले को बिहार और बंगाल के संगठन सचिव के साथ-साथ विपक्षी पार्टियों के साथ तालमेल का काम सौंपा गया। मोरोपंत पिंगले को लोक संघर्ष समिति और एकनाथ रानाडे को सरकार के साथ बातचीत की ज़िम्मेदारी दी गई। एकनाथ रानाडे को सीधे इंदिरा गांधी से बातचीत का काम सौंपा गया, इसे गोपनीय रखा गया। महात्मा गांधी की हत्या के बाद लगी संघ पर पाबंदी के दौरान भी एकनाथ रानाडे और भैयाजी दाणी ने सरकार के साथ बातचीत कर पाबंदी हटाने में महत्वपूर्ण भूमिका निभाई थी।

इसी रणनीति के तहत जब-जब उन्हें ठीक लगा, उन्होंने श्रीमती गांधी को पत्र लिखे और सलाह दी कि संघ से प्रतिबंध हटा लीजिए। हालांकि, संघ में कुछ लोग यह मानते थे कि बालासाहब को पत्र नहीं लिखने चाहिए थे, पर संघ के ज्यादातर लोग मानते हैं कि बालासाहब लोकतंत्र की परंपरा के निर्वाह के लिए पत्र लिख रहे थे, ताकि संवाद बना रहे। बालासाहब ने पहला पत्र अगस्त में लिखा था जिसमें प्रधानमंत्री इंदिरा गांधी के स्वतंत्रता दिवस के भाषण की तारीफ़ की गई थी और नवंबर में लिखे दूसरे पत्र में इंदिरा गांधी को इस बात के लिए बधाई दी गई थी कि सुप्रीम कोर्ट ने श्रीमती गांधी के 1971 के रायबरेली चुनाव को वैध ठहराया था। नीलांजन मुखोपाध्याय कहते हैं, "संघ में इन चिट्ठियों को लेकर कभी चर्चा नहीं होती। जुलाई, 1976 में लिखी तीसरी चिट्ठी में बालासाहब ने इस्लामाबाद और

पीकिंग से संबंधों में बेहतरी के बारे में जानना चाहा था। इन चिट्ठियों के लिए रानाडे ही पुल का काम कर रहे थे। बालासाहब ने संघ को संघर्ष में इस कदर उतार दिया कि इंदिरा गांधी को भी यह कहना पड़ा कि संघ के दस फ़ीसदी कार्यकर्ता भी पकड़े नहीं जा सके, बल्कि वे भूमिगत हो गए हैं। प्रतिबंध के बावजूद संघ संगठित बना हुआ है। उसका केरल में भी प्रसार हो रहा है। 1948 और 1975 में संघ पर प्रतिबंध में फ़र्क यह था कि 1948 में संघ पाबंदी के बाद कमज़ोर हो गया था, स्वयंसेवकों और नेताओं के परिवारों का खर्च चलाने के लिए पैसा भी नहीं था। सरकार का दबाव भी ज़्यादा रहा, लेकिन इमरजेंसी में संघ ने मानो इस प्रतिबंध को अवसर में बदल दिया और अपनी ताक़त बढ़ाई। भूमिगत होकर आंदोलन को भी मज़बूती दी और दूसरी पार्टियों के जेल में बंद नेताओं के परिवारों की भी मदद संघ के स्वयंसेवकों ने की।"

देश की राजनीति में छात्रों का सबसे पहले इस्तेमाल बालासाहब देवरस ने 1974 में गुजरात के नवनिर्माण आंदोलन के दौरान किया। उसके बाद से भ्रष्ट और नाकारा सरकारों से इस्तीफ़ा लेने के लिए छात्रों को सड़कों पर उतारकर आंदोलन चलाना हिन्दुस्तान की राजनीति की मानो ज़रूरत बन गई। इसका अगला प्रयोग बिहार में किया गया। रामबहादुर राय बताते हैं, "मैं 1974 में छात्र संघर्ष संचालन समिति का सदस्य था। तब जयप्रकाश नारायण के साथ जन संघर्ष समिति और छात्र संघर्ष समिति की साझा बैठक हुआ करती थी। एक बार जब फ़रवरी 1974 में जेपी दिल्ली से आए तो अख़बारों में एक छोटी-सी ख़बर छपी कि जेपी और बालासाहब देवरस की एक लंबी बातचीत हुई है। हम लोगों ने जेपी से पूछा कि आपकी बालासाहब देवरस से क्या बातचीत हुई है? जेपी ने उनसे पूछा कि आपकी नज़र में हिन्दुत्व क्या है? उनका जवाब था, 'हिन्दुत्व धर्म नहीं है, हिन्दुत्व राष्ट्रीयता है।' इससे मैं बहुत प्रभावित हुआ।"

बालासाहब पर किताब लिखने वाले राम बहादुर राय बताते हैं कि देवरस ने राजनीतिक नज़रिए से एक बड़ा काम किया कि मार्च, 1975 में जयप्रकाश नारायण को जनसंघ के राष्ट्रीय अधिवेशन में आने के लिए तैयार कर लिया। इससे पहले जेपी ने जनसंघ को दिल्ली में होने वाली विपक्षी दलों के प्रदर्शन में शामिल होने का न्यौता दिया था। जनसंघ के इसी अधिवेशन में जयप्रकाश नारायण ने संघ को एक तरह से क्लीन चिट दी थी जब उन्होंने कहा, "अगर आप फासिस्ट हैं तो फिर मैं भी फासिस्ट हूं।" इसके बाद देवरस ने जेपी की तुलना महात्मा गांधी, विनोबा भावे और गोलवलकर से की। इस तरह गोलवलकर को गांधी के साथ खड़ा करके देवरस ने संघ को नाथूराम गोडसे से दूर कर लिया और गांधी हत्या के आरोप से भी बरी कर लिया।

समाजवादी नेता मधु लिमये ने अपनी किताब 'जनता पार्टी एक्सपेरिमेंट' में लिखा, "देवरस ने इंदिरा गांधी को सुप्रीम कोर्ट में चुनाव याचिका पर अपील जीतने पर बधाई दी थी। उन्होंने अपने-आप को जेपी आंदोलन से दूर करते हुए, इंदिरा

गांधी से कहा कि वह आरएसएस पर लगा प्रतिबंध हटा लें। इस मामले में विनोबा भावे से भी दख़ल देने के लिए कहा गया था।"

कुछ लोगों का मानना है कि बालासाहब देवरस का यह कदम एक रणनीति के तहत था, जिसे आरएसएस के सामान्य कार्यकर्ताओं ने पसंद नहीं किया। जिन दिनों यह पत्र लिखा गया, उन दिनों भूमिगत आंदोलन में शामिल सभी लोगों की कोशिश थी कि इंदिरा गांधी किसी तरह से चुनाव के लिए तैयार हो जाएं। इसके लिए उन्हें माफ़ी भी मांगनी पड़े तो उसके लिए भी उन्होंने मन बना लिया था।

बालासाहब देवरस की चिट्‌ठी पर भी आरएसएस में दो तरह की प्रतिक्रिया थी। कुछ लोगों के हिसाब से रणनीति को ध्यान में रखते हुए वह चिट्‌ठी ठीक थी, जबकि जो लोग इस लड़ाई को सैद्धांतिक लड़ाई मानते थे, उनको इस बात का अफ़सोस था कि बालासाहब ने ऐसी चिट्‌ठी क्यों लिखी।

सरसंघचालक बनने के बाद बालासाहब देवरस के सामने एक और बड़ा सवाल संघ में मुसलमानों के प्रवेश को लेकर आया। यूं तो संघ की स्थापना ही हिन्दुत्व और हिन्दू राष्ट्र को लेकर हुई थी, लेकिन संघ की 'हिन्दू' की परिभाषा, सावरकर और हिन्दू महासभा के 'हिन्दू' की परिभाषा से अलग थी। उसमें हिन्दुस्तान में रहने वाले मुसलमानों को स्वीकार किया गया था। लेकिन हक़ीक़त यह भी थी कि संघ की शाखाओं में मुसलमान नहीं आते थे, बल्कि एक दूरी दोनों के बीच बनी हुई थी। इमरजेंसी के वक़्त यह मौक़ा आया। इमरजेंसी के दौरान मुस्लिम और आरएसएस नेता साथ-साथ जेलों में थे और उनमें आपस में एक समझ बनी थी, बहुत से सवालों का जवाब एक-दूसरे को मिल गया था। जब जनता पार्टी की सरकार आई तो शाही इमाम वगैरह आरएसएस के दफ़्तर में जाते थे और शाम को अगर नमाज़ का वक़्त होता था तो वहीं नमाज़ भी पढ़ते थे। मोरारजी देसाई की आरएसएस को सलाह थी कि वह संघ को हिन्दुओं तक सीमित करने के बजाय उसे सबके लिए खोल दें। ख़ुद बालासाहब देवरस भी इस पक्ष में थे।

मुसलमानों और संघ के सवाल पर 1977 में आरएसएस की प्रतिनिधि सभा में विचार हुआ, बहुत बहस हुई। प्रतिनिधि सभा में बालासाहब देवरस का रुख़ था कि हमें आरएसएस को मुसलमानों के लिए खोलना चाहिए। जब बालासाहब के अलावा ज़्यादातर लोग इसके विरोध में खड़े हो गए तो उन्होंने अपने समापन भाषण में इस अध्याय को बंद कर दिया। अगर यह फ़ैसला बालासाहब पर छोड़ा जाता तो वह शायद शाखाओं में सबको आने की अनुमति दे देते और हो सकता है कि इससे संघ के चेहरे में एक बदलाव दिखाई देता और संघ पर हमला करने का एक बड़ा कारण उसके विरोधियों के हाथ से निकल जाता।

आरएसएस की चुनाव में पहली सीधी हिस्सेदारी

1977 में चुनावों की घोषणा से पहले इंदिरा गांधी और सरकार को इस बात का अंदाज़ा हो गया था कि संघ इन चुनावों में अपनी पूरी ताक़त लगाएगा और

इमरजेंसी को मुद्दा बनाएगा। इसलिए इंदिरा गांधी ने संघ के भूमिगत नेताओं के पास बातचीत के लिए अपने दूत भेजे। उस बातचीत में संघ को डराने और लुभाने, दोनों की कोशिश की गई। यह बातचीत संघ की तरफ़ से माधवराव मुले और बापूराव मोधे कर रहे थे। लेकिन तब तक पानी बहुत बह चुका था। संघ ने जवाब दिया कि बालासाहब के पत्र पर सरकार ने समय रहते ध्यान नहीं दिया, इसलिए अब बातचीत के कोई मायने नहीं हैं। संघ नेतृत्व ने आर-पार की लड़ाई का मन बना लिया था। तब आरएसएस ने पहली बार आम चुनाव में सीधे हिस्सा लिया। हालांकि, तब विपक्ष में जॉर्ज फर्नांडिस और मधु लिमये समेत कई नेता चुनावों में शामिल होने के पक्ष में नहीं थे, उनको लगता था कि चुनाव निष्पक्ष नहीं होंगे। इसलिए वे चुनावों का बहिष्कार करने पर विचार कर रहे थे। राज नारायण भी रायबरेली से चुनाव लड़ने को तैयार नहीं थे। तब बालासाहब ने जेल से संदेश भिजवाया कि चुनाव लड़ना चाहिए। उनका कहना था कि चुनाव के बहिष्कार से इंदिरा गांधी को यह कहने का मौक़ा मिल जाएगा कि जनता उनके साथ है। सब जानते हैं कि बालासाहब सही निकले।

चुनाव नतीजों के बाद इंदिरा गांधी ने अपने मंत्रिमंडल की आख़िरी बैठक में इमरजेंसी हटाने का फ़ैसला किया। संघ पर से प्रतिबंध भी हटा। बालासाहब देवरस बीस महीने और बीस दिन जेल में बिताकर बाहर निकले और पुणे से सीधे बम्बई गए और वहां से नागपुर। नागपुर में हुई संघ की कार्यकारिणी की बैठक में इमरजेंसी को लेकर विस्तार से चर्चा हुई। इसके बाद देवरस ने पूरे देश का दौरा करने का निर्णय किया। 1948 में गुरुजी गोलवलकर ने भी तब पाबंदी हटने के बाद देशभर का दौरा किया था, लेकिन तब और अब के माहौल में बहुत फ़र्क था। अब संघ की सत्ता थी और सत्ता में संघ के स्वयंसेवक।

देवरस ने अपना देशव्यापी दौरा दिल्ली से शुरू करना तय किया। वह 9 अप्रैल, 1977 को दिल्ली पहुंचे। वहां प्रधानमंत्री मोरारजी देसाई से शिष्टाचार भेंट की। अगले दिन उनका नागरिक अभिनंदन किया गया। दिल्ली में ही प्रेस कांफ्रेंस में संघ के दरवाज़े मुसलमानों के लिए खोलने के सवाल के जवाब में देवरस ने कहा, "सैद्धान्तिक रूप से हमने यह स्वीकार किया है कि उपासना पद्धति अलग होने के बावजूद मुसलमान भी राष्ट्र जीवन में समरस हो सकते हैं। उन्हें होना भी चाहिए।" उन्होंने कहा कि संघ की प्रतिनिधि सभा में इस पर विचार होगा।

मुसलमानों के लिए संघ के दरवाज़े खोलना देवरस की प्राथमिकता थी। वह यह मुद्दा संघ की प्रतिनिधि सभा में भी लेकर आए, लेकिन वह खारिज हो गया। उसे बालासाहब ने माना, वह संघ की परंपरागत सोच को नहीं बदल पाए।

जनता पार्टी की सरकार में शुरुआत से ही नेताओं के अहम आड़े आने लगे थे। इसके लिए वे संघ को भी निशाने पर लेने लगे थे। बालासाहब इन सबके बीच रास्ता निकालने की कोशिश कर रहे थे। एक बार वे चंद्रशेखर के बुलावे पर नागपुर हवाईअड्डे पर मिलने भी पहुंच गए। हवाईअड्डे के वीवीआईपी रूम में हुई इस

मुलाक़ात में चंद्रशेखर ने बालासाहब से कहा कि अभी कुछ दिनों के लिए आप हिन्दू शब्द के इस्तेमाल को पार्किंग में रख दें, क्योंकि बहुत से लोग इस बहाने जनता पार्टी को तोड़ना चाहते हैं और उसका आरोप आपके सिर पर ही आएगा।

इसी दौरान कुछ नेताओं ने दोहरी सदस्यता का मामला उठा दिया। इसके सूत्रधार मधु लिमये थे। वे शायद इस बात से भी नाराज़ थे कि जनता पार्टी सरकार में उन्हें मंत्री नहीं बनाया गया था। लिमये ने अपने सहयोगियों से कहा, "जनता पार्टी में दोहरी सदस्यता का सवाल उठाओ। संघ इसे स्वीकार नहीं करेगा।" यूं तो यह विवाद जनता पार्टी सरकार बनने के बाद अगस्त, 1977 में ही शुरू हो गया था। लिमये ने अगस्त में जनता पार्टी की कार्यसमिति में हिन्दू राष्ट्र का सवाल, विद्यार्थी परिषद और भारतीय मज़दूर संघ का विषय उठाया था। उनका कहना था कि आरएसएस अपना संविधान बदले और उसमें से 'हिन्दू राष्ट्र' की घोषणा को हटा दे। लिमये चाहते थे कि विद्यार्थी परिषद और भारतीय मज़दूर संघ, जनता पार्टी के जन संगठन बन जाएं। लिमये ने दिल्ली में बालासाहब की अगवानी में केंद्रीय मंत्रियों की मौजूदगी को भी मुद्दा बनाया था।

इस पर प्रधानमंत्री मोरारजी देसाई ने कहा कि मैं नहीं चाहता कि हमारे मंत्री ऐसे कार्यक्रमों में जाएं। इस पर कार्यक्रम में शामिल कैबिनेट मंत्रियों में से एक सिकंदर बख़्त ने सवाल उठाया कि इसमें आपत्ति क्या है? फिर समाजवादी नेताओं ने कहा कि संघ के जितने भी संगठन हैं, वे जनता पार्टी में विलीन हो जाएं। लेकिन इन संगठनों ने इसे मानने से इंकार कर दिया क्योंकि ये संगठन जनसंघ के हिस्से नहीं थे। फिर ज़ोर दिया गया कि जनसंघ के नेता और सांसद संघ से अपना संबंध तोड़ दें, क्योंकि संघ का विश्वास हिन्दू राष्ट्र में है और वे धर्मनिरपेक्ष नहीं हो सकते इसलिए या तो वे संघ से रिश्ता तोड़ें या फिर जनता पार्टी छोड़ें। इसको लेकर संघ में जब चर्चा हुई तो स्वयंसेवकों ने बहुत नाराज़गी ज़ाहिर की। इस सवाल को बालासाहब, रज्जू भैया और भाऊराव देवरस ने सुलझाया। संघ ने जनता पार्टी के नेताओं को बताया कि इस बारे में फ़ैसला तो जनसंघ के नेताओं को लेना है। जहां तक संघ का सवाल है, वह अपने स्वयंसेवकों से संबंध नहीं तोड़ेगा, चाहे जो भी दबाव हो।

1979 आते-आते दोहरी सदस्यता का मुद्दा बहुत बढ़ गया था। तब बालासाहब ने तय किया कि इस बारे में स्पष्ट संदेश दिया जाना ज़रूरी है। 4 मार्च, 1979 को दिल्ली में बालासाहब की एक रैली का आयोजन किया गया। इस रैली में वाजपेयी, आडवाणी, केदारनाथ साहनी, विजय कुमार मल्होत्रा समेत बहुत से केंद्रीय मंत्री और सांसद मौजूद थे। साथ ही बहुत से नेता संघ के गणवेश में भी थे। बालासाहब ने रैली में कहा, "राजनीति महत्वपूर्ण है। जनजीवन में उसका एक महत्वपूर्ण स्थान है। लेकिन यह बात साफ़ तौर पर समझ ली जानी चाहिए कि संघ को किसी राजनीतिक संरक्षण की आवश्यकता नहीं है। राजनीतिक कुठाराघातों के बावजूद संघ ने अपनी ऊर्जा के दम पर यात्रा की है। वह अधिक वेग से जारी है।"

बालासाहब की तरफ़ से संघ का रुख़ साफ करने के क़रीब एक हफ्ते बाद बीजू पटनायक और मोहन धारिया ने 11 मार्च, 1979 को बालासाहब से एक फॉर्मूले पर मुलाक़ात की। वे चाहते थे कि संघ अपनी ओर से घोषणा करे कि उसका जनता पार्टी के जनसंघ घटक से कोई लेना-देना नहीं है। उनका यह भी सुझाव था कि विद्यार्थी परिषद और मज़दूर संघ जनता पार्टी में विलीन हो जाएं। बालासाहब ने दोनों नेताओं को बताया कि ये स्वतंत्र संगठन हैं और इन पर संघ का नियंत्रण नहीं है।

सरसंघचालक ने दोहरी सदस्यता के मसले को सुलझाने की हरसंभव कोशिश की। फिर विजयादशमी पर नागपुर में अपने सालाना संबोधन में बालासाहब ने कहा, "कुछ लोग संघ को बदलने की सलाह दे रहे हैं। बदलाव एक प्राकृतिक प्रक्रिया है। संघ भी बदलता रहा है। भविष्य में भी बदलेगा। यह उसके विकास का संकेत है। जो नहीं बदल सकता, वह जीवित भी नहीं रह पाएगा। लेकिन इस बदलाव को अपनी जीवनधारा की शिराओं को काटकर नहीं अपनाया जा सकता।"

रामबहादुर राय कहते हैं, "जनता पार्टी के एक धड़े के हठ के सामने संघ अगर उस समय झुक जाता तो क्या होता? कम से कम पांच बातें हो सकती थीं। पहली, जनता पार्टी राजनीतिक दंगल का अखाड़ा होती। उसमें संघ पिसता रहता। दूसरी, भाजपा नहीं बनती। तीसरी बात, संघ की रचनात्मक क्षमता कुंठित होती जाती। चौथी बात, संघ नए क्षेत्रों में कदम रखने से वंचित हो जाता या फिर संघ में दिशा-भ्रम और भटकाव होता जाता। बालासाहब ने आरएसएस को इस सब में फंसने नहीं दिया।"

जनता सरकार के दौरान संघ ने भविष्य को ध्यान में रखते हुए फ़ैसले किए। आगे बढ़ने के लिए उन क्षेत्रों को चुना, जहां ज़्यादा स्पर्धा नहीं थी। उन क्षेत्रों में नए संगठन बनाए। इसके लिए बालासाहब ने संघ में निष्क्रिय हो गए लोगों को फिर से सक्रिय किया। संघ को दलितों से जोड़ा। मुसलमानों को जोड़ने की कोशिश की। आज की राजनीति में तो ये सब राजनेता फ़ैशन या चुनावी ज़रूरत के तौर पर करते हैं।

बालासाहब देवरस कहते थे, "यह तो मुझे मानना ही चाहिए कि युवा पीढ़ी को पहले की तरह संघ के कार्यक्रम आकर्षक नहीं लगते। ज़्यादा तादाद में युवा संघ में आएं, इसके लिए कार्यक्रम में बदलाव करने पर विचार चल रहा है। आज ही नहीं, जब गुरुजी गोलवलकर जीवित थे तब भी इस पर विचार हुआ था। लेकिन यह बदलाव जितना आसान लगता है, उतना नहीं है। कोई व्यक्ति जितनी जल्दी निर्णय कर सकता है, संस्था में उतनी जल्दी निर्णय नहीं हो सकते। मगर इससे भी महत्वपूर्ण बात यह है कि बदलाव करने पर युवा आकर्षित होंगे, इसका कुछ भरोसा होना चाहिए। जब संघ प्रार्थना बदलने का फ़ैसला कर सकता है, तो कार्यक्रम बदलने में क्या मुश्किल हो सकती है? इसके अलावा केवल भीड़ जमा करना हमारा उद्देश्य नहीं है। हम ज़्यादा संख्या तो चाहते हैं, मगर युवाओं को संस्कार देना

हमारा मुख्य उद्द्देश्य है, यह हमें नहीं भूलना चाहिए। हमें संघ के स्वयंसेवकों में यह विश्वास बढ़ाना है कि वे संघ के अधिकारी से कोई भी बात खुलकर कह सकते हैं। मैं ख़ुद इस दिशा में कोशिश करता हूं। मैं बौद्धिक वर्ग न लेकर स्वयंसेवकों से चर्चा करता हूं। मेरा कार्यक्रम ऐसा होता है कि वे सवाल पूछें और मैं उनका जवाब दूं। इसके बाद भी किसी स्वयंसेवक का समाधान न हो तो वह बाद में मेरे से चर्चा कर सकता है।"

जब डॉ. हेडगेवार ने संघ की शाखाएं शुरू कीं, तो बालासाहब और उनके छोटे भाई भाऊराव देवरस कम उम्र में ही शाखा में आने लगे थे। ये लोग उस वक़्त नागपुर के इतवारी इलाक़े में रहे थे, जो संघ कार्यालय से क़रीब एक किलोमीटर दूर था। डॉ. हेडगेवार शुरू से ही बालासाहब पर विशेष स्नेह रखते थे। उन्हें ख़ासतौर से तैयार करने में हेडगेवार जुट गए। बालासाहब जब शाखा में आते तो उस वक़्त होने वाली मिलिट्री ट्रेनिंग पर ख़ास ध्यान देते और जो युवा मार्च पास्ट या कदमताल में ग़लती करते तो उनकी प्यार से छड़ी से पिटाई भी करते थे।

देवरस तो पूजा वगैरह करते ही नहीं थे। कुछ लोग उन्हें संघ में 'कम्युनिस्ट' मानते थे। देवरस ने तो प्रार्थना और पूजा वगैरह सरसंघचालक बनने के बाद शुरू की। 1935 में गवर्नमेंट ऑफ़ इंडिया एक्ट बनने और प्रांतों के चुनावों के वक़्त तक सावरकर की हिन्दू महासभा चुनावों में हिस्सा लेने को तैयार थी। संघ उस समय तक मानस नहीं बना पाया था और ख़ुद हेडगेवार चुनाव लड़ने या राजनीति में संघ की सक्रिय भूमिका के लिए तैयार नहीं थे। गोलवलकर भी इसी रास्ते पर चले, लेकिन देवरस ने समझा कि राजनीतिक हिस्सेदारी ज़रूरी है। वे शुरू से ही भारतीय मज़दूर संघ और विद्यार्थी परिषद के साथ भी काम करते रहे। उन्हें लगता था कि भविष्य में इन संगठनों की ताक़त का इस्तेमाल राजनीतिक हिस्सेदारी बढ़ाने के लिए किया जा सकेगा।

गांधी हत्या के आरोप से लगी पाबंदी 1949 में खत्म तो हो गई, लेकिन तब तक संघ बहुत कमज़ोर हो चुका था। इसलिए अलग-अलग क्षेत्रों में संघ के पैर पसारने और ताक़त जुटाने की कोशिश शुरू हुई। पचास के दशक में संघ ने मज़दूर आंदोलन में रुचि दिखाना शुरू किया। गोलवलकर ने दत्तोपंत ठेंगड़ी को कांग्रेस से जुड़े मज़दूर संगठन इंडियन नेशनल ट्रेड यूनियन कांग्रेस (इंटक) के साथ काम करने के लिए कहा, ताकि बाद में संघ की विचारधारा से जुड़ा मज़दूर संगठन खड़ा किया जा सके। फिर जुलाई, 1955 में भारतीय मज़दूर संघ बना। लेकिन काम बहुत तेज़ी से नहीं बढ़ पा रहा था। देवरस भी विद्यार्थी परिषद के अलावा मज़दूर संघ के काम में भी रुचि लेने लगे थे। 1964 में ठेंगड़ी को राज्यसभा में भेजा गया और 1967 में भारतीय मज़दूर संघ का पहला राष्ट्रीय अधिवेशन दिल्ली में हुआ। 1984 आते-आते भारतीय मज़दूर संघ देश का दूसरा सबसे बड़ा संगठन बना और 1996 में वह मज़दूरों की सबसे बड़ी ताक़त बन गया। बालासाहब ने संघ और भारतीय

विचारधारा को आगे बढ़ाने के लिए अगस्त, 1979 में बम्बई में 'भारतीय शिक्षण मंडल' की शुरुआत की। इसके साथ वे सरसंघचालक बनने के बाद भी जुड़े रहे।

बालासाहब के सरसंघचालक बनने से पहले 1940 से 1949 तक का वक़्त संघ की दृष्टि से महत्वपूर्ण है। 1941-1945 तक नागपुर में संघ के महाल कार्यालय का निर्माण हुआ। गांधी की हत्या के बाद संघ पर पाबंदी के दौरान नेहरू सरकार से बातचीत, संघ के संविधान का ड्राफ्ट बनवाने का काम और फिर दैनिक तरुण भारत के अधिग्रहण में बालासाहब की भूमिका को नज़रअंदाज़ करना मुश्किल होगा।

अक्सर कहा जाता है कि संघ एक आदेश से चलता है, लेकिन बालासाहब ने इसे ग़लत साबित किया। संघ में पहल, प्रयोग और सामूहिक निर्णय पर बालासाहब ने ज़ोर दिया। 1947 में संघ नेतृत्व यह तय करना चाहता था कि संघ के प्रशिक्षण वर्गों के स्वरूप और कार्यक्रमों में राष्ट्रीय स्तर पर एकरूपता हो या फिर हर राज्य अपने हिसाब से अलग-अलग स्वरूप और कार्यक्रम चलाए जाएं? इस पर देर रात तक लंबी बहस चली। लगा कि कोई फ़ैसला नहीं हो पाएगा, तब बालासाहब ने कहा कि सभी लोग इस पर अपना-अपना मतदान करें। इस तरह दख़ल देकर उन्होंने निर्णय करवाया।

'तीन सरसंघचालक' किताब में डॉ. वि. रा. करंदीकर ने संघ पर प्रतिबंध के आख़िरी चरण में बालासाहब की भूमिका पर लिखा है, "प्रतिबंध काल में भैयाजी दाणी के साथ बालासाहब ने बाहर के कार्यों की ज़िम्मेदारी उठाई थी। सरदार पटेल की तरफ़ से द्वारिका प्रसाद मिश्र बातचीत करने नागपुर आए। उन्होंने बालासाहब से मुलाक़ात की। मिश्र चाहते थे कि गोलवलकर जवाहरलाल नेहरू को एक पत्र लिखें। इसे बालासाहब ने साफ तौर पर मना कर दिया। जो निर्णय बालासाहब ने किया, उसे गोलवलकर ने भी माना।"

संघ पर प्रतिबंध

गांधी की हत्या के बाद संघ पर लगा प्रतिबंध जब हटा तो उत्सव का माहौल था। लेकिन बालासाहब भावनाओं में बहे नहीं। साप्ताहिक 'युगधर्म' में 'संघ का अगला कदम' लेख में बालासाहब ने लिखा, संघ समाज के हर क्षेत्र में काम करेगा। जब इस लेख की जानकारी गुरुजी को मिली तो उन्होंने मज़ाक में कहा, "वाह भई, हमें तो यह पता भी नहीं कि संघ का अगला कदम क्या होगा और वह निश्चित भी हो गया है।"

रामबहादुर राय मानते हैं कि डॉ. हेडगेवार के दो उत्तराधिकारी संघ के अगले कदम के बारे में मतभेद के धरातल पर थे, लेकिन उनमें परस्पर आदर का भाव कभी कम नहीं हुआ। वे अपने मत पर बने रहे। दूसरा कोई होता तो टकराव तय था। सरसंघचालक पद की मर्यादा और गुरुजी के प्रति अपना सम्मान रखते हुए बालासाहब ने एक अलग रास्ता निकाला। वे संघ कार्य से विमुख नहीं हुए, निष्क्रिय हो गए। अपनी सक्रियता के लिए नया क्षेत्र चुना। यह प्रयोग उन्होंने अपनी सार्थकता

के लिए किए। बालासाहब खेती में लग गए। इसको लेकर उनके नाम पर यह मज़ाक भी चलता रहा कि बालासाहब 'कल्चर' के बजाय 'एग्रीकल्चर' में लग गए हैं। इसके अलावा उन्होंने 'नर केसरी' के माध्यम से पत्रकारिता को नई दिशा दी।

देवरस राजनीति को बदलाव का रास्ता मानते थे, लेकिन गोलवलकर चुनावी राजनीति से परहेज़ रखते थे। देवरस के काम करने का तरीक़ा था—संगठन, आंदोलन और प्रचार। उस वक़्त संघ को यह कार्यशैली मंज़ूर नहीं थी। देवरस की काम करने की अपनी परिभाषा थी, अपना तरीक़ा था। वे लक्ष्यप्रेरित काम में भरोसा करते थे। देवरस को हमेशा लगता रहा कि राजनीति न केवल सेवा का, बल्कि समाज में बदलाव का सशक्त माध्यम है। वे लगातार संघ में एक अलग से राजनीतिक संगठन शुरू करने और उसका नेतृत्व संभालने की बात करते रहे थे, जनसंघ बनने से पहले भी और बाद में भी।

पहले आम चुनाव के वक़्त जब जनसंघ ने चुनाव लड़ने का फ़ैसला किया और देवरस इसको देख रहे थे, तब गोलवलकर पूरे चुनाव के दौरान पुणे के पास सिंहगढ़ चले गए और वहां लोकमान्य तिलक के बंगले पर 25 दिसंबर, 1951 से 18 जनवरी, 1952 तक रहे। गोलवलकर जब वहां आध्यात्मिक साधना में लग गए, उस वक़्त देवरस नागपुर में राष्ट्रवादी संगठनों की चुनावों में मदद और मार्गदर्शन कर रहे थे। जनसंघ ने पहला चुनाव देवरस के मार्गदर्शन में ही लड़ा।

चुनावों के बाद संघ की समीक्षा बैठक गाडरवाड़ा में हुई। इस बैठक में देवरस ने अपने ढाई घंटे के भाषण में चुनाव के कामकाज की समीक्षा तो की ही, साथ ही इस बात पर ज़ोर दिया कि संघ को दूसरे क्षेत्रों में भी काम शुरू करना चाहिए। उन्होंने गोलवलकर के निर्देश पर संघ की प्राथमिकता पर लंबा भाषण दिया, लेकिन इसी बैठक के बाद देवरस संघ के कार्य से निष्क्रिय हो गए।

देवरस ने तब संघ से दूरी भले ही बना ली हो, लेकिन उन्होंने गुरुजी गोलवलकर को लेकर कभी कोई टिप्पणी नहीं की। वे अपने काम में लग गए। उस दौरान भी जब संघ के नेता और कार्यकर्ता उनके पास आते थे, तो बालासाहब उन्हें कहते थे, "यह मामला मेरे और गुरुजी के बीच का है। मेरी चिंता आप लोग मत करिए।" जब उन पर ज़्यादा दबाव पड़ने लगा तो देवरस ने साफ शब्दों में कह दिया, "जो भी हो, मैं ऐसी परिस्थिति नहीं बनने दूंगा जिसमें दो संघ बनें—एक गुरुजी का और दूसरा देवरस का। यही मुझे डॉ. हेडगेवार ने सिखाया है।" दूसरी तरफ़ गोलवलकर कहते थे कि संघ के सूत्रधार तो बालासाहब ही हैं।

1953 से 1960 तक बालासाहब संघ से निर्लिप्त तो रहे, लेकिन दूर नहीं रहे। वे लोगों को बताते रहे कि संघ की ताक़त जितनी दिखती है, उससे कहीं ज़्यादा है। देवेन्द्र स्वरूप बताते हैं कि उसी दौरान नागपुर में जनसंघ की कार्यसमिति थी। उसमें देवरस बिना किसी पूर्व सूचना के आए। देर तक सुनते रहे, लेकिन बोले कुछ नहीं और फिर बैठक से चले गए।

सात सालों की दूरी के बाद देवरस 1960 में फिर से संघ के कार्य में लौटे। बताया जाता है कि गुरुजी गोलवलकर ने एम. एन. काले से देवरस को संघ में लौटने का एक संदेश भिजवाया। गुरुजी का कहना था कि बालासाहब जैसे कार्यकर्ता संघ से दूर हो जाएंगे तो स्वयंसेवकों पर इसका क्या असर पड़ेगा? इसलिए उन्हें वापस लौटना चाहिए। बालासाहब ने इसका पॉज़िटिव रेस्पॉन्स दिया और कहा कि दो-तीन महीने बाद वापस लौटता हूं।

बालासाहब देवरस की संघ से दूरी

गोलवलकर से रिश्तों में दूरी बनने के बाद देवरस संघ से दूर चले गए और नागपुर छोड़कर बालाघाट में खेती-बाड़ी करने लगे। लेकिन जब भी नागपुर आते तो संघ कार्यालय में ही रुकते और कई बार उन्होंने विजयादशमी के सालाना कार्यक्रम में भी हिस्सा लिया। पर इस दौरान गोलवलकर और देवरस के बीच बातचीत कभी नहीं हुई। देवरस अपने मित्र और संघ के पुराने कार्यकर्ता टालाटुले के माध्यम से संघ से जुड़े सवाल लिखकर सरसंघचालक के पास भेज देते और गोलवलकर उनका जवाब टालाटुले को दे देते थे। मगर गोलवलकर उन्हें वापस संघ में लाने की कोशिश अपने स्तर पर करते रहे। संघ के दो बड़े नेता भैयाजी दाणी और रानाडे देवरस को समझाने और मनाने में लगे रहे और फिर देवरस की वापसी हुई, नागपुर के कार्यवाह के तौर पर। रेशिमबाग में हेडगेवार मेमोरियल के उदघाटन समारोह से एक दिन पहले उन्हें अप्रैल 1962 में संयुक्त प्रांतप्रचारक बनाया गया।

इसके बाद बालासाहब को सह-सरकार्यवाह बनाया गया। फिर भैयाजी दाणी के निधन के बाद वह सरकार्यवाह बने। यानी वह सात साल गोलवलकर और देवरस के बीच दूरी नहीं बना पाए। गोलवलकर ने उनकी ससम्मान वापसी की तो बालासाहब ने उस सम्मान का मान रखा। यह कोई आसान काम नहीं था। लौटने के बाद बालासाहब ने संघ में सामाजिक क्षेत्र के कार्यों में भागीदारी बढ़ाने पर ज़ोर दिया। उसके बाद ही संघ के सेवा क्षेत्र में नए संगठन शुरू हुए।

बालासाहब देवरस की महत्वपूर्ण भूमिका

फ़रवरी, 1962 में हुए तीसरे आम चुनाव में देवरस ने महत्वपूर्ण भूमिका निभाई। ऐसा कहा जाता है कि आमतौर पर संघ टिकटों या उम्मीदवारों के चयन को लेकर दख़ल नहीं देता, लेकिन उन चुनावों में देवरस ने उम्मीदवारों की लिस्ट भी फ़ाइनल की। 1963 के उपचुनाव में देवरस ने ही दीनदयाल उपाध्याय को चुनाव मैदान में उतारने का फ़ैसला किया। हालांकि, दीनदयाल चुनाव नहीं लड़ना चाहते थे, लेकिन देवरस के निर्णय के बाद वे जौनपुर से चुनाव लड़े और हार का सामना करना पड़ा। यह उनका पहला चुनाव था। दीनदयाल ने अपनी डायरी में हार का कारण लिखा कि कांग्रेस ने उन्हें बाहरी उम्मीदवार बताकर चुनाव प्रचार किया। बताया जाता है कि देवरस ने तब अटल बिहारी वाजपेयी के बजाय दीनदयाल को उम्मीदवार बनाने

का फ़ैसला किया था। इसको लेकर संघ में ख़ासा विवाद भी हुआ क्योंकि वाजपेयी उस वक़्त भी ज़्यादा लोकप्रिय और बेहतर उम्मीदवार साबित हो सकते थे। इसके अलावा दीनदयाल उपाध्याय के विषय में माना जाता था कि वे संगठन को मज़बूत करने के लिए बेहतर व्यक्ति हैं। गोलवलकर इस मत के थे कि प्रचारकों को चुनावी राजनीति के बजाय सिर्फ़ संगठन पर ध्यान देना चाहिए। वे 1967 में भी उपाध्याय को जनसंघ का अध्यक्ष नहीं बनाना चाहते थे।

बालासाहब आदर्शजीवी होते हुए भी बहुत व्यावहारिक व्यक्ति थे। लेकिन उनका स्वभाव ख़तरे से खेलने वाला भी था। हार-जीत से ज़्यादा वे नए प्रयोगों में विश्वास करते थे, वैज्ञानिक दृष्टिसंपन्न थे और लोकतंत्र को युगधर्म मानते थे। वे दुनिया बदलने में यकीन तो करते थे, पर ऐसा भी नहीं था कि वे अपनी दुनिया बनाना चाहते हो। वह राष्ट्र की मुख्यधारा में रहकर बदलाव के पक्षधर थे। देवरस अनुपात का हमेशा ध्यान रखते थे। अतीत के गौरवगान का उतना ही उपयोग मानते थे जितना कि वह प्रेरणा दे सके।

इसकी एक मिसाल जनसंघ से भाजपा बनने की यात्रा में भी मिलती है। आपसी झगड़ों से गिरी जनता पार्टी की सरकार के बाद इंदिरा गांधी की वापसी हो गई थी। उसी साल 6 अप्रैल, 1980 को भाजपा बनी। भाजपा के अध्यक्ष अटल बिहारी वाजपेयी ने 'गांधीवादी समाजवाद' का नारा दिया तो संघ में एक बहस छिड़ गई। लेकिन बालासाहब ने भाजपा को अपने रास्ते पर आगे बढ़ने का मौक़ा दिया। उन्हें लगता था कि भाजपा रास्ता भटक रही है, लेकिन वह ठोकर खाकर सही रास्ते पर लौट आएगी। 1980 आते-आते राजनीति में धर्म का दख़ल बढ़ने लगा था। जनवरी, 1980 में इंदिरा गांधी की धमाकेदार वापसी हो गई। इससे क़रीब तीन साल पहले बालासाहब ने विश्व हिन्दू परिषद को पूरी तरह से अपनी निगरानी और नियंत्रण में ले लिया था। गुरु गोलवलकर के समय से ही परिषद में सरसंघचालक ट्रस्टी मेम्बर होता रहा था। परिषद को तब डेढ़ सौ से ज़्यादा पूर्णकालिक प्रचारक देख रहे थे। उसकी तब तीन सौ से ज़्यादा ज़िला इकाइयां बन गई थीं। इससे पहले तक बालासाहब के छोटे भाई भाऊराव देवरस विश्व हिन्दू परिषद का काम देख रहे थे और परिषद मौटे तौर पर ग़ैर-राजनीतिक कामों में लगी थी, जिसमें अनाथाश्रम, हॉस्टल और मेडिकल सेन्टर वग़ैरह चलाने जैसे काम थे।

बालासाहब की तबीयत ख़राब रहने के बाद से उन्होंने अपनी जगह मोरोपंत पिंगले को परिषद का ट्रस्टी मेम्बर बना दिया। तब तक परिषद की बढ़ती गतिविधियों के बावजूद हिन्दू एकता और समरसता को लेकर कोई बड़ा कार्यक्रम नहीं हुआ था। बालासाहब इसी पर विचार कर रहे थे। तभी 9 फरवरी, 1981 को तमिलनाडु के तिरुनलवेली ज़िले के मीनाक्षीपुरम गांव में धर्म-परिवर्तन की बड़ी घटना सामने आई। यहां सवर्ण हिन्दुओं के अत्याचार से परेशान होकर आठ सौ से ज़्यादा दलितों ने धर्म-परिवर्तन कर इस्लाम कबूल कर लिया था। इस ख़बर ने देशभर को न केवल

चौंका दिया, बल्कि बड़ा हंगामा हो गया। प्रधानमंत्री इंदिरा गांधी ने भी इसकी गंभीरता को समझा।

प्रधानमंत्री इंदिरा गांधी ने एक संसदीय प्रतिनिधि मंडल भेजा। उसकी रिपोर्ट संसद में रखी गई, जिस पर लंबी बहस हुई। बालासाहब को लगा कि हिन्दुओं को संगठित करने के लिए यह सबसे अच्छा मौक़ा है, इसमें देरी नहीं करनी चाहिए और विश्व हिन्दू परिषद को इस मामले को ज़ोर-शोर से उठाना चाहिए। बालासाहब को यह समझ में आ गया कि इस धर्म परिवर्तन की बड़ी वजह सवर्णों का दलितों पर अत्याचार है, जिसकी चर्चा उन्होंने वसंत व्याख्यानमाला में पहले भी विस्तार से की थी।

बालासाहब ने देशभर से संघ के ज़िला प्रचारकों का सम्मेलन बुलाया। बेंगलुरु के पास पांच दिनों तक चले इस सम्मेलन के बाद संघ की दलित नीति निर्धारित हुई और एक नया संगठन 'विराट हिन्दू समाज' बना। दिल्ली में हुए इस सम्मेलन में कई लाख लोग शामिल हुए। इसका संचालन तब के प्रांत प्रचारक अशोक सिंहल ने किया था। इसके साथ ही बालासाहब ने विश्व हिन्दू परिषद को मज़बूत करना शुरू किया और सिंहल का नया नेतृत्व दिया। इससे पहले तक परिषद वानप्रस्थी संन्यासियों के आश्रम जैसा था। परिषद ने हिन्दू जागरण का अभियान शुरू किया। विराट हिन्दू समाज का अध्यक्ष डॉ. कर्णसिंह को बनाया गया। बाद में संघ ने विराट हिन्दू समाज से अपने हाथ खींच लिए और वह बंद हो गया।

संघ ने देशभर में सम्मेलनों का आयोजन शुरू किया। विश्व हिन्दू परिषद में साधु-संतों का जमावड़ा भी होने लगा था। संघ की कोशिश थी कि साधु-संतों का साथ तो उसे मिले, लेकिन वे निर्णायक मंडल में शामिल नहीं हों। इसलिए मार्च, 1981 में केंद्रीय मार्गदर्शक मंडल बनाया गया और इसके कुछ महीनों बाद धर्म-संसद हुई। धर्म-संसद और मंडल का काम था कि वह हिन्दू हितों पर विचार करे और उसके कार्यक्रम तय करे। इससे साधु-संतों को लगा कि उनकी आवाज़ सुनी जा रही है और उन्हें महत्व दिया जा रहा है।

1981 में ही कर्नाटक में 'हिन्दू समाजोत्सव', बेंगलुरु में 'हिन्दू समागम' और केरल में 'विराट सम्मेलन' का आयोजन हुआ। तमिलनाडु में 'हिन्दू मुन्नानी संगठन' बना। डॉ. आंबेडकर के जन्मदिन पर 1983 में महाराष्ट्र में 'सामाजिक समरसता मंच' शुरू किया गया। उस मंच ने आंबेडकर और महात्मा फुले यात्रा की, जो सात हज़ार किलोमीटर तक चली। बालासाहब उस वक़्त हिन्दू हितों की रक्षा पर ज़ोर दे रहे थे। परिषद ने उस दौरान देशभर से हिन्दू एकता के लिए क़रीब पांच करोड़ रुपए का चंदा भी इकट्ठा किया। फिर विश्व हिन्दू परिषद ने 1983 में ही 'एकात्मता यात्रा' शुरू की और 85 हज़ार किलोमीटर की इस यात्रा को व्यापक जनसमर्थन मिला। इस यात्रा में गंगाजल को बड़े-बड़े बर्तनों में भरकर, बैलगाड़ियों में रखकर गांव-गांव पहुंचाया गया। इस यात्रा का इतना असर हुआ कि प्रधानमंत्री गांधी ने दिल्ली में 17 नवंबर को यात्रा के पहुंचने पर इसमें शामिल होने का निर्णय किया,

लेकिन बाद में वह वहां नहीं पहुंचीं। यात्रा से परिषद को संगठन के तौर पर बड़ी ताक़त मिली। यह पहला मौक़ा था जब विश्व हिन्दू परिषद प्रभावी तरीक़े से देशभर में अपनी उपस्थिति दर्ज करा सकी। अप्रैल, 1984 में परिषद ने ऐलान किया कि वह राम जन्मभूमि मुक्त कराएगी और इसके साथ अयोध्या आंदोलन की शुरुआत हुई।

1984 में आरएसएस ने विश्व हिन्दू परिषद का एक युवा संगठन बजरंग दल शुरू किया। इसके नेतृत्व में सितंबर, 1984 में परिषद ने राम-जानकी रथयात्रा निकाली। यह यात्रा बिहार के सीतामढ़ी से शुरू होकर लखनऊ, अयोध्या होते हुए 30 अक्टूबर को दिल्ली पहुंची। इस यात्रा को हिन्दू समाज से बहुत अच्छा समर्थन मिला। लेकिन इस यात्रा का राजनीतिक फ़ायदा मिलता, उससे पहले ही अगले दिन दिल्ली में प्रधानमंत्री इंदिरा गांधी की हत्या कर दी गई और फिर देशभर में सिख-विरोधी दंगे शुरू हो गए। तब तक माहौल पूरा बदल चुका था।

क़रीब एक सप्ताह बाद विजयादशमी पर नागपुर में संघ मुख्यालय में सालाना जलसा और फिर सरसंघचालक बालासाहब देवरस का भाषण हुआ। वैसे तो यह सालाना रस्म है, लेकिन उस बार तो सरसंघचालक के संबोधन ने राजनीतिक क्षेत्रों में हंगामा खड़ा कर दिया। उस बार सरसंघचालक बालासाहब देवरस ने मानो सभी सीमाएं तोड़ दी थीं। उनका गुस्सा भी झलक रहा था। शायद ही कोई विषय रहा हो, जिस पर वह नहीं बोले। देवरस ने आतंकवाद के ख़तरों, केंद्र-राज्य संबंध, हिन्दुस्तान की राजनीति में नेहरू, पटेल और राजेन्द्र प्रसाद का योगदान, सिख-हिन्दू रिश्ते, सिखों का योगदान और फिर इंदिरा गांधी पर विस्तार से बात की। देवरस ने इंदिरा गांधी पर मानो आरोपों की बारिश कर दी। देवरस ने उन्हें सिर्फ़ अपने बारे में सोचने वाली नेता, विचारधारा और सिद्धांतों से रिश्ता नहीं रखने वाली प्रधानमंत्री कहा। देवरस ने कांग्रेस, भाजपा और दूसरी पार्टियों पर भी बात की। उन्होंने कहा कि यह सच है कि फिलहाल कांग्रेस का कोई पर्याय नहीं है, उसे हटाया नहीं जा सकता। भाजपा और दूसरी पार्टियां अभी अपने ही अंदरूनी झगड़ों में फंसी हैं। उनके लिए इससे भी ख़राब वक़्त आने वाला है। ये दल साथ आकर काम नहीं कर सकते और न ही वे कांग्रेस के ख़िलाफ़ कोई मज़बूत प्लेटफॉर्म बन सकते हैं। फिलहाल निकट भविष्य में तो इसकी कोई संभावना नहीं दिखती।

देवरस के इस भाषण को सबने अपने-अपने तरीक़े से लिया। बहुत से राजनेताओं ने इसे इंदिरा गांधी के समर्थन के तौर पर देखा, तो कुछ ये भी मानते थे कि 1980 के चुनावों में भी देवरस ने इंदिरा गांधी की मदद की थी। इसके बाद देवरस देशभर के दौरे पर निकल गए और हिन्दुओं को एकजुट करने लगे कि वोट सिर्फ़ उसे दें, जो उनके हितों का ध्यान रखे। देवरस का भाषण उस वक़्त के राजनीतिक हालात का आईना जैसा था और सभी राजनीतिक पार्टियों को मुंह चिढ़ा रहा था। सच था कि उस समय कांग्रेस का कोई विकल्प नहीं दिख रहा था। विपक्षी दल न केवल आपस में लड़ रहे थे, उनके अंदरूनी झगड़े भी कई थे। कोई हालात सुधारने के लिए तैयार नहीं दिख रहा था। सबसे महत्वपूर्ण बात थी देवरस

का हिन्दुओं को हिन्दू समाज के हितों के लिए एकजुट होकर वोट देने को राज़ी करना, ताकि उसे राजनीतिक ताक़त में बदला जा सके। कुछ लोगों ने इसे कांग्रेस के लिए संघ की तरफ़ से आमंत्रण समझा। इसके कुछ ही दिनों बाद अगले चुनावों का ऐलान हो गया। सब पार्टियां अपनी-अपनी तैयारियों में जुट गईं। कांग्रेस के पास इंदिरा गांधी की हत्या का मामला चुनावी प्रचार में सबसे ऊपर था। वह नेगेटिव प्रचार में बदल गई थी। दूसरी पार्टियों को शायद कुछ समझ ही नहीं आ रहा था। भाजपा भी असमंजस में थी। तभी सक्रिय राजनीति को छोड़ चुके नानाजी देशमुख का बयान आया कि राजीव गांधी को राष्ट्रवादी ताक़तों के साथ की ज़रूरत है। पूरे चुनाव अभियान के दौरान बालासाहब देवरस ने चुप्पी साध ली थी। नतीजे आए तो भाजपा का पूरा सफाया हो गया था। सिर्फ़ दो सीटें। इसमें वाजपेयी जैसे दिग्गज भी नहीं जीत पाए। तब बहुत से लोगों को लगा कि इस बार आरएसएस ने कांग्रेस को वोट दिया है।

तब तक दिल्ली की यमुना में बहुत पानी बह चुका था। वाजपेयी संघ के निशाने पर थे। हाशिये पर भेजे जाने की तैयारी हो गई थी। 'एकात्म मानववाद' को छोड़कर 'गांधीवादी समाजवाद' और 'हिन्दुत्व' के बजाय 'सेक्यूलरिज़्म' अपनाने जैसा वाजपेयी का हर फ़ैसला सवालों के घेरे में था और वाजपेयी को सूली पर चढ़ाने की तैयारी थी। संघ में भी वाजपेयी की लीडरशिप को लेकर सवाल उठने लगे।

आमतौर पर संघ में सरसंघचालक चिट्ठियों के जवाब व्यक्तिगत तौर पर देते रहे हैं या उन चिट्ठियों पर उनके दस्तख़त होते हैं। देवरस किताबों और अख़बार पढ़ने में तो बहुत रुचि रखते थे, लेकिन उन्हें चिट्ठियां लिखना या जवाब देना पसंद नहीं था। विजयादशमी पर सालाना भाषण के लिए वे उस वक़्त के 'तरुण भारत' के संपादक माधव गोविन्द वैद्य से चर्चा करते और फिर वैद्य लिखते थे। 1985 में एम. जी. वैद्य दशहरे से पहले अपने गांव गए हुए थे। देवरस ने उन्हें वापस नहीं बुलाया। इसकी बड़ी वजह थी कि उस साल के भाषण में देवरस ने तब के प्रधानमंत्री राजीव गांधी के कामकाज की तारीफ की थी। देवरस ने उस भाषण में कहा, "राजीव गांधी सरकार संघ की लाइन पर ही चल रही है।"

नागपुर में एक मार्क्सवादी विचारक थे एम. जी. बोकारे, वह नागपुर विश्वविद्यालय के कुलपति भी रहे। उनके विश्वविद्यालय से रिटायर होने के बाद दत्तोपंत ठेंगड़ी ने उन्हें अपने साथ ले लिया और स्वदेशी जागरण मंच और ऑल इंडिया इंटेलेक्ट प्रोजेक्ट में शामिल कर लिया। बोकारे ने फिर हिन्दू विचारों और वैदिक कालखंड का हवाला देते हुए, आर्थिक मुद्दों पर एक किताब लिखी 'हिन्दू इकॉनोमिक्स'। यह किताब बोकारे ने देवरस को भेंट की तो देवरस ने कहा कि 'बहुत अच्छा किया आपने'। बोकारे ने कहा, "आप सरसंघचालक के तौर पर इस किताब पर अपनी प्रतिक्रिया दीजिए"। देवरस टालना चाहते थे। लेकिन जब बोकारे नहीं माने तो देवरस ने कहा, "हम संघ में किसी की सीधे आलोचना नहीं करते,

लेकिन बात यह है कि डॉ. हेडगेवार ने हमेशा इस बात पर ज़ोर दिया है कि संघ किसी भी विचार को स्थायी नहीं मानता और उस फ्रेम में ख़ुद को नहीं रखता क्योंकि संघ के हिसाब से विचार सामयिक होते हैं। ज़रूरी नहीं कि हर पुरानी चीज़ सोना ही हो और हर नई चीज़ ख़राब। विचार समय के साथ बदलते रहते हैं, इसलिए हिन्दू इकॉनोमिक्स जैसा कुछ नहीं। हिन्दू का मतलब ही है, नित्य नूतन। आपने किताब लिखी, इसका स्वागत है। लेकिन यह कॉन्सेप्ट हमें मंज़ूर नहीं।"

1985 संघ के साठ वर्ष पूरा होने का साल था। राजनीतिक उथल-पुथल का दौर था। प्रचंड बहुमत के साथ राजीव गांधी प्रधानमंत्री थे। संघ ने तब तक बहुत काम किया था, लेकिन प्रभाव और परिणाम संतोषजनक नहीं थे। उस वक़्त बालासाहब ने संघ के स्वयंसेवकों को कहा, "हमें अपने अंदर झांकना होगा। तमस त्यागें और नई राह बनाएं।" उनके इस भाषण का बहुत असर पड़ा और विचार-मंथन शुरू हो गया।

भाजपा उस वक़्त असमंजस में चल रही थी। वैचारिक और संगठन के मुद्दों पर पार्टी में बहस चल रही थी। तब 1987 में बालासाहब ने कोच्चि में वाजपेयी और आडवाणी से मुलाक़ात की। बालासाहब ने सलाह दी कि इस वक़्त कांग्रेस हिन्दुत्व के आधार को अपनाने की कोशिश कर रही है, लेकिन वह राजीव गांधी के नेतृत्व में ऐसा नहीं कर पाएगी। भाजपा यदि इस रास्ते पर आगे बढ़ती है तो उसे हिन्दू समाज का समर्थन मिलेगा। इसके बाद जून, 1989 में पालमपुर में प्रस्ताव पारित करके भाजपा ने अपनी लाइन बदल ली और शायद नेता भी। अब वाजपेयी के बजाय चेहरा था लालकृष्ण आडवाणी का और वे 'हिन्दू हृदय सम्राट' बनने की यात्रा पर थे।

संघ के एक वरिष्ठ नेता बापू राव वरदपांडे ने संघ और उसके सहयोगी संगठनों के कामकाज के तौर-तरीक़ों और अंदरूनी मतभेदों पर एक रिपोर्ट बनाई थी। वरदपांडे ने कहा कि सरसंघचालक बालासाहब देवरस संघ परिवार के संगठनों में चल रहे सामंजस्य के अभाव और गड़बड़ियों को ख़त्म करने का रास्ता निकालने की कोशिश कर रहे थे। वरदपांडे के हिसाब से पूरा संघ परिवार एक तरह से बिखराव की कगार तक पहुंच गया था। आपस में कोई सामंजस्य नहीं दिख रहा था। देवरस ने सुझाया कि इसे ठीक करने का एक रास्ता उन्हें राजनीतिक ताक़त देने का लालच हो सकता है, लेकिन इससे पहले ज़रूरी है कि सब एक तार में बंध जाएं, या कम से कम उनकी सरगम एक हो। उस तक पहुंचने का एक रास्ता बना 1988 में, जब डॉ. हेडगेवार के शताब्दी समारोह का आयोजन किया गया।

डॉ. हेडगेवार और डॉ. आंबेडकर की जन्मशताब्दी

1989 में भाजपा ने डॉ. हेडगेवार और डॉ. आंबेडकर की जन्मशताब्दी मनाई। बालासाहब देवरस ने अपनी तबीयत ख़राब होने के बावजूद इसके लिए देशभर में यात्राएं कीं। बालासाहब ने तीन कार्य निर्धारित किए। पहला, स्वयंसेवकों के लिए

कि वे डॉ. हेडगेवार के संघ से पहले के जीवन को समाज में बताएं और प्रचारित करें। दूसरा, हिन्दू राष्ट्र की विचारधारा का प्रचार करें और तीसरा, समाज जीवन में संघ के सेवा कार्यों को फैलाया जाना चाहिए। शताब्दी वर्ष के मौक़े पर संघ ने डॉ. हेडगेवार की स्मृति में डाक टिकट जारी करने की मांग की थी, लेकिन राजीव गांधी सरकार ने इसे नहीं माना। तब संघ ने दूसरा रास्ता निकाला। एक करोड़ पोस्टकार्ड छपवाए गए, जिन पर एक तरफ़ डॉ. हेडगेवार की तस्वीर थी और दूसरी तरफ़ अखंड भारत का भगवा-ध्वज के साथ नक्शा। इन पोस्टकार्डों को देशभर में भेजा गया। इसके साथ ही संघ ने दो लाख गांवों तक पहुंचने की योजना बनाई। देशभर में छोटे-बड़े स्तर पर पचास हज़ार कमेटियां बनाई गईं। नवंबर, 1988 से अप्रैल, 1989 तक अस्सी हज़ार जनसभाएं की गईं। इसमें डेढ़ करोड़ परिवारों तक पहुंचने का लक्ष्य रखा गया।

इसी साल विश्व हिन्दू परिषद पच्चीसवें साल में प्रवेश कर रहा था। इस मौक़े पर 24 मार्च, 1989 को अहमदाबाद में संघ और उसके संगठनों की बैठक हुई। बैठक में बालासाहब देवरस, एच. वी. शेषाद्रि, रज्जू भैया, अशोक सिंहल, भाऊराव देवरस, यादव राव जोशी, दत्तोपंत ठेंगड़ी, लालकृष्ण आडवाणी और सुंदर सिंह भंडारी समेत कई बड़े नेता मौजूद थे। इस बैठक के बाद ही बालासाहब ने राम जन्मभूमि आंदोलन की कमान मोरोपंत पिंगले को सौंप दी। आंदोलन की भूमिका से ही हिन्दुत्व का विचार मुख्यधारा में आ गया। बालासाहब का मानना था कि पूरा आंदोलन संघ के नियंत्रण और निगरानी में ही चलना चाहिए। इसके साथ ही भारतीय मज़दूर संघ तब तक देश का दूसरा सबसे बड़ा मज़दूर संगठन बन गया था और संघ का एक और सहयोगी संगठन भारतीय वनवासी कल्याण आश्रम भी तेज़ी से बढ़ रहा था। संघ परिवार फल-फूल रहा था, लेकिन सबके रास्ते अलग-अलग थे। उनमें आपस में कोई सामंजस्य नहीं था।

1992 में बाबरी मस्जिद गिरने से क़रीब दो महीने पहले विजयादशमी पर नागपुर में संघ का सालाना कार्यक्रम था। उस साल कार्यक्रम के मुख्य अतिथि पत्रकार लेखक अरुण शौरी थे। शौरी बाद में अटल बिहारी वाजपेयी सरकार में विनिवेश मंत्री भी बने। कार्यक्रम में सरकार्यवाह रहे रज्जू भैया का मानना था कि इस बार सरसंघचालक अपने संबोधन में अयोध्या आंदोलन को लेकर सख़्त रुख़ अपनाएं। उस साल 6 दिसंबर को अयोध्या में कार सेवा का कार्यक्रम तय हुआ था। तो संघ की उत्तर प्रदेश इकाई भी यही चाहती थी क्योंकि सरसंघचालक के रुख़ से कार्यक्रम को ताक़त मिलती।

रज्जू भैया ने इसके लिए नागपुर जाना तय किया ताकि बालासाहब के संबोधन में इस बात पर ज़ोर दिया जा सके। नागपुर पहुंच कर रज्जू भैया ने बालासाहब के निजी सहयोगी श्रीकांत जोशी से मुलाक़ात की और उनसे सरसंघचालक के भाषण की कॉपी दिखाने को कहा, जिसे हमेशा की तरह एम. जी. वैद्य ने लिखा था। रज्जू भैया की आशंका सही निकली। भाषण में उतना सख़्त रुख़ नहीं दिख रहा था,

जितना आरएसएस चाहता था। जब इस बात की जानकारी एम. जी. वैद्य को लगी कि रज्जू भैया को वह हिस्सा पसंद नहीं आया है, तो उन्होंने उसे ठीक करके दोबारा लिख दिया।

अगले दिन सवेरे सरसंघचालक बालासाहब ने एम. जी. वैद्य को बुलाया और पूछा कि क्या आपको लगता है कि सरसंघचालक को इस सख़्त लहजे में अपनी बात रखनी चाहिए? वैद्य ने बिना रज्जू भैया का नाम लिए बालासाहब को उस बदलाव का कारण बताया, लेकिन बालासाहब नहीं माने और उन्होंने पहले वाला ही भाषण पढ़ा। इस घटना से अंदाज़ा लगता है कि देवरस सरसंघचालक के पद की गरिमा का किस हद तक ध्यान रखते थे। जहां तक राम जन्मभूमि मामले का सवाल था, उस पर देवरस हमेशा कहते रहे कि इस पर संघ का रुख़ हमेशा से ही स्पष्ट रहा है और उसने 1980 से 1991 तक कई प्रस्ताव भी इस पर पारित किए हैं। इन प्रस्तावों में कहा गया है कि हिन्दुओं को राम मंदिर के निर्माण के लिए किसी भी बलिदान के लिए तैयार रहना चाहिए। जीत तो निश्चित है। 1991 के विधानसभा चुनावों में यूपी में भाजपा को बहुमत मिल चुका था। 6 दिसंबर, 1992 को देवरस के सरसंघचालक रहते हुए ही बाबरी मस्जिद का ढांचा गिरा।

बालासाहब 1973 से 1994 तक इक्कीस साल सरसंघचालक रहे। सरसंघचालक के तौर पर देवरस के इक्कीस साल के कार्यकाल को तीन बड़ी वजहों से याद किया जाता रहेगा—पहला, इंदिरा गांधी सरकार के ख़िलाफ़ जनता को सड़क तक ले आना, फिर इमरजेंसी के बाद केंद्र में पहली ग़ैर-कांग्रेसी सरकार लाने में अहम भूमिका निभाना, साथ ही संघ को मुख्यधारा में लाना और तीसरा सबसे बड़ा काम, राम जन्मभूमि आंदोलन को राष्ट्रीय स्तर तक पहुंचाना।

ग़ैर-राजनीतिक संगठन संघ के सरसंघचालक बालासाहब देवरस ने भाजपा का पहला प्रधानमंत्री बनते अटल बिहारी वाजपेयी को भी देखा। बालासाहब ने भले ही कहा हो कि उनकी मृत्यु के बाद उनका नागपुर में कोई स्मारक नहीं बनाया जाए, लेकिन करोड़ों स्वयंसेवकों के दिलोदिमाग में तो अब भी बालासाहब बसे हुए हैं। बालासाहब असल मायने में आम स्वयंसेवक के नुमाइंदे थे।

6

एकात्म मानववाद: पंडित दीनदयाल उपाध्याय

साल 1963, राजनैतिक नज़रिए से अहम था। उस साल चार सीटों पर लोकसभा उपचुनाव थे जिसमें कांग्रेस और वामपंथी और दूसरी तरफ़ ग़ैर-कांग्रेसी और ग़ैर-वामपंथी दलों का ध्रुवीकरण हो गया था। विपक्षी दलों ने संयुक्त रूप से उत्तर प्रदेश में तीन राष्ट्रीय नेताओं को चुनाव मैदान में उतारा। अमरोहा से आचार्य जे. बी. कृपलानी, फर्रुखाबाद से डॉ. राममनोहर लोहिया और जौनपुर से दीनदयाल उपाध्याय विपक्ष के संयुक्त उम्मीदवार थे। इसके अलावा गुजरात की राजकोट सीट से स्वतंत्र पार्टी के महामंत्री मीनू मसानी भी संयुक्त उम्मीदवार थे। जौनपुर सीट जनसंघ के ही सांसद ठाकुर ब्रह्मजीत सिंह के निधन से खाली हुई थी। चुनाव प्रचार के दौरान जनसंघ के राष्ट्रीय अध्यक्ष डॉ. रघुवीर की एक कार दुर्घटना में मृत्यु हो गई। इन उप-चुनावों में उपाध्याय के अलावा बाक़ी तीनों उम्मीदवार जीत गए। दीनदयाल उपाध्याय पर शोध करने और उन पर किताब लिखने वाले डॉ. महेश शर्मा बताते हैं, "उपाध्याय की हार का बड़ा कारण यह था कि ख़ुद उम्मीदवार जीतने के लिए चुनाव लड़ ही नहीं रहा था। उपाध्याय ख़ुद चुनाव लड़ने के पक्ष में नहीं थे और गोलवलकर उन्हें लड़ाना नहीं चाहते थे। गोलवलकर का कहना था, 'हर हाल में हानि होगी, जीते या हारे, हारने पर कम और जीतने पर ज्यादा हानि होगी'।"

उपाध्याय मानते थे कि प्रचारकों को राजनीति में नहीं आना चाहिए और उन्हें सिर्फ़ संगठन के काम पर ध्यान देना चाहिए। दरअसल, इस चुनाव में संघ के प्रांतप्रचारक भाऊराव देवरस और जनसंघ के कार्यकर्ताओं के दबाव में उपाध्याय मैदान में उतरे थे। साथ ही, बालासाहब देवरस ने ग़ैर-कांग्रेसी पार्टियों को मिलकर चुनाव लड़ने के लिए तैयार किया था। जौनपुर सीट पर राजपूतों और ब्राह्मणों के बीच का चुनाव था। कांग्रेस ने अपने उम्मीदवार के लिए राजपूतवाद का सहारा लिया, लेकिन जब जनसंघ ने इसके जवाब में ब्राह्मणवाद की कोशिश की तो उपाध्याय नाराज़ हो गए और कहा कि यदि ऐसे चुनाव जीतने की कोशिश की गई तो वह चुनाव से हट जाएंगे।

चुनाव प्रचार के दौरान वह सिर्फ़ जनसंघ की नीतियों और आर्थिक मुद्दों पर ही बात करते थे। उन्होंने पर्चा भरने के दौरान ही पार्टी से कहा कि विजयी उम्मीदवार को सबसे पहली बधाई मेरी तरफ़ से दी जाएगी। मैं लिख देता हूं, किसी को भेज दो। लोगों को हैरानी तब हुई जब चुनाव नतीजे आने के बाद हारे हुए उपाध्याय ने एक जनसभा की और उसमें विजयी उम्मीदवार को बधाई देते हुए उसे जनहित कार्यों में सहयोग देने की घोषणा भी की।

वरिष्ठ पत्रकार अच्युतानंद मिश्र बताते हैं कि जौनपुर चुनाव में मुरली मनोहर जोशी कार्यालय प्रमुख थे। उस समय वहां के अख़बारों में कृपलानी और लोहिया के हारने और उपाध्याय के जीतने की ख़बरें छप रही थीं। मिश्र ने जोशी से पूछा तो उन्होंने जवाब दिया कि उपाध्याय हारेंगे तो अपने कारणों से हारेंगे। वे राजनीति को शुद्ध करने आए हैं और राजनीति का स्खलन हो गया है।

नागपुर का हेडगेवार स्मृति भवन। महर्षि व्यास स्मृति सभागार में लोग अनुशासित और सतर्क होकर बैठे हैं। तृतीय वर्ष में बौद्धिक सत्र, उनके विषयों और व्याख्यानों पर ख़ासतौर से ध्यान दिया जाता है। व्याख्यान भी राष्ट्रीय स्तर के पदाधिकारी ही करते हैं। आज का विषय है—एकात्म मानव दर्शन। सह-सरकार्यवाह मुकुंद जी बताना शुरू करते हैं कि पं. दीनदयाल उपाध्याय ने सत्तर के दशक में जब यह दर्शन, सिद्धांत रखा तो यह विषय कोई नया नहीं था। यह हज़ारों वर्षों से हिन्दू चिंतन में है, लेकिन हम भूलने लगे थे। इसलिए इस पर ज़ोर देने की ऐतिहासिक ज़रूरत थी। दीनदयाल उपाध्याय ने पहली बार 1964 के संघ शिक्षा वर्ग के बौद्धिक में यह विचार रखा था, तब दो दिन तक इस पर चर्चा हुई। उसी साल ग्वालियर में जनसंघ के राष्ट्रीय अधिवेशन में उन्होंने एकात्मवाद का सिद्धांत और नीति का दस्तावेज पेश किया।

यह प्रस्ताव विजयवाड़ा में स्वीकृत हुआ और बाद में उस वक़्त के बम्बई में अप्रैल, 1965 में इस पर चार दिन तक विस्तार से चर्चा हुई। बम्बई में उपाध्याय ने एकात्म मानववाद को समझाने के लिए चार भाषण दिए। उन दिनों पश्चिम में व्यक्तिवाद, धर्मतंत्र और समाजवाद पर चर्चा शुरू हो गई थी। धर्मतंत्र यानी चर्च का राज और समाजवाद यानी इंसान का राज। अपने भाषण में 'राज्य' यानी 'स्टेट', 'डेमोक्रेसी', 'अतिवाद' फिर 'भारत एक राष्ट्र है क्या' जैसे मुद्दों के साथ उन्होंने विस्तार से 'एकात्मवाद' पर चर्चा की थी।

जनवरी, 1965 में विजयवाड़ा में जनसंघ की अखिल भारतीय प्रतिनिधि सभा के अधिवेशन में दल के 'सिद्धांत और नीति' शीर्षक से जो निबंध स्वीकृत हुआ, उसकी शुरुआत ही एकात्म मानव दर्शन से हुई है।

'एकात्म मानव दर्शन' दीनदयाल उपाध्याय की पहचान और उनका सामाजिक दर्शन है। साधारण-से दिखनेवाले नेता का असाधारण-सा काम। जनसंघ ही नहीं, उसके बाद भाजपा और उसकी सरकारें भी 'एकात्म मानववाद' की बातें करती रही हैं।

राजनीतिक नैतिकता और वैचारिक शुद्धता पर ज़ोर देनेवाले दीनदयाल उपाध्याय और चुनावी जीत को ही अंतिम सत्य माननेवाली आज की भाजपा में जमीन-आसमान का फर्क है। कहां तो आर्थिक अनुशासन, मितव्ययता और दो जोड़ी कुर्ता-धोती के साथ रेल के तीसरे दरजे में यात्रा करने वाले दीनदयाल, कहां चार्टर्ड फ्लाइट से नीचे पैर नहीं धरने वाले आज के भाजपा नेता!

पार्टी के वरिष्ठ नेता लालकृष्ण आडवाणी ने लिखा, "डॉ. मुखर्जी के निधन के बाद जनसंघ में बहुत से लोग अध्यक्ष बने, लेकिन हर कोई जानता था कि पार्टी के महासचिव दीनदयाल जी ही जनसंघ के दिलो-दिमाग में हैं। वह केवल नेता नहीं थे, बल्कि फिलॉसफर, गाइड और प्रेरणास्त्रोत थे।" दीनदयाल 'पार्टी विद डिफरेंस' के विचार से जनसंघ चला रहे थे, बाद में यह नारा आडवाणी ने 90 के दशक में दिया, लेकिन सोच वही थी। शायद इसीलिए 1973 में कानपुर अधिवेशन में जब आडवाणी जनसंघ के अध्यक्ष चुने गए तो संघ के मुखपत्र 'ऑर्गेनाइजर' ने शीर्षक दिया, 'जनसंघ के शीर्ष पर दूसरे दीनदयाल'।

वरिष्ठ पत्रकार नीलांजन मुखोपाध्याय बताते हैं, "25 जनवरी, 2013 नरेन्द्र मोदी के लिए बेहद ख़ास दिन था। उस दिन मोदी को भाजपा की ओर से प्रधानमंत्री पद का उम्मीदवार घोषित किया गया था, वह भी लालकृष्ण आडवाणी की मौजूदगी में। भोपाल में हुई उस बैठक में आडवाणी, राजनाथ सिंह और शिवराज सिंह चौहान मौजूद थे।" इस ऐलान के बाद मोदी ने कहा, "जनसंघ के संस्थापक अध्यक्ष डॉ. श्यामा प्रसाद मुखर्जी ने एक बार कहा था कि 'तुम मुझे दो दीनदयाल दो, मैं देश की तस्वीर बदल दूंगा।' और जब देश 2015-16 में पंडित दीनदयाल उपाध्याय की जन्मशती मना रहा होगा, तब भाजपा देश के ज़्यादातर राज्यों में शासन कर रही होगी।" इसके बाद नवंबर-दिसंबर 2014 में हुए विधानसभा चुनावों में भाजपा ने महाराष्ट्र, हरियाणा, झारखंड और जम्मू और कश्मीर में जीत हासिल की थी। लेकिन 2019 में पांच राज्यों के विधानसभा चुनावों से पहले देश के दो-तिहाई राज्यों में भाजपा सरकार थी। हालांकि, 2020 आते-आते भाजपा भले ही केंद्र में बहुमत के साथ सरकार चला रही है, लेकिन राज्यों में उसकी हिस्सेदारी घटकर 50 फीसद से कम हो गई है। जब 26 मई, 2014 को नरेन्द्र मोदी पहली बार प्रधानमंत्री बने, तो उन्होंने दीनदयाल उपाध्याय के अंत्योदय के विचार को सामने रखते हुए कहा कि हमारी सरकार ग़रीबों और वंचित लोगों के लिए काम करेगी।

उपाध्याय कहते थे कि जब तक देश पर अंग्रेज़ों का शासन था, तब तक सभी आंदोलनों और राजनीति का लक्ष्य स्वराज प्राप्त करना था, लेकिन स्वराज मिल जाने के बाद हमारा स्वरूप क्या होगा, हम किस दिशा की ओर चलेंगे, इन सब पर

कोई विचार या चर्चा नहीं हुई थी। हालांकि, गांधी जी ने हिन्द स्वराज में आज़ादी के बाद भारत की तस्वीर पर अपने विचार रखे थे, लेकिन इस पर बहुत गंभीरता से काम नहीं हुआ था।

उपाध्याय ने आगे कहा, "अंग्रेज़ों के चले जाने के बाद देश की राजनीति, समाज-व्यवस्था, जीवन आदर्श आदि पर विदेशी शासकों का प्रभाव था, वास्तव में दूर हो जाना चाहिए था, लेकिन दूर होने के बजाय वह बढ़ता ही गया। उनकी वेषभूषा, रीति-रिवाज, भाषा आदि बातें हमारे देश में घुस गईं। समाजशास्त्र, नीतिशास्त्र, राज्य-व्यवस्था आदि विषयों में भी उन्हीं की बातें प्रमाण मानी जाने लगीं। वेद, उपनिषद्, स्मृति, गीता और रामायण के स्थान पर मिल्स, हेगल, एडम स्मिथ, मार्क्स, एंजेल्स के वचन यहां प्रमाण माने जाने लगे।" उपाध्याय कहते हैं, "वस्तुत: प्रत्येक राष्ट्र के लिए अपने 'स्व' का विचार करना आवश्यक होता है। स्वत्व के बिना स्वराज का कोई अर्थ नहीं होता।"

एकात्म मानव दर्शन

एकात्म मानव दर्शन का अर्थ है मानव जीवन और संपूर्ण प्रकृति के एकात्म संबंधों का दर्शन। मनुष्य प्राणी शरीर, मन, बुद्धि और आत्मा का संकलित रूप है, इसलिए मानव के सर्वांगीण विचार उसके शरीर, मन, बुद्धि और आत्मा सबके संकलित विचार हैं। व्यक्तित्व के इन चारों पक्षों की समुचित आवश्यकताओं को पूरा करने, उनकी विविध मांगों और इच्छा-आकांक्षाओं को पूर्ण करने और उनके सर्वांगीण विकास के लिए भारतीय संस्कृति ने व्यक्ति के सामने कर्तव्य के रूप में चार पुरुषार्थों का आदर्श रखा है।

उपाध्याय ने कहा कि मनुष्य के चार पुरुषार्थ—धर्म, अर्थ, काम और मोक्ष—इन चारों के प्रति मानव का आकर्षण होता है। इसलिए इन पुरुषार्थों की उपासना से उसे सुख भी प्राप्त होता है। लेकिन इनमें से किसी एक ही पुरुषार्थ को मानव-कर्तव्य की प्रेरणा का मूल या मानव जीवन की सफलता का मापदंड मानना ग़लत होगा। इन चार पुरुषार्थों में निहित एकात्म मानव हमारे समग्र चिंतन का और व्यवस्थाओं का केंद्र होना चाहिए। व्यक्ति-जीवन का सर्वांगीण और चारों पुरुषार्थों के अनुसार विचार करने वाला, उसके लिए प्रयत्नशील रहने वाला और साथ ही व्यक्ति से लेकर विश्व-मानव तक परिवार, राष्ट्र जैसे एकात्म समूहों और उनसे भी परे जाकर परमेष्ठी से तादात्म्य स्थापित करने की क्षमता रखने वाला एकात्म मानव ही इस दर्शन का आदर्श है।

सरसंघचालक गोलवलकर जब नागपुर में रहते थे, सारे अख़बार पढ़ते थे और 'तरुण भारत' की हर ख़बर पर उनकी नज़र रहती थी। उन दिनों टेलीप्रिंटर पर ख़बर अख़बार के दफ्तर में आती, तो गोलवलकर ख़ासतौर से संघ से जुड़ी हर ख़बर पर नज़र डालते। उस वक़्त मामा थोमरे तरुण भारत के प्रधान संपादक थे। नागपुर में जनसंघ का अधिवेशन चल रहा था। ख़बर आई कि 'हिन्दू राष्ट्र'

पर दीनदयाल उपाध्याय ने प्रस्ताव रखा है और इसके समर्थन में प्रस्ताव पर चर्चा होने वाली है। गोलवलकर ने उपाध्याय को कहा कि आप 'हिन्दू राष्ट्र' का मुद्दा संघ के लिए छोड़ दें। आपने संविधान की शपथ ली है, आप 'सेक्यूलरिज़्म' पर काम करें। इसके बाद जनसंघ के केरल अधिवेशन में जब 'एकात्म मानववाद' का प्रस्ताव रखा गया तो गोलवलकर ने कहा कि हम 'वाद' को नहीं मानते, इस पर चर्चा की आवश्यकता नहीं है।

बाद में, 'एकात्म मानववाद' को रज्जू भैया और एच. वी. शेषाद्रि ने संघ के बौद्धिक से यह तर्क देते हुए हटा दिया कि डॉ. हेडगेवार कहते थे कि संघ में व्यक्तिपूजा नहीं चाहिए। संघ किसी 'वाद' या 'इज़्म' से या व्यक्ति के विचारों से बंधा नहीं रह सकता।

जनसंघ की धुरी

दीनदयाल उपाध्याय का राजनीतिक जीवन जनसंघ की स्थापना के साथ से उससे जुड़ गया था, जब सरसंघचालक गोलवलकर ने डॉ. श्यामा प्रसाद मुखर्जी के साथ उन्हें जोड़ दिया था। जनसंघ पर किताब 'ए बायोग्राफी ऑफ़ द पॉलिटिकल पार्टी: जनसंघ' के लेखक क्राइग बैक्स्टर ने कहा, "...जनसंघ, एक दलविहीन नेता श्यामाप्रसाद मुखर्जी और नेताविहीन दल आरएसएस के मिलने का नतीजा भर है।" उपाध्याय पर पीएचडी करने और किताब लिखने वाले भाजपा सांसद डॉ. महेश शर्मा मानते हैं कि ऐसा कहना ठीक नहीं है, चीज़ें इतनी सरल नहीं थीं। संघ के तब के सरसंघचालक गोलवलकर की नेतृत्व-क्षमता पर कोई शक नहीं कर सकता।

आज़ादी के बाद संघ की भूमिका को लेकर संघ के भीतर भी व्यापक बहस हुई थी। गांधीजी की हत्या के बाद जब संघ पर प्रतिबंध लगा तो कोई राजनैतिक दल या नेता मदद के लिए साथ नहीं आया, तब संघ नेतृत्व को लगा कि राजनैतिक दल बनाकर सरकार का सामना करना चाहिए। संघ के सरकार्यवाह भैयाजी दाणी ने 25 मार्च, 1949 को एकनाथ रानाडे को एक खत लिखकर कहा, "सरकार अपने को आमंत्रित करेगी नहीं। हमको राजनीतिक दल बनाना पड़ेगा। उसका संविधान आदि पुणताम्बेकर सरीखे व्यक्ति से बनवाकर सब प्रकार से तैयारी में लगें। समय न गंवाएं..."[1]

डॉ. महेश शर्मा बताते हैं कि जुलाई, 1949 में जब संघ से प्रतिबंध हट गया तो राजनैतिक पार्टी बनाने की बहस खत्म नहीं हुई, बल्कि इसकी ज़रूरत शिद्दत से महसूस होने लगी। 'पांचजन्य' और 'ऑर्गेनाइजर' समेत कई पत्रिकाओं में इसे लेकर दादा परमार्थ, बलराज मधोक और के. आर. मलकानी ने लेख भी लिखे। उस वक़्त भी संघ के बहुत से नेताओं समेत ख़ुद सरसंघचालक गोलवलकर राजनैतिक दल बनाने से सहमत नहीं थे। गोलवलकर ने दिसंबर, 1949 में लखनऊ में एक भाषण देते हुए, संघ के राजनीतिक दल बनाने के ख़िलाफ़ अपनी राय रखी थी।

1. दीनदयाल उपाध्याय — डॉ. महेश शर्मा

गोलवलकर मानते थे कि कोई भी एक राजनीतिक दल, पूरे हिन्दू समाज के लक्ष्य को पूरा नहीं कर सकता और इसलिए दलवाद से समाज बंटेगा। गोलवलकर इस बात से भी सहमत नहीं थे कि, "...लोग कहते हैं कि दल बनाकर भी ऐसा हो सकता है कि दल के संस्कार न हों... दल बनाकर दलगत स्वार्थ से ऊपर उठने की बात असंभव है। इसलिए हमने अपने को किसी दल या राजनीतिक पक्ष या पंथ के रूप में नहीं रखा। ...कांग्रेस के लोगों का पतन हुआ होगा, हमारा नहीं होगा, यह मिथ्याभिमान है।"[2]

नागपुर में 18 से 22 अक्टूबर, 1949 तक कार्यकर्ताओं का एक सम्मेलन हुआ, जिसमें दिन भर स्वयंसेवकों और कार्यकर्ताओं के विचार जानने के बाद हर दिन गोलवलकर का भाषण होता था। इसमें भी गोलवलकर ने ज़ोर दिया कि संघ के पारंपरिक रूप को न बदलते हुए राजनीतिक और दूसरे सामाजिक कार्यों को अपनाने के आग्रह को छोड़कर संगठन को मज़बूत करना चाहिए। इसी दौरान बालासाहब देवरस का एक लेख, 'संघ का अगला कदम', पत्रिका 'युगधर्म' में प्रकाशित हुआ। इसमें देवरस ने कहा, "...संघ समाज को साथ लेकर उसकी समस्याओं का अपनी नीति और आदर्शों के अनुसार निदान प्रस्तुत करने की योजना करेगा।"

इस दौरान देश में सियासी घटनाक्रम तेज़ी से बदल रहा था। विभाजन की मुश्किलों के बीच 8 अप्रैल, 1950 को दिल्ली में नेहरू-लियाकत समझौता हुआ। इस समझौते से पहले ही इसे 'पूर्वी बंगाल के हिन्दुओं के साथ धोखा' बताते हुए डॉ. श्यामाप्रसाद मुखर्जी ने नेहरू मंत्रिमंडल से त्यागपत्र दे दिया। इसके साथ ही नई पार्टी बनाने की गतिविधियां तेज़ हो गईं। 1951 में मई से अक्टूबर तक पहले प्रांतों में दल बनाए गए और फिर 21 अक्टूबर, 1951 को दिल्ली में श्यामाप्रसाद मुखर्जी की अध्यक्षता में अखिल भारतीय जनसंघ की स्थापना हुई। उस वक़्त दिल्ली में प्रांत संघचालक लाला हंसराज गुप्त, दिल्ली के प्रांत प्रचारक वसंत राव ओक, पंजाब प्रांत कार्यवाह धर्मवीर, बलराज मधोक और भाई महावीर सक्रिय थे। गुरुजी गोलवलकर ने मुखर्जी को अलग-अलग राज्यों के लिए संघ की तरफ़ से कई नेता दिए। इनमें यूपी में दीनदयाल उपाध्याय और नानाजी देशमुख, मध्य भारत में मनोहरराव मोघे, राजस्थान में सुंदर सिंह भंडारी, बिहार में ठाकुर प्रसाद जैसे नाम शामिल थे। डॉ. भाई महावीर जनसंघ के पहले महामंत्री बनाए गए। यह सभी नेता संघ में उन प्रांतों में दूसरे नंबर के नेता थे। 'जनसंघ' की स्थापना से पहले डॉ. मुखर्जी ने मई, 1951 में बंगाल में 'पीपुल्स पार्टी' बना ली थी।

डॉ. महेश शर्मा बताते हैं कि प्रांतीय जनसंघ इकाइयों के दौर में सितम्बर, 1951 में लखनऊ में उत्तर प्रदेश जनसंघ इकाई का गठन हुआ और उपाध्याय प्रदेश महामंत्री बनाए गए। तब तक वे संघ के सह-प्रांतप्रचारक थे। अखिल भारतीय जनसंघ बनने से पहले 8 सितम्बर को दिल्ली में हुई बैठक में पार्टी का घोषणापत्र तैयार किया गया। इसके लिए उपाध्याय लखनऊ से आए थे। स्थापना के बाद

2. ध्येय दर्शन: राष्ट्र धर्म प्रकाशन

जनसंघ का पहला राष्ट्रीय अधिवेशन 29 से 31 दिसंबर, 1952 को कानपुर में हुआ। नानाजी देशमुख इसके संयोजक थे और तभी भाई महावीर की जगह उपाध्याय को राष्ट्रीय महामंत्री बनाया गया। दूसरे महामंत्री मौलिचन्द्र शर्मा थे। वैचारिक दृष्टि से जनसंघ को उपाध्याय के नेतृत्व का अंदाजा इस बात से लगाया जा सकता है कि पार्टी के पहले अधिवेशन में पारित 15 प्रस्तावों में से 7 उपाध्याय ने पेश किए थे। इनमें शामिल थे:

(1) दक्षिण अफ्रीका में रंगभेद का विरोध
(2) भारत में विदेशी उपनिवेश
(3) कर नीति तथा बहुसूत्री बिक्री कर
(4) चुनाव नियमों में संशोधन
(5) पुनर्वास
(6) पंचवर्षीय योजना और
(7) सांस्कृतिक पुनरुत्थान

ये प्रस्ताव पारित हो गए। इसमें सबसे महत्वपूर्ण प्रस्ताव 'सांस्कृतिक पुनरुत्थान' का था, जिसमें कहा गया था कि शिक्षा का आधार भारतीय संस्कृति हो, संस्कृत को बढ़ावा दिया जाए और देश की सभी भाषाएं देवनागरी में लिखी जाएं। भारत के इतिहास को ठीक करके लिखने की ज़रूरत है और उसका आधार आक्रमणकारियों के बजाय भारत की संस्कृति हो। देश में लोगों के बीच भारतीयकरण के लिए जनजागरण अभियान भी चलाना चाहिए।

वैसे, संघ परिवार और जनसंघ-भाजपा के रिश्ते के इतिहास को देखें, तो समझ आएगा कि शुरू से ही संघ की इच्छा रही कि उसका अपने राजनीतिक संबद्ध संगठन पर दबदबा बना रहे, लेकिन सार्वजनिक तौर पर उन्होंने इस रिश्ते को सिर्फ़ 'सलाहकार' का नाम दिया। जनसंघ बनने के कुछ अरसे बाद जब अध्यक्ष डॉ. श्यामाप्रसाद मुखर्जी का अचानक निधन हो गया तो उस वक़्त उतने बड़े कद का कोई दूसरा नेता नहीं था। तब संघ के आदेश पर पार्टी के उपाध्यक्ष मौलिचन्द्र शर्मा को अध्यक्ष पद की ज़िम्मेदारी सौंप दी गई। महात्मा गांधी की हत्या के बाद जब संघ पर प्रतिबंध लगाया गया था, तब मौलिचन्द्र शर्मा ही उसका काम देख रहे थे। शर्मा के उस वक़्त सरकार में भी अच्छे रिश्ते थे और उन्होंने जन अधिकार समिति बनाकर संघ परिवार के लोगों की मदद की थी। शर्मा ने संघ से पाबंदी हटाने में सक्रिय भूमिका निभाई थी। शर्मा ने उस वक़्त मध्य प्रांत के गृहमंत्री रहे डी.पी. मिश्रा की मदद ली थी। केंद्र सरकार संघ से भविष्य में राजनैतिक गतिविधियों में शामिल नहीं होने का लिखित आश्वासन चाहती थी, लेकिन जेल में बंद सरसंघचालक गोलवलकर इसके लिए तैयार नहीं थे।

तब शर्मा ने बीच का रास्ता निकलवाया कि गुरु गोलवलकर ने शर्मा को इस संबंध में एक चिट्ठी लिखी और उस चिट्ठी को सरकार को दिखाकर पाबंदी

हटवा ली गई। शर्मा ने पहले लोकसभा चुनाव में बाहरी दिल्ली से चुनाव भी लड़ा था, लेकिन हार गए। मुमकिन है कि संघ शर्मा को बतौर नेता कमज़ोर समझता हो, इसलिए पार्टी की बागडोर उनके हाथ में दी गई ताकि जनसंघ को संघ परिवार के हिसाब से चलाया जा सके। लेकिन पार्टी अध्यक्ष बनते ही शर्मा का रवैया बदल गया और वे संघ परिवार का दख़ल स्वीकार करने को तैयार नहीं हुए। उन्होंने पार्टी पदाधिकारियों के नाम की संघ कार्यालय से आई अनुशंसा को नहीं माना और अपने हिसाब से पदाधिकारी बनाए। इस पर नाराज़ संघ ने संगठन सचिव दीनदयाल उपाध्याय का इस्तेमाल किया।

उपाध्याय ने संगठन को बेहतर तरीक़े से चलाने के लिए एक कार्यकारी परिषद गठित की तो शर्मा ने उसका विरोध किया। सालभर दोनों नेताओं के बीच सत्ता-संघर्ष चलता रहा, पर आख़िरकार शर्मा को इस्तीफा देना पड़ा। उपाध्याय को समझ आ गया कि राजनीतिक रसूख चाहने वाले नेताओं से संगठन नहीं चलाया जा सकता, इसलिए उन्होंने शर्मा के बाद बिहार के संघचालक एस. ए. सोहोनी को अध्यक्ष बना दिया। इस नियुक्ति से जनसंघ में विरोध के स्वर उठने लगे और कई नेताओं ने तो इस्तीफा देने का मन भी बना लिया, लेकिन उपाध्याय पर इसका कोई असर नहीं पड़ा। उन्होंने तय किया कि संघ से जुड़ा व्यक्ति ही जनसंघ का नेतृत्व करेगा। हालांकि, डॉ. मुखर्जी के बाद से जनसंघ का अध्यक्ष पद केवल नाम भर का रह गया और महामंत्री ही सबसे ताक़तवर रहा, जो ख़ुद उपाध्याय थे।

लेकिन मौलिचन्द्र शर्मा भी हार मानने को तैयार नहीं थे और 3 नवंबर, 1954 को दिए अपने इस्तीफे के बाद शर्मा ने सार्वजनिक तौर पर कहा कि पिछले एक साल से जनसंघ के कामकाज में संघ परिवार का दख़ल लगातार बढ़ रहा था।

फिर जम्मू के प्रेम चंद डोगरा एक साल के लिए और एक और कमज़ोर नेता कलकत्ता (अब कोलकाता) के देबप्रसाद घोष को अध्यक्ष पद की ज़िम्मेदारी सौंपी गईं। घोष सिर्फ़ संघ के आदेश पर चलते रहे और उपाध्याय संघ के इशारे पर जनसंघ का कामकाज करते रहे। 1960 में पीताम्बर दास अध्यक्ष बने, जो एक जमाने तक उत्तर प्रदेश में कांग्रेस नेता रहे, लेकिन बाद में संघ में शामिल हो गए। उनके बाद आंध्र प्रदेश के ए. रामाराव अध्यक्ष बने। इस दौरान, आम चुनावों में जनसंघ की हिस्सेदारी तो बढ़ रही थी, लेकिन जनाधार में बहुत इजाफा नहीं हो रहा था। 1962 के लोकसभा चुनावों में जनसंघ को 14 सीटें हासिल हुईं, लेकिन वाजपेयी और बलराज मधोक जैसे नेता भी चुनाव हार गए थे।

इसके बाद उपाध्याय ने संगठन को पूरी तरह अपने नियंत्रण में ले लिया और उन्होंने अपने चुने हुए प्रचारकों को जनसंघ का काम सौंपा। 1965 में जनसंघ के विजयवाड़ा अधिवेशन में जहां उपाध्याय ने अपने एकात्म मानववाद के विचार को रखा था, तब बच्छराज व्यास को अध्यक्ष बनाया गया, जो जनसंघ के पहले कार्यकर्ता-अध्यक्ष थे। इस फ़ैसले के विरोध में पार्टी के दो वरिष्ठ नेता अटल बिहारी वाजपेयी और बलराज मधोक ने तो अधिवेशन का बहिष्कार कर दिया। लेकिन

उपाध्याय ने इसकी परवाह नहीं की क्योंकि उन्हें लगता था कि मुद्दा व्यक्ति का नहीं, सिद्धांतों का है। संघ में वरिष्ठ नेता और पत्रकार रहे देवेन्द्र स्वरूप बताते हैं कि उपाध्याय और वाजपेयी में अच्छे संबंध थे और विजयवाड़ा के अधिवेशन के बाद दिल्ली लौटे उपाध्याय, वाजपेयी के यहां ही रुके थे। कमरे में मौजूद वाजपेयी से उपाध्याय ने संगठन को लेकर कोई चर्चा नहीं की। इससे वाजपेयी बड़े हैरान-परेशान हुए।

उपाध्याय 1952 से 1967 तक महामंत्री रहे, इस दौरान जनसंघ ने कई अध्यक्ष देखे। डॉ. महेश शर्मा के अनुसार, "उस वक़्त संघ में चल रही राजनैतिक बहस सिर्फ़ वैचारिक नहीं थी, उसकी एक वजह कुछ लोगों की राजनीतिक महत्वाकांक्षाएं भी थीं। ऐसे लोगों में एक नाम था वसंत राव ओक का। दिल्ली में संघ के प्रांत प्रचारक ओक, जनसंघ का नेतृत्व करना चाहते थे। उनका डॉ. मुखर्जी से सीधा संपर्क था। गोलवलकर भी इस बात को खूब समझते थे, इसलिए उन्होंने ओक को अखिल भारतीय शारीरिक प्रमुख बनाकर दिल्ली से नागपुर भेज दिया। इस पर बिगड़कर ओक बागी हो गए।"

जनसंघ के औपचारिक संयोजक बलराज मधोक भी महत्वाकांक्षी थे, इसलिए उन्हें भी अध्यक्ष नहीं बनाया गया और यह ज़िम्मेदारी डॉ. महावीर को दी गई। इसके बाद, उपाध्याय महामंत्री बनाए गए। यूं तो डॉ. मुखर्जी का उपाध्याय से कोई पूर्व परिचय नहीं था, लेकिन कानपुर अधिवेशन में उनके कामकाज और प्रस्तावों को देखने के बाद डॉ. मुखर्जी ने कहा, "यदि मुझे दो दीनदयाल मिल जाएं तो मैं भारतीय राजनीति का नक्शा बदल दूं।"

सत्ता तक पहुंचने के लक्ष्य पर उपाध्याय का कहना था, "भारतीय जनसंघ एक अलग प्रकार का दल है। किसी भी प्रकार सत्ता में आने की लालसा वाले लोगों का झुंड नहीं है। जनसंघ एक दल नहीं आंदोलन है..." इसके उलट, बहुत से लोग अध्यक्ष बनने की जुगत में लगे थे। जनसंघ के संस्थापक अध्यक्ष डॉ. मुखर्जी के अचानक निधन से पार्टी में नए नेतृत्व के लिए संकट खड़ा हो गया, क्योंकि पार्टी के संविधान में यह प्रावधान नहीं था कि संस्थापक अध्यक्ष के पार्टी छोड़ने या अचानक निधन के बाद कैसे नेता चुना जाएगा? वैसे जनसंघ में अध्यक्ष पद का कार्यकाल एक साल रखा गया था।

उस वक़्त हिन्दू महासभा से जुड़े एन. सी. चटर्जी जैसे नेता भी जनसंघ का अध्यक्ष बनने की कोशिश में लगे थे और हिन्दू महासभा के जनसंघ में विलय को लेकर भी बातचीत चल रही थी। उपाध्याय ने इससे इंकार कर दिया और कहा कि हम उन लोगों से सहमत नहीं हैं जो समझते हैं कि हिन्दू महासभा के पास नेता है और जनसंघ के पास सफल संगठन, इसलिए दोनों को एक हो जाना चाहिए।

महासभा और रामराज्य परिषद को संघ की ताक़त के उपयोग का लालच तो था लेकिन जनसंघ के नौजवान नेताओं और उनकी गोलवलकर के प्रति श्रद्धा को

लेकर उन्हें डर भी लगता था। डॉ. शर्मा कहते हैं, "वीर सावरकर और परिषद के नेता स्वामी करपात्री ख़ुद को ही महान नेता समझते थे।"

इसके अलावा उपाध्याय के लिहाज के तीन और कारण थे, जिससे इनका विलय जनसंघ में मुमकिन नहीं था। पहला बड़ा कारण था जनसंघ और हिन्दू महासभा के हिन्दू राष्ट्रवाद की परिभाषा और समझ में अंतर, दूसरा, गोलवलकर जैसे नेता मानते थे कि वीर सावरकर संघ के संगठन निर्माण के विचार से पूरी तरह सहमत नहीं हैं और तीसरी महत्वपूर्ण बात, सावरकर भले ही गांधी हत्या के आरोप से बरी हो गए थे, लेकिन जनता की याददाश्त में अभी यह ताजा मसला था और इसका संघ की छवि पर नकारात्मक असर पड़ता। डॉ. महेश शर्मा की मानें तो उपाध्याय उम्र और राजनीतिक अनुभव में भले ही कम थे, लेकिन संगठन के ध्येय के बारे में स्पष्ट थे और ख़ास बात कि वे भोले दिखते थे, पर थे नहीं।

दीना से दीनदयाल

सामान्य उत्तर भारतीय निम्न मध्यमवर्गीय सनातनी हिन्दू परिवार। ब्रजभूमि में मथुरा ज़िले का नंगला चन्द्रभान गांव। भगवती प्रसाद और रामप्यारी के घर 25 सितम्बर, 1916 को बेटा पैदा हुआ जिसे दुलार से 'दीना' कहते थे। पारिवारिक परेशानियों की वजह से भगवती प्रसाद ने अपनी पत्नी रामप्यारी और दो बेटों 'दीना' और उससे छोटे 'शिबू' को अपने ससुराल चुन्नीलाल शुक्ल के घर राजस्थान में जयपुर के पास धानक्या गांव भेज दिया। वैसे उनका घर फतेहपुर सीकरी के पास गुड़-की-मंड़ई गांव था।

बचपन से ही दीनदयाल को असामान्य परिस्थितियों का सामना करना पड़ा। नाना के घर आते ही ढाई साल की उम्र में उनके पिता के निधन की ख़बर आ गई। पिता की मौत के बाद मां रामप्यारी को टीबी हो गया और जब तक दीना सात साल का हुआ, तब मां भी साथ छोड़कर चली गई। इसके दो साल बाद नाना चुन्नीलाल भी चल बसे। अब दीना को अपने मामा के घर जाना पड़ा, जहां दस साल की उम्र में वे अपने छोटे भाई का ध्यान रख रहे थे। उस वक़्त वह कोटा शहर में पढ़ाई कर रहे थे, लेकिन तभी उनकी मामी के निधन की ख़बर मिली तो उन्हें कोटा छोड़कर मामा के कस्बे अलवर ज़िले के राजगढ़ में आना पड़ा।

अभी 18 साल का दीना नवीं क्लास में पढ़ रहा था, तब छोटा भाई बहुत बीमार हो गया और तमाम इलाज के बावजूद उसे नहीं बचाया जा सका। अब परिवार में सिर्फ़ दीना और बुजुर्ग नानी ही बची थी। 1935 में दीना ने दसवीं का इम्तिहान पास किया, तभी उन जाड़ों में नानी भी चल बसी। वह अब अपनी ममेरी बहन रामादेवी के साथ रहकर एम.ए. अंग्रेज़ी की पढ़ाई कर रहे थे, तब 1940 में बीमारी से उनकी बहन की भी मौत हो गई।

इतनी परेशानियों के बावजूद दीनदयाल पढ़ाई में हमेशा अव्वल रहे। दसवीं की बोर्ड की परीक्षा में जब वे फर्स्ट आए तो तब के महाराजा कल्याण सिंह ने

उन्हें स्वर्ण पदक दिया, साथ में ढाई सौ रुपए इनाम और दस रुपए महीने की स्कॉलरशिप। बी.ए. और एम.ए. फर्स्ट इयर के इम्तिहान में भी वह प्रथम श्रेणी से उत्तीर्ण हुए, पर बहन की बीमारी की वजह से एम.ए. फाइनल नहीं कर पाए। मामाजी के दबाव में आकर उन्होंने प्रशासनिक सेवा की परीक्षा दी, पास भी हो गए लेकिन नौकरी नहीं की और बीटी करने के लिए प्रयाग चले गए। यहां से उनके सार्वजनिक जीवन की शुरुआत हुई।

कानपुर में बी.ए. की पढ़ाई के दौरान 1939 में वे आरएसएस के संपर्क में आए। राजस्थान के सुन्दर सिंह भंडारी उनके साथ ही पढ़ते थे। संघ के पहले अखिल भारतीय प्रचारक बाबासाहब आप्टे और प्रचारक दादा परमार्थ उनके ही हॉस्टल में ठहरते थे। यहीं उनकी मुलाक़ात डॉ. हेडगेवार से हुई। उसी दौरान सावरकर जब कानपुर आए तो दीनदयाल ने संघ की शाखा में उनका 'बौद्धिक' करवाया। पढ़ाई के वक़्त ही उन्होंने 'संघ शिक्षा वर्ग' प्रथम वर्ष 1939 में और द्वितीय वर्ष 1942 में पूरा किया। उन दिनों संघ शिक्षा वर्ग 40 दिनों के होते थे। शिक्षा वर्ग के बौद्धिक में भी वह प्रथम आए थे। इसके बाद वे संघ के प्रचारक बन गए और उन्होंने गृहस्थी नहीं बसाई। उनकी पहली नियुक्ति ज़िला प्रचारक के तौर पर उत्तर प्रदेश के लखीमपुर में हुई।

उस समय बालासाहब देवरस के छोटे भाई भाऊराव देवरस मध्य प्रांत के प्रमुख थे और वह उपाध्याय के काम से बेहद खुश थे। उन्होंने उनके काम की तारीफ करते हुए एक अनुशंसा-पत्र भी लिखा था। उपाध्याय जब सह-प्रांतप्रचारक थे तो उन्होंने संघ की शिक्षण इकाई के साथ काफी काम किया और उसके जरिए संघ के विचार को लोगों तक पहुंचाया। बालासाहब देवरस ने उनके काम के असर को देखते हुए ही विद्या भारती की शुरुआत की थी।

फिर उपाध्याय ने लखनऊ से 'राष्ट्रधर्म' प्रकाशन की शुरुआत की, जिसके माध्यम से संघ की विचारधारा के प्रसार के लिए कई पुस्तकों और पत्रिकाओं का प्रकाशन भी हुआ। उपाध्याय ने 1945 में संघ के मुखपत्र 'पांचजन्य' का प्रकाशन शुरू किया। फिर 14 जनवरी, 1948 को 'पांचजन्य' को दोबारा से बड़े पैमाने पर लॉन्च किया गया और तब अटल बिहारी वाजपेयी इसके पहले संपादक बने। 1949 में उपाध्याय ने संघ का संविधान बनाने में अहम भूमिका निभाई।

भाऊराव देवरस ने उनकी प्रतिभा को देखते हुए उनसे बच्चों के लिए इतिहास पर कथा साहित्य लिखने को कहा ताकि बच्चों को इतिहास की सही जानकारी मिल सके। संघ मानता है कि वामपंथी पार्टियों और कांग्रेस ने इतिहास के साथ बहुत छेड़छाड़ की है। उपाध्याय ने सम्राट चन्द्रगुप्त पर उपन्यास लिखा और इसकी सफलता के बाद उन्होंने आदि शंकराचार्य पर लिखना शुरू किया।

1962 में जनसंघ की विशेष पहचान और चरित्र को बनाए रखने का मसला उस वक़्त आया, जब स्वतंत्र पार्टी और रामराज्य परिषद के जनसंघ में विलय की बात आई। उपाध्याय स्वतंत्र पार्टी को राजा-महाराजाओं और जमींदारों की पार्टी मानते थे और रामराज्य परिषद को जनसंघ के विचारों से अलग हिन्दुत्ववादी पार्टी। ऐसे में उपाध्याय ने इस विलय से साफ इंकार कर दिया। इसके साथ ही उपाध्याय ने चुनावों के वक़्त भी किसी ऐसी पार्टी के साथ जाने से मना कर दिया, जिससे जनसंघ की छवि पर असर पड़ता और वह तमाम मुश्किलों और विरोधों के बावजूद अपनी बात पर कायम रहे।

उस वक़्त जनसंघ विपक्ष में तो था, पर उपाध्याय हर वक़्त सरकार का विरोध करने के पक्ष में नहीं थे और इसे 'नकारात्मक लोकतंत्र' कहते थे। उनके हिसाब से लोकतंत्र पर भी नियंत्रण रहना चाहिए और इसे वह 'नियंत्रित लोकतंत्र' कहते थे।

उनकी राय थी कि बेहतर सरकार और व्यवस्था के लिए अच्छे उम्मीदवार, अच्छी पार्टियों और यहां तक कि अच्छे वोटरों की ज़रूरत है। वे पूर्व महाराजाओं को भी चुनाव में उतारने के पक्ष में थे कि उन्हें राजनीति में सक्रिय होना चाहिए, लेकिन राजनीतिक दलों को सिर्फ़ उनकी हैसियत और पैसे के आधार पर उम्मीदवार नहीं बनाना चाहिए। उपाध्याय के मुताबिक़, "वोटर को किसी पार्टी के लिए नहीं, उसकी विचारधारा को वोट देना चाहिए, लेकिन किसी व्यक्ति को समर्थन देने के बजाय पार्टी को वोट दें और व्यक्ति को चुनें लेकिन उसके पैसे और हैसियत से प्रभावित न हों।"[3]

गोलवलकर की तरह उपाध्याय भी लोकतंत्र को शासन की सबसे बेहतर नहीं, सबसे कम बुरी शासन पद्धति मानते थे। उनके मुताबिक़ राजनीतिक अस्थिरता का सबसे बड़ा कारण राजनैतिक नैतिकता का अभाव था। 1960 में जनसंघ के राष्ट्रीय अधिवेशन में उन्होंने एक प्रस्ताव पारित किया, जिसमें सांसदों और विधायकों के लिए आचार-संहिता बनाई गई थी। इनमें संसद और विधानसभा के सदन में शोर मचाने, हंगामा करने और 'वैल' में जाने को लेकर सख्त हिदायतें दी गई थीं। वरिष्ठ पत्रकार अच्युतानंद मिश्र मानते हैं कि गुरुजी गोलवलकर तक यानी 1973 तक राजनीति का संघ पर प्रभाव नहीं था। संघ के नेता चुनाव में सक्रिय तौर पर काम नहीं करते थे, लेकिन बालासाहब देवरस के बाद संघ की राजनीति से निकटता बढ़ी और धीरे-धीरे यह राजनीतिक निर्भरता बढ़ती गई।[4]

दीनदयाल उपाध्याय की चिंताओं में राजनीतिक चरित्र भी था। उन्होंने 'दलबदल' और सदन में 'क्रॉस वोटिंग' को लेकर अपनी चिंता जाहिर की थी। इसकी वजह 1967 में आए चुनाव नतीजे थे। पंजाब, पश्चिम बंगाल, केरल, बिहार, उत्तर प्रदेश, मध्य प्रदेश और राजस्थान जैसे राज्यों में किसी भी पार्टी को स्पष्ट बहुमत नहीं मिला था। इन राज्यों में राज्यपालों ने कई राज्य सरकारों को पार्टियों

---

3. पांचजन्य, 29 जनवरी, 1962, चुनाव विशेषांक
4. मिश्र का आकलन, लेखक से बातचीत

में टूट और दल-बदल के नाम पर बर्ख़ास्त कर दिया था। सरकारों की बर्ख़ास्तगी के वक़्त राज्यपालों की भूमिका को लेकर संविधान में कोई साफ व्याख्या नहीं की गई थी। 1967 में राष्ट्रपति के अभिभाषण के दौरान उपाध्याय ने राज्यपालों के मनमाने बर्ताव पर ध्यान दिलाया और मांग की कि राज्यपालों की नियुक्ति का तरीक़ा पारदर्शी होना चाहिए। उन्होंने कहा कि हमने 'वेस्टमिनिस्टर सिस्टम' को अपनाया है, लेकिन इसमें हमें अपनी ज़रूरतों के हिसाब से बदलाव करना चाहिए।

उनका मानना था कि कोई भी सरकार सदन के पटल पर अविश्वास मत प्रस्ताव के बाद ही इस्तीफा दे और जब सदन के ज्यादातर विधायक मांग करें तो विधानसभा अध्यक्ष को सदन की बैठक बुलानी चाहिए।[5]

सुप्रीम कोर्ट के एस. आर. बोम्मई केस में फ़ैसले के बाद से लेकर आज तक राजनीतिक घटनाक्रमों में और राज्यपालों की भूमिका में ख़ास बदलाव नहीं हुआ है। 1967 में उपाध्याय को जनसंघ में दूसरी परेशानियों का सामना भी करना पड़ा। उस दौर में बहुत से लोग दूसरी पार्टियों से जनसंघ में शामिल हुए थे, लेकिन वे पार्टी की रीति-नीति और रास्ते पर चलने में मुश्किल महसूस कर रहे थे। इससे पार्टी में भी ख़ासतौर से उपाध्याय को ख़ुद परेशानी महसूस हो रही थी। इस स्थिति से निबटने के लिए उन्होंने दो रास्ते निकाले, पहला पार्टी में बड़ी संख्या में संघ के प्रचारकों को शामिल कर लिया और पार्टी की ज़िम्मेदारियां सौंप दीं। दूसरा, विधायकों को पार्टी संगठन के साथ सीधे जोड़ दिया। इससे पहले, उन्होंने 1960 में भी हर ज़िले में पार्टी के काम के लिए एक प्रचारक नियुक्त किया था। इसके साथ ही पार्टी कैडर को उन्होंने निर्देश दिया कि वे पार्टी और सरकार के कार्यक्रमों को सीधे जनता तक ले जाएं।

संघ प्रचारकों की जनसंघ में नियुक्ति और दाखिले से पार्टी को तो मज़बूती मिली लेकिन इसका नुक़सान उसे 1977 में जनता पार्टी सरकार के वक़्त उठाना पड़ा। असल में, जनता पार्टी के कई सदस्यों ने जनसंघ के सदस्यों की दोहरी सदस्यता का मसला उठाया और कहा कि जनता पार्टी के सदस्य रहते हुए उन्हें आरएसएस की सदस्यता छोड़नी पड़ेगी। इस मसले पर जनसंघ आख़िरकार जनता पार्टी से बाहर आ गया।

जनता पार्टी की टूट और उससे बाहर निकलने के कड़वे अनुभव से नई पार्टी भाजपा बनाने के बाद भी उस दुविधा से पार नहीं पाया जा सका। 1998-2004 के दौरान एनडीए सरकार के वक़्त भाजपा और संघ के रिश्तों में थोड़ी दूरी ही बनी रही। भाजपा नेताओं को बार-बार यह सफाई देनी पड़ती थी कि संघ के पास उनका 'रिमोट कंट्रोल' नहीं है और न ही संघ सरकार चलाने में कोई दख़ल देता है। यह दीगर है कि 2004 में वाजपेयी सरकार की पराजय की एक बड़ी वजह स्वदेशी जागरण मंच के विरोध और संघ में सुदर्शन की नाराज़गी भी रही थी। 2004 के चुनाव से पहले संघ ने कहा कि वाजपेयी सरकार की हार-जीत से संघ पर कोई

5. दीनदयाल उपाध्याय: कर्तव्य एवं विचार

असर नहीं पड़ता। नतीजतन, वाजपेयी सरकार 2004 में 'शाइनिंग इंडिया' के नारे के बावजूद नहीं लौट पाई।

उपाध्याय भारत को संघ के तौर पर मानने के ख़िलाफ़ थे और वे संविधान में संघात्मक शासन व्यवस्था का विरोध करते रहे। बम्बई के अपने प्रसिद्ध भाषण[6] में उन्होंने कहा, "हमने एक नागरिकता का सिद्धांत माना है। अलग-अलग प्रांत होते हुए भी अमेरिका की तरह यहां राज्य और संघ की अलग-अलग नागरिकता नहीं है। हम सब भारत के नागरिक हैं। हमने राज्यों को संघ से निकल जाने का अधिकार नहीं दिया। इन राज्यों की सीमाएं और नाम क्या हो, यह निर्णय संसद ही कर सकती है, राज्यों के विधानमंडल नहीं। ये सब ठीक प्रावधान हैं। इतना होने पर भी हमने संविधान को संघात्मक बनाया है, यानी जो बात व्यवहार में रखी है वह तत्वतः अमान्य कर दी है। संघात्मक व्यवस्था में इकाइयों की निजी सत्ता और प्रभुता होती है। वे एक समझौते के अनुसार अपने अधिकार केंद्र और संघ को सौंप देती हैं। इस विचार से संविधान भारत के प्रांत की सत्ता को मूलभूत मानता है और केंद्र को राज्यों का समूह मात्र। यह भारत की एकता और अखंडता की धारणा का विरोधी है।"

उपाध्याय एकात्म राज्य के समर्थन में थे और कहते थे कि इसका मतलब स्वेच्छाचारी राज्य नहीं, और न ही इसका अर्थ प्रांतों को खत्म करना है। बल्कि प्रांतों के नीचे की संस्थाएं, जैसे जनपद आदि भी रहेंगे। इसी तरह, वह पंचायतों को शक्ति दिए जाने के पक्ष में थे। उन्होंने कहा था, "ज़रूरत है कि उनकी (पंचायतों की) स्वयंभू सत्ता स्वीकार की जाए। इस तरह सत्ता का विकेंद्रीकरण होगा, शक्ति नीचे तक जाएगी। शक्ति के कई स्थान होंगे, लेकिन इस सबके केंद्र के नाते हमारा एकात्मक राज्य होगा।"

उपाध्याय ने भाषायी आधार पर राज्यों के पुनर्गठन का विरोध किया और राज्य पुनर्गठन आयोग बनाने की मांग की थी। 1954 में नेहरू सरकार ने इस आयोग का गठन किया था।

स्थापना के पहले पांच साल यानी 1952 से 1957 का दौर जनसंघ के लिए मुश्किल वक़्त था। उपाध्याय ने इस वक़्त देशव्यापी दौरे किए और संगठन का ढांचा खड़ा किया। 1957 में जनसंघ की 243 मंडल समितियां और 889 स्थानीय समितियां बन चुकी थीं और 74,863 सदस्य थे। पहले चुनाव में हालांकि अच्छे नतीजे नहीं आए थे और सिर्फ़ 3 फीसद वोट और 3 सीटें ही मिल पाई थीं। लेकिन उत्तर भारत में उसे स्थानीय निकायों में अच्छी सफलता मिली। 1957 के दूसरे आम चुनाव में जनसंघ ने 127 लोकसभा सीटों और 650 विधानसभा सीटों पर अपने उम्मीदवार खड़े किए। लोकसभा में 4 और विधानसभा में 51 उम्मीदवारों को जीत हासिल हुई और 6 फीसद वोट मिले, जो पिछले चुनाव के मुकाबले दोगुने थे। 1958 में जनसंघ का अधिवेशन बंगलौर में करने का फ़ैसला हुआ, यानी तब उपाध्याय पार्टी का दक्षिण भारत में विस्तार करना चाहते थे। इसका बड़ा फायदा हुआ।

6. दीनदयाल उपाध्यायः कर्तव्य एवं विचार, व्यष्टि-समष्टि में समरसता, अध्याय 3

तीसरे आम चुनाव के आते-आते कांग्रेस में गुटबंदी बढ़ने लगी थी। दूसरे राजनीतिक दल इसका चुनावी फायदा उठाने के लिए ग़ैर-कांग्रेसी दलों का गठजोड़ बनाकर चुनाव लड़ना चाहते थे, तब उपाध्याय ने वाराणसी की प्रतिनिधि सभा का हवाला देते हुए गठजोड़ से इंकार कर दिया। जनसंघ ने उन चुनावों में फिर से अकेले उम्मीदवार उतारे और लोकसभा की 198 सीटों पर और 1,162 विधानसभा सीटों पर चुनाव लड़ा। उपाध्याय छोटे रास्तों से चुनाव जीतने या अवसरवादी गठबंधनों की राजनीति को सामाजिक कमज़ोरी मानते थे, पर वह राजनीतिक छूआछूत को भी ठीक नहीं मानते थे।

1964 में पं. नेहरू का निधन कांग्रेस के लिए बड़ा झटका था। जनसंघ के लिए यह साल संगठन और सैद्धांतिक दृष्टि से अहम था। 11 से 15 अगस्त, 1964 तक ग्वालियर में जनसंघ की प्रतिनिधि सभा का प्रशिक्षण शिविर हुआ, जिसमें जनसंघ के सिद्धांत और नीति के प्रस्ताव को अंतिम रूप दिया गया। इसे उपाध्याय ने ही तैयार किया था। फिर 23-24 जनवरी, 1965 को विजयवाड़ा में हुए अधिवेशन में बच्छराज व्यास को अध्यक्ष चुना गया, जिसके विरोध में अटल बिहारी वाजपेयी और बलराज मधोक इस अधिवेशन में शामिल नहीं हुए थे।

1965 में ही दक्षिण भारत में हिन्दी विरोधी आंदोलन शुरू हो गया और तमिलनाडु में बड़ी हिंसा हो गई। 26 जनवरी, 1965 को अंग्रेज़ी को संविधान में केंद्र की राजभाषा बने रहने की छूट खत्म हो रही थी। उपाध्याय भारतीय भाषाओं के इस्तेमाल के बड़े समर्थक थे और उन्होंने इस बात पर ज़ोर दिया कि उत्तर भारतीयों को हिन्दी के अलावा कम से कम एक क्षेत्रीय भाषा ज़रूर सीखनी चाहिए। लेकिन, वह उर्दू को पृथकतावाद और संप्रदायवाद की भाषा मानते रहे। उपाध्याय के मुताबिक़, "यह ठीक है कि कोई भाषा किसी धर्म विशेष की भाषा नहीं होती... लेकिन ख़ुद को अलग राष्ट्र के तौर पर संगठित करने के लिए मुस्लिम लीग की छत्रछाया में मुसलमानों ने उर्दू को केवल मुसलमानों की भाषा बनाने का आंदोलनात्मक प्रयास किया। यही कारण था कि हैदराबाद की राजभाषा उर्दू थी और उस्मानिया यूनिवर्सिटी की शिक्षा का माध्यम भी उर्दू था। अन्यथा, वहां उसे कोई बोलता भी नहीं था... जब तक इस देश में उर्दू वास करती है, मुसलमानों की सांप्रदायिक और विभाजनात्मक मनोवृत्ति समाप्त नहीं हो सकती।"

हिन्दुस्तानी यानी उर्दू मिश्रित हिन्दी को उपाध्याय अव्यावहारिक और कृत्रिम भाषा मानते थे और कहते थे कि संस्कृतनिष्ठ हिन्दी को कठिन मानना और उर्दूमिश्रित हिन्दी को सरल मानना एक भ्रांति है।[7]

इधर, तेज़ी से बदले राजनीतिक घटनाक्रम ने 1967 के आम चुनावों की अहमियत बढ़ा दी थी जिसमें जनसंघ को पहली बार 35 सीटों पर जीत हासिल हुई और 75 सीटों पर वह दूसरे स्थान पर रहा। 15 सीटों पर उसकी हार पांच हज़ार से

7. दीनदयाल उपाध्यायः कर्तव्य एवं विचार, पृ. 157

कम वोटों के अंतर से हुई थी। विधानसभाओं में भी जनसंघ ने 257 सीटें हासिल की थीं।

बच्छराज व्यास के बाद 1966 में बलराज मधोक अध्यक्ष बने और उनके बाद 1967 में कालीकट अधिवेशन में उपाध्याय को अध्यक्ष चुना गया। मधोक ने उपाध्याय के अध्यक्ष चुने जाने की मुखालफत की, क्योंकि वह ख़ुद अध्यक्ष बने रहना चाहते थे। लेकिन संघ ने उपाध्याय का समर्थन किया और राजस्थान के सुंदर सिंह भंडारी को उपाध्यक्ष बनाया गया। उपाध्याय को अध्यक्ष बनाने की वजह 1967 के आम चुनावों के नतीजे थे। जिसके बाद जनसंघ में कुछ राज्यों में गठबंधन सरकार बनाने में शामिल होने पर बहस शुरू हो गई। उपाध्याय तब वाजपेयी की तरह सरकार में शामिल होने के पक्ष में थे, लेकिन संघ का एक धड़ा इसका विरोध कर रहा था।

कालीकट अधिवेशन में उपाध्याय के अध्यक्षीय भाषण से स्पष्ट होता है कि वे सक्रिय राजनीति, संगठन को बढ़ाने और अपनी विचारधारा को भी बचाए रखने के लिए किस तरह हरसंभव कोशिश करते रहे। दिलीप देवधर बताते हैं कि कालीकट अधिवेशन में अध्यक्ष बनने के बाद जब उपाध्याय गुरुजी से मिलने आए, तो गुरुजी नाराज़ हो गए। गुरुजी ने कहा, "मैंने तुम्हें जनसंघ में जाते वक़्त ज़िम्मेदारी देते हुए कहा था कि तू हमेशा संगठन मंत्री रहेगा, लीडर नहीं बनेगा। मंदिर का कलश नहीं बनेगा।" इस पर उपाध्याय ने उन्हें देवरस के आदेश का हवाला दिया तो गुरुजी ने कहा, अब सब भगवान पर छोड़ देते हैं।[8]

बाद में, उपाध्याय के निधन के बाद देवरस ने कहा, "मुझे गुरुजी का महत्व आज समझ आया। गुरुजी ने आठ साल मुझे जनसंघ का मुखिया नहीं बनने दिया, पंथप्रधान नहीं बनने दिया। संगठन का चेहरा नहीं बनने दिया। आठ साल बाद भी गुरुजी नहीं बदले। मैं वापस आ गया। अब समझ आया कि गुरुजी ऐसा क्यों कह रहे थे। जो श्यामाप्रसाद मुखर्जी के साथ हुआ, जो दीनदयाल उपाध्याय के साथ हुआ, वह मेरे साथ भी हो सकता था। उन्होंने मुझे जीवन दिया, जिंदा हूं तो गुरुजी की वजह से।"

मुस्लिम समस्या

देश में मुस्लिम समस्या को उपाध्याय केवल सांप्रदायिकता न मानकर उसे अराष्ट्रीयतावादी, पृथकतावादी और राजनीतिक महत्वाकांक्षा की समस्या मानते थे। उन्हें मुसलमानों से शिकायत उनके मजहब की वजह से नहीं, बल्कि राष्ट्रीयता को लेकर उनके विचारों से थी। उपाध्याय मुसलमानों को मौजूदा स्वरूप में राष्ट्रीय जन मानने को तैयार नहीं थे और एक तरह से हिन्दू-मुस्लिम एकता के तत्वतः ख़िलाफ़ थे। वे इस विषय को ही अप्रासंगिक और मुस्लिम तुष्टिकरण की नीति को घातक मानते थे।

---

8. हमारे बालासाहब देवरस — रामबहादुर राय

अखंड भारत के विचार पर उन्होंने एक पुस्तिका लिखी थी, 'अखंड भारत क्यों?' उपाध्याय ने आज़ादी की लड़ाई और नतीजों का भी विश्लेषण किया और लिखा:

"आज़ादी का ऐलान करते हुए हम लालकिले पर तिरंगा तो फहरा रहे हैं, लेकिन आज रावी नदी का वह किनारा हमसे छीन लिया गया है जिस पर हमने पूर्ण स्वराज की शपथ ली थी।"

आज़ादी से पहले द्वि-राष्ट्र सिद्धांत की आलोचना करते हुए दीनदयाल उपाध्याय ने लिखा, "ख़िलाफ़त आंदोलन को राष्ट्रीय आंदोलन मानना ही भूल है। यह राष्ट्रीयता पर तो धब्बा है ही, साथ ही मुसलमानों में यह भावना पैदा करता है कि वे देश से बाहर के लोगों को फॉलो कर सकते हैं और उसके बाद भी राष्ट्रवादी हिन्दुस्तानी बने रह सकते हैं। गांधी ने ख़िलाफ़त आंदोलन का समर्थन किया था।"

ज़िंदगी भर सादगी से रहने वाले और ट्रेन के 'थर्ड क्लास' में सफर करने वाले उपाध्याय को आख़िरी वक़्त में मिली 'लक्ज़री' चल नहीं पाई। 1967 में पार्टी अध्यक्ष बनने के बाद उन्हें 'थर्ड क्लास' के बजाय 'फर्स्ट क्लास' में सफर करने की सलाह दी गई।

10 फरवरी, 1968 को उपाध्याय जब लखनऊ में थे तब उन्हें संदेश मिला कि उनके पटना की कार्यसमिति की बैठक में मौजूद रहने की तुरंत ज़रूरत है। उपाध्याय को उस रात पार्टी कार्यकर्ताओं ने लखनऊ के रेलवे स्टेशन पर सियालदाह-पठानकोट एक्सप्रेस में बिठाकर विदा किया। लेकिन आख़िरी वक़्त में ट्रेन के रूट में बदलाव हो गया। सियालदह एक्सप्रेस पटना नहीं जाने वाली थी, इसलिए उनके फर्स्ट क्लास के कोच को मुगलसराय जंक्शन पर दिल्ली-हावड़ा एक्सप्रेस से जोड़ दिया गया। अगले सवेरे जब ट्रेन पटना पहुंची तो उसमें उपाध्याय नहीं थे।

उपाध्याय को स्टेशन लेने पहुंचे कार्यकर्ता परेशान हो गए। तभी ख़बर मिली कि एक लाश मुगलसराय रेलवे स्टेशन से कुछ आगे रेल की पटरियों के पास पड़ी मिली है। उनकी हत्या की गई थी। 12 फरवरी, 1968 को दिल्ली के निगम बोध घाट पर कार्यकर्ताओं की भारी भीड़ ने उन्हें अंतिम विदाई दी।

उपाध्याय के निधन की ख़बर जब बालासाहब देवरस को मिली तो देवरस बच्चों की तरह फूट-फूटकर रोने लगे और कहने लगे कि दीनदयाल की हत्या का ज़िम्मेदार मैं हूं। दिल्ली में स्वयंसेवकों की एक शोकसभा में देवरस ने कहा, "दीनदयाल जी की मृत्यु ने हम सभी को मृतक बना दिया है। उनके अभाव की कल्पना करना ही हम सबके लिए कठिन है। वे सबके प्रिय थे। अगर वे बीमार पड़े होते तो हज़ारों स्वयंसेवक उनकी सेवा में लगने के लिए तत्पर होते। उनमें होड़

लगती। अगर उन्हें खून की ज़रूरत होती तो उनके लिए खून देने वाले स्वयंसेवकों की लंबी लाइन लग जाती। अगर किसी को अंदेशा होता कि वे खतरे में हैं तो स्वयंसेवक अपनी जान की बाजी लगा देते। लेकिन वे हमें सेवा का कोई अवसर दिए बिना ही चले गए। यही हमारी असहाय पीड़ा का कारण है।"

बालासाहब ने आगे कहा, "डॉ. हेडगेवार कहा करते थे कि एक अच्छा स्वयंसेवक वह है, जो अपनी ही तरह के अनेक स्वयंसेवक बनाता है। ऐसे ही दीनदयाल उपाध्याय भी थे। उन्होंने पूरे देश में अनेक कार्यकर्ताओं को नेता बनाया। इसलिए दीनदयाल उपाध्याय की अस्थियों से हज़ारों दीनदयाल निकलेंगे।"

अपने शोक संदेश में सरसंघचालक गोलवलकर ने उनकी तुलना महाभारत के युधिष्ठिर से की, जिन्होंने मन, कर्म और वचन से कभी कड़वा व्यवहार नहीं किया।

12 फरवरी, 1968 को अटल बिहारी वाजपेयी ने लोकसभा में श्रद्धांजलि देते हुए कहा, "देखने में सीधे-सादे लेकिन मौलिक विचारक, कुशल संगठनकर्त्ता, दूरदर्शी नेता, सबको साथ लेकर चलने का जो गुण उन्होंने अपने जीवन में प्रकट किया, वह नई पीढ़ी के लिए मार्गदर्शन का काम करेगा। ऊंची से ऊंची शिक्षा प्राप्त करके उन्होंने नौकरी नहीं की, वे परिवार के बंधनों में नहीं बंधे, शरीर का कण-कण और जीवन का क्षण-क्षण उन्होंने भारतमाता के मस्तक को सौभाग्य के सिन्दूर से मंडित करने के लिए समर्पित कर दिया।"

भारतीय जनता पार्टी का दिल्ली में मुख्यालय दीनदयाल उपाध्याय मार्ग पर है। इस पांचतारा किलेनुमा दफ्तर में बैठने वाले पार्टी के अधिकतर नेता अपने भाषणों में उपाध्याय को याद करते हैं। उसके बरअक्स एक छोटी घटना याद आ रही है: दिल्ली में भाजपा मुख्यालय में दीनदयाल जी की प्रतिमा पर फूल चढ़ाने के बाद पार्टी के एक बड़े पदाधिकारी छोटे कर्मचारी को डांट रहे थे कि उनके जाने के लिए नई और बड़ी गाड़ी क्यों नहीं आई। वह सुनिश्चित कर रहे थे कि मुंबई एयरपोर्ट पहुंचने पर उनके स्वागत के लिए कितने कार्यकर्ता पहुंचेंगे और उनकी प्रेस कांफ्रेंस पार्टी आफिस में नहीं, फाइव स्टार होटल में रखी गई है या नहीं। उसके बाद एक कार्यक्रम में उनका एकात्म मानववाद पर भाषण था... और फिर एक बड़ी प्रेस कांफ्रेंस में उनकी मौजूदगी में किसी दूसरी पार्टी के कुछ विधायक भाजपा की सदस्यता लेने वाले थे। अब तस्वीरों और किताबों में ही रह गए हैं उपाध्याय क्योंकि पार्टी को आगे बढ़ना है और उनके विचार बहुत परेशान करते हैं शायद।

7

मुखर मुखिया: मोहन भागवत

एक ज़माने तक राष्ट्रीय स्वयंसेवक संघ और बीजेपी के रिश्तों के बीच 'रिमोट कंट्रोल' शब्द का इस्तेमाल होता था और पहले राजनीतिक विश्लेषक बीजेपी के किसी भी फ़ैसले को लेकर कहते थे कि उसका 'रिमोट कंट्रोल' तो नागपुर में यानी आरएसएस के हाथ में है। मगर अब यह बात सुनाई नहीं देती और इसकी बड़ी वजह है आरएसएस प्रमुख डॉ. मोहन भागवत।

संघ और बीजेपी नेतृत्व के बीच एक बड़ा बदलाव आया है कि देवरस के ज़माने तक आरएसएस बीजेपी के 'बिग ब्रदर' यानी बड़े भाई की भूमिका में रहता था, लेकिन अब नरेन्द्र मोदी और मोहन भागवत के ज़माने में वे 'जुड़वां भाई' हो गए हैं। दोनों संगठनों के नेताओं के कामकाज और समरसता का आलम यह है कि बारीकी से देखने वालों को भी फिलहाल कोई तनाव नहीं दिखाई देता है। सरकार और संघ के रिश्तों में मिठास आ गई है अब न तो कोई एक दूसरे पर रौब गांठ रहा है और न ही कमज़ोर भूमिका में दिख रहा है। संघ और बीजेपी में भागवत और मोदी की जोड़ी बन गई है। हिन्दुत्व के रास्ते पर चलते हुए, हिन्दुत्व के एजेंडा को पूरा करने में लगे हैं दोनों नेता।

प्रधानमंत्री नरेन्द्र मोदी और भागवत के रिश्तों में कोई दरार या परेशानी नहीं दिखती, क्योंकि मोदी समझते हैं कि भागवत की रुचि भारत की संस्कृति और इतिहास में है, इसलिए उस पर उनके हिसाब से काम किया जाए ताकि मोदी को सरकार की आर्थिक और विदेश नीति में संघ का दख़ल नहीं झेलना पड़े। साथ ही, इस मसले पर दोनों नेता ही आपस में बात करते हैं किसी और नेता या सहयोगी संगठन को इसके लिए इजाज़त नहीं है। दरअसल, बड़ा बदलाव यह है कि वाजपेयी और गुरुजी गोलवलकर और देवरस के वक़्त संघ नेतृत्व का अनुभव और उम्र बड़ी थी तो उनका सम्मान ज़्यादा था। गुरुजी के सामने वाजपेयी ज़मीन पर बैठते थे। अब भागवत और मोदी बराबर उम्र के हैं और दोनों के बीच बेहतर समझ है। दोनों का जन्म एक ही महीने और एक ही साल में हुआ, सितम्बर, 1950 और दोनों आज़ाद भारत में पैदा हुए सर्वोच्च पद पर पहुंचने वाले प्रतिनिधि हैं।

यह आसान नहीं था, जो काम प्रधानमंत्री वाजपेयी और संघ प्रमुख सुदर्शन के वक़्त नहीं हो पाया उसे मोदी और भागवत के कार्यकाल में बखूबी अंजाम दिया गया है। इस दौरान संघ के प्रतिनिधियों, उसकी विचारधारा से जुड़े मज़बूत लोगों और कार्यकर्ताओं को सरकार के विभिन्न संगठनों में बिठा दिया गया है। आरएसएस विचारधारा से जुड़े पत्रकारों को भी सरकार से जुड़े संस्थानों में नेतृत्व और काम करने का मौक़ा मिल गया। केंद्र और राज्य सरकार में बीजेपी के मंत्रियों के निजी स्टाफ में भी रिश्तेदारों के बजाय संघ से जुड़े लोगों को रखने के निर्देश दिए गए। ज़्यादातर राज्यपालों की नियुक्ति में संघ विचारधारा को प्राथमिकता दी गई है। विश्वविद्यालयों के कुलपति बनने के लिए तो आरएसएस सर्टिफ़िकेट सबसे अहम हो गया है। हालांकि, भागवत कहते हैं कि आजकल कुछ लोग संघ के पदाधिकारियों के साथ फोटो खिंचाकर अपने बायोडाटा के साथ लगाकर घूमते हैं लेकिन संघ में यह नहीं चलता, हर कोई जानता है कि संघ से जुड़ा स्वयंसेवक कभी ऐसा नहीं करता। भागवत इतिहास को फिर से लिखने के काम पर तो ज़ोर दे रहे हैं। उनका ज़ोर गुरुकुल शिक्षा व्यवस्था शुरू करने पर है। वह मानते हैं कि भारतीय संस्कृति, विचारधारा और इतिहास की समझ गुरुकुल माध्यम से ही आ सकती है।

एक और अहम बदलाव संघ की प्रकृति या व्यवहार में महसूस होता है कि अब वह ज़्यादा राजनीतिक हो गया है। पहले संघ मानता था कि राजनीति जीवन का एक हिस्सा है और उसके अलावा बहुत से महत्वपूर्ण काम वह कर रहा है, लेकिन अब उन्हें समझ आ गया है कि राजनीतिक ताक़त ही सबसे बड़ा और अहम हिस्सा है, इसलिए संघ अब आलोचना के बजाय सहयोग की भूमिका में रहता है।

दस साल तक यूपीए शासन के बाद केंद्र में 2014 में बीजेपी की सरकार के लिए मोहन भागवत ने आरएसएस की पूरी टीम को लगा दिया था। रणनीति और ज़मीनी तैयारी दोनों के लिए। 1977 के चुनाव के बाद यह पहला मौक़ा था जब संघ चुनावी राजनीति में खुलकर सामने आया था। संघ में बहुत से लोग मानते हैं कि 2014 के चुनावों में जीत की वजह यूपीए सरकार के घोटाले या सिर्फ़ मोदी की लोकप्रियता नहीं थी, बल्कि संघ की रणनीति और उसकी चुनावों में सक्रियता की वजह से बीजेपी को यह शानदार जीत हासिल हुई। यह मोदी के राजनीतिक जीवन की सबसे महत्वपूर्ण जीत थी तो भागवत के लिए 'हिन्दू राष्ट्र' के सपने को पूरा करने के लिए एक अहम कदम। भागवत हमेशा से ही हिन्दू राष्ट्र की चर्चा करते रहे हैं। इसमें भारत को विश्व गुरु बनाने का सपना, शिक्षा व्यवस्था में बदलाव, राम मंदिर निर्माण और एकल नागरिक संहिता लागू करना जैसे अहम मुद्दे शामिल हैं। भागवत मानते हैं कि भारत के इतिहास को लिखने में खिलवाड़ किया गया है, इसलिए इसे दुरुस्त करके फिर से लिखा जाना चाहिए।

21 मार्च, 2009 को रेशिमबाग, नागपुर, संघ मुख्यालय में मौसम से ज़्यादा माहौल में गर्माहट थी। आरएसएस की अखिल भारतीय प्रतिनिधि सभा की बैठक के एजेंडे में दूसरे मुद्दों के अलावा संघ के सर्वोच्च चुने हुए पद सरकार्यवाह और सह-सरकार्यवाह का चुनाव प्रमुख था। साथ ही आने वाले आम चुनावों में संघ की हिस्सेदारी पर भी विचार किया जाना था। संघ के चुनाव प्रबंधक माधव गोविन्द वैद्य माइक पर सरकार्यवाह के चुनाव का ऐलान करने वाले ही थे कि पास बैठे सरसंघचालक के. एस. सुदर्शन ने उनसे माइक अपने हाथ में ले लिया। सब लोग हैरान थे, तभी सरसंघचालक सुदर्शन ने माइक पर घोषणा की कि वह सरसंघचालक का पद छोड़ रहे हैं और यह ज़िम्मेदारी अब मोहन भागवत को सौंप रहे हैं।

डॉ. मोहन भागवत उस वक़्त सरकार्यवाह थे और उनका तीसरा कार्यकाल पूरा हो रहा था। यह तय-सा ही था कि एक न एक दिन भागवत यह ज़िम्मेदारी संभालेंगे, लेकिन यह वक़्त इतनी जल्दी आ जाएगा, इसकी उम्मीद शायद ख़ुद भागवत को भी नहीं रही होगी। वह तब 58 साल के थे। हेडगेवार और गोलवलकर के बाद वह सबसे कम उम्र के सरसंघचालक बने। सुदर्शन ने युवा पीढ़ी के लिए रास्ता खोल दिया था। सरसंघचालक सुदर्शन ने भागवत से पहले उनके नारे को अंजाम दिया—'कैच देम यंग'। आरएसएस में बदलाव और फ़ैसलों को ख़ुद पर अमल लाने का एक अहम कदम... सुदर्शन ने ही वाजपेयी और आडवाणी को ज़िम्मेदारी छोड़ने के लिए कहा था।

संघ के संविधान के मुताबिक़, सरसंघचालक आजीवन इस पद पर रह सकते हैं और फिर वे अपनी इच्छा के मुताबिक़ नया सरसंघचालक चुन सकते हैं। 2000 में जब सुदर्शन ने यह ज़िम्मेदारी संभाली, तब वे 68 साल के थे। माना जाता है कि सरसंघचालक मोहन भागवत आज हिन्दुस्तान की राजनीति में सबसे ताक़तवर ग़ैर-राजनीतिक शख़्सियत हैं।

जून, 2018 में जब पूर्व राष्ट्रपति प्रणव मुखर्जी ने पहले सरसंघचालक डॉ. हेडगेवार के आवास पर पहुंचकर श्रद्धांजलि देते हुए लिखा कि आज मैं भारतमाता के महान सपूत के. बी. हेडगेवार जी को श्रद्धांजलि देने यहां आया हूं तो उन्होंने साफ कर दिया कि संघ किसी के लिए 'अछूत' नहीं है। ज़िंदगी भर कांग्रेस के नेता रहे पूर्व राष्ट्रपति के आरएसएस तक पहुंचने की रणनीति का श्रेय सिर्फ़ डॉ. भागवत को दिया जा सकता है। कहा जाता है कि भागवत इसके लिए लंबे समय से काम कर रहे थे और वह संघ की इमेज को बदलने की कोशिश में लगातार लगे हुए हैं।

जून, 2005 की उस सुबह दिल्ली में जितनी गर्मी थी, उससे कहीं ज़्यादा बीजेपी का राजनैतिक पारा चढ़ा हुआ था। 6 दिन की पाकिस्तान यात्रा पूरी करके जैसे ही बीजेपी अध्यक्ष लालकृष्ण आडवाणी इंदिरा गांधी इंटरनेशनल एयरपोर्ट के लाउंज

में पहुंचे, वेंकैया नायडू और दूसरे बीजेपी नेता उन्हें घेरकर एक किनारे ले गए। पाकिस्तान में मोहम्मद अली जिन्ना की मज़ार पर आडवाणी के बयान ने हिन्दुस्तान में हंगामा मचा दिया था। आरएसएस, विश्व हिन्दू परिषद और बीजेपी में लग रहा था कि हर कोई नाराज़ है। बीजेपी नेताओं ने आडवाणी को सलाह दी कि वे अपने बयान को वापस लें या कहें कि यह ग़लत तरीक़े से पेश किया गया है। आडवाणी उसके लिए तैयार नहीं हुए। एयरपोर्ट के बाहर मीडिया की भीड़ थी। मैं भी उन 6 दिनों की यात्रा में साथ था और उस वक़्त भी जब आडवाणी ने मज़ार के विजिटर्स रजिस्टर में लिखा था।

जिन्ना के पाकिस्तान की संविधान सभा में 11 अगस्त, 1947 के भाषण के बहाने आडवाणी का जिन्ना को 'सेक्यूलर' बताना हिन्दुस्तान में किसी को हज़म नहीं हुआ। जिन्ना की मज़ार पर विजिटर्स रजिस्टर में उनके बयान की ख़बर जैसे ही दिल्ली पहुंची आडवाणी के ख़िलाफ़ अपने ही घर में राजनीतिक विरोध शुरू हो गया। संघ के प्रवक्ता ने सबसे पहले नाराज़गी जताई, उस वक़्त मोहन भागवत सरकार्यवाह थे और सुदर्शन सरसंघचालक। भागवत की नाराज़गी के बाद 48 घंटे भी नहीं लगे, पचास साल से ज़्यादा संघ, जनसंघ और बीजेपी को गढ़नेवाले पूर्व उप-प्रधानमंत्री आडवाणी को इस्तीफ़ा देने में। दिग्गज आडवाणी के चहेते माने जाने वाले बीजेपी के किसी भी नेता ने तब उनका साथ नहीं दिया। उस वक़्त प्रमोद महाजन की वह बात याद आई, जो उन्होंने बीजेपी में आडवाणी या वाजपेयी के बड़े नेता होने के सवाल पर कही थी। महाजन ने कहा था, सवाल बड़े या छोटे नेता होने का नहीं है, बीजेपी में नेता वही है जिसे संघ चाहे, बिना संघ के आप एक दिन भी नेता नहीं रह सकते।

तमाम कोशिशों के बावजूद आडवाणी की वापसी नहीं हो सकी। फिर चेन्नई में हुई बीजेपी की राष्ट्रीय कार्यकारिणी के बाद प्रेस कांफ्रेंस में आडवाणी ने आरएसएस और बीजेपी के रिश्तों को लेकर आलोचना कर दी। सितम्बर, 2005 में हुई इस प्रेस कांफ्रेंस में आडवाणी ने कहा कि यह छवि बन रही है कि बीजेपी में संघ के निर्देश के बिना कुछ नहीं हो सकता, यह छवि बीजेपी और संघ दोनों के लिए अच्छी नहीं है। बीजेपी का वह रजत जयंती साल था। लेकिन संघ के सरकार्यवाह मोहन भागवत के लिए विचारधारा से ज़्यादा महत्वपूर्ण कोई नेता नहीं था, कोई भी नहीं। वह लालकृष्ण आडवाणी, जो मोहन भागवत के जन्म से पहले आरएसएस से जुड़े थे, जिसने मोहन जी के पिता मधुकर राव भागवत से संघ का प्रशिक्षण लिया था, जिन्होंने जनसंघ और बीजेपी के लिए अपनी पूरी ज़िंदगी लगा दी थी। लेकिन भागवत के लिए संघ की हिन्दुत्व विचारधारा ही सबकुछ है। उसके बाद भागवत ने राजनाथ सिंह को बीजेपी का अध्यक्ष पद सौंप दिया।

आडवाणी की बात 2013 में भी भागवत ने नहीं सुनी थी जब आडवाणी नरेन्द्र मोदी को 2014 के चुनाव के लिए प्रधानमंत्री पद का उम्मीदवार बनाने को तैयार नहीं थे। आडवाणी ने अपनी नाराज़गी ज़ाहिर करते हुए बीजेपी के तीनों अहम पदों

से इस्तीफ़ा दे दिया। तब बीच-बचाव के लिए उनके विश्वस्त एस. गुरुमूर्ति पहुंचे और उन्होंने सरसंघचालक से फ़ोन पर बात की तो भागवत ने साफ कर दिया कि इस समय सबसे बड़ी ज़रूरत एकजुट रहने और दिखने की है, इसलिए इस्तीफ़ा नहीं दिया जाना चाहिए। बाद में आडवाणी ने इस्तीफ़ा वापस ले लिया।

भागवत से पहले सरसंघचालक रहे के. एस. सुदर्शन के दौरान वाजपेयी सरकार और संघ के बीच संबंधों को लेकर बहुत से उतार-चढ़ाव आए। कई बार नाराज़गी सार्वजनिक तौर पर भी ज़ाहिर की गई। स्वदेशी जागरण ने वाजपेयी सरकार की कई बार सरेआम आलोचना की। भागवत को सरसंघचालक बनाने के पीछे शायद यह मंशा भी रही होगी कि संघ और बीजेपी के बीच बेहतर तालमेल हो सके।

आडवाणी के नेतृत्व में 2009 के आम चुनाव में बीजेपी की हार के बाद भागवत ज़्यादा गंभीर हो गए थे। वह 2014 के चुनाव की तैयारी में लग गए, उन्हें समझ आ रहा था कि लगातार तीसरी बार यूपीए सरकार आने का मतलब 'हिन्दू राष्ट्र' का सपना कभी पूरा नहीं होगा। इसी दौरान आरएसएस की शाखाओं में भी लगातार कमी आ रही थी। यूपीए सरकार के आने के वक़्त तक 2004 में संघ की शाखाओं की तादाद 48,329 थी जो 2007 में घटकर 44,417 हो गई और 2009 तक आते-आते 43,905 रह गईं। भागवत की चिंता स्वाभाविक थी।

बीजेपी की हालत ठीक करने के लिए तब भागवत ने संघ से 500 से ज़्यादा मज़बूत कार्यकर्ता संघ से बीजेपी में भेजे ताकि उसकी मशीनरी दुरुस्त की जा सके। उस समय यह महसूस किया जाने लगा था कि बीजेपी हिन्दू हितों का ध्यान रखने में नाकाम रही है। 2000 में सरकार्यवाह बनने के बाद से ही मोहन भागवत की नज़र बीजेपी के दिल्ली में बैठे नेताओं पर थी, जो उनके हिसाब से संघ की विचारधारा पर खरे नहीं उतर रहे थे। उस वक़्त मोहन भागवत की पसंद प्रमोद महाजन हुआ करते थे, लेकिन 2006 में महाजन के निधन से सब कुछ बदल गया। नरेन्द्र मोदी के बारे में सोचने का काम उनके 2007 में दूसरी बार गुजरात चुनाव जीतने के बाद शुरू हुआ। इसी दौरान बीजेपी अध्यक्ष राजनाथ सिंह ने संघ प्रचारकों की पार्टी में एंट्री का रास्ता खोल दिया, इसके लिए संविधान में ज़रूरी बदलाव भी किए गए। भागवत ने दिल्ली के बाहर बीजेपी के दूसरे नेताओं पर नज़र डालना शुरू किया। उसमें महाराष्ट्र से नितिन गडकरी, गोवा से मनोहर पर्रिकर और गुजरात के नरेन्द्र मोदी का नाम था।

2009 के चुनावों में बीजेपी की हार के बाद भागवत की इच्छा से दिसम्बर में नागपुर के नितिन गडकरी को बीजेपी अध्यक्ष बनाया गया, उस वक़्त वह सिर्फ़ 52 साल के थे। बीजेपी के सबसे कम उम्र के अध्यक्ष और दिल्ली की राजनीति के लिए नया चेहरा। उस वक़्त मोदी का नाम भी बीजेपी अध्यक्ष के लिए आया था लेकिन मोदी 2012 के गुजरात चुनाव से पहले दिल्ली नहीं आना चाहते थे। भागवत गडकरी के अध्यक्ष के तौर पर कामकाज से इतना खुश थे कि उन्हें दूसरा टर्म देने

के लिए मई, 2012 में बीजेपी के संविधान में संशोधन कर दिया गया और अक्टूबर में उसे नेशनल काउंसिल ने पास कर दिया, लेकिन बीजेपी की अंदरूनी राजनीति ने गडकरी को यह मौक़ा नहीं हासिल होने दिया। गडकरी के दोबारा अध्यक्ष बनने का मतलब था कि उनके नेतृत्व में 2014 का चुनाव लड़ा जाता। फिर मोदी को प्रधानमंत्री पद का दावेदार बनाने में सबसे अहम भूमिका सरसंघचालक मोहन भागवत की रही। यह अलग बात है कि अब भागवत बीजेपी में गडकरी को हाशिये पर जाते देखकर भी मौन हैं और अपने ही गृह राज्य हिमाचल प्रदेश में बीजेपी के विधानसभा चुनाव हार जाने के बावजूद भागवत जे. पी. नड्डा का कार्यकाल फिर से बढ़ाने के लिए सहमति भी दे देते हैं।

आरएसएस बीजेपी के कामकाज में दख़ल देता है, इस पर तो हमेशा विवाद चलता रहता है लेकिन क्या नरेन्द्र मोदी भी संघ के काम में दख़ल दे रहे हैं, अब इस पर चर्चा होने लगी है। 2015 में सरकार्यवाह सुरेश भैयाजी जोशी के दो टर्म पूरे हो गए थे। कोयंबटूर में संघ की अखिल भारतीय प्रतिनिधि सभा में नए सरकार्यवाह पर निर्णय होना था। उस वक़्त नरेन्द्र मोदी अपने पसंदीदा माने जाने वाले सह-सरकार्यवाह दत्तात्रेय होसबोले को सरकार्यवाह बनाने की कोशिश में लगे थे। सरकार्यवाह को आरएसएस का 'सीईओ' माना जाता है यानी सबसे अहम कार्यकारी पद, लेकिन सुरेश भैयाजी जोशी को फिर तीसरी बार सरकार्यवाह बना दिया गया। बात यहीं पर खत्म नहीं होती, 2018 में जब जोशी के तीन साल का कार्यकाल तीसरी बार खत्म होने को आया तो जोशी के खराब स्वास्थ्य को लेकर ख़बरें आने लगीं। यह माहौल फिर से बनाया जाने लगा कि इस बार हौसबोले को सरकार्यवाह की ज़िम्मेदारी सौंप दी जाएगी, लेकिन भागवत ने सुरेश भैयाजी जोशी को ही चौथी बार सरकार्यवाह पर बनाए रखने का फ़ैसला किया। एच. वी. शेषाद्रि के बाद जोशी ही अकेले सरकार्यवाह रहे, जो चौथी बार इस पद पर चुने गए। 2021 में जोशी का चौथा कार्यकाल खत्म हो गया और चार बार सरकार्यवाह रहने के बावजूद एच. वी. शेषाद्रि की तरह भैयाजी जोशी भी सरसंघचालक नहीं बन पाए। जबकि मोहन भागवत बिना सह-सरकार्यवाह हुए सरकार्यवाह बना दिए गए। इसके साथ ही संघ में दो सह-सरकार्यवाह के पद बढ़ा दिए गए। इनकी संख्या चार से बढ़कर छह हो गई। इन नए पदों पर अखिल भारतीय प्रचार प्रमुख रहे मनमोहन वैद्य को ज़िम्मेदारी सौंपी गई। भागवत के सबसे विश्वस्त माने जाने वाले वैद्य पहले गुजरात के प्रांत प्रचारक रहे हैं। कर्नाटक के सी. आर. मुकुंद को भी नया सह-सरकार्यवाह बनाया गया।

दरअसल, 2000 में संघ के एक पदाधिकारी सूर्य नारायण राव ने सरकार्यवाह एच. वी. शेषाद्रि को एक पत्र लिखा और कहा कि हमें आजन्म अधिकारी नहीं रहना है। कम उम्र के लोगों को शामिल कर मौक़ा देना चाहिए। तरुण लोग रखें। उस वक़्त रज्जू भैया सरसंघचालक थे। तब रज्जू भैया, शेषाद्रि, मोरोपंत पिंगले और

एम. जी. वैद्य पदमुक्त हो गए। इससे पहले बालासाहब देवरस ने भी अपनी इच्छा से पद छोड़ दिया था।

सरसंघचालक डॉ. भागवत ने आरएसएस की संगठनात्मक नीति में परंपरा से हटकर कई बड़े बदलाव किए। बीजेपी पर पकड़ मज़बूत करने के लिए संघ के बहुत से पदाधिकारियों को अलग-अलग ज़िम्मेदारी सौंपी गईं। बीजेपी और संघ की समन्वय बैठकों पर भी ध्यान दिया गया। कहा जाता है कि भागवत का संघ प्रतिनिधियों को निर्देश है कि बीजेपी नेतृत्व पार्टी के लिए जो भी निर्णय करे, लेकिन संघ प्रतिनिधियों को यह ध्यान रखना है कि संघ की पकड़ पार्टी पर मज़बूत होती जाए। भागवत ने संघ और बीजेपी में संतुलन के लिए ज़बरदस्त काम किया है।

राजनीतिक दृष्टि से सबसे महत्वपूर्ण काम हुआ देश के पूर्वोत्तर इलाक़े में, जहां इससे पहले कोई बीजेपी का नामलेवा भी नहीं था। पहले असम में गोगोई सरकार को हटाने के लिए एनआरसी को मुद्दा बनाने और फिर 25 साल के वामपंथी राज को त्रिपुरा में खत्म करने में भागवत की रणनीति और संघ के काम का असर दिखता है। इसके बाद तो एक-एक करके पूर्वोत्तर के सभी राज्य बीजेपी के पास आते चले गए। कांग्रेस वहां से पूरी तरह बाहर हो गई। जम्मू-कश्मीर में पहली बार बीजेपी की सरकार भी भागवत की रणनीति का हिस्सा रहा और संघ के दबाव का ही नतीजा रहा जम्मू-कश्मीर से अनुच्छेद 370 और 35-ए को हटाने का निर्णय। इस काम की ज़िम्मेदारी उन्होंने अरुण कुमार को सौंपी थी, जो दिल्ली आने से पहले जम्मू का कामकाज देखते रहे। अब उनका इरादा तो कश्मीरी पंडितों की घर वापसी को लेकर है, लेकिन वह सरकार को मुश्किल में भी नहीं डालना चाहते।

मोदी सरकार के पहले कार्यकाल में ही सरसंघचालक मोहन भागवत को जून, 2015 से 'ज़ेड प्लस' कैटेगरी की 'सिक्योरिटी' दी गई है। संघ प्रमुख कहते हैं कि आरएसएस की गतिविधियों को देखकर बहुत से लोग इसे संगीतशाला, व्यायामशाला आदि समझते होंगे, लेकिन ऐसा सोचना पंचतंत्र की कहानी में 'अंधों के गांव में हाथी' जैसा ही है। संघ को समझने के लिए शाखा में आना होगा। इसके दरवाज़े सभी के लिए खुले हैं। इसमें प्रवेश के लिए न तो कोई रजिस्ट्रेशन है और न ही कोई फ़ीस।

भागवत कहते हैं कि मेरा विचार है कि यदि कोई एक बार संघ में आ जाए तो उसे कभी वापस जाने की ज़रूरत नहीं पड़ेगी, लेकिन दूर से संघ को समझना कठिन है।[1] संघ की शाखा तपस्यास्थली है और संघ का कार्य एक सतत साधना। यूं तो हेडगेवार के वक़्त से ही संघ में युवाओं को शामिल करने पर ज़ोर दिया जाता है लेकिन भागवत ने इसे फ़ोकस करते हुए एक नया नारा दिया, 'कैच देम यंग'। खेल-खेल में विचारधारा का इंजेक्शन। युवाओं को संघ में शामिल करने से उन्हें विचारधारा को आसानी से समझाया जा सकता है, साथ ही इससे कॉलेज स्तर पर संघ और विद्यार्थी परिषद की ताक़त बढ़ेगी। वैसे भी, देशभर में केंद्र और कई राज्यों

1. व्याख्यानमाला, सितम्बर, 2018 दिल्ली में भाषण

में बीजेपी की सरकार आने से कॉलेजों में विद्यार्थी परिषद की सदस्यों की तादाद तेज़ी से बढ़ने लगी है।

सरसंघचालक के तौर पर भागवत के कार्यकाल में बड़ा बदलाव आरएसएस की यूनीफ़ॉर्म में हुआ, जिसकी मांग लंबे समय से चल रही थी। 2016 में 11 अक्टूबर को विजयादशमी के सालाना जलसे पर संघ के स्वयंसेवकों ने अपने पुराने 'खाकी निकर' की यूनीफ़ॉर्म को विदाई दे दी, जो संघ के 1925 में शुरू होने के समय से चल रहे थे। यूनीफ़ॉर्म बदलने की मांग पर विचार मोहन भागवत के सरसंघचालक बनने के बाद 2009 में शुरू हुआ। भागवत उस समय बदलना चाहते थे, लेकिन संघ में तब ज़्यादातर लोग इसके विरोध में थे। मामला तब ठंडे बस्ते में चला गया। 2015 में यह मामला दोबारा गरमाया और संघ में नए लोगों ख़ासतौर से युवकों को शामिल करने के मुद्दे पर कहा गया कि नई पीढ़ी को पुराने ढीले खाकी निकर पसंद नहीं आते। उन्हें आकर्षित करने के लिए इसमें बदलाव ज़रूरी है। तब अक्टूबर, 2015 में रांची में हुई अखिल भारतीय कार्यकारिणी मंडल की बैठक में भागवत ने ख़ुद इस पर बात शुरू की। निकर के बजाय पैंट दिखने में कैसी लगेगी, इसका संघ की इमेज पर क्या असर पड़ेगा, इसे समझने के लिए उस बैठक में कुछ स्वयंसेवकों ने पैंट पहनकर प्रदर्शन भी किया ताकि लोगों को ठीक से समझ आ सके। भागवत के अलावा सरकार्यवाह भैयाजी जोशी भी बदलाव के पक्ष में थे, लेकिन तब भी महाराष्ट्र और कुछ और जगहों के पुराने प्रतिनिधि इसका विरोध कर रहे थे।

कार्यकारिणी मंडल की बैठक के बाद प्रांत प्रचारकों और सेंट्रल एक्ज़ीक्यूटिव के 12 सदस्यों की टीम ने इसके लिए देशभर में दौरा कर स्वयंसेवकों की राय जानने की कोशिश की। फिर मार्च, 2016 में राजस्थान के नागौर में हुई अखिल भारतीय प्रतिनिधि सभा की बैठक में इस पर रिपोर्ट रखी गई। बाद में यूनीफ़ॉर्म बदलने का फ़ैसला किया गया। इसमें कॉफी रंग की पैंट, उसी रंग के मोजे, सफेद शर्ट और काली टोपी को यूनीफ़ॉर्म का हिस्सा बनाया गया। ज़्यादा ठंडे इलाक़ों में सफेद शर्ट पर गहरे भूरे रंग का स्वेटर पहनने की इजाज़त दी गई। इस बदलाव से पहले नेवी ब्ल्यू और ग्रे रंग की पैंट का सुझाव भी आया था। इसके साथ काले रंग की पैंट और सफेद टी-शर्ट का सुझाव भी सामने आया। देशभर में एक साथ बदलाव के लिए 6 लाख पैंट और कपड़ा संघ की शाखाओं में भेजा गया। इसके साथ दो लाख स्वेटर भी भेजे गए। स्वयंसेवक इसे नाममात्र की कीमत पर खरीद सकते थे।

क़रीब 90 साल लगे एक यूनीफ़ॉर्म को बदलने में। संघ की शुरुआत के वक़्त 1925 में इस यूनीफ़ॉर्म को ख़ुद सरसंघचालक केशव बलिराम हेडगेवार ने चुना था। यह विचार कांग्रेस के सेवादल की यूनीफ़ॉर्म से आया था। उस वक़्त टोपी का रंग खाकी था। फिर 1930 में खाकी टोपी का रंग बदलकर काला हो गया। 1940 में संघ के पथ-संचलन और यूनीफ़ॉर्म पर सरकार ने रोक लगा दी। सरसंघचालक गुरुजी गोलवलकर ने सरकार की बात को मान लिया था। उस वक़्त मिलिट्री बूट

होते थे। 1971 में भी संघ यूनीफ़ॉर्म में पैंट लागू करने पर विचार हुआ था और नागपुर में शाखा भी शुरू हुई थी, जिसमें भागवत भी शामिल हुए थे। 1973 में मिलिट्री बूट की जगह चमड़े के काले जूतों ने ले ली। फिर रैगज़ीन के काले जूते भी इसमें शामिल कर लिए गए। जैन मुनि तरुण सागर की सलाह पर 2010 में संघ ने चमड़े की बेल्ट को हटाकर कैनवास बेल्ट का इस्तेमाल शुरू किया। मुनि तरुण सागर ने चमड़े की बेल्ट को 'अहिंसा के विचार' के ख़िलाफ़ बताया था।

डॉ. मोहन भागवत ने डॉ. हेडगेवार और गुरुजी गोलवलकर के बाद सबसे कम उम्र में सरसंघचालक की ज़िम्मेदारी संभाली। 21 मार्च, 2009 को संघ प्रमुख बनते वक़्त वह 58 साल के रहे होंगे। भागवत को संघ का स्पष्टभाषी लेकिन विनम्र और व्यावहारिक प्रमुख माना जाता है। भागवत अपने भाषणों में अक्सर स्वामी विवेकानंद के विचारों का ज़िक्र करते हैं। वह अपने संबोधनों और बातचीत के दौरान भी छोटी कहानियों, श्लोकों, रामायण, भगवद् गीता, महाभारत और वेदों में से घटनाओं को जोड़ते हैं।

पुणे के श्रीरंग गोडबोले ने वीर सावरकर और सरसंघचालक डॉ. मोहन भागवत पर बहुत काम किया है। गोडबोले बताते हैं कि भागवत परिवार के संबंध आरएसएस के साथ तीन पीढ़ियों से हैं। श्रीरंग गोडबोले के मुताबिक़, मोहन जी का संघ में प्रवेश यूं तो पिता के कंधे पर बैठकर चार-पांच साल की आयु में ही हो गया था, लेकिन 14 साल की आयु में वह स्वतंत्र विचार से संघ में आए। उन्होंने स्कूली शिक्षा लोकमान्य विद्यालय से की और चन्द्रपुर से कॉलेज की पढ़ाई और फिर अकोला में वेटेनरी साइंस में ग्रेजुएशन किया, लेकिन 1975 में इमरजेंसी लगने की वजह से वे अपनी पोस्ट-ग्रेजुएशन की पढ़ाई बीच में छोड़कर प्रचारक बन गए। फिर 2017 में महाराष्ट्र सरकार की एनिमल एंड फिशरीज यूनिवर्सिटी ने भागवत को डॉक्टरेट की मानद उपाधि प्रदान की। इस यूनिवर्सिटी से मानद उपाधि हासिल करनेवाले वह पहले व्यक्ति थे और वह भी तब, जबकि उन्होंने पोस्ट ग्रेजुएशन नहीं किया था।

इमरजेंसी के बाद 1977 में वे अकोला में प्रचारक थे। 1980 से 1987 तक नागपुर प्रांत प्रचारक रहे। 1987-1994 तक विदर्भ प्रांत प्रचारक बने। 1987 में ही उन्हें सेंट्रल एक्जीक्यूटिव में शामिल किया गया। 1991-1994 तक अखिल भारतीय सह-शारीरिक प्रमुख के साथ दोहरी ज़िम्मेदारी निभाई। अक्टूबर, 1994 से बिहार के क्षेत्र प्रचारक रहे। 1995 में अखिल भारतीय शारीरिक प्रमुख बने। 1999-2000 में अखिल भारतीय प्रचारक प्रमुख रहे।

संघ के एक ज़माने तक प्रचारक रहे रमेश शिलेदार और मौजूदा सरसंघचालक मोहन भागवत क़रीब-क़रीब साथ-साथ ही प्रचारक बनकर निकले। शिलेदार बताते हैं कि मोहन जी को संगीत का अच्छा ज्ञान है और मराठी पर अच्छा कमांड। संघ के शारीरिक प्रशिक्षण में उनका काफी योगदान रहा, उसे वैज्ञानिक तरीक़े से तैयार

करने में। संघ के बहुत से गीतों की धुन तैयार करने में भी उन्होंने बहुत मदद की है। स्वभाव में मिठास उनका पारंपरिक गुण है। उनके पिता मधुकर भागवत और मोहन के दो भाई चितरंजन और रवीन्द्र भी संघ से जुड़े हैं।

मोहन भागवत 11 मार्च, 2000 से 20 मार्च, 2009 तक सरकार्यवाह रहे और 21 मार्च, 2009 को सरसंघचालक की ज़िम्मेदारी संभाली। भागवत ज़्यादातर समय नागपुर में संघ मुख्यालय पर ही रहे। इससे उन्हें संघ को भीतर से बेहतर तरीक़े से समझने में मदद मिली। आरएसएस जब अपने सौ साल पूरा करने का जश्न मना रहा होगा, तब मोहन भागवत 75 बसंत देख चुके होंगे।

2000 में खराब स्वास्थ्य की वजह से सरसंघचालक प्रो. राजेन्द्र सिंह उर्फ़ रज्जू भैया ने रिटायर होने का फ़ैसला किया। उनके बाद सबसे वरिष्ठ सरकार्यवाह एच. वी. शेषाद्रि ने भी स्वास्थ्य खराब होने की वजह से ज़िम्मेदारी लेने से इंकार कर दिया। तब तीसरे नंबर पर रहे के. एस. सुदर्शन सरसंघचालक बने। उस वक़्त मदन दास देवी का नाम चर्चा में था, चार दिन पहले तक देवी के ही सरकार्यवाह बनने की बात थी, लेकिन मोहन भागवत को सरकार्यवाह बनाया गया। एक कारण तब यह बताया गया कि सरकार्यवाह या सरसंघचालक संघ के मुख्य संगठन से बाहर जानेवाले लोगों को नहीं बनाया जाता, मदन दास देवी लंबे समय तक विद्यार्थी परिषद की ज़िम्मेदारी संभालते रहे थे। संघ और बीजेपी के बीच समन्वय का काम भी कर रहे थे। तब सुदर्शन को सुझाया गया कि मोहन भागवत उनके लिए बेहतर सरकार्यवाह होंगे क्योंकि वह महाराष्ट्र से हैं। उस समय मदन दास देवी को बीजेपी से जुड़े मसलों पर भागवत से सलाह लेने के निर्देश भी दिए गए। तब बीजेपी के अध्यक्ष रहे वेंकैया नायडू ने भी अपनी टीम तैयार करने के लिए देवी और भागवत के साथ सलाह-मशविरा किया था। इसी तरह गोविन्दाचार्य का नाम भी सरकार्यवाह ग्रुप में रहा, लेकिन वाजपेयी की नाराज़गी की वजह से वह बाहर हो गए। तब लालकृष्ण आडवाणी संघ और बीजेपी के बीच समन्वय देख रहे थे। उन्होंने कहा कि गोविन्दाचार्य को वापस लिया गया तो वह आपत्ति नहीं करेंगे। संघ ने तर्क दिया कि जो संघ से बाहर गया, उसे वापस नहीं लिया जाएगा। इसी आधार पर इससे पहले भाऊराव देवरस ने दत्तोपंत ठेंगड़ी को बाहर कर दिया था। भारतीय मज़दूर संघ के ताक़तवर नेता रहे ठेंगड़ी का सामान तक दिल्ली के संघ कार्यालय से बाहर रखवा दिया गया। ठेंगड़ी की संघ में वापसी नहीं हो पाई।

पचास साल के भागवत तब तक तो सह-सरकार्यवाह भी नहीं बने थे। उससे पहले शेषाद्रि 1987 से 2000 तक सरकार्यवाह रहे थे। उस वक़्त संघ के वरिष्ठ नेता मोरोपंत पिंगले ने सुझाव दिया कि संघ में ऊंचे पदों पर युवाओं और अनुभवी लोगों को लाने की ज़रूरत है। इसके लिए पहले भागवत को अखिल भारतीय प्रचारक प्रमुख बनाया गया और फिर सरकार्यवाह।

सरसंघचालक सुदर्शन ने संघ के संगठन की ज़िम्मेदारी पूरी तरह सरकार्यवाह भागवत पर छोड़ दी थी। 2009 में जब भागवत सरसंघचालक बने तो 1994 में

देवरस के पद छोड़ने के बाद संघ की ज़िम्मेदारी फिर से महाराष्ट्रियन ब्राह्मण को मिली। देवरस के बाद पश्चिमी उत्तर प्रदेश के रज्जू भैया और उनके बाद कर्नाटक के सुदर्शन इस पद पर रहे थे। 1994 से 2009 पूरे पन्द्रह साल, ग़ैर महाराष्ट्रियन नेतृत्व रहा।

विदर्भ प्रांत प्रचारक रहने के दौरान भागवत की बालासाहब देवरस से निकटता रही। उनमें भी देवरस की तरह वर्तमान काल में संघ को कैसे आगे ले जाना है, इसका गुण है। उनकी मूंछें भले ही डॉ. हेडगेवार जैसी दिखती हों, लेकिन दृष्टिकोण देवरस जैसा माना जाता है। नागपुर के दिलीप देवधर और मोहन भागवत एक ज़माने में संघ में साथ-साथ रहे हैं। जब देवधर ने वहां फुल पैंट शाखा शुरू की थी तो उसमें भागवत भी जाते थे। देवधर का कहना है कि आरएसएस के पहले सरसंघचालक डॉ. हेडगेवार सामाजिक और आध्यात्मिक प्रवृत्ति के लोगों में से थे। फिर दस महीने के लिए सरसंघचालक की ज़िम्मेदारी संभालने वाले डॉ. परांजपे विदर्भ के पहले सर्जन थे, जो लोकमान्य तिलक के विचारों से प्रेरित रहे। उनके कार्यकाल के दौरान संघ में सबसे तेज़ी से बढ़ोतरी हुई। गुरुजी गोलवलकर आध्यात्मिक थे। देवरस उनसे उलट थे, ईश्वर को नहीं मानते थे, लेकिन वे हिन्दू सुधारक थे और सामाजिक समरसता पर ज़ोर देते थे। भागवत के लिए कहा जा सकता है कि वे इन चारों का मिला-जुला रूप हैं। उनको सबके साथ जोड़कर देखा जा सकता है।

देवरस ने ईसाई धर्म और इस्लाम का अध्ययन किया था। उन्होंने गोलवलकर की किताब 'बंच ऑफ़ थॉट्स' से 'अंदरूनी दुश्मन' के चैप्टर को न केवल हटाया, बल्कि उसमें ज़रूरी बदलाव किए। मोहन भागवत ने देवरस के इस काम को बड़ी ही खूबसूरती से उठा लिया। संघ और गुरुजी को लेकर हो रहे सवालों पर रुख भी साफ कर दिया। एक बार के. एस. सुदर्शन ने कहा कि भारतीय संविधान को बदल दो, उसे उठाकर फेंक दो। उनके इस व्यवहार के बाद कांग्रेस, समाजवादी और दलित सब उनके ख़िलाफ़ एक साथ खड़े हो गए। कुछ समय बाद जब सुदर्शन ने नागपुर में दीक्षा भूमि में डॉ. आंबेडकर की प्रतिमा को माला पहनाई तो आंबेडकर समर्थकों ने कहा कि सुदर्शन ने उस प्रतिमा को अपवित्र कर दिया है और उसे दूध से साफ किया गया। उसकी भी बड़ी आलोचना हुई। फिर सुदर्शन ने कहा कि मैं संविधान स्वीकार करता हूं। रज्जू भैया ने संघ को सत्ता केंद्रित करने का काम किया। उन्होंने वाजपेयी को प्रोजेक्ट किया और सत्ता के महत्व को समझा। सुदर्शन के वक़्त अहंकार बढ़ गया था पर भागवत यह ग़लती नहीं करते। सुदर्शन ने कहा कि सरसंघचालक सबसे ऊपर है, पंतप्रधान यानी प्रधानमंत्री निकम्मा है। भागवत ने संघचालक और प्रधानमंत्री दोनों के पदों की गरिमा को बढ़ाने का काम किया।

बालासाहब देवरस के वक़्त संघ की शाखाओं की तादाद 70 हज़ार तक पहुंच गई थी, उसके पचीस साल बाद भी अभी शाखाओं की संख्या कमोबेश वही है। आरएसएस में ऐसा माना जा रहा था कि 2004 में अगर बीजेपी फिर से चुनकर सरकार में आती तो संघ का नुक़सान हो सकता था। तब कहा गया कि वाजपेयी

सरकार के हारने-जीतने से संघ को कोई फ़र्क नहीं पड़ता, उन चुनावों में संघ ने सक्रिय तौर पर हिस्सा नहीं लिया था। भागवत ने 2004 के बाद संघ को बीजेपी के बराबर लाकर खड़ा कर दिया। 2014 में मोदी को संघ ने मदद की और अपना इन्फ्रास्ट्रक्चर मज़बूत किया। मोदी सरकार के दौरान कंपनियों के 'कॉर्पोरेट सोशल रेस्पोंसिबिलटी' फंड का पैसा सोशल इन्फ्रास्ट्रक्चर खड़ा करने और अपने सहयोगी संगठनों के प्रकल्पों को ताक़त देने में इस्तेमाल किया।

बालासाहब ने सरसंघचालक रहते हुए संघ और परिवार दोनों को मज़बूत किया। डॉ. हेडगेवार ने संघ को मज़बूत किया था। गुरुजी गोलवलकर ने परिवार को आगे बढ़ाया। विविध क्षेत्रों में नए संगठनों की शुरुआत की। उसके लिए लोग तैयार किए। भागवत ने अपील की है कि हर स्वयंसेवक एक साल में कम से कम एक नया स्वयंसेवक संघ में शामिल करे यानी हर साल 60 लाख से ज़्यादा स्वयंसेवक बढ़ जाने चाहिए। 2014 के बाद जब बीजेपी की ताक़त बढ़ गई तो कुछ लोगों को लगा कि अब बीजेपी संघ को कंट्रोल करेगी, लेकिन भागवत ने यह नहीं होने दिया। अब बीजेपी और संघ के बीच समन्वय भी है और संघ की ताक़त को बीजेपी नज़रअंदाज़ नहीं कर सकती। मोदी और भागवत दोनों ही बड़े हो गए हैं।

दिलीप देवधर कहते हैं कि गुरुजी ने संघ को मज़बूत किया था, संघ परिवार के दूसरे संगठन बच्चे जैसे थे। देवरस ने परिवार के उन बच्चों यानी सहयोगी संगठनों को बराबरी दी। इसके बाद भागवत ने संघ परिवार को मज़बूत किया। पहले संघ में 'फुलटाईम' प्रचारक निकलते थे। अब 'पेड प्रचारक' की व्यवस्था भी की गई है यानी ऐसे शादीशुदा या रिटायर लोग जो संघ के लिए काम कर सकते हैं उन्हें कोई प्रकल्प दिया जाता है और उनकी आर्थिक मदद की जाती है।

कुछ समय पहले एक अध्ययन कराया गया था कि ग़ैर-शादीशुदा प्रचारकों की ज़िंदगी में क्या मनोवैज्ञानिक प्रभाव या व्यवहार पर असर पड़ता है? बहुत से प्रचारक काफी समय काम करने के बाद ज़िम्मेदारी छोड़ भी देते हैं और शादी करके गृहस्थ जीवन अपना लेते हैं। आरएसएस में कहा जाता है कि वैसे भी ग़ैर-शादीशुदा प्रचारकों की संख्या संघ के स्वयंसेवकों की तुलना में बहुत कम है। संघ गृहस्थ व्यवस्था पर ज़ोर देता है बल्कि संघ में पूरे परिवार को ही शामिल करने की योजना रहती है, लेकिन एक घटना का ज़िक्र यहां ज़रूरी है। 2014 में जब केंद्र में बीजेपी सरकार बनी थी क़रीब उसी वक़्त एक वरिष्ठ पदाधिकारी को संघ से निष्कासित कर दिया गया। वह उस वक़्त सह-सरकार्यवाह यानी जॉइंट सेक्रेटरी थे। पचास साल से ज़्यादा उम्र के इस पदाधिकारी की ग़लती यह थी कि उन्हें किसी महिला से प्रेम हो गया। वह उनके साथ रहने भी लगे। इस संबंध की जानकारी उन्होंने संघ को नहीं दी। इस पर संघ ने उन्हें बर्ख़ास्त कर दिया। कुछ समय बाद पदाधिकारी ने महिला से शादी कर ली और अब केरल में रहते हैं।

एक ज़माने में गुरुजी गोलवलकर संघ की संपत्ति या भवन निर्माण का विरोध करते थे। आज संघ परिवार के देशभर में बहुत से भवन बन गए हैं। अकेले नागपुर में पचासों बड़े भवन हैं। हर संगठन और उसके प्रकल्पों के भवन हैं। जब नागपुर में संघ के केंद्रीय कार्यालय के लिए भवन या ज़मीन खरीदनी थी तो गुरुजी ने कहा था कि संघ का भवन नहीं होगा। संघ भवन के पीछे नहीं पड़ेगा क्योंकि भविष्य में उससे झगड़ा हो जाएगा। एक भी बिल्डिंग संघ के नाम से नहीं खरीदी। इसके लिए उन्होंने एक अलग ट्रस्ट बना दिया। यहां तक कि संघ ख़ुद एक रजिस्टर्ड संगठन नहीं है। इसके बाद देवरस के वक़्त सेवा कार्यों के लिए बिल्डिंग बनाई जाने लगीं। संघ के स्कूल, कॉलेज, अस्पताल, सहकारी संस्थाएं और हाउसिंग सोसायटी हैं। परिवार के भवन बन गए हैं। दत्तोपंत ठेंगड़ी के वक़्त भारतीय मज़दूर संघ के नाम पर हज़ारों हाउसिंग सोसायटी बनाई गईं। कृषि भूमि खरीदकर फिर प्लॉट बेचकर कालोनियां बनाई गईं, जहां शाखा भी शुरू हो गईं। इन कालोनियों के सामुदायिक भवन शाखा के कार्यक्रमों के काम आने लगे।

कोरोना संकट में लॉकडाउन के दौरान संघ का सारा काम इंटरनेट और वीडियो कान्फ्रेंसिंग से होने लगा। सरसंघचालक मोहन भागवत का बौद्धिक, शाखाओं का आयोजन, दत्तात्रेय होसबोले की विदेशी पत्रकारों से बातचीत सब कुछ वीडियो कान्फ्रेंसिग से होने लगा। आईटी का सबसे पहले उपयोग राम माधव ने न केवल शुरू किया, बल्कि संघ के बड़े पदाधिकारियों को उसका इस्तेमाल करना सिखाया भी। संघ की प्रार्थना राष्ट्रीय स्तर पर सामूहिक तौर पर वीडियो के माध्यम से होने लगी।

भागवत प्रज्ञा प्रवाह के माध्यम से बुद्धिजीवियों से संपर्क में रहते हैं और उनका पब्लिक रिलेशन यानी पीआर वर्क पर काफी ध्यान रहता है। सरसंघचालक रहते हुए भागवत ने दिल्ली में 2017 में पचास से ज़्यादा देशों के राजनयिकों के साथ मुलाक़ात की। वह बॉम्बे स्टॉक एक्सचेंज को संबोधित करने वाले पहले सरसंघचालक रहे। भागवत लगातार प्रशासनिक अधिकारियों, पूर्व न्यायाधीशों और सेना के पूर्व आला अफ़सरों और बुद्धिजीवियों से मुलाक़ात करते रहते हैं। बीजेपी में संगठन महासचिव रहे रामलाल को, वापस संघ में बुला लिया गया है, वह सरसंघचालक की हर क्षेत्र के ताक़तवर लोगों से मुलाक़ात का काम देख रहे हैं।

भागवत के रहते हुए संघ पुरानी ग़लतियां दोहराना नहीं चाहता। संघ को अब अपनी पुरानी छवि स्वीकार नहीं है। भागवत के देशभर के दौरों का मक़सद सिर्फ़ अपनी उपस्थिति दर्ज कराना या भाषण देना नहीं होता। भागवत आमतौर पर संघ के इन शिविरों या स्वयंसेवकों और पदाधिकारियों के साथ लंबा वक़्त बिताते हैं। दिलीप देवधर बताते हैं कि संघ के लिखित संविधान की प्रस्तावना में 'कॉर्पोरेट लाइफ़' का ज़िक्र किया गया है यानी समष्टि जीवन। कहा जाता है कि हिन्दुओं में समष्टि जीवन के संस्कार नहीं हैं, इसलिए वह हमेशा मार खाता है। जीवन संकुचित रहा,

जिसने विकसित किया उस चाणक्य ने चन्द्रगुप्त बना दिया। डॉ. हेडगेवार कहते थे कि संस्था व्यक्ति से बड़ी है, उसमें निजी अहं से संस्था का नुक़सान होता है।

संघ के अखिल भारतीय संपर्क प्रमुख रहे अनिरुद्ध देशपांडे मानते हैं कि भागवत संगठन के व्यक्ति हैं। कार्यकर्ताओं के साथ वह अनौपचारिक तरीक़े से बात करते हैं, सहज रहते हैं। संघ शिक्षा वर्ग में उनकी इस तरह की मुलाक़ातें स्वयंसेवक के लिए बहुत काम की होती हैं और उन्हें मार्ग-निर्देशन देती हैं। भागवत सरकार्यवाह रहे और फिर सरसंघचालक की ज़िम्मेदारी संभाली, उनका स्वभाव निर्णय करने का है लेकिन वह हमेशा सामूहिक निर्णय में विश्वास करते हैं। निर्णय लेने से पहले वह उस मसले पर विस्तार से जानकारी हासिल करते हैं, हर छोटी से छोटी जानकारी और उस पर संतुष्टि के बिना निर्णय को पूरा नहीं होने देते हैं। कई बार इस में समय ज़्यादा लग जाता है, लेकिन उनका टीम वर्क में विश्वास है। देशपांडे के मुताबिक़, "मोहन जी दिखते आग्रही हैं, लेकिन दुराग्रही नहीं हैं।"

भागवत बदलाव के लिए हमेशा तैयार रहते हैं लेकिन मूल सिद्धांतों से पीछे नहीं हटते या विचारधारा से अलग नहीं जाते। वह हिन्दू राष्ट्र की कल्पना और सामाजिक समरसता पर ज़ोर देते हैं, साथ ही दूसरे पंथ के लोगों के साथ संपर्क को बढ़ावा देते हैं।

हिन्दुत्व को लेकर भागवत कहते हैं, "हम एक ही हिन्दुत्व को मानते हैं। महात्मा गांधी कहते थे, सत्य का नाम हिन्दुत्व है। वही जो हिन्दुत्व के बारे में गांधीजी ने कहा है, जो विवेकानंद जी ने कहा है, जो सुभाष बाबू ने कहा है, जो कविवर रविन्द्रनाथ ने कहा है, जो डॉ. आंबेडकर ने कहा है, हिन्दू समाज के बारे में नहीं, हिन्दुत्व के बारे में। वही हिन्दुत्व है। लेकिन उसकी अभिव्यक्ति कब और कैसे होगी, यह तो व्यक्ति और परिस्थिति पर निर्भर करता है। इसलिए हिन्दुत्व एक ही है। किसी के देखने के नज़रिए से हिन्दुत्व का प्रकार अलग नहीं कर सकते।

मैं सत्य को मानता हूं और अहिंसा को भी मानता हूं और मुझे ही ख़त्म करने के लिए कोई आए और मेरे मरने से वह सत्य भी मरने वाला है और अहिंसा भी मरने वाली है, उसका नाम लेने वाला कोई बचेगा नहीं तो उसको बचाने के लिए मुझे लड़ना पड़ेगा। लड़ना या नहीं लड़ना, यह हिन्दुत्व नहीं है। सत्य, अहिंसा के लिए जीना या मरना। सत्य, अहिंसा के लिए लड़ना या सहन करना, यह हिन्दुत्व है। कब सहन करना, कब नहीं करना किसी व्यक्ति का निर्णय हो सकता है। वह सही भी हो सकता है, ग़लत भी हो सकता है। लेकिन ग़लत निर्णय करके वह लड़े तो उसके लड़ने को हिन्दुत्व नहीं कह सकते। ग़लत निर्णय करके वह चुप रहे तो उसके चुप रहने को आप हिन्दुत्व नहीं कह सकते।

हम हिन्दू के नाते किसी को अपना दुश्मन नहीं मानते। किसी को पराया नहीं मानते। लेकिन उस हिन्दुत्व की रक्षा के लिए हिन्दू धर्म, हिन्दू संस्कृति, हिन्दू समाज का संरक्षण हमको करना ही पड़ेगा। अब संरक्षण करने में समझाना भी पड़ता है। लड़ना पड़ेगा तो लड़ेंगे भी। हमारा लड़ना हिन्दुत्व नहीं है। हमारा समझाना हिन्दुत्व

नहीं है। इसलिए मैंने कहा कि हिन्दू अब कट्टर बनेगा। इसका मतलब है हिन्दू अधिक उदार बनेगा।"

बालासाहब देवरस के बाद डॉ. भागवत सामाजिक समरसता पर ज़ोर देने वाले सरसंघचालक हैं। भागवत कहते हैं, "बिना मुसलमानों के हिन्दुत्व अधूरा' है। हमारा 'डीएनए' एक है और 'पूर्वज' भी एक हैं।" मुस्लिमों के अलावा भागवत दलितों को हिन्दू समाज की मुख्यधारा में लाने के काम पर ज़ोर दे रहे हैं। इसलिए उन्होंने हर गांव में पूरे समाज के लिए एक कुआं, एक मंदिर और एक ही श्मशान गृह होने की बात की है ताकि किसी तरह का भेदभाव नहीं हो।

एक ज़माने पहले संघ के मुखपत्र पांचजन्य और ऑर्गनाइज़र में शाकाहार को लेकर एक लेख छपा। इस लेख में कहा गया कि जो मांसाहार करेगा यानी नॉन वेजीटेरियन फूड खाएगा, वह हिन्दू नहीं, राष्ट्रीय नहीं और संघ वाला भी नहीं। इस लेख पर एक राष्ट्रीय समाचार पत्र ने ख़बर छापी कि क्या संघ के लोग मांसाहार नहीं करते? देवधर ने बताया कि मौजूदा सरसंघचालक मोहन भागवत जब से संघ प्रमुख बने तब से उन्होंने नॉन-वेज फूड नहीं खाया है। आख़िरी बार जब तक सरकार्यवाह थे, तब खाया। संघ के स्वयंसेवकों में बड़ी तादाद है जो मांसाहार करते है, लेकिन छवि बनाने के लिए संघ हमेशा इस तरह बर्ताव करता है कि मानो 'शाकाहार' का संबंध 'राष्ट्रभक्ति' से हो।

एक और प्रचारक हैं, लंबे समय तक संघ से जुड़े रहे। अब भी समाजसेवा के काम में लगे हैं। वह थोड़े आलोचनात्मक सुर में बात करते हैं। उनका कहना है कि "मोहन भागवत सरसंघचालक बनने से पहले सरकार्यवाह बने, नौ साल तक रहे, लेकिन कभी कोई निर्णायक भूमिका नहीं निभाई। उनसे पहले तीन सरकार्यवाह देखे—माधवराव मुले, रज्जू भैया और एच. वी. शेषाद्रि, तीनों का व्यक्तित्व बहुत बड़ा था, लेकिन मोहन जी ने उन नौ साल में कोई असरदार काम नहीं किया। उनको संघ के भीतर बहुत से प्रचारक कमज़ोर नेतृत्व के तौर पर देखते हैं और वे अपनी टीम में भी ऐसे ही लोगों को पसंद करते हैं।"

एक अन्य पूर्व प्रचारक ने उनकी बात को आगे बढ़ाते हुए कहा कि अब आरएसएस के सहयोगी संगठनों पर नज़र डालिए, आपको एक भी ऐसा बड़ा नाम नज़र नहीं आएगा जो कभी किसी को चुनौती दे सकता हो या फिर ख़ुद ही बड़ा नाम बन जाए। एक ज़माने तक संघ में माधवराव मुले, एच. वी. शेषाद्रि, मोरोपंत पिंगले, दत्तोपंत ठेंगड़ी, मदन दास देवी, अशोक सिंहल, प्रवीण तोगड़िया जैसे बड़े ताक़तवर नाम थे, जिन्होंने न केवल संगठन को ताक़त दी बल्कि बड़े आंदोलनों का नेतृत्व किया, अब जो कुछ है सिर्फ़ संघ है और मोहन भागवत हैं—'एक ही ब्रह्म'।

भागवत के सरकार्यवाह रहने के दौरान ही यूपीए सरकार ने हिन्दू आतंकवाद और भगवा आतंकवाद का मुद्दा उठाया था। यह एक अंतरराष्ट्रीय साज़िश का हिस्सा था, लेकिन तब इसके ख़िलाफ़ खड़े होने के बजाय भागवत चुप्पी साधे रहे कि कहीं संघ पर प्रतिबंध न लग जाए। वह तो उसी दौरान 26/11 यानी मुंबई में

आतंकवादी हमला हो गया जिससे देश का मूड बदल गया। संघ के एक मज़बूत प्रचारक ने कहा कि आरएसएस ने इससे पहले भी तीन-तीन बार प्रतिबंध झेला है और उससे निकलकर आगे बढ़ा है, इतना डर कभी किसी सरकार्यवाह या सरसंघचालक को नहीं लगा होगा शायद।

देशपांडे मानते हैं कि भागवत के कार्यकाल में संघ में महिलाओं की भूमिका को लेकर स्पष्टता आई है। संघ के कार्यक्रमों में महिलाओं की भूमिका पर ज़ोर दिया गया है। पुरुष और महिलाओं में कोई अंतर भूमिका के तौर पर संघ नहीं देखता, बल्कि भागवत के दौरान महिला क्षेत्रों से जुड़े कार्यक्रमों की संख्या बढ़ी है। संघप्रमुख ने अब इस बात पर ज़ोर दिया है कि यदि महिलाएं संघकार्य में रुचि लेती हैं तो उन्हें राष्ट्र सेविका समिति के पास नहीं भेजना चाहिए, बल्कि शाखा में या संघ के किसी कार्यक्रम में महिलाओं की क्या भूमिका हो सकती है, इस पर फोकस करने की ज़रूरत है।

डॉ. भागवत मानते हैं कि समाज को स्वयंसेवक पर विश्वास होता है इसलिए समाज को बेहतर बनाने से पहले स्वयंसेवक को अच्छा बनना पड़ेगा। वह जैसा बोलते हैं, वैसा ही करेंगे तो समाज का उन पर विश्वास बढ़ेगा। समाज के हितों को पूरा करने से ही समाज साथ चलेगा। डॉ. भागवत कहते हैं कि सज्जन कौन हैं, इसका उदाहरण डॉ. हेडगेवार देते थे कि जो घर से ऑफ़िस के लिए निकलता है सिर झुकाकर और शाम को पांच बजे सीधा घर आ जाता है। अपने घर के बाहर के किसी चक्कर में नहीं पड़ता, तो उसे समाज सज्जन मानता है। लेकिन वास्तव में सज्जन वह होता है जो समाज की चिंता करता है। अपने घर के बाहर क्या हो रहा, उसमें कैसे सुधार किया जा सकता है, इसका ध्यान रखता है और डॉ. हेडगेवार ख़ुद इसके उदाहरण हैं।

एक ज़माने तक अमेरिका में संघ के बौद्धिक प्रमुख रहे विजय चौथाईवाले प्रज्ञा प्रवाह के प्रमुख भी रहे, बाद में भारत में आकर सूरत में बस गए। उनके पिता बाबूराव चौथाईवाले भी संघ के प्रमुख लोगों में से रहे। विजय चौथाईवाले ने सरकार्यवाह मोहन भागवत को एक चिट्ठी लिखी कि संघ ख़ुद को परिवर्तनीय संगठन कहता है यानी उसमें बदलाव होता रहता है, लेकिन हकीकत में ऐसा नहीं है। संघ अपरिवर्तनीय हो गया है। उसमें जड़त्व है और आपने इस पर कुछ काम नहीं किया। इसके साथ ही उन्होंने इस पत्र की कॉपी सौ प्रमुख लोगों को और भेज दी। इससे भागवत नाराज़ हो गए। उन्होंने विजय चौथाईवाले को नागपुर बुलाया। विजय अपने एक मित्र और संघ के प्रमुख लोगों में से एक अजय धाकरस के साथ नागपुर संघ कार्यालय पहुंचे। धाकरस भागवत के मित्र भी थे। अजय धाकरस, मोहन भागवत और गुरुजी गोलवलकर संघ में तीनों कराड़ी ब्राह्मण रहे हैं। भागवत ने उस बैठक में धाकरस को भी अपने साथ बिठा लिया और फिर चौथाईवाले को कहा कि तुमने जो पत्र में लिखा है कि संघ अपरिवर्तनीय है, जड़त्व हो गया है, ऐसा तो कुछ है नहीं। संघ में वक़्त और ज़रूरत के साथ बदलाव होते रहते हैं। दूसरी बात

तुमने यह पत्र मुझे लिखा, तो फिर इसे दूसरे लोगों को क्यों भेजा? निजी पत्र को सार्वजनिक क्यों कर दिया? तुम संघ में पद पर हो, तो पद पर रहनेवाले के लिए ऐसा नहीं चल सकता। पदमुक्त हो जाओ और फिर जो मर्ज़ी हो वह करो, लेकिन पद पर रहोगे और ऐसे संघ की सार्वजनिक आलोचना करोगे, यह नहीं चलेगा।

आरएसएस में ऐसे बहुत से स्वयंसेवक होंगे जिनके परिवार में लोग पहले से शाखा में शामिल होते रहे हों, लेकिन लगातार तीन पीढ़ियों से संघ के लिए जीवन लगाने वाले शायद ही होंगे। श्रीरंग गोडबोले बताते हैं कि मोहन भागवत के दादाजी नारायण राव पांडुरंग भागवत सतारा ज़िले के रहने वाले थे, उन्होंने चन्द्रपुर में अपनी पढ़ाई की। उनके परिवार को वकीलों का परिवार माना जाता है। नारायण पांडुरंग का जन्म 1884 में चन्द्रपुर के पास वरोडा गांव में हुआ था। वे प्रांतीय सभासद भी रहे। उनकी डॉ. हेडगेवार से मित्रता रही, लेकिन वे संघचालक नहीं बनना चाहते थे। 1930 में वे चन्द्रपुर आ गए थे, फिर 23 जनवरी, 1937 को संघ पदाधिकारी बने। मोहन जी के पिता मधुकर भागवत का जन्म 1918 में हुआ था। उनकी पत्नी मालती बाई विदुषी रहीं। उनके चार बच्चों में मोहन सबसे बड़े थे जिनका जन्म 1950 में, उनसे छोटे चितरंजन 1954, फिर रवीन्द्र 1957 और सबसे छोटी बहन निवेदिता का जन्म 1962 का है।[2]

मोहन के दादाजी का गोलवलकर और अप्पाजी जोशी से पारिवारिक संबंध रहा। मधुकर भागवत भी संघ के उन प्रचारकों में से हैं जो विवाहित थे। वे विवाह नहीं करना चाहते थे, लेकिन घर की आवश्यकताओं के लिए उन्हें विवाह करना पड़ा। गोडबोले बताते हैं कि 1934-35 में डॉ. हेडगेवार की योजना से संघ के काम पर निकले मधुकर राव से पूछा कि तुम्हें पढ़ने के लिए कहां जाना है? डॉ. हेडगेवार उन्हें पुणे भेजना चाहते थे। मधुकर राव ने हेडगेवार की जानकारी के बिना पुणे के फर्ग्यूसन कॉलेज में दाख़िला ले लिया, लेकिन वे संघ की योजना से नहीं गए थे इसलिए उन्हें वहां विस्तारक का दर्जा नहीं दिया गया। बाद में पुणे का घोष यानी संघ का बैंड मधुकर राव ने ही शुरू किया। उस वक़्त घोष में मिलिट्री धुन बजाई जाती थी तो उसकी तैयारी के लिए मधुकर पुणे से रात को सब्जी से लदे ट्रक में बैठकर बॉम्बे जाते और वहां नाज़ सिनेमा हॉल में अंग्रेज़ी 'वॉर फ़िल्में' देखकर धुन याद करते और फिर घोष के लिए तैयार करते। गोडबोले बताते हैं कि 1938-39 में वह प्रचारक हो गए, तब संघ का केंद्र बड़ौदा में था और वहां मराठी में सब काम होता था। उन्होंने संघ का केंद्र बड़ौदा से बदल कर कर्णावती (अब अहमदाबाद) किया और शाखा के समय मराठी बोलने पर पाबंदी लगाई और कहा कि यहां गुजराती में बात होगी। 1942 में उनका विवाह हुआ, उस वक़्त वे प्रांत प्रचारक थे। देश के विभाजन के वक़्त वे गुजरात में थे, वहां से कुछ समय के लिए कराची भी

2. श्रीरंग गोडबोले से लेखक का साक्षात्कार

गए। संघ पर पाबंदी के दौरान कुछ समय के लिए वे प्रयाग में भूमिगत भी रहे, फिर बड़ौदा लौट आए, क्योंकि वहां अलग स्टेट होने की वजह से संघ पर बैन नहीं था। 1949 में वे नागपुर चले आए और वहां क़ानून की पढ़ाई पूरी की। साथ ही उन्हें नागपुर प्रांत के प्रांतकार्यवाह की ज़िम्मेदारी मिल गई। 1952 में मधुकर चन्द्रपुर के ज़िला कार्यवाह और फिर ज़िला संघचालक बने। 1972 से शारीरिक शिक्षा प्रमुख और विभाग संघचालक रहे। उनका स्वयंसेवक के लिए शारीरिक पर बहुत आग्रह रहता था। इमरजेंसी के दौरान मधुकर भागवत 19 महीने जेल में रहे। उनका अंग्रेज़ी पढ़ाई पर ज़ोर था और बच्चों को अच्छी अंग्रेज़ी सिखाने के लिए उन्हें अंग्रेज़ी फ़िल्में भी दिखाते। इसके साथ ही बच्चों को वीर सावरकर का महाकाव्य पढ़कर सुनाते। नागपुर जेल में उन्होंने महाभारत और सप्तशती पर भाषण भी दिए।

70 साल की उम्र के बाद उन्होंने प्रवास कम कर दिए थे लेकिन 2004 में कर्णावती के प्रांतीक शिविर में हिस्सा लेने के लिए वे चन्द्रपुर से नासिक आए, लेकिन तबीयत खराब होने से कर्णावती नहीं जा पाए। उनके निधन के वक़्त बंगलोर में विश्व संघ शिविर में मोहन भागवत का बौद्धिक चल रहा था। वे पिता की अंत्येष्टि में शामिल नहीं हो पाए।

संघ के सौ साल पूरा होने तक संभावना है कि डॉ. मोहन भागवत ही सरसंघचालक की ज़िम्मेदारी को संभाल रहे हों। आरएसएस में कहा जाता है कि सरसंघचालक जितने बड़े, उतने सरकार्यवाह बड़े, उतना ही बड़ा स्वयंसेवक है। संघ सबका है। सब संघ के ही स्वयंसेवक हैं। एक समय यह चर्चा चलती थी कि हू आफ्टर नेहरू? तो उस समय किसी ने गुरुजी गोलवलकर से एक बार पूछ लिया—हू आफ्टर यू? तो गुरुजी ने कहा—व्हाई नॉट यू? यह काम मेरे भरोसे थोड़े ही चल रहा है। सब लोग हैं।

8

रामकाज कीन्हे बिना, मोहि कहां विश्राम

सरयू तट पर बसी अयोध्या के भव्य और दिव्य मंदिर में रामलला फिर से विराजमान हो चुके हैं। 22 जनवरी, 2024 को जब प्रधानमंत्री ने स्वयं यजमान बनकर बहुचर्चित प्रतिमा में प्राण-प्रतिष्ठा की तो उस समय वहां मौजूद सरसंघचालक मोहन भागवत और उत्तर प्रदेश की राज्यपाल आनंदीबेन पटेल और मुख्यमंत्री योगी आदित्यनाथ समेत हजारों गणमान्य व्यक्तियों के साथ देश और दुनियाभर के सनातनी राममय हो गए थे। रामलला की नवनिर्मित मूर्ति है ही ऐसी कि वहां उपस्थित हजारों लोग और सोशल मीडिया तथा टीवी के जरिए लाइव देख रहे करोड़ों लोग भावमय हो गए, भावुक हो गए। क्या धज है रामलला की, शीष पर माणिक्यों और हीरे-जवाहरातों से जगमग मुकुट, कानों में कुंडल, गले में बैजयन्ती माला, अपने आकर्षण में बांध लेने वाली गहन आंखें और दिव्य-भव्य बालस्वरूप के मुख पर मनमोहक मुस्कान।

सिर्फ़ व्यक्तियों की बात नहीं, देशभर में हर सड़क, हर गली भगवा झंडे से रंगारंग हो गई, संगीत और उद्घोष के बीच प्रधानमंत्री ने 'विजय नहीं विनय' की बात की तो सरसंघचालक ने 'जोश में होश' बनाए रखने की ताकीद की। सरसंघचालक मोहन भागवत ने जब वहां उपस्थित धर्मप्राण संतो-महंतों के साथ आमंत्रित लोगों को संबोधित किया तो उन्होंने स्पष्ट किया, "अयोध्या में रामलला आए हैं, लेकिन वह अयोध्या से बाहर क्यों गए थे? अयोध्या उस पुरी का नाम है जिसमें कोई द्वंद्व नहीं, कोई कलह नहीं है। राम जी 14 वर्ष बाद वापस आए और कलह खत्म हुआ।" भागवत ने स्पष्ट किया, "जोश की बातों में होश की बातें करने का काम मुझे सौंपा जाता है। रामलला तो आ गए, अब रामराज्य लाने की ज़िम्मेदारी रामभक्तों की है। रामराज्य के सामान्य नागरिकों का जो वर्णन है, हम सब इस भारत देश की संतानें हैं। हमें सारी कलह को विदाई देनी पड़ेगी, छोटी-छोटी कलह को लेकर लड़ाई करने की आदत छोड़नी होगी।"

प्रधानमंत्री नरेंद्र मोदी इस आयोजन के यजमान थे। सारी दृष्टियां उन्हीं पर टिकी थीं। ग्यारह दिनों तक विशेष उपवास करके इस प्राण-प्रतिष्ठा के लिए पवित्रता का जो व्रत उन्होंने लिया था, सरसंघचालक ने भी उसकी प्रशंसा की। प्रधानमंत्री जब बोलने आए तो उनके भाषण में वही सावधानी थी जो सरसंघचालक के संबोधन में

थी। प्रधानमंत्री मोदी ने कहा, "हजार साल बाद भी लोग आज की इस तारीख और इस पल को याद रखेंगे। लोग हजारों साल बाद भी इस पल की चर्चा करेंगे। लेकिन हमारे लिए यह अवसर सिर्फ़ विजय का नहीं, बल्कि विनय का भी है।"

बेशक, राम मंदिर के आंदोलन को लेकर जिस तरह के विवाद अतीत में रहे हैं, उसको लेकर ऐसी बातें बेहद ज़रूरी थीं, लेकिन इस प्राण-प्रतिष्ठा के बाद पूरा देश एक आनंद में डूब गया। यह एक लंबे आंदोलन, संघर्ष और त्याग-बलिदान के बाद मिला अद्भुत अवसर था, जिससे देश ने एक साल के अंदर दो बार दिवाली मनाई। देश के हर हिस्से में छोटे-बड़े शहर-गांव-कस्बे रोशनी से नहा गए और शाम होते ही आसमान आतिशबाजियों से गूंज उठा।

पूरे अयोध्या शहर ने नई करवट ले ली है, शक्ल, नया अंदाज़, नई सड़कें, नई इमारतें, नया रेलवे स्टेशन, नया बना एयरपोर्ट, सब कुछ बदल गया है। कुछ लोगों को यह नयापन भा नहीं रहा, उन्हें आशंका है कि इस नएपन में राम की अयोध्या कहीं खो न जाए। अखाड़े, आश्रम, साधु-संतों का भदेस रंगरूप, गठरी उठाकर चलते तीर्थयात्री, बंदरों को केले खिलाते लोग, भंडारा बांटते और प्रसाद लेते श्रद्धालु, सरयू में स्नान और पूजा-अर्चना करते लोग, कच्ची-पक्की सड़कों पर खडाऊं की पट-पट करती आवाज़, छोटी-छोटी दुकानों में मिलती रामलला की पोशाकें, पीतल की घंटियां और दीपक बेचते या फिर अयोध्या में रामलला से हनुमान गढ़ी तक सब दर्शन कराने के लिए यात्रियों का पीछा करते भागते-से नौजवान गाइड, जगह-जगह पर होती भागवत कथा और रामलीलाओं के मंच, सब कुछ खो तो नहीं जाएगा!

क्या यह उस राम की अयोध्या रह पाएगी, जिसके लिए केवट, शबरी, जामवंत, सुग्रीव और हनुमान हर कोई प्रिय हैं या फिर एक नया शहर मिलेगा जो रामराज्य के सपने दिखाता हो लेकिन सबसे पिछड़े और गरीब को धकियाता हुआ चमकता-दमकता हुआ हो, जहां अध्यात्म और आस्था नहीं, अर्थ का बोलबाला हो।

आशंकाएं निर्मूल भी हो सकती हैं। विश्व हिन्दू परिषद के अंतरराष्ट्रीय कार्यकारी अध्यक्ष आलोक कुमार भरोसा दिलाते हैं कि हमने सरकार के साथ बार-बार इस बात पर ज़ोर दिया है कि अयोध्या पर्यटन नगरी न बन जाए, इसका आध्यात्मिक स्वरूप बरकरार रहना चाहिए। आस्था ही सबसे अहम है।

राम मंदिर में प्राण-प्रतिष्ठा को एक जन-आंदोलन जैसा स्वरूप देने की कोशिश की गई। दुनियाभर के 110 देशों की पवित्र नदियों का जल अयोध्या लाया गया, इसके साथ ही हर गांव से उसके पोखर, कुएं या नदी से जल इकट्ठा किया गया जिसे यात्राओं के माध्यम से फिर अयोध्या पहुंचाया गया और इस जल का उपयोग जलाभिषेक के लिए हुआ। इससे हर व्यक्ति की सहभागिता उस कार्य में सुनिश्चित की गई। इससे पहले राममंदिर निर्माण के लिए जो शिलाएं और ईंटें देशभर से लाई गई थीं, उन सबका उपयोग राम मंदिर निर्माण में कर लिया गया है।

आलोक कुमार कहते हैं, "रामजन्मभूमि आंदोलन का मक़सद सिर्फ़ राम जन्मभूमि पर मंदिर निर्माण नहीं है, यह तो एक पड़ाव भर है। मंदिर निर्माण के बाद हिन्दू जागरण का कार्य सबसे अहम है और सतत चलनेवाला कार्य है। विश्व हिन्दू परिषद इस कार्य में जुटा हुआ है और यह कार्य पूरी दुनिया में चल रहा है। इस सबका मक़सद राजनीति नहीं है, और न पहले था। इसको भी समझने और रेखांकित करने की आवश्यकता है।

बहरहाल, श्रीराम जन्मभूमि तीर्थक्षेत्र तो उस परिसर का निर्माण करवा रहा है, बाक़ी शहर के विकास की ज़िम्मेदारी सरकार की है जिसपर उत्तर प्रदेश के मुख्यमंत्री योगी आदित्यनाथ निगरानी रखे हुए हैं। राम मंदिर आंदोलन में तो बरसों तक राजनीति होती रही है, कई सरकारें बनीं और कई मुख्यमंत्रियों को जाना भी पड़ा। फिर मई में होने वाले लोकसभा चुनावों में भी उसका 'रामराज्य' बनाने का सपना पूरा हो पाएगा।

बहरहाल, केंद्र सरकार ने 1990 में रामभक्तों पर गोलियां चलानेवाले तब के मुख्यमंत्री मुलायम सिंह यादव को 2023 में पद्म-विभूषण प्रदान किया है। इससे पहले 2022 में कारसेवकों पर गोलियां न चलाने का आदेश देने वाले मुख्यमंत्री कल्याण सिंह को मोदी सरकार ने पद्म-विभूषण से सम्मानित किया था।

5 अगस्त, 2020 को रामजन्मभूमि मंदिर के भूमिपूजन के मौक़े पर प्रधानमंत्री नरेन्द्र मोदी ने कहा था, "राम मंदिर के निर्माण की यह प्रक्रिया, राष्ट्र को जोड़ने का उपक्रम है। यह महोत्सव है विश्वास को विद्यमान से जोड़ने का, नर को नारायण से जोड़ने का, वर्तमान को अतीत से जोड़ने का और स्व को संस्कार से जोड़ने का। आज के यह ऐतिहासिक पल युगों-युगों तक, दिग्दिगंत तक भारत की कीर्ति-पताका फहराते रहेंगे। आज का यह दिन करोड़ों रामभक्तों के संकल्प की सत्यता का प्रमाण है। आज का यह दिन सत्य, अहिंसा, आस्था और बलिदान को न्यायप्रिय भारत की एक अनुपम भेंट है।"

इस अवसर पर राष्ट्रीय स्वयंसेवक संघ के सरसंघचालक डॉ. मोहन भागवत ने कहा, "हम सब लोगों को अपने मन की अयोध्या को सजाना-संवारना है। इस भव्य कार्य के लिए प्रभु श्रीराम जिस धर्म के विग्रह माने जाते हैं, वह जोड़ने वाला, धारण करने वाला, ऊपर उठाने वाला, सबकी उन्नति करने वाला धर्म, सबको अपना मानने वाला धर्म, उसकी ध्वजा को अपने कंधे पर लेकर संपूर्ण विश्व को सुख-शांति देने वाला भारत, हम खड़ा कर सकें। इसलिए हमको अपने मन की अयोध्या को बनाना है। यहां पर जैसे-जैसे मंदिर बनेगा, वह अयोध्या भी बनती चली जानी चाहिए और इस मंदिर के पूर्ण होने से पहले, हमारा मन मंदिर बनकर तैयार रहना चाहिए।"

सोमनाथ में मंदिर के पुनर्निर्माण के बाद उद्घाटन समारोह में तब के प्रधानमंत्री पंडित नेहरू भले ही शामिल नहीं हुए थे, लेकिन नरेन्द्र मोदी ने राम जन्मभूमि मंदिर के भूमि पूजन में शामिल होकर नया इतिहास लिखने की कोशिश की। मोदी ने कहा,

"इस मंदिर के साथ सिर्फ़ नया इतिहास ही नहीं रचा जा रहा, बल्कि इतिहास ख़ुद को दोहरा भी रहा है।"

किसी की टिप्पणी थी कि मोदी ने राम मंदिर का भूमि पूजन नहीं किया है, बल्कि यह 2024 के आम चुनाव की जीत का शिलान्यास है। 9 नवंबर, 1989 को हुए शिलान्यास के 30 साल 8 महीने और 27 दिन बाद यह निर्माण कार्य शुरू हुआ। अयोध्या में 492 साल बाद फिर से राम मंदिर बनने की शुरुआत हुई। भाजपा के एक नेता ने मुझसे कहा, "कल्याण सिंह के वक़्त बाबरी मस्जिद ढहाने से उनका नाम इतिहास में लिखा जाएगा, तो योगी आदित्यनाथ के वक़्त मंदिर निर्माण शुरू होने के लिए।"

1528 में मुग़ल बादशाह बाबर के सूबेदार मीर बाक़ी ने कथित रूप से बाबरी मस्जिद बनवाई थी। इन 492 सालों में अयोध्या ने कई पड़ाव देखे हैं। 167 साल पहले मंदिर को लेकर पहली बार हिंसा हुई थी। मस्जिद बनने के क़रीब 330 साल बाद 1858 में मस्जिद को लेकर विवाद शुरू हुआ, जब वहां हवन-पूजन करने पर पहली बार एफआईआर दर्ज हुई। फिर 135 साल पहले मामला अदालत में पहुंचा।

'अयोध्या रिविजिटेड' किताब के लेखक कुणाल किशोर बताते हैं, "1 दिसंबर, 1858 को अवध के थानेदार शीतल दुबे ने अपनी रिपोर्ट में बताया कि परिसर में चबूतरा बना है। यह पहला क़ानूनी दस्तावेज़ है, जिसमें परिसर के अंदर राम के प्रतीक होने के प्रमाण हैं। इस घटना के 27 साल बाद मामला अदालत पहुंच गया। उस वक़्त महंत रघुबर दास ने फैजाबाद डिस्ट्रिक्ट कोर्ट में राम जन्मभूमि पर मंदिर बनाने के लिए याचिका लगाई। कोर्ट ने उनकी याचिका रद्द कर दी। 1886 में फ़ैसले के ख़िलाफ़ अपील हुई, लेकिन याचिका फिर रद्द हो गई।"

1949 में 22-23 दिसंबर की दरम्यानी रात विवादित स्थल पर रामलला की मूर्ति रखी गई। इस मामले में 23 दिसंबर को एफआईआर हुई। परिसर के गेट पर ताला लगा दिया गया, मगर महापालिका के अध्यक्ष को विवादित क्षेत्र का रिसीवर बनाया गया। 5 जनवरी, 1950 को नगर महापालिका के अध्यक्ष प्रियदत्त राम इसके रिसीवर बने। 1950 में मामला एक बार फिर अदालत पहुंचा और 2019 में 9 नवंबर को यह क़ानूनी लड़ाई अंजाम तक पहुंची।

विहिप के अंतरराष्ट्रीय कार्यकारी अध्यक्ष आलोक कुमार बताते हैं, "श्रीरामजन्मभूमि तीर्थक्षेत्र परिसर 70 एकड़ से ज़्यादा में फैला हुआ है जबकि मुख्य मंदिर 2.7 एकड़ में बन रहा है। इसका कुल निर्मित क्षेत्र 57 हज़ार 400 स्क्वॉयर फुट है। मंदिर की कुल लंबाई 360 फुट, कुल चौड़ाई 235 फुट, शिखर सहित मंदिर की कुल ऊंचाई 161 फुट होगी। अब यह भव्य मंदिर दो के बजाय तिमंज़िला होगा। हर तल की ऊंचाई 20 फुट रखी गई है। मंदिर के भूतल में 160 स्तम्भ, पहली मंज़िल पर 132 और दूसरी मंज़िल पर 74 स्तम्भ होंगे। इसमें पांच शिखर और मंडप होंगे। मंदिर में कुल 12 द्वार बनाए जाएंगे। रामलला की मौजूदा मूर्ति को गर्भगृह में उत्सव मूर्ति के तौर पर रखा जाएगा, जबकि दर्शन के लिए

भव्य राम दरबार का निर्माण हो रहा है। इसके लिए नेपाल से विशेष दो शालिग्राम शिलाखंड मंगाए गए हैं। हर खंभे पर 16 मूर्तियां तराशी जाएंगी। इसके साथ ही 70 एकड़ से ज़्यादा में फैले मंदिर परिक्षेत्र में श्रीराम कुंड यज्ञशाला, अनुष्ठान मंडप, हनुमान गढ़ी में वीर मारुति की विशाल प्रतिमा, जन्मभूमि संग्रहालय, सत्संग भवन सभागार, गुरु वशिष्ठ पीठिका, भक्ति टीला, तुलसी रामलीला केंद्र ओपन एयर थियेटर और राम दरबार प्रोजेक्शन थियेटर बनाए जाने की योजना है।

राम मंदिर निर्माण के साथ ही बरसों से नज़रअंदाज पड़ी अयोध्या के दिन भी बहुरेंगे। सरकार यहां पर अंतरराष्ट्रीय हवाई अड्डा और हाईटेक रेलवे स्टेशन बना रही है। उम्मीद है कि यहां आने वाले श्रद्धालुओं और पर्यटकों की संख्या रोजाना एक लाख तक हो जाएगी, जो इस समय पांच हज़ार प्रतिदिन है। विशेष अवसरों पर दो लाख श्रद्धालुओं के आने तक की व्यवस्था भी रहेगी।"

सह-सरकार्यवाह डॉ. मनमोहन वैद्य कहते हैं, "राम मंदिर आंदोलन भारत की उस जीवन-दृष्टि की पुनर्स्थापना का आंदोलन था, जिसे सेक्यूलरिज़्म की आड़ में भारत से ही अलग करने का षड्यंत्र रचा जा रहा था।"

हृदय राखि कोसलपुर राजा

25 मार्च, 2020

चैत्र नवरात्रि की शुरुआत का दिन। रामलला, उनके भाइयों और रामभक्त हनुमान को रात तीन बजे चीड़ की लकड़ी और कांच से बने अस्थायी मंदिर में स्थापित किया गया। 6 दिसंबर, 1992 से रामलला टेंट के अस्थायी मंदिर में थे। 1528 के बाद पहली बार रामलला चांदी के सिंहासन पर विराजमान हुए। सुप्रीम कोर्ट के फ़ैसले के बाद केंद्र सरकार ने 6 फरवरी, 2020 को श्रीराम जन्मभूमि तीर्थ ट्रस्ट बनाने का ऐलान किया जिसमें 15 सदस्य हैं। ट्रस्ट का अध्यक्ष महंत नृत्य गोपालदास को बनाया गया, जो लंबे समय से राम जन्मभूमि आंदोलन से जुड़े रहे हैं।

अयोध्या में मंदिर निर्माण के लिए भी जनता से पैसा इकट्ठा किया गया है और सरकार इसमें एक भी पैसा नहीं खर्च करेगी। सरकार अयोध्या के विकास पर ध्यान देगी। विश्व हिन्दू परिषद ने स्पष्ट कर दिया है कि अब उसका काम पूरा हो गया है और मंदिर निर्माण उसका काम नहीं है, यह कार्य श्रीराम जन्मभूमि तीर्थक्षेत्र ट्रस्ट देख रहा है। लेकिन मंदिर निर्माण के लिए धनराशि जुटाने का काम परिषद ने ही किया है। संघ और परिषद के कामकाज के तरीक़े को देखा जाए, तो वह देश और दुनिया से ज़्यादा से ज़्यादा भागीदारी से मंदिर निर्माण के काम को पूरा करना चाहता है। इससे पहले रामशिलाओं को लाने के लिए भी पूरे देश से राम नाम की शिलाएं मंगाई गई थीं। यहां तक कि साठ के दशक में जब नागपुर के रेशिमबाग में डॉ. हेडगेवार स्मृति स्मारक बनाया जाना था, तब विदर्भ और नागपुर प्रांत इसके लिए पूरा पैसा इकट्ठा करने की ज़िम्मेदारी उठाने को तैयार था, लेकिन

तब सरसंघचालक गोलवलकर ने देशभर से एक स्वयंसेवक-एक रुपया की तर्ज पर चंदा इकट्ठा करने का फ़ैसला किया।

राम जन्मभूमि ट्रस्ट का गठन भी गुजरात के ऐतिहासिक सोमनाथ मंदिर के ट्रस्ट की तरह ही किया गया है। देश के बंटवारे के बाद जब जूनागढ़ रियासत का भारत में विलय हो गया, तब सोमनाथ मंदिर के फिर से निर्माण की बात हुई। तब सरदार पटेल और के. एम. मुंशी महात्मा गांधी के पास गए और मंदिर के पुनर्निर्माण की बात की। महात्मा गांधी ने कहा कि मंदिर को बनाने में सरकार का पैसा खर्च नहीं होना चाहिए। जनता चाहे तो वह इसके लिए पैसा इकट्ठा करके पुनरुद्धार कर सकती है। प्रधानमंत्री नेहरू सरकार की धर्मनिरपेक्ष छवि को बनाए रखने के लिए उसे मंदिर निर्माण से अलग रखना चाहते थे। सरदार पटेल ने तमाम सलाह-मशवरों, विरोध और समर्थन के बाद नए मंदिर के बारे में फ़ैसला किया। जामनगर में 23 जनवरी, 1949 को हुए एक सम्मेलन में इसके लिए दो दानदाताओं, केंद्र सरकार के दो मंत्रियों, दो नामचीन लोग और सौराष्ट्र सरकार के दो नुमाइंदों की सदस्यता वाले ट्रस्ट के गठन का फ़ैसला हुआ। पटेल और गांधी के निधन के बाद के. एम. मुंशी ने मंदिर के पुनर्निर्माण की ज़िम्मेदारी उठाई। मुंशी ने इसके लिए बॉम्बे पब्लिक ट्रस्ट, 1950 के तहत मंदिर की देखभाल के लिए नया ट्रस्ट बनाया, ताकि सरकार उससे दूर रह सके और मंदिर के पुनर्निर्माण का काम शुरू हुआ। मई, 1951 में जब मंदिर बनकर तैयार हुआ, तो नेहरू की नाराज़गी के बावजूद राष्ट्रपति डॉ. राजेन्द्र प्रसाद इसके उद्घाटन समारोह में शामिल हुए।

जो एहि भांति बनहि संयोगा

10 नवंबर, 2019

अयोध्या में रविवार की सुबह राहत भरी शुरुआत थी। संतों और महंतों की इस धर्मनगरी में बरसों पुराने विवाद के ख़त्म होने की शांति महसूस की जा सकती थी। इसके एक दिन पहले शनिवार की सुबह सरयू तट से लेकर राम जन्मभूमि के आसपास के इलाक़ों में आशंका तैर रही थी। फ़ैसले से पहले प्रशासन ने मज़बूत तैयारियां कर ली थीं। सुप्रीम कोर्ट के मुख्य न्यायाधीश ने एक दिन पहले ही यूपी सरकार के आला अफ़सरों के साथ बैठक कर क़ानून-व्यवस्था और इंतज़ामात के बारे में जानकारी हासिल की थी।

अयोध्या पर सुप्रीम अदालत का फ़ैसला इलाहाबाद हाईकोर्ट के फ़ैसले पर आई अपीलों से संबंधित था। इलाहाबाद हाईकोर्ट ने 2010 में विवादास्पद भूमि को भगवान राम, निर्मोही अखाड़े और सुन्नी वक़्फ़ बोर्ड के बीच तीन हिस्सों में बांट दिया था और सभी पक्षों को एक-तिहाई हिस्सा दिया था। सुप्रीम कोर्ट ने इस पर 40 दिनों तक सभी पक्षों की दलीलें सुनीं। अदालत ने 533 साक्ष्यों और 88 गवाहियों का अध्ययन किया और अपना फ़ैसला 'मुग़ल काल, औपनिवेशिक काल और मौजूदा संवैधानिक काल' के दौरान फैली घटनाओं के 'क़ानूनी समाधान' के रूप

में सुनाया। इसमें विवादित भूमि, राम जन्मभूमि पर मंदिर निर्माण के लिए दी गई और अयोध्या में कहीं पर मस्जिद निर्माण के लिए सरकार को पांच एकड़ ज़मीन देने के आदेश दिए। सर्वसम्मति से फ़ैसला करते वक़्त मुख्य न्यायाधीश रंजन गोगोई की अगुआई में न्यायाधीश अशोक भूषण, एस. ए. बोबडे, डी. वाई. चंद्रचूड़ और एस. ए. नजीर की पांच जजों की संविधान पीठ के ध्यान में संविधान-निर्माताओं की भावना ज़रूर रही होगी।

सुप्रीम कोर्ट ने इलाहाबाद हाईकोर्ट के फ़ैसले को ख़ारिज़ करते हुए ही साफ कर दिया कि वे सिर्फ़ आस्था के आधार पर किसी एक मत तक नहीं पहुंच सकते। रोज़ाना सुनवाई में अदालत ने हर पक्ष को ज़रूरत से ज़्यादा सुनवाई का मौक़ा दिया, ताकि कोई भी यह न कह सके कि उसे अपनी बात या पक्ष में तर्क रखने का मौक़ा नहीं मिला। लगातार सुनवाई करके अपने रिटायरमेंट से पहले फ़ैसला सुनाकर चीफ़ जस्टिस रंजन गोगोई ने यह बात भी रखी कि उनकी नज़र में इस मसले की कितनी ज़्यादा अहमियत थी। इस फ़ैसले के कुछ महीनों बाद पूर्व मुख्य न्यायाधीश रंजन गोगोई को राष्ट्रपति ने राज्यसभा में सदस्य मनोनीत किया तो उसकी राजनीतिक गलियारे में काफी आलोचना भी हुई।

सुप्रीम कोर्ट के फ़ैसले के कुछ अहम पहलुओं को भी ध्यान में रखना चाहिए। मसलन, 22-23 दिसंबर, 1949 की दरम्यानी रात में मस्जिद के केंद्रीय गुंबद में रामलला की मूर्ति रखने और मुसलमानों को मस्जिद के अंदर नमाज़ पढ़ने से रोकने को सुप्रीम कोर्ट ने ग़ैर-क़ानूनी करार दिया है। 6 दिसंबर, 1992 को बाबरी मस्जिद विध्वंस को भी सुप्रीम कोर्ट ने ग़ैर-क़ानूनी करार दिया है। जाहिर है, जो लोग मस्जिद ढहाने को महिमामंडित करते रहे हैं, उनके लिए यह झटका है।

इसके साथ ही राम जन्मभूमि को छोड़कर बाक़ी धार्मिक स्थलों के मामले में सुप्रीम कोर्ट ने 1991 के क़ानून को बरकरार रखने की बात कही है। मतलब यह है कि 1947 की धार्मिक स्थलों की यथास्थिति बरकरार रखी जाएगी। फ़ैसले को संतुलित करने के लिए सुप्रीम कोर्ट ने संविधान के अनुच्छेद 142 के तहत अपने विशेषाधिकार से अयोध्या में ही मस्जिद के लिए पांच एकड़ ज़मीन देने का आदेश दिया। सर्वोच्च अदालत के मुताबिक़, 1986 में तत्कालीन प्रधानमंत्री राजीव गांधी ने मूर्तिपूजा के लिए दरवाज़े खोले जाने का आदेश देने का दबाव डालकर पक्षपातपूर्ण कार्य किया था और बाद में 1989 में हिन्दू संगठनों को राम मंदिर के लिए शिलान्यास करने की अनुमति दिया जाना भी ग़लत था।

राम जन्मभूमि को ज़्यादातर हिन्दू आस्था का विषय मानते रहे हैं, लेकिन ज़्यादातर धार्मिक ग्रंथों में इसका कोई स्पष्ट वर्णन नहीं है। वैसे 8वीं सदी के स्कंदपुराण में वैष्णव खंड के दसवें अध्याय 'अयोध्या महात्म्य' में राम जन्मस्थान के बारे में भौगोलिक विवरण दिया गया है।

तस्मात् स्थानत ऐशाने रामजन्म प्रवर्तते।
जन्मस्थानमिदं प्रोक्तं मोक्षादिफलसाधनम्।। 18।।
विघनेश्वरात् पूर्वभागे वासिष्ठादुत्तरे तथा।
लौमशात् पश्चिमे भागे जन्मस्थानं ततः स्मृतम।। 19।।[1]

(विघ्नेश्वर मंदिर के पूर्व, वशिष्ठ ऋषि के आश्रम के उत्तर और लोमश ऋषि के आश्रम के पश्चिम में राम जन्म स्थान स्थित है।)

मुश्किल यह है कि जिन विघ्नेश्वर मंदिर, वशिष्ठ और लोमश ऋषियों के आश्रमों की बात इसमें की गई है, वे सब आज की तारीख़ में मौजूद नहीं हैं।

राम पियारे राम का नगर बस्या भरपूरि

अस्सी के दशक में उत्तर प्रदेश में कांग्रेस की श्रीपति मिश्र सरकार ने राम जन्मभूमि-बाबरी मस्जिद परिसर से जुड़ी 42 एकड़ भूमि राधा पार्क के लिए अधिग्रहित कर ली थी। सरयू के घाटों की खुदाई करके राम की पैड़ी बनाई गई। इसी दौरान तब के राष्ट्रपति ज्ञानी ज़ैलसिंह ने भी अयोध्या का दौरा किया था। इसके बाद संघ में हलचल शुरू हुई और सरसंघचालक बालासाहब देवरस ने वाजपेयी और आडवाणी से गहन चर्चा की। संघ के क़रीबी माने जाने वाले महाराज विजय कौशल और कुछ लोगों ने हिन्दू जागरण मंच के बैनर तले 6 मार्च, 1983 को उत्तर प्रदेश के मुज़फ़्फ़रनगर में विराट हिन्दू सम्मेलन का आयोजन किया, जिसमें पूर्व उप-प्रधानमंत्री गुलज़ारी लाल नंदा, कांग्रेस के बड़े नेता और सरकार में मंत्री रहे दाऊ दयाल खन्ना भी शामिल हुए थे। इसी सम्मेलन में पहली बार राम जन्मभूमि मुक्ति का प्रस्ताव पारित हुआ था। संघ और विहिप ने इसी दौरान मीनाक्षीपुरम की धर्म-परिवर्तन की घटना की प्रतिक्रिया में आंदोलन के लिए कमर कसी थी। और उसी दौर में, 1983 में स्वामी स्वरूपानंद सरस्वती ने मंदिर मसले पर सामने आकर राम मंदिर निर्माण की बात की थी।

दूसरी तरफ़ एक कदम और आगे बढ़ते हुए विहिप ने काशी, मथुरा और अयोध्या की उन मस्जिदों के ख़िलाफ़ आंदोलन की रणनीति बनाने के लिए 7 और 8 अप्रैल को दिल्ली के विज्ञान भवन में धर्म संसद का आयोजन किया, जो कथित रूप से मंदिरों के स्थान पर बनाई गई हैं। इस धर्म संसद में इन तीनों धार्मिक स्थलों की मुक्ति का प्रस्ताव पास हुआ था। लेकिन काशी और मथुरा में इन मस्जिदों से सटे हुए मंदिर बने हुए हैं, इसलिए ज़ोर अयोध्या पर दिया गया था। 27 जुलाई, 1984 को राम जन्मभूमि मुक्ति यज्ञ समिति गठित की गई और गोरखनाथ पीठ के महंत अवैद्यनाथ को इसका अध्यक्ष और दाऊ दयाल खन्ना को मंत्री बनाया गया। समिति ने 25 सितंबर से देशभर में राम-जानकी यात्रा निकालने का फ़ैसला किया। इस यात्रा में एक रथ में राम-जानकी की मूर्तियों को कैद में दिखाया गया था। यह

1. स्कन्दपुराण, वैष्णव खंड, अध्याय 10, 'अयोध्या महात्म्य', श्लोक 18-19

रथ बिहार के सीतामढ़ी से रवाना हुआ था। समिति की मांग थी कि बाबरी मस्जिद का ताला खोलकर भूमि राममंदिर निर्माण के लिए रामानंदी संप्रदाय के आचार्य शिव रामाचार्य को सौंप दी जाए। अक्टूबर में यात्रा के अयोध्या पहुंचने से पहले हिन्दू समाज का आक्रोश दिखाई देने लगा था। इस यात्रा से विहिप के नेता अशोक सिंहल सुर्खियों में आ गए थे।

राम मंदिर को लेकर सियासत की शुरुआत मोटे तौर पर 11 जून, 1989 को भाजपा के पालमपुर अधिवेशन से मानी जा सकती है, जहां पार्टी ने राम जन्मभूमि आंदोलन को समर्थन देने का फ़ैसला किया था। इस प्रस्ताव को ख़ुद लालकृष्ण आडवाणी ने तैयार किया था, पर भाजपा के दूसरे बड़े नेता अटल बिहारी वाजपेयी इस फ़ैसले के पक्ष में नहीं थे। पालमपुर अधिवेशन के प्रस्ताव में कहा गया:

"इस विवाद को अदालत के ज़रिए नहीं सुलझाया जा सकता। राम जन्मभूमि के लिए कांग्रेस सरकार भी वैसे ही फ़ैसला करे जैसे प्रधानमंत्री नेहरू ने सोमनाथ मंदिर के सम्मान में किया था। सरकार को हिन्दुओं की भावनाओं का सम्मान करते हुए इस स्थान को हिन्दुओं को सौंप देना चाहिए। संभव हो तो आपसी बातचीत से मसले को हल करना चाहिए या फिर क़ानून बनाना चाहिए। लेकिन अदालत के रास्ते इसे कतई नहीं सुलझाया जा सकता।"

22 सितंबर, 1989 को दिल्ली के बोट क्लब पर महंत अवैद्यनाथ की अध्यक्षता में आयोजित महाहिन्दू सम्मेलन में प्रस्ताव पारित करके शिलान्यास की तारीख का ऐलान किया गया। 9 नवंबर, 1989 को दोपहर बाद 1:33 बजे गर्भगृह से 192 फुट दूर पूर्व निर्धारित स्थान पर हवन और भूमि पूजन के बाद शिलान्यास के लिए पहली शिला दक्षिण बिहार के कामेश्वर प्रसाद चौपाल ने रखी थी। कामेश्वर प्रसाद दलित थे और विहिप के सक्रिय सदस्य रहे हैं और अब वह राम जन्मभूमि तीर्थ ट्रस्ट के सदस्य भी हैं।

फिर इलाहाबाद में 1989 के माघ महीने में हुई तीसरी धर्म-संसद में राम मंदिर निर्माण के लिए देशभर से हर हिन्दू से एक ईंट और सवा रुपया इकट्ठा करने का निर्णय किया गया। उधर, राम मंदिर निर्माण का मार्ग प्रशस्त करने वाला पहला बड़ा प्रयास प्रधानमंत्री राजीव गांधी की वह चाल थी, जिसके तहत उन्होंने शाहबानो मसले पर बनी अपनी मुस्लिमपरस्त छवि तोड़ने के लिए 1986 में बाबरी मस्जिद के ताले खुलवाकर हिन्दू कार्ड खेला था। बाद में, भ्रष्टाचार के बढ़ते आरोपों और 1989 में लोकसभा चुनावों के मद्देनज़र, उन्होंने एक दफा और हिन्दू कार्ड खेला। 1989 के लोकसभा चुनाव में राजीव गांधी ने अपने प्रचार अभियान की शुरुआत फैज़ाबाद से की। राजीव ने कहा, "यह राम की भूमि है और अगर आप रामराज्य लाना चाहते हैं तो कांग्रेस को वोट दीजिए।" दूसरी तरफ़ मुसलमानों को लुभाने के लिए उर्दू को राजकीय भाषा का दर्जा देने के लिए बिल लाने की बात कही गई। लेकिन, कोई चाल चुनाव में कांग्रेस के काम नहीं आई। उधर भाजपा को बड़ा फायदा हुआ और 1984 के चुनाव में सिर्फ़ दो सीटों पर रह जाने वाली भाजपा को

इस बार 85 सीटें मिलीं। यह वक़्त आडवाणी के उत्थान और वाजपेयी के हाशिए पर जाने का था। 1989 में राष्ट्रीय मोर्चा की सरकार बनी, जिसे भाजपा और वामदलों का समर्थन हासिल था।

सरकार बनने के बाद 1990 में उप-प्रधानमंत्री देवीलाल से खींचतान के दौरान प्रधानमंत्री वी. पी. सिंह ने अन्य पिछड़ा वर्ग (ओबीसी) को 27 फीसद आरक्षण देने के लिए मंडल आयोग की रिपोर्ट लागू करने का फ़ैसला किया, तो उसकी काट के लिए भाजपा ने आडवाणी की अगुआई में कमंडल निकाल लिया और सोमनाथ से अयोध्या तक राम रथयात्रा निकाली। इस रथयात्रा को बिहार में जनता दल की लालू प्रसाद यादव की सरकार ने समस्तीपुर में रोक दिया, तो भाजपा ने राष्ट्रीय मोर्चा सरकार से समर्थन वापस ले लिया। सरकार गिर गई।

1990 में विहिप ने अयोध्या में कार सेवा का ऐलान किया तो इलाहाबाद हाईकोर्ट ने यथास्थिति बनाए रखने का निर्देश जारी किया। कार सेवा के दौरान हिंसा भड़क उठी और पुलिस कार्रवाई में कुछ लोग मारे गए, बहुत लोग घायल हो गए। कार सेवा से ठीक पहले मुख्यमंत्री मुलायम सिंह यादव ने चुनौती दी थी कि ढांचे तक परिंदा भी पर नहीं मार पाएगा। इस घटना का सियासी नफा उत्तर प्रदेश विधानसभा चुनावों में भाजपा को मिला और कल्याण सिंह के नेतृत्व में सरकार बनी। केंद्र में 40 दिनों के अपने कार्यकाल के दौरान प्रधानमंत्री चंद्रशेखर ने इस विवाद के निबटारे के लिए महत्वपूर्ण कोशिश की, लेकिन भाजपा और विहिप की ज़िद के आगे कोशिश परवान नहीं चढ़ी। तब परिषद के कार्यकर्ता नारे लगाते थे, 'रामलला हम आएंगे, मंदिर वहीं बनाएंगे', 'तीन नहीं तीन हज़ार, नहीं बचेगी कोई मजार'।

1991 के आख़िर में दिसंबर में भाजपा और विहिप ने फिर अयोध्या में कार सेवा का ऐलान किया। इस पर कोर्ट ने यथास्थिति बनाए रखने की हिदायत दी तो कल्याण सिंह सरकार ने हलफ़नामा दिया कि मस्जिद से छेड़छाड़ की इजाज़त नहीं दी जाएगी, लेकिन उसका पालन नहीं किया गया। केंद्रीय बलों को बाहरी इलाक़े में ही रखा गया। नतीजतन, मस्जिद तोड़ दी गई। केंद्र की नरसिंह राव सरकार ने छह राज्यों में भाजपा सरकारों को बर्ख़ास्त कर दिया। उधर, बाबरी मस्जिद एक्शन कमेटी का गठन हो गया। तनाव के इस दौर में ऐसा लगता था कि भाजपा को राम लहर का एक बार फिर फायदा होगा, पर उसके बाद हुए उत्तर प्रदेश विधानसभा चुनावों में 'मिले मुलायम-कांशीराम, हवा हो गए जय श्रीराम' जैसा नारा चल निकला और भाजपा हार गई। समाजवादी पार्टी (सपा) के नेता मुलायम सिंह यादव और कांशीराम की बहुजन समाज पार्टी (बसपा) के गठजोड़ की सरकार बनी। इसके बाद 1996 के आम चुनावों में भाजपा राजनीतिक तौर पर अछूत हो गई और उसकी सरकार बचाने के लिए कोई दल समर्थन देने को तैयार नहीं हुआ। नतीजतन, वाजपेयी के नेतृत्व में भाजपा की पहली सरकार 13 दिनों में ही गिर गई। उसी दौरान सरसंघचालक राजेंद्र सिंह उर्फ़ रज्जू भैया के साथ आडवाणी और वाजपेयी

के नेतृत्व में भाजपा ने विवादास्पद मुद्दों को पीछे रखने की रणनीति अपनाने का फ़ैसला किया। इस तरह राम मंदिर निर्माण, अनुच्छेद 370, समान नागरिक संहिता जैसे मुद्दों को पीछे रखकर एनडीए बनाया गया और 1998 में एनडीए की सरकार बनी, जिसकी बागडोर भाजपा के हाथ में थी।

राम मंदिर को लेकर जितनी लंबी क़ानूनी लड़ाई चली है, उतने ही पन्ने हिन्दुस्तान की राजनीति की किताब में भी लिखे गए हैं। इस राजनीति में अहम पड़ाव राजीव गांधी, विश्वनाथ प्रताप सिंह, चंद्रशेखर और नरसिंह राव भी हैं।

एक ज़माने में राजीव गांधी सरकार में मंत्री रहे आरिफ़ मोहम्मद ख़ान कहते हैं, "मुस्लिम पर्सनल लॉ बोर्ड के अली मियां साहब जब तक राजीव गांधी जिंदा थे तब तक कुछ नहीं बोले।" ख़ान कहते हैं, "राजीव गांधी ने मुझे बताया कि ताला खोलने से पहले उन्हें यानी अली मियां और कुछ चुनिंदा मुस्लिम नेताओं को बता दिया गया था। यानी डील हुई थी कि इन्हें शाहबानो दे दो और उनके लिए ताला खोल दो। ताला खोलने का क्या मतलब है? 1947 में पंडित नेहरू का ख़त गया था कि मूर्तियां हटवाइए। तब फैज़ाबाद के ज़िलाधीश ने कहा कि मूर्ति हटवाएंगे तो खून-ख़राबा हो जाएगा तो फिर समझिए कि ताला खोलने के बाद क्या स्टेटस बदल जाएगा?" ख़ान बताते हैं कि वे राम मंदिर के मसले पर सुप्रीम कोर्ट में हाज़िर हुए थे। सुप्रीम कोर्ट ने कहा कि अगर दोनों पार्टियां सहमत हों तो रास्ता निकाला जाए। मुख्य न्यायाधीश ने दोनों पार्टियों की तरफ़ देखा तो लगा कि कोई तैयार नहीं।

सबहिं नचावै राम गुसाईं

बोफोर्स मामले के ख़िलाफ़ जब विश्वनाथ प्रताप सिंह, राजीव गांधी सरकार से बाहर निकले, तभी कांग्रेस सरकार का जाना लगभग तय हो गया था। 1989 में जब भाजपा ने जन मोर्चा के साथ चुनावों में जाने का फ़ैसला किया तो सीटों पर समझौते की ज़िम्मेदारी अटल बिहारी वाजपेयी को दी गई। पार्टी के संगठन महासचिव गोविन्दाचार्य उनके सहयोगी थे। सीटों पर समझौते की बारीकी पर काम करने की ज़िम्मेदारी गोविन्दाचार्य की ही थी। सरकार बन गई। तब तक विहिप ने राम मंदिर निर्माण के लिए कार सेवा के कार्यक्रम की तारीख 30 अक्टूबर, 1990 तय कर दी। इसके बाद संघ के सभी सहयोगी संगठनों की ज़िम्मेदारियों के बंटवारे को लेकर बैठक हुई।

वरिष्ठ पत्रकार राम बहादुर राय कहते हैं, "अयोध्या पर संघ परिवार और भाजपा की राजनीति प्रधानमंत्री विश्वनाथ प्रताप सिंह को समझ आ रही थी, इसलिए उन्होंने अपना ब्रह्मास्त्र निकाला। देवीलाल का दवाब अलग था। ऐसे में, 7 अगस्त, 1990 को सिंह ने अचानक मंडल आयोग की रिपोर्ट लागू करने का ऐलान कर दिया। इतना बड़ा फ़ैसला लेने से पहले उन्होंने अपने सहयोगी दलों, भाजपा और वामदलों से मशविरा करने की भी ज़रूरत नहीं समझी।"

लंबे समय तक भाजपा के महासचिव रहे गोविन्दाचार्य बताते हैं, "वी. पी. सिंह सरकार में ही मंदिर मुद्दा क़रीब-क़रीब सुलझने के कगार तक पहुंच गया था। प्रधानमंत्री सिंह ने इसके लिए एक प्रस्ताव रखा कि इस मुद्दे पर राजनीतिक दल ख़ुद को दूर रखें और दोनों समुदायों से ग़ैर-राजनीतिक लोगों को साथ लेकर इसका हल निकालने की कोशिश की जाए। प्रस्ताव था कि विवादित ढांचा और स्थान, एक नए हिन्दू ट्रस्ट को इस शर्त के साथ सौंप दिया जाए कि वह विवादित ढांचे में छेड़छाड़ किए बिना राम मंदिर का निर्माण करे और मंदिर और विवादित ढांचे के बीच एक दीवार बनाई जाए। सिंह ने इसकी ज़िम्मेदारी तब आंध्र प्रदेश के राज्यपाल कृष्णकांत को सौंपी कि वे इसके लिए समर्थन जुटाने का काम करें। कृष्णकांत ने तब कांची कामकोटि पीठ के स्वामी जयेन्द्र सरस्वती को नए ट्रस्ट का मुखिया बनाने का सुझाव दिया। कृष्णकांत ने मंदिर विवाद के मुख्य याचिकाकर्ता अली मियां और जयेन्द्र सरस्वती के बीच बातचीत भी कराई। साथ ही विश्वेश तीर्थ स्वामी के साथ भी सलाह-मशविरा किया।"

दूसरी तरफ़, प्रधानमंत्री ने संघ समर्थक एस. गुरुमूर्ति को इस बातचीत का मध्यस्थ बनाया तो गुरुमूर्ति ने उन्हें तीन-सूत्री फ़ॉर्मूला दिया। इसके तीन दिन बाद उन्होंने प्रधानमंत्री के दूत के तौर पर दो वरिष्ठ मंत्रियों जॉर्ज फर्नांडिस और पी. उपेन्द्र से दिल्ली में मुलाक़ात की और बताया कि केंद्र सरकार राम मंदिर मुद्दे पर अध्यादेश लाने को तैयार है। उसी शाम प्रधानमंत्री ने गोविन्दाचार्य और उस वक़्त अतिरिक्त सॉलिसिटर जनरल रहे अरुण जेटली को बुलाकर, तीन सूत्री फ़ॉर्मूले को स्वीकार करने की बात की। पूरी रात इस पर काम करके अध्यादेश तैयार कर भी लिया। इस सिलसिले में वी. पी. सिंह ने आडवाणी से भी बात की, लेकिन शाम होते-होते बात पूरी तरह बदल गई। शाम को प्रधानमंत्री निवास पर एक बैठक में गुरुमूर्ति और जेटली को भी बुलाया गया, जिसमें चार मंत्री जॉर्ज फर्नांडिस, अरुण नेहरू, अजीत सिंह और क़ानून मंत्री दिनेश गोस्वामी शामिल थे।

केंद्र सरकार ने अध्यादेश के साथ शर्त रखी कि विहिप बाक़ी दो मंदिरों यानी मथुरा और काशी के मुद्दे को छोड़ दे। मुस्लिम पक्ष मंदिर निर्माण के लिए तैयार हो गया था, लेकिन बाद में विहिप ने अपने कदम पीछे हटा लिए, क्योंकि उसके नेता काशी और मथुरा का मुद्दा छोड़ने को तैयार नहीं थे। ऐसे में अध्यादेश का फ़ैसला वापस ले लिया गया।

प्रधानमंत्री चंद्रशेखर के वक़्त फिर दोतरफा बातचीत शुरू हुई। 1 दिसंबर, 1990 को बाबरी मस्जिद एक्शन कमेटी के सदस्यों के साथ विहिप के प्रतिनिधियों ने बातचीत शुरू हुई। विहिप की ओर से विष्णुहरि डालमिया, बद्रीप्रसाद तोषनीवाल, श्रीशचन्द्र दीक्षित, मोरोपंत पिंगले, कौशल किशोर, भानुप्रताप शुक्ल, आचार्य गिरिराज किशोर और सूर्यकृष्ण मौजूद रहे। इसके बाद 4 दिसंबर, 1990 को दूसरी बैठक में तत्कालीन गृह राज्यमंत्री सुबोधकांत सहाय के साथ ही चंद्रशेखर के क़रीबी मित्र माने जाने वाले तीन नेता, उत्तर प्रदेश के मुख्यमंत्री मुलायम सिंह यादव,

महाराष्ट्र के मुख्यमंत्री शरद पवार और राजस्थान के मुख्यमंत्री भैरोंसिंह शेखावत भी शामिल थे। चंद्रशेखर के समय की सबसे बड़ी सफलता यह थी कि पहली बार तार्किक तरीक़े से विवाद को हल करने की कोशिशें शुरू हुईं। भारतीय पुरातत्व सर्वेक्षण को इसमें शामिल किया गया जिससे प्रमाणों के आधार पर बात आगे बढ़ने की प्रक्रिया शुरू की गई।

जब केंद्र में नरसिंह राव के नेतृत्व में सरकार बनी, तब सुबोधकांत सहाय के मुताबिक़ उस वक़्त वे कांग्रेस के सदस्य नहीं थे लेकिन एक दिन प्रधानमंत्री राव का फ़ोन उनके पास आया कि क्या आप मध्यस्थता की प्रक्रिया फिर शुरू करने में सहयोग करेंगे? सहाय ने उनकी बात को स्वीकारते हुए फिर से प्रक्रिया शुरू कर दी। इसमें कांग्रेस से शरद पवार, चिमनभाई पटेल, भाजपा से भैरोंसिंह शेखावत, राजमाता विजयाराजे सिंधिया, जामा मस्जिद के शाही इमाम, हिन्दू संगठनों के नेता और दूसरे संबंधित पक्ष शामिल हुए। इन बैठकों का अहम फायदा यह हुआ कि उस समय देश में फैल रहे धार्मिक उन्माद को ठंडा किया जा सका। सहाय के मुताबिक़, मध्यस्थता के वक़्त इस बात पर कभी कोई विवाद नहीं रहा कि वहां पर राम मंदिर नहीं बनना चाहिए। बस उसे दिल जीतकर बनाना है या फिर जबरन बनाना है, यही तरीक़ा तय करना था।

2 अक्टूबर, 1992 की शाम दिल्ली के लुटियंस इलाक़े में बने शानदार विज्ञान भवन में जारी बैठक में मंदिर विवाद से जुड़े सभी पक्षों के लोग और मुख्यमंत्री समेत कई बड़े अफ़सर और राजनेता शामिल थे। बैठक में मौजूद केंद्र सरकार के नुमाइंदे सुबोधकांत सहाय को ठोस फ़ैसले की उम्मीद थी। लेकिन एक ख़बर ने सब कुछ बदल दिया। पता चला कि पास में ही रामलीला मैदान में होने वाली बैठक में हिन्दू संगठनों ने 6 दिसंबर को अयोध्या में कार सेवा करने का ऐलान कर दिया है। बैठक में मौजूद लोगों ने कहा कि अब क्या फायदा? यहां हम समझौते का रास्ता निकालने की कोशिश कर रहे हैं, उधर एकतरफ़ा ऐलान किया जा रहा है। इसके बाद 9 नवंबर को एक औपचारिक बैठक में तय हुआ कि संबंधित पक्ष अपनी राय लिखित में देंगे। उसे बाद में गृह मंत्रालय को सौंप दिया गया।

ढांचा गिराए जाने के बाद जनवरी, 1993 में कांग्रेस सरकार एक अध्यादेश लाई थी, तब भाजपा ने इसका विरोध किया था। इस अध्यादेश को तब के राष्ट्रपति डॉ. शंकर दयाल शर्मा ने उसी महीने मंज़ूरी भी दे दी। सरकार में गृहमंत्री एस. बी. चव्हाण ने इसे लोकसभा में रखा और 'अयोध्या अधिनियम' पारित भी हो गया। इसके जरिए केंद्र सरकार ने विवादित भूमि के चारों ओर की 60.7 एकड़ ज़मीन का अधिग्रहण कर लिया। राव सरकार ने सुप्रीम कोर्ट से संविधान के अनुच्छेद 143 के तहत सलाह मांगी थी कि क्या राम जन्मभूमि-बाबरी मस्जिद की विवादित भूमि पर पहले कोई हिन्दू मंदिर या हिन्दू ढांचा था? सुप्रीम कोर्ट की पांच जजों की पीठ ने इस पर विचार तो किया, लेकिन कोई राय देने से इंकार कर दिया। इस बेंच में

जस्टिस एम. एन. वेंकटचलैया, जस्टिस जे. एस. वर्मा, जस्टिस ए. एम. अहमदी और जस्टिस एस. पी. भरुचा थे।

तत्कालीन राष्ट्रपति ने 7 जनवरी, 1993 को सर्वोच्च न्यायालय को एक प्रश्न भेजकर उत्तर चाहा था कि 'क्या अयोध्या में बाबरी मस्जिद जिस स्थान पर खड़ी थी, उस स्थान पर इसके निर्माण के पहले 1528 में (बाबर के आक्रमण के पहले) कोई हिन्दू धार्मिक भवन या कोई हिन्दू मंदिर था जिसे तोड़कर वह ढांचा खड़ा किया गया?'

सर्वोच्च अदालत ने भारत सरकार से राष्ट्रपति के प्रश्न पूछने का कारण जानना चाहा था। तब भारत सरकार के सॉलिसिटर जनरल ने सितंबर, 1994 में अपने शपथ-पत्र के साथ कहा, "यदि राष्ट्रपति के प्रश्न का उत्तर सकारात्मक आता है यानी एक हिन्दू मंदिर या भवन को तोड़कर विवादित भवन बनाया गया था तो भारत सरकार हिन्दू समाज की भावनाओं के अनुसार व्यवहार करेगी। यदि प्रश्न का उत्तर नकारात्मक आता है अर्थात कोई हिन्दू मंदिर या भवन 1528 के पहले वहां था ही नहीं, तो भारत सरकार का व्यवहार मुस्लिम समाज की भावनाओं के अनुसार होगा।"

संघ के एक वरिष्ठ नेता कहते हैं, "राष्ट्रपति का यह सवाल ही संपूर्ण विवाद का केंद्र बिंदु है। केवल इसी आधार पर विवादित स्थल के स्वामित्व का फ़ैसला मुमकिन है।" राष्ट्रपति के सवाल का जवाब खोजने के लिए 2003 में इलाहाबाद हाईकोर्ट ने अयोध्या में राम जन्मस्थान के पास ज़मीन के नीचे की फ़ोटोग्राफ़ी रडार तरंगों से करवाई। रडार फ़ोटोग्राफ़ी कनाडा के विशेषज्ञ ने की और उसने रिपोर्ट में लिखा कि धरती के नीचे दूर-दूर तक एक भवन के अवशेष दिख रहे हैं।

केंद्र में एनडीए सरकार के वक़्त 2001 में फिर से इस पर बात शुरू हुई। उस वक़्त विहिप के नेता अशोक सिंहल और राम जन्मभूमि न्यास के रामचंद्र परमहंस ने वाजपेयी सरकार पर मंदिर निर्माण के लिए दबाव डाला। वाजपेयी ने इसके लिए पीएमओ में ही एक सैल बना दिया और अशोक सैकिया को इस मसले को देखने को कहा। सैल को पीएमओ और विज्ञान भवन में जगह दे दी गई और यूपी कैडर के सेवानिवृत्त आईएएस अफ़सर शत्रुघ्न सिंह को इसका प्रभारी बना दिया गया। इस सैल ने प्रधानमंत्री के लिए एक प्रस्ताव तैयार किया, जिसमें मामला सुलझाने के तीन रास्ते सुझाए गए थे:

1. हिन्दुओं को मंदिर बनाने दिया जाए और इससे कुछ किमी दूर जहां बाबर के सेनापति मीर बाक़ी ने डेरा डाला था, वहां मस्जिद बनाई जाए। लेकिन इसके साथ शर्त थी कि हिन्दू मथुरा और काशी में मंदिर का दावा छोड़ देंगे।

2. विवादित ज़मीन को दो हिस्सों में बांट दिया जाए और धार्मिक अनुष्ठानों को बिना टकराव के आयोजन के लिए एक समझौते का मसौदा तैयार किया जाए।
3. विवादित ढांचे से कुछ दूर 'आरा घर' के पास मंदिर बने, जिसे सरकार ने अधिगृहित कर लिया था।

फ़रवरी, 2002 में इस पर वाजपेयी को पूरी जानकारी दी गई, लेकिन बैठक के दौरान वाजपेयी ने कोई प्रतिक्रिया नहीं दी। बाबरी मस्जिद से जुड़े संगठनों ने इस पर आगे बढ़ने की बात नहीं की। कोई बात आगे भी नहीं बढ़ी।

रडार फ़ोटोग्राफ़ी रिपोर्ट के तथ्यों को खोजने के लिए इलाहाबाद हाईकोर्ट ने भारतीय पुरातत्व विभाग को 2003 में खुदाई के आदेश दिए। रिपोर्ट में कहा गया कि यहां उत्तर भारतीय शैली का एक हिन्दू मंदिर था। इन्हीं वैज्ञानिक रिपोर्टों के आधार पर 30 सितंबर, 2010 को इलाहाबाद हाईकोर्ट ने फ़ैसला सुनाया। हाईकोर्ट के तीन जजों जस्टिस डी. वी. शर्मा, जस्टिस एस. यू. ख़ान और जस्टिस एस. अग्रवाल की बेंच में दो जज पक्ष में और एक विरोध में रहे। बेंच ने कहा कि राम जन्मभूमि के टाइटल सूट में श्रीरामलला की तरफ़ से उनके सखा यानी क़रीबी मित्र त्रिलोकी नाथ पांडे, निर्मोही अखाड़े और सुन्नी वक़्फ़ बोर्ड, तीनों को विवादित भूमि का एक तिहाई हिस्सा बराबर-बराबर बांट दिया जाए और टाइटल संयुक्त रूप से तीनों के पास रहे। जस्टिस शर्मा मुसलमानों को मस्जिद बनाने के लिए एक-तिहाई ज़मीन देने के फ़ैसले के ख़िलाफ़ रहे।

वक़्फ़ बोर्ड को विवादित स्थान पर मस्जिद बनाने के लिए की गई याचिका को खारिज करते हुए अदालत ने कहा कि बाबरी मस्जिद के बीच वाले हिस्से की ज़मीन रामलला विराजमान को सौंपी जाए, लेकिन इससे दूसरे लोगों को कोई परेशानी न हो, इस बात का ध्यान रखा जाए। इसके अलावा राम चबूतरा, सीता रसोई और भंडार वाली जगह निर्मोही अखाड़े को मिले। यानी बाहरी हिस्सा हिन्दुओं को मिल जाए, क्योंकि वे पहले से ही इसका इस्तेमाल पूजा के लिए कर रहे हैं। बाक़ी का हिस्सा वक़्फ़ बोर्ड को दिया जाए, लेकिन यह हिस्सा एक-तिहाई से कम न हो। इसके लिए अगर ज़रूरत पड़े तो सरकार के पास अधिगृहित ज़मीन में से भी कुछ हिस्सा दिया जा सकता है।

इस फ़ैसले में अहम बात यह थी कि अदालत ने हिन्दुओं की आस्था के इस दावे को स्वीकार कर लिया कि वहां रामलला का जन्म हुआ था। जस्टिस अग्रवाल और जस्टिस शर्मा ने माना कि उस स्थान पर बने मंदिर को तोड़कर बाबरी मस्जिद बनाई गई थी। जस्टिस ख़ान ने कहा कि मस्जिद टूटे हुए मंदिर पर बनाई गई जो बरसों से खंडहर हाल में था और इसके निर्माण में उस खंडहर के कुछ पत्थरों का भी इस्तेमाल किया गया। जस्टिस अग्रवाल और जस्टिस खान ने कहा कि 1992 तक वहां पर मस्जिद थी। लेकिन जस्टिस शर्मा इस बात से सहमत नहीं थे कि विवादित ढांचा मस्जिद था, क्योंकि यह इस्लाम की परंपराओं और

मान्यताओं के ख़िलाफ़ बनाया गया था इसलिए इसे मस्जिद नहीं माना जा सकता। 9 नवंबर, 2019 के अपने फ़ैसले में सुप्रीम कोर्ट ने हाईकोर्ट के इस फ़ैसले को ख़ारिज कर दिया।

एक राम का सकल पसारा

जब भाऊराव विहिप के संयोजक थे तो वह संघ और जनसंघ के बीच सूत्रधार भी थे। उनके कांग्रेस में संजय गांधी और इंदिरा गांधी से भी रिश्ते प्रगाढ़ थे। तब इंदिरा गांधी विहिप को बढ़ावा दे रही थीं। भाऊराव की रणनीति यह थी कि सोमनाथ मंदिर की तर्ज पर ट्रस्ट बनाकर राम मंदिर का निर्माण भी किया जाए। तब राम जन्मभूमि आंदोलन कांग्रेस के पास था। भाऊराव ने संघ हाईकमान को इस बात के लिए तैयार किया कि मंदिर बनाने का श्रेय भले ही कांग्रेस ले ले, हमारा उद्देश्य तो रामराज्य निर्माण का है। मंदिर आंदोलन को तेज़ करने के लिए विहिप ने 1 अक्टूबर, 1984 को 'बजरंग दल' नाम का अपना एक आनुषंगिक संगठन बनाया। प्रचारक और दो साल पहले हिन्दू जागरण मंच बनानेवाले तेज़तर्रार नौजवान विनय कटियार को इसका अध्यक्ष बनाया गया। बजरंग दल कार्यकर्ताओं ने जन्मभूमि आंदोलन को उग्र बना दिया।

बाद में राम मंदिर आंदोलन के प्रभारी भाऊराव और विहिप के मुखिया मोरोपंत पिंगले हो गए। विहिप के मुखिया मोरोपंत पिंगले राम जन्मभूमि आंदोलन के रणनीतिकार रहे। वरिष्ठ पत्रकार दिलीप देवधर बताते हैं कि राव सरकार के वक़्त शंकरराव चव्हाण गृहमंत्री थे और शरद पवार रक्षा मंत्री। पिंगले के चव्हाण और पवार दोनों से ही अच्छे रिश्ते थे। देवधर का दावा है 6 दिसंबर, 1992 की कार सेवा की पूरी रणनीति मोरोपंत पिंगले ने शिवाजी महाराज के गुरिल्ला शैली में की थी यानी हर एक को अलग-अलग ज़िम्मेदारी और सिर्फ़ अपने काम के बारे में जानकारी। मुख्यमंत्री कल्याण सिंह को सिर्फ़ इतना बताया गया कि आप पहले कारसेवकों पर गोली नहीं चलाने का आदेश जारी करेंगे, फिर कब इस्तीफ़ा देना है इसकी सूचना आपको दे दी जाएगी।

अलग-अलग कारसेवकों को टोली बनाकर न केवल अलग-अलग ज़िम्मेदारी दी गई बल्कि उसके लिए गोपनीय तरीक़े से ट्रेनिंग भी दी गई। 6 दिसंबर को जब ढांचा पूरी तरह गिर गया, ज़मीन समतल हो गई तब मुख्यमंत्री कल्याण सिंह का इस्तीफ़ा स्वीकार किया गया। इससे यह तय हो गया कि अब यदि फिर से यहां मस्जिद बन भी जाए तो वह कम से कम बाबरी मस्जिद नहीं होगी। मेकशिफ्ट यानी अस्थायी मंदिर तब बना, जब वहां केंद्र का शासन लग गया था, मूर्तियां भी तब ही रखी गईं। इस दौरान नरसिंह राव पूरे सीन से ग़ायब रहे।

किताब 'युद्ध में अयोध्या' के लेखक और वरिष्ठ पत्रकार हेमंत शर्मा मानते हैं कि अयोध्या आंदोलन में शिलान्यास बेहद अहम पड़ाव था। वह कहते हैं,

"शिलान्यास ने मंदिर निर्माण के स्वप्न को नई ऊंचाइयां दीं। पर शिलान्यास कराने के पीछे न भाजपा थी, न विहिप और न ही संघ। यह काम एक संत के निर्देश पर एक प्रधानमंत्री का था। प्रधानमंत्री भी कांग्रेस पार्टी का।"

यह उस समय की बात है जब राम जन्मभूमि ट्रस्ट के कार्यकारी अध्यक्ष रामचंद्र परमहंस ने ऐलान कर दिया था कि विहिप ने जिस जगह को शिलान्यास स्थल घोषित किया है, उसे बदला नहीं जाएगा। उनका मानना था कि ज़मीन विवादित कैसे हो सकती है। उन्होंने इस ज़मीन की ट्रस्ट के नाम पर पक्की रजिस्ट्री कराई है। अगर सरकार इसे नजूल की ज़मीन मानती भी है, तो इसे साबित करने की ज़िम्मेदारी सरकार की है।

दूसरी तरफ़, राज्य सरकार चाहती थी कि शिलान्यास तो हो पर जगह बदल दी जाए। सरकार ने विहिप को बगल की खाली ज़मीन दिलाने का प्रस्ताव दिया और विहिप ने इसे सिरे से खारिज कर दिया और देवराहा बाबा से संपर्क कर उनसे दख़ल देने को कहा। असल में, प्रधानमंत्री राजीव गांधी और विहिप के बीच शिलान्यास को लेकर देवराहा बाबा ही मध्यस्थ की भूमिका निभा रहे थे। देवराहा बाबा से गांधी परिवार की निकटता थी, क्योंकि इंदिरा गांधी भी जब किसी समस्या में फंसती तो समाधान के लिए बाबा के पास ही जाती थीं।

राजीव गांधी 6 नवंबर को बाबा से मिलने वृंदावन में गए तो बाबा ने कहा मंदिर बनना चाहिए, आप शिलान्यास करवाएं और इसकी जगह बदली न जाए। उसी वक़्त से राजीव गांधी शिलान्यास के लिए प्रयासरत हुए। दूसरे दिन बाबा ने विहिप के नेता श्रीशचंद्र दीक्षित को बुलाकर कहा, "आप निश्चिंत रहें, हमने प्रधानमंत्री से उसी जगह पर शिलान्यास करने को कहा है, जहां आप लोगों ने झंडा गाड़ा है।" यानी शिलान्यास का फ़ैसला लखनऊ या दिल्ली में नहीं, बल्कि वृंदावन में हुआ। वह भी देवराहा बाबा के आशीर्वाद से।

हेमंत शर्मा बताते हैं, "बाद की घटनाओं से साफ है कि राजीव गांधी ने वही किया जो बाबा ने उनसे कहा। शिलान्यास के पहले दिन बाबा ने शिलान्यास स्थल बदलने का सरकारी सुझाव भी ठुकरा दिया। वैसे विनय कटियार के मुताबिक़, विहिप के कुछ नेता जगह बदलने के लिए तैयार हो गए थे।"

असल में, आख़िरी वक़्त तक सरकार शिलान्यास स्थल को प्लॉट नंबर 576 में बदलना चाहती थी। इस जगह पर कोई विवाद नहीं था और यह जगह मूल स्थल से सात गज़ दूर थी। 5 नवंबर को कुछ वरिष्ठ अधिकारियों ने ऐसा करवाने के लिए इलाक़े का दौरा किया था। यह प्लाट रामकृपाल दास के पास लीज़ पर था। दास ने शिलान्यास के लिए अपनी ज़मीन देने की पेशकश की। वहां एक नहानघर और एक दीवार बनी हुई थी। जिसे शिलान्यास की जगह बनाने के लिए तोड़ा जा चुका था। 6 नवंबर को राज्य सरकार ने हाईकोर्ट में अर्जी देकर पूछा था कि क्या प्लॉट

नंबर 586 विवादित ज़मीन में आता है? इसके जवाब में, इलाहाबाद हाईकोर्ट की विशेष डिवीजन बेंच ने अपने पूर्व अंतरिम आदेश को साफ करते हुए उस ज़मीन को विवादित बताया, जिस पर विहिप शिलान्यास करने जा रही थी। बेंच ने अपने फ़ैसले में कहा कि विहिप ने जिस भूमि पर राम मंदिर के शिलान्यास के लिए झंडे और बल्लियों की बाड़ लगाई है वह विवादित है, इसलिए उसको यथास्थिति कायम रखा जाना चाहिए। अदालत ने साफ किया कि यह प्लॉट विवादास्पद ज़मीन में ही आता है।

अगर विहिप इसके लिए तैयार हो जाती तो कोई समस्या ही नहीं थी। शिलान्यास और महायज्ञ ग़ैर-विवादित ज़मीन पर आराम से हो जाते। बाबरी मस्जिद एक्शन कमेटी को भी उस जगह पर शिलान्यास करने पर कोई ऐतराज नहीं होता। इस तरह सरकार हिन्दुओं और मुसलमानों दोनों को खुश कर लेती। इस सरकारी पेशकश की दुविधा में फंसकर विहिप के नेता बंट गए। देवराहा बाबा ने अशोक सिंहल और पूर्व पुलिस महानिरीक्षक एस. सी. दीक्षित को वृंदावन बुलाया। सिंहल ने बताया कि "देवराहा बाबा ने साफ-साफ कहा है कि हमें शिलान्यास तय जगह पर ही करना चाहिए।"

हाईकोर्ट के फ़ैसले और देवराहा बाबा के निर्देश के बीच सरकार में खलबली मची। प्रधानमंत्री राजीव गांधी ने दूसरे दिन 8 नवंबर को सुबह-सुबह गृहमंत्री बूटा सिंह को लखनऊ भेजा। शिलान्यास पर प्रधानमंत्री राजीव गांधी और मुख्यमंत्री नारायणदत्त तिवारी में सहमति नहीं बन पा रही थी। तिवारी शिलान्यास के लिए तैयार नहीं थे। 6 नवंबर को हाईकोर्ट के शिलान्यास पर रोक के बाद राजीव गांधी चाहते थे कि राज्य सरकार हाईकोर्ट से साफ कहे कि शिलान्यास वाली जगह विवादित नहीं है, मगर तिवारी सहमत नहीं हुए।

हेमंत शर्मा के मुताबिक़, "काफी हील-हुज्जत के बाद तय हुआ फैज़ाबाद के जिलाधिकारी नक्शे की पैमाइश कर यह बयान देंगे कि शिलान्यास वाली जगह विवादित नहीं है। तिवारी इसी बात से उखड़े हुए थे। हालांकि, तिवारी को तब 'न्यू डेल्ही तिवारी' भी कहा जाता था, क्योंकि वे सारे फ़ैसले दिल्ली से पूछकर करते थे। पर अपने स्वभाव के ख़िलाफ़ इस मामले में वे अड़ गए थे। इतिहास ने बाद में उन्हें सही साबित किया।"

ढांचा गंवाने के बाद हाईकोर्ट भी सक्रिय हुआ। जिस फ़ैसले का सबको इंतज़ार था, वह 11 दिसंबर, 1992 को हाईकोर्ट ने सुनाया। अगर यह फ़ैसला 5 दिन पहले आ जाता तो शायद इतिहास कुछ और हो सकता था। फ़ैसले के बाद 6 दिसंबर की कार सेवा जायज़ हो जाती। हाईकोर्ट ने इस फ़ैसले में राज्य सरकार द्वारा विवादित इमारत के आसपास 2.77 एकड़ ज़मीन के अधिग्रहण को रद्द कर दिया। यह फ़ैसला 3 नवंबर से सुरक्षित रखा था।

6 दिसंबर की कार सेवा से पहले उत्तर प्रदेश सरकार, विहिप और भाजपा नेताओं की सारी कवायद इस बात को लेकर ही थी कि हाईकोर्ट 2.77 एकड़ ज़मीन पर फ़ैसला 6 दिसंबर से पहले दे दे। अगर कोर्ट इस अधिग्रहण को जायज़ ठहराता तो यह ज़मीन राम जन्मभूमि न्यास के पास रहती। राज्य सरकार ने यह ज़मीन अधिग्रहण के बाद न्यास को सौंप दी थी तो कार सेवा जायज़ होती।

अगर अदालत रद्द करती तो भी 2.77 एकड़ ज़मीन में से 2.07 एकड़ ज़मीन पर मालिकाना राम जन्मभूमि न्यास के पास वापस चला जाता, क्योंकि अधिग्रहण से पहले यह ज़मीन न्यास की थी। न्यास ने अलग-अलग लोगों से यह ज़मीन खरीदी थी। यह हिस्सा न्यास के पास अधिग्रहण की प्रक्रिया शुरू होने से पहले से ही था। 2.77 एकड़ ज़मीन विवादित ढांचे से अलग थी यानी इस ज़मीन पर होने वाली कार सेवा विवादित ढांचे से अलग होती। दोनों ही स्थितियों में होने वाली कार सेवा क़ानूनन जायज़ होती।

कल्याण सिंह ने बाद में हेमंत शर्मा को बताया, "ढांचे से अलग कर मैंने 2.77 एकड़ ज़मीन को 'सेफ्टी वॉल्व' बनाया था। इसी ज़मीन पर पहले भी कार सेवा हो चुकी थी। इसी ज़मीन पर शिलान्यास भी हुआ था। जुलाई, 1992 में हुई कार सेवा भी इसी 2.77 एकड़ ज़मीन पर हुई थी। उस वक़्त चबूतरा यहीं बना था।"

राज्य सरकार और विहिप दोनों अदालत से जल्दी फ़ैसला चाह रहे थे। केंद्र सरकार की संघ और भाजपा से चल रही बातचीत में सबसे बड़ा मुद्दा यही था कि केंद्र सरकार अदालत से निवेदन करे कि वह 6 दिसंबर से पहले फ़ैसला दे। हाईकोर्ट ने जब फ़ैसला दिया तब तक ढांचा गिराया जा चुका था।

मूल सवाल यह था कि अयोध्या में इतने कारसेवक इकट्ठा कैसे हो गए? वह भी तब, जब केंद्र और आधे से ज़्यादा राज्यों में कांग्रेस की सरकारें थीं। बिहार में लालू यादव, उड़ीसा में बीजू पटनायक, बंगाल में ज्योति बसु की सरकार थी, पर किसी ने कारसेवकों को रोकने की कोशिश क्यों नहीं की? सुप्रीम कोर्ट ने उत्तर प्रदेश सरकार को यह निर्देश दिया कि वह इस बात का प्रचार करे कि प्रतीकात्मक कार सेवा पर कोई रोक नहीं है। इस प्रचार से भी भीड़ का माहौल बना।

ढांचा गंवाने के बाद नरसिंह राव ने अपने स्वभाव के उलट कार्रवाई करने में रफ्तार पकड़ी। केंद्र सरकार ने 10 दिसंबर को संघ, विहिप, बजरंग दल, जमाते इस्लामी और इस्लामिक सेवक संघ पर पाबंदी लगा दी। राजस्थान, मध्य प्रदेश और हिमाचल प्रदेश की भाजपा सरकारों को प्रतिबंधित संगठनों से संबंध के आधार पर बर्ख़ास्त कर दिया गया।

'युद्ध में अयोध्या' किताब के मुताबिक़ ऑपरेशन 'फ्लश आउट' से एक दिन पहले ही प्रधानमंत्री की तरफ़ से विनय कटियार को संदेश आया कि हम कारसेवकों

पर बल प्रयोग नहीं करना चाहते, आप लोग परिसर खाली कराएं। उसके बाद रात में कार सेवा टालने की घोषणा हुई।

असल में, 'ऑपरेशन फ्लश आउट' के लिए हेमंत शर्मा लिखते हैं:

8 दिसंबर को तड़के सवा तीन बजे फैज़ाबाद में हमारे होटल के बाहर शोर-शराबे को सुनकर देखा, कि कर्फ्यू के सन्नाटे को चीरती हुई अर्धसैनिक बलों की गाड़ियां अयोध्या की तरफ़ दौड़ रही हैं। 108, रैपिड एक्शन फोर्स की एक बटालियन और एक कंपनी सीआरपीएफ अयोध्या पहुंच गई। ठीक साढ़े तीन बजे विवादित इमारत के पीछे से और मानस भवन तथा सीता रसोई की तरफ़ से आरएएफ के कमांडो जन्मभूमि परिसर में दाखिल हुए। उस वक़्त वहां कोई 5,000 कारसेवक कंबल ओढ़कर भजन गा रहे थे। बगल के पंडालों में कारसेविकाएं सो रही थीं। थोड़ी देर में भगदड़ मचती है और हल्के बल प्रयोग से परिसर आराम से खाली हो जाता है। इस पूरे ऑपरेशन में सिर्फ़ आंसू गैस के पांच गोले छूटे और हल्का लाठीचार्ज हुआ। रामकथा कुंज के लाउडस्पीकर कीर्तन रोककर ख़ुद ही गूंज उठे। "सीआरपीएफ आ गई है। आप लोग चले जाएं।" परिसर खाली हो गया।[2]

अयोध्या में केंद्रीय बलों की इमेज मंदिर-विरोधी बन गई थी। राज्य सरकार भी इन बलों पर आरोप लगाकर जनता के बीच ऐसी धारणा बना रही थी, मानो मंदिर के रास्ते की अड़चन ये सुरक्षा बल ही हैं। पर सच यह नहीं था। अब अस्थायी मंदिर में दर्शन-पूजा का काम इन्हीं सुरक्षा बलों के हवाले था।

राम जन्मभूमि आंदोलन की चर्चा विहिप की चर्चा के बग़ैर पूरी नहीं हो सकती। विहिप ने जबसे कमान संभाली तब से राम जन्मभूमि आंदोलन ने रफ्तार पकड़ी। लेकिन, विहिप सिर्फ़ राम जन्मभूमि आंदोलन से ही नहीं जुड़ा है। उसका काम विदेशों में भी फैला हुआ है।

आज़ादी के बाद भारत और दुनिया के दूसरे देशों में हिन्दू समाज अलग-अलग तरह की परेशानियों से जूझ रहा था। ख़ासतौर से पाकिस्तान और बांग्लादेश में बसे हिन्दुओं को धर्म परिवर्तन, सामूहिक हत्याओं और दबाव में आकर घर-बार छोड़ना पड़ रहा था। भारत में कई वजहों से हिन्दुओं को अपने हितों से समझौता करना पड़ा। इसके अलावा अफ्रीका, मॉरीशस, श्रीलंका, मलेशिया, इंडोनेशिया, फ़िजी और कैरेबियाई देशों में हिन्दू पहचान की वजह से भेदभाव झेलना पड़ रहा था। ऐसा कोई संगठन नहीं था, जो हिन्दू हितों को लेकर आवाज़ उठाए।

ऐसे में बहुत से प्रतिष्ठित और बड़े हिन्दू नेता, मसलन स्वामी चिन्मयानंद सरस्वती, माधव सदाशिव गोलवलकर और शिवराम शंकर आप्टे आगे आए। उन्हें मास्टर तारा सिंह, जैन मुनि सुशील कुमार और रिनपोचे कुशक बाकुला का समर्थन मिला, तब कुछ सामाजिक, आध्यात्मिक, धार्मिक और राजनीतिक हिन्दू नेताओं

2. युद्ध में अयोध्या, हेमन्त शर्मा, प्रभात प्रकाशन

के साथ अलग-अलग संप्रदायों के प्रमुखों की एक बैठक बुलाई गई। इस बैठक में 40 से ज़्यादा नेताओं और प्रमुखों ने हिस्सा लिया और बहुत विचार-विमर्श के बाद कृष्ण जन्माष्टमी के मौक़े पर 29 अगस्त, 1964 को विश्व हिन्दू परिषद के गठन का ऐलान किया गया। विहिप का मक़सद हिन्दू समाज को एकजुट, मज़बूत बनाकर दुनिया भर में हिन्दू धर्म की आध्यात्मिकता और दर्शन का प्रचार-प्रसार करना था। उसके इस अभियान को बड़ी ताक़त मिली राम मंदिर जन्मभूमि आंदोलन से, जिससे देशभर में हिन्दू जात-पात से आगे बढ़कर एकजुट होता दिखाई दिया और उसके इस आंदोलन से केंद्र और राज्य की सरकारों के साथ-साथ राजनीतिक दल भी मुश्किल में पड़ते दिखाई दिए।

दुनिया भर के देशों में नई पीढ़ी के भारतवंशियों को हिन्दू धर्म के बारे में समझाने, उसके महत्व और अध्यात्म को बताने के लिए विहिप ने ख़ास कार्यक्रम तैयार किया है, और सप्ताह में एक बार इसके लिए वहां कक्षाएं या बैठकें होती हैं। विहिप ने इन देशों में हिन्दू धर्म को स्थापित करने और प्रचार-प्रसार के मक़सद से यहां विशाल हिन्दू मंदिरों के निर्माण का काम किया है या सहयोग दिया है और अब शायद ही कोई ऐसा मुल्क हो जहां विशाल हिन्दू मंदिर नहीं हैं। इसके साथ ही अब लगातार राजनीतिक हिस्सेदारी भी बढ़ने लगी है जो हिन्दू समाज को और ज़्यादा ताक़त देगा।

राम जन्मभूमि आंदोलन में उत्तर प्रदेश के चार मुख्यमंत्रियों की भूमिका को नज़रअंदाज़ नहीं किया जा सकता। पहले कांग्रेस के नारायण दत्त तिवारी, जो प्रधानमंत्री राजीव गांधी के चाहते हुए भी शिलान्यास कराने के ख़िलाफ़ खड़े हुए। दूसरे, उस वक़्त जनता दल के मुख्यमंत्री मुलायम सिंह यादव, जिनका दावा था कि उनके रहते बाबरी मस्जिद में कोई परिंदा भी पर नहीं मार सकता और जिनके कार्यकाल में कार सेवा के दौरान कारसेवकों पर गोली चलाई गईं। तीसरे, भाजपा के मुख्यमंत्री कल्याण सिंह, जिन्होंने सुप्रीम कोर्ट में मस्जिद बचाने का भरोसा दिलाया, उनके रहते हुए मस्जिद का ढांचा गिरा और उन्होंने कार सेवकों पर गोली नहीं चलाने की ज़िम्मेदारी ख़ुद पर ली और चौथे, मौजूदा मुख्यमंत्री योगी आदित्यनाथ, जिनके कार्यकाल में मंदिर निर्माण हो रहा है।

मंदिर निर्माण का काम भले ही शुरू हो गया हो पर यह देखना महत्वपूर्ण है कि जिस मर्यादापुरुषोत्तम के मंदिर की कल्पना हम कर रहे हैं उनके रामराज्य के बारे में भी हम और हमारे नुमाइंदे क्या सोचते हैं?

अयोध्या में भूमि पूजन के वक़्त प्रधानमंत्री मोदी ने भी रामराज्य को याद करते हुए कहा, "प्रभु श्रीराम ने हमें कर्तव्यपालन की सीख दी है, अपने कर्तव्यों को कैसे निभाएं इसकी सीख दी है! उन्होंने हमें विरोध से निकलकर, बोध और शोध का मार्ग

दिखाया है! हमें आपसी प्रेम और भाईचारे के जोड़ से राममंदिर की इन शिलाओं को जोड़ना है। हमें ध्यान रखना है, जब-जब मानवता ने राम को माना है विकास हुआ है, जब-जब हम भटके हैं विनाश के रास्ते खुले हैं।"

उनका संकेत संभवतः रामचरित मानस की इस चौपाई से था,

नहीं दरिद्र कोउ दुखी न दीना, नहिं कोउ अबुध न लच्छन हीना।
सब गुनग्य पंडित सब ज्ञानी। सब कृतग्य नहीं कपट सयानी।[3]

3. माई कन्ट्री माई लाइफ़, पृष्ठ 323

9

हिन्दू होने का धर्म

1897 में स्वामी विवेकानंद जब अमेरिका और यूरोप में भारत और हिन्दुत्व का गौरव बढ़ाकर भारत वापस आ रहे थे तब इंग्लैंड छोड़ने से पहले एक अंग्रेज़ मित्र ने पूछा, "विकासमान, ऐश्वर्यशाली और शक्तिमान पश्चिमी देशों में चार साल का अनुभव लेने के बाद अब आपको अपनी मातृभूमि कैसे लगेगी?" विवेकानंद ने जवाब दिया, "स्वदेश छोड़कर आने से पहले मैं भारत से केवल प्रेम ही करता था, लेकिन अब मेरे लिए भारत की वायु, यहां तक कि भारत का प्रत्येक धूलकण स्वर्ग से भी अधिक पवित्र है। भारत-भूमि पवित्र भूमि है। वह मेरी मां है। भारत मेरा तीर्थ है।"

...जैसे ही दूर से भारत का समुद्र-तट दिखाई पड़ा, उनकी आंखों से धारा बह चली। हाथ जोड़कर वे एकदम उस तट की ओर देखते रहे, मानो साक्षात भारत मां का दर्शन कर रहे हों। जहाज़ किनारे पर लगते ही पागलों की भांति स्वामी विवेकानंद डैक से नीचे उतरे और भारत भूमि पर पैर रखते ही साष्टांग प्रणाम कर उस धूल में इस प्रकार लोटने लगे मानो वर्षों बाद कोई बच्चा अपनी मां की गोद में पहुंचा हो। उन्होंने कहा, "मां की गोद में मेरे वे सब कल्मष धुल गए।" बार-बार वे भूमि को नमन करते और उसकी जय-जयकार करते जाते। इससे पहले स्वामी विवेकानंद ने अपने शिकागो व्याख्यान में कहा था कि, "मुझे आपसे यह निवेदन करते हुए गर्व होता है कि मैं ऐसे धर्म का अनुयायी हूं जिसकी पवित्र भाषा संस्कृत में अंग्रेज़ी शब्द 'एक्सक्लूज़न' का कोई पर्यायवाची शब्द नहीं है।"

गुरु नानक से जुड़ी एक कहानी है। अंधेरी रात थी। शायद भादो की अमावस। बादलों की गड़गड़ाहट और बीच-बीच में बिजली की चमक। पूरा गांव डर में सिमटा हुआ। अकेले नानक अपने में मगन गा रहे थे। रात देर तक गाते रहे। नानक के कमरे का दीया जल रहा था। दरवाज़े पर नानक की मां ने दस्तक दी, कहा—बेटा! अब सो भी जाओ। रात क़रीब-क़रीब जाने को हो गई। नानक चुप हो गए। तब ही रात के अंधेरे में एक पपीहे ने ज़ोर से कहा—पिहू-पिहू।

नानक ने कहा, "सुनो मां! अभी पपीहा भी चुप नहीं हुआ। अपने प्यारे की पुकार कर रहा है, तो मैं कैसे चुप हो जाऊं? और इसका प्यारा तो पास है, मेरा प्यारा तो बहुत दूर है। जन्मों-जन्मों गाता रहूं तो ही उस तक पहुंच पाऊंगा।"

नानक ने फिर गाना शुरू कर दिया। इसलिए कहते हैं, नानक ने गाकर परमात्मा को पाया। परमात्मा को पाने की यह साधना निश्चित रूप से साधारण नहीं रही होगी। परमात्मा को पाने की साधना साधारण हो भी नहीं सकती।

हिन्दू धर्म में एक कोशिश है परमात्मा को पाने की। हर कोई परमात्मा को पाना चाहता है, अपने तरीक़े से, अपने रास्ते से, अपने माध्यम से, जो जैसे कोशिश कर ले, वही ठीक क्योंकि मंज़िल सबकी एक ही है। मीरा ने नाचकर परमात्मा को पा लिया तो कबीर जुलाहा होकर बुनते रहे, करते रहे अपना कर्म और पा लिया परमात्मा को। आदि शंकराचार्य ने हिन्दू धर्म की धारा को बदल दिया। दर्शन और तत्व मीमांसा का स्तर इतना ऊंचा कर दिया जिसकी बराबरी आज तक कोई नहीं कर सका। शबरी जूठे बेर खिलाकर राम को पा लेती है तो भक्त प्रह्लाद आग में कूदकर भी ईश्वर का हो जाता है। यही शायद हिन्दू धर्म की विशेषता है, हरेक को अपना रास्ता चुनने का आज़ादी। एक भजन पास के मंदिर में बज रहा है—कौन कहता है भगवान आते नहीं, हम मीरा के जैसे बुलाते नहीं...।

हिन्दुत्व का मूलमंत्र है एकात्मता। इसका मतलब है कि सत्य को कहने के तरीक़े अलग-अलग हो सकते हैं, लेकिन उसकी मंज़िल, उसका अर्थ एक ही है। एकात्मता को व्यवहार में उतारना या स्वीकार करना ही हिन्दू धर्म है जिसे जीवन जीने का तरीक़ा भी कहा जाता है। सुप्रीम कोर्ट ने भी उसे "वे ऑफ़ लाइफ़" कहा है। यह सनातन है।

'हिन्दुत्व' शब्द सबसे पहले बंगला लेखक चन्द्रनाथ बसु ने 1880 में इस्तेमाल किया। बसु बंग साहित्य परिषद के अध्यक्ष थे। बसु ने हिन्दू धर्म के आध्यात्मिक और राजनीतिक पक्ष का भी विस्तार से अध्ययन किया था। 1892 में उनकी किताब आई थी—हिन्दुत्व। आज़ादी के आंदोलन के समय देशभक्त और विचारक नबोगोपाल मित्रा ने हिन्दू संस्कृति के माध्यम से राष्ट्रीय जागरण के लिए 'हिन्दू मेला' शुरू किया था। इसके साथ ही 1867 में कलकत्ता में एक अख़बार 'नेशनल पेपर' का प्रकाशन भी शुरू हुआ। इस समाचार-पत्र में आत्मगौरव बढ़ाने और हिन्दू संस्कृति को सम्मान देने के लिए ऐसे लेखों का प्रकाशन किया जाता था जिसमें प्राचीन संस्कृति का गौरव बढ़े और लोग उसका इस्तेमाल कर सकें।

'आरएसएस रोड मैप फॉर ट्वेंटी फर्स्ट सेंचुरी' किताब के लेखक सुनील आम्बेकर मानते हैं कि हिन्दू राष्ट्र हिन्दुत्व से बना शब्द है। हिन्दू राष्ट्र की परिकल्पना का मतलब अहिंसा में विश्वास करने वाला एक ऐसा राष्ट्र, जहां शांति और समृद्धि हो और किसी भी पूजा-पद्धति की आज़ादी के साथ-साथ महिलाओं को बराबरी का हक़ मिला हो। हिन्दुत्व और हिन्दू राष्ट्र के बीच रिश्ता आइडिया और एक्शन का है, इन्हें अलग-अलग करके नहीं देखा जा सकता और न ही यह मुमकिन है। हिन्दू

राष्ट्र का मतलब मुस्लिम विरोध नहीं है और यह पहले भी कभी नहीं था। हिन्दुत्व के तीन सूत्र हैं—सहयोग, सहमति और समभाव। हिन्दुत्व सभी तरह की पूजा-पद्धतियों में समभाव पर विश्वास करता है।

आम्बेकर इस बात पर ज़ोर देते हैं कि हिन्दुत्व कोई राजनीतिक ताक़त या सत्ता हासिल करने का रास्ता नहीं है। यदि ऐसा होता तो डॉ. हेडगेवार आरएसएस जैसा सामाजिक और सांस्कृतिक संगठन खड़ा करने के बजाय राजनीतिक पार्टी शुरू करते। इसका मतलब अध्यात्म भी नहीं है। संघ के लिए हिन्दुत्व वास्तव में बेहतर जीवन जीने का तरीक़ा है, माध्यम है।

विनायक दामोदर सावरकर ने 'एक मराठा' छद्म नाम से हिन्दुत्व पर एक किताब लिखी जिसे 1923 में नागपुर के वकील वी. वी. केलकर ने प्रकाशित किया। अंग्रेज़ों ने इस किताब पर पाबंदी लगा दी थी। उसे बाद में विक्रम सावरकर ने पुनर्मुद्रित किया। इस किताब में सावरकर हिन्दुत्व को 'रिलीजन' के तौर पर नहीं देखते और उन्होंने इसे वैज्ञानिक तरह से डिकोड किया है। लेकिन इससे पहले 1907 में सावरकर ने मराठी में एक किताब लिखी थी: 'भारत का पहला स्वतंत्रता संग्राम 1857'। यह किताब किसी तरह से 1909 में अंग्रेज़ी अनुवाद में हॉलैंड में छपी। भारत में यह आज़ादी के बाद ही प्रकाशित हो पाई। इस किताब से सावरकर का हिन्दुत्व को लेकर रवैया और इतिहास को समझने में मदद मिलती है। इसमें सावरकर ने हिन्दू-मुस्लिम एकता को भारत की एकता के लिए ज़रूरी माना है और आख़िरी मुगल बादशाह बहादुरशाह ज़फ़र को राष्ट्रीय एकता का मूर्त्त रूप बताया है। किताब की भूमिका में सावरकर ने लिखा है, "जिस देश में अपने अतीत की चेतना न हो, उसका कोई भविष्य नहीं हो सकता। राष्ट्र को अपने इतिहास का मालिक होना चाहिए न कि ग़ुलाम, यह निहायत मूर्खतापूर्ण होगा कि कुछ चीज़ें अब भी इसलिए की जाएं क्योंकि वे अतीत में कभी की गई थीं। शिवाजी महाराज के वक़्त मुसलमानों से नफ़रत ठीक और ज़रूरी थी, लेकिन अब ऐसी भावना रखना न केवल ग़लत बल्कि मूर्खतापूर्ण होगा।"

गुरु गोलवलकर ने बाबाराव सावरकर की किताब 'वी' का मराठी संस्करण निकाला था और इसे भैयाजी दाणी ने प्रकाशित किया था। सावरकर की हिन्दुत्व पर किताब न केवल नागपुर में छपी, बल्कि उसमें डॉ. हेडगेवार की सक्रिय भूमिका रही थी। लेकिन डॉ. हेडगेवार को सावरकर की हिन्दुत्व की परिभाषा स्वीकार नहीं थी। सावरकर कहते थे, "हिन्दू वह है जो मुसलमान नहीं है, ईसाई नहीं है या यहूदी नहीं है या फिर पारसी और दूसरे धर्म को मानने वाला नहीं है।" जबकि हेडगेवार के हिसाब से हिन्दुस्तान में रहने वाला हर व्यक्ति हिन्दू है जैसे अमेरिका में अमेरिकन, जर्मनी में जर्मन होता है। वह हिन्दू शब्द से आसक्ति तो नहीं रखते थे, लेकिन दस हज़ार साल पुरानी हिन्दू परंपरा और विचार के साथ चलते थे।

1937 में ब्रिटिश सरकार से रत्नागिरि से बाहर निकलने की आज़ादी मिलने के बाद सावरकर ने कर्णावती (आज के अहमदाबाद) में दिए भाषण में कहा, "दो

राष्ट्र हैं एक हिन्दू राष्ट्र और दूसरा मुस्लिम राष्ट्र। जिनकी पुण्यभूमि और धर्मभूमि भारत से बाहर है, वे हिन्दू नहीं हैं। वे राष्ट्रीय नहीं हैं।" डॉ. हेडगेवार सावरकर के इस सिद्धांत को नहीं मानते थे, लेकिन वे इस पर खामोश हैं यानी संघ के हिसाब से पुण्यभूमि मुद्दा नहीं है। वरिष्ठ पत्रकार दिलीप देवधर कहते हैं, "हेडगेवार ने सार्वजनिक तौर पर कुछ नहीं बोला। लेकिन संघ में अब भी सावरकर के हिन्दुत्व को माननेवाले बहुत से लोग हैं। लेकिन गोलवलकर और देवरस संघ में मुस्लिमविरोधी विचार स्वीकार नहीं करते। वीर सावरकर ने हिन्दुत्व की अवधारणा विकसित करके हिन्दू राष्ट्रवाद को एक संप्रदाय में बदल दिया। सावरकर मानते थे कि जब तक हिन्दुओं को मुसलमानों और ईसाइयों के बाहरी तत्वों के ख़िलाफ़ खड़ा करके संगठित नहीं किया जाएगा, वे एक शक्तिशाली समाज नहीं बनेंगे।"

हिन्दू राष्ट्र का विचार हेडगेवार ने सावरकर से ही लिया। संघ की स्थापना के वक़्त जो चार लोग हेडगेवार के साथ थे, उनमें एक सावरकर के भाई बाबा राव सावरकर थे।

सावरकर ने कहा है कि हिन्दू वह है जो सिंधु नदी से सागर तक के विस्तार में फैले देश का रहने वाला हो। हिन्दुत्व की पहली अनिवार्यता है कि हिन्दू ख़ुद या अपने पुरखों के जरिए हिंदुस्तान का नागरिक हो, लेकिन हिन्दू सिर्फ़ भौगोलिक अर्थों में हिन्दू नहीं हो सकता। हिन्दुओं की एक मातृभूमि ही नहीं है जिसे वे सब प्रेम करते हैं। हिन्दू ख़ून के बंधन से भी बंधे हैं। वे सिर्फ़ एक राष्ट्र ही नहीं, एक जाति भी हैं। जाति यानी एक प्रजाति का बंधन उन्हें हिन्दू बनाता और हिन्दुत्व प्रदान करता है। तीसरी ज़रूरी बात यह है कि उनकी संस्कृति एक होनी चाहिए। यह हिन्दू संस्कृति पितृभू और जाति के बंधन से बड़ा बंधन है, क्योंकि जो मुसलमान पीढ़ियों से यहां रहता हो और पितृभू से प्रेम करता हो और उसकी धमनियों में जाति और वर्ण व्यवस्था को मानने के कारण एक ही ख़ून बह रहा हो, वह हिन्दू नहीं हो जाता। उसे हिन्दू संस्कृति को भी मानना चाहिए, इस अवधारणा में इतिहास, साहित्य और सभ्यता की समानता निहित है। इसके साथ ही उसकी भाषा एक होनी चाहिए यानी संस्कृत। आपकी मातृभाषा भले ही हिन्दी, गुजराती, तमिल, मराठी, तेलुगू, मलयालम, बांग्ला और पंजाबी आदि हो लेकिन आपको मानना चाहिए कि आपकी जाति, संस्कृति, पितृभू की भाषा एक ही है: संस्कृत। ऐसे मुसलमान और ईसाई हो सकते हैं जो ये चार शर्तें पूरा करते हों तो क्या उन्हें हिन्दू माना जा सकता है? सावरकर कहते हैं, "नहीं, क्योंकि उनके तीर्थ, उनकी पूण्यभू अरब या फलिस्तीन में है। उनके धर्म भारत में नहीं जन्मे हैं, इसलिए उनका प्रेम और वफ़ादारी बंटी हुई है। वे चाहें भी तो अपना सर्वस्व अपनी पितृभू पर न्योछावर नहीं कर सकते क्योंकि उन्हें अपनी पुण्यभू को अपनी पितृभू के ऊपर रखना ही होगा। और उनकी पुण्यभू भारत में नहीं है, इसलिए वे हिन्दू नहीं हो सकते और हिन्दुत्व नाम की राष्ट्रीयता उन्हें नहीं मिल सकती।[1] सावरकर ने एक संस्कृत के श्लोक का ज़िक्र किया है:

1. किताब 'हिन्दुत्वः हिन्दू कौन है?', लेखकः विनायक दामोदर सावरकर

आसिंधुसिंधुपर्यन्ता यस्य भारतभूमिका
पितृभूःपुण्यभूश्चैव स वै हिंदुरिति स्मृतः

गोलवलकर ने 1939 में प्रकाशित अपनी पुस्तक, 'हम या हमारी राष्ट्रीयता की परिभाषा' में कहा है कि "हिंदूस्तान में जो विदेशी नस्लें हैं उन्हें हिन्दू संस्कृति और भाषा को अपना लेना चाहिए। हिन्दू नस्ल और संस्कृति का गौरव करने के अलावा कोई विचार ही नहीं रखना चाहिए या फिर हिन्दू राष्ट्र के पूरी तरह अधीन रहकर देश में रहना चाहिए, कोई दावा नहीं करना चाहिए, अपने को किन्हीं विशेषाधिकारों के योग्य नहीं समझना चाहिए, विशेष व्यवहार पाने की इच्छा तो दूर नागरिकों के अधिकारों तक की उम्मीद नहीं करना चाहिए।"

सरसंघचालक मोहनराव भागवत कहते हैं, "राष्ट्र के नाते हम सब लोगों की पहचान हिन्दू है। कुछ लोग हिन्दू कहने में गौरव मानते हैं और कुछ के मन में उतना गौरव नहीं है, कोई बात नहीं। कुछ 'मैटेरियल कंसिडरेशंस' या 'पॉलिटिकल करेक्टनेस' के कारण सार्वजनिक रूप से कभी कहेंगे भी नहीं, लेकिन निजी रूप से कहते हैं। कुछ लोग हैं जो यह भूल गए हैं। ये सब लोग हमारे अपने हैं, भारत के हैं। जैसे परीक्षा में जब प्रश्न-पत्र हमारे हाथ में आता है, तो हम सबसे पहले आसान सवालों को हल करते हैं, बाद में कठिन सवालों को हाथ लगाते हैं। वैसे ही हम पहले उनका संगठन करते हैं, जो अपने-आपको हिन्दू मानते हैं। क्योंकि हमारा कोई शत्रु नहीं है, न दुनिया में, न देश में। हमसे शत्रुता करनेवाले लोग होंगे, उनसे अपने को बचाते हुए भी हमारी आकांक्षा उनको समाप्त करने की नहीं है, उनको साथ लेने की है, जोड़ने की है। यह वास्तव में हिन्दुत्व है।"

डॉ. भागवत ज़िक्र करते हैं, "संविधान सभा में डॉ. आंबेडकर ने यह भी कहा था कि हमारी आपस की लड़ाई के कारण विदेशी जीते और हमको ग़ुलाम बनाया। मैं उनके भाव बता रहा हूं, उनके शब्दों को आप पढ़ सकते हैं। उन्होंने कहा कि संसद में परस्पर विरोधी कैम्प में एक-दूसरे के विरोधी बनकर हम बैठे हैं, यह तंत्र की मजबूरी है, लेकिन इसके बावजूद हम सब एक हैं। यदि हमने ऐसा बंधुभाव उत्पन्न नहीं किया तो न जाने हमें कैसे दिन देखने पड़ेंगे, कह नहीं सकते। संघ इसी बंधुभाव के लिए काम करता है और इस बंधुभाव के लिए एक ही आधार है—विविधता में एकता। परंपरा से चलते आए इस चिंतन को ही दुनिया हिन्दुत्व कहती है। इसीलिए हम कहते हैं कि हमारा राष्ट्र हिन्दू राष्ट्र है। इसका मतलब इसमें मुसलमान नहीं चाहिए, ऐसा बिल्कुल नहीं होता है। जिस दिन यह कहा जाएगा कि मुसलमान नहीं चाहिए उस दिन वह हिन्दुत्व नहीं रहेगा।"

डॉ. भागवत इस बात पर ज़ोर देते हैं कि हमारा डीएनए एक है, हमारे पूर्वज एक हैं।

सह-सरकार्यवाह डॉ. मनमोहन वैद्य बताते हैं कि गुरु गोलवलकर ने व्यापक परिभाषा दी कि एक मातृभूमि, समान पूर्वज और समान परंपराओं ने भारत में रहने

वाले सभी लोगों को सदियों से एक विशिष्ट पहचान दी है। यह पहचान हिन्दू है। भारतीय संदर्भ में, लोग ही राष्ट्र बनाते हैं न कि राज्य। हम अलग-अलग शासकों या राज्यों के बावजूद एक राष्ट्र थे।

'बंच ऑफ़ थॉट्स' के बारे में डॉ. वैद्य कहते हैं, यह किताब गुरुजी गोलवलकर के विचारों का संकलन है, जो उन्होंने 1940 से 1964 तक अलग-अलग मौक़ों पर और उस हालात में ज़ाहिर किए थे। इसमें 1964 के बाद से 1973 तक दिए गए व्याख्यान शामिल नहीं हैं।

मौजूदा सरसंघचालक भागवत 'बंच ऑफ़ थॉट्स' का ज़िक्र करते हुए कहते हैं कि कुछ बातें, जो बोली जाती हैं, वे परिस्थिति विशेष, प्रसंग-विशेष के संबंध में बोली जाती हैं। वे शाश्वत नहीं रहती हैं। गुरुजी के जो शाश्वत विचार हैं, उनका एक संकलन प्रकाशित हुआ है—'श्री गुरुजी-विज़न एंड मिशन'। उसमें तात्कालिक संदर्भ से आने वाली सारी बातें हटाकर हमने उनके केवल सर्वकालिक उपयुक्त विचार रखे हैं। अक्सर 'बंच ऑफ़ थॉट्स' के 'आंतरिक चुनौतियां-ईसाई, मुस्लिम और कम्युनिस्ट' नाम के अध्याय का उल्लेख किया जाता है। आज के संदर्भ में इसकी व्याख्या 'सुनियोजित ईसाई कन्वर्ज़न', 'जिहादी इस्लामी कट्टरवाद' और 'नक्सलवाद या माओवाद' के रूप में होनी चाहिए। ये सभी गतिविधियां भारत के अस्तित्व के लिए एक ख़तरा हैं। सभी ईसाई नहीं, लेकिन कुछ चर्च और मिशनरी सुनियोजित कन्वर्ज़न को अंजाम दे रहे हैं और वे ईसाइयत के नाम पर ईसाई समुदाय के कुछ सदस्यों का छिपा समर्थन पाने में सफल भी रहे हैं। यही कारण है कि 1967 में कांग्रेस शासन के दौरान मध्य प्रदेश और ओडिशा में पहला कन्वर्ज़न विरोधी क़ानून लागू किया गया, जिसके तहत बल, धोखाधड़ी या पैसे के लालच के दम पर कन्वर्ज़न को ग़ैर-क़ानूनी ठहराया गया। चर्च और मिशनरियों ने इसका कड़ा विरोध किया था। इसी तरह, भारत में सभी मुसलमान नहीं, लेकिन कुछ मुस्लिम संगठन इस्लाम के नाम पर जिहादी कट्टरपंथ का प्रचार और प्रसार करने में शामिल हैं और वे मज़हब के नाम पर मुस्लिम समुदाय के कुछ लोगों से समर्थन प्राप्त करने में सफल हो जाते हैं।

सावरकर के हिन्दुत्व को लेकर लेखक नीलांजन मुखोपाध्याय कहते हैं, "सावरकर पैराडॉक्स हैं, विरोधाभासी हैं। उनकी किताब है 'हिन्दुत्व'। हेडगेवार ने उनसे प्रेरणा लेकर आरएसएस बनाया, लेकिन संघ उस रास्ते पर नहीं चला। आरएसएस सावरकर के हिन्दुत्व की परिभाषा को स्वीकार नहीं करता, लेकिन बीजेपी सावरकर को बहुत महत्व देती है। अटल बिहारी वाजपेयी से लेकर मोदी सरकार तक सावरकर को राष्ट्रीय सम्मान देने पर ज़ोर रहा है। वाजपेयी की सरकार के वक़्त सावरकर को भारत-रत्न देने की सिफ़ारिश की गई, लेकिन तब के राष्ट्रपति के. आर. नारायणन ने उस सिफ़ारिश को नहीं माना और सावरकर को भारत-रत्न नहीं मिल पाया।"

24 जनवरी, 1948 को अलीगढ़ मुस्लिम विश्वविद्यालय के दीक्षान्त समारोह के भाषण में प्रधानमंत्री नेहरू ने कहा, "आप मुसलमान हो, मैं हिन्दू हूं। आपके और मेरे पूर्वज एक हैं, हेरिटेज एक है, बस रिलीजन बदल गया है। ठंडे दिमाग़ से सोचिए, यह ज़मीन जितनी मेरी है, उतनी आपकी।"[2]

संघ विचारक के. एन. गोविन्दाचार्य स्मृतियों के धुंधलके को साफ करते हुए बताते हैं कि 1966 में जब कुंभ मेले का आयोजन हुआ, उससे पहले 1964 में विश्व हिन्दू परिषद की स्थापना हुई थी। उस वक़्त विश्व हिन्दू परिषद ने दो बातों पर ज़ोर दिया। पहला, भारत में जन्मे सभी संप्रदायों के लोग एक मंच पर आएं और पूरे समाज को लेकर विचार करें। परिषद के संस्थापक गुरु गोलवलकर की यही इच्छा थी। इस बारे में गुरुजी ने सभी से संपर्क किया। वे करपात्री महाराज से भी मिले। गोविन्दाचार्य कहते हैं कि मेरी जानकारी के मुताबिक़ करपात्री जी ने गुरुजी से पूछा कि धर्म क्या है? इसके जवाब में गुरुजी ने कहा था—'धर्म क्या है? यह बताना तो आपका काम है। इसकी व्याख्या तो आप ही कर सकते हैं। हां, आप जो व्याख्या करेंगे, उस दिशा में आगे बढ़ने और समाज को जागृत करने की पूरी कोशिश मैं करूंगा।' इस तरह जिस प्रकार भगवान श्रीकृष्ण ने जूठी पत्तलों को उठाने का काम किया था, ठीक वैसे ही 1966 के कुम्भ में गुरुजी सक्रिय थे। वहां वे आगे बढ़कर पथ-प्रदर्शक का काम कर रहे थे। वहां गुरुजी ने कहा था—हिन्दू समाज को मज़बूत करना, हिन्दू जीवन-दर्शन और अध्यात्म की रक्षा, उसका संवर्धन और प्रचार, विदेशों में रहने वाले हिन्दुओं से तालमेल, हिन्दू और हिन्दुत्व की रक्षा के लिए उन्हें संगठित करना और उनकी मदद करना हमारा लक्ष्य होना चाहिए।

हिन्दवः सोदराः सर्वे, न हिन्दूः पतितो भवेत।
मम दीक्षा हिन्दू रक्षा, मम मंत्र समानता।।

यानी सभी हिन्दू भाई हैं। कोई पतित नहीं है। हिन्दुओं की रक्षा मेरी दीक्षा है और समानता ही मेरा मंत्र है। उनका मानना था कि धर्मो रक्षति रक्षितः यानी जो धर्म की रक्षा करता है, धर्म उसकी रक्षा करता है।

आरएसएस की जब 1925 में शुरुआत हुई तो उस समय देश ग़ुलाम था। तब संघ का उद्देश्य 'हिन्दू राष्ट्र को स्वतंत्र' करना था, लेकिन जब देश आज़ाद हो गया तो उसके बाद हिन्दू राष्ट्र और हिन्दू धर्म के विकास के काम में संघ लग गया। संघ के स्वयंसेवक हर दिन जो प्रतिज्ञा करते हैं, उसमें हिन्दू धर्म, संस्कृति और राष्ट्र के विकास को लेकर ही संकल्प करते हैं। इस प्रतिज्ञा में स्वयंसेवक संकल्प लेता है कि, "सर्वशक्तिमान् श्री परमेश्वर तथा अपने पूर्वजों का स्मरण कर मैं प्रतिज्ञा करता हूं कि अपने पवित्र हिन्दू धर्म, हिन्दू संस्कृति तथा हिन्दू समाज का संरक्षण कर हिन्दू राष्ट्र की सर्वांगीण उन्नति करने के लिए मैं राष्ट्रीय स्वयंसेवक संघ का

2. https://www.dnaindia.com/analysis/column-how-hindu-was-pandit-nehru-2772029

घटक बना हूं। संघ का कार्य मैं प्रामाणिकता से, निस्वार्थ बुद्धि से तथा तन, मन, धनपूर्वक करूंगा और इस व्रत का मैं आजन्म पालन करूंगा।"

संघ का मानना है कि इतिहास और पुरातत्व के आधार पर कम से कम आठ हज़ार साल से तो यह एक राष्ट्र के रूप में मौजूद है ही। यह 'नया राष्ट्र' या 'बन रहा राष्ट्र' नहीं है। भारत एक प्राचीन राष्ट्र है, यहां धर्म, जाति और राष्ट्रीयता की दृष्टि से एक जन रहते हैं। यह अनेक राष्ट्रों का समूह यानी उपमहाद्वीप भी नहीं है, बल्कि उत्तर से दक्षिण एक राष्ट्र है।

"उत्तरं यत्समुद्रस्य हिमाद्रेश्चैव दक्षिणम्।
वर्ष तद्भारतं नाम भारती यत्र सन्ततिः।।"[3]

संघ मानता है कि भारत हिन्दू राष्ट्र है और इस राष्ट्र को बनाने वाले व इसको पहचान देने वाले हिन्दू ही हैं। यहां का धर्म, संस्कृति और समाज हिन्दू नाम से परिचित है। दर्शन, जीवनपद्धति भी हिन्दू है। भारत हमारे लिए भूखंड मात्र नहीं, अपितु आराध्य देव है। नदियों, पर्वतों, पेड़-पौधों, पशुओं आदि की ओर देखने का हिन्दू समाज का समान दृष्टिकोण, पवित्र व पूज्य है।

"हिमालयं समारभ्य यावदिन्दु सरोवरम्।
तं देव निर्मितं देशं हिन्दुस्थानं प्रच्यते।।"[4]

हिन्दुत्व और भारतीयता पर हर मनीषी ने अपने विचार रखे हैं और हर विचार महत्वपूर्ण है। गुरुदेव रवींद्रनाथ ठाकुर ने अपनी पुस्तक 'स्वदेशी समाज' में लिखा है, 'विविधता में एकता का अहसास, विविधता में एकता की स्थापना—यही भारत में धर्म की मूल अवधारणा रही है। भारतीय आत्मा भिन्न विचार को अपना विरोधी नहीं मानती, वह अन्य लोगों को अपना शत्रु नहीं कहती। इसीलिए वह सभी मार्गों को अपनाती है और उन सबकी महानता को उनके अपने आलोक में परखती है।'

गुरुदेव लिखते हैं, 'भारत के इस गुण के कारण हमें किसी अन्य समाज को अपना विरोधी नहीं मानना चाहिए। हिन्दू, बौद्ध, मुस्लिम एवं ईसाई एक बिंदु पर आ मिलेंगे। यह बिंदु अ-हिन्दू नहीं बल्कि विशेष तौर पर हिन्दू होगा। इसके अंग कितने भी विदेशी क्यों न हों, इसका जीवन और आत्मा भारत की ही रहेगी।'

महात्मा गांधी कहते थे, सत्य का नाम हिन्दुत्व है। वही जो हिन्दुत्व के बारे में गांधी ने कहा है, जो विवेकानंद ने कहा है, जो सुभाष बाबू ने कहा है, जो कविवर रविन्द्रनाथ ने कहा है, जो डॉ. आंबेडकर ने कहा है, हिन्दू समाज के बारे में नहीं, हिन्दुत्व के बारे में। वही हिन्दुत्व है। लेकिन उसकी अभिव्यक्ति कब और कैसे

3. विष्णु पुराण 2-3-01
4. बार्हस्पत्य शास्त्र, बृहस्पति अज्ञम, ऋग्वेद

होगी, यह तो व्यक्ति और परिस्थिति पर निर्भर करता है। मर्यादा पुरुषोत्तम राम के समय हिन्दू शब्द नहीं था, लेकिन जो हिन्दुत्व है, वही है। सब मर्यादाएं तोड़नेवाले कृष्ण उसी हिन्दुत्व के आधार पर जी रहे थे। शिवाजी महाराज ने मिर्जा राजा का सम्मान रखा। वे भी हिन्दुत्व का आचरण कर रहे थे। इसलिए हिन्दुत्व एक ही है। किसी के देखने के नज़रिए से हिन्दुत्व का प्रकार अलग नहीं कर सकते।

स्वामी विवेकानंद ने कहा था कि धर्म का मर्म सिद्धांतों में नहीं, व्यवहार में है। शुभ होना और शुभ करना ही धर्म का पूर्ण सार है। हिन्दुत्व के लिए हमारी धर्म परंपरा और सिद्धांत व्यवहार के योग्य नहीं हैं क्योंकि वे हमें इस्लामी विदेशी हमलावरों और अंग्रेज़ों की ग़ुलामी से नहीं बचा सके। हिन्दुत्व का संदेश है कि उदार, सहिष्णु, अहिंसक और सर्वग्राही होने का कोई लाभ नहीं क्योंकि इससे हम कायर होकर पराजित हुए हैं। अपनी पराजय का बदला हम तभी ले सकते हैं जब कायरता लाने वाली सहिष्णुता, उदारता, सर्वग्राहिता और अहिंसा को तिलांजलि दें। हिन्दू के नाते संगठित हों और सैन्यबल इकट्ठा करें कि सारी दुनिया में हमारी ताक़त की तूती बोले।

महाराष्ट्र में पुणे को बुद्धिजीवियों का गढ़ माना जाता है। डॉ. हेडगेवार एक बार पुणे में बुद्धिजीवियों के साथ बैठक कर रहे थे, जिसमें हिन्दुत्व को लेकर गर्मागर्म बहस हो रही थी। इस बैठक में किसी बुद्धिजीवी ने ज़ोर से कहा कि कौन मूर्ख कहता है कि यह हिन्दू राष्ट्र है। तब डॉ. हेडगेवार ने भी उसी स्वर में ज़ोर देकर कहा कि मैं कहता हूं कि यहां जब तक एक भी हिन्दू जीवित रहेगा, तब तक यह हिन्दू राष्ट्र है।

भागवत ने यह भी कहा कि कट्टर हिन्दू का अर्थ है—अत्यंत उदार हिन्दू। वह हिन्दू जो सत्य, अहिंसा और विविधता में विश्वास करता है। हिन्दू शब्द हमें ईरानियों, पठानों और अरबों ने दिया है। इस विदेशी शब्द का शाब्दिक अर्थ यही है कि सिंधु नदी के इस पार रहनेवाले सब लोग हिन्दू ही हैं। यदि इस बात को हम मान लें तो फिर अपने और पराए का भेदभाव अपने-आप खत्म हो जाता है। भारतीयों का अपने लिए अपना शब्द तो 'आर्य' है। यदि हम इसे मानें तो हमारा दायरा काफी लंबा-चौड़ा हो जाता है। तब ईरान, अफ़ग़ानिस्तान और पाकिस्तान भी अपने हो जाते हैं। दक्षिण एशिया के अन्य देश तो उसमें हैं ही। यदि हम किसी भी भारतीय नागरिक पर यह व्यापक नामकरण लागू करें तो उसकी पहचान में से मज़हब, जाति, भाषा, पहनावा, खान-पान आदि सब गौण हो जाता है। कुल मिलाकर यह समग्र विविधता ही उसकी पहचान बन जाती है।

भागवत कहते हैं कि हम हिन्दू के नाते किसी को अपना दुश्मन नहीं मानते। किसी को पराया नहीं मानते। लेकिन उस हिन्दुत्व की रक्षा के लिए हिन्दू धर्म, हिन्दू

संस्कृति, हिन्दू समाज का संरक्षण हमको करना ही पड़ेगा। अब संरक्षण करने में समझाना भी पड़ता है। लड़ना पड़ेगा, तो लड़ेंगे भी। हमारा लड़ना हिन्दुत्व नहीं है। हमारा समझाना हिन्दुत्व नहीं है। जिन बातों को लेकर हम चल रहे हैं उसके आधार पर अनुमान करके निर्णय करते हैं। वह मूल ही होता है। एक ही है, सर्वत्र एक ही है। इसलिए मैंने कहा कि हिन्दू अब कट्टर बनेगा। इसका मतलब है हिन्दू अधिक उदार बनेगा। हिन्दू कट्टर बनेगा का मतलब ऐसे है कि महात्मा गांधी कट्टर हिन्दू थे और उन्होंने हरिजन में कहा भी है, मैं कट्टर सनातनी हिन्दू हूं। उन्होंने उसी अर्थ में कहा कि आप मुझे क्या कह रहे हो, मैं तो हिन्दुत्व का पूरा पालन कर रहा हूं। अब हिन्दुत्व में हिन्दुत्व का कैसा पालन करना, वह तो व्यक्तिगत निर्णय है। हिन्दुत्व में फर्क नहीं होता।

राष्ट्रवाद और धर्मनिरपेक्षवाद पर बहस को लेकर गोविन्दाचार्य मानते हैं कि ये दोनों ही शब्द यूरोप से उपजे हैं और भारतीय संदर्भ में इनकी व्याख्या करना ही ग़लत है। नेशन स्टेट का विचार और राष्ट्रवाद जैसे शब्द भौतिकता से प्रेरित थे। वहां चर्च और राज्य में जब बहस हुई तो भौतिक आयाम राज्य को दे दिया। हमारे यहां भी आज़ादी के आंदोलन के दौरान बहुत से नेता यूरोप में पढ़े-बढ़े तो उन पर इस विचार का असर हुआ, लेकिन यह विचार भारत के राष्ट्रवाद की कल्पना से अलग है। भारत की संस्कृति में अपनत्व की कल्पना है। यहां माना जाता है तुम भी ठीक, हम भी ठीक। सर्वे भवन्तु सुखिन: की बात होती है, आप इसे चाहें तो आध्यात्मिक राष्ट्रवाद कह सकते हैं।

लेखक और वरिष्ठ पत्रकार आशुतोष कहते हैं कि दरअसल आरएसएस हिन्दू धर्म को एक 'कल्ट' में बदलना चाहता है। हिन्दू धर्म निर्बाध है, नैसर्गिक है, सतत है, स्वाभाविक है, उसे वह एक सोच में बांध देना चाहता है। संघ चाहता है कि हिन्दू एक ऐसा धर्म बने, जिसकी एक किताब हो, जिसका एक भगवान हो, जो एक तरह से सोचे और एक तरह से ही व्यवहार करे। खान-पान भी एक हो और वस्त्र-व्यवहार भी एक हो यानी वह एकरूपी हो। जबकि हिन्दू धर्म की खूबसूरती उसकी अनेकता में है। वह शिव का भी उपासक है और विष्णु का भी, वह कृष्ण भी है और राधा भी।

एक कार्यक्रम के दौरान डॉ. मनमोहन वैद्य से पूछा गया कि 'हिन्दुइज्म और हिन्दुत्व में क्या अंतर है?' उन्होंने कहा, "दोनों एक ही तो हैं। एक अंग्रेज़ी है, दूसरा हिंदी है। इसमें उतना ही फर्क है जितना गुलाब और रोज में है। डॉ. राधाकृष्णन की पुस्तक 'हिन्दू व्यू ऑफ़ लाइफ़' अंग्रेज़ी में है इसलिए उन्होंने 'हिन्दुइज्म' का प्रयोग किया। उनकी किताब यदि हिंदी में होती तो वे 'हिन्दुत्व' का प्रयोग करते। सावरकर अपनी पुस्तक 'हिन्दुत्व' मराठी के बदले यदि अंग्रेज़ी में लिखते तो शायद 'हिन्दुइज्म' का ही प्रयोग करते। मेरा व्यक्तिगत रूप से मानना है कि हिन्दुत्व का सही अंग्रेज़ी अनुवाद 'हिन्दुइज्म' न हो कर हिन्दूनेस (हिन्दूपन) होना चाहिए।"

1968 में संसद में अपने भाषण में अटल जी ने छूआछूत को लेकर बड़ी गंभीर चर्चा की। अटल जी ने वहां जो कहा, वह कहना आम नेताओं के बस की बात नहीं लगती। पटना में हिन्दू धर्म को लेकर एक कार्यक्रम था जिसमें डॉ. कर्ण सिंह अतिथि थे। वहां छूआछूत को लेकर बात उठी तो संसद में वाजपेयी ने उस कार्यक्रम का उल्लेख करते हुए कहा, "हम इस बात को मानने के लिए तैयार नहीं है कि छूआछूत हिन्दू धर्म का हिस्सा है। छूआछूत एक पाप है, अभिशाप है, अस्पृश्यता एक कलंक है। जब तक यह कलंक हमारे माथे से नहीं मिटेगा, हम दुनिया के सामने सिर ऊंचा करके नहीं खड़े हो सकते और मैं नहीं समझता कि हिन्दू शास्त्र कहते हैं कि अस्पृश्यता चलनी चाहिए।"

वाजपेयी ने कहा, "अगर शास्त्रों की कोई ऐसी व्याख्या हुई है तो वह ग़लत व्याख्या हुई है और हम उसे मानने के लिए तैयार नहीं हैं। मैं एक कदम और आगे जाकर यह कहने के लिए तैयार हूं कि कल अगर परमात्मा भी आ जाए और कहे कि छूआछूत मानो, तो मैं ऐसे परमात्मा को भी मानने के लिए तैयार नहीं हूं। मगर परमात्मा ऐसा नहीं कर सकता और जो परमात्मा के भक्त बनते हैं, उनको भी ऐसी बात नहीं करनी चाहिए।"

अहम सवाल यह है कि क्या हिन्दुत्व को जातियों ने पूरी तरह से बांट नहीं दिया है और उसकी अलग से पहचान ही मुश्किल हो गई है? डॉ. आंबेडकर ने कहा था कि जातियों के बिना हिन्दुत्व कुछ भी नहीं हैं, हिन्दू तभी एक होता है, जब उसे मुसलमान का विरोध करना होता है। यह सच है कि आरएसएस हमेशा से जाति-प्रथा को तोड़ने के पक्ष में रहा है। संघ की शाखाओं और उसके कार्यक्रमों में जाति को लेकर कोई भेद नहीं होता, बल्कि संघ के शिविर में भी इस बात की पहचान नहीं की जा सकती कि कौन किस जाति का है, वहां हरेक के साथ बराबरी का बर्ताव होता है।

गोविन्दाचार्य बताते हैं कि 1984 में प्रोफेसर यशंवत राव केलकर कहते थे कि संघ और उसके संगठनों के सामने दो बड़ी चुनौतियां हैं—1) वैचारिक और 2) कार्य पद्धति। वैचारिक के माने, संघ के किसी भी कार्यकर्ता के लिए यह प्रतिज्ञा लेना ज़रूरी है कि 'मैं अपने पवित्र हिन्दू धर्म, हिन्दू संस्कृति, हिन्दू समाज का संरक्षण और हिन्दू राष्ट्र की सर्वांगीण उन्नति के लिए स्वयंसेवक बना हूं।' लेकिन इस मसले पर कम से कम जिलास्तर के कार्यकर्ताओं में तो स्पष्टता और एकवाचता होनी चाहिए, अन्यथा इससे संघ परिवार के बहुत से संगठनों में भ्रम पैदा होगा। हिन्दू और हिन्दुत्व की इतनी छटा है, इतने स्पैक्ट्रम हैं कि उनमें 180 डिग्री तक उलट होने का ख़तरा है, लेकिन संघ परिवार में कोई स्पष्टता नहीं है।

गोविन्दाचार्य सवाल करते हैं कि आज संघ का नेतृत्व कहता है कि भारत में रहनेवाले सब हिन्दू हैं, तो फिर घुसपैठ क्या है? इस बात का मतलब क्या है कि हिन्दुओं की संख्या कम हो रही है? फिर अखंड भारत में रहने वाले हिन्दू क्यों नहीं

हैं और हिन्दू धर्म खतरे में कैसे है? गोविन्दाचार्य समझाते हैं कि इसीलिए स्पष्टता ज़रूरी है, समाज खतरे में हो सकता है लेकिन हिन्दू संस्कृति या धर्म खतरे में नहीं होगा। यह वैचारिक अंतर्द्वन्द्व है। इसके अलावा कार्यपद्धति के स्तर पर भी विभेद है। संघ परिवार की विचारधारा और इसके आनुषांगिक संगठनों के अंतर संबंधों का व्याकरण अलग-अलग है। स्वावलंबन सहपूर्णता और समन्वय सहयोग, संबंधों का आधार होना चाहिए। इनमें स्पष्टता होनी चाहिए और एकवाचता होनी चाहिए, लेकिन इस पर कभी प्रशिक्षण ही नहीं हुआ।

आंबेडकर के हिन्दू विरोध का कारण सिर्फ़ हिन्दुओं की मुसलमानों को लेकर नफरत तक ही सीमित नहीं था बल्कि वह हिन्दू राष्ट्र को मुसलमानों की तुलना में हिन्दुओं के लिए ज़्यादा खतरनाक मानते थे। वे उसे दलितों और महिलाओं के ख़िलाफ़ मानते थे। इसे तोड़ने के लिए ही उन्होंने संविधान सभा के सामने 11 अप्रैल, 1947 को हिन्दू कोड बिल पेश किया।

आज़ादी से पहले तक हिन्दू समाज में पुरुष और महिलाओं को तलाक़ का अधिकार नहीं था। पुरुषों को एक से ज़्यादा शादी करने की आज़ादी थी, लेकिन विधवा महिला दोबारा शादी नहीं कर सकती थी, उन्हें संपत्ति से भी अलग रखा गया था। हिन्दू कोड बिल में मरने वाले पुरुष की पत्नी, बेटी और बेटे को उसकी जायदाद में बराबरी का अधिकार दिया गया। बिना वसीयत के मर जाने वाले हिन्दू पुरुषों और महिलाओं की जायदाद के बंटवारे के बारे में प्रस्ताव रखे गए थे। इसके अलावा बेटियों को उनके पिता की जायदाद में अपने भाइयों से आधा हिस्सा मिलता। यह बिल दो तरह से विवाहों को मान्यता देता था—सिविल और सांस्कारिक। बिल में हिन्दू पुरुषों के एक से ज़्यादा महिलाओं से शादी करने पर पाबंदी और तलाक़ से जुड़े प्रावधान रखे गए थे। हिन्दू महिलाओं को तलाक़ का अधिकार दिया जा रहा था। यह बिल हिन्दू धर्म को ऐसी कुरीतियों से दूर कर रहा था जिन्हें कुछ कट्टरपंथी लोग परंपरा के नाम पर बरकरार रखना चाहते थे। इसको लेकर काफी विरोध भी हुआ। इस वजह से बिल को 9 अप्रैल, 1948 को सलेक्ट कमेटी के पास भेज दिया गया।

1951 में जब आंबेडकर ने बिल को संसद में रखा तो सड़क से संसद तक विरोध के स्वर सुनाई देने लगे। सनातनी हिन्दू से लेकर आर्यसमाजी तक हर कोई इसके ख़िलाफ़ खड़ा दिखाई दिया। इस पर संसद में तीन दिन तक बहस चली, हालांकि तब तक पहले लोकसभा चुनाव नहीं हुए थे, संसद में बैठे लोग जनता की सीधी नुमाइंदगी नहीं कर रहे थे। इसलिए उन्होंने कहा कि इतने अहम बिल को पास करने का नैतिक अधिकार उनके पास नहीं है। इसके साथ इस बात को लेकर भी नाराज़गी थी कि सिर्फ़ हिन्दुओं के लिए ही नया क़ानून क्यों, दूसरे धर्मों में भी एक से ज़्यादा शादियों की इजाज़त है। तो नया क़ानून सबके लिए बराबर होना चाहिए यानी समान नागरिक संहिता।

संसद में जनसंघ और कांग्रेस में हिन्दूवादी खेमा इस बिल का विरोध कर रहा था तो संसद के बाहर राष्ट्रीय स्वयंसेवक संघ, हिन्दू महासभा और दूसरे हिन्दूवादी संगठन इसके ख़िलाफ़ खड़े दिखाई दे रहे थे। बहुत से संगठनों ने सड़क पर प्रदर्शन किए और रैलियां भी निकालीं। अखिल भारतीय रामराज्य परिषद की स्थापना करने वाले हरिहरानंद सरस्वती उर्फ़ करपात्री महाराज इसे हिन्दू धर्म में दख़ल बता रहे थे। उनका मानना था कि यह बिल हिन्दू रीति-रिवाजों, परंपराओं और धर्मशास्त्रों के ख़िलाफ़ है। करपात्री महाराज ने इस बिल पर नेहरू को सार्वजनिक तौर पर वाद-विवाद करने की चुनौती दी थी। माना जाता है कि नेहरू इस बिल के पक्ष में तो थे, लेकिन पहले आम चुनावों को ध्यान में रखते हुए उन्होंने इसे टाल दिया।

आंबेडकर का कहना था कि मुझे भारतीय संविधान के निर्माण से ज़्यादा दिलचस्पी और खुशी हिन्दू कोड बिल पास कराने में होगी, लेकिन यह बिल उस वक़्त पास नहीं हो सका तो आंबेडकर ने इस बिल और कुछ दूसरे मसलों पर क़ानून मंत्री के पद से इस्तीफ़ा दे दिया। बाद में, प्रधानमंत्री नेहरू ने हिन्दू कोड बिल को कई हिस्सों में तोड़ दिया और 1955 में पहले हिन्दू मैरिज एक्ट बनाया गया। इसमें तलाक़ को क़ानूनी दर्जा देने के साथ, एक से ज़्यादा शादी को ग़ैर-क़ानूनी बनाना और स्त्री-पुरुष दोनों को अंतरजातीय विवाह का अधिकार देना शामिल था। फिर अगले साल, 1956 में हिन्दू उत्तराधिकार अधिनियम, हिन्दू अवयस्कता और संरक्षकता अधिनियम के साथ-साथ हिन्दू दत्तक और पोषण अधिनियम लागू हुए। पहली बार महिलाओं को संपत्ति में अधिकार मिला। इन सब क़ानूनों से महिलाओं को समाज में बराबरी का दर्जा देने की कोशिश की गई।

वरिष्ठ पत्रकार रामबहादुर राय संघ और इमरजेंसी की चर्चा शुरू करते हुए कहते हैं कि उस वक़्त एक सुझाव आया था कि संघ की शाखा को ग़ैर-हिन्दुओं के लिए भी खोलना चाहिए। इसमें हिन्दू के बजाय भारतीय शब्द का इस्तेमाल किया जाना चाहिए, इससे संघ की स्वीकार्यता बढ़ेगी। बालासाहब देवरस इस पर सहमत थे, लेकिन दूसरे लोगों ने इस पर आपत्ति जताई तो फ़ैसला नहीं हो सका। अब मोहन भागवत ने कहा कि हम चाहें न चाहें, संघ इसे अपने एजेंडा में शामिल कर चुका है। हिन्दू शब्द व्यापक अर्थों में ग्रहण नहीं किया जा रहा।

लेखक बनवारी जी के मुताबिक़, भारत का कोई सांस्कृतिक नक्शा बनाया जाए तो अपने इन देवताओं के जरिए हम उसकी एक संपूर्ण और संगठित तस्वीर बना सकते हैं। शिव अभय के देवता हैं और हिमालय के पूरे विस्तार में उन्हीं की कहानियां चारों तरफ़ मिलेंगी। हिमालय के अलावा भी सभी सीमावर्ती इलाक़ों पर शिव का पहरा है। वही हमारे मुख्य धर्मपीठों में प्रतिष्ठित हैं और यह धर्मपीठ उत्तर में काशी है तो दक्षिण में कांची। इसी तरह राम मर्यादा के प्रतीक हैं और उनकी कहानियों से भारत उत्तर से दक्षिण तक जुड़ा है। कृष्ण रस के प्रतीक हैं और उनकी

लीलास्थली वृन्दावन है। वे पूरब से पश्चिम तक अपनी कहानियों और प्रसंगों से देश को जोड़े हुए हैं।

समाज को चलाने के लिए और व्यक्तिगत जीवन को नियमित करने के लिए जिन गुणों और तत्वों की ज़रूरत है, अपने देवताओं और महापुरुषों को हमने उन्हीं का प्रतीक बना लिया है। शिव अभय के प्रतीक हैं, राम मर्यादा के, कृष्ण प्रेम के, बुद्ध करुणा के और महावीर तप के। इनसे जुड़े व्रतों, अनुष्ठानों और उत्सवों में हम अपने उन्हीं गुणों की रक्षा करते हैं और इन्हीं सत्वों की साधना करते हैं। इसके अलावा भी बहुत से देवता और महापुरुष हैं जो हमारे विभिन्न सांस्कृतिक क्षेत्रों की ऐसी ही साधना के आधार बने हुए हैं। सत्य तो इनके केंद्र में है। आनंद हमारे लिए तभी आनंद हो सकता है जब वह सत्य से संपन्न हो, इसलिए हमारे व्रत और अनुष्ठान भी कर्मकांड नहीं होते।

देश की सबसे बड़ी अदालत ने भी हिन्दुत्व की व्याख्या की है। हिन्दुत्व पर सुप्रीम कोर्ट की टिप्पणी है कि यह कोई मत, मज़हब या उपासना विधि नहीं, बल्कि 'वे ऑफ़ लाइफ़' यानी ज़िंदगी जीने का तरीक़ा है। लोगों की जीवनपद्धति सुधारने के लिए यदि यह रास्ता उचित है तो उसे अपनाने में कोई दिक्कत नहीं होनी चाहिए। 1995 में सुप्रीम कोर्ट के मुख्य न्यायाधीश जस्टिस जे. एस. वर्मा की अध्यक्षता में तीन जजों की बेंच ने बॉम्बे हाईकोर्ट के उस फ़ैसले को उलट दिया था जिसमें महाराष्ट्र के विधायकों के चुनाव को इसलिए रद्द कर दिया, क्योंकि उन्होंने चुनाव प्रचार के दौरान 'हिन्दुत्व' शब्द का इस्तेमाल किया था।

सुप्रीम कोर्ट ने हिन्दुत्व को 'वे ऑफ़ लाइफ़ या स्टेट ऑफ़ माइंड' कहा था। अदालत ने शिवसेना नेता मनोहर जोशी के इस बयान को कि "पहला हिन्दू राज्य महाराष्ट्र में बना था" को, चुनाव क़ानून के तहत अवैध नहीं माना। सुप्रीम कोर्ट के फ़ैसले की कई मानवाधिकार कार्यकर्ताओं, क़ानून के जानकारों और बहुत से राजनीतिक दलों ने आलोचना भी की थी, लेकिन इसके बाद से संघ परिवार सुप्रीम कोर्ट के फ़ैसले का ज़रूरत पड़ने पर इस्तेमाल करता रहा है।[5]

सुप्रीम कोर्ट में जस्टिस जगदीश चन्द्र वर्मा के इस फ़ैसले पर क़रीब एक साल बाद तीन जजों की एक बेंच ने अपनी असहमति ज़ाहिर की और इसे पांच जजों की बेंच को सौंपने की बात की। इसी तरह का एक मामला मध्य प्रदेश में बीजेपी नेता सुन्दर लाल पटवा का था, तो 2002 में पांच जजों की बेंच ने इसकी सुनवाई करते हुए इसे सात जजों की बेंच को सौंपने का आग्रह किया। तब मुख्य न्यायाधीश टी. एस. ठाकुर की अध्यक्षता में सुनवाई शुरू हुई और बेंच ने 25 अक्टूबर, 2016 को

---

5. http://www.hindustantimes.com/india-news/is-hinduism-a-way-of-life-or-just-a-religion-sc-to-re-examine-today/story-ZDU95tarD5kGnWzgfgJELL.html

कहा कि सुप्रीम कोर्ट के 1995 के फ़ैसले पर फिर से विचार करने की ज़रूरत नहीं लगती, लेकिन हिन्दुत्व पर फिर से राजनीतिक बहस शुरू हो गई।[6]

हिन्दू धर्म में बात भले ही हमेशा सहिष्णुता की होती रहती है, लेकिन हकीकत में समाज का एक वर्ग बहुत उत्साही या गर्ममिज़ाज का होता है जिसे अपने धर्म या उससे जुड़े किसी पहलू की आलोचना बर्दाश्त नहीं होती। बाबरी मस्जिद ढहाए जाने के बाद जनसत्ता के प्रधान संपादक प्रभाष जोशी ने उस पर काफी कुछ लिखा तो बहुत से लोगों ने उन पर हमला किया, किसी ने उन्हें मुल्ला कहा तो किसी ने जयचंद, मीर जाफर कहा। कुछ ने तो उन्हें मारे जाने का फ़रमान सुनाने की मांग भी कर डाली। इस सबके बाद प्रभाष जोशी ने कहा कि मैं हिन्दू हूं और आत्मा के अमरत्व में विश्वास करता हूं। मेरा धर्म ही मुझे शक्ति देता है कि मैं अधर्म से निपट सकूं। प्रतिक्रिया और प्रतिशोध की कायर हिंसा के बल पर नहीं, अपनी आस्था, अपने विचार, अपनी अहिंसा और अपने धर्म की अक्षुण्ण शक्ति पर। हिन्दू होना अपने और अपने भगवान के बीच सीधा संबंध रखना है। मुझे किसी पोप, आर्चबिशप या फादर के जरिए उस तक नहीं पहुंचना है। मुझे किसी मुल्ला या मौलवी का फतवा नहीं लेना है। मैं किसी महंत या शंकराचार्य के अधीन नहीं हूं। मेरा धर्म मुझे पूरी स्वतंत्रता देता है कि मैं अपना आराध्य, अपनी पूजा या साधना-पद्धति और अपनी जीवनशैली, अपनी आस्था के अनुसार चुन और तय कर सकूं। ज़रूरी नहीं है कि चोटी रखूं, जनेऊ पहनूं, धोती-कुर्ता या अंगवस्त्र धारण करूं, दैनिक संध्या वंदन करूं या सुबह-शाम मंदिर जाऊं, पूजा करूं या तीर्थों में जाकर पवित्र नदियों में स्नान करूं। यह धार्मिक स्वतंत्रता ही मुझे पंथनिरपेक्ष और लोकतांत्रिक होने का जन्मजात संस्कार देती है। इससे बेहतर तरीक़े से हिन्दू धर्म के खुलेपन को नहीं समझा जा सकता।

'हिन्दू होने का धर्म' लेख में हिन्दू धर्म को समझाते हुए प्रभाष जोशी लिखते हैं कि हिन्दू धर्म का दर्शन मुझे हर परिस्थिति का खुलकर सामना करने और अपना समाधान ख़ुद निकालने की आज़ादी और क्षमता देता है। दूसरे धर्म जो बंधन लगाते हैं वैसा कोई बंधन मेरा धर्म नहीं लगाता। मेरा धर्म मुझे काल और परिस्थिति के दबाव से भी मुक्त करता है क्योंकि काल को वो सदा घूमता चक्र और अनादि अनंत मानता है, क्योंकि वह आत्मा को अच्छेध्य, अक्लेध्य और अशोष्य मानता है क्योंकि आत्मा को वो नित्य, सर्वव्यापक, अविकारी, स्थिर और सनातन मानता है। मेरे लिए ज़रूरी नहीं कि वेदों में ही विश्वास करूं। अगर यह धर्म अनेकतावादी नहीं होता तो इसमें एक ही वेद होता, चार नहीं। मेरे लिए ज़रूरी नहीं कि मैं उपनिषदों को ही अपना ग्रंथ मान लूं। उपनिषद भी एक नहीं, एक सौ आठ हैं। महापुराण भी अठारह

6. http://www.dailymail.co.uk/indiahome/indianews/article-3872368/Hindutva-not-religion-way-life-state-mind-Supreme-Court-refuses-overturn-1995-judgement.html

हैं। गीता को भी बाइबिल, कुरान या गुरुग्रंथ साहिब की तरह अपने धर्म की पहली और अंतिम पुस्तक मानना अनिवार्य नहीं है। गीता महाभारत में है, और उसके कई श्लोक उपनिषदों में हैं। कई पुराण हैं। धर्मशास्त्र हैं। लेकिन इन सबको ताक पर रखकर सगुण या निर्गुण भक्ति की भी लंबी और अनंत जीवनदायी परंपरा है। भक्तों ने गुरु का होना अनिवार्य माना। लेकिन गुरु को सबकुछ मानने वाले कबीर ने भी कह दिया कि गुरु की करनी गुरु जाएगा, चेले की करनी चेला। यानी अंतिम गणित और घड़ी में गुरु भी आपको नहीं बचा सकता। इसलिए अंतिम सत्य तेरी करनी है।

धर्म को लेकर यदि बात संविधान की करें तो वहां बहुत साफ है, भारत के संविधान के अनुच्छेद 25 में सभी को अपनी पसंद का धर्म अपनाने और उस पर चलने की आज़ादी है, लेकिन बहुत से इलाक़ों में जब ज़बरदस्ती धर्म-परिवर्तन कराया जाने लगा, ख़ासतौर से पिछड़े और आदिवासी इलाक़ों में तो बहुत से राज्यों को इसे रोकने की ज़रूरत समझ आई और वे अपने राज्यों में क़ानून भी लेकर आए। इन राज्यों में कई ऐसे मामले सामने आए, जहां लालच देकर या जबरन धर्म-परिवर्तन करा कर हिन्दू से ईसाई बनाया गया था।

सबसे पहले 1967 में उड़ीसा में 'उड़ीसा फ़्रीडम ऑफ़ रिलीजन एक्ट' लाया गया। इसके बाद 1968 में मध्य प्रदेश में और 1978 में अरुणाचल प्रदेश में भी इसी तरह का क़ानून बनाया गया। तब ईसाई संगठनों का कहना था कि अपने धर्म का प्रचार करना ईसाइयत का प्रमुख काम है और इन क़ानूनों के ख़िलाफ़ वे हाईकोर्ट भी गए। बाद में, सुप्रीम कोर्ट ने साफ किया कि किसी के धर्म परिवर्तन को लेकर, उसे मूलभूत अधिकार नहीं माना जा सकता क्योंकि एक को मिलने वाली आज़ादी उतनी ही अहम है जितनी कि दूसरे को मिलने वाली आज़ादी।

उड़ीसा के बाद दूसरे राज्यों में भी जबरन धर्म-परिवर्तन को रोकने के लिए क़ानून बनाए गए। छत्तीसगढ़ में 2000 में और गुजरात में 2003 में जबरन धर्म-परिवर्तन को रोकने के लिए क़ानून लाया गया। फिर 2006 की जुलाई में मध्य प्रदेश सरकार ने क़ानून बनाकर धर्म-परिवर्तन से एक महीने पहले सरकार को इसकी जानकारी देना ज़रूरी बना दिया। ऐसा ही क़ानून बाद में छत्तीसगढ़ सरकार ने भी पारित कर दिया। यह मसला सिर्फ़ बीजेपी सरकारों का ही नहीं था, 2007 में हिमाचल प्रदेश की कांग्रेस सरकार ने और फिर 2008 में राजस्थान की सरकार ने बिल पास करके जबरन धर्म-परिवर्तन पर रोक लगा दी।

उत्तर प्रदेश के मुख्यमंत्री और गोरक्षनाथपीठ के महंत योगी आदित्यनाथ ने मुझसे कहा, "मैं मानता हूं कि 'धर्मनिरपेक्षता' या 'सेक्यूलरिज़्म' शब्द आज़ादी के बाद का सबसे बड़ा झूठ है, इससे कोई इंकार नहीं कर सकता। ख़ासतौर से धर्म को ठीक से समझने वाले लोग।" योगी मानते हैं कि "सेक्यूलरिज़्म शब्द से देश का बहुत नुक़सान हुआ है। धर्म, कर्तव्य, सदाचार और नैतिक मूल्यों का पर्याय है। व्यवस्था जब किसी मत, मजहब या संप्रदाय के प्रति आग्रही न होकर सर्वपंथ

समभाव के साथ आगे बढ़ेगी, तभी आदर्श होगी। अगर आप किसी व्यवस्था को इस सबसे निरपेक्ष करेंगे तो फिर वो बे मायने होगी। हां, सबकी अपनी-अपनी उपासना पद्धति है। हम किसी पर अपनी आस्था नहीं थोप सकते।"

वरिष्ठ पत्रकार वेदप्रताप वैदिक (अब दिवंगत) कहते हैं कि हिन्दुत्व को लेकर अब एक और पहचान का मुद्दा हो गया है कि क्या आप शाकाहारी हैं? शाकाहार और मांसाहार धर्म की पहचान होने लगा है। हालांकि, बीजेपी और संघ परिवार में ऐसे बहुत से लोग होंगे जो मांसाहारी होंगे लेकिन सार्वजनिक तौर पर ऐसा करने से बचते नज़र आते हैं। मुझे अटल बिहारी वाजपेयी याद आते हैं जो सार्वजनिक और निजी जीवन में आमतौर पर कोई दुराव या छिपाव नहीं रखते थे। उन्हें मछली खाना पसंद था, ये सब लोग जानते हैं।

मांस खाने और बीफ़ खाने को लेकर भी बीजेपी में अलग-अलग नेता अपनी-अपनी तरह से बयानबाज़ी करते रहे हैं। पूर्वोत्तर में बीफ़ को लेकर भी कोई परेशानी नहीं है। प्रधानमंत्री नरेन्द्र मोदी ने भी कह दिया है कि खाने-पीने का संस्कृति से कोई संबंध नहीं है। जो कोई जो कुछ खाना चाहे, ज़रूर खाए बशर्ते वह उसे हजम कर सके! संघ के सरकार्यवाह दत्तात्रेय होसबोले ने कहा है कि मांसाहार या मजबूरी में बीफ़ खाने वालों से भी संघ को कोई परेशानी नहीं है। जो लोग शाकाहारी हैं, उनमें ज़्यादातर इसलिए शाकाहारी नहीं हैं कि उन्होंने शाकाहार की अच्छाइयों को समझकर उसे अपनाया है। वे इसलिए शाकाहारी हैं कि उनका परिवार शाकाहारी है। उन्हें शाकाहार परंपरा में मिला है। इसी तरह जो मांसाहारी हैं, वे भी अपनी परंपरा के हिसाब से ही चल रहे हैं, इस पर उन्होंने ज़्यादा सोच-विचार नहीं किया है।

सरसंघचालक भागवत ज़ोर देकर कहते हैं कि हिन्दुत्व का मतलब ही है सबका संरक्षण। हिन्दुत्व संघ का विचार है, लेकिन इसे संघ ने नहीं खोजा, यह तो देश में चलता आया विचार है। भागवत बताते हैं कि नवीं सदी में हिन्दू शब्द ग्रंथों में आया, इससे पहले हिन्दू शब्द नहीं था। हिन्दू आया तो लोकभाषा में हिन्दुस्तान आया। गुरु नानकदेव ने इस भूमि को हिन्दुस्तान कहा। मक्का जाने वाले मुसलमानों का रजिस्ट्रेशन भी वहां हिन्दवी मुसलमानों के तौर पर होता है। हमारा शब्द को लेकर विरोध नहीं है, आप भारतीय कहिए।

भागवत स्पष्ट करते हुए कहते हैं कि दरअसल भ्रम धर्म शब्द को लेकर है, भारत से बाहर धर्म शब्द का इस्तेमाल नहीं होता। भारत से बाहर जिसे 'रिलीजन' कहते हैं, वह कर्मकांड है, इसे हम संप्रदाय कह सकते हैं। हिन्दू धर्म शास्त्र नहीं है, मानव धर्म शास्त्र है, जो सारे विश्व के लिए है। हिन्दुत्व प्रांत, प्रदेश और पूजा-पद्धति को लेकर नहीं चलता। भारत के सभी संप्रदायों का मूल हिन्दुत्व है। सबको साथ लेकर चलना ही हिन्दुत्व है। हम जहां-जहां गए, हमने लूटपाट नहीं की, अन्य देशों के लोग जहां-जहां जाते हैं, लूटपाट करते हैं। हमने अज्ञान से कर्मकांड को हिन्दू मान लिया।

तेरा पंथ यह श्वेतांबर जैन में से एक आध्यात्मिक परंपरा है, जिसके प्रमुख आचार्य महाप्रज्ञ थे। राष्ट्रीय विचारों के संत के नाते उनकी सभी ओर मान्यता एवं प्रतिष्ठा थी। वे कहते थे, "मैं तेरापंथी हूं, इसका कारण यह है कि मैं स्थानकवासी जैन हूं। मैं स्थानकवासी हूं, इसका कारण यह है कि मैं श्वेतांबर जैन हूं। मैं श्वेतांबर हूं इसका कारण यह है कि मैं जैन हूं और मैं जैन हूं इसका कारण यह है कि मैं हिन्दू हूं। यह भारतीय पद्धति की बहुत सुंदर सोच है। मैं एक साथ तेरापंथी, स्थानकवासी, श्वेतांबर जैन और हिन्दू भी हो सकता हूं। कारण यह कि भारतीय चिंतन इस सारी विविधता में कोई विरोधाभास नहीं देखता। यह एक की ही अलग अभिव्यक्ति है। यह भारत की परंपरा रही है। लेकिन इन गहरी जड़ों से जुड़ाव कमज़ोर होने लगता है, तो यह व्याख्या बदलने लगती है। फिर हम कहने लगते हैं कि मैं हिन्दू हूं, लेकिन मैं जैन हूं। मैं जैन हूं, लेकिन मैं श्वेतांबर हूं। मैं श्वेतांबर हूं, लेकिन मैं स्थानकवासी जैन हूं और मैं श्वेतांबर जैन हूं पर मैं तो तेरापंथी हूं। और जड़ों के साथ के जुड़ाव कमज़ोर होते-होते यह स्थिति बन जाती है कि मैं जैन, श्वेतांबर, स्थानकवासी और तेरापंथी जो भी हूं, पर मैं हिन्दू नहीं हूं। और फिर इस पर राजनीति शुरू हो जाती है।"

अटल बिहारी वाजपेयी में हिन्दू धर्म के मर्म को समझने और समझाने की प्रतिभा खूब रही। हिन्दू धर्म पर एक निबंध में वाजपेयी ने लिखा, "हिन्दू धर्म के प्रति मेरे आकर्षण का सबसे मुख्य कारण है कि यह मानव का सर्वोत्कृष्ट धर्म है। हिन्दू धर्म न तो किसी एक पुस्तक से जुड़ा है और न ही किसी एक धर्म प्रवर्तक से, जो काल गति के साथ असंगत हो जाते हैं। हिन्दू धर्म का स्वरूप हिन्दू समाज से बनता है और यही कारण है कि यह धर्म युग-युगान्तर से संवर्धित और पुष्पित होता आ रहा है।"

एक बार वाजपेयी ने कहा था, "आपको मालूम है जब मैं संघ के लिए पूरा समय देने के लिए निकला, उस समय तक मैं जनेऊ पहनता था। बाद में मैंने जनेऊ उतार दिया क्योंकि मुझे लगा कि यह जनेऊ मुझे अन्य हिन्दुओं से अलग करता है। पहले शिखा और सूत्र, हिन्दू की दो पहचान थीं। अब बहुत से लोग चोटी नहीं रखते। इस पर यह कहना कि उन्होंने हिन्दुत्व छोड़ दिया है, ठीक नहीं है। हां, जब चोटी ज़बरदस्ती काटी जाती थी तो उसकी रक्षा करना हमारा कर्तव्य था।"

वाजपेयी का दिसम्बर, 1992 में डॉ. राजेन्द्र प्रसाद व्याख्यानमाला में सेक्यूलरिज़्म पर भाषण काफी अहम है। वाजपेयी सेक्यूलरिज़्म की पश्चिमी अवधारणा को स्वीकार नहीं करते, लेकिन वे गांधी के सर्वधर्म समभाव को मानते हैं। धर्म की व्याख्या करते हुए वाजपेयी कहते हैं कि धर्म और 'रिलीजन' के अंतर को समझना चाहिए। 'रिलीजन' का संबंध कुछ निश्चित आस्थाओं से होता है। जब तक व्यक्ति उन आस्थाओं को मानता है तब तक वह उस 'रिलीजन' या मज़हब का सदस्य बना रहता है और ज्यों ही वह उन आस्थाओं को छोड़ता है वह उस

'रिलीजन' से बहिष्कृत हो जाता है। लेकिन धर्म केवल आस्थाओं पर आधारित नहीं है।

इसी व्याख्या में गांधी का ज़िक्र करते हुए वाजपेयी ने कहा, "सर्वधर्म समभाव किसी धर्म के विरुद्ध नहीं है। वह सब धर्मों को आदर देने के पक्ष में है। कहा जा सकता है कि सेक्यूलरवाद की भारतीय परिकल्पना अधिक सकारात्मक है। सर्वधर्म समभाव हमें जीने का एक तरीक़ा सिखाता है। अपने भाषण के आख़िर में वाजपेयी गुरु गोविंद सिंह की पंक्तियां सुनाते हैं—

देहुरा मसीत सोई, पूजा ओ नमाज ओई,
मानस सभै एक पै अनेक को प्रभाव है।
अलख अभेख सोई, पुराण ओ कुरान कोई,
एक ही सरूप सभै, एक ही बनाव है।

अर्थात मंदिर और मस्जिद, पूजा और नमाज़, पुराण और कुरान में कोई अंतर नहीं है। सभी मानव एक और समान हैं तथा एक ही कर्ता की रचना हैं।

गांधी धर्मपारायण हिन्दू थे लेकिन गांधी ने साफतौर पर लिखा, "धर्म एक निजी विषय है, जिसका राजनीति में कोई स्थान नहीं होना चाहिए। विदेशी हुक़ूमत की वजह से हमारे देश में जो अस्वाभाविक स्थिति पैदा हो गई है, उसी की बदौलत हमारे यहां धर्म के अनुसार इतने अस्वाभाविक विभाजन हो गए हैं।" दरअसल गांधी हिन्दुत्व के पूरे दर्शन को सिरे से खारिज करते हैं और यह भी साफ करते हैं कि हर संगठित धर्म के बारे में उनकी राय ऐसी ही है।

राष्ट्रीय स्वयंसेवक संघ का एक प्रसंग हमें 21 सितम्बर, 1947 को गांधी के प्रार्थना-प्रवचन में मिलता है, जहां गांधी गुरुजी गोलवलकर और डॉ. दिनशा मेहता की बातचीत का ज़िक्र करते हैं कि "मैंने गुरुजी से कहा कि मैंने सुना है कि इस संस्था के हाथ भी ख़ून से सने हुए हैं। गुरुजी ने मुझे विश्वास दिलाया कि यह बात झूठ है। उन्होंने कहा कि उनकी संस्था किसी की दुश्मन नहीं है। उसका उद्‌देश्य मुसलमानों की हत्या करना नहीं है। वह तो सिर्फ़ अपने सामर्थ्य भर हिंदुस्तान की रक्षा करना चाहती है। उसका उद्‌देश्य शांति बनाए रखना है। गुरुजी ने मुझसे यह भी कहा कि मैं उनके विचारों को सार्वजनिक कर दूं।"[7]

उस वक़्त कुछ हिन्दू गोमांस पर रोक लगाने के लिए क़ानून की मांग कर रहे थे। दिल्ली में 25 जुलाई, 1947 को प्रार्थना सभा में गांधी ने कहा, "हिन्दुस्तान में गोहत्या रोकने का क़ानून नहीं बन सकता। हिन्दुओं को गाय का वध करने की मनाही है, इसमें मुझे कोई शक नहीं है। मगर जो मेरा धर्म है, वही हिन्दुस्तान में रहने वाले लोगों का भी हो, यह कैसे हो सकता है?" फिर गांधी ने कहा, "इसके अलावा जो बड़े-बड़े हिन्दू हैं, वे ख़ुद गोहत्या करते हैं। वे अपने हाथ से तो गाय काट नहीं

7. https://www.bbc.com/hindi/india-44376306

सकते, परंतु ऑस्ट्रेलिया और दूसरे देशों को जो गाय यहां से जाती हैं, उन्हें कौन भेजता है? वे वहां मारी जाती हैं और उनके चमड़े की जूतियां बनकर यहां आती हैं, जिन्हें हम पहनते हैं। धर्म असल में क्या चीज़ है, यह तो लोग समझते ही नहीं हैं और गोहत्या क़ानून से बंद करने की बात करते हैं।"

इतिहासकार डी. एन. झा ने एक लेख में लिखा है कि वैदिक काल में गोमांस न केवल खाया जाता था, बल्कि मेहमाननवाज़ी का चरम माना जाता था। झा ने ऋषि याज्ञवल्क्य का हवाला दिया, जिसमें ऋषि ने गोमांस अपनी पसंद बताई थी। हालांकि, उन्होंने यह भी कहा कि उत्तर मौर्यकाल में इस पर पाबंदी लगने लगी और बाद में इसे पूरी तरह से हिन्दुओं के लिए निषिद्ध कर दिया गया।

उत्तर मौर्य काल में और ख़ासकर तत्कालीन ब्राह्मण ग्रंथों में, भोजन के लिए गोहत्या को ग़लत ठहराना शुरू हुआ और धर्मग्रंथों ने गोहन्ता को समाज से बहिष्कार करने का प्रावधान रखा। व्यास-स्मृति में इसे पूर्ण रूप से निषिद्ध किया गया। मध्ययुगीन भारत में गोहत्या हिन्दुओं और मुसलमानों के बीच तनाव का बड़ा कारण रहा। सैकड़ों सांप्रदायिक दंगे गोकशी को लेकर होते रहे।

पत्रकार एन. के. सिंह मानते हैं कि गोवध और गोमांस का सेवन किस कालखंड में होता रहा है, इसको लेकर भी बहस शुरू हो गई है। साथ ही अब इसके प्रति किसकी क्या भावना है और क्या इसका अन्य धर्मों के लोगों को आदर करना चाहिए, इस पर एक नया विवाद छिड़ गया है। ज़्यादातर शोधकर्ता मानते हैं कि पिछले ढाई हज़ार साल में हिन्दू धार्मिक ग्रंथों, परंपराओं या नियमों ने इसे रोका और गाय को सम्मान का दर्जा और गोवंश को आदर का भाव दिया। सवाल यह है कि अगर किसी समाज में ढाई हज़ार साल से एक आस्था विकसित हुई है तो क्या वह उस समाज के लिए क़ानून से बड़ा दर्जा नहीं रखती? अगर किसी 1300 साल के धार्मिक आदेशों के सम्मान के लिए भारत के संविधान में समान नागरिक संहिता प्रभावकारी बनाने के लिए राज्य को शक्तियां नहीं दी गईं, और इसे नीति-निर्देशक तत्वों में रखा गया है, तो क्या हिन्दुओं की इस आस्था के प्रति राज्य का कर्तव्य अलग हो जाता है? और क्या अन्य धर्मों के लिए भी उतना ही उचित नहीं कि वे इस आस्था का सम्मान करें ताकि पारस्परिक सदभाव व शांति बनी रहे?

एन. के. सिंह कहते हैं कि एक और बड़ी समस्या है, सामाजिक-सांस्कृतिक व भावनात्मक मुद्दों पर अदालत के फ़ैसले। 1959 में सुप्रीम कोर्ट ने 16 साल के ऊपर की गाय का वध इस आधार पर सही ठहराया कि यह अनुत्पादक हो जाती है और चारा और अन्य संसाधनों पर भार पड़ता है तो 2005 में उसी अदालत ने इस फ़ैसले को पलटते हुए गो-हत्या पर पाबंदी लगाई। अदालत ने पशु संबंधित राष्ट्रीय आयोग की रिपोर्ट का हवाला देते हुए कहा, "यह तर्क स्वीकार नहीं किया जा सकता कि 16 साल की उम्र के बाद गाय और बैल बेकार हो जाते हैं। वे जीवनपर्यंत गोबर और मूत्र देते हैं, जिससे बायो-गैस और खाद बनता है। एक बूढ़ा बैल अपने

इस काल में हर साल पांच टन गोबर और 343 पौंड मूत्र देता है जिससे 20 ठेला कम्पोस्ट खाद बनाया जा सकता है।"

ऋग्वेद में गाय को लेकर आदर का भाव है और इसकी हत्या या इसके भोजन को वर्जना के भाव से देखा गया है। कई जगह इसे स्पष्ट रूप से निषिद्ध भी किया गया।

आज़ाद हिन्दुस्तान के संविधान में भी गोरक्षा पर न केवल ज़ोर दिया गया है बल्कि संविधान के नीति-निर्देशों में अनुच्छेद 48 में राज्यों से गोहत्या रोकने के लिए कहा गया है। नीति-निर्देशक तत्व सरकार को किसी विषय पर क़ानून बनाने में गाइड लाइन की तरह से होते हैं और बहुत-सी राज्य सरकारों और केंद्रशासित प्रदेशों ने गोहत्या को रोकने के लिए क़ानून बना रखे हैं। इस वक़्त देश के क़रीब बीस राज्यों में गोरक्षा क़ानून हैं, इनमें उत्तर प्रदेश, गुजरात, हरियाणा, राजस्थान, आंध्र प्रदेश, तेलंगाना, बिहार, झारखंड, असम, मध्य प्रदेश, छत्तीसगढ़, महाराष्ट्र, उड़ीसा, पंजाब, तमिलनाडु, कर्नाटक, हिमाचल प्रदेश, जम्मू-कश्मीर (यूटी), चंडीगढ़ और दिल्ली शामिल हैं। इन सभी राज्यों में अलग-अलग वक़्त पर आरएसएस समेत बहुत से संगठनों ने गोरक्षा को लेकर आंदोलन चलाए और सरकारों पर दबाव बनाया, तब राज्यों में क़ानून बने।

आरएसएस ने गोरक्षा को लेकर बहुत बार अलग-अलग प्रस्ताव भी पास किए और कई कार्यक्रमों का आयोजन किया। संघ की अखिल भारतीय प्रतिनिधि सभा ने 1952, 1958 फिर 2000 और 2001, इसके बाद 2010 में, अखिल भारतीय कार्यकारी मंडल ने 1995 में और केंद्रीय कार्यकारी मंडल ने 1966 में अलग-अलग प्रस्ताव गोरक्षा को लेकर पारित किए और विभिन्न सम्मेलनों में भी गोहत्या को रोकने और गोरक्षा पर ज़ोर दिया गया। संघ प्रमुख गुरु गोलवलकर कहते थे कि यदि देश में कुछ हिस्से ऐसे हैं जहां कुछ समुदाय गोमांस खाते हैं तो उन्हें इस पर समझाने की कोशिश करनी चाहिए, ताकि वे छोड़ दें। लेकिन कुछ लोग राजनीतिक हितों के लिए गोहत्या करते हैं या गोमांस खाते हैं तो उनका विरोध किया जाना चाहिए। संघ का सहयोगी संगठन विश्व हिन्दू परिषद शुरू से ही गोरक्षा पर काम कर रहा है।

1986 से राजमाता विजयाराजे सिंधिया के नेतृत्व में गोरक्षा को लेकर अलग विभाग बनाकर काम शुरू किया गया। इसके साथ ही 1996 में गोविज्ञान अनुसंधान केंद्र भी स्थापित किया गया। यह केंद्र 'पंचगव्य' को बढ़ावा देने के लिए भी काम कर रहा है, जिसमें गाय का गोबर, दूध, छाछ, दही और घी का इस्तेमाल बढ़ाना शामिल है। संघ से जुड़े कई संगठन दूध नहीं देने वाली गायों से गोमूत्र और गोबर के आयुर्वेदिक और अन्य उपयोग को लेकर भी काम कर रहे हैं जिससे उन गायों को भी बूचड़खाने भेजने से रोका जा सके, साथ ही वह गांव की अर्थव्यवस्था को मज़बूत करने में मदद करे।

पुराने समय में मंदिर जाने की प्रथा भगवान की प्रतिमा देखने के बाद कुछ समय स्वयं के साथ बैठने की थी (अपने भीतर के ईश्वर को देखने के लिए)। पुराने समय में, मूर्ति को अंधेरे में रखा जाता था, जिसे गर्भ गृह कहते थे और आप तभी भगवान की मूर्ति का चेहरा देख सकते थे जब उसे दीये की रोशनी से दिखाया जाए। इसके पीछे का सन्देश है कि आप को स्मरण रहे कि भगवान आपके मन की गहराइयों में बसता है। आपको उसे स्वज्ञान के माध्यम से देखना है यह सच्चा सार है।

प्राचीन समय में लोग प्रतिमाओं को बहुत सुन्दर सजाते थे ताकि आपका मन यहां वहां न भटके, और आप पूर्ण रूप से उस प्रतिमा से मोहित हो जाएं। वे संगमरमर से सुन्दर मूर्तियां बनाते थे और उन्हें सुन्दर वस्त्र और गहनों से सजाते थे। यह बाजार में जाने जैसा है। बहुत से लोग बाजार बस घूमने और देखने जाते हैं। वे सब सुन्दर वस्तुएं देखते हैं और अच्छा अनुभव करते हैं। क्यों? क्योंकि मन सुन्दर वस्त्रों, अच्छी महक, फूल, फल और बढ़िया खाने की ओर आकर्षित होता है। हमारे पूर्वज यह जानते थे इसलिए वे ये सब वस्तुएं मूर्तियों के पास रखते थे ताकि वह मन को इन्द्रियों के रास्ते पुन: वापस ला सकें और उसे भगवान की ओर केंद्रित करते थे।

एक बहुत सुन्दर श्रुति है वेदांत में—

'अप्सु देवा मनुष्याणां दिवि देवा मनीषिणाम्, बालानां काष्ठ लोष्ठेषु बुधस्यात्मनि देवता।'[8]

जब कोई व्यक्ति पूछता है, 'भगवान कहां है?' बुद्धिमान व्यक्ति यह उत्तर देते हैं, जिसका अर्थ है, 'मनुष्यों के लिए प्रेम ही भगवान है। बुद्धिजीवी व्यक्तियों के लिए, वे ईश्वर को हर ईश्वरीय शक्ति और गुण में देखते हैं। कम बुद्धिमान उन्हें लकड़ी और पत्थर की मूर्तियों में देखते हैं। बुद्धिमान लोग भगवान को स्वयं में देखते हैं।'

ज़्यादातर हिन्दू मूर्तिपूजक हैं और भले ही ईश्वर को निराकार मानते हों, लेकिन उसके साकार रूप की पूजा करते हैं। लेकिन हिन्दू धर्म सिर्फ़ यही नहीं है। 2011 में हुई जनगणना में देशभर में 28.5 लाख लोगों ने धर्म के कॉलम में ख़ुद को नास्तिक बताया। इसमें भी सबसे ज़्यादा पांच लाख लोग उत्तर प्रदेश जैसे राज्य में ख़ुद को नास्तिक के तौर पर दर्ज करते हैं और ये लोग मुंबई और दिल्ली जैसे बड़े शहरों में नहीं रहते, गांव-देहात और छोटे कस्बों और छोटा-मोटा धंधा करके अपनी ज़िंदगी गुज़ारने वाले लोग हैं। उनके घर के आस-पड़ोस में हर सुबह मंदिर की घंटियां बजती हैं, आरती सुनाई देती है, माता की चौकी लगती है। साईं बाबा का जागरण होता है, लेकिन समाज में कोई नाराज़गी नहीं है, किसी से बोलचाल

8. स्रोत-धर्म और विवेक का समन्वय-अखंड ज्योति, दिसम्बर 1956.

बंद नहीं है। यह भी हिन्दू धर्म की खूबसूरती कही जा सकती है। चार्वाक को यहां ऋषि का दर्जा मिलता है। ओशो को भले ही अमेरिका से भगा दिया गया हो, लेकिन हिन्दुस्तान में उन्हें मानने वाले अब भी लाखों लोग हैं।

राजीव गांधी सरकार में मंत्री रहे और केरल के राज्यपाल आरिफ़ ख़ान साहब कहते हैं, "हिन्दुत्व कोई नई चीज़ है क्या? अगर हिन्दुत्व ऋग्वेद पर आधारित नहीं, अगर हिन्दुत्व उपनिषद पर आधारित नहीं, तो हिन्दुत्व कहां से रह जाएगा? इसमें तो हर विविधता को स्वीकार करने के लिए जगह है। सर्वसमावेशी है। मैं मानता हूं कि अगर आप पूर्वाग्रहग्रसित हों या आपके दिमाग में कोई नफरत भर दे, तो आप वास्तविकता को नहीं देख पाते। उपनिषदों में कहा गया है जिसे आप पराया मान लेंगे, उससे आपके मन में भय पैदा हो जाएगा। भारतीय परंपरा कहती है कि शरीर तो नश्वर है—अहं ब्रह्मास्मि तत्वमसि... यानी मैं और आप आत्मा के रिश्ते से बंधे हुए हैं। चैतन्य आत्मा एक दूसरे से जुड़ी हुई है। अगर मैं लिंचिंग कर रहा हूं तो किसको मार रहा हूं? अपने-आप को ही तो मार रहा हूं।"

बीबीसी ने पूरी दुनिया में रहने वाले 30 लाख हिन्दुओं पर एक सर्वे कराया था कि हिन्दुओं का सबसे प्रिय भजन कौन-सा है? इस सर्वे का नतीजा उन लोगों को हैरान करने वाला हो सकता है जो हर वक़्त हिन्दू और मुसलमानों के बीच मज़हब के नाम पर दीवार खड़ी करने की कोशिश करते रहते हैं। इस सर्वे में 30 लाख हिन्दुओं ने जिन 10 भजनों को चुना उनमें से 6 'शकील बदायुनी' के लिखे हुए हैं और 4 को 'साहिर लुधियानवी' ने लिखा है! उन सभी दस भजनों में संगीत 'नौशाद साहब' का है और आवाज़ दी है 'रफ़ी साहब' ने! यह सभी 10 भजन 'महबूब अली खान' की फ़िल्मों में हैं और इन भजनों को फ़िल्मी पर्दे पर उतारा है 'यूसुफ़ खान' उर्फ़ दिलीप कुमार ने! यह हिन्दुस्तान का मजहबी मिज़ाज है।

ओशो अपने भक्तों को एक कहानी सुनाते थे। एक सम्राट ने अपने सारे बुद्धिमानों को बुलाया और कहा, 'मैं कोई ऐसा सूत्र चाहता हूं, जो छोटा हो, बड़े शास्त्र नहीं चाहिए, मुझे फ़ुरसत भी नहीं बड़े शास्त्र पढ़ने की। वह ऐसा सूत्र हो जो एक वचन में पूरा हो जाए और जो हर घड़ी में काम आए। दुख हो या सुख, जीत हो या हार, जीवन हो या मृत्यु सब में काम आए, तो तुम लोग ऐसा सूत्र खोज लाओ।'

उन बुद्धिमानों ने बड़ी मेहनत की, बड़ा विवाद किया। कुछ निष्कर्ष नहीं हो सका। वे आपस में बात कर रहे थे। एक ने कहा, 'हम बड़ी मुश्किल में पड़े हैं बड़ा विवाद है, संघर्ष है, कोई निष्कर्ष नहीं हो पाया, हमने सुना है एक सूफ़ी फ़क़ीर गांव के बाहर ठहरा है क्यों न हम उसी के पास चलें?'

वे लोग उस सूफ़ी फ़क़ीर के पास पहुंचे। उसने एक अंगूठी पहन रखी थी। अपनी उंगली से वह निकालकर सम्राट को दे दी और कहा, 'इसे पहन लो। इस

पत्थर के नीचे एक छोटा-सा कागज़ रखा है उसमें सूत्र लिखा है वह मेरे गुरु ने मुझे दिया था। मुझे तो ज़रूरत भी न पड़ी इसलिए मैंने अभी तक खोलकर देखा भी नहीं।'

उन्होंने एक शर्त रखी थी कि 'जब कुछ उपाय न रह जाएं, सब तरफ़ से निरुपाय हो जाओ, तब इसे खोलकर पढ़ना। ऐसी कोई घड़ी नहीं आयी उनकी बड़ी कृपा है इसलिए मैंने इसे खोलकर पढ़ा नहीं, लेकिन इसमें ज़रूर कुछ राज होगा आप रख लो। लेकिन शर्त याद रखना, इसका वचन दे दो कि जब कोई उपाय न रह जाएगा, सब तरफ़ से निरुपाय-असहाय हो जाओगे तभी अंतिम घड़ी में इसे खोलना।'

सम्राट ने अंगूठी पहन ली, वर्षों बीत गए कई बार जिज्ञासा भी हुई फिर सोचा कि कहीं खराब न हो जाए, फिर काफी वर्षों बाद एक युद्ध हुआ जिसमें सम्राट हार गया और दुश्मन जीत गया। उसके राज्य को हड़प लिया।

वह सम्राट एक घोड़े पर सवार होकर अपनी जान बचाने के लिए भाग निकला। राज्य तो गया संगी-साथी, दोस्त-परिवार सब छूट गए, दो-चार सैनिक और रक्षक उसके साथ थे। वे भी धीरे-धीरे हट गए क्योंकि अब कुछ बचा ही नहीं था तो रक्षा करने का भी कोई सवाल न था।

दुश्मन उस सम्राट का पीछा कर रहा था, तो सम्राट एक घाटी से होकर भागा जा रहा था। उसके पीछे घोड़ों की आवाज़ें आ रही थीं। टापें सुनाई दे रही थीं। प्राण संकट में थे, अचानक उसने पाया कि रास्ता समाप्त हो गया, आगे एक बड़ा गड्ढा था। वह लौट भी नहीं सकता था, एक पल के लिए सम्राट स्तब्ध खड़ा रह गया कि क्या करे?

फिर अचानक याद आयी। खोली अंगूठी, पत्थर हटाया, निकाला कागज़। उसमें एक छोटा-सा वचन लिखा था, 'यह भी बीत जाएगा'। सूत्र पढ़ते ही उस सम्राट के चेहरे पर मुस्कुराहट आ गयी। उसके चेहरे पर एक बात का ख्याल आया। सब तो बीत गया, मैं सम्राट न रहा, मेरा साम्राज्य गया, सुख बीत गया, जब सुख बीत जाता है तो दुख भी स्थिर नहीं हो सकता।

शायद सूत्र ठीक कहता है अब करने को कुछ भी नहीं है। लेकिन सूत्र ने उसके भीतर कोई सोया तार छेड़ दिया। कोई साज छेड़ दिया। यह भी बीत जाएगा ऐसा बोध होते ही जैसे सपना टूट गया। अब वह व्यग्र नहीं, बेचैन नहीं, घबराया हुआ नहीं था। वह बैठ गया।

संयोग की बात थी, थोड़ी देर तक तो घोड़ों की टाप सुनाई देती रहीं फिर टापें बंद हो गईं, शायद सैनिक किसी दूसरे रास्ते पर मुड़ गए। घना जंगल और बीहड़ पहाड़। उन्हें पता नहीं चला कि सम्राट किस तरफ़ गया है। धीरे-धीरे घोड़ों की टाप दूर हो गई, अंगूठी उसने वापस पहन ली।

कुछ दिनों बाद दोबारा उसने अपने मित्रों को वापस इकट्ठा कर लिया, फिर उसने वापस अपने दुश्मन पर हमला किया। जीत हासिल की। फिर अपने सिंहासन पर बैठ गया। जब सम्राट अपने सिंहासन पर बैठा तो बड़ा आनंदित हो रहा था।

तभी उसे पुनः उस अंगूठी की याद आयी उसने अंगूठी खोली कागज़ को पढ़ा, फिर मुस्कुराया। सारा आनंद, विजय का उल्लास, विजय का दंभ सब विदा हो गया। उसके वजीरों ने पूछा, 'आप बड़े प्रसन्न थे। अब एकदम शांत हो गए। क्या हुआ?'

सम्राट ने कहा, 'जब सब कुछ बीत जाएगा तो इस संसार में न तो दुखी होने को कुछ है और न ही सुखी होने को कुछ है। तो जो चीज़ तुम्हें लगती है कि बीत जाएगी उसे याद रखना। अगर यह सूत्र पकड़ में आ जाए, तो और क्या चाहिए? तुम्हारी पकड़ ढीली होने लगेगी। तुम धीरे-धीरे अपने को उन सब चीज़ों से दूर पाने लगोगे जो चीज़ें बीत जाएंगी... क्या अकड़ना, कैसा गर्व, किस बात के लिए इठलाना, सब बीत जाएगा। यह जवानी बीत जाएगी।

यह सब बीत जाएगा। यह जवानी, यह दो दिन की इठलाहट, यह दो दिन के लिए तितलियों जैसे पंख—ये सब बीत जाएंगे। यह दो दिन की चहल-पहल फिर गहरा सन्नाटा, फिर मरघट की शांति।'

प्रभाष जोशी कहते हैं कि महाभारत में व्यासजी ने जो धर्म की व्याख्या की है यह हमारे वर्तमान लोकतांत्रिक संदर्भ में सबसे अहम है—

धारणाद्धर्म इत्याहुधर्मो धारयते प्रजाः।
यत्स्याद्धारण संयुक्त स धर्म इत्युदादृतः।

प्रजा और समाज को धारण करने वाले नियमों का नाम धर्म है। जो तत्व धारण कर सकता है उसी को धर्म कहते हैं। भारतीय समाज और राष्ट्र हिन्दू धर्म के विराट, सर्वग्राही और सकारात्मक धारण तत्वों पर टिका है। इन तत्वों को पुष्ट करना हमारा धर्म है क्योंकि शक्तिशाली होकर वे हमें धारण करेंगे।

व्यासजी जब पूरी महाभारत लिख चुके तो उन्हें निराशा और विफलता की अनुभूति हुई। उन्होंने लिखाः उर्ध बाहु...। मैं ऊंचे हाथ उठा-उठा कर पुकार कर कह रहा हूं, लेकिन मेरी कोई नहीं सुनता। धर्म का पालन करने से अर्थ, काम और मोक्ष तीनों सधते हैं लेकिन धर्म का पालन कोई नहीं करता। जोशी कहते हैं कि मैं जानता हूं कि इस पर हिन्दुत्व वाले विद्वान कहेंगे कि ठीक है कोई नहीं करता तो हम ही क्यों करें। वे महाभारत करना चाहते हैं, इसलिए उन्हें महाभारत का निचोड़—भारत सावित्री—श्लोक भी सुना दें।

न जातु कामात्र भयात्र लोभाद् धर्म
त्येज्जीवितास्यायि हेतोः।
नित्यो धर्मः सुखःदुखे त्वनित्ये नित्यो
जीवो धातुरस्य त्वनित्यः।

भय, लोभ, काम या प्राणों के लिए भी धर्म को छोड़ना अनुचित है। धर्म नित्य है, सुख और दुख क्षणिक हैं। शरीर अनित्य है और जीवन नित्य है। हिन्दुत्व के नाम पर लोग भले ही इस धर्म को छोड़ें, मुझे तो अपने धर्म में मरना श्रेयस्कर लगता है। दूसरे का धर्म मेरे लिए नहीं है। गीता का यह आदेश मेरे हिन्दू होने का धर्म है।

10

जलने लगा भरोसे का दीया

उस रात, यानी 30 जुलाई, 2019 को भाजपा नेता रविशंकर प्रसाद के आवास पर मुस्लिम महिलाएं जश्न मना रही थीं। इससे पहले कोई मौक़ा ऐसा रहा हो, ऐसी याद नहीं आती। मोदी सरकार के क़ानून मंत्री रविशंकर प्रसाद तब तक संसद से अपने घर पहुंचे भी नहीं थे, लेकिन मुस्लिम महिलाओं का उनके यहां पर जुटान शुरू हो गया था। संसद के दोनों सदनों से तीन तलाक़ से मुक्ति का क़ानून पारित हो गया था और उसे अपराध क़रार दे दिया गया था। जाने कितनी बाधाएं पार करके मुस्लिम महिलाओं ने यह जीत हासिल की थी। मोदी सरकार के लिए भी, ख़ासतौर पर 'इमेज मेकिंग' के लिहाज से यह बहुत बड़ी जीत रही होगी। बरसों से भाजपा की छवि मुसलमान-विरोधी रही थी और आज पार्टी मुस्लिम महिलाओं के साथ खड़ी दिख रही थी। शाहबानो से शायरा बानो तक, इतिहास का एक चक्र पूरा हो गया।

1986 में आधुनिक युवा छवि वाले राजीव गांधी सरकार ने शाहबानो पर सुप्रीम कोर्ट का फ़ैसला उलट दिया था तो 2019 में मोदी सरकार ने शायरा बानो के तीन तलाक़ मामले में सुप्रीम कोर्ट के फ़ैसले को आगे बढ़ाया था। कट्टरपंथी मुसलमानों का दबाव तब भी था, दबाव इस बार भी रहा। लेकिन मोदी सरकार ने घुटने नहीं टेके।

इस क़ानून पर लोगों की राय अलहदा रही हो, पर यक़ीनन 31 जुलाई, 2019 का दिन ऐतिहासिक माना जाएगा जब तीन तलाक़ विधेयक पर राष्ट्रपति ने दस्तख़त कर दिए और यह 19 सितम्बर, 2019 से लागू माना गया। दशकों से हिन्दुस्तानी सियासत में भाजपा को—ख़ासतौर से प्रधानमंत्री मोदी को—अपनी (और संघ की) मुस्लिमविरोधी छवि का नुक़सान उठाना पड़ा है। ग़ैर-भाजपा दल हमेशा संघ और भाजपा का डर दिखाकर मुस्लिम वोटबैंक की ही नहीं, दूसरे राजनैतिक दलों की भी लामबंदी करते रहे हैं। लेकिन संसद में उनका मुस्लिम समाज को लेकर दोहरापन सामने आ गया। हैरत की बात थी विधेयक का सड़क पर विरोध करने वाले कई विपक्षी सांसद राज्यसभा में इस पर मतदान के वक़्त मौजूद नहीं थे। इससे राज्यसभा में अल्पमत में रही मोदी सरकार को विधेयक पारित कराने में आसानी हो गई, राज्यसभा में विधेयक के पक्ष में 99 और इसके ख़िलाफ़ 84 वोट पड़े और सदन

में उस दिन 10 पार्टियों के क़रीब 30 सांसद मौजूद नहीं थे। इससे पहले 25 जुलाई को लोकसभा में विधेयक का 303 सांसदों ने साथ दिया और 82 उसके ख़िलाफ़ खड़े दिखाई दिए।

इस क़ानून के बाद एक साथ तीन तलाक़ देकर अपनी बीवी को छोड़नेवाले मुस्लिम शौहर के लिए ऐसा करना आसान नहीं होगा क्योंकि अब महिला या उसके परिवार की तरफ़ से पुलिस में शिकायत करके उसे जेल भेजना आसान हो जाएगा। यह क़ानून तलाक़शुदा मुस्लिम महिला को अपने शौहर से अपने और अपने बच्चों के लिए भरण-पोषण हासिल करने का हक़ भी देता है अगर शौहर गुजारा भत्ता देने में आनाकानी करता है तो उसे 3 साल तक की सज़ा हो सकती है।

हालांकि, पाकिस्तान, बांग्लादेश और श्रीलंका समेत दुनिया के कई देशों में एक साथ तीन तलाक़ पर पाबंदी पहले से ही है पर भारत में मुस्लिम समुदाय को ख़ासतौर से नाराज़गी इस बात पर रही कि इसमें शौहर के लिए सज़ा का प्रावधान क्यों रखा गया है।

विधेयक पर बहस के दौरान क़ानून मंत्री रविशंकर प्रसाद ने कांग्रेस से कहा कि वह तिहरे तलाक़ के मसले पर चालीस साल बाद भी वहीं खड़ी है जहां वह शाहबानो के वक़्त खड़ी थी। राजीव गांधी सरकार के वक़्त सुप्रीम कोर्ट ने एक मुस्लिम महिला शाहबानो को तलाक़ के बाद आजीवन गुज़ारा भत्ता देने का फ़ैसला सुनाया था लेकिन तब कांग्रेस ने लोकसभा में भारी बहुमत के बावजूद मुस्लिम संगठनों के दबाव में इस फ़ैसले को उलट दिया था। सरकार के इसी फ़ैसले के ख़िलाफ़ तब आरिफ़ मोहम्मद ख़ान ने मंत्री पद से इस्तीफ़ा दे दिया। बहरहाल, राजीव गांधी के इस फ़ैसले से मुसलमान उनसे कितने खुश हुए, इसका तो कोई अंदाज़ा नहीं, अलबत्ता बहुसंख्यक हिन्दू समाज उनसे ज़रूर नाराज़ हो गया।

उस वक़्त मुस्लिम पर्सनल लॉ बोर्ड ने राजीव गांधी को यह भरोसा दिलाया था कि वह मुसलमानों के निजी क़ानूनों में सुधार के लिए अभियान चलाएंगे और ट्रिपल तलाक़ को ख़त्म करने के लिए कदम उठाएंगे, लेकिन बीते 35 साल में इस पर कुछ नहीं किया गया।

आरिफ़ मोहम्मद ख़ान उसके बाद से वीपी सिंह सरकार और बसपा होते हुए राजनैतिक बियाबान में खो गए। पर, अचानक मोदी सरकार ने जब उन्हें केरल का राज्यपाल बनाकर भेजा, उससे क़रीब एक हफ़्ते पहले ही लंबी मुलाक़ात हुई। मैंने पहला ही सवाल पूछा, आपने तीस साल से भी ज़्यादा पहले जो लड़ाई शुरू की, उसका कोई फ़ायदा हुआ, मसला तो अब भी वही बना हुआ है। दिमाग़ी तौर पर अब भी हम उसी बहस में उलझे हुए हैं? झक सफेद कुर्ते और चेहरे पर बौद्धिक मुस्कराहट लिए ख़ान इससे इत्तफ़ाक नहीं रखते। वे कहते हैं, "इस मुल्क़ में बहुत तब्दीली आई है। क़ानून तो दो दिनों में बना सकते हैं आप, लेकिन आदतों को बदलने में वक़्त लगता है। कट्टरपंथियों और मज़हबी ठेकेदारों के दिमाग़ अब भी

नहीं बदले हैं, उनसे लड़ाई अभी लंबी चलेगी, लेकिन अब अकेले नहीं हैं, नौजवान हिन्दुस्तानी साथ है।"

आरिफ़ मोहम्मद ख़ान एक वाक़या बताते हैं। उनके संसदीय इलाक़े बहराइच से किसी सज्जन ने फोन पर उन्हें बताया कि उनकी बिटिया-दामाद आंध्र प्रदेश से छुट्टियों में घर आ रहे थे। लेकिन उसी सवेरे दामाद ने बेटी को तलाक़ दे दिया। बहुत से लोगों ने उन्हें समझाने की कोशिश भी की, लेकिन न तो लड़का माना और न ही उसके परिवार वाले। ख़ान बताते हैं, "तब मैंने एक चिट्ठी प्रधानमंत्री को लिखी, उन्होंने 8 अक्टूबर को मुझे मिलने को बुलाया। मैंने प्रधानमंत्री को बताया कि हमने 1986 में क़ानून बनाकर शाहबानो मसले पर सुप्रीम कोर्ट के फ़ैसले को बेअसर कर दिया था, लेकिन आज तीन तलाक़ पर क़ानून नहीं बना तो इस पर सर्वोच्च अदालत का फ़ैसला भी बेअसर हो जाएगा। इसे दंडनीय अपराध घोषित किया जाना चाहिए। मैंने प्रधानमंत्री को पाकिस्तान की इस्लामिक काउंसिल के अध्यक्ष मौलाना शीरानी की चार साल पहले पाकिस्तान के तब के प्रधानमंत्री को लिखी वह चिट्ठी भी दी, जिसमें लिखा था, 'पाकिस्तान ने 1962 में तीन तलाक़ को अवैध घोषित किया, लेकिन तलाक़ नहीं रुका क्योंकि उसे दंडनीय अपराध घोषित नहीं किया गया।' अब पाकिस्तान में उसी काउंसिल के नए अध्यक्ष डॉ. अयाज किबला ने भारत के सुप्रीम कोर्ट का हवाला देते हुए दोबारा प्रस्ताव पास किया है।"

तब 28 दिसम्बर, 2017 को क़ानून मंत्री रविशंकर प्रसाद ने हंगामे के बीच इसे लोकसभा में पेश किया। प्रसाद बेहतर वकील हैं वे जिरह के वक़्त तारों को जोड़ना जानते हैं। प्रसाद ने बहस के दौरान कहा कि, "रामपुर की एक महिला को तीन तलाक़ इसलिए दिया गया क्योंकि वह सुबह देर से उठी थी।" एआइएमआइएम के सांसद असदुद्दीन ओवैसी सरकार से किसी हाल में सहमत नहीं दिखते, "संसद को इस मसले पर क़ानून बनाने का कोई क़ानूनी हक नहीं है क्योंकि ये विधेयक मौलिक अधिकारों का उल्लंघन करता है। ये संविधान के अनुच्छेद 15 का उल्लंघन है। सुप्रीम कोर्ट ने पहले ही तलाक़-ए-बिद्दत को रद्द कर दिया है।" प्रसाद के पास बिल के पक्ष में दुनिया भर के उदाहरण थे, "इस्लामिक देश बांग्लादेश, मिस्र, मोरक्को, इंडोनेशिया, मलेशिया और पाकिस्तान में भी तीन तलाक़ को रेग्युलेट किया गया है। 1961 में बांग्लादेश में लाए गए क़ानून के मुताबिक़, पत्नी को तीन तलाक़ लिखित देना होगा। अगर ऐसा नहीं किया तो उसे सज़ा दी जाएगी। 1961 के क़ानून के अनुसार, पाकिस्तान में भी तीन तलाक़ या तलाक़-ए-बिद्दत में पत्नी को लिखित नोटिस देना होगा, अगर नियम न माने तो एक साल क़ैद और पांच हज़ार रुपये जुर्माना का प्रावधान है।"

उस वक़्त एम. जे. अकबर विदेश राज्यमंत्री थे जिन्होंने बहस के दौरान एक क़िस्सा सुनाया, "अंग्रेज़ी अख़बार द गार्जियन की रिपोर्टर ताया जिनकिन ने 1960-61 में जवाहरलाल नेहरू से उनकी सबसे बड़ी कामयाबी के बारे में पूछा तो नेहरू का जवाब 'हिन्दू कोड बिल' था। जिनकिन ने फिर पूछा, 'क्या मुसलमान औरतों

का हक़ नहीं था बदलाव का।' नेहरू ने कहा, 'वक़्त सही नहीं था।'" अकबर ने सदन में कहा, "मेरे मन में पिछले 40 सालों से यह सवाल है कि वह सही वक़्त कब आएगा?"

अकबर कहते हैं कि "लोगों को यह बताया जाता है कि इस्लाम ख़तरे में है, केवल कुछ मुसलमान मर्दों की ज़बरदस्ती ख़तरे में है। शरीया क्या है? शरीया का असल मायने क़ानून नहीं है। इसका मतलब ज़रिया या रास्ता है। रास्ता फ़लसफ़ा था लेकिन क़ानून बनाने वाले इंसान थे। सुन्नियों में शरीया के कम से कम चार स्कूल हैं। चारों के अपने अपने लोग अलग-अलग हैं। एक हैं इमाम अबू हनीफ़ा, दूसरे इमाम मालिकी, तीसरे इमाम शाफ़ई और चौथे इमाम हब्बल हैं। चार किस्म के क़ानून हैं। ये कहना कि क़ानून नहीं बदले जा सकते, ग़लत है। क़ानून को इज्तेहाद की बुनियाद पर तब्दील किया जाना चाहिए।"

22 अगस्त, 2017 को सुप्रीम कोर्ट की संवैधानिक बेंच ने अपने फ़ैसले में एक बार में तीन तलाक़ यानी तलाक़-ए-बिद्दत को असंवैधानिक क़रार दे दिया। सर्वोच्च अदालत की पांच सदस्यीय बेंच में से तीन जजों ने एक साथ दिए गए तीन तलाक़ को भेदभाव और समानता के मौलिक अधिकारों का उल्लंघन बताते हुए असंवैधानिक क़रार दिया। अदालत का कहना था कि इस्लामिक देशों में तीन तलाक़ पर प्रतिबंध लागू है तो क्या आज़ाद भारत को इससे आज़ादी नहीं मिल सकती?

इस मसले पर फरवरी, 2016 में उत्तराखंड की शायरा बानो ने ट्रिपल तलाक़, बहुविवाह और निकाह-हलाला पर पाबंदी की मांग करते हुए सुप्रीम कोर्ट में याचिका दायर की थी। तीन तलाक़ की शिकार शायरा ने अपनी अर्जी में कहा था कि तीन तलाक़ न इस्लाम का हिस्सा है और न ही आस्था का। उन्होंने मुस्लिम पर्सनल लॉ बोर्ड के नियमों का भी हवाला दिया और कहा कि उसमें भी इसे गुनाह बताया गया है। शायरा बानो ने 'डिसलूशन ऑफ़ मुस्लिम मैरिजेज एक्ट' को यह कहते हुए चुनौती दी कि यह क़ानून महिलाओं को दो शादियों से बचाने में नाकाम रहा है। मुस्लिम महिलाओं की ओर से सात याचिकाएं दायर की गई थीं। इनमें दावा किया गया कि तीन तलाक़ असंवैधानिक है। ग़ैर-इस्लामिक है, जबकि ऑल इंडिया मुस्लिम पर्सनल लॉ बोर्ड का कहना था कि कोई भी समझदार मुस्लिम किसी भी दिन उठकर सीधे तलाक़-तलाक़-तलाक़ नहीं कहता, इसलिए यह कोई मुद्दा ही नहीं है।

पर, तीन तलाक़ पर क़ानून बनाए जाने से मुस्लिम महिलाओं में खुशी रही हो पर मुस्लिम समुदाय के पुरुषों में रोष भी था। संभवतया यह रोष उनके अंदर संघ और भाजपा की सरकार के ख़िलाफ़ द्वेष या असंतोष की वजह से रहा हो। आरिफ़ मोहम्मद ख़ान कहते हैं, "सियासी लोग मुसलमानों को मोदी का नाम लेकर डरा रहे थे। 2014 में कहा गया कि अगर मोदी जीत गए तो अल्पसंख्यकों का हिन्दुस्तान में रहना मुश्किल हो जाएगा, दंगे होंगे और हिन्दुस्तान को हिन्दू राष्ट्र बनाने की कोशिश की जाएगी, लेकिन मोदी सरकार के पांच साल में जब कुछ ऐसा कहीं नहीं हुआ

तो 2019 में कहा गया कि मोदी मुसलमानों के तुष्टिकरण में लग गए हैं, कभी तीन तलाक़ के ख़िलाफ़ क़ानून बनाते हैं तो कभी पांच करोड़ मुस्लिम बच्चों को वज़ीफा देते हैं। प्रधानमंत्री मोदी ने 2019 का चुनाव जीतने के बाद भाजपा संसदीय दल की पहली बैठक में कहा कि 'सबका साथ-सबका विकास' के साथ 'सबका विश्वास' जीतना भी ज़रूरी है।"

तो क्या मोदी अब बदल गए हैं? आरिफ़ मोहम्मद ख़ान कहते हैं, "मुझे नहीं लगता कि मोदी बदल गए हैं। उन्हें अपने संवैधानिक दायित्व का बोध है। आप ही बताइए, पहले कार्यकाल में मोदी ने कोई ऐसा काम किया जिससे एक वर्ग विशेष के ख़िलाफ़ द्वेष नज़र आता हो? उन्होंने समाज के एक तबके में मौजूद संदेह, अविश्वास या भ्रम को खत्म करने की कोशिश की है। आज़ादी के बाद शायद ही कोई साल गुज़रा हो, जब देश के किसी न किसी हिस्से में कोई बड़ा दंगा न हुआ हो, लेकिन पिछले पांच साल में कोई दंगा नहीं हुआ। कुछ लोग मॉब लिंचिंग का ज़िक्र करते हैं, पर 1950 में जितनी मॉब लिंचिग हुई उतनी पांच साल में नहीं हुई।"

आज़ादी के बाद के क़रीब साठ साल तक केंद्र और ज़्यादातर राज्यों में कांग्रेस की सरकारें रहीं। कांग्रेस ख़ुद को हमेशा ही मुसलमानों का ख़ैरख़्वाह बनाने का दावा करती रही। कांग्रेस ने मुसलमानों के लिए क्या किया, यह तो कांग्रेस सरकार की बनाई उस सच्चर कमिटी ने ही साफ कर दिया। फिर, मुसलमानों के लिए कांग्रेस के चलाए कार्यक्रमों या नीतियों में से किसी एक को भी भाजपा सरकारों ने बंद नहीं किया, बल्कि अब उसे नया नारा दिया, सबका साथ, सबका विकास।

ख़ान तल्ख़ अंदाज़ में कहते हैं, "किसी प्रधानमंत्री के यह कह देने भर से कि इस देश के संसाधनों पर पहला हक़ अल्पसंख्यकों का है, क्या उन्हें वह सारे संसाधन मिल गए हैं? कब्रिस्तानों की दीवारों को बनाकर राजनीति करनेवाले राजनेता दरअसल जिंदा कौमों के बीच दीवारें खड़ी करते हैं ताकि कोई एक-दूसरे से क़रीब न हो पाए।"

यूपीए सरकार ने मुसलमानों की माली हालत जानने के लिए 2005 में सच्चर कमिटी का गठन किया था। दिल्ली हाईकोर्ट के जज रहे जस्टिस राजिन्दर सच्चर की अध्यक्षता में बनाई गई इस छह सदस्यीय कमिटी 30 नवम्बर, 2006 को संसद में 403 पन्नों की रिपोर्ट पेश की जिसमें देश में मुसलमानों की सामाजिक, आर्थिक और शैक्षिक अवस्था का विस्तार से ब्योरा था। इसमें हालात सुधारने के लिए सुझाव भी दिए गए थे। रिपोर्ट में कहा गया कि मुसलमानों की हालत देश के अनुसूचित जाति और जनजाति के लोगों से भी ज़्यादा ख़राब है। देश की आबादी का 14 फीसद मुसलमान है लेकिन नौकरशाही में उनकी हिस्सेदारी तीन फीसद से भी कम है। रिपोर्ट में मुसलमानों की हालत सुधारने के लिए 'इक्वल अपोर्चनिटी कमीशन' बनाने का सुझाव दिया था।

इसके बाद, फिर अल्पसंख्यक मंत्रालय बनाया गया जिसका क़रीबन 150 करोड़ रुपए का बजट है और जिसका मक़सद है देश के 18-20 करोड़ मुसलमानों

की माली हालत सुधारना। जाहिर है, इस कदम को तुष्टिकरण मानकर इसकी मुखालफत की गई जिसका लेना-देना मुसलमानों से नहीं था, अलबत्ता इस विरोध से हिन्दू वोटरों को साधने की कोशिश की जा रही थी।

बहरहाल, यूपीए सरकार में बने 143 करोड़ बजट का अल्पसंख्यक मंत्रालय अब 2,060 करोड़ रुपए तक पहुंच गया है। केंद्र सरकार की मानें तो सच्चर कमिटी की 76 सिफ़ारिशों में से 72 को लागू कर दिया गया है और विभिन्न योजनाओं के मद में आवंटन बढ़ाया गया है। इसके क्या मायने हैं? ख़ान कहते हैं, "वीपी सिंह सरकार ने माइनॉरिटी फ़ाइनेंस कमीशन बनाने का फ़ैसला किया तो मैंने इसका विरोध किया था। मैंने कहा भी कि इससे जिनका नुक़सान होगा वह तालियां बजा रहे हैं। आप ग़लत काम कर रहे हैं, अलगाव बढ़ा रहे हैं।"

आरिफ़ मोहम्मद ख़ान मौलाना आज़ाद के भाषण का ज़िक्र करते हैं जब उन्होंने कहा था, "हिन्दुस्तान के सियासी मसाइल में कोई बात इस दर्जा ग़लत समझी गई कि मुसलमानों की हैसियत अक़लियत की है। इसलिए जम्हूरियत के अंदाज़ अंदेशानाक रहना चाहिए। इस एक ग़लती ने बेशुमार ग़लतियों का दरवाज़ा खोल दिया। और ग़लत बुनियादों पर बेशुमार ग़लत दीवारें चुनी जाने लगीं।"

पूर्व प्रधानमंत्री वाजपेयी का हमेशा कहना रहा कि अल्पसंख्यकों को राष्ट्र की मुख्यधारा से जुड़ना होगा, वरना वे घाटे में रहेंगे। वाजपेयी का कहना था कि भारत में उपासना पद्धति के आधार पर कभी किसी के साथ भेदभाव या पक्षपात नहीं किया गया। मुसलमानों से हमारा यही कहना है कि वे मुल्क को पहला और मज़हब को दूसरा स्थान दें। सब जानते हैं कि वाजपेयी मुसलमानों में भी उतने ही लोकप्रिय रहे, जितने दूसरे तबकों में। जनसंघ के अध्यक्ष के तौर पर वाजपेयी ने कहा, "जनसंघ सभी भारतीयों को एक मानता है और उन्हें हमेशा के लिए बहुसंख्यक और अल्पसंख्यक के तौर पर बांटने का विरोधी है। लोकतंत्र में बहुसंख्यक और अल्पसंख्यक का निर्णय राजनीति के आधार पर होता है, मज़हब, भाषा या जाति के आधार पर नहीं। सभी अल्पसंख्यकों के प्रति जनसंघ समान व्यवहार का हामी है। यदि उनके साथ कोई भेदभाव किया जाता है तो ग़लत है, और जनसंघ उसके ख़िलाफ़ अपनी आवाज़ उठाएगा।"[1]

आख़िर, कांग्रेस के क़रीब साठ साल के शासन के बाद भी मुसलमानों की हालत क्यों नहीं सुधरी और मुसलमान ने ख़ुद को क्यों ठगा जाने दिया? क्या इसकी बड़ी वजह यह रही कि हिन्दुस्तान का ज़्यादातर मुसलमान संघ और उससे जुड़े संगठनों को सांप्रदायिक मानता रहा है? जब सरसंघचालक मोहन भागवत ने सितम्बर, 2018 में अपनी व्याख्यानमाला में कहा कि 'मुसलमानों के बग़ैर हिन्दुत्व अधूरा है' तो शायद मुसलमानों का थोड़ा नज़रिया बदला होगा, लेकिन अब भी इस पर बहुत काम करने की ज़रूरत है और यह काम संघ को पहले अपने स्वयंसेवकों के बीच करना होगा। सह-सरकार्यवाह डॉ. मनमोहन वैद्य कहते हैं, "बचपन से ही

1. जयपुर में जनसंघ के राष्ट्रीय कार्यसमिति में वाजपेयी का अध्यक्षीय भाषण

शाखा में जाने का मेरा अनुभव है। मैंने संघ में कभी मुसलमान या ईसाई के प्रति घृणा या तिरस्कार की बात नहीं सुनी।"

वैद्य को 1971 में नागपुर के अजानी स्टेशन के पास एक शाखा का दायित्व मिला, जिसके पास ही सरकारी मेडिकल हॉस्पिटल के क्वॉर्टर थे। एक दिन 10-12 बच्चों का एक नया समूह उनकी शाखा में आया, जिसमें आमिल खान और फिरोज खान नाम के दो बच्चे भी थे। वैद्य शाखा में किसी मुस्लिम से पहली बार मिल रहे था। दो दिन के बाद वैद्य उनके घर सम्पर्क के लिए गए। उन बच्चों के पिताजी, बशीर खान, एम्बुलेंस के ड्राइवर थे। वैद्य ने अपना परिचय देकर बशीर को बताया कि उनके बच्चे शाखा में दो दिन से आ रहे हैं। बशीर ने उन्हें चाय के लिए पूछा पर वैद्य तब चाय पीते नहीं थे। वैद्य कहते हैं, "मुझे लगा कि मैं मना करूंगा तो वे मान बैठेंगे कि हम मुसलमान हैं, इसलिए मना कर रहे हैं। इसलिए मैंने आधी कप चाय ली। चाय पीने का यह मेरा पहला अनुभव था। 'संघ मुसलमानों का तिरस्कार करता है', 'उनको दुश्मन मानता है', ऐसा संघ के बारे में दुष्प्रचार होता देखकर मुझे आश्चर्य होता है।" संघ के एक वरिष्ठ पदाधिकारी कहते हैं कि संघ के बारे में दुष्प्रचार का नतीजा रहा कि जब सरसंघचालक भागवत ने दिल्ली में इस पर बात की तो बाहर के लोगों को ऐसा लगना स्वाभाविक था कि संघ में अब खुलापन आ रहा है, नए विचारों का स्वागत हो रहा है इसलिए किसी ने इसे 'ग्लास्नोस्त' की उपमा भी दी।

डॉ. मनमोहन वैद्य कहते हैं, "जब पाकिस्तान बना उनके संविधान में सेमेटिक विचार की परंपरा के अनुसार ग़ैर-मुसलमानों को मुसलमानों के बराबर अधिकार नहीं दिए गए। लेकिन भारत के संविधान में हिन्दू परंपरा के अनुसार सभी धर्मों को समान अधिकार दिए गए। यह भारत के संविधान का हिन्दुत्व है। संविधान में 'अल्पसंख्यक' की संकल्पना के पीछे भी सेमेटिक विचारों का प्रभाव ही है।" डॉ. वैद्य मानते हैं कि कहीं-कहीं मुस्लिम आक्रमण का प्रतिरोध करने के लिए हिन्दू समाज को भी मुसलमान गुंडों के ख़िलाफ़ लड़ना पड़ा। इस कारण मुस्लिम विरोध का भाव भी समाज के मन में जमा। लेकिन भारत के सभी मुसलमान और ईसाई भी मूलतः तो हिन्दू ही थे पर हिन्दू समाज की कमज़ोरी एक वजह होने से उन्हें अपनी उपासना पद्धति छोड़नी पड़ी या बदलनी पड़ी, परंतु वे इस भारत के उतने ही अभिन्न अंग हैं जैसे हिन्दू हैं।

वह कहते हैं, "मुस्लिम की तरफ़ से होने वाले हिन्दू विरोध के कारण हिन्दू समाज का कोई नुक़सान न हो इसकी पुख़्ता सावधानी और व्यवस्था रखने के बाद भी वे एक समय हिन्दू समाज का अंग ही थे ये हमें नहीं भूलना चाहिए। उन्हें छोड़कर भारत के भविष्य का विचार करना यह सेमेटिक अलगाववादी विचारों के लक्षण हैं, जो भारतीय परंपरा से मेल नहीं खाता है। इसलिए कहीं प्रतिक्रिया में मुसलमान विरोध दिखता होगा तो भी भारत के मुसलमानों में भारतीयता यानी

हिन्दुत्व का जागरण करते हुए उन्हें भारत का भविष्य गढ़ने में साथ लेना ही हिन्दुत्व की पहचान है।"

हमारी संविधान सभा का मानना था कि पृथक-निर्वाचन क्षेत्र की वजह से देश का बंटवारा हुआ। इसीलिए संविधान सभा ने दो चीज़ों को जड़ से खत्म करना चाहा; एक, जाति व्यवस्था, और दूसरी, अलगाववादी चुनाव व्यवस्था। लेकिन हमारी आदत पड़ चुकी थी इसलिए संविधान में एक प्रावधान डाल दिया गया: अनुच्छेद 29-30, जिसमें कहा गया कि 'अगर कोई धार्मिक या भाषायी अल्पसंख्यक समूह अपनी शिक्षण संस्था बनाते हैं, तो सरकार जैसे दूसरे निजी संस्थानों की मदद करती है, उनको भी मदद करने में कोई भेदभाव नहीं बरतेगी।' मौलाना आज़ाद कहते थे कि हिन्दुस्तान में हमारे दिमागों में एक ग़लत चीज़ यह बैठ गई है कि मुसलमान अल्पसंख्यक हैं। इस एक बुनियादी ग़लती ने हज़ारों ग़लतियों को जन्म दिया है। अब संविधान हिन्दू-मुसलमान की बात करने की इजाज़त नहीं देता। तो अब हमने बहुसंख्यक और अल्पसंख्यक कहना शुरू कर दिया और अल्पसंख्यक का मतलब मुस्लिम लगा लिया।

वरिष्ठ पत्रकार एन. के. सिंह मानते हैं कि बरसों से हिन्दू-मुसलमान के बीच जो द्वंद्व था, उसका राजनैतिक प्रकटीकरण कांग्रेस की स्थापना के बाद ही शुरू हो गया था। उस वक़्त कांग्रेस की अध्यक्षता के लिए सर सैयद अहमद ख़ुद को सुपात्र मानते थे, लेकिन कांग्रेस ने तब बदरूद्दीन तैय्यब को चुन लिया, इससे सर सैयद अहमद नाराज़ हो गए। इसके बाद सर सैयद अहमद और मुसलमानों की तमाम तंजीमों ने अपने लिए अलग राजनीतिक हैसियत बहाल करने और कुछ हद तक अलग मुल्क़ बनाने की वक़ालत भी शुरू कर दी। 1917 में इंडिया इडिपेंडेस एक्ट यानी कुछ स्वायत्तता देने का नाटक अंग्रेज़ों ने किया। वॉयसरॉय काउंसिल में कुछ हिन्दू सदस्य शामिल किए गए। 1924 में एक बड़ी घटना हुई जब अब्दुल रशीद नाम के शख्स ने आर्य समाज के बड़े नेता स्वामी श्रद्धानंद की गोली मारकर हत्या कर दी। विनायक दामोदर सावरकर उस वक़्त दो उदाहरण देते हैं कि गांधी ने तब हर मंच पर उसे 'अब्दुल भाई' कहा। इसी दौरान, 18 साल का एक लड़का गोपीनाथ साहा एक अंग्रेज़ अफ़सर चार्ल्स टेगार्ड की हत्या करने गया, लेकिन ग़लत पहचान की वजह से किसी दूसरे अंग्रेज़ की मौत हो गई। गांधी ने दो दिन बाद गुवाहाटी में हुए कांग्रेस अधिवेशन में स्वामी श्रद्धानंद को श्रद्धांजलि तो दी लेकिन हत्यारे को 'अब्दुल भाई' कहते रहे और भाषण में यह भी कहा कि मैंने अब्दुल को 'भाई' इसलिए कहा और कहता रहूंगा क्योंकि स्वामी की हत्या का दोषी अब्दुल क़तई नहीं है बल्कि वह विचार है जिससे हम हिन्दू-मुसलमान में अंतर कर रहे हैं। लेकिन क्रांतिकारी नौजवान साहा के बारे में गांधी ने एक शब्द भी नहीं कहा, बल्कि साहा की तारीफ़ करने वाले देशबंधु चितरंजन दास को उन्होंने खरी-खोटी सुनाई। सिंह कहते हैं, "इसी माहौल में संघ का 1925 में जन्म हुआ था। ऐसा नहीं था कि संघ के संस्थापक हेडगेवार क्रांतिकारी नहीं थे, लेकिन संघ के मूल में हिन्दुओं

का अतीत, हिन्दू गरिमा का तलवार के दम पर शमन और भारत में अंग्रेज़ों का हिन्दू-मुसलमानों को लड़ाने का कुचक्र संघ के अस्तित्व का मूल कारण बना रहा। अगले 15 साल तक हालात नहीं सुधरे तो यह अभाव और प्रबल होता गया। उसी कालखंड में सावरकर ने अपने अकाट्य तर्कों के साथ गांधीवादी दर्शन और हिन्दुत्व की गरिमा पर किताबें लिखीं, जिसने संघ की पनपती अवधारणा को फौलादी ढांचा प्रदान किया।"

सावरकर ने अपनी किताब 'हिन्दुत्व' में लिखा है:

"जब तक मुसलमान न केवल हमारे देश को बल्कि हमारी संस्कृति और इतिहास को अंगीकार नहीं करता और हमारे ख़ून को अपना नहीं मानता और साथ ही हमारे भूभाग को न केवल अपनी निष्ठा देता है बल्कि उसे पूज्य मानता है, तब तक वह हिन्दू के दायरे में नहीं आएगा।"

ज़ाहिर है इस हिसाब से जब तक हिन्दू नहीं है, उसे हिन्दू राष्ट्र में रहने का कोई हक़ नहीं है, इस मान्यता को ताक़त मिलती है। आंबेडकर ने 'थॉट्स ऑन पाकिस्तान' में कहा है: "इस्लाम एक बंद समुदाय है और वह मुसलमान और ग़ैर-मुसलमान के बीच जो भेद करते हैं वह हकीकत है। 'इस्लामिक ब्रदरहुड' पूरी मानव जाति का समावेश करने वाला 'विश्वबंधुत्व' नहीं है। यह मुसलमानों का मुसलमानों के लिए ही 'बंधुत्व' है। वहां बंधुत्व है लेकिन उसका फायदा उनके समुदाय तक ही सीमित है। जो उसके बाहर है उनके लिए तुच्छता और शत्रुता के सिवा और कुछ भी नहीं है।"

संघ के प्रचारक रहे रमेश शिलेदार कहते हैं, "वीर सावरकर मानते थे कि अगर आपने धर्म बदल लिया तो आपकी निष्ठा बदल गई, लेकिन संघ मानता है कि धर्म बदल लिया, तो उपासना पद्धति बदल गई लेकिन इससे हमारी राष्ट्रीयता और पुरखे नहीं बदलते। लेकिन हकीकत में वैसा नहीं हुआ जिन्ना ने द्विराष्ट्रवाद का सिद्धांत दिया, कांग्रेस ने उसे स्वीकार किया तो सवाल यह है कि सांप्रदायिक कौन है? संघ ने विभाजन के दस्तावेज़ पर दस्तख़त नहीं किए थे, कांग्रेस ने किए थे।"

संघ मानता रहा है कि हिन्दुस्तान में 90 फीसद हिन्दू हैं वह संगठित और संस्कारित हो जाएं। गुरु गोलवलकर कहते थे, "हम आपस में बंटे रहे, इसलिए ग़ुलाम रहे, इसलिए ज़िम्मेदारी हमारी है। उसका फ़ायदा बाहरी शक्तियों ने उठाया। इस्लाम ज़बरदस्ती धर्म परिवर्तन कराता है जबकि ईसाई सेवा के साथ और बाद में धर्म परिवर्तन कराते हैं। यदि 90 फीसद हिन्दू अनुशासित और संगठित हो जाएगा तो बाक़ी 10 फीसद लोग भी उसी धारा में जाएंगे।"

लेकिन क्या यह सच नहीं है कि हिन्दू महासभा और मुस्लिम लीग दोनों ही द्विराष्ट्र के सिद्धांत को मानते थे? 1939 में हिन्दू महासभा और मुस्लिम लीग ने मिलकर पश्चिमोत्तर सीमांत प्रांत (नॉर्थ वेस्ट फ्रंटियर प्रॉविन्स) और सिंध में सरकार बनाई। दोनों ही गठबंधन साझीदार 'भारत छोड़ो आंदोलन' के ख़िलाफ़ थे और

अंग्रेज़ों के साथ थे। मार्च, 1943 में सिंध असेंबली में पाकिस्तान बनाने का प्रस्ताव इसी गठबंधन की सरकार ने पास किया। इस प्रस्ताव के बाद भी अप्रैल, 1943 में हिन्दू महासभा और मुस्लिम लीग की एक और गठबंधन की सरकार पश्चिमोत्तर सीमांत प्रांत में बनी। यह आरोप भी लगाया जाता है कि 30 दिसम्बर, 1937 को सावरकर ने हिन्दू महासभा के 19वें अधिवेशन में द्विराष्ट्रवाद का सिद्धांत दिया था। 15 अगस्त, 1943 को नागपुर में अपने भाषण में सावरकर ने कहा "मिस्टर जिन्ना की टू नेशन थ्योरी से मेरा कोई झगड़ा नहीं है। हम हिन्दू, स्वयं में एक राष्ट्र हैं और ये ऐतिहासिक तथ्य है कि हिन्दू और मुस्लिम दो राष्ट्र हैं।" लेकिन उन्होंने स्पष्ट किया, "ऐसी परिस्थितियां दूसरे देशों में भी आईं हैं, लेकिन उसके रास्ते निकाले गए। मैं समझता हूं कि हमारे यहां किसी भी एक को धर्म के आधार पर ज़्यादा ताक़त नहीं दी जाए।"[2]

लेकिन हिन्दू महासभा और मुस्लिम लीग को गठबंधन सरकार बनाने में कोई नैतिक परेशानी नहीं हुई। पश्चिमोत्तर सीमांत प्रांत की सरकार में ए. के. फ़ज़ल हक़ प्रधानमंत्री और डॉ. श्यामाप्रसाद मुखर्जी वित्त मंत्री थे।

पं. दीनदयाल उपाध्याय ने 23 अप्रैल, 1965 को जनसंघ के अधिवेशन में कहा:

"हिन्दू समाज का राष्ट्र के प्रति कर्तव्य है कि भारतीय जनजीवन के तथा अपने उन अंगों के भारतीयकरण का महान कार्य अपने हाथों में ले, जो विदेशियों द्वारा विदेशाभिमुख बना दिए गए हैं, हिन्दू समाज उन्हें स्नेहपूर्वक आत्मसात करे। केवल इसी तरह सांप्रदायिकता का अंत हो सकता है और राष्ट्रीयता पूरी हो सकती है।"[3]

यहां ग़ौरतलब है कि सावरकर मुसलमानों को ताक़ीद करते हैं कि वे अपने ख़ून में हिन्दुओं का ख़ून मिलाएं और अपना हिन्दूकरण करें तभी वे हिंदुस्तान में रहने के सुपात्र हैं। सावरकर और उपाध्याय की विचारधाराओं में ज़मीन-आसमान का अंतर है। चूंकि, उपाध्याय की विचारधारा संघ की बुनियाद को कहीं हिलाती है लिहाजा संघ के विचारों पर सावरकर और गुरुजी का प्रभाव प्रखर रहा और उपाध्याय संघ के समारोहों में मोमबत्ती जलाने तक ही रह गए। संघ एक द्वन्द्व की स्थिति में पिछले कई दशकों से रहा।

सावरकर ने अपनी किताब 'भारतीय इतिहास के छह शानदार युग' में लिखा, "पुराने आक्रमणकारी शक, हूण, कुषाण और यूनानी भारत आने के बाद भारतीय संस्कृति में रच-बस गए और अपनी पहचान खोकर भारतीय हो गए। लेकिन मुस्लिमों ने भारतीय संस्कृति और परंपरा को नहीं अपनाया। ये मुस्लिम आक्रमणकारी न केवल हिन्दू राजनीतिक शक्ति को कुचलना चाहते थे बल्कि पूरे भारत पर मुस्लिम

2. समग्र सावरकर वांग्मय, खंड 6, महाराष्ट्र प्रान्तिक हिन्दू सभा प्रकाशन, 1963-65, पृ. 296
3. दीनदयाल उपाध्याय: विचार दर्शन

सत्ता भी स्थापित करना चाहते थे... वे इस राष्ट्र की रक्त-अस्थि-मज्जा हिन्दू धर्म को ही ख़त्म करना चाहते थे।"

गोलवलकर भी कहते हैं कि पिछले 1200 साल का भारत का इतिहास धार्मिक युद्धों का इतिहास रहा है जिसमें हिन्दुओं को ख़त्म करने की कोशिश की गई। भारत देश का बंटवारा सिर्फ़ ज़मीन का बंटवारा नहीं था, यह एक धार्मिक षड्यंत्र का हिस्सा था। गोलवलकर मानते हैं, "जब से मुस्लिमों ने इस धरती पर कदम रखा है, उनका एक ही मक़सद है पूरे देश का धर्मांतरण करना और ग़ुलाम बनाना। सदियों के प्रभुत्व के बाद भी उसमें कामयाबी इसलिए नहीं मिल पाई क्योंकि बहुत से बहादुर महापुरुषों के रूप में इस राष्ट्र की विजयी आत्मा खड़ी होती रही और उनके साम्राज्यों को धूल चटाती रही। उनके साम्राज्य धराशायी होते रहे, लेकिन प्रभुत्व जमाने का उनका हौसला नहीं टूटा। अंग्रेज़ों के आने के बाद उन्हें फिर मौक़ा मिला और हमारे नेताओं को आंख दिखाकर उन्हें पाकिस्तान पर समझौता करने के लिए मजबूर कर दिया।" गोलवलकर की टिप्पणी में आज़ादी के बाद का परिदृश्य भी शामिल है। वह आगे लिखते हैं, "मुसलमान दिल्ली से लेकर रामपुर तक साज़िश में व्यस्त हैं, हथियार इकट्ठा कर रहे हैं और उस समय का इंतज़ार कर रहे हैं जब पाकिस्तान भारत पर हमला करे और वे अंदर से वार कर सकें।"

लेकिन संघ मानता है कि गोलवलकर की बातों को विभाजन की वजह से हुए आक्रोश के तौर पर देखा जाना चाहिए। संघ अब गोलवलकर की पुस्तक 'बंच ऑफ़ थॉट्स' और 'वी ऐंड अवर नेशनहुड डिफाइंड' को गोलवलकर का प्रतिनिधि लेखन नहीं मानता। एक बार विनोबा भावे और गोलवलकर के बीच चर्चा में एक सवाल आया कि हिन्दुओं और मुसलमानों की विचार-पद्धति में अंतर कहां है? गोलवलकर ने विनोबा से कहा, "भले-बुरे लोग दोनों समाज में हैं। हिन्दू और मुसलमान दोनों में अच्छे, ईमानदार, दूसरों की सेवा करनेवाले लोग होते हैं। उसी प्रकार गुंडे भी दोनों समाज में पाए जाते हैं। इसलिए अच्छे या बुरे व्यक्ति, किसी एक ही समाज की बपौती नहीं माने जा सकते, लेकिन दिखाई देता है कि व्यक्ति के नाते हिन्दुओं में जो गुंडे और बदमाश भी होते हैं, वे भी जब समाज के रूप में इकट्ठा होते हैं तो वे अच्छी बात का ही विचार करते हैं। उस समय उनके मन में कोई पाप खड़ा नहीं होता। लेकिन इससे उलट, जब दस मुसलमान इकट्ठा होते हैं तब व्यक्ति के नाते मुसलमानों में जिन बातों को अच्छा नहीं माना जाता, वैसी बातों को उस समूह में इकट्ठा हुए मुसलमान अच्छा मानते हैं। ऐसे प्रसंग में उनकी विचार करने की पद्धति कुछ अलग ही होती है, ऐसा अनुभव किया गया है।"[4]

1993 में के. एस. सुदर्शन ने कहा था, "इस्लाम पर अरबी संस्कृति की गहरी छाप है क्योंकि वह वहां जन्मा है। लेकिन यूरोपीय संस्कृति के प्रभाव में तुर्की में आने पर उसका रंग बदला। ईरान में ज़ोरास्त्रियन और इंडोनेशिया में हिन्दू संस्कृति का उस पर प्रभाव पड़ा। इस्लाम ने इंडोनेशिया के मुसलमानों को महाभारत और

4. पं. दीनदयाल उपाध्याय विचार दर्शन पुस्तक शृंखला की किताब 'एकात्म मानव दर्शन' पृ. 81

रामायण को अपने संस्कृति महाकाव्य और राम और कृष्ण को अपने पुरखे मानने से नहीं रोका। भारतीय मुसलमानों का क्या बिगड़ जाएगा, अगर राम और कृष्ण को वे अपने पुरखे मान लें और ग़ज़नी, ग़ौरी और बाबर को विदेशी हमलावर।"[5]

इमरजेंसी के बाद 1977 में संघ की प्रतिनिधि सभा की बैठक हुई थी। सरसंघचालक देवरस ने प्रतिनिधि सभा में प्रस्ताव रखा कि संघ का दरवाज़ा मुस्लिम समुदाय के लोगों के लिए भी खोला जाना चाहिए। तब यादवराव जोशी, मोरोपंत पिंगले, दत्तोपंत ठेंगड़ी जैसे कई क़द्दावर नेताओं ने इस बात का जमकर विरोध किया। फिर 1979 में संघ ने अपने दरवाज़े दूसरे धर्मों के साथ-साथ मुसलमानों के लिये भी खोलने का ऐलान किया था, लेकिन बात आगे नहीं बढ़ी। असल में, मुसलमानों के साथ रिश्तों में बेहतरी का काम इमरजेंसी के दौरान ही हुआ, जब संघ और जमात-ए-इस्लामी समेत कई संगठनों के मुस्लिम नेता जेलों में एक साथ बंद थे। बिला शक देवरस ने बहुत साहसी फ़ैसला लिया था और इस फ़ैसले के लिए संघ के भीतर ही उनकी आलोचना हुई। इस दौर की चर्चा करते हुए अपनी किताब 'लास्ट इयर्स ऑफ़ आरएसएस' में संजीव केलकर ने देवरस की आलोचनाओं का हवाला देते हुए लिखा है: "महाराष्ट्र के आरएसएस प्रमुख के. बी. लिमये ने अपनी नाराज़गी ज़ाहिर करते हुए चिट्ठी लिखी। इस चिट्ठी में उन्होंने लिखा, 'आपको राष्ट्रीय स्वयंसेवक संघ के सरसंघचालक का वह आसन दिया गया, जिस पर कभी डॉ. हेडगेवार बैठे थे। कृपा करके उसी संघ को चलाएं और उसको आगे बढ़ाने का रास्ता तैयार कीजिए। उसे बदलने की कोशिश मत कीजिए। आपको लगता है कि बदलाव ज़रूरी है तो फिर अपने लिए एक नया आरएसएस बना लीजिए। हिन्दुओं को संगठित करने को प्रतिबद्ध डॉक्टर जी के आरएसएस को हमारे लिए छोड़ दीजिए। अगर आपने इस आरएसएस को बदला तो फिर ऐसे संघ से मैं कोई रिश्ता नहीं रख सकूंगा।" लेकिन देवरस ने अपना रास्ता नहीं बदला और अपनी कोशिशें जारी रखीं।

दिलीप देवधर बताते हैं, "इमरजेंसी के दौरान जेल में संघ के नेताओं की मुलाक़ात जमात-ए-इस्लामी के नेताओं से हुई। दोनों ने इस मौक़े का इस्तेमाल एक-दूसरे को ज्यादा बेहतर तरीक़े जानने-समझने में किया। इमरजेंसी में देवरस ने मुसलमानों को दावत दी कि वे संघ को क़रीब से समझने की कोशिश करें। इसके साथ ही उन्होंने जनसंघ को जनता पार्टी में विलय करने की इजाज़त भी दी।" एक और रोचक वाक़या है इमरजेंसी के बाद मौलानाओं का एक ग्रुप आरएसएस के नेताओं से मुलाक़ात करने नागपुर के मुख्यालय पहुंचा। बातचीत करते-करते शाम होने लगी तो मौलाना थोड़ा परेशान नज़र आए क्योंकि नमाज़ का वक़्त हो चला था। तब वहां मौजूद संघ के पदाधिकारियों ने कहा कि वे चाहें तो आरएसएस के मुख्यालय में ही नमाज़ अदा कर लें और मौलानाओं ने हामी भर दी। दो अलग-अलग वक़्त के मिलने को संध्या काल कहा जाता है, उस वक़्त जब सूरज डूबने

5. द हिन्दू नेशनलिस्ट मूवमेंट एंड इंडियन पॉलिटिक्सः क्रिस्तॉफ जेफरलॉ

को था तो नागपुर के संघ मुख्यालय में नमाज़ पढ़ते मौलानाओं के साथ दो अलग अलग विचारधाराओं का मिलन भी हो रहा था शायद।

बहरहाल, सत्तर के दशक में मुसलमानों के लिए संघ के दरवाज़े खोलने के बावजूद संघ की छवि मुस्लिमविरोधी क्यों है? वरिष्ठ पत्रकार के. जी. सुरेश कहते हैं, "यह संघ विरोधियों का एजेंडा है। आज तक मुझे एक भी पदाधिकारी नहीं मिला जो मुस्लिमविरोधी बात करता हो और न ही संघ में ऐसा कोई कार्यक्रम होता है। संघ में तो अब मुस्लिम राष्ट्रीय मंच भी काम कर रहा है। क्या आप तीन तलाक़ पर क़ानून को मुस्लिम विरोधी मानते हैं? अगर हिन्दू-मुसलमानों के पूर्वज एक ही हैं तो फिर राम से आपत्ति क्यों? क्या आप लव-जेहाद को एंटी मुस्लिम मानते हैं? आबादी को लेकर देश की जनसांख्यिकी बदल गई है या बांग्लादेशी घुसपैठियों की बात संघ ज़रूर करता है, लेकिन उसे हिन्दुस्तान में रहने वाले मुसलमानों से कोई परहेज नहीं है।"

2019 में दिल्ली में एक कार्यक्रम का आयोजन औरंगज़ेब के भाई दारा शिकोह को लेकर किया गया। इसमें संघ के बड़े पदाधिकारी भी मौजूद थे। समारोह में ज़ोर दिया गया कि हिन्दुस्तान के मुसलमानों को दारा शिकोह जैसा होना चाहिए न कि औरंगज़ेब जैसा। कार्यक्रम में सह-सरकार्यवाह कृष्ण गोपाल ने सवाल किया, "भारत में 16 करोड़ मुसलमान हैं फिर भी वे डरते क्यों हैं? जबकि दूसरे अल्पसंख्यकों की आबादी बहुत कम है, लेकिन उन्हें डर नहीं लगता?" कृष्ण गोपाल संघ में हिन्दुत्व के बड़े प्रवक्ता माने जाते हैं। वरिष्ठ पत्रकार आशुतोष कहते हैं, "संघ हिन्दुस्तानी मुसलमानों को औरंगज़ेब से प्रेरित क्यों मानता है? दरअसल दिक़्क़त इतिहास को देखने के नज़रिए में है। सेक्यूलर इतिहासकार भारत के इतिहास को राजाओं के संघर्ष का इतिहास मानते हैं, फिर चाहे राजा हिन्दू रहा हो या मुसलमान, सबने सत्ता हासिल करने के लिए ग़लत-सही काम किए और फिर सत्ता में बने रहने के लिए जो ज़रूरी था, वह किया चाहे इसके लिए अत्याचार करने पड़े हों या फिर जनता के लिए कल्याणकारी कदम। लेकिन हिन्दूवादी व्याख्याकार मध्ययुगीन इतिहास को धर्मों के बीच संघर्षों का इतिहास मानते हैं।"

आशुतोष मानते हैं कि जिस तरह अनुच्छेद 370 में बदलाव किया गया, उससे मुस्लिम समाज सकते में है। असम में एनआरसी के लिए घुसपैठियों की पहचान से भी उसके मन में डर बैठा है। संघ के नेताओं को यह बताने की आवश्यकता नहीं है कि बौद्ध, जैन और सिख धर्म को वह भारतीयता का ही हिस्सा मानते हैं क्योंकि 'हिन्दुत्व' की उनकी परिभाषा में इन धर्मों की पुण्यभूमि और पितृभूमि दोनों ही भारतभूमि है। इसलिए, इनके ख़िलाफ़ कभी भी वैसा व्यवहार नहीं होता जैसा गोलवलकर और सावरकर के लेखन में मुस्लिम तबक़े के ख़िलाफ़ मिलता है। हिंदुत्ववादियों के अनुसार इस वजह से इस्लाम और ईसाई धर्म के मानने वालों की प्रतिबद्धता पूरी तरह से भारत देश के साथ नहीं हो सकती। पारसी और यहूदियों की संख्या इतनी कम है कि उनकी 130 करोड़ की आबादी में कहीं कोई गिनती

नहीं हो पाती। मुसलमानों को डरने की ज़रूरत नहीं होगी अगर संघ अपना नज़रिया बदल ले। उनके साथ वैसा ही व्यवहार करे जैसा हिन्दुओं के साथ वह करता है। सरसंघचालक ने जो विज्ञान भवन में कहा, उसका अक्षरशः पालन होने लगे तो माहौल बदल सकता है। लेकिन भाजपा के ज्यादातर नेता हर बात पर पाकिस्तान भेजने की बात करेंगे, तब तक डर घटेगा नहीं, बढ़ेगा।

मुसलमानों की तकलीफ़ के नाम पर भले ही कुछ लोग परेशान दिखाई देते हों, लेकिन सरसंघचालक मोहन भागवत साफ कहते हैं, "दुनिया भर में सबसे सुखी मुसलमान भारत में ही हैं क्योंकि हम हिन्दू हैं।"

संघ के अखिल भारतीय सम्पर्क प्रमुख अनिरुद्ध देशपांडे की सबसे अहम ज़िम्मेदारी ही यह है कि अलग-अलग विचारधाराओं, मत और सोच-समझ के प्रभावशाली लोगों तक संघ की बात और विचार को पहुंचाया जाए। उन्हें संघ के कार्यक्रमों और गतिविधियों में शामिल होने का निमंत्रण दिया जाए, लेकिन इसका मतलब यह नहीं है कि उन पर ज़बरदस्ती कुछ थोपा जाए। सरसंघचालक भागवत के, 'मुसलमानों के बग़ैर हिन्दुत्व अधूरा है', के बयान पर देशपांडे कहते हैं, "इसका मतलब है कि हम राष्ट्रीयता को लेकर एक हों, एकरसता हो। मुसलमानों में देश को लेकर एकता आई होगी, लेकिन समरसता अभी नहीं दिखती। कुछ फीसदी मुसलमान अच्छा काम कर रहे हैं, मुझे लगता है कि अभी थोड़ा समय लगेगा। मुस्लिम राष्ट्रीय मंच भी इसी समरसता के काम में लगा है। मंच लोगों को यह समझाने की कोशिश करता है कि वंदेमातरम गाना और भारत माता की जय बोलना इस्लाम विरोधी नहीं है। ईसाइयों की बात दूसरी है, उनकी रुचि धर्मांतरण में ज़्यादा है। वे अब भी ख़ुद को अंग्रेज़ों के क़रीब समझते हैं, हिन्दुस्तान से उनका ज़्यादा जुड़ाव नहीं है।"

दिल्ली में उदासीन आश्रम में संघ के एक वरिष्ठ पदाधिकारी मुसलमानों पर चर्चा करते हुए ख़ुद सवाल करते हैं, "संघ, हिन्दुओं में मुसलमानों से मेलजोल बढ़ाने और उनको राष्ट्र की मुख्यधारा में लाने की कोशिश में लगा है। मुसलमानों में कौन इसकी कोशिश कर रहा है कि उनकी सोच-समझ में बदलाव लाया जाए? मुसलमान भारत के नागरिक हैं, लेकिन क्या उन्हें इस देश की परंपरा को नहीं मानना चाहिए? वे क्यों शिवाजी महाराज के बजाय टीपू सुल्तान को अपना हीरो मानते हैं? सबसे ज़रूरी चीज़ है कि राष्ट्रीय प्रवाह एक होना चाहिए। क्या सारी ज़िम्मेदारी हिन्दू समाज की ही है?"

सवाल यह भी है कि जो लोग हज़ार साल से किसी देश का हिस्सा होते हैं क्या वे बाहरी होते हैं? हकीकत यह है कि वे घर का हिस्सा होते हैं और उनके साथ रहना सीखना होता है, इसलिए जब सरसंघचालक भागवत यह कहते हैं कि हिन्दुत्व वाले भारत के भीतर मुसलमानों की भी जगह है तो यह उदारता भी अतिरिक्त वर्चस्ववादी लगती है। यह विचार उस मानसिकता की ओर इशारा करता है, जो मुसलमानों को बाहरी मानती है। क्या संघ यह कहता है कि वह सिख, बौद्ध या जैन को भारत में

साथ रहने देने को तैयार हैं? यह उनका देश है, यह समझ मुसलमानों के बारे में संघ को भी पक्की करनी होगी।

मुसलमानों से जुड़ा एक और अहम मसला है मदरसों का। बहुत से लोग मानते हैं कि मुस्लिम बच्चों को भी मुख्यधारा के स्कूलों में ही पढ़ना चाहिए क्योंकि मज़हबी शिक्षा के नाम पर चलाए जा रहे मदरसों से बच्चों को ठीक से तालीम नहीं मिल पाती और वे पिछड़ते चले जाते हैं। कुछ लोग इन मदरसों में आतंकी लोगों की मदद या संरक्षण का आरोप भी लगाते रहते हैं, लेकिन इसकी कोई पुष्टि नहीं होती। सरकार इन मदरसों की कुछ मदद तो करती है, लेकिन अमूमन उनके हालात बेहद ख़राब हैं। ख़ासतौर से पश्चिमी उत्तर प्रदेश और बिहार के मदरसों की स्थिति दयनीय है। भारत में सबसे ज़्यादा मदरसे पश्चिमी उत्तर प्रदेश में चलते हैं और वे स्थानीय लोगों के पैसे से चलते हैं। लोग इसे पुण्य का काम मानकर पैसा देते हैं, लेकिन ख़ुद के बच्चे वहां नहीं पढ़ाते। वे अपने बच्चों को अच्छे स्कूलों में तालीम दिलाते हैं और इन मदरसों में पूर्वी यूपी, बिहार, बंगाल और ओडिशा के बच्चे पढ़ते हैं। इन इलाक़ों में आबादी और ग़रीबी ज़्यादा है तो वहां उन लोगों को समझाया जाता है कि उनके बच्चे अगर मदरसों में पढ़ेंगे तो उनकी तीन नस्लें जन्नत में जाएंगी। आरिफ़ मोहम्मद ख़ान कहते हैं, "मैंने बेंगलूरु में अपने एक दोस्त से पूछा कि यहां की मस्जिद में जो इमाम हैं वे पूर्वी उत्तर प्रदेश या बिहार से हैं, क्या आपके यहां इमामत करने के लिए बच्चे नहीं मिलते? तो उन्होंने कहा, आप इमामों की बात छोड़िए, यहां के मदरसों में आकर देखिए, बच्चे भी सब उन्हीं इलाक़ों के हैं। हमें सोचना चाहिए कि अब जबकि शिक्षा बुनियादी अधिकार है, तब भी हम उन पिछड़े इलाक़ों में आधुनिक शिक्षा की व्यवस्था क्यों नहीं करते?"

ख़ान के मुताबिक़, "जब वाजपेयी सरकार ने शिक्षा को बुनियादी अधिकार बनाया, तब सिर्फ़ एक संस्था ने उसका विरोध किया था, वह है मुस्लिम पर्सनल लॉ बोर्ड। इस्लाम में, सिर्फ़ मज़हबी नज़रिए से देखें, तो जिस दिन प्रोफेटहुड की शुरुआत हुई, उसी दिन शिक्षा को आवश्यक क़रार दिया गया। हज़रत अली कहते हैं कि बिना शिक्षा के इबादत भी नहीं हो सकती। पर्सनल लॉ बोर्ड वालों के विरोध की वजह यह थी कि पश्चिमी उत्तर प्रदेश के मदरसों के लिए जहां से इन्हें बच्चे मिलते हैं, यानी पूर्वी उत्तर प्रदेश और बिहार, अगर सरकार ने वहां पूरी तरह से आधुनिक शिक्षा की व्यवस्था कर दी तो उन दोनों इलाक़ों से पर्सनल लॉ बोर्ड वालों को बच्चे मिलना बंद हो जाएंगे। ये उन पिछड़े इलाक़ों में जाकर बच्चों के ग़रीब पिता को कहते हैं कि 'हम बच्चे को साल में छह जोड़ी कपड़े देंगे। साथ में हर महीने एक सौ रुपए देंगे'। फिर पहले और बाद वालों के लिए जन्नत जाने का लालच दिया जाता है। ये सब सुनकर ग़रीब पिता इनकी बातों में आ जाता है। अगर किसी को अपने दरवाज़े पर बच्चे के लिए अच्छा स्कूल मिल जाएगा तो वह दूर क्यों भेजेगा? मदरसा चलाने वालों को बच्चों की संख्या के आधार पर चंदा मिलता है। इन्हीं सब वजहों से एजुकेशन को बुनियादी अधिकार बनाने का उन्होंने विरोध किया था।"

2010 में आरिफ़ मोहम्मद खान की एक किताब 'टेक्स्ट एंड कांटैक्स्ट: कुरान ऐंड कंटपरेरी चैलेंजिस' आई थी। ख़ान ने इस किताब में यह दिखाने की कोशिश की है कि जिस पर्सनल लॉ को कुछ लोग इस्लामिक क़ानून कहते हैं उसमें ज़्यादातर क़ानून वे हैं जो इन्होंने लिखे हैं, जो कुरान की आयतों के सीधे ख़िलाफ़ जाते हैं। तो वह इस्लामिक क़ानून की किताब अपने-आप में आपत्तिजनक है और देवबंद ने जो उसकी टीका की है वह उससे ज़्यादा आपत्तिजनक है और यही चीज़ें मदरसों में पढ़ाई जाती हैं। वह कहते हैं, "मुझे दिक्कत इससे नहीं है कि 3-4 फीसद बच्चों को वहां क्या पढ़ाया जाता है, परेशानी की बात यह है कि उनका तकरीर के मंचों पर, जहां से संबोधन होता है, उस पर इनका कब्ज़ा है। मैं इसमें बच्चों की नहीं, समाज की ग़लती मानता हूं क्योंकि छोटे बच्चों के दिमाग में तो जो चाहे भरा जा सकता है। ख़ासतौर पर तब जब इन मदरसों में सवाल पूछने की इजाज़त नहीं है।"

मौलाना आज़ाद ने लखनऊ में अरबी-फारसी पाठ्यक्रम समिति के सामने 1954 के आसपास एक भाषण में कहा था, "हमारी अज्ञानता का यह हाल है कि आज विश्वविद्यालयों में जिस तरह से प्रोफेसर आते हैं, लेक्चर देते हैं। छात्र नोट्स बनाते हैं। छात्र प्रोफेसर से सवाल पूछते हैं और प्रोफेसर उनके सवालों का जवाब देते हैं। उस पद्धति को पश्चिमी ठहराकर हमारे मदरसों में वर्जित कर दिया गया है।" आज़ाद ने कहा कि बगदाद में कायम होने वाले पहले संस्थान, बैतुल हिकमा में यही सवाल-जवाब वाला तरीक़ा था जिसे अरबी में 'इमला' कहा गया। आज इन लोगों को मालूम ही नहीं है कि इमला का यह तरीक़ा बैतूल हिकमा में प्रचलित था। मदरसे में शिक्षक किताब से छात्रों को बस रटाता जाता है, सवाल पूछने की इजाज़त नहीं होती।

2015 में रमज़ान के महीने में 2 जुलाई की दोपहर एक प्रेस कांफ्रेंस ने दिल्ली के राजनीतिक गलियारों में हलचल मचा दी। यह प्रेस कांफ्रेंस थी एक इफ़्तार पार्टी के आयोजन के ऐलान की। इसका आयोजन मुस्लिम राष्ट्रीय मंच ने किया था। मुसलमानों और हिन्दुओं के बीच समन्वय के लिए बना संघ का मुस्लिम मंच, जिसे संघ के प्रचारक इन्द्रेश कुमार ने शुरू किया और वह इसके मार्गदर्शक भी हैं। रमज़ान के दिनों में दिल्ली में इफ़्तार पार्टियों का आयोजन आम बात है। ख़ासतौर से राजनीतिक दल और राजनयिक ऐसी पार्टियों का आयोजन करते हैं। मोदी सरकार के आने से पहले तक प्रधानमंत्री और राष्ट्रपति कार्यालय की तरफ़ से भी इफ़्तार पार्टियों का आयोजन होता था। इन पार्टियों में शरीक़ होना भी शान की बात समझी जाती है। बहुत बार इन पार्टियों के माध्यम से राजनीतिक संदेश देने की कोशिश की भी की जाती रही है यानी किस राजनेता की पार्टी में कौन शरीक़ हुआ और कौन नहीं आया, इसके बड़े मायने दिल्ली के गलियारों में निकाले और समझे जाते हैं। इन पार्टियों में राजनेताओं के अलावा दिल्ली में मौजूद अलग-अलग मुल्कों के राजनयिकों, संपादकों और वरिष्ठ पत्रकारों को आमंत्रण मिलता है, जाहिर है बेहतरीन मुग़लई दावत के साथ-साथ अच्छी गॉसिप्स भी मिल जाती है। मुस्लिम

राष्ट्रीय मंच की इफ़्तार पार्टी के ऐलान से हंगामा होने की वजह इस संगठन का संघ से जुड़ा होना नहीं था, बल्कि इसकी वजह थी एक ख़ास मेहमान को आमंत्रण। इस पार्टी में बहुत से राजनयिकों के साथ पाकिस्तान के उच्चायुक्त अब्दुल बासित को भी आमंत्रित किया गया था। इससे कुछ दिनों पहले ही आतंकी संगठन लश्कर-ए-तैयबा के आतंकी हमले में जम्मू-कश्मीर के पम्पोर में अर्धसैनिक बल के 8 जवान शहीद हो गए थे। इसके बाद पाकिस्तान उच्चायोग में आयोजित इफ्तार पार्टी में जब कुछ पत्रकारों ने बासित से इस हमले पर सवाल पूछा तो उन्होंने जवाब दिया, "अभी तो पार्टी है, इसे एंजॉय कीजिए।" पाकिस्तान उच्चायुक्त के इस तरह के बयान से काफी नाराज़गी सामने आई थी और मुस्लिम राष्ट्रीय मंच ने बासित से आमंत्रण वापस ले लिया था। नाराज़गी इस क़दर बढ़ गई थी कि संघ के उस वक़्त अखिल भारतीय प्रचार प्रमुख रहे डॉ. मनमोहन वैद्य ने कहा कि मुस्लिम मंच को राष्ट्रीय स्वयंसेवक संघ से जोड़ना तथ्यात्मक रूप से ग़लत है। उन्होंने कहा कि मुस्लिम राष्ट्रीय मंच देश में राष्ट्रीय जागरण का काम करने वाला 'इंडिपेंडेंट ऑर्गेनाइजेशन' है। संघ के एक बड़े पदाधिकारी ने इस बाबत मुझसे कहा कि संघ अब सभी संगठनों को न तो आनुषंगिक संगठन कहता है और न ही आम बोलचाल में कहा जाने वाला 'संघ परिवार' जैसा कुछ कॉन्सेप्ट है। अब संघ इन्हें विविध क्षेत्रों में काम करने वाले संगठन मानता है और वे अपने फ़ैसले ख़ुद लेने में सक्षम हैं। इस मंच की शुरुआत 2002 में हुई थी और एक ज़माने तक जम्मू-कश्मीर में संघ का काम देख रहे प्रचारक इन्द्रेश कुमार इसके मार्गनिर्देशक बने।

1992 की जनवरी में जब भाजपा के तब के अध्यक्ष डॉ. मुरली मनोहर जोशी श्रीनगर के लाल चौक पर तिरंगा फहराने के लिए एकता यात्रा पर निकले थे तो नरेन्द्र मोदी उस यात्रा के संयोजक थे। भाजपा के दो बड़े नेता जे. पी. माथुर और के. आर. मलकानी इस यात्रा की देखरेख कर देख रहे थे। वे दिल्ली से जम्मू पहुंच गए थे। लेकिन आख़िरी वक़्त में सरकार ने सुरक्षा बंदोबस्त का हवाला देते हुए यात्रा को रोक दिया और फिर दबाव पड़ने पर क़रीब 60 लोगों को हवाई जहाज़ से श्रीनगर भेजा गया, लेकिन वहां पहुंचते-पहुंचते पता चला कि लाल चौक पर जो तिरंगा फहराना है, उसके लिए ध्वज और ध्वजदंड की व्यवस्था तो की ही नहीं गई है। फिर दिल्ली में बैठे भाजपा के संगठन महासचिव गोविन्दाचार्य को जब इस बारे में ख़बर मिली तो उन्होंने इन्द्रेश कुमार को इसकी व्यवस्था कर श्रीनगर पहुंचाने के लिए कहा। इन्द्रेश कुमार ने वह व्यवस्था तो कर दी, लेकिन लाल चौक पर झंडा फहराने से पहले इसकी कोई तैयारी या रिहर्सल करके नहीं देखा गया और ऐन वक़्त पर झंडे को ध्वजदंड पर चढ़ाने में ही मुश्किल आ गई। फिर किसी तरह नरेन्द्र मोदी ने इस सब को व्यवस्थित किया। बताया जाता है कि वैसे श्रीनगर में मौजूद अर्धसैनिक बलों ने क़रीब 5,000 लोगों के श्रीनगर पहुंचने और समारोह में मौजूद रहने के इंतज़ाम कर दिए थे। इस कार्यक्रम में सूचनाओं को लेकर काफी उलझनें और अव्यवस्था बनी रही तो भाजपा को मीडिया की ख़ासी नाराज़गी भी

झेलनी पड़ी। भाजपा के दोनों प्रभारी नेता जे. पी. माथुर और मलकानी कार्यक्रम के तीन दिन बाद तक दिल्ली नहीं पहुंचे थे, इससे दिल्ली में मीडिया को बहुत सारी जानकारी स्पष्ट तौर पर नहीं मिल पाई।

बालासाहब देवरस के वक़्त जो काम अधूरा रह गया था या यूं कहें कि ठीक से शुरुआत नहीं हो पाई थी उसकी दोबारा शुरुआत 2002 में संघप्रमुख के. एस. सुदर्शन की सहमति से हुई। 24 दिसम्बर, 2002 को इसके उदघाटन में सरसंघचालक सुदर्शन मौजूद रहे। यही नहीं बल्कि जीवित रहने तक 2012 तक सुदर्शन मुस्लिम राष्ट्रीय मंच के हरेक राष्ट्रीय अधिवेशन में शामिल होते रहे। संघ को लगने लगा था कि अल्पसंख्यकों के साथ बातचीत का सिलसिला शुरू किया जाना चाहिए। इसके लिए शुरू हुआ मुस्लिम मंच। लेकिन मंच की शुरुआत भी ठीक से नहीं हो पाई थी कि गुजरात में सांप्रदायिक दंगे हो गए तो इस संगठन को मुस्लिम समाज का भारी विरोध सहन करना पड़ा। लेकिन इस काम को बंद नहीं किया गया।

तब से कई बार उस संगठन का नाम और स्वरूप बदला और फिर 2006 से मुस्लिम राष्ट्रीय मंच बन गया, लेकिन फ़ोकस नहीं बदला। 2009 में जब एक बड़े मुस्लिम संगठन जमीअत-उलेमा-हिन्द ने वन्दे मातरम को ग़ैर-इस्लामिक करार देते हुए मुसलमानों को इसे गाने पर पाबंदी का फतवा जारी कर दिया तो मुस्लिम राष्ट्रीय मंच ने इसका कड़ा विरोध किया और कहा कि यह फतवा इस्लाम और हिन्दुस्तान दोनों का विरोधी है। इससे पहले 2008 में अमरनाथ तीर्थ के लिए भूमि आंवटन के आंदोलन को समर्थन के लिए मंच ने दिल्ली के लाल किले से कश्मीर तक पैगाम-ए-अमन रैली भी निकाली। सितम्बर, 2012 में मंच की तरफ़ से जम्मू-कश्मीर में अनुच्छेद 370 को हटाने के लिए हस्ताक्षर अभियान भी चलाया।

भाजपा के एक बड़े नेता हुआ करते थे सिकंदर बख़्त। बख़्त साहब अक्सर कहा करते थे, "जल्दी ही वो वक़्त आएगा जब मुसलमानों को समझ आएगा कि भाजपा और संघ उनके ख़िलाफ़ नहीं है और संघ में कुछ तंग दिमाग लोगों को समझ आ जाएगा कि इस मुल्क में मुसलमानों को साथ लिए बिना नहीं रहा जा सकता।" नजमा हेपतुल्ला जब भाजपा में शामिल हुईं तो उसके थोड़े दिनों बाद से ही भाजपा सरकार में नहीं रही और दस साल तक उसे विपक्ष में रहना पड़ा। लेकिन हेपतुल्ला ने भाजपा का साथ नहीं छोड़ा, इसलिए कोई यह कहे कि केवल सत्ता हासिल करने के लिए चंद मुस्लिम लीडर भाजपा के साथ जुड़ जाते हैं, तो भाजपा के सबसे मुखर प्रवक्ता शाहनवाज़ हुसैन का भाजपा से इतना लंबा रिश्ता सारे सवालों और आरोपों को ही कटघरे में डालता है। साध्वी उमा भारती के साथ भाजपा युवा मोर्चा के नेता के तौर पर उभरे शाहनवाज़ भाजपा के सांसद भी रहे, वाजपेयी सरकार में मंत्री भी, मोदी सरकार के दौरान कोई बड़ी ज़िम्मेदारी नहीं मिली, टिकट भी नहीं मिला लोकसभा का और न ही राज्यसभा पहुंचे, लेकिन उन्होंने साथ नहीं छोड़ा। मुख़्तार अब्बास नक़वी के राजनैतिक जीवन में भले ही कई

उतार-चढ़ाव आए होंगे, लेकिन भाजपा का साथ नहीं छोड़ा और अब मोदी सरकार में अल्पसंख्यक मंत्रालय के रास्ते से अल्पसंख्यकों की बेहतरी के काम में जुटे हैं।

ऐसा नहीं है कि मुस्लिमों को संघ से जोड़ने की कोशिशें पहले नहीं की गईं। संघ के दूसरे सरसंघचालक गुरुजी गोलवलकर के वक़्त भी इस तरह की कोशिश हुई, लेकिन परवान नहीं चढ़ी। संघ ने मुसलमानों के लिए देवरस के वक़्त 1979 में दरवाज़े खोले और कुछ मुस्लिम तब संघ में आने-जाने भी लगे। फिर जनसंघ और भारतीय मज़दूर संघ में मुसलमानों के लिए दरवाज़े खोले गए। जनसंघ में तो अलग से माइनॉरिटी सेल भी बनाया गया जो बाद में अल्पसंख्यक मोर्चा बन गया। भाजपा में अब भी यह मोर्चा काम कर रहा है। लेकिन अल्पसंख्यक मोर्चा और मुस्लिम राष्ट्रीय मंच में आपस में कोई तालमेल नहीं दिखता है, वे अलग-अलग काम करते हैं।

दिल्ली के मुस्लिमबहुल इलाक़े मोतिया ख़ान में डीडीए के बड़े फ्लैट्स में दूसरी मंज़िल पर मुस्लिम राष्ट्रीय मंच का दफ्तर है, लेकिन नीचे से ही आने-जाने वालों की भीड़ से समझ आता है कि आगंतुकों में सिर्फ़ मुस्लिम ही नहीं, कुछ ईसाई धर्मगुरु और पादरी भी हैं। बड़े सरकारी अफ़सरों और पुलिस के आला अफ़सरों की आवाजाही है। ललाट पर रोली का टीका, हमेशा रहने वाली मुस्कराहट, आंखों में चमक... मुस्कराहट के साथ संघ के पुराने और वरिष्ठ नेता इन्द्रेश कुमार। मुस्लिम मंच के मुखिया। क्या संघ को मुस्लिम मंच बनाने पर आपत्ति नहीं थी? वह कहते हैं, "सवाल भी थे, शक भी था, भ्रम भी था। मुस्लिम समुदाय में शक रहा कि कहीं यह संगठन फूट तो नहीं डालेगा मुस्लिम समाज में, एक-दूसरे को बांटने की कोशिश तो नहीं करेगा? यह मंच क्यों मुसलमानों के क़रीब आकर उनकी बेहतरी की बात करता है? संघ परिवार में भ्रम था, लगता था कि यह मुमकिन नहीं। कितनी बार तो कोशिश हुई है, लेकिन कुछ ख़ास नहीं हो पाया। लेकिन बात आगे बढ़ी है, मुसलमानों से खुले प्लेटफॉर्म पर संवाद हुआ है। यह प्रवाह दिखता है। हिन्दू और मुसलमान आज साथ आने लगे हैं।"

मुस्लिम मंच अब बड़ा आंदोलन बन गया है। प्रशासनिक दृष्टि से उसके 50 प्रांत हैं, 350 से अधिक ज़िलों में शाखाएं हैं। लाखों की तादाद में मुसलमान मंच से जुड़ गए हैं। इसमें 15,000-20,000 बुद्धिजीवी भी हैं, 4,000-5,000 मौलवी हैं। 18-20 देशों में भी मंच फैल गया है। राष्ट्रीय प्रतिनिधि सभा में 700-800 सदस्य हैं। अब मदरसों में तिरंगा फहराया जाता है, वंदेमातरम गाते हैं। दशक भर पहले जो संख्या कुछ सौ में थी वो अब 10,000 से ज्यादा हो गई है। संघ के पथ-संचलन के वक़्त पहले कई बार दंगे हो जाते थे, वह अब नहीं होते हैं, बल्कि कई जगह पर स्वागत होता है। लेकिन संघ के सहयोगी संगठनों की औपचारिक लिस्ट में मुस्लिम राष्ट्रीय मंच का नाम शामिल नहीं है।

इन्द्रेश कुमार कहते हैं, "हमने आतंकवाद के ख़िलाफ़ जागरूकता अभियान चलाया है। तीन तलाक़ और बहुविवाह के ख़िलाफ़ जागृति आई। कट्टरपंथी हारे

हैं, अकेले पड़ गए हैं, इसलिए तीन तलाक़ के ख़िलाफ़ क़ानून बन गया। पहले आरएसएस का हौव्वा दिखाते थे, कत्लेआम हो जाएगा, ऐसा कुछ नहीं हुआ। अब सबको समझ आने लगा है कि कोई ख़तरा नहीं है।"

मुस्लिम मंच ने मुसलमानों को साथ जोड़ने की कई योजनाएं शुरू की हैं। परिवार सौहार्द्र केंद्र बनाए हैं, अनाज केंद्र खोले गए हैं जिनसे हज़ारों परिवारों को अन्न दिया जा रहा है। तलाक़ पीड़िता महिलाओं को सहायता देने का काम शुरू हुआ है। शिक्षा सहायता योजना है, बेटी के निकाह में मदद का काम है। इन्द्रेश कुमार कहते हैं, "देश में राजनीति के दो समूह हैं, सकारात्मक और नकारात्मक। नकारात्मक समूह का काम है भेद बढ़ाना, जातिगत, भाषागत, क्षेत्रीय, मज़हब, अमीर-गरीब, अगड़ा-पिछड़ा, शहर-गांव, वे इनको भड़काते हैं, बांटते हैं। आज भी समाज में इसके आधार पर राजनीति की जा रही है। असुरक्षा का निर्माण करते हैं, पहले स्वार्थ, फिर असुरक्षा की राजनीति। पर ये लोग अब राष्ट्रीय राजनीति में पिट गए हैं। दूसरी तरफ़ सकारात्मक राजनीति है, जिसमें भेदभाव को मिटाने की कोशिश है, ग़रीब को पिछड़े को आगे बढ़ाने की बात है, जातिवाद को समाप्त करने की कोशिश है। आरएसएस नकारात्मक राजनीति, ऐसी समाज नीति, आर्थिक नीति, विकास नीति नहीं चाहता। जो लोग इस सकारात्मक राजनीति से घबराते हैं, वे संघ परिवार को अछूत बनाए रखने का डर फैलाते हैं।"

संघ का वैचारिक आधार भारतीय चिंतन होने के कारण भारतीय परंपरा के अनुसार संघ में खुली बहस हमेशा चलती है और नए सुझावों का स्वागत भी होता है। डॉ. वैद्य बताते हैं कि संघ के खुलेपन को समझने के लिए एक उदाहरण बेहतर होगा। एक विभाग प्रचारक को कुछ समय के लिए भारत के बाहर चलने वाले हिन्दू स्वयंसेवक संघ के काम का दायित्व मिला। हिन्दू स्वयंसेवक संघ की प्रार्थना राष्ट्रीय स्वयंसेवक संघ से अलग है। इस प्रचारक को वहां जाने के बाद ध्यान में आया कि भारत में संघ की प्रार्थना में शामिल दो महत्व की बातें वहां की प्रार्थना में नहीं हैं। जब उसने अपने वहां मौजूद अधिकारी से यह कहा तो उसे जवाब मिला कि बरसों से चल रही यह प्रार्थना माननीय भिड़े जी ने बनाई है और गुरुजी ने देखा है। प्रचारक ने जब दत्तोपंत ठेंगड़ी को यह बताया तो उन्होंने कहा कि यह यदि सच है तो बदलाव कर कुछ जोड़ना चाहिए। फिर इस पर विचार किया गया और 2000 में विश्व विभाग की 50 साल से चल रही प्रार्थना में एक नया श्लोक जोड़ने का निर्णय हुआ।

एक विभाग प्रचारक स्तर के कार्यकर्ता के सुझाव पर प्रार्थना जैसे गंभीर विषय पर चर्चा करते हुए उसमें सहज बदलाव करना, यह संघ की कार्यपद्धति की शक्ति है। हां, इस सब को नीचे तक समझाने और लागू करने में समय और प्रयास लगता है। 1990 के बाद सेवा, सम्पर्क और प्रचार विभाग संघ में नए जुड़े, तब उसकी ज़रूरत और उपयोगिता नीचे तक समझाने में 5 से 10 साल लगे थे।

एक सवाल बहुत से लोग उठाते रहते हैं कि हिन्दू-मुसलमानों में क्या अंतर है? क्या उनकी पहचान अलग है, सिर्फ़ पूजा-उपासना पद्धति को छोड़ दें तो क्या फर्क दिखाई देता है और पूजा पद्धति तो हिन्दुओं में भी अलग-अलग है, शैव-वैष्णव में ही फ़र्क है, हिन्दू और जैन, बौद्ध, सिख इनमें भी फ़र्क है और फिर हिन्दुत्व तो मानता ही यह है कि पूजा-उपासना पद्धति ईश्वर तक पहुंचने के अलग-अलग रास्ते भर हैं। तो क्या हिन्दू-मुसलमान की भाषा में अंतर है? देश के अलग-अलग प्रदेशों में अलग-अलग भाषा बोली जाती है बल्कि कई बार एक ही राज्य के अलग-अलग हिस्सों में लोग अलग-अलग ज़ुबान बोलते हैं, बल्कि हिन्दुस्तान में तो कई राज्यों का गठन ही भाषायी आधार पर हुआ चाहे वह फिर पंजाब और हरियाणा हो या फिर दक्षिण भारत के राज्य। मुसलमान उर्दू को अपनी मिल्ली भाषा भले ही कह लें, लेकिन तमिलनाडु में रहनेवाले मुसलमान का उर्दू से कोई बहुत लेना-देना नहीं है वह वहां के हिन्दू की तरह ही तमिल बोलता है, वहां के हिन्दू को भी हिन्दी कम समझ आती है। हर इलाक़े में लोग अपने इलाक़े की भाषा बोलते हैं, इसका संबंध मज़हब से नहीं है। बंगाल में मुसलमान उसी तरह से उर्दू नहीं जानता जैसे बंगाली हिन्दू के लिए हिंदी भाषा मुश्किल है। गुजरात में हर कोई सिर्फ़ गुजराती ही बोलता है और महाराष्ट्र में ज़्यादातर लोग मराठी, सीमाप्रान्त का हिन्दू भी उसी तरह पश्तो बोलता है जैसे वहां का मुसलमान और उत्तर प्रदेश और मध्य प्रदेश में ख़ासतौर से उर्दू हरेक की ज़ुबान में शामिल हैं। मुंशी प्रेमचंद हों, आज के शायर राहत इन्दौरी हों या फिर मुनव्वर राणा या फिर साहिर लुधियानवी और अमृता प्रीतम, वो सबके हैं, उन्हें आप मज़हब के आधार पर नहीं बांट सकते। मुहब्बत करने वाले किसी भी मज़हब के हों, शायरी में ही अपनी मुहब्बत का इज़हार करते हैं, हर कोई नौजवान शायर हो जाता है इश्क में। संगीत और कला तो किसी मज़हब की ग़ुलाम नहीं। बॉलीवुड में तो क़रीब-क़रीब एकाधिकार-सा है मुसलमान कलाकारों का, जो भजन भी गाते हैं, साईं के गीत गाते हैं, वैष्णो देवी का जयकारा लगाते हैं। मथुरा-वृन्दावन में बाल कृष्ण की सारी पोशाकें बनाने वाले ज़्यादातर कारीगर मुस्लिम होते हैं।

क्या पहनावे के आधार पर बांटा जा सकता है या पहचान की जा सकती है? पर उदारीकरण ने तो वैसे ही सबको एक कर दिया है और वहां अंतर मज़हब का नहीं पैसे का हो गया है। ब्रांडेड कपड़े बनाने वाली कंपनियां मज़हब नहीं जेब देखकर माल बना रही हैं और ख़रीदार भी जेब के हिसाब से अलग-अलग हो गया है। खानपान के मसले पर मुसलमान अगर मांस खाते हैं तो अस्सी फीसद हिन्दू भी मांसाहारी हैं और इसमें भी जेब का ज़्यादा असर दिखता है। ग़रीब मुसलमान के बस की बात नहीं रोज़ाना बोटी खाना तो वह दाल और साग से काम चलाता है जबकि पैसेवाले हिन्दुओं के बहुत से घर ऐसे हैं जहां बिना चिकन या मटन के डिनर टेबल अधूरी मानी जाती है।

सबसे ज़्यादा हंगामा गोमांस खाने को लेकर होता है, पर सचाई है कि पूर्वोत्तर में बहुत से हिन्दू गोमांस खाते हैं। इसको लेकर प्रधानमंत्री नरेन्द्र मोदी ने ही कई बार ज़ोर देकर यह बात की कि खान-पान को लेकर कोई बंदिश नहीं लगाई जा सकती।

आरिफ मोहम्मद खान अपनी बात पूरी करते हैं, "साहब, एक बात समझ लीजिए, या तो आप हर किसी के साथ रह सकते हैं या फिर किसी के साथ नहीं रह सकते।" अल्पसंख्यक यानी अक़लियत का मायने सिर्फ़ यह नहीं है कि जो जमात तादाद में कम है वो अक़लियत है। बल्कि इससे मक़सद है कि कमज़ोर जमात जो तादाद और सलाहियत के हिसाब से बड़ी जमात पर हिफाज़त के लिए भरोसा कर सके। इस लिहाज़ से मुसलमानों की हक़ीक़ी हैसियत क्या है? अफ़सोस है कि देश के बंटवारे के बाद भी हम सबक सीखने को तैयार नहीं हैं।

जो कौम भुला देती है तारीख को अपनी,
उस कौम का जुगराफ़िया बाक़ी नहीं रहता।

11

आपातकाल का पूरा सच

सिंहासन खाली करो

25 जून, 1975 की शाम दिल्ली के रामलीला मैदान में जयप्रकाश नारायण की रैली थी। 'सिंहासन खाली करो कि जनता आती है' और 'जनता का दिल बोल रहा है, इंदिरा का आसन डोल रहा है' जैसे नारों से पूरी रैली गूंज रही थी।

उस वक़्त इंदिरा गांधी का दिमाग सत्ता को पूरी तरह से अपने कब्ज़े में करने के लिए तेज़ी से चल रहा था। उनके लिए जेपी को नियंत्रित करना बहुत ज़रूरी था वरना बाज़ी पलटते देर नहीं लगती। इस काम में उन्हें अपने नज़दीकियों पर भी भरोसा नहीं था। यहां तक कि आपातकाल लगाने के फ़ैसले की जानकारी गृहमंत्री ब्रह्मानंद रेड्डी को भी नहीं दी गई थी।

25 जून की रात 8:30 बजे इंदिरा गांधी पश्चिम बंगाल के मुख्यमंत्री सिद्धार्थ शंकर रे के साथ कार से राष्ट्रपति भवन पहुंची और राष्ट्रपति फ़ख़रुद्दीन अली अहमद से आपातकाल लगाने के बारे में अनौपचारिक चर्चा की। रात 11 बजे गृहमंत्री रेड्डी को बुलाकर इस फ़ैसले की जानकारी दी गई और फिर वह फाइल राष्ट्रपति के पास भेजी गई। राष्ट्रपति ने उस फाइल पर दस्तख़त कर दिए और हिन्दुस्तान के लोकतंत्र के काले अध्याय की शुरुआत उस स्याह रात में हो गई।

रामलीला मैदान में हुई 25 जून की रैली की ख़बर पूरे देश में न फैल सके, इसके लिए दिल्ली के बहादुर शाह ज़फ़र मार्ग पर अख़बारों के दफ़्तरों की बिजली रात में ही काट दी गई। रात को ही इंदिरा गांधी के विशेष सहायक आर. के. धवन के कमरे में बैठकर संजय गांधी और ओम मेहता गिरफ़्तार किए जाने वाले लोगों की फेहरिस्त बना रहे थे।

अगले दिन सवेरे श्रीमती गांधी की कैबिनेट की बैठक में स्वर्ण सिंह ने दोहरी आपातकाल का सवाल उठाया था क्योंकि इससे पहले देश में 1971 से आपातकाल लगी हुई थी, जो पाकिस्तान युद्ध के वक़्त बाहरी हमले का कारण बताकर लगाई गई थी। जबकि, 25 जून 1975 को लगी आपातकाल आंतरिक अंशाति की वजह

बताकर लगाई जा रही थी। इससे पहले चीन से युद्ध के समय पंडित नेहरू ने 6 अक्टूबर, 1962 को आपातकाल लगाई थी। इस आपातकाल को इंदिरा गांधी ने 10 जनवरी, 1968 को हटाया था। पाकिस्तान से युद्ध होने पर 3 दिसम्बर, 1971 को फिर से आपातकाल लग गई। इन दोनों आपातकाल का देश के आम आदमी पर ज़्यादा असर नहीं पड़ा था, लेकिन 25 जून, 1975 को आपातकाल लगाने के तुरंत बाद दो दिन में सरकार ने दो नए आदेश जारी किए, जो काफी खतरनाक थे।

दरअसल 25 जून की आधी रात को राष्ट्रपति फ़ख़रुद्दीन अली अहमद ने श्रीमती गांधी की सिफ़ारिश पर संविधान की धारा 352 के तहत देश में आपातकाल लगा दिया। 26 जून को आपातकाल का गजट नोटिफिकेशन जारी हो गया और 27 जून को धारा 359 का प्रयोग कर, संविधान के अनुच्छेद 14, 21 और 22 के तहत संविधान में मिले सभी नागरिकों के मौलिक अधिकार निलंबित कर दिए गए। अब कोई नागरिक इन मौलिक अधिकारों को हासिल करने के लिए अदालतों में नहीं जा सकता था। अनुच्छेद 29 के तहत प्राप्त अभिव्यक्ति, संगठन सहित सात तरह की आज़ादी को भी धारा 358 का प्रयोग कर छीन लिया गया।

26 जून, 1975 को सवेरे कैबिनेट की बैठक के लिए मीटिंग रूम में प्रधानमंत्री इंदिरा गांधी ओम मेहता के साथ अंदर आईं और बिना किसी औपचारिकता के प्रधानमंत्री ने कहा, "जेंटलमैन, आपातकाल का ऐलान कर दिया गया है। जेपी, मोरारजी भाई और कई दूसरे नेता गिरफ़्तार कर लिए गए हैं।" मीटिंग रूम में सब लोग स्तब्ध रह गए। इसके बाद राजनीतिक मामलों की कैबिनेट कमेटी ने ज़रूरी औपचारिकताएं पूरी कर लीं। सेंसरशिप पर थोड़ी चर्चा तो हुई, लेकिन इसको लेकर कोई अध्यादेश जारी नहीं किया गया। इंदर कुमार गुजराल की जगह विद्याचरण शुक्ल को नया सूचना प्रसारण मंत्री बना दिया गया था।

मिसेज गांधी अनसीटेड

दिल्ली में प्रधानमंत्री निवास के टेलीप्रिंटर ने हरकत ली, खटखटाहट की आवाज़ हुई, उस पर सिर्फ़ आधी लाइन लिखी थी, "मिसेज गांधी अनसीटेड"। इंदिरा गांधी के वरिष्ठ निजी सचिव एन. के. शेषन का चेहरा इसे पढ़ते ही पीला पड़ गया और वे टेलीप्रिंटर से पन्ना फाड़कर श्रीमती गांधी के कमरे की ओर दौड़े।

हिंदुस्तान के राजनैतिक इतिहास की अहम तारीख़ः 12 जून, 1975। इलाहाबाद हाईकोर्ट का कमरा नंबर 24 सुबह दस बजे से पहले ही खचाखच भर गया था। तेज़ी से आते-जाते कदमों की आहट ने माहौल को गरमा दिया था। अख़बारों के

संवाददाताओं की चौकस निगाहों के बीच जस्टिस जगमोहन लाल सिन्हा का प्रवेश हुआ था।

इस दृश्य से पहले की पृष्ठभूमि बेहद दिलचस्प है: आज़ादी के बाद से ही अपने अभेद्य गढ़ गुजरात में विधानसभा चुनावों में कांग्रेस ढह गई थी। ग़ैर-कांग्रेसी दलों को एकजुट कर बनाए गए नवनिर्माण मोर्चा ने मोरारजी देसाई के नेतृत्व में जीत हासिल की थी, लेकिन उत्तर प्रदेश में हाईकोर्ट के फ़ैसले ने तो मुल्क की सियासत को ही ऐतिहासिक मोड़ पर खड़ा कर दिया।

प्रधानमंत्री इंदिरा गांधी के 1, सफ़दरजंग रोड के आवास पर उनके वरिष्ठ निजी सचिव एन. के. शेषन की निगाहें जिस वक़्त दफ़्तर में रखे टेलीप्रिंटर पर थीं, उस वक़्त पूरे देश की निगाहें जस्टिस जगमोहन लाल सिन्हा पर थीं, जिन्हें राजनारायण बनाम इंदिरा गांधी मामले में फ़ैसला सुनाना था। मामला 1971 के लोकसभा चुनावों में रायबरेली से राजनारायण के ख़िलाफ़ इंदिरा गांधी की जीत का था। श्रीमती गांधी ने रायबरेली लोकसभा सीट से संयुक्त सोशलिस्ट पार्टी के उम्मीदवार राजनारायण को बड़े अंतर से हराया था। राजनारायण को अपनी जीत का इतना भरोसा था कि उनके समर्थकों ने नतीजा आने से पहले ही उनकी जीत का जश्न मनाते हुए जुलूस निकाल दिया। लेकिन नतीजे इससे उलट आए। नतीजों के बाद राजनारायण ने अदालत का दरवाज़ा खटखटाया और अपनी अपील में इंदिरा गांधी का चुनाव निरस्त करने की मांग की। उनका आरोप था कि श्रीमती गांधी ने चुनाव जीतने के लिए सरकारी मशीनरी और संसाधनों का ग़लत इस्तेमाल किया है।

सुबह ठीक 9:55 पर दुबले-पतले 55 साल के जस्टिस सिन्हा कमरा नंबर 24 में अपनी अदालत में दाख़िल हुए। उनके पेशकार ने कहा, "जब जज साहब फ़ैसला सुनाएं तो कोई ताली नहीं बजाएगा।" जस्टिस सिन्हा ने सामने रखे 255 पन्नों के फ़ैसले को पढ़ने से पहला कहा, "मैं इस केस से जुड़े सभी मुद्दों पर जिस निष्कर्ष पर पहुंचा हूं, उन्हें पढ़ूंगा।" वो एक पल के लिए रुके तो मानो पूरे कोर्ट रूम की सांसें ही थम गई हों, फिर बोले, "याचिका स्वीकृत की जाती है।"

अदालत में मौजूद लोगों को एकबारगी भरोसा ही नहीं हुआ। फिर कुछ क्षण लगे होंगे कि पूरा कोर्ट रूम तालियों की गड़गड़ाहट से गूंज उठा। अख़बारों और न्यूज़ एजेंसियों के रिपोर्टर ख़बर बताने के लिए बाहर की ओर दौड़ पड़े।

श्रीमती गांधी की जीवनी लिखने वाले प्रणय गुप्ते ने अपनी किताब 'मदर इंडिया' में लिखा है, "शेषन जब वहां पहुंचे तो राजीव गांधी, इंदिरा के कमरे के बाहर खड़े थे। उन्होंने यूएनआई पर आया वह फ्लैश राजीव को पकड़ा दिया। राजीव, वह पहले शख़्स थे जिन्होंने इंदिरा को यह ख़बर सुनाई।"

अपने फ़ैसले में जस्टिस सिन्हा ने श्रीमती गांधी को चुनाव में अनुचित साधनों के इस्तेमाल का दोषी पाया। सोशलिस्ट लीडर राजनारायण की याचिका में इंदिरा गांधी के ख़िलाफ़ जो सात मुद्दे रखे गए थे, उनमें से पांच में जस्टिस सिन्हा ने श्रीमती गांधी को राहत दे दी थी। जस्टिस सिन्हा ने अपने फ़ैसले में भारतीय जनप्रतिनिधित्व क़ानून के तहत अगले 6 साल तक के लिए श्रीमती गांधी को लोकसभा या विधानसभा का चुनाव लड़ने के लिए अयोग्य भी ठहराया था। इस फ़ैसले ने कांग्रेस के ख़िलाफ़ एकजुट हो रहे ग़ैर-कांग्रेसी दलों में जान फूंक दी, लेकिन प्रधानमंत्री श्रीमती गांधी और उनके सिपहसालारों की नींद उड़ गई थी।

फ़ैसले के क़रीब पन्द्रह मिनट बाद श्रीमती गांधी के वकीलों ने जस्टिस सिन्हा के सामने स्थगन याचिका रखते हुए दलील दी कि श्रीमती गांधी संसद में कांग्रेस पक्ष की नेता होने की वजह से प्रधानमंत्री हैं, इसलिए उनकी जगह नया नेता चुनना पड़ेगा। तब तक सरकार चलाने की ख़ातिर इस फ़ैसले पर स्टे ऑर्डर दिया जाए। जस्टिस सिन्हा ने कहा कि वह पहले विरोधी पक्ष के वकील का तर्क सुनेंगे तभी इस पर फ़ैसला देंगे। इंदिरा के वकीलों ने जस्टिस सिन्हा के सामने कहा कि विरोधी पक्ष के वकील को इस प्रार्थना की जानकारी है और उन्हें कोई आपत्ति नहीं है तो जस्टिस सिन्हा ने फ़ैसले पर बीस दिन का स्टे ऑर्डर दे दिया। लेकिन इस दौरान कांग्रेस ने नए नेता का चुनाव करने के बजाय इंदिरा गांधी के लिए समर्थन जुटाने और जज के ख़िलाफ़ प्रदर्शन करने का काम किया। दूसरी तरफ़, कृष्णकांत और चंद्रशेखर जैसे कांग्रेस के कुछ सांसदों ने इंदिरा गांधी से इस्तीफ़ा देने का आग्रह किया।

इंदिरा गांधी को इसकी ख़बर लग गई थी। उन्होंने कांग्रेस अध्यक्ष देवकांत बरुआ को सांसदों से समर्थन-पत्र पर दस्तख़त कराने को कहा और जब 18 जून, 1975 को कांग्रेस संसदीय दल की बैठक बुलाई गई तो उसमें 500 में से 451 सदस्य मौजूद थे। हर किसी ने अपने भाषण में इंदिरा गांधी की तारीफ़ की थी। इसी सभा में कांग्रेस अध्यक्ष देवकांत बरुआ ने अपना मशहूर बयान दिया था: "इंदिरा इज़ इंडिया एंड इंडिया इज़ इंदिरा।" इससे पहले सरदार स्वर्ण सिंह ने कहा, "जो इंदिरा जी पर बीतेगी, वह भारत पर बीतेगी और जो भारत पर बीतेगी, वह इंदिरा जी पर बीतेगी।"

विपक्ष कांग्रेस की यह रणनीति भांप गया। विपक्षी नेताओं ने 16 जून को राष्ट्रपति को ज्ञापन देकर प्रधानमंत्री को हटाने की मांग की। उनका तर्क था कि इलाहाबाद हाईकोर्ट के फ़ैसले से संवैधानिक संकट पैदा हो गया है। परिस्थितियों में फंसी इंदिरा गांधी ने कलकत्ते में अपने विश्वस्त सिद्धार्थ शंकर रे से फोन पर सलाह ली। दो दिन बाद रे ने इंदिरा गांधी को देश में आंतरिक आपातकाल लगाने का सुझाव दिया।

20 जून को दिल्ली के बोट क्लब पर कांग्रेस ने इंदिरा के समर्थन में एक विशाल रैली आयोजित की जिसके लिए दिल्ली और आसपास के शहरों से भीड़ इकट्ठी की गई थी। तमाम सरकारी अमले को काम पर लगा दिया गया था और

रैली के दिन बोट क्लब में तिल रखने की जगह नहीं थी। रैली में इंदिरा गांधी ने ऐलान किया कि वह इस्तीफ़ा नहीं देंगी और आख़िरी सांस तक जनता की सेवा करती रहेंगी।

1975 के मार्च में जस्टिस सिन्हा के कोर्ट में दोनों तरफ़ से दलीलें पेश होने लगीं। दोनों पक्षों को सुनने के बाद जस्टिस सिन्हा ने प्रधानमंत्री श्रीमती गांधी को अपना बयान दर्ज कराने के लिए अदालत में पेश होने का आदेश दिया। 18 मार्च, 1975 को हिन्दुस्तान के इतिहास में पहला मौक़ा था जब किसी मुकदमे में प्रधानमंत्री को अदालत में पेश होना था। उस वक़्त सवाल यह भी आया कि जज के सामने प्रधानमंत्री और बाक़ी के लोगों का शिष्टाचार कैसा हो, क्योंकि अदालत में सिर्फ़ जज के आने पर ही मौजूद लोगों के खड़े होने की परंपरा है। प्रधानमंत्री इंदिरा गांधी के कोर्ट में आने से पहले जस्टिस सिन्हा ने कहा कि अदालत में लोग तभी खड़े होते हैं जब जज आते हैं। इसलिए इंदिरा गांधी के आने पर किसी के खड़े होने की ज़रूरत नहीं है। अदालत में श्रीमती गांधी को क़रीब पांच घंटे तक सवालों के जवाब देने पड़े।

इंदिरा गांधी ने आपातकाल की तैयारी बहुत पहले ही कर ली थी। क्या वह व्यवस्था को काबू में रखना चाहती थीं? इसे समझने के लिए दो साल पीछे जाना पड़ेगा। 1973 में श्रीमती गांधी की सरकार ने तीन जजों की वरिष्ठता को नज़रअंदाज़ करते हुए जस्टिस ए. एन. रे को सुप्रीम कोर्ट का मुख्य न्यायाधीश बनाने का फ़ैसला किया। जस्टिस रे, सिद्धार्थ शंकर रे के नज़दीकी बताए जाते थे। जस्टिस जे. एम. शेलत, जस्टिस के. एस. हेगड़े और जस्टिस ए. एन. ग्रोवर, जस्टिस रे से वरिष्ठ थे लेकिन श्रीमती गांधी अपने लिए भरोसेमंद न्याय व्यवस्था चाहती थीं जो ज़रूरत पड़ने पर उनके पक्ष में खड़ी हो सके। जिन तीन जजों की वरिष्ठता को नज़रअंदाज़ किया गया था, उन्होंने संपत्ति संबंधी मौलिक अधिकार को ख़त्म करने वाले विधानों को संविधान के ख़िलाफ़ मानकर रद्द कर दिया था।

राष्ट्रपति वी. वी. गिरि ने न्यायपालिका को लेकर सरकार के इस रवैए पर आपत्ति ज़ाहिर की थी लेकिन प्रधानमंत्री ने उसे नज़रअंदाज़ कर दिया। इलाहाबाद हाईकोर्ट के फ़ैसले से नौ दिन पहले 3 जून को क़ानून मंत्री एच. के. गोखले ने प्रधानमंत्री से मुलाक़ात की, इसके बाद जस्टिस रे से मशविरा किया। बताया जाता है कि जस्टिस रे ने गोखले को कहा कि यदि इलाहाबाद हाईकोर्ट का फ़ैसला श्रीमती गांधी के ख़िलाफ़ भी आता है तब भी सुप्रीम कोर्ट को उस पर रोक लगाने में कोई ख़ास परेशानी नहीं होगी।

इसी दौरान एक और अहम फ़ैसला हुआ। कंवरलाल गुप्त ने अपने विजयी विरोधी उम्मीदवार अमरनाथ चावला के ख़िलाफ़ निर्धारित सीमा से ज़्यादा पैसा

चुनाव में खर्च करने को लेकर याचिका दायर की थी। इस पर सुप्रीम कोर्ट में जस्टिस पी. एन. भगवती ने फ़ैसला सुनाया कि उम्मीदवार के लिए उसके पक्ष में किया गया ख़र्च भी उम्मीदवार के खर्च में जोड़ा जाना चाहिए। इस आधार पर उन्होंने चावला का चुनाव निरस्त कर दिया। श्रीमती गांधी के मामले में कोर्ट में कांग्रेस ने शपथ-पत्र देकर यह स्वीकार कर लिया था कि कांग्रेस ने इंदिरा गांधी के चुनाव में साढ़े तीन लाख रुपए खर्च किए थे यानी जस्टिस भगवती के फ़ैसले के आधार पर उनका चुनाव भी रद्द होना तय ही था। तब, श्रीमती गांधी ने राष्ट्रपति के एक अध्यादेश के ज़रिए इस क़ानून को ही बदल दिया। इस अध्यादेश से जनप्रतिनिधित्व अधिनियम, 1951 की धारा 77 में यह जोड़ दिया गया कि पार्टी या किसी व्यक्ति या व्यक्तियों के समूह की ओर से किया गया खर्च, उम्मीदवार का खर्च नहीं माना जाएगा। इस अध्यादेश में यह भी लिखा था कि वह अदालत में लंबित मामलों पर भी लागू होगा। सरकार ने इसे संसद में पेश करके 21 दिसंबर, 1974 को क़ानून की शक्ल दे दी।

कुछ लोग मानते हैं कि जस्टिस सिन्हा के फ़ैसले की वजह से श्रीमती गांधी ने आपातकाल लगाई, जबकि उस आदेश पर तो सुप्रीम कोर्ट ने 24 जून को ही स्टे ऑर्डर दे दिया था। हाईकोर्ट के फ़ैसले के ख़िलाफ़ सुप्रीम कोर्ट में पैरवी के लिए मशहूर वकील एन. पालखीवाला को बुलाया गया। उस समय सुप्रीम कोर्ट में गर्मियों की छुट्टियां चल रही थीं, इसलिए अपील वैकेशन जज जस्टिस वी. आर. कृष्णा अय्यर के सामने रखी गई। जस्टिस अय्यर ने इस पर आंशिक स्थगन आदेश दे दिया। जस्टिस अय्यर ने अपने फ़ैसले में कहा कि इंदिरा गांधी संसद की कार्रवाई में तो शामिल हो सकती हैं, लेकिन वोट नहीं दे सकतीं। यानी क़ानूनी तौर पर वे सांसद बनी रह सकती थीं, लेकिन नैतिकता के आधार पर उनका प्रधानमंत्री की कुर्सी पर बने रहना मुश्किल हो गया था। इस फ़ैसले के बाद विपक्षी पार्टियों ने उन पर राजनीतिक हमले तेज़ कर दिए।

इस बैठक में शामिल होने के लिए जनसंघ के नेता लालकृष्ण आडवाणी और कांग्रेस (ओ) के नेता श्यामनंदन मिश्र 25 जून को बंगलोर पहुंचे थे। अटल बिहारी वाजपेयी पहले ही वहां थे। 26 जून को सवेरे क़रीब साढ़े सात बजे आडवाणी के पास जनसंघ के किसी स्थानीय नेता से जानकारी मिली कि आधी रात को जयप्रकाश नारायण, मोरारजी देसाई समेत देश के कई अहम नेताओं को गिरफ़्तार कर लिया गया है। बताया गया कि हो सकता है पुलिस उन्हें और अटल जी को भी गिरफ़्तार करने पहुंचने वाली हो। वाजपेयी और आडवाणी ने तुरंत जेपी समेत कई नेताओं की गिरफ़्तारी और देश में आपातकाल लागू करने की कड़ी निंदा की। सवेरे दस बजे पुलिस उन्हें गिरफ़्तार करने पहुंच गई। तब तक पुलिस ने समाजवादी नेता मधु दंडवते को भी बंगलोर में गिरफ़्तार कर लिया। चारों नेताओं को गिरफ़्तार कर बंगलोर सेंट्रल जेल भेज दिया गया।

जयप्रकाश नारायण, अटल बिहारी वाजपेयी, लालकृष्ण आडवाणी, जॉर्ज फ़र्नांडिस, चौधरी चरण सिंह, मोरारजी देसाई, नानाजी देशमुख, मधु दंडवते, रामकृष्ण हेगड़े, सिकंदर बख्त, एच. डी. देवेगौड़ा, अरुण जेटली, रविशंकर प्रसाद, प्रकाश जावड़ेकर, रामविलास पासवान, डॉ. सुब्रमण्यम स्वामी, लालू प्रसाद यादव, नीतीश कुमार जैसे नेताओं को देश की सुरक्षा के लिए ख़तरा बताते हुए जेल में डाल दिया गया।

बंगलोर की सेन्ट्रल जेल के दो बड़े कमरों में चारों नेता बंद थे। वाजपेयी और आडवाणी एक कमरे में तो मधु दंडवते और श्यामनंदन सामने वाले दूसरे कमरे में। जेल मैनुअल के मुताबिक़, काम के बंटवारे में वाजपेयी को खाना बनवाने की ज़िम्मेदारी सौंपी गई। उनकी देखरेख में अच्छा खाना बन रहा था। जेल में सभी राजनीतिक दलों के नेता और कार्यकर्ता बंद थे तो उनमें अच्छा संबंध बनने लगा और जब भी कोई जेल से छूट कर जाता तो वह दूसरे से बाहर के लिए काम और संदेश पूछकर जाता। इस तरह जेल के अंदर रहकर भी बाहर की दुनिया के साथ सम्पर्क बना हुआ था।

लोकनायक जयप्रकाश नारायण स्वास्थ्य खराब होने के कारण जसलोक अस्पताल में भर्ती थे। जेपी ने जसलोक अस्पताल से ही एक संदेश भेजा, "मैं शर्मिंदा हूं कि आप सब क़ैद में हैं और मैं आज़ाद हूं। यह परिस्थिति मेरी बीमारी ने पैदा की है। बीमारी में क़ैद से भी ज्यादा बेबसी है, इसलिए समझ नहीं आता कि आपको कौन-सा संदेश भेजूं। इसलिए इतना ही लिखकर संतोष करूंगां कि मेरा यह विश्वास दृढ़तर होता जा रहा है कि हज़ारों, शायद उनकी संख्या लाखों में हो, कुर्बानियां बेकार नहीं जा सकतीं और भारत का लोकतंत्र मौजूदा चुनौतियों का सफल मुकाबला करता हुआ अपनी वर्तमान अग्निपरीक्षा से निकलकर तपे हुए सोने की तरह निखर उठेगा।"

प्रधानमंत्री इंदिरा गांधी जानती थीं कि दूसरे विपक्षी दलों का आधार तो अख़बारी प्रचार ही है, और उसे प्रेस सेंसरशिप से काबू में किया जा सकता है, लेकिन राष्ट्रीय स्वयंसेवक संघ की गतिविधियों को ख़त्म करना आसान नहीं होगा। इसलिए सरसंघचालक बालासाहब देवरस को 30 जून को नागपुर रेलवे स्टेशन पर ही गिरफ़्तार कर लिया गया। 4 जुलाई को संघ पर प्रतिबंध लगाया जा चुका था। इससे दो दिन पहले 2 जुलाई को केरल की वामपंथी सरकार ने राज्य में संघ पर बैन लगाने का ऐलान कर दिया था। इसके तुरंत बाद संघ के दफ़्तरों पर छापे डालकर उन्हें सील किया जाने लगा और तलाशी के दौरान हथियारों की बरामदगी का प्रचार सरकारी तंत्र ने किया। संघ पर अंग्रेज़ों का एजेंट होने, गांधी हत्या, मुसलमानों के ख़िलाफ़ होने के आरोपों का खूब प्रचार किया गया। देखते-देखते संघ के हज़ारों कार्यकर्ताओं की गिरफ़्तारियां होने लगीं। संघ के स्कूलों, शिशु मंदिरों को बंद किया जाने लगा। वनवासी परिषद और संघ की दूसरी गतिविधियों पर भी छापे डालकर बंद किया गया।

30 जून को अपनी गिरफ़्तारी से पहले ही संघ प्रमुख देवरस ने कहा, "प्रयाग उच्च न्यायालय के निर्णय के कारण, दुर्भाग्य से, प्रधानमंत्री अपना संतुलन खो बैठी हैं। परिणामस्वरूप आपात स्थिति की घोषणा कर दी गई है। जन नेताओं को बंदी बनाया गया है और समाचारपत्रों पर बंधन लगाए गए हैं। इन कार्यवाहियों से लोकतांत्रिक पद्धति पर आघात हुआ है और जनता के मूलभूत अधिकारों का हनन हुआ है।" देवरस ने स्वयंसेवकों से अपना संतुलन न खोने का आग्रह किया और अपना कार्यभार सरकार्यवाह माधवरावजी मुले को सौंप दिया।

जुलाई के महीने में सरकार ने क़रीब दो दर्जन संगठनों पर पाबंदी लगा दी। इनमें राष्ट्रीय स्वयंसेवक संघ, जमात-ए-इस्लामी और आनंदमार्गी भी शामिल थे। जेलों में संघ और आनंदमार्गियों को तो साथ रखा गया, लेकिन जमात के लोगों को दूसरे मुस्लिम अपराधियों के साथ रखा गया। जमात ने मज़हब के आधार पर इस तरह के भेदभाव का विरोध किया और उन्हें भी आरएसएस के लोगों के साथ ही रखने की मांग की।

संघ पर प्रतिबंध के बाद भी पुलिस को किसी भी जगह कोई ज़रूरी या आपत्तिजनक सामग्री नहीं मिल पाई। पुराने दफ़्तर सील होने के बाद आंदोलन चलाने के लिए नए दफ़्तरों की ज़रूरत हुई और वैकल्पिक व्यवस्था की गई। बहुत-सी जगह स्वयंसेवकों के घरों का इस्तेमाल भी हुआ, लेकिन पुलिस की नज़र से बचने के लिए कार्यक्रमों, स्थान और बैठकों का समय और जगह बदलना पड़ता। इस पूरे काम में सिर्फ़ स्वयंसेवक और नेता ही शामिल नहीं थे, बल्कि उनके परिवार के सदस्य और महिलाएं भी अपनी-अपनी भूमिका में लगी रहती थीं। बहुत से जेल भेजे गए स्वयंसेवकों के घरों पर भोजन और ज़रूरी चीज़ों की इंतज़ाम करना भी एक बड़ा काम था। बीमार लोगों को अस्पताल पहुंचाना, इलाज कराना और पैसों की व्यवस्था करने का काम भी चलता रहा।

दिसंबर, 1975 में दत्तोपंत ठेंगड़ी भूमिगत तौर पर गुजरात में प्रवास कर रहे थे। उन्होंने इस दौरान मज़दूरों के भी इस आंदोलन में ज़्यादा से ज़्यादा हिस्सा लेने पर काम किया। 25 दिसंबर को पवनार में होने वाले आचार्य-सम्मेलन में हिस्सा लेने वाले आचार्यों को भूमिगत साहित्य की पांच हज़ार प्रतियां छपवाकर गुजरात से ही दी गईं और इसे पहुंचाने का काम स्वयंसेवकों ने ही किया।

लालकृष्ण आडवाणी ने तब जेल में एक किताब 'टेल ऑफ़ टू इमरजेन्सीज़' लिखी और तय हुआ कि इसे छापकर देश भर में बांटा जाए। बम्बई के कार्यकर्ताओं ने इस ज़िम्मेदारी को उठाना स्वीकार किया। एक रात में इसे टाइप किया गया, फिर अगली रात उसकी जेरोक्स कापियां बनाई गईं और फिर अलग-अलग स्थानों पर

छपने और बांटने के लिए भेजा गया। क़रीब चालीस हज़ार कापियां इस किताब की बंटीं।

इंदिरा सरकार देश-विदेशों में इसका दावा और प्रचार करती थी कि जेलों में नेताओं को किसी किस्म की परेशानी न हो इसका ध्यान रखा जा रहा है। जबकि हकीकत यह थी कि आम कार्यकर्ताओं की बात तो दूर, वाजपेयी, आडवाणी, बीजू पटनायक, पीलू मोदी और अशोक मेहता जैसे बड़े नेताओं को सात दिनों तक सोने के लिए बिस्तर नहीं दिए गए।

जेलों की स्थिति के बारे कुलदीप नैयर ने अपनी किताब 'इन जेल' में लिखा: 'हमारी बैरक में 28 बंदी थे जो बाद में बढ़कर 96 हो गए, लेकिन इन सबके लिए सिर्फ़ तीन शौचालय थे। सवेरे सबको शौच के लिए कतार में खड़ा होना पड़ता। एक कैदी दिन में केवल एक बार मैला साफ करके ले जाता था। इस वजह से दिनभर बदबू में सांस लेना भी मुश्किल होता था। कोई बाथरूम नहीं था। खुले में नहाना होता और इसमें भी सिर्फ़ एक नल जो सवेरे नौ बजे बंद हो जाता था।'

ग्वालियर की राजमाता विजयाराजे सिंधिया और जयपुर की राजमाता गायत्री देवी के साथ भी दुर्व्यवहार किया गया। इन दोनों को जानबूझकर तिहाड़ जेल में महिला वार्ड में जघन्य महिला अपराधियों के बीच रखा गया। राजमाता सिंधिया को उस कालकोठरी में रखा गया, जिसमें फांसी की सज़ायाफ़्ता क़ैदियों को रखा जाता है। वहां के शौचालय बेकार थे, इसलिए वे बाहर खुले में जाने के लिए मजबूर थीं। महाराष्ट्र की मृणाल गोरे को अकोला जेल की जिस कोठरी में रखा गया, उसमें चूहों और तिलचट्टों की भरमार थी।

पश्चिम बंगाल के मार्क्सवादी कम्युनिस्ट पार्टी (माकपा) नेता ज्योति बसु को जयपुर सेंट्रल जेल में भेज दिया गया। वे रक्तचाप के रोगी थे। ख़बर आई कि उनका बेटा पुत्र संताप में पागल हो गया है। इससे बसु की तबियत और बिगड़ गई।

आपातकाल का बड़ा फायदा हुआ कि विरोधी विचारधारा, काम के अलग-अलग तरीक़े, सोच-समझ और संगठन के स्तर पर भी धर्म और जाति के भेद मिट गए। ज़्यादातर काम समूहगत हुए। हर कोई अपने-अपने तरीक़े से आपातकाल और इंदिरा सरकार के जुल्मों के ख़िलाफ़ खड़ा हो गया। इंदिरा गांधी को शायद यह इल्म नहीं रहा होगा कि जिस आपातकाल को उन्होंने लोगों और संगठनों को तोड़ने के लिए लगाया है, वही उनको एकजुट कर देगी।

लोकसंघर्ष समिति ने भी सत्याग्रह को लेकर पूरा कार्यक्रम तैयार किया, इसमें 9 अगस्त को क्रांति दिवस मनाने, 15 अगस्त को सत्याग्रह दिवस मनाने और 2 अक्टूबर को गांधीजी के विचारों के ख़िलाफ़ इंदिरा गांधी के व्यवहार पर चर्चा करने

की बात की गई थी। पुलिस ने 29 अगस्त को दिल्ली में नानाजी देशमुख को भी गिरफ़्तार कर लिया।

लोकसंघर्ष समिति के अहिंसक आंदोलन से उलट जॉर्ज फर्नांडिस जैसे नेताओं ने बड़ौदा डायनामाइट कांड जैसी कोशिशें कीं। केरल के कैथोलिक चर्च के एम. एम. थॉमस ने आपातकाल के ख़िलाफ़ जनशिक्षा अभियान चलाया।

उस वक़्त प्रधानमंत्री को न जाने कितने विचारकों ने चिट्ठियां लिखीं। इनमें ख़ुद जेपी, बालासाहब देवरस, पेजावर मठ के विश्वेश तीर्थस्वामी, कृष्णाबाई निंबकर और मधु लिमये जैसे लोग शामिल थे, लेकिन इंदिरा गांधी पर तो मानो हर चीज़ बेअसर साबित हो रही थी। सर्वोदयी नेताओं ने विनोबा भावे के अनुशासन-पर्व के ख़िलाफ़ आतंकपर्व का ऐलान किया। सुब्रह्मण्यम स्वामी, मकरंद देसाई, नयनतारा सहगल, रजनी कोठारी, लैला फर्नांडिस जैसे लोगों ने विदेशों में आपातकाल के ख़िलाफ़ माहौल बनाने में अहम भूमिका निभाई। शांति भूषण, वेणुगोपाल, संतोष हेगड़े, राम जोईस जैसे एक से बढ़कर एक वकील क़ानूनी लड़ाई लड़ रहे थे, तो मीडिया में रामनाथ गोयनका, कुलदीप नैयर, के. आर. मलकानी, दीनानाथ मिश्र, निखिल चक्रवर्ती, विष्णु भाई पंड्या, भानुप्रताप शुक्ल, यादव राव देशमुख, मीनू मसानी, नारायण देसाई, वी. वी. जॉन, वरुण सेनगुप्त, राजमोहन गांधी, राजकृष्ण, अजित बसु जैसे सैकड़ों पत्रकारों ने इस लड़ाई को न केवल ताक़त दी बल्कि इंदिरा सरकार के जुल्मों का सामना किया।

लोकसंघर्ष समिति में शामिल बड़े नेताओं के जेल जाने के बाद बाहर रहे नेताओं के पास ज़्यादा बड़ी ज़िम्मेदारी आ गई थी। आपातकाल के दौरान ही संघ की ताक़त और रणनीति सामने आई। जेलों में बंद लोगों के परिवारों के लिए स्वयंसेवकों ने राजनीतिक, धार्मिक और जातिगत भेदभाव से परे सहयोग और मदद की, वह भी इस राजनीतिक चतुराई के साथ कि सरकार में बैठे लोगों को ख़बर ही न हो पाए। शायद इसी वजह से इंदिरा गांधी को कहना पड़ा कि संघ के दस फीसद कार्यकर्ता भी नहीं पकड़े गए हैं और वे अंडरग्राउंड हो गए हैं। इसीलिए आपातकाल ख़त्म होने के फ़ैसले के बाद जब नेताओं की रिहाई होने लगी तो भावे के कहने पर भी इंदिरा गांधी संघ के नेताओं को रिहा नहीं करने पर अड़ी रहीं।

आपातकाल के दौरान आरएसएस प्रमुख बालासाहब देवरस ने कहा, "जयप्रकाश जी ने कहा है और लिखा भी है कि संघ के कुछ लोग व्यक्तिगत तौर पर उनके आंदोलन में हैं, परन्तु संघ संगठन के रूप में सहभागी नहीं है। मैंने भी ऐसा ही कहा है। लोक हितों की रक्षा के लिए आंदोलन चलते रहेंगे। लोगों को हो रहे कष्टों की प्रतिक्रिया आंदोलनों में होगी। स्वयंसेवक भी तो जनता में शामिल हैं। उन्हें जनता में समझा जाए तो जनता को हो रहे कष्टों की अभिव्यक्ति स्वयंसेवक सबके साथ

मिलकर ही करेंगे। उनके जनता के साथ रहने से, संघ आंदोलन चला रहा है, यह बात तो सिद्ध नहीं होती है।"

संघ प्रमुख बालासाहब देवरस ने 16 जून, 1975 को रोहतक में एक संघ शिक्षा वर्ग में कहा, "जुलाई, 1949 में संघ पर से प्रतिबंध हटने के साथ से ही फिर से प्रतिबंध लगने की चर्चा शुरू हो गई थी। वह अभी तक चली आ रही है। संघ के हज़ारों-हज़ार स्वयंसेवकों के जेल में बंद होने से भी संघ बंद होने वाला नहीं है। प्रतिबंध आएगा या नहीं आएगा, इसको ध्यान में रखकर संघ अपना काम नहीं कर रहा। हमें अपना काम निर्भय होकर करते जाना है। प्रतिबंध आने पर भी उसका उपयोग अपने कार्य के हित में कर लेने की बात हमें सोचनी होगी।"

आपातकाल के दौरान लगी पाबंदी को हटाना भी संघ का पहला मक़सद नहीं था। पहला लक्ष्य था तानाशाही को ख़त्म करना। संघ के बड़े अधिकारियों का मानना है कि जब सरकार की ओर से संघ से पाबंदी हटाने का सशर्त सुझाव आया तो संघ ने इसे दृढ़ता के साथ ठुकरा दिया और कहा कि हमारा लक्ष्य है लोकतंत्र की स्थापना। इसके साथ ही जब आपातकाल ख़त्म हो गई और संघ पर से पाबंदी हट गई तो बालासाहब देवरस ने कहा, "फॉर्गेट एंड फॉर्गिव यानी भूल जाओ और क्षमा करो। संघ के काम में प्रतिशोध के लिए कोई जगह नहीं है।"

आपातकाल के ख़िलाफ़ आंदोलन में संघ की अगुआई माधवराव मुले कर रहे थे। मुले का स्वास्थ्य बहुत खराब चल रहा था, लेकिन वह भूमिगत रहकर नेतृत्व करते रहे और इसी वजह से उनकी अकाल मृत्यु भी हो गई। उस वक़्त संघ के पास कुल 1356 प्रचारक यानी पूर्णकालिक स्वयंसेवक थे और इनमें से 189 जेल में थे। माधवराव के सहयोगी भाऊराव देवरस और मोरोपंत पिंगले, नागरि-स्वातंत्र्य मोर्चे के लिए रज्जू भैया, डॉ. बाबासाहेब थत्ते, विदेश सम्पर्क के लिए बालासाहेब भिड़े, चमनलाल जी, केदारनाथ साहनी और राजनीतिक क्षेत्र के लिए रामभाऊ गोड़बोले, सुंदर सिंह भंडारी, कॉमनवेल्थ मोर्चे के जगन्नाथ राव जोशी, क़ानूनी मोर्चे के लिए अप्पा घटाटे समेत सैकड़ों पदाधिकारी, प्रचारक और स्वयंसेवक अपने-अपने काम में लगे हुए थे।

उस वक़्त जनसंघ के एक हीरो थे डॉ. सुब्रह्मण्यम स्वामी। डॉ. स्वामी आपातकाल में काफी समय तक भूमिगत रहे, विदेशों में इंदिरा गांधी और आपातकाल के ख़िलाफ़ प्रचार करते रहे और एक दिन अचानक संसद में पहुंचकर सबको चौंका भी दिया। स्वामी की शायद ही किसी नेता से ज़्यादा दिनों तक बनी हो, लेकिन हर कोई उनकी दिमागी ताक़त का लोहा मानता है। आपातकाल को याद करते हुए स्वामी बताते हैं कि पुलिस ने उनका सब कुछ छीन लिया था। उनकी पत्नी अपनी दोनों बेटियों के साथ घर का गुजारा चला रही थी। तब वाजपेयी ने उन्हें

चिट्ठी लिखकर कहा कि तुम आत्मसमर्पण कर दो।[1] माधवराव मुले ने स्वामी को आत्मसमर्पण करने से मना कर दिया और कहा कि जेपी चाहते हैं कि आप विदेश चले जाएं और वहां मुख़्तलिफ विदेशी एजेंसियों के ज़रिए दुनिया को आपातकाल के बारे में बताएं। डॉ. स्वामी कहते हैं, "आपातकाल के दौरान पहले छह महीने मैं नानाजी देशमुख के साथ ड्राइवर के तौर पर रहा। एक बार नानाजी कार में पीछे बैठे हुए थे, मुझे समझ आया कि इंटेलिजेंस के लोग पीछा कर रहे हैं तो मैंने गाड़ी तेज़ दौड़ा दी और हर मोड़ पर अलग चक्कर लगाकर उन्हें चकमा दे दिया और नानाजी को गिरफ़्तारी से बचा लिया। कार की रफ़्तार से तो एकबारगी नानाजी भी डर गए थे। फिर मैं विदेश चला गया तो पीछे नानाजी, दत्तोपंत ठेंगड़ी और जॉर्ज फर्नांडिस जैसे नेता गिरफ़्तार हो गए थे।"

उस वक़्त संसद में 60 दिन से ज़्यादा दिनों की ग़ैरहाज़िरी से संसद की सदस्यता समाप्त की जा सकती थी। तब संसद का सत्र चल रहा था तो आना भी ज़रूरी था, इसलिए स्वामी ने भारत लौटना तय किया, लेकिन यह आसान नहीं था। डॉ. स्वामी बताते हैं, "भारत वापस आने के लिए अगर मैं अमेरिका से सीधा टिकट खरीदता तो पकड़ा जाता क्योंकि तब एयरलाइंस कंपनियां यात्रियों की पूरी लिस्ट भेजा करती थीं, इसलिए मैंने बैंकॉक का टिकट खरीदा।"

स्वामी जब दिल्ली में उतरे तो ट्रांजिट पर बैंकॉक की फ्लाइट पकड़ने के लिए जाना था, लेकिन उस रास्ते पर कुछ देर चलकर वह उल्टा लौट आए और एयरपोर्ट से बाहर निकल गए। वह बताते हैं, "जिस दिन संसद में जाना था उस सवेरे कोई शोक प्रस्ताव रखा जाने वाला था। उस दौरान गाड़ी राज्यसभा के दरवाज़े के बाहर ही लगाई जाती थी। मैंने दरवाज़े पर ही गाड़ी लगाई और अंदर जाकर रजिस्टर में दस्तख़त कर दिए। फिर अचानक राज्यसभा के सदन में पहुंच गया। सदन में शोक प्रस्ताव पर लोग बोल रहे थे। मैं खड़ा हुआ और कहा कि सभापति जी, देश में लोकतंत्र की हत्या हो गई है, उस पर भी शोक प्रस्ताव होना चाहिए और जब तक किसी को कोई बात समझ आती, मैं तेज़ी से बाहर निकल गया।"

बाहर निकलकर स्वामी वापस एयरपोर्ट पहुंच गए और फिर कानपुर, गोरखपुर और नेपाल होते हुए अमेरिका पहुंच गए। डॉ. स्वामी बताते हैं कि जब चुनावों का ऐलान हो गया, तब भी वाजपेयी ने फोन पर कहा कि तुम वहीं रहो, हम हारने वाले हैं, लेकिन मैं देश लौटकर आ गया।

आडवाणी 19 महीने तक जेल में रहे। आपातकाल के दौरान हज़ारों राजनीतिक कार्यकर्ताओं को मीसा के तहत जेलों में ठूंस दिया गया। आपातकाल के बाद जांच के लिए गठित शाह आयोग की रिपोर्ट के मुताबिक़ 34,988 लोगों को मीसा के

1. डॉ. सुब्रह्मण्यम स्वामी से लेखक की बातचीत

तहत हिरासत में लिया गया और 75,818 को डिफेंस ऑफ़ इंडिया रूल्स के तहत पकड़ा गया। मीडिया और प्रेस पर पूरी तरह पाबंदी लगा दी गई। ख़बरें केवल आकाशवाणी से ही सुनी जा सकती थीं जिस पर सरकार का पूरा नियंत्रण था। संघ पर 4 जुलाई, 1975 को प्रतिबंध लगा दिया गया था।

मीसा और डीआईआर के तहत देश में एक लाख से ज़्यादा लोगों को जेलों में ठूंस दिया गया। आपातकाल के ख़िलाफ़ आंदोलन के नायक जयप्रकाश नारायण की किडनी, कैद के दौरान खराब हो गई थी। कर्नाटक की मशहूर एक्ट्रैस स्नेहलता रेड्डी जेल से बीमार होकर बाहर निकलीं, बाद में उनकी मौत हो गई।

भूमिगत आंदोलन

पत्रकार और ज़िंदगी भर संघ से जुड़े रहे दीनानाथ मिश्र ने आपातकाल में भूमिगत आंदोलन पर एक किताब 'आपातकाल में गुप्त क्रांति' लिखी थी, जिसकी भूमिका में अटल बिहारी वाजपेयी ने लिखा, "आपातस्थिति में जो भूमिगत आंदोलन चला, उसकी तुलना अफ्रीकी देशों, वियतनाम या बोलिविया और कहीं के भूमिगत गोरिल्ला संघर्षों से नहीं की जा सकती। इसका सबसे बड़ा कारण है भारतीय भूमिगत आंदोलन का अहिंसक होना। जहां पूर्वोक्त क्रान्तियों की दार्शनिक प्रेरणा कहीं-न-कहीं मार्क्स से जुड़ी थी, वहां भारत के इस भूमिगत आंदोलन की दार्शनिक प्रेरणा गांधी और जयप्रकाश की थी। एक अर्थ में यह गांधीवादी संघर्ष सत्याग्रह और असहयोग की तकनीक का अगला विस्तार था। अहिंसक युद्ध संघर्ष के नए आयाम का आविष्कार था। यह ख़ून की हर बूंद के बारे में संवेदनशील भारत की सांस्कृतिक चेतना के अनुरूप था। अहिंसक क्रांति होना इसकी नियति ही नहीं थी, बल्कि मानव मात्र के लिए पाशविक संघर्ष से शिष्ट संघर्ष की ओर बढ़ने के प्रयोग सिद्ध विकल्प की खोज भी थी। इस अर्थ में भारत के भूमिगत आंदोलन के परिणाम, मानवीय गरिमा, लोकतंत्र की सफलता, साम्राज्यवाद के उन्मूलन, दासता और शोषण के नए-पुराने रूपों को पराजित करने की जद्दोजहद और समतामय विश्व मानवता के विकास की दिशा में मील का पत्थर है।"

आपातकाल और भूमिगत आंदोलन को लेकर दीनानाथ मिश्र से अक्सर चर्चा होती रहती थी। उनका परिवार आपातकाल की वजह से बिखर और टूट गया था। उनकी प्रिंटिंग प्रेस बंद हो गई थी, जिसे बाद में बेचना पड़ा। घर चलाना मुश्किल हो गया, लेकिन वह अपने चश्मे को ठीक करते हुए अक्सर कहते, "भई, यह सिर्फ़ मेरी कहानी नहीं है। मेरे ही परिवार ने आपातकाल को नहीं भुगता, बल्कि देशभर में लाखों परिवारों को बहुत कुछ झेलना पड़ा है।"

यह भी सच है कि एक तरफ़ अहिंसक बड़ा भूमिगत आंदोलन चल रहा था तो दूसरी तरफ़ जॉर्ज फ़र्नांडिस और उनके साथी इस तरह के आंदोलन से सहमत नहीं थे। जॉर्ज का मानना था कि अहिंसक सत्याग्रह, गुप्त साहित्य बांटना, लोगों को अपने मक़सद को समझाना, यह सब तानाशाही को खत्म करने में मददगार

तो साबित हो सकते हैं, लेकिन निर्णायक नहीं हो सकते। जॉर्ज का मानना था कि सत्याग्रह से सरकार को कोई परेशानी नहीं होती, इसलिए ऐसा कोई आंदोलन शुरू किया जाना चाहिए जिससे सरकार में दहशत पैदा हो और जनता का मनोबल बढ़े।

इसके लिए उन्होंने रेलवे पटरियों को उखाड़ना, रेलवे पुलों को उड़ाना, बिजली बंद करना, टेलीफ़ोन एक्सचेंज जैसी सरकारी चीज़ों को नुक़सान पहुंचाना जैसे काम करने तय किए और इस काम में डायनामाइट का इस्तेमाल करने का फ़ैसला किया क्योंकि यह आसानी से मिल जाता था। गुजरात में जनता मोर्चा की सरकार थी, इसलिए जॉर्ज फर्नांडिस अक्सर बड़ौदा जाया करते थे क्योंकि वहां ख़तरा कम था। यहां उनकी मुलाक़ात एक ख़दान मालिक से हुई जो डायनामाइट देने के लिए तैयार हो गया। वहां से डायनामाइट लेकर देश के दूसरे हिस्सों में भी भेजा जाने लगा। कुछ लोगों को इसके इस्तेमाल करने के तरीक़ों की ट्रेनिंग भी यहां दी गई। देश में कर्नाटक, महाराष्ट्र और बिहार में कुछ जगहों पर विस्फोट भी हुए। लेकिन कुछ दिनों बाद ख़दान मालिक सरकारी मुखबिर बन गया, नतीजतन जॉर्ज फर्नांडिस और उनके साथी एक-एक करके बंदी बना लिए गए।

श्रीमती गांधी यह बात अच्छी तरह समझती थीं कि उनकी सरकार को कोई चुनौती न मिले, इसके लिए न्यायपालिका के अलावा प्रेस और मीडिया पर पाबंदी ज़रूरी है, क्योंकि उसके माध्यम से देशभर में माहौल बनता है। इसलिए उन्होंने सबसे पहले इन्दर कुमार गुजराल को हटाकर विद्याचरण शुक्ल को सूचना-प्रसारण मंत्री बना दिया। 26 जून, 1975 को कैबिनेट की बैठक में प्रधानमंत्री ने ख़ुद मीडिया को लेकर सरकार की नीति तय की। इसमें पांच बड़ी चीज़ों पर फ़ैसला किया गया—(1) प्रेस परिषद को ख़त्म किया जाए (2) सभी समाचार-सेवा समितियों पीटीआई, यूएनआई, हिन्दुस्थान समाचार और समाचार भारती को मिलाकर एक किया जाए (3) विज्ञापन-नीति फिर से तय की जाए (4) असहमति जाहिर करनेवाले पत्रकारों को मिली सरकारी आवास की सुविधा वापस ली जाए (5) जो विदेशी पत्रकार सरकारी नीति को मंज़ूर नहीं करें, उन्हें वापस भेजा जाए।

इसके साथ ही सेंसरशिप को कड़ाई से लागू करने पर ज़ोर दिया गया और दिखावे के लिए चहेते संपादकों का एक सलाहकार मंडल बनाया जाए जो सेंसरशिप लागू करने पर सूचना-प्रसारण मंत्रालय को सलाह दे सकता है। साथ ही, प्री-सेंसरशिप को लागू करने का प्रस्ताव भी मंज़ूर हो गया। सरकार ने यह हिदायत दी कि ऐसी कोई ख़बर नहीं छापी जाए, जिससे यह मतलब निकलता हो कि सरकार के किसी कदम को लेकर विरोध प्रकट किया गया है। यानी किसी भी आलोचना के लिए जगह नहीं छोड़ी गई थी। मज़दूरों की हड़ताल, झुग्गी-झोपड़ियां उजाड़े जाने की ख़बरें और फोटो नहीं छापी जा सकती थीं। संसद में वॉकआउट या विरोध की ख़बरों पर भी रोक लग गई थी।

4 जनवरी 1976 को दिशा-निर्देश जारी किया गया कि संसद से जुड़ा कोई भी समाचार सेंसर क़ानून के तहत माना जाएगा और उसे मंज़ूरी के बाद ही छापा

जा सकेगा। इसके लिए संसद भवन में ही दो अफ़सरों को बिठाया गया जो संसद की ख़बरों के छापने पर मंज़ूरी देते थे। दो दर्जन से ज़्यादा पत्रकारों की पीआईबी मान्यता रद्द की गई।

इसके साथ ही 11 फरवरी, 1976 को 'आपत्तिजनक सामग्री प्रकाशन निषेध अधिनियम 1976' लागू किया गया, लेकिन इसे 18 दिसम्बर, 1975 से ही प्रभावी मानने के आदेश हुए। इसे भी संविधान की नौंवी सूची में डाल दिया गया यानी इसे अदालत में चुनौती नहीं दी जा सकती थी। अख़बारों को सज़ा और ईनाम देने के लिए विज्ञापन नीति का भी सहारा लिया गया। इससे सरकार अपने हिसाब से अलग-अलग अख़बारों और पत्रिकाओं को विज्ञापन देने लगी। बहुत से अख़बारों को विज्ञापन पूरी तरह बंद कर दिए गए। 8 दिसम्बर 1975 को एक अध्यादेश जारी करके प्रेस काउंसिल को ख़त्म कर दिया गया। दूरदर्शन और आकाशवाणी तो सिर्फ़ 'हिज़ मास्टर वॉइस' यानी सरकार की आवाज़ भर बनकर रह गए। तब शायद इसी का ज़िक्र करते हुए लालकृष्ण आडवाणी ने कहा था, "मीडिया तो रेंगने लगा जबकि उन्हें केवल झुकने को कहा गया था।"

चार समाचार एजेंसियों के विलय को यह एजेंसियां मानने को तैयार नहीं थीं तो सरकार ने उन पर दबाव डालने के लिए फ़ैसला किया कि एजेंसियों की बड़ी आमदनी सरकारी विभागों में लगे एजेसिंयों के टेलीप्रिंटर्स से होती थी। पीआईबी ने उन सेवाओं को बंद कर दिया, जिससे उनकी आमदनी बंद हो गई। इसके साथ ही एजेंसियों पर बकाया सरकारी क़र्ज़ को चुकाने के लिए दबाव बनाया गया। सरकार के निशाने पर ख़ासतौर से हिन्दुस्थान समाचार और समाचार भारती एजेंसियां थीं। नतीजतन, सब एजेंसियों ने 13 जनवरी 1976 को एक बैठक की और सबसे पहले यूएनआई के प्रबंधक मंडल ने स्वेच्छा से विलय का ऐलान किया। इसके बाद 15 जनवरी को पीटीआई आगे आई और फिर समाचार भारती और हिन्दुस्थान समाचार भी शामिल हो गए और इस तरह बन गई नई एजेंसी—'समाचार'।

इसके बाद आरोप लगाया गया कि समाचार भारती और हिन्दुस्थान समाचार में कुछ सांप्रदायिक तत्व आ गए हैं। 'समाचार' के अध्यक्ष से सितम्बर, 1976 में रिपोर्ट लिखाई गई कि 'समाचार' के कर्मचारियों में कुछ ऐसे हैं जिनका संबंध प्रतिबंधित संगठनों यानी राष्ट्रीय स्वयंसेवक संघ से है। सूचना मंत्रालय से इनकी जांच करने का आग्रह किया गया। सूचना मंत्रालय के कहने पर पुलिस ने जांच की और एक ही दिन में रिपोर्ट आ गई। हिन्दुस्थान समाचार के महाप्रबंधक बालेश्वर अग्रवाल को संघ का कार्यकर्ता बताकर उनकी सेवाएं समाप्त कर दी गईं। धर्मवीर गांधी को संघ का प्रचारक बताकर हटा दिया गया। संघ से जुड़े होने के आरोप में 23 ब्यूरो प्रमुख और 17 दूसरे कर्मचारियों को हटाया गया। यूएनआई के प्रमुख मीरचंदानी को भी हटा दिया गया।

वैसे तो बहुत से अख़बारों को आपातकाल का शिकार होना पड़ा, लेकिन इंडियन एक्सप्रेस समूह को सबसे ज़्यादा नुक़सान उठाना पड़ा। 26 जुलाई, 1975

को प्रधानमंत्री के साथ हुई एक उच्चस्तरीय बैठक में गोयनका के बिज़नेस हाउस और इंडियन एक्सप्रेस की जांच के मामले पर ज़ोर देने के लिए कहा गया। प्रधानमंत्री और सूचना-प्रसारण मंत्री विद्याचरण शुक्ल का इशारा साफ था कि एक्सप्रेस ग्रुप को हर हाल में फंसाना है। सबसे पहले एक्सप्रेस के कोचीन संस्करण पर 13 नवम्बर, 1975 को प्री-सेंसरशिप लागू की गई। फिर 4 फरवरी, 1976 को बम्बई और मद्रास संस्करण को निशाने पर लिया गया। लेकिन जब बॉम्बे हाईकोर्ट ने इस प्री-सेंसरशिप के ख़िलाफ़ फ़ैसला दिया तो वहां 27 मई को प्री-सेंसरशिप को हटा लिया गया। इसके बाद 16 अगस्त को इंडियन एक्सप्रेस और संडे स्टेंडर्ड के बम्बई, मद्रास, कोचीन, दिल्ली, विजयवाड़ा, बंगलौर, मदुरै और अहमदाबाद संस्करणों पर सेंसरशिप लगाई गई। फिर दिल्ली ऑफ़िस की बिजली यह कहकर काट दी गई कि उस पर बिजली विभाग का बकाया है, जबकि एक भी पैसा बकाया नहीं था तो अदालत ने फिर से बिजली तुरंत चालू करने के आदेश दिए। इसके बाद दिल्ली नगर निगम के बकाया के नाम पर प्रेस के दफ्तर को 4 अक्टूबर, 1976 को सील कर दिया गया, जबकि प्रेस पर कोई पैसा बकाया नहीं था। सरकार ने जब एक्सप्रेस को सभी सरकारी विज्ञापन बंद करने का आदेश दिया तो बॉम्बे हाईकोर्ट के आदेश के बाद उसे भी 23 मार्च, 1977 को वापस लिया गया। इतने पर भी बात नहीं बनी तो सरकार ने नई एजेंसी समाचार के मैनेजमेंट को अपनी सेवाएं एक्सप्रेस को देना बंद करने के लिए कहा। समाचार ने अपने टेलीप्रिंटर वहां से हटा लिए, लेकिन एक्सप्रेस को नहीं बंद कर पाए।

वरिष्ठ पत्रकार कुलदीप नैयर की गिरफ़्तारी की वजह कोई थी ही नहीं, बल्कि उन्हें गिरफ़्तार करने वाले पुलिस अफ़सर को इस बात तक की जानकारी नहीं थी कि नैयर पत्रकार हैं। नैयर को मीसा के तहत जुलाई, 1975 में इसलिए गिरफ़्तार किया गया क्योंकि उन्होंने सेंसरशिप के ख़िलाफ़ पत्रकारों की एक बैठक की थी। उनकी पत्नी ने नैयर की गिरफ़्तारी के ख़िलाफ़ दिल्ली हाईकोर्ट में याचिका दायर की और सुनवाई के दौरान ही पता चला कि जिस अफ़सर के नाम से उनकी गिरफ़्तारी के आदेश हुए थे, उस अफ़सर को तो नैयर के बारे में कोई जानकारी ही नहीं थी यानी उनकी गिरफ़्तारी अवैध हो गई थी। अदालत उसके ख़िलाफ़ फ़ैसला देने वाली थी तो सरकार ने हाईकोर्ट के आदेश से कुछ दिन पहले ही उन्हें रिहा कर दिया और अदालत से याचिका खारिज करने की अपील की। जिस दिन उस पर फ़ैसला होना था, नैयर ख़ुद अदालत में मौजूद थे। अदालत ने नैयर की हिरासत के आदेश को रद्द कर दिया।

आपातकाल के दौरान नज़रबंदी और आपातस्थिति को चुनौती देने के लिए बंदी प्रत्यक्षीकरण याचिका (हैवियस कार्पस) का मसौदा तैयार किया गया। लेकिन विरोधी दलों के बीच इस पर मतभेद था। कुछ नेताओं का कहना था कि अदालतों का दरवाज़ा नहीं खटखटाया जाना चाहिए क्योंकि 1942 में भी ऐसे हालात के वक़्त ऐसा ही किया गया था। तब वाजपेयी ने तल्खी के साथ कहा, "यह 1942 नहीं, 1975 है। हम आज़ाद देश के नागरिक हैं, न्यायपालिका हमारी है। अगर आज हम अदालतों के दरवाज़े नहीं खटखटाएंगे तो कल को न्यायाधीशों को यह कहने का मौक़ा मिल सकता है कि आप फ़रियाद तो करते, हम आपके साथ न्याय करते। इसलिए हमें न्यायपालिका को कसौटी पर रखकर देखना चाहिए। यह न्यायपालिका की भी अग्निपरीक्षा है।"

लेकिन वाजपेयी हमेशा सामूहिक फ़ैसलों में विश्वास करते रहे, इसलिए तुरंत बोले कि मैं इस विषय पर आडवाणी जी, श्याम बाबू, दंडवते जी और अन्य नेताओं से विचार-विमर्श करूंगा। सबने अदालत में जाने का फ़ैसला किया और कर्नाटक हाईकोर्ट में याचिकाएं दाखिल कर दी गईं। बंगलौर जेल में ही चारों नेताओं वाजपेयी, आडवाणी, दंडवते और श्याम बाबू ने मीसा में बंद किए जाने के फ़ैसले के ख़िलाफ़ कर्नाटक हाईकोर्ट में याचिका दायर कर दी। इसके लिए तीन वकीलों एन. संतोष हेगड़े, एम. रामा जोईस और एन. एम. घटाटे की मदद ली गई। हेगड़े और जोईस बाद में हाईकोर्ट के मुख्य न्यायाधीश भी बने।

14 जुलाई को इन याचिकाओं पर सुनवाई होनी थी। हाईकोर्ट का कोर्ट रूम खचाखच भरा था। लेकिन इससे एक दिन पहले ही वाजपेयी की तबीयत ज़्यादा खराब हो गई और उन्हें विक्टोरिया अस्पताल में भर्ती कराया गया जहां उनका अपेंडिसाइटिस का ऑपरेशन हुआ। डॉक्टरों को ऑपरेशन के बाद पता चला कि अपेंडिक्स तो ठीक था, परेशानी किसी और वजह से हुई है। वाजपेयी को बाद में दिल्ली के एम्स में भर्ती कराया गया जहां उन्हें स्लिप डिस्क की परेशानी के लिए ऑपरेशन करवाना था।

अदालत में इस बात की अपील की गई कि 21 जुलाई, 1975 से संसद का सत्र शुरू होने वाला है और इस सत्र में उनका यानी अटल बिहारी वाजपेयी, लालकृष्ण आडवाणी, मधु लिमये, श्याम बाबू का रहना ज़रूरी है, तो इन याचिकाओं का निपटारा जल्दी किया जाए। अदालत ने सुनवाई की अगली तारीख 17 जुलाई रखी। उस दिन सवेरे 6 बजे जेल के एक अफ़सर ने आकर उन्हें जगाया और कहा कि आज आपको छोड़ा जा रहा है, जल्दी से तैयार हो जाइए। सभी नेताओं को शक हुआ कि इस रिहाई के बहाने सरकार कुछ और करना चाहती है। उनका शक सही निकला क़रीब दस बजे गाड़ी जब उनको लेकर जेल परिसर से बाहर निकली तो कुछ दूरी पर पुलिस की गाड़ियां खड़ी दिखाई दीं। नेताओं को बताया गया कि आपको फिर से गिरफ़्तार कर लिया गया है और दूसरी गाड़ियों में बिठा दिया गया। अदालत को भी इसकी सूचना दे दी गई और नए आदेशों के मुताबिक़, वाजपेयी के

अलावा तीनों नेताओं को एयरफोर्स के विशेष जहाज़ से दिल्ली ले जाया गया, जहां से उन्हें रोहतक जेल जाना था। तीनों नेता रात क़रीब दो बजे रोहतक जेल पहुंचे।

देखते-देखते देशभर में हज़ारों याचिकाएं दाखिल हो गईं और एक के बाद एक हाईकोर्ट ने फ़ैसला सुनाया कि अवैध नज़रबंदी को हर हाल में चुनौती दी जा सकती है। लेकिन सुप्रीम कोर्ट के पांच जजों में 4-1 ने नौ हाईकोर्ट के इन फ़ैसलों को उलट दिया। देश में शायद ही किसी को ऐसी आशंका रही होगी कि सुप्रीम कोर्ट यह फ़ैसला देगा। 28 अप्रैल, 1976 हिन्दुस्तान की न्यायपालिका के लिए काला दिन कहा गया।

अलग-अलग राज्यों में हाईकोर्ट जिस तरह फ़ैसले दे रहे थे, उससे हर दिन सरकार को परेशानियों का सामना करना पड़ रहा था। देश के बहुत से हाईकोर्ट में मीसा बंदियों की सैकड़ों बंदी प्रत्यक्षीकरण याचिकाएं चल रही थीं। इन सभी में सरकार ने कहा था कि आपातकाल लागू होने के बाद राष्ट्रपति ने धारा 359 से मौलिक अधिकारों से जुड़े सभी प्रावधान निलंबित कर दिए हैं, इन प्रावधानों को अदालतों से लागू कराने वाली धारा 21 भी निलंबित हो गई है। इसलिए कोई बंदी अब इस आधार पर अदालत नहीं जा सकता कि उसकी गिरफ़्तारी क़ानून या तथ्यों की नज़र में दुर्भावनापूर्ण है। लेकिन सभी हाईकोर्ट ने सरकार की इस आपत्ति को निरस्त करते हुए अपने फ़ैसलों में कहा कि आपातकाल के बावजूद उन्हें बंदी प्रत्यक्षीकरण याचिका स्वीकार करने और उस पर फ़ैसला देने का अधिकार है।

हाईकोर्ट के इन फ़ैसलों के ख़िलाफ़ सरकार ने सुप्रीम कोर्ट में अपील की। अक्टूबर, 1975 में सुप्रीम कोर्ट ने सभी हाईकोर्टों को निर्देश दिया कि सरकार की इस आपत्ति को अलग से प्राथमिक मुद्दा मानकर पहले उस पर निर्णय दिया जाए और फिर आगे बढ़ा जाए। इस आदेश को मानने के बाद भी सभी हाईकोर्टों ने अपने फ़ैसले में कहा कि सरकार की आपत्ति न्यायसंगत नहीं है, इसलिए उसे रद्द किया जाता है। आपातकाल में धारा 21 को निलंबित किए जाने के बाद भी 'रूल ऑफ़ लॉ' ख़त्म नहीं हुआ है, इसलिए किसी को भी बंदी प्रत्यक्षीकरण याचिका का अधिकार है और उसकी गिरफ़्तारी में मीसा क़ानूनों के प्रावधानों का उल्लंघन किया गया है। इन आदेशों के ख़िलाफ़ सरकार ने सुप्रीम कोर्ट में अपील की। सुप्रीम कोर्ट ने पहले स्टे आर्डर जारी करते हुए हाईकोर्ट को कहा कि वे सभी बंदी प्रत्यक्षीकरण याचिकाओं पर सुनवाई इससे जुड़ी अपील पर निर्णय होने तक स्थगित करें। इन पर सुनवाई सुप्रीम कोर्ट के चीफ़ जस्टिस ए. एन. रे की अध्यक्षता में बनी पांच जजों की बेंच के सामने हुई। बेंच में ढाई महीने तक सुनवाई चली और इसके दो महीने बाद अदालत ने फ़ैसला सुनाया। सुनवाई के दौरान अटार्नी जनरल नीरेन डे ने कहा, "यदि किसी व्यक्ति को आज जेल में बंद किया जाता है और उसे कहा जाता है कि तुम्हें कल फ़ांसी पर चढ़ा दिया जाएगा, तब इस प्रकार के मामले में भी आपातकाल में अदालतों को दख़ल देने का अधिकार नहीं है।"

28 अप्रैल, 1976 को सुप्रीम कोर्ट ने हैबियस कार्पस के अधिकार को आपातकाल में अमान्य करार दिया। यह फ़ैसला सर्वसम्मति से नहीं था। चीफ़ जस्टिस ए. एन. रे के अलावा जस्टिस पी. एन. भगवती, जस्टिस वाई. वी. चन्द्रचूड़ और जस्टिस एम. एच. बेग़ ने फ़ैसले का अनुमोदन किया लेकिन जस्टिस एच. आर. खन्ना ने इसका विरोध किया। जस्टिस खन्ना ने विरोध जताते हुए अपने फ़ैसले में कहा, "हमारा संविधान किसी भी सत्ता को ऐसा कोई अधिकार प्रदान नहीं करता कि वह आपातकाल के दौरान हैबियस कार्पस के अधिकार से हाईकोर्ट को वंचित कर सके...। यदि सरकार के इस तर्क को मान्यता दी गई कि आपातकाल के दौरान किसी को भी अदालत से किसी भी तरह की राहत पाने का अधिकार नहीं है तो इसके भयंकर नतीजे निकलेंगे। पुलिस का एक हेड कांस्टेबल भी ईर्ष्या या द्वेषवश किसी भी व्यक्ति को गिरफ़्तार कर अनिश्चित काल के लिए जेल में बंद कर सकेगा और वह व्यक्ति किसी भी अदालत से कोई राहत नहीं पा सकेगा।"

ज़ाहिर है कि जस्टिस खन्ना के फ़ैसले से प्रधानमंत्री श्रीमती गांधी को अच्छा नहीं लगा होगा। चीफ़ जस्टिस ए. एन. रे के रिटायर होने के बाद वरिष्ठता के हिसाब से जस्टिस खन्ना को ही मुख्य न्यायाधीश बनाया जाना चाहिए था, लेकिन श्रीमती गांधी ने उनके बजाय जस्टिस एच. एम. बेग़ को मुख्य न्यायाधीश बनाया। इसके विरोध में जस्टिस खन्ना ने इस्तीफ़ा दे दिया।

सरकार में बैठे लोग हाईकोर्ट के फ़ैसलों को लेकर भी नाराज़ थे, इसलिए एक साथ 35 जजों के तबादले बिना किसी मंज़ूरी के कर दिए गए। पत्रकार कुलदीप नैयर के मामले में फ़ैसला सुनाने वाले जस्टिस रंगराजन को दिल्ली से असम भेज दिया गया तो उनके सहयोगी जस्टिस आर. एन. अग्रवाल को पदावनत कर फिर से सेशन जज बना दिया गया। गुजरात और आंध्र प्रदेश के चीफ़ जस्टिस के भी ट्रांसफर कर दिए गए।

सुप्रीम कोर्ट ने जब इंदिरा गांधी को बरी करने का फ़ैसला सुनाया तो कई सवाल भी खड़े हुए, बहुत से क़ानूनविदों ने इस बात पर भी शक किया कि कहीं इसकी वजह ज्यूडिशियरी का प्रधानमंत्री श्रीमती गांधी के प्रभाव में होना तो नहीं है! गौरतलब है कि इस बेंच के एक जज जस्टिस एच. आर. खन्ना ने ही आपातकाल के दौरान मौलिक अधिकारों से जुड़े एक मामले में गांधी सरकार के ख़िलाफ़ अपनी राय रखी थी जबकि उस बेंच में जस्टिस खन्ना के अलावा दूसरे चार जजों ने सरकार के पक्ष में फ़ैसला दिया था। यह ठीक है कि इंदिरा गांधी ने सीनियर जजों की अनदेखी कर जस्टिस रे और जस्टिस बेग़ को प्रमोशन देकर मुख्य न्यायाधीश बनाया था। लेकिन यह भी सच है कि इन्हीं जजों में से एक जस्टिस वाई. वी. चन्द्रचूड़ को जनता पार्टी की सरकार ने मुख्य न्यायाधीश बनाया। जस्टिस चन्द्रचूड़ के वक़्त में ही सुप्रीम कोर्ट ने इंदिरा गांधी के बेटे संजय गांधी को जेल भेजा था।

फिर आपातकाल के क़रीब 35 साल बाद सुप्रीम कोर्ट ने 2 जनवरी, 2011 को यह माना कि देश में आपातकाल के दौरान इस अदालत से भी नागरिकों के मौलिक अधिकारों का हनन हुआ था। सुप्रीम कोर्ट के जस्टिस आफ़ताब आलम और जस्टिस अशोक कुमार गांगुली की बेंच ने इस बात को स्वीकार किया था।

2009 में 25 फरवरी को एक कार्यक्रम में सुप्रीम कोर्ट के पूर्व मुख्य न्यायाधीश एम. एन. वेंकटचलैया ने कहा कि इमरजेंसी के बारे में सुप्रीम कोर्ट के फ़ैसले को इतिहास के कूड़ेदान में डाला जाना चाहिए।[2]

वरिष्ठ पत्रकार राम बहादुर राय इस बात से सहमत नहीं लगते कि इंदिरा गांधी ने जेपी आंदोलन के ख़ौफ़ से आपातकाल लगाया। राय कहते हैं, "श्रीमती गांधी ने प्रधानमंत्री पद पर बने रहने के लिए आपातकाल लगाया। 24 जून, 1975 को वेकेशन जज जस्टिस कृष्ण अय्यर ने जस्टिस सिन्हा के फ़ैसले को ही बरक़रार रखा था। जस्टिस अय्यर यदि जस्टिस सिन्हा के फ़ैसले पर पूरा स्टे दे देते, तो शायद फिर नहीं होता, उनके फ़ैसले ने विरोधियों को ताक़त दे दी। उन्हें कांग्रेस पार्टी के नेता का पद छोड़ना पड़ा।"

राय बताते हैं कि शाह कमीशन की रिपोर्ट में कहा गया है कि 25 जून को सिद्धार्थ शंकर रे दिल्ली में विजय चौक पहुंचे ही थे, तभी फोन आया कि बिना कैबिनेट मीटिंग के आपातकाल कैसे लगाई जा सकती है? कुछ देर बाद उन्होंने सलाह दी कि यदि राष्ट्रपति दस्तख़त कर दें तो इमरजेंसी लगाई जा सकती है। प्रधानमंत्री ने आधी रात को राष्ट्रपति से दस्तख़त करवा लिए और अगली सुबह यानी 26 जून को दो बार कैबिनेट बैठक बुलाई गई। पहली बार सुबह 6 बजे और फिर 8:20 पर। इसके साथ ही प्रधानमंत्री ने आकाशवाणी पर आपातकाल की घोषणा कर दी।

राम बहादुर राय कहते हैं, "इमरजेंसी के दौरान जितनी ज़्यादतियां हुईं वह तो सब जानते ही हैं, लेकिन इंदिरा गांधी ने संविधान में जितने बदलाव किए, वह सिर्फ़ अपनी कुर्सी बचाने और ख़ुद को ताक़तवर करने के लिए किए थे। उस वक़्त ही उन्होंने 'सोशलिज़्म' और 'सेक्यूलरिज़्म' जैसे शब्द संविधान में जोड़ दिए, जो अनावश्यक थे, लेकिन बाद की सरकारों ने भी उनमें बदलाव करने की हिम्मत नहीं दिखाई।"

रामबहादुर राय संघ और आपातकाल पर कहते हैं कि आज़ादी की लड़ाई में भले ही नहीं हुआ हो, लेकिन इमरजेंसी के ख़िलाफ़ आरएसएस ने संगठन के स्तर पर हिस्सा लिया। जेपी के आंदोलन में संघ ने संगठन के तौर पर लोकतंत्र को बहाल करने की लड़ाई लड़ी।

---

2. https://thewire.in/history/how-the-judiciary-defied-the-government-to-uphold-constitutional-values-during-the-emergency

आपातकाल के दौरान संघ ने भले ही लंबी लड़ाई लड़ी हो, लेकिन उस पर यह आरोप लगता रहा है कि तब के संघप्रमुख बालासाहेब देवरस ने प्रधानमंत्री इंदिरा गांधी को माफ़ीनामा या चिट्ठी लिखी थी कि आरएसएस सरकार के कार्यक्रम के साथ चलने को तैयार है। इस आरोप पर राय कहते हैं, "दो बातें साफ हैं। पहली, उस चिट्ठी में सीधे तौर पर माफ़ी की बात कही नहीं गई है और दूसरी बात ज़्यादा अहम है कि वह चिट्ठी ख़ुद बालासाहब देवरस ने लिखी ही नहीं थी। जेल के बाहर जो उनके सहयोगी थे, उन्होंने यह चिट्ठी प्रधानमंत्री को लिखी थी।" राय के मुताबिक़, असल खेल दूसरा था कि आरएसएस के तानेबाने ने इंदिरा गांधी को घेर लिया था और वह उनके इर्द-गिर्द पहुंच गए थे और एक रणनीति के तहत श्रीमती गांधी को चुनाव कराने की सलाह देने लगे।

लेखक नीलांजन मुखोपाध्याय मानते हैं कि आपातकाल के दौरान और बाबरी मस्जिद ध्वंस के बाद प्रतिबंध से संघ मज़बूत होकर निकला। इमरजेंसी के दौरान तो संघ के कामकाज की ख़ासी चर्चा हुई और जयप्रकाश नारायण समेत दूसरी पार्टियों के नेताओं ने भी संघ की ताक़त को समझा। लेकिन जब गांधी की हत्या के बाद पाबंदी लगी तो उसके हटने के बाद भी संघ को उससे उबरने में क़रीब दो दशक लग गए।

दुनिया को यह दिखाने के लिए कि प्रधानमंत्री श्रीमती गांधी लोकतंत्र में भरोसा करती हैं, वह बार-बार संसद की प्रतिष्ठा और गरिमा का ज़िक्र करतीं और कहतीं कि संसद के अधिकारों में कमी करने का अधिकार न्यायपालिका और संविधान किसी को नहीं है, लेकिन वह संसद का इस्तेमाल हर किसी की ताक़त कम करने और उसे कमज़ोर करने में करती रहीं। संसद में श्रीमती गांधी के पास दो-तिहाई बहुमत था, लेकिन ज़्यादातर सांसदों का काम सिर्फ़ श्रीमती गांधी की हां में हां मिलाना रह गया था। विपक्ष के 33 प्रमुख सांसदों को जेल भेज दिया गया था, जो बचे हुए विपक्षी सांसद थे, वह लगातार सरकार के ख़िलाफ़ संसद में लड़ाई लड़ते रहे, लेकिन उनकी आवाज़ बाहर जनता तक नहीं पहुंच सकती थी क्योंकि अख़बारों पर सेंसरशिप लागू थी और संसद की कोई ख़बर बाहर नहीं जाती थी।

26 जून को आपातकाल की घोषणा के बाद जो बदलाव किए गए थे, उनकी संसद से स्वीकृति के लिए तब के कृषि और सिंचाई मंत्री जगजीवन राम ने 21 जुलाई, 1975 को संसद में प्रस्ताव रखा और इस बहाने विपक्ष पर जमकर आरोप लगाए। यह दीगर है कि इमरजेंसी के बाद जगजीवन राम जनता पार्टी सरकार में प्रधानमंत्री बनने का सपना देख रहे थे।

संसद के इस सत्र में संसद की सामान्य कार्यवाही पर रोक लगा दी गई थी, यानी प्रश्नकाल, ध्यानाकर्षण प्रस्ताव और किसी दूसरे प्रस्ताव को रखने की इजाज़त नहीं थी। इस पर विपक्षी सांसदों ने ख़ासतौर से प्रधानमंत्री श्रीमती गांधी को परेशान करने का एक रास्ता निकाल लिया। सुप्रीम कोर्ट के फ़ैसले के मुताबिक़, श्रीमती गांधी संसद की कार्यवाही में तो हिस्सा ले सकती थीं, लेकिन वोटिंग में शामिल

नहीं हो सकती थीं। इसका फायदा उठाते हुए विपक्षी सांसद हर प्रस्ताव पर भाषण देते, व्यवस्था आदि का प्रश्न उठाते और हर बार वोटिंग की मांग करते। वोटिंग के मौक़े पर हर बार श्रीमती गांधी को सदन छोड़कर बाहर जाना पड़ता था। तब वे लोग उन पर टिप्पणी करते और मज़ाक उड़ाते। इसके बाद विपक्षी सांसदों ने एक बैठक कर तय किया कि एक-दो दिन वे सरकारी प्रस्तावों का विरोध करेंगे और फिर वॉकआउट करेंगे और ऐसा ही किया।

इमरजेंसी के ऐलान का प्रस्ताव लोकसभा में 336 वोटों से पास हो गया, इसके ख़िलाफ़ 59 वोट पड़े जबकि राज्यसभा में इसके विरोध में केवल 33 वोट पड़े। सरकार जब लोकसभा का कार्यकाल एक साल बढ़ाने का प्रस्ताव लेकर आई तो दोनों सदनों में इसका काफी विरोध हुआ। इस पर एन. जी. गोरे ने अपने भाषण में कहा, "एक तरफ़ हमारे गृहमंत्री कहते हैं कि देश में सब जगह सामान्य स्थिति हो गई है, प्रधानमंत्री विदेशियों को बताती हैं कि स्थिति सामान्य है, लेकिन हमारे प्रधानमंत्री, गृहमंत्री और क़ानून मंत्री संसद में कहते हैं कि स्थिति सामान्य नहीं है इसलिए हम लोकसभा का कार्यकाल एक साल और बढ़ाना चाहते हैं।"

जनसंघ के सांसद सुब्रह्मण्यम स्वामी की सदस्यता ख़त्म करने का एक प्रस्ताव 15 नवम्बर, 1976 को कांग्रेस के कमलापति त्रिपाठी ने रखा, कुछ सांसदों ने उसे आगे बढ़ाने से रोकने की कोशिश की। बाद में, कृष्णकांत ने एक संशोधन प्रस्ताव रखा कि स्वामी के निष्कासन की कार्यवाही न की जाए, उन्हें निर्देशित किया जाए कि वे संसद के अगले सत्र के पहले दिन आकर अपनी स्थिति स्पष्ट करें। स्वामी पर आरोप था कि उन्होंने 11 फरवरी, 1976 को टोरंटो स्टार अख़बार को एक इंटरव्यू दिया था और उसका शीर्षक था, 'श्रीमती गांधी की हत्या की जा सकती है—निर्वासित भारतीय सांसद।'

मौलिक अधिकारों के निलंबन के बाद भी जब देशभर में अलग-अलग हाईकोर्ट में बंदी प्रत्यक्षीकरण याचिकाएं मंज़ूर की जाती रहीं तो इंदिरा गांधी की चिंता बढ़ने लगी थी। उन्हें सबसे बड़ी चिंता इलाहाबाद हाईकोर्ट के फ़ैसले के ख़िलाफ़ सुप्रीम कोर्ट में दायर अपील पर अपने पक्ष में फ़ैसला कराने को लेकर थी। इस पर 11 अगस्त को फ़ैसला आना था। अदालत में जीत सुनिश्चित करने के लिए एक तरफ़ संविधान संशोधन का रास्ता चुना गया और दूसरी तरफ़ निर्वाचन-नियमों में बदलाव किया गया। अब जिन अपराधों के आधार पर इंदिरा का चुनाव रद्द हुआ था, वह अपराध की श्रेणी में न रहें, इसके लिए इन नियमों में पूर्व-तिथि से बदलाव किए गए।

निर्वाचन-नियम संशोधन अधिनियम, 1975 को 6 अगस्त से लागू कर दिया गया। इसके साथ ही 39वां संविधान संशोधन विधेयक भी संसद में पेश किया गया, जिसमें प्रावधान था कि राष्ट्रपति, उप-राष्ट्रपति, प्रधानमंत्री और लोकसभा अध्यक्ष

के चुनाव के ख़िलाफ़ किसी भी अदालत में कोई याचिका नहीं दी जा सकेगी और जो याचिकाएं उस वक़्त अदालत में होंगी, उन पर भी आगे सुनवाई का अधिकार किसी अदालत को नहीं रहेगा। चुनाव प्रक्रिया में इतने बड़े बदलाव के लिए संसद में संविधान संशोधन विधेयक को तुरत-फुरत में पारित कराया गया। इसे 40वें संविधान संशोधन विधेयक के तौर पर 4 अगस्त, 1975 को पेश किया गया। फिर 7 अगस्त को पूर्वाह्न 11 बजे लोकसभा में पेश हुआ और दोपहर डेढ़ बजे पारित हो गया। अगले दिन 8 अगस्त को कुछ ही मिनटों में इसे राज्यसभा में पास करा लिया गया। संविधान-संशोधन विधेयकों को देश के दो-तिहाई विधानसभाओं से भी पारित कराना होता है। इसलिए कांग्रेसी बहुमत वाली विधानसभाओं में इसे 8 और 9 अगस्त को पारित करा लिया गया और 10 अगस्त को राष्ट्रपति ने इस पर अपनी मुहर लगा दी। इसके आधार पर इंदिरा गांधी का चुनाव तो वैध घोषित हो गया लेकिन इतनी जल्दबाज़ी में पारित कराया गया बदलाव सुप्रीम कोर्ट में नहीं टिक सका। इसे रद्द करते हुए सुप्रीम कोर्ट के जस्टिस चन्द्रचूड़ ने कहा, "सम्राट को जो बात पसंद हो, वही क़ानून हो, जनतंत्र में यह नहीं चलता।" जस्टिस चन्द्रचूड़ ने आगे लिखा, "संसद का काम क़ानून बनाना है, प्रकरणों का निपटारा नहीं... भारतीय संसद को यह अधिकार नहीं है कि वह यह निर्देश दे कि जिस अभियुक्त के ख़िलाफ़ अदालत में मामला चल रहा है, वह दोषमुक्त घोषित किया जाता है। राजशाही में यह चलता है, प्रजातंत्र में नहीं..."

असल में, श्रीमती गांधी बहुत पहले से संविधान में बदलाव करने और मौलिक अधिकारों पर अंकुश लगाने की कोशिश करती रही थीं। मशहूर गोलकनाथ मामले में सुप्रीम कोर्ट ने फ़ैसला दिया था कि संविधान के अनुच्छेद 368 के तहत संसद को संविधान संशोधन के अधिकार की सीमा में मौलिक अधिकार नहीं आते। सुप्रीम कोर्ट ने तय किया कि संसद मौलिक अधिकारों में न तो कोई कमी कर सकती है और न ही उनमें से किसी को ख़त्म कर सकती है। संविधान के मौलिक अधिकारों में धारा 31 के तहत संपत्ति के अधिकार को भी मौलिक अधिकार माना गया है। लेकिन इंदिरा गांधी ने इसके ख़िलाफ़ काफी शोर मचाया और अगस्त, 1971 में 24वां संविधान संशोधन लाकर गोलकनाथ मामले के फ़ैसले को रद्द करने की कोशिश की गई। इस संशोधन में कहा गया कि संसद को मौलिक अधिकारों समेत संविधान के हर अनुच्छेद को संशोधित करने का अधिकार है। विपक्षी सदस्यों के विरोध के बावजूद संविधान संशोधन पास हो गया। बाद में इस संशोधन को सुप्रीम कोर्ट में चुनौती दी गई। केशवानंद भारती प्रकरण से मशहूर इस मामले में सुप्रीम कोर्ट ने यह तो माना कि संसद को सभी मौलिक अधिकारों में बदलाव का अधिकार है, लेकिन उसने एक लक्ष्मण रेखा खींच दी और कहा कि संविधान के मूलभूत ढांचे में बदलाव का अधिकार संसद के पास नहीं है। केशवानंद भारती मामले ने संपत्ति

के अधिकार में बदलाव या ख़त्म करने का अधिकार संसद को दे दिया था, श्रीमती गांधी ने इस अधिकार का इस्तेमाल तो नहीं किया, लेकिन केशवानंद भारती मामले में सुप्रीम कोर्ट के फ़ैसले को ही प्रगति के रास्ते में बाधा बताया।

सरकार के दबाव के बाद मुख्य न्यायाधीश ए. एन. रे ने ऐलान किया कि अटॉर्नी जनरल के आग्रह पर उन्होंने सुप्रीम कोर्ट की एक पीठ गठित करने का फ़ैसला किया है जो केशवानंद भारती फ़ैसले की समीक्षा करेगी। सुप्रीम कोर्ट द्वारा अपने ही फ़ैसले की समीक्षा के लिए पीठ गठित करने का यह मामला ऐतिहासिक था। वरिष्ठ वकील नानी पालखीवाला ने इस फ़ैसले को जब चुनौती दी तो चीफ़ जस्टिस ने अपना ही फ़ैसला वापस ले लिया।

1971 के लोकसभा चुनाव में दो-तिहाई बहुमत और उसके बाद अगले साल हुए विधानसभा चुनावों में इंदिरा गांधी की पार्टी भारी बहुमत से जीती थी। इसका फायदा उन्होंने संविधान पर अपनी पकड़ मज़बूत करने के लिए उठाया। 1971 से 1974 के बीच संविधान में 15 बदलाव किए गए, जबकि उससे पहले के 21 साल में सिर्फ़ 22 संशोधन हुए थे। इंदिरा गांधी की सरकार के दौरान हुए ज़्यादातर संशोधन प्रधानमंत्री की ताक़त बढ़ाने को लेकर थे। इसके बाद भी 39वें संशोधन से श्रीमती गांधी ने राष्ट्रपति, उप-राष्ट्रपति, प्रधानमंत्री और लोकसभा अध्यक्ष के चुनाव को अदालत के दायरे से बाहर करने की कोशिश की, यदि यह संशोधन सुप्रीम कोर्ट ने रद्द नहीं किया होता तो फिर श्रीमती गांधी के चुनाव के ख़िलाफ़ याचिका का अधिकार भी नहीं रहता।

श्रीमती गांधी ने लोकसभा में 44वां संशोधन विधेयक रखा। इस विधेयक से संविधान में एक साथ 59 बदलाव किए गए और लोकतांत्रिक संविधान एकाधिकारी संविधान में बदल दिया गया। लोकसभा में यह विधेयक 3 नवम्बर, 1976 को 366 के मुकाबले 4 वोट और राज्यसभा में 191 वोटों से पारित हुआ। राज्यसभा में इसके विरोध में एक भी वोट नहीं डाला गया। विधेयक पर चर्चा के दौरान विपक्ष ने संसद का बहिष्कार किया।

18 दिसम्बर, 1976 को यह क़ानून बन गया। बाद में, इसे 42वां संशोधन कहा गया। इस संशोधन ने संविधान की सर्वोच्चता ही समाप्त कर दी। अब यह तय हो गया कि संसद ने जो संविधान संशोधन किए, उनमें अदालत का दख़ल नहीं हो सकेगा और सामान्य केंद्रीय क़ानूनों में भी न्यायालय के सामान्य बहुमत का निर्णय नहीं माना जाएगा। सुप्रीम कोर्ट की बेंच के दो-तिहाई बहुमत के आधार पर ही उसे संविधान विरोधी माना जा सकता है। हाईकोर्ट को तो इन क़ानूनों पर विचार करने का अधिकार ही ख़त्म कर दिया गया। इसके साथ ही किसी भी संगठन को राष्ट्रविरोधी घोषित कर उस पर पाबंदी लगाने का अधिकार सरकार को मिल गया। सारे अधिकार प्रधानमंत्री के पास सीमित कर दिए गए। राष्ट्रपति को संविधान में संशोधन का अधिकार दिया गया, लेकिन इसमें कहा गया कि राष्ट्रपति, प्रधानमंत्री की सलाह पर ही ऐसा कर सकते हैं।

एक और बदलाव हुआ कि जम्मू और कश्मीर विधानसभा का कार्यकाल भी बढ़ाकर छह साल का कर दिया गया। उस वक़्त वहां कांग्रेस और नेशनल कांफ्रेंस की सरकार थी। कांग्रेस की मदद से शेख अब्दुल्ला की सरकार चल रही थी। सरकार ने संसद का कार्यकाल एक साल बढ़ाने का प्रस्ताव रखा था, तब मुख्यमंत्री शेख अब्दुल्ला ने श्रीमती गांधी को कहा कि हम पूरे देश के साथ चलना चाहते हैं, इसलिए 1977 में वे राज्य विधानसभा में कार्यकाल बढ़ाने का प्रस्ताव लेकर आए और तब से जम्मू-कश्मीर विधानसभा का कार्यकाल छह साल का हो गया। बाद में जनता पार्टी की सरकार आने के बाद इंदिरा गांधी सरकार के कई फ़ैसलों को बदला गया, लेकिन जम्मू-कश्मीर में यह बदलाव मुमकिन नहीं हो पाया क्योंकि वहां इसके लिए राज्य विधानसभा की मंज़ूरी की ज़रूरत होती और तब तक शेख अब्दुल्ला बहुत ताक़तवर हो चुके थे।

आपातकाल के दौरान संविधान में इस हद तक बदलाव किए गए कि इसे अंग्रेज़ी में 'कांस्टीट्यूशन ऑफ़ इंडिया' की जगह 'कांस्टीट्यूशन ऑफ़ इंदिरा' कहा जाने लगा था। इस दौर में संविधान में हुए बदलावों, उसके नतीजों और कैसे संविधान को उसके मूल रूप में वापस लाया गया, इसे समझना दिलचस्प है।

प्रधानमंत्री इंदिरा गांधी ने आपातकाल को वक़्त की ज़रूरत बताते हुए उस दौर में लगातार कई संविधान संशोधन किए। सबसे पहले 22 जुलाई, 1975 को 38वां संशोधन लाया गया, जिसके मुताबिक़ न्यायपालिका से आपातकाल की न्यायिक समीक्षा का अधिकार छीन लिया गया। इसके क़रीब दो महीने बाद ही इंदिरा गांधी को प्रधानमंत्री बनाए रखने के लिहाज से संविधान का 39वां संशोधन लाया गया। उस वक़्त इलाहाबाद हाईकोर्ट ने इंदिरा गांधी की रायबरेली लोकसभा सीट का चुनाव रद्द कर दिया था, लेकिन इस संशोधन ने कोर्ट से प्रधानमंत्री पद पर बैठे व्यक्ति के चुनाव की जांच करने का अधिकार ही छीन लिया। इस बदलाव के अनुसार, प्रधानमंत्री के चुनाव की जांच सिर्फ़ संसद से गठित समिति ही कर सकती थी। इसके बाद 40वां और 41वां और 42वां संशोधन पारित किया गया।

आपातकाल के दौरान 42वें संशोधन के सबसे विवादास्पद प्रावधानों में से एक था, मौलिक अधिकारों की तुलना में राज्य के नीति-निर्देशक सिद्धांतों को वरीयता देना। इस प्रावधान के कारण किसी भी व्यक्ति को उसके मौलिक अधिकारों से भी वंचित किया जा सकता था। इसके साथ ही इस संशोधन ने न्यायपालिका को पूरी तरह कमज़ोर कर दिया और विधायिका को बहुत ताक़तवर बना दिया। अब केंद्र सरकार के पास यह भी अधिकार आ गया कि वह किसी भी राज्य में क़ानून-व्यवस्था बनाए रखने के नाम पर कभी भी सेना या पुलिस बल भेज सकती थी, दूसरी तरफ़ राज्यों के कई अधिकारों को केंद्र के अधिकार क्षेत्र में डाल दिया गया। इस संशोधन के बाद विधायिका को यह अधिकार भी मिल गया कि उसके

संविधान संशोधनों को किसी भी आधार पर अदालतों में चुनौती नहीं दी जा सकती। इसके साथ ही सांसदों और विधायकों की सदस्यता को लेकर भी अदालत में नहीं जा सकते थे। विवाद होने पर सदस्यता पर फ़ैसले का अधिकार राष्ट्रपति को दे दिया गया और एक बड़ा बदलाव हुआ कि संसद का कार्यकाल पांच साल से बढ़ाकर छह साल कर दिया गया। इसी दौरान संविधान की प्रस्तावना में 'समाजवाद', 'धर्मनिरपेक्ष' और 'अखंडता' जैसे शब्द जोड़े गए और इन्हें बाद में नहीं बदला गया, यानी यह आज भी संविधान की प्रस्तावना का हिस्सा हैं। हालांकि, आरएसएस और बीजेपी समेत कुछ लोगों को संविधान में 'धर्मनिरपेक्ष' शब्द जोड़ना पसंद नहीं आया।

कांग्रेस के ख़िलाफ़ राजनीतिक दलों को इकट्ठा करने की कोशिशें जयप्रकाश नारायण ने आपातकाल से काफी पहले शुरू कर दी थीं। गुजरात में नवनिर्माण आंदोलन की सफलता और ग़ैर-कांग्रेसी सरकार बनने के बाद से बिहार में कांग्रेस सरकार को हटाने की तैयारियां होने लगीं। जेपी बिहार में अलग-अलग शहरों में रैलियां और जनसभाएं करके मुख्यमंत्री अब्दुल गफ़ूर को हटाने और विधानसभा भंग करने के लिए आंदोलन तेज़ कर रहे थे। उसी दौरान 4 नवंबर, 1974 को पटना में हो रही एक रैली में पुलिस ने ज़बरदस्त लाठीचार्ज किया और उसी में पुलिस की लाठी से जेपी को चोट लगी, वे घायल होकर गिर गए। अगर जनसंघ के नेता नानाजी देशमुख उनको बचाने के लिए खड़े नहीं हुए होते तो जेपी को शायद ज़्यादा गंभीर चोटें लगतीं। इस घटना का जेपी के दिलो-दिमाग पर शायद बड़ा असर पड़ा, ख़ासतौर से जनसंघ की छवि को लेकर। वाजपेयी और आडवाणी ने पटना जाकर जेपी से मुलाक़ात की। संसद में इसकी गूंज सुनाई दी और 18 नवंबर को पटना के गांधी मैदान में ऐतिहासिक रैली हुई, जिसमें लाखों लोगों ने हिस्सा लिया और यहीं से एक तरह से जेपी के 'संपूर्ण क्रांति' अभियान की औपचारिक शुरुआत हो गई।

जेपी को लगने लगा था कि सिर्फ़ छात्र आंदोलन से या किसी एक राजनीतिक दल के कांग्रेस के ख़िलाफ़ खड़ा होने से सूरत बदलने वाली नहीं है, इसलिए उन्होंने ग़ैर-कांग्रेसी दलों को एकजुट करने का मन बनाया, लेकिन यह बहुत मुश्किल काम था। जेपी जानते थे कि वामपंथी दल जनसंघ के साथ बैठने को तैयार नहीं होंगे और ग़ैर-कांग्रेसी दलों के नेताओं के बीच की दूरियों को पाटना आसान नहीं है।

एक दिन जेपी ने वाजपेयी और आडवाणी को बुलाकर कहा, "आपको हमारे आंदोलन में साथ होना चाहिए। आपके सहयोग की ज़रूरत है।" तब आडवाणी ने जेपी के इस प्रस्ताव पर विचार करने के लिए हैदराबाद में पार्टी की बैठक बुलाई। जनसंघ के नेताओं को लगा कि यह पार्टी के विस्तार के लिए अच्छा मौक़ा होगा। पार्टी ने आंदोलन में शामिल होने की मंज़ूरी दे दी, लेकिन जेपी के इस प्रस्ताव का भाकपा और माकपा ने कड़ा विरोध किया। माकपा के महासचिव ई. एम. एस.

नम्बूदरीपाद ने जेपी से मुलाक़ात कर कहा, "आप जनसंघ को अपने आंदोलन में कैसे शामिल कर सकते हैं? महात्मा गांधी की हत्या के बाद आपने ही आरएसएस के ख़िलाफ़ आंदोलन की अगुआई की थी।" कलकत्ता में जेपी के ख़िलाफ़ पोस्टर दिखाई देने लगे जिनमें कहा गया था, "जेपी जनसंघ एक आचे?" (क्या जेपी और जनसंघ एक हैं?)

बिहार आंदोलन के एक साल पूरा होने के मौक़े पर जेपी ने 6 मार्च, 1975 को संसद के बाहर विरोध प्रदर्शन का कार्यक्रम तय किया और सभी दलों से अपील की कि वे अपने झंडे-डंडे छोड़कर एक ही मंच पर साथ आएं, तभी कांग्रेस के ख़िलाफ़ लड़ाई लड़ी जा सकेगी। जनसंघ ने इस प्रदर्शन में हिस्सा लिया। अगले दिन 7 मार्च को जनसंघ ने देशभर से आए अपने कार्यकर्ताओं के लिए एक राष्ट्रीय अधिवेशन किया। इस अधिवेशन में चालीस हज़ार से ज़्यादा कार्यकर्ताओं ने हिस्सा लिया। वाजपेयी और आडवाणी ने जेपी को इस अधिवेशन में विशिष्ट अतिथि के तौर पर शामिल होने का निमंत्रण दिया और वे तैयार हो गए। इस कार्यक्रम में जनसंघ को सर्टिफ़िकेट देने के अंदाज़ में जेपी ने कहा कि "अगर जनसंघ फासिस्ट है, तो जयप्रकाश नारायण भी फासिस्ट हैं।" आगे का रास्ता उस दिन तय हो गया।

एक साल पूरा होते-होते इंदिरा गांधी के बीससूत्री कार्यक्रम और संजय गांधी के पांचसूत्री कार्यक्रम से लोग परेशान दिखने लगे। सबसे ज़्यादा नाराज़गी नसबंदी कार्यक्रम से थी, जिसमें सरकारी अफ़सरों और नेताओं ने अपनी रिपोर्ट अच्छी करने के लिए जबरन हज़ारों नसबंदियां करवा दीं। कच्ची बस्तियों और अवैध बस्तियों को हटाने के लिए चले अतिक्रमण हटाओ अभियान से भी कांग्रेस सरकार की छवि को काफी नुक़सान पहुंचा। बहरहाल, कांग्रेस के चापलूस नेता इंदिरा और संजय को रिपोर्ट देते रहे कि यदि चुनाव कराए जाते हैं तो श्रीमती गांधी भारी बहुमत से लौटेंगी, क्योंकि पिछले दो साल तो विपक्ष नाम की कोई चीज़ ही नहीं बची।

जयप्रकाश नारायण के नेतृत्व में संघ के स्वयंसेवकों का संघर्ष रंग लाया। लगता था कि संघ का हरेक स्वयंसेवक किसी न किसी तरह आपातकाल के ख़िलाफ़ लड़ाई में जुट गया है। श्रीमती गांधी ने आम चुनाव कराने का मन बना लिया और इससे कुछ वक़्त पहले जेलों में बंद रहे राजनेताओं की रिहाई की जाने लगी। बंगलोर जेल में मधु दंडवते और लालकृष्ण आडवाणी की रिहाई हुई तो दिल्ली में वाजपेयी रिहा किए गए। मोरारजी देसाई हरियाणा में छोड़ दिए गए। 23 जनवरी, 1977 को इंदिरा गांधी ने मार्च में नए चुनाव कराने का ऐलान कर दिया।

जनता पार्टी बनाने के लिए आपातकाल के दौरान ही जेपी ने बम्बई में एक बैठक बुलाई, जहां जेपी ने कांग्रेस को हराने के लिए सभी विपक्षी दलों की एकजुटता ही नहीं बल्कि सभी दलों के विलय का प्रस्ताव रखा।

वरिष्ठ पत्रकार कुलदीप नैयर ने मुझे बताया कि जनता पार्टी बनाने का फ़ैसला जयप्रकाश नारायण यानी जेपी और आचार्य कृपलानी ने किया। जेपी ख़ुद पहले राजनीतिक पार्टी बनाने के पक्ष में नहीं थे, लेकिन बाद में कई लोगों के समझाने के बाद जनता पार्टी बनाने का फ़ैसला हुआ। पार्टी की नीतियों में 'समाजवाद' और 'धर्मनिरपेक्षता' को स्वीकार किया। जनसंघ ने भी उसे स्वीकार किया। बम्बई में 21 और 22 मार्च, 1976 को हुई इस बैठक में चरण सिंह भी मौजूद थे। चौधरी चरण सिंह के अलावा आचार्य कृपलानी, एन. जी. गोरे, एच. एम. पटेल, शांति भूषण, ओमप्रकाश त्यागी, नारायण देसाई, एस. एम. जोशी, उमाशंकर जोशी, त्रिदिव चौधरी, कृष्णकांत, पी. जी. मावलंकर, एस. निजलिंगप्पा, बाबूभाई पटेल, उत्तमराव पाटिल, इरा सेझियन, यदुनाथ थत्ते, दिग्विजय सिंह और सिक्वेरा—कुल 19 नेता शामिल थे।

जेपी ने कहा कि सभी विपक्षी दलों के एक साथ हुए बिना कांग्रेस को हराना नामुमकिन है और विपक्षी एकता का मतलब गठबंधन करना नहीं, बल्कि सबका विलय करना होगा। विलय की बात आगे बढ़ाने के लिए चार सदस्यों की कमिटी बनाई गई, जिसमें संगठन कांग्रेस की ओर से शांति भूषण, जनसंघ से ओमप्रकाश त्यागी, सोशलिस्ट पार्टी से एन. जी. गोरे और स्वतंत्र पार्टी लोकदल से हरिभाई पटेल शामिल थे। इस पार्टी के 'दृष्टि-पत्र' को आम सहमति के आधार पर जनता पार्टी में शामिल सभी पार्टियों के नेताओं के पास जेलों में भेजा गया। 22 और 23 मई, 1976 को फिर उपलब्ध नेताओं की बैठक में सलाह-मशविरा किया गया।

भारतीय जनसंघ का जनता पार्टी में विलय का प्रस्ताव कार्यकर्ताओं के गले नहीं उतर रहा था। जनता पार्टी में विलय पर सामूहिक फ़ैसले के लिए दिल्ली में जनसंघ के कार्यकर्ताओं का सम्मेलन बुलाया गया। वाजपेयी ने अपने अंदाज़ में कहा, "भारत के नवनिर्माण के लिए, भारतीय जनमानस का सम्मान रखते हुए, आपातकाल के समुद्र मंथन के बाद बनी जनता पार्टी में हमारे पच्चीस वर्ष के जनसंघ को कल हम विसर्जित करने जा रहे हैं। हम आज हमारी पुरानी नौका अपने हाथों से डुबो रहे हैं, जनसंघ का दीपक हम आज अपने हाथों से बुझा रहे हैं।"

वाजपेयी ने कहा, "जनसंघ के पच्चीस सालों में हमने जो बलिदान किया है, हमने जो ख़ून बहाया है, जिन परिश्रमों की पराकाष्ठा की है, उनकी स्मृति से आज इस संक्रमण काल में हमारी एक आंख में दुख के आंसू हैं, और दूसरी आंख में आनंद के आंसू हैं। वह आनंद है जनता पार्टी के जन्म का। आपातकाल के समुद्र मंथन से निकला हलाहल हमने भगवान शंकर की तरह प्राशन कर लिया है। अब हम जनता पार्टी के माध्यम से देश को अमृत देने जा रहे हैं।" वाजपेयी ने कार्यकर्ताओं को समझाया कि आपातकाल के घोर अंधेरे में जनसंघ का दीपक रोशनी का केंद्र था। अब सूर्योदय हो गया है, दीपक बुझाने का समय आ गया है।

जनसंघ की 23 जनवरी को दिल्ली में हुई कार्यसमिति की बैठक में यह प्रस्ताव पारित किया गया कि यदि सारे बंदी रिहा नहीं किए जाते और आपातकाल

नहीं हटाया जाता तो जनसंघ जनता पार्टी से आग्रह करेगा कि चुनाव का बहिष्कार किया जाए। चौधरी चरण सिंह ने कहा कि यदि चुनाव से पहले सरकार सारे प्रतिबंध नहीं हटाती तो जनता पार्टी चुनाव लड़ने के प्रस्ताव पर फिर से विचार करेगी, लेकिन आख़िर में सब लोग राजी हो गए और 31 जनवरी को जनता पार्टी की राष्ट्रीय कार्यकारिणी की बैठक में सबने एक साथ मिलकर चुनाव की चुनौती का मुकाबला करने का फ़ैसला किया।

हालांकि, नानाजी देशमुख फ़ेडरेशन ऑफ़ पार्टीज़ चाहते थे, कन्फ़ेडरेशन नहीं। तो एक बैठक में चरण सिंह ने कहा, "नानाजी, नारंगी चाहते हैं यानी अंदर से सब अलग-अलग ऊपर से एक, लेकिन राजनीति में यह नहीं चलेगा।" उस वक़्त भी जनसंघ बड़ी पार्टी थी और वाजपेयी लोकप्रिय नेता, मगर जनसंघ तब 'अछूत पार्टी' समझी जाती थी और कोई उसके साथ नहीं जाना चाहता था। जेपी को नई पार्टी बनाने के प्रस्ताव पर जनसंघ के ओमप्रकाश त्यागी, उत्तम राव पाटिल और बसंत राव पाटिल, भारतीय लोकदल से चौधरी चरण सिंह, भानुप्रताप सिंह, एच. एम. पटेल, सोशलिस्ट पार्टी से एन. जी. गोरे, एस. एम. जोशी ने और मोहम्मद करीम छागला ने दस्तख़त किए। इस प्रस्ताव और आग्रह को स्वीकार कर जेपी ने 2 मई, 1976 को बम्बई में एक प्रेस कांफ्रेंस में नए राष्ट्रीय दल के गठन का ऐलान किया। जेपी ने साफ किया कि यह पार्टी मोर्चा या संघीय दल नहीं होगा और सभी दल अपना विलय कर इसमें शामिल होंगे। उन्होंने नौजवानों को इसमें शामिल होने का आह्वान किया और बताया कि निर्दलीय लोग भी इसमें शामिल होंगे। जेपी ने कहा कि पार्टी के नाम, झंडे, संविधान और कार्यकारिणी पर अभी विचार चल रहा है। बम्बई में जून के आख़िर में होने वाले सम्मेलन में इसका औपचारिक ऐलान किया जाएगा।

जून और जुलाई में पार्टी को लेकर बैठकें होती रहीं। इन बैठकों में चौधरी चरण सिंह कुछ शर्तें जोड़ते थे। जनसंघ और समाजवादी दल ने प्रस्ताव को मंजूर कर लिया था, लेकिन भारतीय लोकदल और संगठन कांग्रेस की ओर से मंज़ूरी नहीं मिलने से दिक्कत हो रही थी। इस देरी को देखकर रोहतक जेल में एक नई कोशिश शुरू हुई। वहां जनसंघ के जगन्नाथ राव जोशी और समाजवादी नेता समर गुहा के प्रयासों से एक नया प्रस्ताव पारित किया गया जिस पर ख़ुद जोशी और गुहा के साथ भैरोंसिह शेखावत, देवीलाल, पीलू मोदी, बीजू पटनायक जैसे 16 दिग्गज नेताओं के दस्तख़त थे। इस प्रस्ताव को बाहर कार्यकर्ताओं और भूमिगत नेताओं तक भी पहुंचा दिया। ये सभी नेता उस वक़्त रोहतक जेल में बंद थे। इतने नेताओं को एक साथ एक जेल में रखना इंदिरा गांधी के लिए ग़लत फ़ैसला साबित हुआ। इस प्रस्ताव की जानकारी दूसरी जेलों में बंद नेताओं तक पहुंचाने की ज़िम्मेदारी चौधरी चरण सिंह ने उठाई। दरअसल चरण सिंह जब तक रोहतक जेल में बंद थे, वे विलय के सबसे प्रबल समर्थक थे।

फरवरी के महीने में जब यह अफ़वाह फैली कि चरण सिंह ने सरकार के साथ समझौता कर लिया और वे रिहा होने वाले हैं, तो इस बात से वह नाराज़ हो गए और उन्होंने कहा, "मैं टूट सकता हूं, मगर झुक नहीं सकता।" 4 मार्च, 1976 को जब उनकी रिहाई हुई तो उन्होंने वादा किया कि जेल से बाहर निकल कर विलय के काम को तेज़ी से आगे बढ़ाएंगे। लेकिन बाहर निकलने के बाद उन्होंने विलय के लिए कुछ शर्तें जोड़ दी। चरण सिंह ने शर्त लगाई कि नई पार्टी में उन लोगों को पदों पर नहीं लिया जाए, जो संघ के स्वयंसेवक हों। उन्होंने कहा कि दोहरी निष्ठा और सांप्रदायिक सोच के लोगों को नई पार्टी में कोई जगह नहीं मिलनी चाहिए। भारतीय लोकदल के कई नेताओं बीजू पटनायक और देवी लाल आदि ने भी चरण सिंह के इस बयान का विरोध किया। वे जानते थे कि बिना जनसंघ के नई पार्टी का कोई मतलब नहीं रह जाएगा और इंदिरा गांधी के ख़िलाफ़ लड़ाई नहीं लड़ी जा सकेगी। लेकिन चरण सिंह ने 31 मई, 1976 को लोकदल की राष्ट्रीय कार्यकारिणी की एक बैठक में विलय-विरोधी प्रस्ताव पारित कर दिया।

इंदिरा गांधी के विरोध में एक राष्ट्रीय विकल्प को तैयार करने में लगातार उतार-चढ़ाव आते रहे। एक बार तो ऐसा मौक़ा आया जब सोशलिस्ट पार्टी और जनसंघ को अलग रखकर भारतीय लोकदल और संगठन कांग्रेस का विलय लगभग तय हो गया और इसका नाम भारतीय राष्ट्रीय जनतांत्रिक कांग्रेस रखना तय हुआ। लेकिन बात आगे नहीं बढ़ी क्योंकि चौधरी चरण सिंह इसके अध्यक्ष बनना चाहते थे या फिर मोरारजी देसाई को केवल नाम भर अध्यक्ष बनाकर चौधरी चरण सिंह को सारी ताक़त के साथ महासचिव बनाने की शर्त भी रखी गई। नतीजतन, नई पार्टी नहीं बन पाई।

फिर 18 जुलाई को बम्बई में अपने स्वागत समारोह में जेपी ने स्पष्ट किया कि आपातकाल से पहले और आपातकाल के दौरान संघर्ष में संघ का बहुत योगदान रहा है। इसके साथ ही चौधरी चरण सिंह से नाराज़ जनसंघ के नेताओं ने अब साफ कर दिया कि यदि विलय की बात आगे नहीं बढ़ती तो वे अपने रास्ते पर अकेले चल देंगे। तब 26 सितम्बर, 1976 को चरण सिंह ने विलय पर अपनी मंज़ूरी दे दी और 27 सितम्बर को चारों दलों को मिलाकर एक नया दल बनाने का निश्चय हो गया।

अटल बिहारी वाजपेयी को भी बीमारी की वजह से जेल से रिहा कर दिया गया था, इसलिए उन्होंने भी विलय प्रक्रिया में अहम भूमिका निभाई। फिर 10 जनवरी, 1977 को समाजवादी दल के महामंत्री सुरेंद्र मोहन ने एक प्रेस कांफ्रेंस में नई पार्टी के कार्यक्रमों और विलय पर सहमति का ऐलान किया और कहा कि चार सप्ताह में नया दल विधिवत तौर पर अस्तित्व में आ जाएगा, लेकिन 18 जनवरी को 8:30 बजे प्रधानमंत्री श्रीमती गांधी ने आकाशवाणी पर चुनावों का ऐलान कर दिया।

चुनावों का ऐलान हो गया तो अगले दिन 19 जनवरी को सभी नेताओं की एक ज़रूरी बैठक बुलाई गई। सबने विलय की पुष्टि की और 20 जनवरी को हिन्दुस्तान की राजनीति में एक नई पार्टी का जन्म हो गया। यह इस मायने से भी ऐतिहासिक

था कि पहली बार बहुत से दलों और विचारधाराओं ने ख़ुद के रास्ते, मान्यताओं को छोड़कर विलय कर लिया था।

प्रधानमंत्री श्रीमती गांधी के लिए यह ख़बर भी कम हैरानी वाली नहीं रही होगी कि चुनावों के ऐलान के साथ ही जयप्रकाश नारायण ने जनता पार्टी के गठन का ऐलान किया। नई पार्टी में कांग्रेस (ओ), जनसंघ, सोशलिस्ट पार्टी और लोकदल ने विलय की घोषणा की। पार्टी की 28 सदस्यों वाली कार्यकारी समिति भी बना दी गई। इसमें मोरारजी देसाई को सभापति और चौधरी चरण सिंह को उप-सभापति बनाया गया। इनके अलावा लालकृष्ण आडवाणी, मधु लिमये, सुरेंद्र मोहन और रामधन चार महासचिव नियुक्त किए गए।

जनता पार्टी के गठन के साथ ही देशभर में राजनीतिक माहौल बदलने लगा और इंदिरा गांधी सरकार में असंतुष्ट कई मंत्री कांग्रेस छोड़कर जनता पार्टी में आने को तैयार हो गए। श्रीमती गांधी को बड़ा झटका तब लगा जब जगजीवन राम ने सरकार से इस्तीफ़ा दे दिया। बाबू जगजीवन राम उस वक़्त दलितों के बड़े नेता थे। आज़ादी के बाद से वे हर सरकार में मंत्री रहे थे। जगजीवन राम ने कांग्रेस के एक और बड़े नेता हेमवती नंदन बहुगुणा और उड़ीसा की नंदिनी सत्पथी के साथ मिलकर नई पार्टी 'कांग्रेस फॉर डेमोक्रेसी' बना दी।

चुनावों के लिए इंदिरा गांधी और कांग्रेस के नेता तमाम तरह के सरकारी साधनों का इस्तेमाल कर रहे थे, साथ ही विपक्षी नेताओं की सभाओं और चुनाव प्रचार को फेल करने की हरसंभव कोशिश की जा रही थी। दिल्ली के रामलीला मैदान में 6 फरवरी, 1977 की शाम को जयप्रकाश नारायण की एक विशाल रैली का आयोजन किया गया था, लेकिन इस रैली में ज़्यादा लोग नहीं पहुंच सके, इसके लिए सूचना प्रसारण विभाग ने दूरदर्शन पर 6 फरवरी की शाम उस जमाने की सबसे हिट फ़िल्म 'बॉबी' दिखाने की घोषणा कर दी। उस दिन वैसे दूरदर्शन पर फ़िल्म 'वक़्त' दिखाई जाने वाली थी। लेकिन इसका कोई फायदा नहीं हुआ और लाखों की भीड़ ने उस रैली में हिस्सा लिया।

16 मार्च को चुनाव होने थे। विपक्ष के पास, चुनावों की तैयारी के लिए बहुत कम वक़्त बचा था और उनके पास न पैसा था न कोई चुनाव चिह्न। लेकिन जब 23 मार्च 1977 को चुनावों के नतीजे सामने आए तो हिन्दुस्तान की राजनीति ने एक बड़ी करवट ले ली थी। जनता पार्टी को 271 सीटें मिली थीं और अकाली दल, कांग्रेस फॉर डेमोक्रेसी और दूसरे दलों को मिलाकर उनके पास दो-तिहाई से भी ज़्यादा 345 सीटों का बहुमत था। दक्षिण भारत को छोड़कर सभी जगह जनता पार्टी का झंडा फहरा रहा था। दक्षिण भारत में उसे सिर्फ़ 6 सीटें मिली थीं, उसमें भी केरल में एक भी सीट नहीं। इन राज्यों से कांग्रेस को कुल 15 सीटें मिलीं। उत्तर प्रदेश में

कांग्रेस अपना खाता भी नहीं खोल पाई और रायबरेली सीट पर राजनारायण ने इंदिरा गांधी को 55 हज़ार वोटों से पराजित कर दिया। देश के दस राज्यों और केंद्रशासित प्रदेशों से कांग्रेस का सफ़ाया हो गया था।

चुनाव में जनता पार्टी में शामिल दलों में सबसे ज़्यादा वाजपेयी की अगुआई वाले जनसंघ गुट को 93 सीटें, चरण सिंह गुट को 71 सीटें, मोरारजी देसाई की नेतृत्व वाली कांग्रेस (ओ) को 44, सोशलिस्ट गुट और बाबू जगजीवन राम के कांग्रेस फॉर डेमोक्रेसी गुट दोनों को 28-28 सीटें मिली थीं। सभी राजनीतिक पार्टियों का चूंकि जनता पार्टी में विलय हो गया था, इसलिए संख्या बल के आधार पर प्रधानमंत्री तय नहीं होना था, साथ ही हर एक गुट से तीन-तीन मंत्री बनाया जाना तय हुआ था।

प्रधानमंत्री का नाम तय करने की ज़िम्मेदारी जयप्रकाश नारायण पर सौंपी गई। 23 मार्च को जेपी ने सभी राजनीतिक दलों के नेताओं और जनता पार्टी के चुने हुए सांसदों को दिल्ली में राजघाट पर बुलाया जहां व्हील चेयर पर बैठे जेपी ने सभी को एकता और देशसेवा की शपथ दिलाई। लेकिन इस समारोह में एक अहम चेहरा ग़ायब था: चौधरी चरण सिंह।

जनता पार्टी की कार्यकारी समिति में बाबू जगजीवन राम को बहुमत हासिल था यानी कमेटी को फ़ैसला करने का अधिकार मिलता तो बाबू जगजीवन राम प्रधानमंत्री बन गए होते, लेकिन जेपी का मानना था कि जगजीवन राम, आपातकाल लगाने के फ़ैसले में शामिल रहे हैं, इसलिए वे उनके पक्ष में नहीं थे। मोरारजी को नेता चुनने और पीएम बनाने के अधिकार का इस्तेमाल जेपी ने किया और तब से ही खींचतान शुरू हो गई। इस आग में घी डाला राजनारायण ने, जो चौधरी चरण सिंह को प्रधानमंत्री बनाना चाहते थे।

वाजपेयी के क़रीबी मित्र रहे अप्पा घटाटे के मुताबिक़, "मंत्री पद के लिए जनसंघ की तरफ़ से वाजपेयी, आडवाणी और नानाजी देशमुख का नाम था लेकिन अटल जी ने रज्जू भैया से कहा कि नानाजी पार्टी के फंड इकट्ठा करने वाले प्रमुख लोगों में से हैं ऐसे में वे यदि मंत्री बनेंगे तो समझौता कर सकते हैं जिससे पार्टी बदनाम होगी।"[3] तब रज्जू भैया दिल्ली में दीनदयाल शोध संस्थान में नानाजी देशमुख के पास गए और कहा कि आपको मंत्री नहीं बनना है। नाना जी ने कहा कि आप ये बात जाकर मोरारजी देसाई को बता दीजिए। सुब्रह्मण्यम स्वामी ने मुझे बताया, "नानाजी इस बात को लेकर वाजपेयी से ख़ासा नाराज़ थे और एक रात बैठकर वे मुझसे अपनी तकलीफ़ साझा करते रहे।" बहरहाल, वाजपेयी देसाई सरकार में विदेश मंत्री बने तो आडवाणी सूचना-प्रसारण मंत्री और तीसरे ब्रजलाल वर्मा उद्योग मंत्री बनाये गए।

3. अप्पा घटाटे से लेखक की बातचीत हुई

जनता पार्टी की सरकार बनी तो इंदिरा गांधी द्वारा किए संविधान संशोधनों को ख़त्म करने की बात चली। इस पर कैबिनेट में भी मतभेद था। क़ानून मंत्री शांति भूषण और वाजपेयी का कहना था कि इस संशोधन में जो अच्छी चीज़ें हैं वह रखी जाएं और जो लोकतंत्र को कमज़ोर कर रही हैं, उन्हें हटाया जाए। वाजपेयी साथ थे, लेकिन आडवाणी का मत था कि या तो इसे पूरी तरह ख़त्म किया जाए या फिर पूरा रखा जाए। इस संशोधन से सरकार को ताक़त मिल रही है तो फिर क्यों न इसे बनाए रखा जाए।

वाजपेयी का कहना था कि राष्ट्रहित में क्या है, देशहित के लिए अच्छा है तो उसे बनाए रखा जाए। इस पर बहुमत साथ हो गया। लेकिन यह संविधान संशोधन था और जनता पार्टी की राज्यसभा में तो दो-चार ही सीटें थीं, तो उसे दो-तिहाई बहुमत से पास कराना मुश्किल था। शांति भूषण उस वक़्त 7, रेसकोर्स रोड पर रहते थे, जो बाद में प्रधानमंत्री के सरकारी आवास का हिस्सा बन गया। शांति भूषण ने वहां कांग्रेस के लोकसभा में नेता सी. एम. स्टीफन और राज्यसभा में नेता सैयद मोहम्मद को डिनर पर बुलाया और उन्हें समझाया कि हालांकि इस 42वें संशोधन से तो सरकार को ही फायदा है, लेकिन जनता पार्टी की सरकार इसके बावजूद इस संशोधन को रखना नहीं चाहती तो इसका दूसरा रास्ता यह हो सकता है कि संशोधन की जो कुछ अच्छी चीज़ें हैं उन्हें बरकरार रखा जाए, तो आपका संशोधन है, वह बना भी रहेगा। उन्हें अपनी छवि की चिंता थी तो इसके लिए सभी दलों की दो दिन के लिए बैठक बुलाई गई और उसमें सलाह-मशविरा किया गया और 44वां संविधान संशोधन सर्वसम्मति से पास हो गया हालांकि लालकृष्ण आडवाणी और राम जेठमलानी इसके ख़िलाफ़ थे।

जनता पार्टी की सरकार में भाऊराव देवरस संघ की तरफ़ से राजनीतिक मामले देख रहे थे। यह भी समझ आ रहा था कि जनता पार्टी की सरकार ज़्यादा दिन चलने वाली नहीं है। तब संघ ने एक योजना बनाई कि सरकार में, संगठनों में जहां जगह मिले, संघ के कार्यकर्ताओं और नेताओं को घुसाओ, घुस जाओ और वहां छा जाओ। मक़सद रहा कि जितना वक़्त मिला है उसमें अपनी ताक़त बढ़ा लो और मज़बूत बन जाओ।

इसका फायदा बीजेपी बनने के बाद बहुत हुआ और संगठन को फिर से खड़ा करने में ज़्यादा मुश्किलें नहीं आईं, बल्कि 1980 में बीजेपी के बॉम्बे में हुए पहले अधिवेशन में भी इतने लोगों का जमावड़ा देखकर हर कोई हैरान था। यह संघ की उस योजना का ही नतीजा था कि जनता पार्टी भले ही टूट गई हो, लेकिन संघ परिवार मज़बूत हो गया।"

जल्दी ही जनता पार्टी की सरकार नेताओं के क्षुद्र अहंकारों और स्वार्थों की वजह से मुश्किल में आ गई। कुछ को लगने लगा कि जनसंघ से आए लोग ज़्यादा ताक़तवर हो सकते हैं और चुनाव हुए तो उनको ज़्यादा फायदा होगा, तो उन लोगों ने दोहरी सदस्यता का मसला उठाया। इनमें मधु लिमये सबसे आगे थे। लिमये ने

कहा कि संघ से नाता रखने वाले लोग ख़ुद को उससे अलग करें। वह जानते थे कि ऐसा नहीं होगा।

कुछ लोगों को भ्रम था कि जनसंघ को बांटा जा सकता है और वाजपेयी जैसे लोग जनता पार्टी में रह जाएंगे और कुछ गरम मिज़ाज के लोग अलग हो जाएंगे। लेकिन वाजपेयी ने ही साफ शब्दों में कहा कि उनका रिश्ता संघ से पच्चीस बरस पुराना है और जनता पार्टी से दो साल का रिश्ता है। संघ राजनीतिक नहीं, बल्कि एक सांस्कृतिक संगठन है, इसलिए उसके साथ जुड़े होने से कोई फ़र्क नहीं पड़ना चाहिए।

मधु लिमये से अलग राय रखने वालों में एक बड़ा नाम था जॉर्ज फर्नांडिस का, लेकिन उनकी सलाह किसी ने नहीं सुनी। जॉर्ज तब वाजपेयी के पास गए थे और कहा कि आप हमारे साथ क्यों नहीं आ जाते। दोहरी सदस्यता को लेकर वाजपेयी ने 2 अगस्त, 1979 को इंडियन एक्सप्रेस में एक लेख लिखा, 'वी आर ऑल टू ब्लेम।' अटल जी ने इसमें चार अहम बिंदुओं का ज़िक्र किया:

1) जनता पार्टी की मुश्किलों की सबसे बड़ी वजह रहा चौधरी चरण सिंह का अहंकार कि वह सरकार में ख़ुद को नंबर दो की हैसियत पर देखना कभी पसंद नहीं कर पाए।
2) चरण सिंह समर्थकों समेत कुछ लोगों को यह बर्दाश्त नहीं हुआ कि जनसंघ के लोग जनता पार्टी की सरकार को अस्थिर करने में मददगार नहीं रहे।
3) देश में हुई सांप्रदायिक हिंसा में संघ परिवार की कोई भूमिका नहीं है।
4) संघ परिवार राजनीतिक ताक़त अपने हाथ में रखना चाहता है, यह आशंका बेमानी थी।

इसके साथ ही वाजपेयी ने इसी लेख में संघ परिवार को भी सलाह दी कि

1) संघ परिवार से जुड़ी पत्र-पत्रिकाओं को राजनीतिक दुनिया में चल रहे सत्ता संघर्ष में किसी का साथ नहीं देना चाहिए।
2) आरएसएस को राजनीतिक दलों और मज़दूर संगठनों से बातचीत करने वाले युवा संगठनों में ख़ुद को शामिल नहीं करना चाहिए।
3) और सबसे महत्वपूर्ण कि आरएसएस को यह साफ शब्दों में कहना चाहिए कि उसके हिन्दू राष्ट्र का मतलब सिर्फ़ भारतीय राष्ट्र है।

वाजपेयी के इस लेख के बाद अक्टूबर, 1979 में नागपुर में विजयादशमी पर अपने संबोधन में संघप्रमुख बालासाहब देवरस ने कहा, "कुछ लोगों का कहना है कि संघ बदल रहा है और इसमें अभी और बदलाव की ज़रूरत है। दुनिया में सभी जीवित चीज़ों में बदलाव होता है। यह उनके विकास का हिस्सा है। जो नहीं बदलता है, वह ज़िंदा नहीं है, वह मृत है। लेकिन बदलाव का मतलब अपने मूल स्वभाव से

अलग हटना नहीं होता। संघ भी वक़्त की ज़रूरत के हिसाब से बदल रहा है और भविष्य में भी बदलता रहेगा।"

वरिष्ठ पत्रकार अच्युतानंद मिश्र कहते हैं, "चौधरी चरण सिंह प्रधानमंत्री बनना चाहते थे। जनसंघ के लोग जगजीवन राम को बनाना चाहते थे, यदि ऐसा हो पाता तो 'हरिजनों' का एक बड़ा वर्ग उस वक़्त कांग्रेस से टूटकर आ जाता, लेकिन चौधरी चरण सिंह ने विरोध करते हुए कहा कि जगजीवन राम ने तो इमरजेंसी का बिल पेश किया था, उसे कैसे प्रधानमंत्री बना सकते हैं?"

तब जगजीवन राम इंदिरा सरकार में मंत्री थे। इसके बाद जनसंघ ने मोरारजी देसाई का समर्थन किया और तब से चरण सिंह हमेशा जनसंघ के लोगों से नाराज़ रहे। उस दिन जॉर्ज फर्नांडिस ने भी अपना रुख पलट दिया, पहले सरकार के समर्थन में बोले और फिर अगले दिन इस्तीफ़ा दे दिया। फिर संजय गांधी और राज नारायण के साथ मिलकर इंदिरा गांधी ने चौधरी चरण सिंह को पीएम बनने का सपना दिखा दिया।

बीजेपी नेता लालकृष्ण आडवाणी ने अपनी किताब 'माई कंट्री, माई लाइफ़' में लिखा है, "एक दिन चंद्रशेखर संसद भवन में उनके दफ्तर में आए और कहा कि वह अटल जी और उनसे कुछ अहम मुद्दों पर बात करना चाहते हैं। चंद्रशेखर ने कहा कि चरण सिंह के समर्थक रहे हेमवती नंदन बहुगुणा समेत कुछ लोग अब भी जनता पार्टी में बने रहना चाहते हैं, बशर्ते जनसंघ के लोग मोरारजी की सरकार में नहीं रहें। सरकार में शामिल जनसंघ के तीनों मंत्रियों यानी वाजपेयी, आडवाणी और ब्रजलाल वर्मा ने इस पर सलाह-मशविरा किया और फिर वे मोरारजी देसाई के पास पहुंचे और बताया कि वे जनता पार्टी और सरकार के स्थायित्व और मज़बूती के लिए सरकार से बाहर आने को तैयार हैं यानी इस्तीफ़ा देने को तैयार हैं। मोरारजी ने इसे सिरे से खारिज कर दिया और कहा कि आपको इस्तीफ़ा देने की क्या ज़रूरत है, यदि ज़रूरत पड़ेगी तो मैं इस्तीफ़ा दूंगा। बाद में जनता पार्टी में विभाजन की वजह से मोरारजी देसाई ने बहुमत खो दिया और 15 जुलाई को इस्तीफ़ा दे दिया।"[4]

इस बीच 8 अक्टूबर, 1979 को जनता पार्टी के असली नेता और लोकतंत्र की लड़ाई लड़ने वाले लोकनायक जयप्रकाश नारायण ने आख़िरी सांस ली। अटल जी ने उनको श्रद्धांजलि देते हुए कहा, "जेपी सिर्फ़ एक इंसान का नाम भर नहीं है, वह मानवता का दूसरा नाम है। जब हम जेपी को याद करते हैं तो दो तस्वीरें दिमाग में आती हैं। एक शर-शैय्या पर लेटे भीष्म पितामह की, लेकिन इसमें एक फर्क दिखता है भीष्म पितामह महाभारत में कौरवों की तरफ़ से लड़े थे लेकिन जेपी ने

4. माई कंट्री, माई लाइफ़ — लालकृष्ण आडवाणी

न्याय की लड़ाई लड़ी, और दूसरी तस्वीर सूली पर लटके ईसा मसीह की। जेपी के जीवन से ईसा के बलिदान की याद आती है।"

नेताओं के निजी स्वार्थों और आपसी झगड़ों से साफ हो गया था कि 1980 में होने वाले चुनावों में जनता पार्टी फिर से नहीं आने वाली। जिस जनता पार्टी को ढाई साल पहले 1977 के चुनाव में 298 सीटें मिली थीं उसे इस बार सिर्फ़ 31 सीटें ही मिल पाईं। जनसंघ को 16 सीटें मिली थीं जबकि पिछले चुनाव में उसके 93 सांसद चुनकर आए थे। कांग्रेस के सीटों की तादाद दोगुनी हो गई। जहां इमरजेंसी से नाराज़ लोगों ने 1977 में उसे सिर्फ़ 153 सीटें दीं, वहीं 1980 में उसके सांसदों की तादाद बढ़कर 351 हो गई। कांग्रेस को तब 66.73 फीसदी वोट मिले।

परिशिष्ट

राष्ट्रीय स्वयंसेवक संघ के सरसंघचालक

1. डॉ. केशव बलिराम हेडगेवारः संस्थापकः 1925-1930 और 1931-1940
2. लक्ष्मण वामन परांजपेः 1930-1931
3. माधव सदाशिव गोलवलकर (गुरुजी): 1940-1973
4. मधुकर दत्तात्रेय देवरस (बालासाहब):1973-1994
5. प्रोफेसर राजेन्द्र सिंह (रज्जू भैया): 1994-2000
6. के. एस. सुदर्शनः 2000-2009
7. डॉ. मोहन भागवतः 2009 से वर्तमान

संघ शब्दावली

राष्ट्रीय स्वयंसेवक संघः तीन शब्दों का समुच्चय

राष्ट्रीयः जिसकी अपने देश, उसकी परंपराओं, उसके महापुरुषों, उसकी सुरक्षा और समृद्धि के प्रति अव्याभिचारी एवं एकान्तिक निष्ठा हो, जो देश के साथ पूर्णरूपेण भावनात्मक मूल्यों से जुड़ा हो, वह राष्ट्रीय है। हिन्दू ही राष्ट्रीय है।

स्वयंसेवकः स्वयं प्रेरणा से राष्ट्र, समाज, देश, धर्म और संस्कृति की सेवा करनेवाले व उसकी रक्षा कर उसकी अभिवृद्धि के लिए प्रामाणिकता और निःस्वार्थ बुद्धि से कार्य करने वाले को स्वयंसेवक कहते हैं। एक बार स्वयंसेवक, सदा स्वयंसेवक।

संघः समान विचार वाले, समान लक्ष्य को समर्पित, परस्पर आत्मीय भाव वाले व्यक्तियों के निकट आने से बना संगठन। यह सभी एक ही पद्धति, रीति व पूर्ण समर्पण भाव से काम करते हैं।

संघ प्रतिज्ञाः

"सर्वशक्तिमान परमेश्वर तथा अपने पूर्वजों का स्मरण कर मैं प्रतिज्ञा करता हूं कि अपने पवित्र हिन्दू धर्म, हिन्दू संस्कृति तथा हिन्दू समाज

का संरक्षण कर हिन्दू राष्ट्र की सर्वांगीण उन्नति के लिए मैं राष्ट्रीय स्वयंसेवक संघ का घटक बना हूं। संघ का कार्य मैं प्रामाणिकता से, निःस्वार्थ बुद्धि से तथा तन, मन, धनपूर्वक करूंगा और इस व्रत का मैं आजन्म पालन करूंगा।"

भारत माता की जय

श्री गुरुदक्षिणाः साल में एक बार स्वयंसेवक श्रद्धाभाव से ध्वज के सम्मुख उपस्थित होकर उसका पूजन करते हैं अर्थात श्री गुरु के सम्मुख दक्षिणा अर्पित करते हैं। यह वार्षिक शुल्क, चन्दा, संग्रह दान, सहयोग राशि जैसा नहीं है।

संघ की कार्यपद्धति से जुड़े महत्वपूर्ण शब्द

बैठकः योजना बनाने और समीक्षा करने, गुणात्मक विकास और वैचारिक स्पष्टता निर्माण करने तथा समूहिक निर्णय लेने के लिए योजनात्मक-गुणात्मक, नियमित-नैमित्तिक और निश्चित अन्तराल पर भौगोलिक एवं दायित्वानुसार बैठक।

नैपुण्य वर्गः कार्यकर्ताओं की शारीरिक एवं बौद्धिक निपुणता बढ़ाने के लिए शहरी क्षेत्रों में साप्ताहिक और ग्रामीण क्षेत्रों में मासिक या पाक्षिक आयोजन।

सांघिकः समय-समय पर एक या एक से अधिक शाखाओं के स्वयंसेवकों को इकट्ठा कर विभिन्न शारीरिक और बौद्धिक कार्यक्रमों का आयोजन।

सम्मेलनः कार्यकर्ताओं में उत्साह और उमंग का वातावरण बनाने की दृष्टि से कुछ अधिक समय के लिए इकट्ठा होना

शिविरः एक से ज़्यादा दिनों के लिए स्वयंसेवकों और कार्यकर्ताओं को सामूहिक जीवन, नियम, व्यवस्था आदि के प्रशिक्षण के लिए विभिन्न ऋतुओं में विभिन्न स्तर पर आयोजन।

बौद्धिक वर्गः उत्सवों के अलावा, महीने में एक बार किसी निश्चित विषय पर, शाखा में या निश्चित भौगोलिक क्षेत्र के एकत्रीकरण में, एक ही व्यक्ति द्वारा विषय का विशद विवेचन।

चर्चाः कम संख्या के *गट* (टोली) में आपसी बातचीत और प्रश्नोत्तर से विषयों की गहराई तक पहुंचकर उनको स्पष्ट करना। इसमें जिज्ञासाओं का समाधान महत्वपूर्ण है।

शंका समाधानः लम्बे समय तक काम करते-करते मन में कई तरह के प्रश्न (शंकाएं और जिज्ञासाएं) उठने लगते हैं जिससे सक्रियता प्रभावित होने लगती है। इसके लिए समय-समय पर किसी वरिष्ठ, योग्य और सक्षम अधिकारी के आने पर शंका समाधान का कार्यक्रम।

संघ मंडली: शाखा विहीन या दूर-दराज के इलाक़ों में महीने में निश्चित दिन, निश्चित समय और स्थान पर एक घंटे का एकत्रीकरण, सामूहिक शारीरिक और बौद्धिक कार्यक्रम (यहां प्रार्थना और ध्वज की अनिवार्यता नहीं है)।

साप्ताहिक मिलन: शाखा विहीन स्थानों या संघ मंडली के स्थानों पर निश्चित दिन, निश्चित समय और स्थान पर साप्ताहिक एकत्रीकरण। इसमें प्रार्थना अनिवार्य है।

शाखा: प्रतिदिन, निश्चित समय और स्थान पर, निर्धारित वेश में एक घंटे का एकत्रीकरण। एकत्रीकरण में आचार विभाग, बौद्धिक-शारीरिक कार्यक्रम, ध्वज और प्रार्थना आवश्यक। लोकसम्पर्क, लोक संग्रह, लोक संस्कार और लोक-व्यवस्था वाली पद्धति से अपरिचित को परिचित, परिचित को मित्र, मित्र को स्वयंसेवक और स्वयंसेवक को कार्यकर्ता बनाना।

प्रशिक्षण वर्ग: समय-समय पर प्रशिक्षण के लिए विभिन्न प्रकार के प्रशिक्षण वर्गों मसलन, प्राथमिक, प्रथम, द्वितीय, तृतीय वर्ष के शिक्षा वर्गों एवं दंड, नियुद्ध, योगासन, गीत, प्रार्थना आदि विषयों के प्रशिक्षण के लिए आयोजन।

नित्य कार्यक्रम: शाखा पर प्रतिदिन होने वाले कार्यक्रमों को नित्य कार्यक्रम की श्रेणी में रखा जाता है। जैसे, खेल, सूर्य नमस्कार, दंड प्रहार, समता, व्यायाम योग, दंड, नियुद्ध आदि शारीरिक कार्यक्रम। गणगीत, सुभाषित, अमृत वचन, चर्चा, बौद्धिक वर्ग आदि बौद्धिक कार्यक्रम।

नैमित्तिक कार्यक्रम: जो कार्यक्रम किसी निमित्त या गुण विशेष के विकास के उद्‌देश्य के साथ-साथ शाखा को मज़बूत करने के लिए आयोजित किए जाते हैं, उनको नैमित्तिक कार्यक्रम कहते हैं। जैसे, वन विहार, चन्दन (जलपान) साइकिल ट्रिप, सहभोज, देव दर्शन, वार्षिकोत्सव, नैपुण्य वर्ग, साहसिक यात्रा, शिविर, पथ संचलन, विभिन्न स्तरों और श्रेणियों की बैठकें, बौद्धिक वर्ग, प्रश्नमंच, विचार, प्रतिभा प्रकटीकरण, महापुरुषों की जयन्ती और पुण्यतिथि, विशाल एकत्रीकरण और विभिन्न प्रकार की शारीरिक-बौद्धिक प्रतियोगिताएं।

शाखा कार्यकर्ता

शाखा कार्यवाह: शाखा क्षेत्र का प्रमुख है। मुख्य शिक्षक और शाखा टोली को सम्भालना और उसका विकास करना, अभिभावकों से सम्पर्क और संवाद रखना। शाखा को मोहल्ले से और मोहल्ले को शाखा से जोड़ना प्रमुख कार्य।

मुख्य शिक्षक: शाखा टोली का विकास, एक घंटे के शाखा कार्यक्रमों की रचना और संचालन, गट एवं गण व्यवस्था को विकसित करना। गणशः कार्यक्रमों का संचालन करना।

गण शिक्षकः गण का शिक्षक। संघ स्थान पर अपने गण को संचालित करना, उत्साह से शारीरिक कार्यक्रमों की संरचना और क्रियान्वयन करना। गटनायकों एवं अपने स्वयंसेवकों से स्नेह सम्बंध रखना।

गट नायकः गट का प्रमुख। अपने मोहल्ले, क्षेत्र में नेतृत्व प्रदान करने वाला। अपने गट के स्वयंसेवकों, उनके परिवारजनों और अन्य नए बंधुओं से सम्पर्क-संवाद करने और उनको शाखा पर लाने वाला और उनके सुख-दुख में सहभागी होने वाला। क्षेत्र के प्रत्येक घर से सम्पर्क और प्रत्येक घर से स्वयंसेवक बनाना।

संघ रचनाः दायित्व के अनुसार

अखिल भारतीय कार्यकारी मंडलः राष्ट्रीय स्तर की इकाई, इसमें सरसंघचालक, सरकार्यवाह, सह-सरकार्यवाह, प्रचारक होते हैं।

कार्य विभागः बौद्धिक शिक्षण प्रमुख, शारीरिक शिक्षण प्रमुख, व्यवस्था प्रमुख, सेवा प्रमुख, सम्पर्क प्रमुख, प्रचार प्रमुख और प्रचारक प्रमुख।

कार्यकारी मंडल सदस्यः यह संख्या परिवर्तनीय है। अभी सदस्य संख्या 21 तक हो सकती है।

क्षेत्रीय व प्रान्तीय कार्यकारी मंडलः संघचालक, कार्यवाह, प्रचारक। बौद्धिक शिम प्रमुख, शारीरिक शिक्षण प्रमुख, व्यवस्था प्रमुख, सेवा प्रमुख, सम्पर्क प्रमुख, प्रचार प्रमुख, प्रचारक प्रमुख और अन्य सदस्य।

शाखा टोलीः कार्यकर्ता की सबसे छोटी इकाई है। शाखा टोली में शाखा कार्यवाह, मुख्य शिक्षक, गण शिक्षक और गटनायक होते हैं।

अखिल भारतीय प्रतिनिधि सभाः सर्वोच्च निर्णायक इकाई, जिला स्तर के प्रतिनिधियों की संख्या के आधार पर प्रतिनिधि, फिलहाल कुल 1400 प्रतिनिधि। क्षेत्रीय अधिकारियों को 'प्रान्त कार्यकारी' कहा जाता है।

संघ रचनाः संवैधानिक

संघ के संविधान के अनुसार **सरसंघचालक** का स्थान 'तत्वज्ञ तथा मार्गदर्शक' के रूप में होता है और वह सर्वोच्च है।

क्रियान्वयन की दृष्टि से संघ के सर्वोच्च अधिकारी सरकार्यवाह हैं। उनका चुनाव अखिल भारतीय प्रतिनिधि सभा के प्रतिनिधि तीन साल के लिए करते हैं। हर तीन साल के बाद फिर चुनाव होता है।

अखिल भारतीय प्रतिनिधियों का चुनाव प्रान्तीय प्रतिनिधि करते हैं।

प्रान्तीय प्रतिनिधियों का चुनाव कम से कम 18 साल या इससे ज्यादा आयु के प्रतिज्ञित और 6 साल से सक्रिय स्वयंसेवक ही करते हैं।

प्रान्तीय प्रतिनिधि ही प्रान्त के संघचालकों का चुनाव करते हैं। संघचालक विभाग, ज़िला और अन्य संघचालकों की नियुक्ति करते हैं। संघचालक प्रमुख कार्यकर्ताओं से सलाह-मशविरा कर अपने-अपने क्षेत्र के अन्य पदाधिकारियों की नियुक्ति करते हैं।

संघ गणवेश

संघ शिक्षा वर्ग संघ ट्रैनिंग कैम्प या प्रशिक्षण शिविर

संघ ध्वज भगवा ध्वज

संघ परिवार संघ और उससे जुड़े संगठन

सरसंघचालक गाइड, फिलॉसफ़र, मित्र (मनोनीत)

सरकार्यवाह संघ जनरल सेक्रेटरी (महासचिव) (चयनित, हर तीन साल में चुनाव)

सह-सरकार्यवाह जॉइंट जनरल सेक्रेटरी

प्रचारक आजीवन संघ के मिशन पर काम करने वाला स्वयंसेवक

संघ समन्वय तालमेल

रामजन्मभूमि विवाद पर सुप्रीम कोर्ट का फ़ैसला

1) अयोध्या का 2.77 एकड़ में फैला विवादित स्थल राम मन्दिर निर्माण के लिए दिया जाए।

2) केंद्र सरकार मन्दिर निर्माण के लिए तीन महीने में योजना तैयार करे। निर्माण के लिए एक बोर्ड ऑफ़ ट्रस्टीज़ बनाया जाए। ट्रस्ट में निर्मोही अखाड़े को भी प्रतिनिधित्व मिले।

3) इलाहाबाद हाईकोर्ट का विवादित ढांचे को तीन हिस्सों में बांटकर हर पक्ष को एक-तिहाई हिस्सा देने का फ़ैसला ग़लत था। यह कोई बंटवारे का मुकदमा नहीं था।

4) हिन्दुओं का यह मानना कि राम का जन्म अयोध्या में हुआ, यह निर्विवादित, लेकिन मालिकाना हक को धर्म, आस्था के आधार पर स्थापित नहीं किया जा सकता।

5) हिन्दुओं के विवादित ढांचे के बाहरी हिस्से में पूजा करने के स्पष्ट साक्ष्य। मुस्लिम पक्ष यह स्थापित नहीं कर पाया कि अन्दर के आंगन में उनके पास कब्जे का हक रहा। इस बात के सबूत हैं कि हिन्दू विवादित स्थल के प्रांगण में 1857 से ही जा रहे थे।

6) मस्जिद के केंद्रीय गुम्बद के नीचे प्रतिमाओं का रखा जाना एक ग़लत और अपवित्र काम था।

7) 1992 में बाबरी मस्जिद का ढहाया जाना क़ानून का उल्लघंन था।

8) सुन्नी वक़्फ़ बोर्ड को मस्जिद निर्माण के लिए 5 एकड़ वैकल्पिक ज़मीन दी जाए।

9) ढहाए गए ढांचे के नीचे इस्लामी ढांचा नहीं था, लेकिन एएसआई यह तथ्य स्थापित नहीं कर पाया कि मन्दिर को गिराकर मस्जिद बनाई गई।

10) वक़्फ़ बोर्ड का दावा विवादित ढांचे पर था। इसी को ख़ारिज किया गया है। निर्मोही अखाड़े का जन्मभूमि के प्रबंधन का दावा भी खारिज किया जाता है।

इलाहाबाद हाईकोर्ट का फ़ैसला

1. विवादित ढांचा किसी पुराने भवन को तोड़कर उसी स्थान पर बनाया गया था। पुरातत्व विभाग ने यह सिद्ध किया है कि वह पुराना भवन कोई विशाल हिन्दू धार्मिक स्थल था।
2. विवादित ढांचा बाबर द्वारा बनाया गया था। यह इस्लाम के नियमों के विरुद्ध बना, इसलिए यह मस्जिद का रूप नहीं ले सकता।
3. तीन गुम्बदों वाला वह ढांचा किसी खाली पड़े बंजर स्थान पर नहीं बना था बल्कि अवैध रूप से एक हिन्दू मन्दिर/पूजा स्थल पर खड़ा किया गया था।
4. एक ग़ैर-इस्लामिक धार्मिक भवन अर्थात हिन्दू मन्दिर को गिराकर विवादित भवन का निर्माण कराया गया था।
5. विवादित स्थल ही भगवान राम का जन्मस्थान है। जन्मभूमि स्वयं में देवता हैं और विधिक प्राणी है। जन्मभूमि का पूजन भी रामलला के समान ही देवता मानकर होता रहा है और देवत्व का यह भाव शाश्वत है, यह सर्वत्र रहता है, हर समय रहता है। यह भाव किसी भी व्यक्ति को किसी भी रूप में भक्त की भावनाओं के अनुसार प्रेरणा प्रदान करता है। देवत्व का यह भाव निराकार में भी हो सकता है।
6. हिन्दुओं की श्रद्धा और विश्वास के अनुसार विवादित भवन के बीच गुम्बद के नीचे का भाग भगवान राम की जन्मभूमि है।
7. अस्थायी मन्दिर में जिस स्थान पर रामलला का विग्रह विराजमान हैं, वह स्थान हिन्दुओं को दिया जाएगा।
8. निर्मोही अखाड़ा के 1959 और सुन्नी मुस्लिम वक़्फ़ बोर्ड के दिसम्बर, 1961 में दायर मुकदमों को निरस्त कर दिया और कहा, 'निर्मोही अखाड़ा और सुन्नी मुस्लिम वक़्फ़ बोर्ड को कोई राहत नहीं दी जा सकती।'
9. इस्लाम की मान्यताओं के अनुसार ज़ोर-ज़बरदस्ती से प्राप्त की गई भूमि पर पढ़ी गई नमाज़ अल्लाह स्वीकार नहीं करते हैं और न ही ऐसी सम्पत्ति अल्लाह को समर्पित (वक़्फ़) की जा सकती है। किसी मन्दिर का विध्वंस

करके उसके स्थान पर मस्जिद के निर्माण करने की अनुमति कुरआन और इस्लाम की मान्यताएं नहीं देतीं।

कुरआन और इस्लाम की मान्यताओं का ज़िक्र करते हुए अदालत ने लिखा कि विजेता बाबर को भी विवादित भवन को मस्जिद के रूप में अल्लाह को समर्पित (वक्फ़) करने का अधिकार नहीं था। तीन गुम्बदों वाला ढांचा इस्लाम की मान्यताओं के अनुसार वैधानिक नहीं था।

10. एक ओर तो न्यायालय ने निर्मोही अखाड़ा और सुन्नी वक्फ़ बोर्ड के मुकदमे निरस्त कर दिए और लिखा कि दोनों को कोई राहत नहीं दी जा सकती। फिर भी अदालत ने विवादित परिसर को तीन हिस्सों में बांट दिया, यानी भगवान रामलला, निर्मोही अखाड़ा और सुन्नी वक्फ़ बोर्ड तीनों ही विवादित परिसर का एक तिहाई भाग प्राप्त करेंगे।

रामजन्मभूमि विवाद और इतिहास

1528 मुगल बादशाह बाबर के सेनापति मीर बाक़ी ने बाबरी मस्जिद का निर्माण कराया।

1885 महन्त रघुबीर दास ने फैजाबाद ज़िला अदालत में याचिका दायर कर विवादित ढांचे के बाहर शामियाना तानने की अनुमति मांगी। अदालत ने याचिका खारिज कर दी।

1949 केंद्रीय गुम्बद में रामलला की मूर्तियां 22-23 दिसम्बर की दरम्यानी रात चोरी से रख दी गईं।

1950 रामलला की मूर्तियों की पूजा के अधिकार के लिए गोपाल विशारद ने फैजाबाद ज़िला अदालत में याचिका दायर की। परमहंस रामचन्द्र दास ने भी पूजा जारी रखने और मूर्तियां रखने के लिए याचिका दायर की।

1959 निर्मोही अखाड़ा ने जमीन पर अधिकार दिए जाने के लिए याचिका दायर की।

1981 उत्तर प्रदेश सुन्नी केंद्रीय वक्फ बोर्ड ने विवादित स्थल पर अधिकार के लिए याचिका दायर की।

1 फरवरी, 1986 स्थानीय अदालत ने हिन्दू श्रद्धालुओं के लिए ताला खोलने का आदेश दिया।

14 अगस्त, 1986 इलाहाबाद हाईकोर्ट ने स्थान पर यथास्थिति बनाए रखने का आदेश दिया।

9 नवम्बर, 1989 विश्व हिन्दू परिषद और साधु-सन्तों ने शिलान्यास किया।

6 दिसम्बर, 1992 मस्जिद का ढांचा गिरा दिया गया।

3 अप्रैल, 1993 विवादित स्थल पर जमीन अधिग्रहण के लिए केंद्र की नरसिंह राव सरकार ने विशेष क़ानून पारित किया।

30 सितम्बर, 2010 इलाहाबाद हाईकोर्ट ने विवादित जगह को सुन्नी वक़्फ़ बोर्ड, निर्मोही अखाड़ा और रामलला के बीच तीन हिस्सों में बांटने का आदेश दिया।

9 मई, 2011 सुप्रीम कोर्ट ने हाईकोर्ट के फ़ैसले पर रोक लगा दी।

21 मार्च, 2017 चीफ जस्टिस जे. एस. खेहर ने अदालत के बाहर समाधान का सुझाव दिया।

8 फरवरी, 2018 सिविल याचिकाओं पर सुप्रीम कोर्ट ने सुनवाई शुरू की।

6 अप्रैल, 2018 राजीव धवन ने सुप्रीम कोर्ट में याचिका दायर कर 1994 के फ़ैसले की टिप्पणियों पर पुनर्विचार के मुद्दे को बड़ी पीठ के पास भेजने का आग्रह किया।

2 सितम्बर, 2018 सुप्रीम कोर्ट ने मामले को पांच सदस्यीय संविधान पीठ के समक्ष भेजने से इंकार किया।

8 जनवरी, 2019 सुप्रीम कोर्ट ने मामले की सुनवाई के लिए चीफ जस्टिस रंजन गोगोई की अध्यक्षता में पांच न्यायाधीशों की संविधान पीठ बनाई।

10 जनवरी, 2019 जस्टिस यू. यू. ललित ने सुनवाई से ख़ुद को अलग किया, इसके बाद सुप्रीम कोर्ट ने मामले की सुनवाई नई पीठ के समक्ष तय की।

25 जनवरी, 2019 सुप्रीम कोर्ट ने मामले की सुनवाई के लिए पांच सदस्यीय संविधान पीठ का पुनर्गठन किया। नई पीठ में प्रधान न्यायाधीश रंजन गोगोई के अलावा न्यायाधीश एस. ए. बोबडे, न्यायाधीश डी. वाई. चन्द्रचूड़, न्यायाधीश अशोक भूषण और न्यायाधीश एस. ए. नजीर शामिल थे।

26 फरवरी, 2019 सुप्रीम कोर्ट ने मध्यस्थता का सुझाव दिया और फ़ैसले के लिए 5 मार्च की तारीख तय की।

8 मार्च, 2019 सुप्रीम कोर्ट ने मध्यस्थता के लिए विवाद को एक समिति के पास भेज दिया। समिति के अध्यक्ष सुप्रीम कोर्ट के पूर्व न्यायाधीश एफ. एम. आई. कलीफुल्ला बनाए गए।

1 अगस्त, 2019 मध्यस्थता समिति ने मध्यस्थता की रिपोर्ट सीलबंद लिफाफे में अदालत को सौंपी।

2 अगस्त, 2019 मध्यस्थता नाकाम हो गई। सुप्रीम कोर्ट ने 6 अगस्त से जमीन विवाद पर रोजाना सुनवाई का फ़ैसला किया।

16 अक्टूबर, 2019 लगातार 40 दिनों की रोज़ाना बहस के बाद मामले की सुनवाई पूरी हुई, सुप्रीम कोर्ट ने फ़ैसला सुरक्षित रखा।

9 नवम्बर, 2019 चीफ जस्टिस रंजन गोगोई की अध्यक्षता वाली बेंच का फ़ैसला। विवाद वाली जगह पर रामजन्मभूमि मन्दिर बनाने का निर्णय हुआ। मस्जिद के लिए पांच एकड़ ज़मीन देने को कहा।

6 फरवरी, 2020 केंद्र सरकार ने मन्दिर निर्माण के लिए ट्रस्ट का गठन, किया महन्त नृत्य गोपालदास को अध्यक्ष नियुक्त किया।

5 अगस्त, 2020 राम जन्मभूमि पर प्रधानमंत्री नरेन्द्र मोदी ने भूमि पूजन किया।

30 सितम्बर, 2020 अयोध्या में बाबरी मस्जिद ढहाने के मामले पर 28 साल बाद फ़ैसला आया। आडवाणी, मुरली मनोहर जोशी और उमा भारती समेत सभी 32 अभियुक्तों को बरी कर दिया गया।

श्री रामजन्मभूमि तीर्थ ट्रस्ट के सदस्य

1. नृत्य गोपाल दास महाराजः अध्यक्ष
2. विहिप नेता चम्पत रायः महासचिव
3. के. परासरन (रामलला के वकील)
4. जगतगुरु शंकराचार्य स्वामी वासुदेवानन्द सरस्वती महाराज (प्रयागराज)
5. जगतगुरु माधवाचार्य स्वामी विश्वप्रसन्नतीर्थ महाराज (पेजावर मठ, उडुपी)
6. युगपुरुष परमानन्द जी महाराज (हरिद्वार)
7. स्वामी गोविन्ददेव गिरी जी महाराज (पुणे), कोषाध्यक्ष
8. महन्त दीनेन्द्र दास (निर्मोही अखाड़ा, अयोध्या बैठक)
9. विमलेन्द्र मोहन प्रताप मिश्र (अयोध्या)
10. अनिल मिश्र (डॉक्टर, अयोध्या)
11. कामेश्वर चौपाल (अनुसूचित जाति के सदस्य, पटना)
12. ज्ञानेश कुमार, अतिरिक्त गृह सचिव
13. अवनीश अवस्थी, अतिरिक्त मुख्य सचिव, उत्तर प्रदेश सरकार
14. अनुज कुमार झा, ज़िलाधिकारी, अयोध्या
15. नृपेन्द्र मिश्र, न्यास निर्माण बोर्ड के चेयरमैन, प्रधानमंत्री के पूर्व प्रिंसिपल सचिव
16. केंद्र सरकार का बोर्ड में एक प्रतिनिधि—जो आईएएस अधिकारी होंगे—तीर्थ क्षेत्र ट्रस्ट के सदस्य होंगे। केंद्र और उत्तर प्रदेश सरकार के तीनों पदाधिकारी ट्रस्ट के पदेन सदस्य होंगे और यह शर्त भी है कि तीनों हिन्दू धर्म को मानने वाले होंगे। अगर अयोध्या के ज़िलाधिकारी हिन्दू नहीं हुए तो ज़िले के एडिशनल कलक्टर इसके पदेन सदस्य होंगे।
17. राम मन्दिर परिसर के विकास और प्रशासन से जुड़े मामलों की कमिटी के चेयरमैन की नियुक्ति ट्रस्ट करेगा, जो न्यास का एक पदेन सदस्य भी होगा

राम मन्दिर का स्वरूप

–तीन मंज़िला होगा।

–ऊंचाई 161 फीट
–चौड़ाई 235 फीट
–लम्बाई 360 फीट
–पांच शिखर (गुम्बद)
–कुल 318 खम्भे होंगे
–हर खम्भे की ऊंचाई 14.6 फीट
–हर खम्भे पर 16 मूर्तियां उकेरी जाएंगी।
–चार लाख घन फीट पत्थर लगेगा
–पहली मंज़िल पर राम दरबार होगा
–45 एकड़ में राम कथा कुंज बनेगा।

तारीखों में संघ की गतिविधियां

5 अगस्त, 2020 प्रधानमंत्री नरेन्द्र मोदी ने भूमि पूजन कर भव्य राम मन्दिर निर्माण का काम शुरू किया। सरसंघचालक मोहन भागवत और रामजन्मभूमि तीर्थ ट्रस्ट के अध्यक्ष

9 नवम्बर, 2019 सुप्रीम कोर्ट की अयोध्या में राम जन्मभूमि पर मन्दिर निर्माण का आदेश, 67 एकड़ भूमि आवंटित, ट्रस्ट बनाने के लिए कहा। मस्जिद के लिए अयोध्या में ही पांच एकड़ ज़मीन देने का भी आदेश।

17-19 सितम्बर, 2018 पहली बार दिल्ली में सरसंघचालक की व्याख्यानमाला। डॉ. मोहन भागवत का तीन दिन तक व्याख्यान।

10 मार्च, 2018 सुरेश भैयाजी जोशी चौथी बार सरकार्यवाह बनाए गए। संघ में दो सह-सरकार्यवाह बढ़ाए गए।

2016 पहला श्रृंग शिविर 'स्वरांजलि' बेंगलुरु में आयोजित। देश के हर क्षेत्र से कुल 2,195 स्वयंसेवक शामिल। अखिल भारतीय प्रतिनिधि सभा में संघ गणवेश में 90 साल पुराने 'खाकी निकर' को हटाकर 'ब्राउन फुल पेंट' शामिल की गई।

2015 सुरेश भैयाजी जोशी तीसरी बार सरकार्यवाह चुने गए।

2013 स्वामी विवेकानन्द की डेढ़ सौवीं जयन्ती के कार्यक्रमों में संघ की सक्रिय हिस्सेदारी।

2012 सुरेश भैयाजी जोशी फिर से सरकार्यवाह चुने गए।

2011 मार्च में अखिल भारतीय प्रतिनिधि सभा में 'बेल्ट' को बदला गया।

मध्य प्रदेश के मांडला में मां नर्मदा सामाजिक कुम्भ का आयोजन। 30 लाख श्रद्धालुओं ने हिस्सा लिया।

2010 अखिल भारतीय कार्यकारी मंडल में संघ के गणवेश में चमड़े की बेल्ट को बदलने पर विचार हुआ।

21 मार्च, 2009 डॉ. मोहन भागवत छठे सरसंघचालक घोषित, सुदर्शन ने कार्यभार सौंपा। सुरेश भैयाजी जोशी सरकार्यवाह चुने गए।

संघ के सहयोग से 26,000 किमी की विश्व मंगल गौ ग्राम यात्रा, जन जागरण के लिए 8.34 करोड़ लोगों के हस्ताक्षर, इसमें 201 सांसद और 867 विधायक भी शामिल।

2007 पहले स्वतंत्रता संग्राम यानी 1857 के गदर की डेढ़ सौवीं जयन्ती मनाई। तीसरा विश्व हिन्दू सम्मेलन।

10 मार्च, 2000 के. एस. सुदर्शन पांचवें सरसंघचालक मनोनीत। मोहन भागवत सरकार्यवाह के दायित्व के लिए चुने गए।

17 जून, 1996 बालासाहब देवरस का देहावसान

11 मार्च, 1994 प्रो. राजेन्द्र सिंह (रज्जू भैय्या) चौथे सरसंघचालक घोषित। बालासाहब देवरस ने कार्यभार सौंपा। संघ के अखिल भारतीय सेवा विभाग का प्रारम्भ। लघु उद्योग भारती का गठन।

4 जून, 1993 शासन द्वारा नियुक्त न्यायाधिकरण ने संघ पर प्रतिबंध को ग़लत ठहराते हुए निरस्त किया। अखिल भारतीय पूर्व सैनिक सेवा परिषद का गठन

6 दिसम्बर, 1992 बाबरी ढांचा कारसेवकों ने ध्वस्त किया

10 दिसम्बर, 1992 संघ पर तीसरी बार प्रतिबंध

14 मई, 1992 भाऊराव देवरस का निधन। अखिल भारतीय अधिवक्ता परिषद का गठन

30 अक्टूबर, 1990 मुलायम सिंह सरकार के प्रतिबंधों के बावजूद अयोध्या में कारसेवा

25 जून, 1989 पंजाब के मोगा में संघ की शाखा पर आतंकवादी हमला, 1 स्वयंसेवक और 6 अन्य की मौत।

1988 डॉ. हेडगेवार शताब्दी समारोह के लिए जनसम्पर्क अभियान शुरू, डेढ़ लाख परिवारों से सम्पर्क, सेवा निधि के लिए 11 करोड़ रुपए इकट्ठा।

6 दिसम्बर, 1987 सरसंघचालक देवरस का मुम्बई चैत्यभूमि में डॉ. बाबासाहब आंबेडकर की स्मृति को अभिवादन, एच. वी. शेषाद्रिजी सरकार्यवाह चुने गए। तिरुवनन्तपुरम में हिन्दू संगम का आयोजन

1986 राष्ट्रीय सिख संगत की स्थापना

1985 संघ के 60 साल पूरे होने पर राष्ट्रव्यापी जागरण अभियान।

1984 सिख विरोधी दंगे। स्वयंसेवकों ने पीड़ितों की मदद की। स्वर्ण मन्दिर के पुनर्निर्माण में स्वयंसेवकों की हिस्सेदारी।

1983 विश्व हिन्दू परिषद का देश में एकात्मता यज्ञ रथयात्रा का आयोजन

1980 संघ का व्यापक जनसम्पर्क अभियान। 95,000 गांवों में एक करोड़ परिवारों से सम्पर्क।

1979 दूसरा विश्व हिन्दू सम्मेलन। दलाई लामा और दुनिया भर से हिन्दू धर्म गुरुओं की हिस्सेदारी।

30 सितम्बर, 1978 सरकार्यवाह माधवराव मुले का निधन, प्रो. राजेन्द्र सिंह नए सरकार्यवाह बने, भारतीय किसान संघ की स्थापना।

1977 भारतीय जनसंघ का जनता पार्टी में विलय। चुनावों में कांग्रेस को हराकर जनता पार्टी सत्ता में।

22 मार्च, 1977 संघ पर प्रतिबंध हटा।

3 नवम्बर, 1977 पटना में संघ स्वयंसेवकों के सामने लोकनायक जयप्रकाश नारायण का उद्बोधन।

25 जून, 1975 श्रीमती इंदिरा गांधी ने देश में आपातकाल लागू करने की घोषणा की।

27 जून, 1975 बालासाहब देवरस ने एक पत्रक से आपातकाल की चुनौती को स्वीकारने का स्वयंसेवकों को आवाहन किया।

4 जुलाई, 1975 संघ पर दूसरा प्रतिबंध। देशभर में संघ के 1,356 प्रचारकों में से 189 को जेल भेजा गया। सरसंघचालक देवरस सहित कई कार्यकर्ताओं को जेल। लोक संघर्ष समिति की स्थापना।

1974 छत्रपति शिवाजी महाराज के सिंहासन पर ताजपोशी के तीन सौ साल का जश्न।

1973 हेडगेवार स्मृति मन्दिर में गुरुजी स्मृति स्मारक का निर्माण।

5 जून, 1973 गुरुजी गोलवलकर का निधन

6 जून, 1973 बालासाहब देवरस तीसरे सरसंघचालक मनोनीत, माधवराव मुले सरकार्यवाह चुने गए।

1972 दीनदयाल शोध संस्थान का शिलान्यास समारोह, कन्याकुमारी में विवेकानन्द शिला न्यास का राष्ट्रपति वी. वी. गिरी ने अनावरण किया। अखिल भारतीय ग्राहक पंचायत की स्थापना।

1966 पहला विश्व हिन्दू सम्मेलन प्रयाग में आयोजित।

1965 पाकिस्तान का भारत पर आक्रमण। तत्कालीन प्रधानमंत्री लालबहादुर शास्त्री ने गुरुजी गोलवलकर को सर्वदलीय सम्मेलन में शामिल होने का निमंत्रण दिया। सम्मेलन में गुरुजी का पूर्ण सहयोग देने का आश्वासन। मधुकर दत्तात्रेय (बालासाहब) देवरस संघ के सरकार्यवाह चुने गए। बेंगलुरु में राष्ट्रोत्थान परिषद की स्थापना।

1964 विश्व हिन्दू परिषद की स्थापना।

1963 संघ को 26 जनवरी को दिल्ली के राजपथ पर परेड का आमंत्रण। 3,000 स्वयंसेवक गणवेश और घोष के साथ परेड में शामिल। विवेकानन्द जन्मशताब्दी समारोह शुरू। कन्याकुमारी में विवेकानन्द का भव्य स्मारक बनाने की योजना को संघ का समर्थन। गुरुजी की नेपाल यात्रा, नेपाल महाराजा से हिन्दू हित के विषयों पर चर्चा।

1962 चीन का भारत पर हमला। संघ ने सरकार और ख़ासतौर से जवानों को हर प्रकार की सहायता करने के लिए स्वयंसेवकों को सक्रिय किया। जनरल करिअप्पा की संघ शाखा को भेंट। भैयाजी दाणी फिर से सरकार्यवाह पद पर निर्वाचित।

1956 एकनाथजी रानाडे सरकार्यवाह बने। गुरुजी के 51वें जन्मदिन पर संघ का व्यक्ति-व्यक्ति से सम्पर्क कर के संघ का सन्देश सुनाने का अभियान।

1955 गोवा मुक्ति संग्राम में स्वयंसेवक शामिल। भारतीय मज़दूर संघ की स्थापना

2 अगस्त, 1954 दादरा-नगर हवेली को पुर्तगालियों के कब्जे से स्वयंसेवकों ने मुक्त किया। सिन्दी में दूसरी चिंतन बैठक हुई।

3 जून, 1953 श्यामा प्रसाद मुखर्जी की कश्मीर की जेल में अचानक मौत।

1952 गोरक्षा आंदोलन की शुरुआत। स्वयंसेवकों ने 1,75,39,813 दस्तखत राष्ट्रपति को सौंपे। जशपुर में वनवासी कल्याण आश्रम प्रारम्भ। डॉ. श्यामा प्रसाद मुखर्जी के नेतृत्व में भारतीय जनसंघ की स्थापना। कई स्वयंसेवक जनसंघ में शामिल। वीर सावरकर के भारत की आज़ादी के लिए स्थापित 'अभिनव भारत' के समापन कार्यक्रम में गुरुजी गोलवलकर शामिल हुए।

मार्च, 1950 पहली अखिल भारतीय प्रतिनिधि सभा की बैठक। भैयाजी दाणी सरकार्यवाह चुने गए। पाकिस्तान से आए हिन्दू शरणार्थियों के लिए 'वास्तुहारा सहायता समिति' का गठन।

1949 संघ के संविधान का मसौदा तैयार।

30 जनवरी, 1948 महात्मा गांधी की हत्या।

1 फरवरी, 1948 गुरुजी गोलवलकर गिरफ़्तार,

4 फरवरी, 1948 संघ पर प्रतिबंध।

5 फरवरी, 1948 गुरुजी ने संघ की शाखाएं बंद करने का ऐलान किया।

12 जुलाई, 1948 सरकार ने संघ पर लगा हुआ प्रतिबंध बिना शर्त हटाया।

13 जुलाई, 1948 गुरुजी जेल से रिहा।

संघ पर प्रतिबंध हटाने की मांग को लेकर 9 दिसम्बर से सत्याग्रह।

3 जून, 1947 कांग्रेस ने विभाजन का प्रस्ताव स्वीकार किया। संघ ने हिन्दुओं को मुस्लिम अत्याचारों से बचाने पर लक्ष्य केंद्रित किया। 300 से भी ज़्यादा सहायता शिविर हिन्दू शरणार्थियों के लिए चलाए।

15 अगस्त, 1947 भारत स्वाधीन हुआ।

16 सितम्बर, 1947 गांधी जी ने दिल्ली में 500 स्वयंसेवकों को सम्बोधित किया।

18 अक्टूबर, 1947 गुरुजी ने कश्मीर महाराजा हरिसिंह से भेंट करके उन्हें भारत में कश्मीर के विलय का आग्रह किया। आर्गनाईजर तथा पांचजन्य साप्ताहिकों की शुरुआत।

16 अगस्त, 1946 मुस्लिम लीग का 'डायरेक्ट एक्शन' आंदोलन। कलकत्ता में 5,000 हिन्दुओं की हत्या और 15,000 जख्मी।

1942 कांग्रेस का 'भारत छोड़ो' आंदोलन। कई स्वयंसेवकों ने उसमें सक्रिय हिस्सेदारी निभाई। अष्टी-चिमूर में स्वयंसेवकों का बलिदान। रामटेक के नगर कार्यवाह बालासाहब देशपांडे को फांसी की सज़ा (बाद में सामूहिक छूट में उनकी यह सज़ा रद्द हो गई)।

1940 वीर सावरकर ने पुणे प्रान्तिक बैठक को सम्बोधित किया। श्यामा प्रसाद मुखर्जी ने डॉक्टर हेडगेवार से मिलकर बंगाल के हिन्दुओं की दुर्दशा पर चिंता ज़ाहिर की।

9 जून, 1940 डॉ. हेडगेवार ने नागपुर तृतीय वर्ष शिक्षार्थियों के शिविर के समापन पर सम्बोधित किया। यह उनका अन्तिम भाषण रहा।

19 जून, 1940 सुभाषचन्द्र बोस हेडगेवार से मिलने पहुंचे लेकिन बीमारी के कारण दर्शन करके वापसी।

20 जून, 1940 डॉ. हेडगेवार ने निधन से एक दिन पहले गुरुजी गोलवलकर को दूसरा सरसंघचालक मनोनीत किया।

21 जून, 1940 डॉ. हेडगेवार का निधन।

3 जुलाई, 1940 माधव सदाशिव गोलवलकर 'गुरुजी' को सरसंघचालक घोषित किया गया।

1938 लाहौर में भी शिक्षावर्ग शुरू हुए। 1934 तक शिक्षा शिविर केवल नागपुर में होते थे।

1939 हैदराबाद के निज़ाम की हिन्दू विरोधी नीतियों के ख़िलाफ़ सत्याग्रह में स्वयंसेवक शामिल। सिन्दी में पहली चिंतन बैठक। इसी बैठक में संस्कृत आज्ञाएं और प्रार्थना तय हुई।

1935 पुणे में प्रथम और द्वितीय वर्ष के शिक्षा वर्ग शुरू हुए।

1934 महात्मा गांधी संघ के वर्धा शिविर में पहुंचे। स्वयंसेवकों के समरस भाव से प्रभावित हुए।

1932 सेन्ट्रल प्रॉविन्स सरकार ने सरकारी कर्मचारियों के संघ में शामिल होने पर पाबंदी लगाई।

1931 डॉ. हेडगेवार जेल से रिहा। बनारस में संघ की शाखा शुरू। भैयाजी दाणी के कहने पर गोलवलकर पहली बार शाखा में गए।

1930 21 जुलाई से शुरू जंगल सत्याग्रह में शामिल होने के लिए डॉ. हेडगेवार ने सरसंघचालक का पद छोड़ा। डॉ. एल. वी. परांजपे सरसंघचालक नियुक्त। कांग्रेस ने पूर्ण स्वराज की मांग का प्रस्ताव पास किया। 26 जनवरी को सभी शाखाओं में स्वतंत्रता दिवस मनाया गया। गणवेश में खाकी टोपी की जगह काली टोपी को शामिल किया गया।

19 नवम्बर, 1929 संघ स्थान पर डॉ. हेडगेवार को पहली बार सरसंघचालक प्रणाम दिया गया।

9-10 नवम्बर डॉ. हेडगेवार संघ प्रमुख मनोनीत। बालाजी हुद्दार सरकार्यवाह और मार्तंड राव जोग सर सेनापति बनाए गए। 19 नवम्बर को ही औपचारिक तौर पर बाबा साहब आप्टे, दादाराव परमार्थ, रामभाऊ जामगड़े और गोपालराव येरकुंटवार प्रचारक के रूप में निकले।

1928 पहला शीत शिविर लगा, घोष के साथ संचलन निकला, जिसमें 'झंडा हिन्दू राष्ट्र' का संचलन गीत गाया गया। गुरु पूर्णिमा के दिन पहली बार 'भगवा ध्वज' का 'गुरु' के रूप में पूजन और 'गुरु दक्षिणा' का कार्यक्रम हुआ। कुल 84 रुपए का समर्पण हुआ। इसी साल पहली बार 'प्रतिज्ञा' कार्यक्रम हुआ। सरदार पटेल के बड़े भाई विट्ठल भाई पटेल संघ की मोहितबाड़ा शाखा पहुंचे।

1927 पहला अधिकारी शिक्षण वर्ग लगा।

19 दिसम्बर, 1926 सभी संघचालकों ने मिलकर डॉ. हेडगेवार को संघ प्रमुख चुना।

28 मई, 1926 'मोहिते के बाड़े' में विधिवत दैनिक शाखा शुरू हुई। लाठी–डंडा को शामिल किया गया और दक्ष और आराम शब्द का इस्तेमाल शुरू हुआ। संख्या बढ़ने के कारण कुश आदि गण (पथक) बनाए गए। हिन्दी और मराठी में प्रार्थना बनी। पहला पथ संचलन।

17 अप्रैल, 1926 संघ का नाम 'राष्ट्रीय स्वयंसेवक संघ' रखा गया।

27 सितम्बर, 1925 विजयादशमी विक्रम संवत 1982 को नागपुर में डॉ. हेडगेवार के घर 'शुक्रवाड़ी' पर बैठक में नए संगठन और कार्यपद्धति की शुरुआत। सभी लोग नागपुर की 'महाराष्ट्र व्यायामशाला' और रविवार को सभी 'इतवारी दरवाज़ा पाठशाला' में इकट्ठा होते थे। गुरुवार को 'राजकीय वर्ग' (बाद में बौद्धिक वर्ग कहा जाने लगा) होता था।

आभार

सवाल और शक तब ही तक गहरे और डरावने होते हैं, जब तक आप उन्हें सुलझाने की हिम्मत नहीं दिखाते, कदम बाहर नहीं निकालते। समन्दर की गहराई को नापने का सबसे कारगर तरीक़ा है, उसमें उतर जाना। देश के सबसे पुराने संगठनों में से एक राष्ट्रीय स्वयंसेवक संघ पर किताब लिखने की हिमाकत करना भी एक नौसिखिये तैराक का समन्दर में उतरने जैसा है। जिसे तैरना नहीं आता, साथ ही समन्दर का कोई ओर-छोर पता नहीं, लेकिन जब पानी की गहराई में उतरने का फ़ैसला कर लेते हैं तो फिर कुछ मोती, कुछ सीप, कुछ कीमती पत्थर मिल ही जाते हैं, जितना गहरा उतरने की हिम्मत करते हैं, उतना हासिल करते हैं, वरना ऊपर से तो सिर्फ़ पानी के भीतर का अंधेरा डराता है। तैरना सीखना शुरू किया था, लेकिन मेरी मित्र और सम्पादक मीनाक्षी ठाकुर ने पानी में धकेल दिया। यह मीनाक्षी की शैतानी या साज़िश नहीं थी, भरोसा था, विश्वास था मुझ पर कि कुछ सीपियां, कुछ मोती तो मैं तलाश ही लूंगा। शायद उसी विश्वास का नतीजा है यह किताब।

दरअसल हमारे अन्दर की ज़िंदगी, हमारे बाहर की ज़िंदगी से अलग है। हमारी सोच और हमारे काम अलग-अलग दिशा में हैं। इसलिए अक्सर हम सच को सामने पाकर भी उसे स्वीकार करना नहीं चाहते, क्योंकि ख़ुद में भरोसा नहीं है। बहुत बार हमारे अन्दर की गुत्थियां, ग्रन्थियां और जाले इतने फंसे और उलझे हुए होते हैं कि उससे बाहर की रोशनी देखने में डर लगता है। कई बार इस डर की वजह यह भी होती है कि कहीं हमारी सोच, समझ, बुद्धिमानी को यह सच बेपरदा ना कर दे। जब आपको ख़ुद के खोने का डर नहीं होता या ख़ुद को झूठा महसूस होने की आशंका नहीं डराती, तो आप सच का सामना करने के लिए तैयार होते हैं। यह किताब भी ऐसी ही एक कोशिश है। चुनौतियों को स्वीकार करने की और सच मानिए मूर्खता हमेशा घाटे का सौदा नहीं होती।

सौ साल यानी पूरी एक सदी, इतना बड़ा कैनवस है कि उसे समझना नामुमकिन-सा काम है। राष्ट्रीय स्वयंसेवक संघ के सफर के पूरे होते सौ साल, सिर्फ़ एक संगठन का रोजनामचा नहीं हो सकता, यह देश की बदलती तस्वीर का

आईना है। इस आईने पर कभी धूल भी आती है तो कभी उसके दरकने का डर भी बना रहता है। इस सब को समझने के लिए कोई एक गवाह नहीं हो सकता, एक प्रत्यक्षदर्शी भर नहीं होता। यहां कोई संजय भी नहीं है जो महाभारत को निरपेक्ष भाव से सुना दे और ना ही कोई वेदव्यास जिसकी कलम बिना रुके सब कुछ उतार दे। इस कहानी में बहुत से संजय हैं, भीष्म पितामह हैं, नरोवा कुंजवा की हिदायत के साथ युधिष्ठिर हैं, शकुनि भी हैं तो दुर्योधन भी और धर्म के रास्ते पर चलने की कोशिश करते अर्जुन भी।

इस सफ़र में साथ निभाने वालों का शुक्रिया अदा करना मुश्किल ज़िम्मेदारी है, जितने लोगों की हिस्सेदारी है इसमें, उतनी तो मेरी याददाश्त भी नहीं, यूं समझिए बारिश की बूंदों को हथेली में समेटने की नादानी। फिर भी कुछ नाम याद रखना ज़रूरी है। आरएसएस के सह-सरकार्यवाह डॉ. मनमोहन वैद्य के दक्षिण दिल्ली में उनके निवास से शुरू होता है इस कहानी का सिलसिला, फिर नागपुर में नये बने सह-सरकार्यवाह सी. आर. मुकुन्द, उदासीन आश्रम में अखिल भारतीय प्रचार प्रमुख अरुण कुमार, राष्ट्रीय सम्पर्क प्रमुख अनिरुद्ध देशपांडे, मुस्लिम राष्ट्रीय मंच के मार्ग निर्देशक इन्द्रेश कुमार, विश्व हिन्दू परिषद के कार्यकारी अध्यक्ष आलोक कुमार, प्रज्ञा प्रवाह के राष्ट्रीय संयोजक जे. नन्दकुमार हैं। बीजेपी के महासचिव राम माधव, संघ के सह प्रचार प्रमुख नरेन्द्र कुमार और विद्यार्थी परिषद के सुनील आंबेकर कुछ ऐसे शख़्स हैं, जिनके बिना संघ की सीढ़ियों को चढ़ना मुश्किल होता। लेकिन इन सीढ़ियों पर पहली बार मुझे स्वर्गीय दीनानाथ मिश्र ने चढ़ना सिखाया था। संघ परिवार के हर कमरे को समझने के लिए सबसे बुजुर्ग माधव गोविन्द वैद्य, रमेश शिलेदार, के. एन. गोविन्दाचार्य, स्वामी विज्ञानानन्द, स्वर्गीय देवेन्द्र स्वरूप, राजीव टुली, संजीव केलकर, रतन शारदा ने बहुत मदद की। संघ के पदमुक्त और बेपरवाह मगर अनुशासित स्वयंसेवक दिलीप देवधर के बिना संघ को पूरी तरह नहीं समझा जा सकता था। खूबसूरती इस बात में है कि इन सब बड़े लोगों से मिलकर ख़ुद के छोटे होने का अहसास ही नहीं होता मानो कंधे पर चढ़कर मेले को देखने का आनन्द तो है ही, और बेवजह ख़ुद को बड़ा समझने का आभास भी।

कभी-कभी इतने लोगों का बेशुमार प्यार और सहयोग पाकर ख़ुद पर भी इतराने का मन करता है। इनमें राम बहादुर राय, अच्युतानन्द मिश्र, टीवी9 भारतवर्ष के प्रधान सम्पादक बी. वी. राव, वेद प्रताप वैदिक, लेखक हेमन्त शर्मा, एन. के. सिंह, नीलांजन मुखोपाध्याय, राजदीप सरदेसाई, नरेन्द्र सहगल, एन. एम. घटाटे, बनवारी जी, सुधांशु मित्तल, प्रोफेसर बदरी नारायण, के. जी. सुरेश और डॉ. राकेश सिन्हा जैसे वरिष्ठ और अनुभवी लोग शामिल हैं। हमेशा ही अनाम रहने वाले सैकड़ों स्वयंसेवकों का योगदान है। संघ परिवार के प्रकाशनों के ज्ञान के बिना यह सम्भव नहीं था।

इसे मेरी नासमझी ही मानना चाहिए कि जो लोग जिंदगी भर मेरी नाकामियों, मूर्खताओं और शरारतों को जानते हुए भी बिना शर्त मुझे प्यार करते रहे और मेरी

खुशी को अपना सुख मानते रहे, उन्हें ही सबसे बाद में याद करता हूं। मेरे बड़े भाई श्याम बिहारी, दीदी निर्मला, मेरे मित्र राशिद मिर्जा, सलमा जाफरी मिर्जा, हिमांशु और आरती, डॉ. विवेक अग्रवाल, विकास मिश्रा और शिल्पा, हिमांशु मिश्रा और प्रतिभा, प्रगीत अनामय के अलावा भी सैकड़ों नाम हो सकते हैं।

मौन अगर मोहब्बत होती है तो उसका नाम मेरा बेटा प्रत्यक्ष होना चाहिए। और सूर्य की तरह हमेशा ऊर्जा देने का नाम है मेरी बेटी प्रतिष्ठा और दामाद शुमैल। पृथ्वी की तरह बिना थके, बिना रुके ध्यान रखने वाली मेरी सहभागी गरिमा का शुक्रिया यहां नाम लिखकर अदा नहीं किया जा सकता।

एक अनगढ़ रसोइये की डिश को सबसे पहले चखने की हिम्मत दिखाने यानी किताब को सबसे पहले पढ़कर सुधारने वाले मित्र आशुतोष। हमेशा ही मेरे पत्थर को तराशने का चैलेंज लेने वाली अनु सिंह चौधरी और मंजीत ठाकुर की सरस्वती कलम का नतीजा है कि यह आपको पसन्द आयेगी। मीरा बिष्ट और अमृता तलवार के सहयोग के बिना यह किताब आपके हाथों तक पहुंचना मुमकिन नहीं था।

वैस्टलैंड और एका का मुझ पर भरोसा करना, ख़ुद को समझदार समझने का भ्रम पैदा करता रहा है। सबसे ऊपर आप सब पाठकों का प्यार, स्नेह, मोहब्बत जो मेरी ग़लतियों के बावजूद मेरा हौसला बढ़ाता रहा।

कहा जाता है कि बेवकूफियों को एक हद तक ही ठीक किया जा सकता है, इसलिए तमाम लोगों की कोशिशों के बावजूद जो ग़लतियां रही हैं, उन सब पर मेरा एकाधिकार मानिए। अब भी बहुत से मित्र, सहयोगी और जानकार हैं जिनके नाम नहीं लिख पाया, उनसे माफी चाहता हूं।

यह कोशिश जावेद अख़्तर साहब की उन लाइनों का नतीजा मान सकते हैं कि—"जो वाक़ियात हो गए, उनका तो ज़िक्र है,
लेकिन जो होने चाहिए वो वाक़ियात लिख..."

माफ़ी और उम्मीदों के साथ—तेरा तुझको अर्पण।

विजय त्रिवेदी

25.08.2020